Die personalistische Kapitalgesellschaft russischen Rechts

Europäische Hochschulschriften
Publications Universitaires Européennes
European University Studies

Reihe II
Rechtswissenschaft

Série II Series II
Droit
Law

Bd./Vol. 3615

PETER LANG
Frankfurt am Main · Berlin · Bern · Bruxelles · New York · Oxford · Wien

Tilman W. Kruse

Die personalistische Kapitalgesellschaft russischen Rechts

Aspekte der Rechtsformwahl zwischen der Gesellschaft mit beschränkter Haftung und der geschlossenen Aktiengesellschaft

PETER LANG
Europäischer Verlag der Wissenschaften

Bibliografische Information Der Deutschen Bibliothek
Die Deutsche Bibliothek verzeichnet diese Publikation in der Deutschen Nationalbibliografie; detaillierte bibliografische Daten sind im Internet über <http://dnb.ddb.de> abrufbar.

Zugl.: Köln, Univ., Diss., 2002

D 38
ISSN 0531-7312
ISBN 3-631-50745-3

www.peterlang.de

Meinen Eltern

VORWORT

Die vorliegende Arbeit lag der juristischen Fakultät der Universität zu Köln im Wintersemester 2001/2002 als Dissertation vor. Sie wurde durch Herrn Prof. Dr. Dr. h.c. Georg Brunner, Direktor des Instituts für Ostrecht, betreut und begutachtet, der im Oktober 2002 unfaßbar früh verstorben ist.

Mein herzlicher Dank gilt Herrn Priv.-Doz. Dr. Hans-Friedrich Müller, LL.M. für die Erstellung des Zweitgutachtens sowie allen Weggefährten aus meiner Zeit am Institut für Ostrecht. Insbesondere gilt mein Dank den vielen wertvollen Diskussionen mit Herrn Dr. Volker Stampe, Tiflis.

Besonders zu danken habe ich meiner Frau Tatjana, die mich während der Fertigstellung dieser Arbeit stets unermüdlich unterstützt hat.

Köln, im November 2002

Tilman Kruse

INHALTSÜBERSICHT

Abkürzungsverzeichnis

a. A.	anderer Auffassung
aaO.	am angegebenen Ort
Abl. EG	Amtsblatt der Europäischen Gemeinschaften
Abs.	Absatz
a. E.	am Ende
a. F.	alte Fassung
AG	Aktiengesellschaft
AGGmbHO	Ordnung über Aktiengesellschaften und Gesellschaften mit beschränkter Haftung
AGgT	Aktiengesellschaft geschlossenen Typs
AGoT	Aktiengesellschaft offenen Typs
AIG	Bundesgesetz „Über ausländische Investitionen in der Russischen Föderation“
AktG	Bundesgesetz „Über Aktiengesellschaften“
AktG-D	Aktiengesetz der Bundesrepublik Deutschland
AktO	Aktienordnung
Alt.	Alternative
Anm.	Anmerkung
AO	Akcionernoe obščestvo (Aktiengesellschaft)
AOoT	Akcionernoe obščestvo otkrytogo tipa (Aktiengesellschaft offenen Typs)
AOzT	Akcionernoe obščestvo zakrytogo tipa (Aktiengesellschaft geschlossenen Typs)
ArbGB	Arbeitsgesetzbuch

arg. e	argumentum e
Art.	Artikel
AuWiUntVO	Verordnung über die Weiterentwicklung der außenwirtschaftlichen Tätigkeit staatlicher, kooperativer und anderer gesellschaftlicher Unternehmen, Vereinigungen und Organisationen
BAG	Bundesarbeitsgericht der Bundesrepublik Deutschland
BankG	Bundesgesetz „Über Banken und Bankentätigkeit"
Bd.	Band
BelegschaftsAGG	Bundesgesetz „Über die Besonderheiten der Rechtslage von Belegschaftsaktiengesellschaften (Volksunternehmen)"
BGB	Bürgerliches Gesetzbuch der Bundesrepublik Deutschland
BGBl.	Bundesgesetzblatt der Bundesrepublik Deutschland
BGH	Bundesgerichtshof der Bundesrepublik Deutschland
BiOst	Bundesinstitut für ostwissenschaftliche Studien
BMD	Bjulleten` meždunarodnych dogovorov (Bulletin internationaler Verträge)
BNA	Bjulleten` normativnych aktov ministerstv i vedomstv (Bulletin der Rechtsakte von Ministerien und Behörden)
Bsp.	Beispiel
bspw.	beispielsweise
BuchführungsG	Bundesgetz „Über die buchhalterische Rechnungslegung"
BuchRechnVO	Verordnung über Buchführung und Rechnungslegung in der Russischen Föderation
BVS	Bjulleten` Verchovnogo Suda (Bulletin des Obersten Gerichts)

bzw.	beziehungsweise
ChiP	Chozjajstvo i pravo (Wirtschaft und Recht; Zeitschrift)
D	Bundesrepublik Deutschland
DB	Der Berater (Zeitschrift)
DDR	Deutsche Demokratische Republik
d.h.	das heißt
ders.	derselbe
dies.	dieselbe(n)
E	Entwurf
EEBL	East European Business Law (Zeitschrift)
EGSteuerkodex	Einführungsgesetz zum Steuerkodex
EGZGB	Einführungsgesetz zum Zivilgesetzbuch
EigtG	Gesetz „Über das Eigentum in der UdSSR“
Einl.	Einleitung
EinpersonenRL	Zwölfte Richtlinie des Rates auf dem Gebiet des Gesellschaftsrechts betreffend Gesellschaften mit beschränkter Haftung mit einem einzigen Gesellschafter
ÉiŽ	Ékonomika i Žizn` (Wirtschaft und Leben, Zeitschrift)
ÉiŽ - BP	Ékonomika i Žizn` - Buchgalterskoe priloženie (Wirtschaft und Leben - Buchhalterische Beilage)
EU	Europäische Union
EuR	Europarecht (Zeitschrift)
EuZW	Europäische Zeitschrift für Wirtschaftsrecht
EVORegO/Moskau	Einführungsverordnung zur RegO/Moskau
EWEG	East-West Executive Guide (Zeitschrift)
EWG	Europäische Wirtschaftsgemeinschaft

f./ff.	(fort-) folgende
F.A.Z.	Frankfurter Allgemeine Zeitung
FIG	Finanz-Industrie-Gruppe
FIGG	Bundesgesetz „Über Finanz-Industrie-Gruppen"
FKCB	Federal\`naja Komissija po Rynku Cennych Bumag (Föderale Kommission für den Wertpapiermarkt)
Fn.	Fußnote
FS	Festschrift
gAG	geschlossene Aktiengesellschaft
GB	Großbritannien
GbR	Gesellschaft bürgerlichen Rechts
ggf.	gegebenfalls
GemU	Gemeinschaftsunternehmen
GenG	Gesetz betreffend die Erwerbs- und Wirtschafts-genossenschaften
GewinnsteuerG	Bundesgesetz „Über die Besteuerung des Gewinns von Unternehmen und Organisationen"
GiP	Gosudarstvo i Pravo (Staat und Recht, Zeitschrift)
GK	Graždanskij Kodeks Rossijskoj Federacii (Zivilgesetzbuch der RF)
GKAP	Gosudarstvennyj Komitet po Antimonopol\`noj Politike i Podderžke Novych Ékonomičeskich Struktur (Staatliches Komitee für Antimonopolpolitik und Unterstützung neuer Wirtschaftsstrukturen)
GmbH	Gesellschaft mit beschränkter Haftung
GmbHG	Bundesgesetz „Über Gesellschaften mit beschränkter Haftung"

GmbHG-D	Gesetz betreffend die Gesellschaften mit beschränkter Haftung der Bundesrepublik Deutschland
GmzH	Gesellschaft mit zusätzlicher Haftung
GrZG	Grundlagen der Zivilgesetzgebung der UdSSR
GS	Gedenkschrift
GUS	Gemeinschaft Unabhängiger Staaten
HGB	Handelsgesetzbuch
h.M.	herrschende Meinung
Hrsg.	Herausgeber
IBL	International Business Lawyer (Zeitschrift)
ICCLR	International Company and Commercial Law Review (Zeitschrift)
ICLQ	International Company Law Quarterly (Zeitschrift)
i.d.F.	in der Fassung
i.d.R.	in der Regel
i.E.	im Ergebnis
i.e.S.	im engeren Sinne
IGH	Internationaler Gerichtshof
i.H.v.	in Höhe von
ImmRegG	Bundesgesetz „Über die staatliche Registrierung von Immobilienrechten und -geschäften“
InstrEinfGes	Instruktion zur Darstellung von Operationen in der Buchführung, die mit der Durchführung von Verträgen über einfache Gesellschaften verbunden sind
IPR	Internationales Privatrecht
i.S.d.	im Sinne des
JbfOR	Jahrbuch für Ostrecht

KK	Kölner Kommentar zum Aktiengesetz
LizG	Bundesgesetz „Über die Lizenzierung bestimmter Tätigkeiten"
ltd.	limited
mbH	mit beschränkter Haftung
Mio.	Millionen
m.E.	meines Erachtens
m.w.N.	mit weiteren Nachweisen
NĖP	Novaja Ėkonomičeskaja Politika (Neue Wirtschafts-politik)
n.F.	neue Fassung
NotarO	Grundlagen der Gesetzgebung der Russischen Föderation über das Notariat
Nr.	Nummer
o.	oben
O	Ordnung
o.ä.	oder ähnliches
OHG	Offene Handelsgesellschaft
OG	Oberstes Gericht
o.g.	oben genannt
OOO	Obščestvo s ograničennoj otvetstvennost`ju (Gesellschaft mit beschränkter Haftung)
OWG	Oberstes Wirtschaftsgericht
Pkt.	Punkt
Pos.	Position

PrivG	Bundesgesetz „Über die Privatisierung staatlicher und kommunaler Unternehmen“
PSJEEL	Parker School Journal of East European Law (Zeitschrift)
PublizitätsRL	Publizitätsrichtlinie
RabelsZ	Zeitschrift für ausländisches und internationales Privatrecht
Rbl.	Rubel
RCEEL	Review of Central and East European Law (Zeitschrift)
RegisterO	Ordnung über das Verfahren der Führung des staatlichen Unternehmensregisters
RegisterO/Moskau	Ordnung über das Moskauer Registrierungsregister
RegistrierungsG	Bundesgesetz „Über die Registrierung juristischer Personen“
RegO	Ordnung über das Verfahren der staatlichen Registrierung der Subjekte unternehmerischer Tätigkeit
RegO/Moskau	Ordnung über das Verfahren der Registrierung von Unternehmen in der Stadt Moskau
RegVO	Regierungsverordnung
RF	Russische Föderation
RFFI	Rossijskij Fond Federal`nogo Imuščestva (Russischer Bundesvermögensfonds)
RG	Rossijskaja Gazeta (Russische Zeitung; zugleich amtliches Bekanntmachungsblatt)
RGW	Rat für gegenseitige Wirtschaftshilfe
RiOWG	Richter(in) am Obersten Wirtschaftsgericht
RIW	Recht der internationalen Wirtschaft (Zeitschrift)
Rn.	Randnummer

Ross.	Rossijskij (russisch)
Ross. Justicija	Rossijskaja Justicija (Russische Justiz; Zeitschrift)
ROW	Recht in Ost und West (Zeitschrift)
RPdrW	Recht und Praxis der deutsch-russischen Wirtschaftsbeziehungen (Mitteilungen der Vereinigung für deutsch-russisches Wirtschaftsrecht e.V.)
RSFSR	Rossijskaja Sovetskaja Federatívnaja Socialističeskaja Respublika (Russische Sowjetische Föderative Sozialistische Republik)
Rspr.	Rechtsprechung
russ.	russisch
s.	siehe
S.	Seite
SA	Societé Anonyme
SARL	Societé à Responsabilité Limitiée
SAS	Societé par Actions Simplifiée
SGiP	Sovetskoe Gosudarstvo i Pravo (Sowjetstaat und Recht; Zeitschrift)
SNG	Sodružestvo Nezavisimych Gosudarstv (Gemeinschaft Unabhängiger Staaten)
Sog.	Sogenannt(e)
SowAktienO	Ordnung der UdSSR über Aktiengesellschaften
SPP	Sobranie postanovlenij Pravitel`stva SSSR (Verordnungsblatt der Regierung der UdSSR)
SŠA	Soedinënnye Štaty Ameriki (Vereinigte Staaten von Amerika)

SSR	Sovetskaja Socialističeskaja Respublika (Sowjetische Sozialistische Republik)
SSSR	Sojuz Sovetskich Socialističeskich Respublik (Union der Sowjetischen Sozialistischen Republiken)
SteuerGrG	Bundesgesetz „Über die Grundlagen des Steuersystems in der Russischen Föderation"
SU RSFSR	Sobranie Uzakonenij i Rasporjaženij Rabočego i Krest`janskogo Pravitel`stva RSFSR (Gesetz- und Verordnungsblatt der Arbeiter und Bauernregierung der RSFSR)
SZ RF	Sobranie Zakonov Rossijskoj Federacii (Gesetzblatt der Russischen Föderation)
TOO	Tovariščestvo s ograničennoj otvetstvennost`ju (Gesellschaft mit beschränkter Haftung)
u.a.	unter anderem
u.U.	unter Umständen
UdSSR	Union der Sowjetischen Sozialstischen Republiken
UkrGmbHG	Gesetz der Ukrainischen Sowjetischen Sozialistischen Republik über Gesellschaften mit beschränkter Haftung
UntG	Gesetz „Über die Unternehmen in der UdSSR"
U.S.	United States
v.	von
VBR	Vestnik Banka Rossii (Bote der Bank Rußlands)
VdW	Verband der deutschen Wirtschaft in der Russischen Föderation
Verf	Verfassung

VerfahrensO/WbG	Ordnung über das Verfahren der Einreichung von Anträgen und Anzeigen gemäß den Anforderungen der Art. 17 und 18 WbG bei den Antimonopolbehörden
VersG	Bundesgesetz „Über die Organisation des Versicherungswesens“
VfdrWR	Mitteilungen der Vereinigung für deutsch-russisches Wirtschaftsrecht
vgl.	vergleiche
VMM	Vestnik Mérii Moskvy (Bote des Bürgermeisters von Moskau)
VMU	Vestnik Moskovskogo Universiteta (Bote der Moskauer Universität)
VO	Verordnung
VOGemU	Verordnung „Über das Gründungsverfahren und die Tätigkeit von Gemeinschaftsunternehmen unter Beteiligung sowjetischer Organisationen und Firmen aus kapitalistischen und Entwicklungsländern auf dem Territorium der UdSSR“
VSNDiVS SSR	Vedomosti S``ezda Narodnych Deputatov i Verchovnogo Soveta (Gesetzblatt des Kongresses der Volksdeputierten und des Obersten Sowjet der UdSSR)
VSO	Verfassungs- und Verwaltungsrecht der Staaten Osteuropas
VVS	Vedomosti Verchovnogo Suda (Mitteilungen des Obersten Gerichtes)
VVAS	Vestnik Verchovnogo Arbitražnogo Suda (Bote des Obersten Wirtschaftsgerichtes)
VWD	Vereinigte Wirtschaftsdienste

WbG	Bundesgesetz „Über den Wettbewerb und die Begrenzung monopolistischer Tätigkeit auf Warenmärkten“
WertpapierRegO	Ordnung über die Führung des Registers der Inhaber von Namenswertpapieren
WGO-MfOR	Die wichtigsten Gesetzgebungsakte in den Ländern Ost- und Südosteuropas - Montshefte für Osteuropäisches Recht (Zeitschrift)
WiPO	Wirtschaftsprozeßordnung
WiRO	Wirtschaft und Recht in Osteuropa (Zeitschrift)
WM	Zeitschrift für Wirtschafts- und Bankrecht (Wertpapiermitteilungen)
wörtl.	wörtlich
WpBörsO	Wertpapierbörsenordnung
WPG	Bundesgesetz „Über die Wirtschaftsprüfertätigkeit“
WPMInvestG	Bundesgesetz „Über den Schutz der Rechte und gesetzlichen Interessen von Investoren auf dem Wertpapiermarkt“
WPMG	Bundesgesetz „Über den Wertpapiermarkt“
ZAO	Zakrytoe akcionernoe obščestvo (Geschlossene Aktiengesellschaft)
Z.B.	Zum Beispiel
ZfOR	Zeitschrift für Ostrecht

INHALTSVERZEICHNIS

Einleitung

In der Russischen Föderation ist der Prozeß der Systemtransformation von einer staatlichen Zentralverwaltungswirtschaft zu einer auf privatem Eigentum und privater unternehmerischer Interessenverfolgung beruhenden Markt- und Wettbewerbsordnung noch nicht abgeschlossen.[1] Seit Beginn der Transformation besteht ein rechtliches Primärziel darin, die Fortführung und Vertiefung dieses Prozesses durch eine entsprechende Privatrechtsordnung zu sichern,[2] die neben der Privatisierung des Kollektiv- und Staatseigentums und der Gewährleistung von Gewerbefreiheit in erster Linie auf die Schaffung eines Organisationsrechts für unternehmerische Betätigung auszurichten ist.[3] Hierbei verdient die Neukodifikation des Rechts der Kapitalgesellschaften besonderes Augenmerk, weil die Entwicklung eines modernen Kapitalgesellschaftsrechts - in allen sozialistisch geprägten Regimen naturgemäß ein so weit wie möglich zurückgedrängter Fremdkörper - erst den rechtlichen Rahmen sowohl für die Umwandlung staatlicher Betriebe in privatwirtschaftliche Einheiten als auch für die Allokation privaten Kapitals aus dem In- und Ausland bildet. Daneben spielt die Schaffung eines adäquaten gesellschaftsrechtlichen Umfeldes für die Entstehung eines privaten Unternehmertums und insbesondere eines neuen Mittelstandes[4] eine nicht zu unterschätzende Rolle.[5]

---

1 So wird in der Präambel des Partnerschaftsabkommens zwischen den Europäischen Gemeinschaften und der Russischen Föderation vom 24.6.1994 (BGBl. 1997 II, S. 847 ff.) letztere als „Land mit einer Übergangswirtschaft" bezeichnet. Darin spiegelt sich die erreichte Distanz zum Begriff des „Staatshandelslandes", aber auch die fortdauernde Transformation wider; vgl. dazu Schneider, Partnerschafts- und Kooperationsabkommen mit der EU - RF und Ukraine, in: Weidenfeld (Hrsg.), Demokratie und Marktwirtschaft in Osteuropa, S. 437 (440); zu wirtschaftlichen Aspekten der Kooperation EU - RF vgl. Timmermann, Rußland: Strategischer Partner der EU?, OSTEUROPA 1999, Nr. 10, S. 991 (999 ff.).

2 Vgl. hierzu grundsätzlich Roggemann, Wandel der Eigentumsordnung in Osteuropa, S. 12 (21 f.).

3 Vgl. Pellegrino, Übergang zur Marktwirtschaft und allgemeines Vertragsrecht im neuen russischen ZGB, RIW 1998, Nr. 7, S. 501.

4 Dabei verläuft die Entwicklung des Mittelstandes in Rußland nur zögernd und wurde zudem durch die Wirtschaftskrise nach dem 17. August 1998 zurückgeworfen; vgl. Franzen/Haarland/Niessen, Transformationsbarometer Osteuropa 2000, S. 70 f.; Siegl, Rußland: Noch immer eine Staatswirtschaft, F.A.Z. v. 21.11.1998, S. 13. Nach wie vor ist die russische Wirtschaft durch die Umverteilung von Wirtschaftsressourcen durch den Staat geprägt; vgl. Siegl, Rußlands verlorene Zeit, F.A.Z. v. 7.5.1999, S. 17. Allgemein zu den Funktionen des Kleinunternehmertums bzw. des Mittelstandes in der russischen Transformationswirtschaft vgl. Schulze, Kleine Unternehmen in Rußland, S. 12 ff.

5 Gromotke, Entwicklung und Ausgestaltung des GmbH-Rechts in Ostmitteleuropa, S. 5.

Der Gesetzgebungsprozeß ist inzwischen hinsichtlich des Kapitalgesellschaftsrechts zu einem vorläufigen Abschluß gebracht worden. Nachdem bereits der 1. Teil des ZGB[6] Rahmenregelungen für die Gesellschaftsformen der AG und der GmbH bereitstellte, die hinsichtlich des Aktienrechts durch das zum 1. Januar 1996 in Kraft getretene AktG[7] ausgefüllt werden, hat sich der „Flächenbrand" neuer GmbH-Gesetze in den ehemals sozialistischen Staaten Osteuropas[8] mit dem Inkrafttreten des russischen GmbH-Gesetzes[9] zum 1. März 1998 fortgesetzt. Damit kann erstmals seit Beginn der 90er Jahre davon ausgegangen werden, daß in Rußland nunmehr die Grundlagen für ein marktkonformes (Kapital-) Gesellschaftsrecht geschaffen worden sind[10] und die Rechtsverhältnisse russischer Kapitalgesellschaften daher nicht nur für eine gewisse Übergangszeit durch das derzeit geltende Recht geprägt sein werden.

Bislang fehlt im deutschsprachigen Raum eine umfassende Darstellung des geltenden russischen GmbH-Rechts. Daß an einer derartigen Untersuchung ein vitales Interesse besteht, zeigt die praktische Bedeutung dieser Rechtsform: So spielte die GmbH bereits vor Inkrafttreten des GmbHG eine wichtige Rolle im bilateralen Wirtschaftsverkehr als Rechtsform für Gemeinschafts- und Tochterunternehmen;[11] ausserdem ist sie (auch) in Rußland die typische Rechtsform für kleine und mittlere Unternehmen und folgerichtig die im - sich herausbildenden[12] - russischen Mittel-

---

6 SZ RF 1994, Nr. 32, Pos. 3301, geändert durch Gesetze v. 20.02.1996 (SZ RF 1996, Nr. 9, Pos. 773), v. 12.08.1996 (SZ RF 1996, Nr. 34, Pos. 4026) und v. 08.07.1999 (SZ RF 1999, Nr. 28, Pos. 3471). Gemäß Art. 1 EGZGB I (SZ RF 1994, Nr. 32, Pos. 3302) trat der 1. Teil des ZGB zum 01.01.1995 in Kraft. Der 4. Abschnitt, der das Recht der juristischen Personen enthält, trat gemäß Art. 6 EGZGB I bereits mit seiner amtlichen Veröffentlichung am 8.12.1994 in Kraft.

7 SZ RF 1996, Nr. 1, Pos. 1, geändert durch Gesetze v. 13.06.1996 (SZ RF 1996, Nr. 25, Pos. 2956), v. 24.05.1999 (SZ RF 1999, Nr. 22, Pos. 2672) und v. 07.08.2001 (SZ RF 2001, Nr. 33, Pos. 3423).

8 Vgl. Lutter, Die Entwicklung der GmbH in Europa und der Welt, in: FS 100 Jahre GmbH-Gesetz, S. 49 (54).

9 SZ RF 1998, Nr. 7, Pos. 785; geändert durch Gesetze v. 11.07.1998 (SZ RF 1998, Nr. 28, Pos. 3261) und v. 31.12.1998 (SZ RF 1999, Nr. 1, Pos. 2); amtliche Erstveröffentlichung in RG Nr. 30 v. 17.02.1998, S. 3 ff. (= ĖiŽ 1998, Nr. 8, S. 12 ff.).

10 Solotych, Russisches Recht der Handelsgesellschaften, in: Breidenbach, Handbuch Wirtschaft und Recht in Osteuropa, RUS SYST 31, Rdn. 1.

11 Waehler, Zum russischen GmbH-Gesetz, RPdrW März 1998, Nr. 14, S. II.

12 Ein Spezifikum der russischen Wirtschaftsentwicklung liegt in der traditionellen Unterentwicklung des klein- und mittelständischen Elements; Schröder, Jelzin und die „Oligarchen", BIOst-Bericht Nr. 40 - 1998, S. 27. Es verwundert daher nicht, daß die gezielte Unterstützung kleiner und mittlerer Unternehmen durch die jeweiligen Administrationen ein wesentlicher Faktor (relativ) positiv verlaufender Regionalentwicklungen ist; vgl. Lapina, Business und Macht in den rußländischen

stand am häufigsten vertretene Rechtsform.[13] Neben dem GmbH-Recht im engeren Sinne sollen aber auch diejenigen Regelungen in die Betrachtung einbezogen werden, die der russische Gesetzgeber für das „GmbH-Unternehmen", das heißt für die Realform einer personenverbandsmäßigen Unternehmensorganisation,[14] bereitstellt. Aus diesem Grund kann sich der Untersuchungsgegenstand nicht auf die Rechtsform der GmbH beschränken, denn das russische Kapitalgesellschaftsrecht stellt mit der geschlossenen AG (fortan: gAG) eine weitere Rechtsform zur Verfügung, die durch die Strukturmerkmale der Risikobegrenzung, der Geschlossenheit des Mitgliederkreises und des Ausschlusses vom öffentlichen Kapitalmarkt gekennzeichnet ist und mithin als personalistische Kapitalgesellschaft der genannten Realform entspricht.

Die Herausarbeitung der zwischen diesen Rechtsformen bestehenden Unterschiede entspricht einem praktischen Bedürfnis. Während es zur Erschließung des russischen Marktes ausreichend sein mag, zunächst mit einer Repräsentanz vor Ort vertreten zu sein, wird für deutsche Unternehmen regelmäßig die Gründung einer russischen Tochtergesellschaft erforderlich, sobald sich ihre Geschäftsbeziehungen zur Russischen Föderation intensivieren. Insbesondere bei produzierenden Unternehmen zeichnet sich in jüngster Zeit vermehrt ein Trend hin zur russischen Tochtergesellschaft ab, um mit der Abkehr vom reinen Liefergeschäft die Abhängigkeit von Wechselkursschwankungen und Importzöllen zu verringern und im sich verschärfenden Wettbewerb die Kostensenkungspotentiale der Produktion vor Ort zu nutzen. Dabei werden die Entscheidungsträger in den Unternehmen typischerweise mit der Frage konfrontiert, ob die russische Gesellschaft als GmbH oder geschlossene AG verfaßt sein soll. Vor dem Hintergrund der Konkurrenz der Kapitalgesellschaftsformen unterhalb der Kapitalmarktschwelle soll mit der vorliegenden Untersuchung da-

---

Regionen, BIOst-Bericht Nr. 41 - 1998, S. 17. Zu Belebungstendenzen im Bereich kleiner und mittlerer Unternehmen während der Konsolidierungsjahre 1999 und 2000 s. Jahresbericht des VdW „Rußland 2000 - Schritte in die richtige Richtung", S. 5 u. 14 (http.//www.vdw.ru).

[13] Kenter, Wirtschaftliche Situation und Probleme kleinerer und mittlerer Unternehmen in Rußland, S. 24.

[14] Dieser Idealtyp ist durch die Strukturelemente der Verselbständigung des Unternehmens gegenüber seinen Trägern, der Risikobegrenzung, der Annäherung von Mitgliedschaft im Personenverband und Unternehmensleitung sowie der Geschlossenheit des Mitgliederkreises gekennzeichnet, weswegen er aus rechtsvergleichender Sicht einheitlich als „GmbH-Unternehmen" bezeichnet werden kann; vgl. zu diesem Ansatz Hachenburg (Behrens), GmbHG-D (7. Aufl.), Einl. Rdn. 670 f.

her der Versuch unternommen werden, das russische GmbH-Recht in seinen Grundzügen darzustellen und durch eine Gegenüberstellung mit dem Recht der geschlossenen AG diejenigen Unterschiede systematisch herauszuarbeiten, die für die Rechtsformwahl maßgeblich sind. Anhand der erarbeiteten Rechtsformwahlaspekte ist die Frage zu klären, ob und inwieweit die in Rußland bestehende gesetzliche Duplizität der personalistischen Kapitalgesellschaft durch eigenständige Anwendungsbereiche der jeweiligen Rechtsform zu rechtfertigen ist oder ob sie als historisch bedingte Vertypung eines weitgehend identischen Leitbildes das Rechts- und Wirtschaftsleben der russischen Transformationsökonomie nur unnötig verkompliziert.[15]

Eine Prüfung der Frage, ob die russischen Regelungen des „GmbH-Unternehmens" den gestellten Anforderungen genügen, setzt die Existenz eines Vergleichsmaßstabes voraus. Dieser Maßstab muß eine Entscheidung darüber ermöglichen, ob die Materie umfassend geregelt ist und den in westlichen Ländern geltenden Standards entspricht. Ein regelmäßig gewähltes Verfahren zur Ermittlung eines Vergleichsmaßstabes besteht darin, auf das entsprechende Recht des Heimatlandes zurückzugreifen und es der Untersuchung des fremden Rechts zugrunde zu legen. Für die Zwecke der vorliegenden Untersuchung erscheint ein Rückgriff jedenfalls auf deutsches GmbH-Recht zulässig, da die Lösung des deutschen GmbH-Gesetzgebers von 1892 bekanntlich eine weltweite Vorbildfunktion entfaltet hat.[16] Jedoch stand deutsches Recht weder bei Erlaß des russischen AktG noch des GmbHG vorrangig Pate, weshalb zusätzlich der Angleichungsgedanke aus Art. 55 Abs. 1 S. 2 des Partnerschaftsabkommens[17] herangezogen werden soll, wonach Rußland sich „darum bemühen [wird], seine Rechtsvorschriften schrittweise mit dem Gemeinschaftsrecht in Einklang zu bringen".[18] Der Untersuchungsgegenstand wird daher

---

[15] So wird von namhaften russischen Zivil- und Gesellschaftsrechtlern bezweifelt, daß die Rechtsform der gAG in Rußland in praxi benötigt werde; vgl. Kruse, Neues russisches GmbH-Recht sowie die Modellgesetzgebung für die GUS-Staaten (Gesellschaftsrecht), WGO-MfOR 1998, Nr. 5, S. 362 (363); Šapkina, Voprosy primenenija korporativnogo zakonodatel`stva, VVAS 1999, Nr. 5, S. 85 (87).

[16] Die GmbH wird vielfach als wichtigster und erfolgreichster Exportartikel des deutschen Rechts bezeichnet, so z.B. Lutter, Die Entwicklung der GmbH in Europa und in der Welt, in: FS 100 Jahre GmbH-Gesetz, S. 49 (51); ders./Hommelhoff, GmbHG-D, Einl. Rdn. 15; Zöllner, 100 Jahre GmbH, JZ 1992, 381 (385).

[17] S. Fn. 1.

auch an denjenigen EU-Richtlinien zu messen sein, die zumindest auch die GmbH betreffen.[19]

Um die historischen Wurzeln der gesetzlichen Regelung zweier personalistischer Kapitalgesellschaften aufzuzeigen, enthält das erste Kapitel einen rechtshistorischen Überblick über die Entwicklung des russischen GmbH- und Aktienrechts bis 1994. Eine Betrachtung, ob bzw. welche Rechtsträger für das „GmbH-Unternehmen" zur Verfügung standen, erscheint umso mehr angezeigt, als zahlreiche Phänomene des geltenden GmbH- und Aktienrechts nur unter Einbeziehung rechtshistorischer Entwicklungslinien erklärbar sind.

Im anschließenden Kapitel der Untersuchung werden die Entstehung der personalistischen Kapitalgesellschaft erörtert und die den primären Rechtsgrundlagen zugrundeliegenden Grundprinzipien untersucht.

Im dritten Kapitel werden die aus der Mitgliedschaft in einer GmbH bzw. gAG fließenden Rechte dargestellt. Insbesondere das - westeuropäischen GmbH-Kodifikationen unbekannte - ordentliche Austrittsrecht aus Gesellschaften mbH verdeutlicht den eigenständigen Charakter des russischen GmbH-Rechts und bedarf daher eingehender Behandlung.

Wesentliche Erkenntnisse für die Rechtsformwahlkriterien zwischen GmbH und geschlossener AG können aus deren Finanzverfassungen gewonnen werden, denen aus diesem Grund das vierte Kapitel gewidmet ist.

Die Arbeit schließt mit einer Gegenüberstellung der Organisationsverfassungen der personalistischen Kapitalgesellschaft im fünften sowie einem Überblick über die im

---

18 Unter den in Art. 55 Abs. 2 des Partnerschaftsabkommens aufgeführten Rechtsangleichungsmaterien wird das Gesellschaftsrecht an erster Stelle geführt, was die durch zunehmende internationale Verflechtung bedingte Dringlichkeit in diesem Bereich unterstreicht. Nur eine zügige Realisierung des im Partnerschaftsabkommen vorgesehenen Anpassungsprogramms kann verhindern, daß aufgrund der systematischen und schnell voranschreitenden Übernahme des acquis communautaire der EU durch die Beitrittskandidaten ein dauerhaftes normatives Gefälle zu Rußland entsteht; vgl. dazu Timmermann, Rußland: Strategischer Partner der EU?, OSTEUROPA 1999, Nr. 10, S. 991 (997, 1003); ders., European-Russian Partnership: What Future?, BIOst-Bericht Nr. 14 - 2000, S. 5; ders., Rußland und die internationalen europäischen Strukturen, in: BIOst (Hrsg.), Rußland in Europa?, S. 199 (208).

19 Ein Überblick über die GmbH betreffende Richtlinien sowie sich erst de lege ferenda abzeichnende Harmonisierungsbestrebungen findet sich bei Gromotke, Entwicklung und Ausgestaltung des GmbH-Rechts in Ostmitteleuropa, S. 43 ff.

Konzernrecht und der Rechnungslegung bestehenden Unterschiede im sechsten Kapitel.

Damit sind zugleich die Grenzen des Untersuchungsgegenstandes abgesteckt. Eine umfängliche Darstellung des GmbH- und Aktienrechts über diejenigen Bereiche hinaus, die aufgrund von Abweichungen für die Rechtsformwahl von Interesse sind, ist nicht intendiert. Andere für eine privatunternehmerische Betätigung vorgesehene Rechtsformen, insbesondere die Offene AG und die Personengesellschaften, gehören nicht zum Gegenstand der Untersuchung. Sonderrechtsgebiete wie die Wettbewerbs-, Kartell- und Ausländerinvestitionsgesetzgebung finden insoweit Berücksichtigung, als sich auf die Rechtsverhältnisse der GmbH und geschlossenen AG nicht nur unwesentliche Auswirkungen ergeben.

1. Kapitel: Rezeption der GmbH und Entwicklung der personalistischen Kapitalgesellschaft in Rußland bis 1994

Die GmbH wurde 1892 durch den deutschen Gesetzgeber ohne historisches Vorbild neu geschaffen, um die Lücke zwischen den Personenhandelsgesellschaften und der aufwendigen Rechtsform der AG auszufüllen,[20] und ist damit ein Produkt der neueren Rechtsentwicklung. Das Aktienrecht als System der Normativbestimmungen mit weitgehend zwingenden Normen hatte in Deutschland zu einer teuren, komplizierten und unflexiblen Rechtsform geführt, die ein praktisches wirtschaftliches Bedürfnis für eine flexible Form von kleineren, ebenfalls das Privileg der beschränkten Haftung gewährenden Gesellschaften provozierte.[21]

Die Beantwortung der Frage, ob und gegebenenfalls wie der (sowjet-) russische Gesetzgeber auf das Erscheinen von Gesellschaften mbH in westeuropäischen Rechtsordnungen reagierte, wird somit davon abhängen, ob die jeweilige Ausgestaltung des Gesellschaftsrechts in Rußland zu einer mit der damaligen deutschen vergleichbaren Interessenlage führte. Angesichts der allgemeinen Erkenntnis, daß das Bedürfnis der Praxis nach einem eigenständigen GmbH-Strukturtypus unmittelbar von der Strenge bzw. Permissivität des jeweiligen Aktienrechts abhängt,[22] ist zunächst die Entwicklung des (sowjet-) russischen Aktienrechts seit der Jahrhundertwende unter dem Aspekt zu betrachten, ob dieses eine weitgehend personalistische Ausgestaltung der AG zuließ. Dabei wird von dem vor dem 1. Weltkrieg erreichten Stadium des zaristischen Aktienrechts ausgegangen, da die Geschichte der GmbH als eigenständiger Rechtsform erst mit der Jahrhundertwende beginnt und die Entwicklung des Aktienrechts in Rußland bis zum Ende des 19. Jahrhunderts im hier interessierenden Zusammenhang somit keiner vertieften Betrachtung bedarf.[23]

---

20 Vgl. Hueck, Gesellschaftsrecht, S. 322 f.; Hachenburg (Behrens), GmbHG-D (7. Aufl.), Rdn. 129.

21 Vgl. Lutter, Die Entwicklung der GmbH in Europa und in der Welt, in: FS 100 Jahre GmbH-Gesetz, S. 49 (51); Bungert, Die GmbH im US-amerikanischen Recht - Close Corporation, S. 10.

22 S. Hachenburg (Behrens), GmbHG-D (7. Aufl.), Rdn. 129, 673; Lutter, die Entwicklung der GmbH in Europa und in der Welt, in: FS 100 Jahre GmbH-Gesetz, S. 49 (50); Friedewald, Die personalistische Aktiengesellschaft, S. 27 ff.

23 S. hierzu im Einzelnen Dolinskaja, Akcionernoe pravo, S. 48 ff.; Feitelberg, Staatliche und gemischte Aktiengesellschaften im Sowjetrecht, S. 11 ff.; Feldbrugge et al. (Hrsg.), Encyclopedia of Soviet law, S. 196 f.; Ioncev, Akcionernye obščestva 1, S. 5 ff.; Kašanina, Chozjajstvennye tovariščestva i obščestva, S. 356 ff.; Lindt, Das sowjetrussische Aktienrecht, S. 9 f.; Owen, The corporation under Russian law, 1800-1917 - A study in tsarist economic policy, S. 1 - 154; Šepelev,

A. Rezeptionstendenzen vor 1917

I. Das Gesellschaftsrecht des Russischen Reiches

Das Gesellschaftsrecht des russischen Reiches war in Band X Teil 1 des Svod Zakonov, der zum 01.01.1835 in Kraft getretenen amtlichen Gesetzessammlung (fortan: Svod Zakonov Graždanskich),[24] geregelt, dessen Art. 2128 vier Gesellschaftsformen vorsah: die Vollgesellschaft (der OHG nach deutschem Recht vergleichbar), die Gesellschaft auf Vertrauen oder auf Einlagen (Kommanditgesellschaft),[25] die Arbeitsgesellschaft (Artel) sowie die Aktiengesellschaft. Für letztere verwendete der Gesetzgeber in manchen Regelungszusammenhängen auch die - als identisch behandelten - Termini „Anteilsgesellschaft" oder „Compagnie auf Aktien".[26] Das Aktienrecht ging zurück auf das Manifest vom 1. Januar 1807 „Über die der Kaufmannschaft gewährten neuen Vorteile, Sonderrechte und Privilegien und die neuen Möglichkeiten der Ausdehnung und Konsolidierung von Handelsunternehmen" sowie auf die „Ordnung über Compagnien auf Aktien" von 1836, welche in ihrer Gesamtheit in den Svod Zakonov Graždanskich integriert wurden.[27] In Artt. 499-524 der Handelsordnung[28] wurden die zivilrechtlichen Regelungen im wesentlichen wiederholt; hinsichtlich des Aktienrechts verwies die Handelsord-

---

Akcionernye kompanii v Rossii, S. 23 ff.; Šeršeněvič, Učebnik russkogo graždanskogo prava, S. 92, 388; ders., Učebnik torgovogo prava, S. 142 ff.; Solotych, Gesellschaftsrecht der Ukraine, S. 15 ff.; Tomsinov, Problemy akcionernogo prava poloviny XIX - načala XX v., Zakonodatel`stvo 1998, Nr. 7, S. 81 ff., Nr. 8, S. 83 ff., Nr. 9, S. 82 ff.; Wurch, Die Geschichte der Aktiengesellschaft in der Sowjetunion vor dem Hintergrund wirtschafts- und gesellschaftspolitischer Entwicklungen, S. 6 f.

[24] Svod Zakonov Rossijskoj Imperii, Tom X, Čast` 1. Svod Zakonov Graždanskich. Izdanie Petrograd 1914. Das Gesellschaftsrecht war dem besonderen Schuldrecht (IV. Buch,Teil III, 6. Kapitel) zugeordnet; s. dazu Kohler et al. (Zavadskij), Die Handelsgesetze des Erdballs, Einleitung S. XVII.

[25] Soweit im Wirtschaftsleben sog. Handelshäuser („torgovye doma") auftraten, waren diese als Voll- oder Kommanditgesellschaft verfaßt; vgl. Pobedonoscev, Kurs graždanskogo prava, S. 375; Šepelev, Akcionernye kompanii v Rossii, S. 21 (Fn. 67); Suchanov, Obščestva, tovariščestva i kooperativy, VVAS 1995, Nr. 6, S. 100 (103).

[26] Dolinskaja, Akcionernoe pravo, S. 54; Šepelev, Akcionernye Kompanii v Rossii, S. 22; Šeršeněvič, Učebnik torgovogo prava, S. 138 f.; Udincev, Russkoe torgovo-promyšlennoe pravo, S. 384 m.w.N.

[27] Vgl. Dolinskaja, Akcionernoe pravo, S. 54, 56; dies., Torgovye obščestva, VMU 1992, Nr. 3, S. 57 (58) m.w.N.; Lindt, Das sowjetrussische Aktienrecht, S. 9. Eine weitere Novellierung des Aktienrechts, die im wesentlichen die Durchführung der Hauptversammlung betraf, wurde 1902 vorgenommen; vgl. Kohler et al. (Zavadskij), Die Handelsgesetze des Erdballs, Einleitung S. XVII.

[28] Die Handelsordnung (Torgovyj Ustav) befand sich in Band X Teil 2 des Svod Zakonov.

nung sogar gänzlich auf den Svod Zakonov Graždanskich sowie auf Einzelfallregelungen.[29] Der Handelsordnung kam daher keine eigenständige Bedeutung für das zaristische Gesellschaftsrecht zu.[30]

Die Bestimmungen des Svod Zakonov Graždanskich zur Vollgesellschaft und zur Gesellschaft auf Vertrauen waren äußerst knapp gehalten und beschränkten sich auf die jeweilige Legaldefinition und eine Aussage zur persönlichen Haftung der Gesellschafter.[31] Auch in Artelgesellschaften konnte die persönliche Haftung der Gesellschafter für Verbindlichkeiten der Gesellschaft jedenfalls nicht völlig ausgeschlossen werden und knüpfte zudem an die mittelalterliche Sippenhaft (krugovaja poruka) an,[32] d.h. jeder Gesellschafter haftete für den anderen.[33] Mithin stellte das zaristische Gesellschaftsrecht mit Ausnahme der Aktiengesellschaft[34] keine das Privileg der beschränkten Haftung gewährende Rechtsform zur Verfügung. Eine Rezeption im eigentlichen Sinne der sich in den westeuropäischen Rechtsordnungen am Ende des 19. und Beginn des 20. Jahrhunderts zügig ausbreitenden Rechtsform der GmbH fand im zaristischen Rußland nicht statt.[35]

---

29 Artt. 77, 78 Handelsordnung.

30 Šepelev, Akcionemye kompanii v Rossii, S. 19 (dort Fn. 57) kritisiert im übrigen, daß „die Aufteilung des Regelungsgegenstandes zwischen dem X. und dem XI. Band ungenau war und sich nach und nach änderte".

31 S. Artt. 2126 - 2138 Svod Zakonov Graždanskich. Gem. Art. 2134 hafteten Gesellschafter der Vollgesellschaft gesamtschuldnerisch für sämtliche Gesellschaftsschulden mit ihrem gesamten beweglichen und unbeweglichen Vermögen. Die Haftungsverhältnisse in der Kommanditgesellschaft regelte Art. 2135. Voll- und Kommanditgesellschaften wurden im übrigen gemäß Art. 2132 durch Abschluß des Gründungsvertrages errichtet, der keiner Genehmigung von Seiten der Regierung bedurfte, vgl. Annenkov, Sistema russkago graždanskago prava, S. 241.

32 Vgl. Art. 87 Handelsordnung.

33 Solotych, Gesellschaftsrecht der Ukraine, S. 16. Ein Ausgleich im Innenverhältnis fand nicht statt, vgl. Gojchbarg, Očerki chozjajstvennogo prava, S. 51.

34 Gemäß Art. 2172 Svod Zakonov Graždanskich blieb das Haftungsrisiko der Aktionäre auf die Höhe ihrer Einlagen beschränkt.

35 Vgl. Landkof, Tovariščestvo s ograničennoj otvetstvenost'ju na Zapade i v SSSR, S. 7; Zalesskij (ders.), Kommentarij k Zakonu „Ob OOO", Einführung, S. IX.

1. Das Aktienrecht[36]

a. Grundzüge

Das Aktienrecht beruhte zur Zarenzeit auf dem Octroisystem, das dadurch gekennzeichnet ist, daß zur Gründung einer AG eine Spezialregelung in Form eines konkreten Rechtssatzes für den Einzelfall (Octroi) erforderlich ist.[37] Demnach waren die Gesellschaftssatzungen aufgrund der Rechtsnatur des hoheitlichen Genehmigungs- bzw. Bestätigungsaktes[38] als Einzelfallgesetze anzusehen[39] und wurden von den zuständigen Behörden bzw. Gesetzgebungskörperschaften[40] überdies zumeist selbst ausgearbeitet.[41] Diesem System der staatlich streng reglementierten Inkorporation, das auch inhaltlich mit einer ausgeprägten hoheitlichen Einflußnahme auf die Ausgestaltung der internen und externen Rechtsverhältnisse der zu gründenden Gesellschaften einherging, war nicht einmal eine Schranke in Gestalt zwingender abstrakt-genereller aktienrechtlicher Bestimmungen gesetzt, da die Normen des Svod Zakonov Graždanskich nach dessen Art. 2158 lediglich als „Grundlage" für die Ausgestaltung der Satzungen anzusehen waren.[42] Das kodifizierte Aktienrecht wur-

---

36 S. Artt. 2139 - 2198 Svod Zakonov Graždanskich.

37 Zum Octroisystem aus deutscher Sicht vgl. Raiser, Recht der Kapitalgesellschaften, S. 3 f. (Rn. 1). Zur Kritik der zeitgenössischen russischen Lehre am Octroisystem vgl. Udincev, Russkoe torgovo-promyšlennoe pravo, S. 390 f.

38 „Allerhöchste Genehmigung", Art. 2197 Svod Zakonov Graždanskich, für deren Erteilung die Regierung zuständig war, Art. 2140. In bestimmten Fällen reichten jedoch Genehmigungen des sachnächsten Branchenministers aus, vgl. Annenkov, Sistema russkago graždanskago prava, S. 241.

39 Vgl. Klibanski, Handbuch des gesamten russischen Zivilrechts, Band 3, S. 325 f., der darauf hinweist, daß „nach Literatur und Judikatur die Allerhöchst bestätigten Statuten ein Gesetz [darstellen]". Auch Šepelev, Akcionernye Kompanii v Rossii, S. 22, geht davon aus, daß die Gründung einer AG den Erlaß eines „separaten Gesetzes (der Satzung)" erfordert. Ebenso Annenkov, Sistema russkago graždanskago prava, S. 233 sowie Nersesov, Lekcii po torgovomu i veksel'nomu pravu, S. 111. Entscheidungen des Kassationsdepartements, in denen die Gesetzesqualität der Satzungen von Aktiengesellschaften bestätigt wird, sind nachgewiesen bei Udincev, Russkoe torgovo-promyšlennoe pravo, S. 391. A.A. Šeršeněvič, Kurs torgovogo prava, S. 144, nach welchem von den Bestimmungen des ZGB 1835 nicht statutarisch abgewichen werden kann und die in der Praxis herrschende Auffassung zu völliger Unbeständigkeit der organisationsrechtlichen Grundlagen von Aktiengesellschaften führt.

40 In Abhängigkeit vom Grad der Abweichung von den gesetzlichen Bestimmungen sowie der Verleihung bestimmter Privilegien waren die Zuständigkeiten bei den Branchenministerien, dem Ministerrat oder der Staatsduma angesiedelt; vgl. Guljaev, Russkoe Graždanskoe Pravo, S. 55.

41 Lindt, Das sowjetrussische Aktienrecht, S. 10.

42 Abstrakt-generellen Charakter wiesen insoweit nur diejenigen Normen auf, die das Genehmigungsverfahren selbst regelten (Artt. 2140, 2141, 2189-2198 Svod Zakonov Graždanskich).

de daher durch das tatsächliche Aktienrecht, wie es sich aus den Einzelfallregelungen der Gesellschaftssatzungen ergab, verdrängt und damit faktisch bedeutungslos.[43]

Das Octroisystem wirkte auch während des Bestehens der Gesellschaft als zusätzliches Flexibilitätshindernis für die bereits an sich starre Rechtsform, da gemäß Art. 2153 Svod Zakonov Graždanskich jede Satzungsänderung der abermaligen Genehmigung durch die Regierung bedurfte, soweit nicht lediglich Details des Produktionsablaufes o.ä. von Änderungen betroffen waren.[44]

An der Verfolgung der mit dem beschriebenen Genehmigungssystem verknüpften Zwecke, wie Gewährleistung laufender staatlicher Machtkontrolle mittels Beschränkung von Zahl und Größe der Gesellschaften, Zulassung nur zur Erfüllung zumeist quasi-hoheitlicher Aufgaben u.a., änderte sich bis zur Oktoberrevolution nichts mehr.[45] Die AG zaristischen Rechts blieb eine privilegierte, größeren Unternehmungen vorbehaltene inflexible Rechtsform. Die Orientierung der Zulassung von Aktiengesellschaften an öffentlichen Interessen[46] ließen der Privatautonomie und dem Gestaltungswillen der Gründer nur engen Raum. Unter den Bedingungen des absolutistischen Staates war somit weder das kodifizierte noch das tatsächliche Aktienrecht in einer Weise permissiv und flexibel ausgestaltet, die das Bedürfnis nach einem eigenständigen GmbH-Strukturtypus a priori ausgeschlossen hätte.

b. Die Anteilsgesellschaft

Das Bedürfnis der Praxis an einer mehr personalistisch ausgeprägten Rechtsform, die das Privileg der beschränkten Haftung gewährt, zeigte sich seit Beginn des 20. Jahrhunderts in der Gründung von sog. Anteilsgesellschaften auf der Grundlage der

---

[43] Vgl. Ob``jasnitelnye zapiski k proektu Graždanskogo Uloženija (Erläuterungen zum Entwurf des Zivilgesetzbuches), St. Petersburg 1899, Bd. 5, Buch 4, S. 2.

[44] Zur näheren Bestimmung dieses Wesentlichkeitskriteriums s. Annenkov, Sistema russkago graždanskago prava, S. 242.

[45] Allerdings war zu Beginn des 20. Jahrhunderts eine gewisse Aufweichung des Octroisystems in Richtung eines Konzessionssystems zu beobachten, vgl. Klemm, Russisches Kapitalgesellschaftsrecht, S. 29. Dies mag für ein verstärkt abstrakt-generelles Verständnis des kodifizierten Aktienrechts und eine weniger extensive Ausübung hoheitlicher Einflußnahme nach der Jahrhundertwende sprechen. Zu der in Westeuropa zunehmend zu beobachtenden Abkehr vom Konzessionssystem vgl. aus russischer Sicht Pokrovskij, Osnovnye problemy graždanskogo prava, S. 148 ff.

[46] Vgl. Lindt, Das sowjetrussische Aktienrecht, S. 10.

aktienrechtlichen Vorschriften sowie ohne Rechtsgrundlage.[47] Diese Rechtsform fand vornehmlich im Handel und produzierenden Gewerbe für Gesellschaften mit kleinerem und konstantem Mitgliederkreis Verwendung.[48] Aufgrund des Ausschlusses der persönlichen Haftung der Anteilsinhaber für Schulden der Gesellschaft vertrat die Rechtsprechung die Auffassung, zwischen Anteilsgesellschaften und Aktiengesellschaften bestehe kein Unterschied.[49] Anteilsgesellschaften verkörperten somit eine aktienrechtliche Sonderform,[50] die sich an bestimmte, eine eher personalistische Ausgestaltung zulassende Elemente des Svod Zakonov Graždanskich anlehnten.[51]

In der Regel wurden Anteilsgesellschaften zwecks Fortführung von Einzel- und Familienunternehmen gegründet, wobei die Übertragbarkeit der Anteile durch statutarische Einräumung eines Vorkaufsrechts zugunsten der Mitgesellschafter vinkuliert wurde.[52] Die Anteile fanden keine Verbriefung in Aktien und lauteten auf relativ hohe Nennbeträge.[53]

Unter den Prämissen des Octroisystems blieb die Durchsetzbarkeit statutarischer Regelungen, die die AG zaristischen Rechts in Form der Anteilsgesellschaft in einem den Bedürfnissen des Rechtsverkehrs genügenden Maße an die Anforderungen des Realtyps des „GmbH-Unternehmens" hätten anpassen können, indessen

---

47 Russ.: „Tovariščestvo na pajach" oder auch „paevoe tovariščestvo".

48 Šepelev, Akcionernye kompanii v Rossii, S. 22; vgl. auch Dolinskaja, Akcionernoe pravo, S. 61.

49 S. Udincev, Russkoe torgovo-promyšlennoe pravo, S. 384, wo auf einen Beschluß des Kassationsdepartements 1898 Nr. 31 verwiesen wird.

50 So wohl auch Šepelev, Akcionernye kompanii v Rossii, S. 22 sowie Dolinskaja, Akcionernoe pravo, S. 63, die im übrigen von einer strukturellen Vergleichbarkeit der Anteilsgesellschaft mit der geschlossenen AG des geltenden russischen Rechts ausgeht. Die Identität von Anteilsgesellschaft und AG verkennt Timochov, TOO v Rossii, GiP 1993, Nr. 1, S. 43 (45), der eine Gleichstellung von Anteilsgesellschaften und (damaligen westeuropäischen) GmbH lediglich aufgrund der „nur unwesentlichen Unterschiede" zwischen Anteilsgesellschaften und AG ablehnt. Umgekehrt wurde die Anteilsgesellschaft in der Lehre jedoch auch vereinzelt gerade aufgrund der aus ihrer personalistischen Prägung fließenden Unterschiede zur AG typologisch der modernen GmbH-Form zugeordnet; vgl. die Nachweise bei Kozlova, Iz istorii instituta učreditel'nogo dogovora v graždanskom prave, VMU 1994, Nr. 1, S. 16 (23).

51 So war bspw. die Aktie grundsätzlich frei übertragbar, in der Satzung konnte aber eine Vinkulierung vorgesehen werden, vgl. Klibanski, Handbuch des gesamten russischen Zivilrechts, Band 3, S. 334.

52 Vgl. Šepelev, aaO.; Udincev, Russkoe torgovo-promyšlennoe pravo, S. 385.

53 Šeršeněvič, Učebnik torgovogo prava, S. 140; Udincev, aaO. A.A. Šepelev, aaO., der hinsichtlich der Verbriefung davon ausgeht, daß die Anteile (Aktien) gewöhnlich als Namensaktien ausgegeben wurden.

von willkürlichen Hoheitsentscheidungen abhängig. Auch die Zulassung von Anteilsgesellschaften dürfte durch die Unterordnung des Aktienrechts unter die oben beschriebenen staatlichen Interessen bedingt gewesen sein. Es finden sich keine Nachweise dafür, daß der Staat - im Gegensatz zu den ansonsten mit der Zulassung von AG verfolgten Zielen - mit der Zulassung von Anteilsgesellschaften das Privileg der Haftungsbeschränkung auch kleineren und mittleren Unternehmen zugestehen wollte. Die tatsächliche Existenz der Anteilsgesellschaften spricht somit dafür, daß in Rußland bereits im beginnenden 20. Jahrhundert ein Bedürfnis nach einem eigenständigen GmbH-Strukturtypus bestand, und illustriert das damals zu beobachtende zunehmende Auseinanderdriften von Aktienrecht und Rechtspraxis.[54] Das zaristische Aktienrecht hätte dieses Bedürfnis allenfalls dann absorbieren können, wenn es eindeutig auf eine abstrakt-generelle Regelungsgrundlage gestellt und dadurch von der Unterordnung unter hoheitliche Interessen befreit worden wäre, was nicht geschehen ist.

2. Das Artel

Gemäß Art. 79 Handelsordnung war unter einem Artel eine Gesellschaft von Arbeitern zu verstehen, welche von diesen nach gegenseitiger Vereinbarung zum Zwecke der Verrichtung von Diensten, Arbeiten oder gewerblichen Tätigkeiten errichtet wurde, die die Kräfte eines Einzelnen überstiegen.[55] Wesentliches und unabdingbares Element dieser im Russischen Reich weit verbreiteten Rechtsform war das persönliche Tätigwerden aller Mitglieder im Wege der Erbringung von Arbeitsleistungen für das Artel gegenüber Dritten,[56] wogegen die Vereinigung von privatem Kapital sekundär war.[57] Im Falle der Vermögenslosigkeit des Artels hafteten seine Mitglieder

---

[54] So findet sich z.B. bei Rozenberg, Tovariščestvo s ograničennoj otvetstvennost'ju, S. 25, die zugespitzt formulierte Auffassung, die Anzahl „verunstalteter Karikaturen" der AG-Form sei in Rußland recht hoch.

[55] Neben dem Svod Zakonov Graždanskich wurde das Recht der Artels durch die Verordnung über die Arbeitsartels vom 1. Juni 1902 sowie die Bestimmungen über die Börsenartels geregelt, vgl. Vorms, Istočniki torgovogo prava, S. 108. Das Recht der Arbeitsartels scheint darauffolgend in das ZGB 1835 i.d.F.v. 1906, dort Art. 2198^{1-27}, integriert worden zu sein; vgl. Pobedonoscev, Kurs graždanskogo prava, S. 380.

[56] Vgl. Šeršenėvič, Učebnik torgovogo prava, S. 110.

[57] Vgl. Solotych, Gesellschaftsrecht der Ukraine, S. 16.

subsidiär[58] für Verbindlichkeiten der Gesellschaft, wobei diese persönliche Ausfallhaftung statutarisch auf ein bestimmtes Vielfaches der jeweiligen Einlage beschränkt werden konnte.[59] Aufgrund der Möglichkeit der statutarischen Haftungsbeschränkung wurde in der zeitgenössischen Lehre die Ansicht geäußert, das Artel weise Züge der GmbH auf.[60] Ferner stelle das Recht auf Erhöhung des Anteils in einem durch die Satzung festgelegten Vielfachen des Nennbetrages des Anteils ein typenspezifisches GmbH-Merkmal dar.[61]

Bei zutreffender Betrachtung handelte es sich bei der Rechtsform des Artels jedoch nicht um einen eigenständigen GmbH-Typus, sondern um eine spezifisch russischrechtliche Gesellschaftsform, die in der Praxis Züge der Erwerbs- und Wirtschaftsgenossenschaft (damaligen) deutschen Rechts aufwies.[62] Der lediglich durch die Entrichtung eines „Aufnahmegeldes" bedingte Eintritt in das Artel,[63] das ordentliche Austrittsrecht der Gesellschafter sowie das aufgrund des ständigen Mitgliederwechsels schwankende, gesetzlich nicht fixierte Gesellschaftskapital legen eher eine strukturelle Vergleichbarkeit mit der französischen societé à capital variable nahe.[64] Indem die Mitgliedschaft in Artels zwingend[65] mit der Zurverfügungstellung der eigenen Arbeitskraft für das Artel verbunden war, wurde das kapitalistische gegenüber dem personalen Element vollkommen verdrängt und die - für die GmbH typische - Verbindung beider Elemente ausgeschlossen. Der zwingenderweise gemeinschaftliche Geschäftsbetrieb spricht daher dafür, dem Artel den Charakter eines genossen-

---

58 Nersesov, Lekcii po torgovomu i veksel'nomu pravu, S. 143.

59 Nach *Šeršeněvič* hafteten die Mitglieder entweder unbeschränkt mit ihrem gesamten beweglichen und unbeweglichen Vermögen oder nur beschränkt in Höhe eines durch die Satzung bestimmten Vielfachen ihrer Einlage, vgl. Timochov, TOO v Rossii, GiP 1993, Nr. 1, S. 43 (45). Zur Verankerung dieses Prinzips in den Dekreten des Rates der Volkskommissare ab 1921 und Weiterentwicklung des Rechts der Artels vgl. Gojchbarg, Očerki chozjajstvennogo prava, S. 51 ff.

60 Kaminka, Očerki torgovogo prava, S. 361 f.

61 Kaminka, aaO.

62 Vgl. Ob''jasnitel'nye zapiski k proektu Graždanskogo Uloženija (Erläuterungen zum Entwurf des Zivilgesetzbuches), St. Petersburg 1899, S. 411 f.; Landkof, Tovariščestvo s ograničennoj otvetstvennost'ju na zapade i v SSSR, S. 29.

63 S. dazu Guljaev, Russkoe Graždanskoe Pravo, S. 379.

64 So auch Kohler et al. (Hrsg.) (Zavadskij), Die Handelsgesetze des Erdballs, Einführung S. IX (dort Fn. 4), wo das Artel als „eine Art Genossenschaft (societé à capital variable)" bezeichnet wird.

65 Timochov, TOO v Rossii, GiP 1993, Nr. 1, S. 43 (45).

schaftlichen Selbsthilfeunternehmens beizumessen.[66] Das Prinzip der Haftungsbeschränkung fand in der statutarisch zwar auf eine bestimmte Haftsumme beschränkbaren, jedoch nicht abdingbaren persönlichen Ausfallhaftung der Mitglieder bei Vermögenslosigkeit der Gesellschaft keine konsequente Durchführung. Daher weist *Landkof* zu Recht darauf hin, daß es die vorrevolutionäre Gesetzgebung in Kenntnis der grundlegenden Merkmale deutscher Gesellschaften mbH nicht nur als unzulässig betrachtete, selbst Börsenartels[67] als typische GmbH-Formen anzusehen, sondern ihnen in der Firma insbesondere auch nicht den Zusatz „mit beschränkter Haftung" anfügte.[68] Eine funktionale Vergleichbarkeit der Artels mit der GmbH deutschen bzw. kontinentaleuropäischen Rechts scheidet demnach aus.

3. Gesellschaftsformen praeter legem

Nach der in der russischen Zivilistik des beginnenden 20. Jahrhunderts vorherrschenden Ansicht war der im Svod Zakonov Graždanskich sowie in der Handelsordnung enthaltene Rechtsformenkatalog nicht abschließend.[69] Vor dem Hintergrund der positiven Wirtschaftsentwicklung[70] kann es daher nicht überraschen, daß sich die Masse der Gesellschaftsverträge bzw. Satzungen nicht den gesetzlichen Gesellschaftstypen zuordnen ließ und in ihrer Mehrheit das Ziel verfolgte, die Haftung wenn nicht sämtlicher, so doch jedenfalls der aktiv an der Geschäftsführung beteiligten Gesellschafter zu beschränken.[71] Diese praeter legem verlaufende Ent-

---

66 So auch Nersesov, Lekcii po torgovomu i veksel'nomu pravu, S. 143, welcher das Artel mit der Genossenschaft deutschen Rechts gleichsetzt.

67 Die Bezeichnung ist insofern mißverständlich, als unter Börsenartels solche Artels zu verstehen waren, die an der Börse, beim Zollamt, in den städtischen Lagerhäusern und Löschplätzen, auf Märkten und ähnlichen Handelseinrichtungen Arbeiten verschiedener Art verrichteten, Art. 82 Handelsgesetzbuch. Die Bezeichnung läßt daher keinen Rückschluß auf den jeweiligen Unternehmensgegenstand zu.

68 Landkof, Tovariščestvo s ograničennoj otvetstvennost'ju na zapade i v SSSR, S. 29.

69 Vgl. Timochov, TOO v Rossii, GiP 1993, Nr. 1 S. 43 (44).

70 Rußlands Wirtschaft war zu dieser Zeit durch zügige Industrialisierung, wachsenden Handel und die Transformation in eine kapitalintensive Ökonomie gekennzeichnet. Das Land wurde zunehmend für ausländische Investoren interessant. 1915 hielten Ausländer nahezu ein Viertel des russischen Kapitalstocks; vgl. zum Ganzen Frenkel, Doing Business in Russia, I.A. (12); Bochanov, Probleme der industriellen Modernisierung Rußlands, in: Beyrau/Čičurov/Stolleis (Hrsg.), Reformen im Rußland des 19. und 20. Jahrhunderts, S. 138 (147). Zu wirtschaftlichen Kennziffern im einzelnen s. Götz, Die Kluft zwischen Rußland und dem Westen, S. 7 ff.

71 So Kaminka, Očerki torgovogo prava, S. 362; vgl. auch Kašanina, Chozjajstvennye tovariščestva i obščestva, S. 360 f.

wicklung demonstriert abermals, daß in der Praxis ein Bedürfnis nach einer die Haftungsbeschränkung auf das Gesellschaftsvermögen gewährleistenden Gesellschaftsverfassung existierte, welches nicht durch eine „Flucht in das Aktienrecht" befriedigt werden konnte.[72]

Innerhalb der praeter legem entwickelten Rechtsformen wurde insbesondere von der Gesellschaft gegenseitigen Kredits („obščestvo vzaimnogo kredita") behauptet, sie sei eine „Gesellschaft mit beschränkter Haftung".[73] Der Zweck dieser Gesellschaften bestand darin, ihren Mitgliedern aus Handel, Industrie und Baugewerbe Kredit zu gewähren.[74] Die Höhe der den Mitgliedern zu gewährenden Kredite war nicht auf ein statutarisch festgesetztes Vielfaches der Mitgliedereinlagen in den Haftungsfonds der Gesellschaft begrenzt, sondern richtete sich nach der Kreditwürdigkeit des jeweiligen Mitglieds.[75] Gläubigern der Gesellschaft stand als Haftungsgrundlage nicht allein der Haftungsfonds zur Verfügung, sondern jedes Mitglied haftete - insoweit vergleichbar mit dem Recht der Artels - in Höhe des beantragten Kredits für Verbindlichkeiten der Gesellschaft, soweit der Haftungsfonds erschöpft war.[76] Aufgrund des Fehlens gesetzlicher Vorgaben für die Ausgestaltung der persönlichen Haftung unterlag die Entscheidung, ob die Mitglieder unmittelbar gegenüber den Gesellschaftsgläubigern oder im Innenverhältnis zur Gesellschaft durch Nachschußpflichten haften sollten, der privatautonomen Regelung kraft Satzung. Darüber hinaus wurde die Mitgliedschaft in Gesellschaften gegenseitigen Kredits zum Teil von der

[72] Abgesehen von der materiellen Nichtvergleichbarkeit des damaligen deutschen und russischen Aktienrechts geht Timochov, TOO v Rossii, GiP 1993, Nr. 1, S. 43 (45), daher zu Recht davon aus, daß die grundsätzliche Notwendigkeit der Einführung der GmbH-Form in Rußland durch dieselben Gründe wie in Deutschland, insbesondere durch die Unzulänglichkeit des Aktienrechts, bedingt war.

[73] Nersesov, Lekcii po torgovomu i veksel'nomu pravu, S. 142.

[74] So Agarkov, Die Gesellschaften gegenseitigen Kredits, ZfOR 1929, Nr. 4, S. 565, hinsichtlich der späteren sowjetischen Regelung, die aber ersichtlich aus den rechtstatsächlichen Verhältnissen im zaristischen Rußland hervor ging; vgl. ferner Golicyn, Kapital istorii, Ékspert 1999, Nr. 38, S. 26 (28).

[75] Der fehlenden betragsmäßigen Beschränkung der zulässigen Mitgliederkreditierung scheint keine ausreichende Kapitalausstattung der Gesellschaften gegenseitigen Kredits gegenüber gestanden zu haben; zumindest sah sich der spätere sowjetische Verordnungsgeber genötigt, für Kredite an Mitglieder das zehnfache der jeweiligen Einlage als Obergrenze einzuführen, vgl. Agarkov, aaO., S. 565 (566).

[76] Timochov, TOO v Rossii, GiP 1993, Nr. 1, S. 43 (44); Udincev, Russkoe torgovo-promyšlennoe pravo, S. 425.

Bestellung von Sicherheiten in Höhe des jeweiligen persönlichen Haftungsumfangs zugunsten der Gesellschaft abhängig gemacht.[77]

Der in Gesellschaften gegenseitigen Kredits gegenüber der Gewinnerzielung im Vordergrund stehende Förderungszweck ihrer Mitglieder sowie die Haftungsverfassung verdeutlichen, daß diese Rechtsform keinen GmbH-Typus, sondern eine Genossenschaft mit beschränkter Nachschußpflicht (bzw. Haftung, soweit die Mitglieder für Verbindlichkeiten der Gesellschaft im Außenverhältnis hafteten) verkörperte. Nichts anderes wurde auch in der zeitgenössischen russischen Rechtslehre vertreten, die indessen im Zuge der Beschäftigung mit dem deutschen Gesetz betreffend die Erwerbs- und Wirtschaftsgenossenschaften vom 01.05.1889 Genossenschaften mit beschränkter Nachschußpflicht[78] als „tovariščestva s ograničennoj otvetstvennost`ju", d.h. - insoweit mißverständlich - als Gesellschaften mbH bezeichnete.[79] Hiermit war eine typologische Gleichsetzung der Gesellschaft gegenseitigen Kredits mit der GmbH deutschen Rechts nicht intendiert.

Somit gewährte die Rechtsform der Gesellschaft gegenseitigen Kredits ihren Mitgliedern das Privileg der Haftungsbeschränkung auf das Gesellschaftsvermögen nicht. Überdies konnten mittels dieser Gesellschaften ausschließlich Finanzierungszwecke verfolgt werden. Gesellschaften gegenseitigen Kredits waren mithin kein tauglicher Rechtsträger für Handels- oder Produktionsgesellschaften.

Das vorrevolutionäre Recht rezipierte die Rechtsform der GmbH demnach weder unmittelbar, noch brachte es, von Ansätzen abgesehen, Rechtsformen hervor, die dem GmbH-Strukturtypus vergleichbar gewesen wären.

II. E ZGB 1899

Mit der Entwicklung bürgerlicher Rechtsverhältnisse in Rußland, insbesondere nach der Bauernbefreiung von 1861 und der Gerichtsreform von 1864, wurde eine moderne Kodifikation des bürgerlichen Rechts vordringlich.[80] Die Arbeiten der zu diesem

---

[77] Vgl. Udincev, Russkoe torgovo-promyšlennoe pravo, S. 425.

[78] Bzw. Genossenschaft mit beschränkter unmittelbarer Haftpflicht, die im geltenden deutschen Genossenschaftsrecht nicht mehr vorgesehen ist, vgl. §§ 6 Nr. 3, 119 ff. GenG sowie Hopt, Handels- und Gesellschaftsrecht, S. 286 Rdn. 1183.

[79] Vgl. Nersesov, Lekcii po torgovomu i veksel`nomu pravu, S. 140.

[80] Reich, Sozialismus und Zivilrecht, S. 77.

Zweck im ausgehenden 19. Jahrhundert eingesetzten Kommissionen wurde von einer intensiven wissenschaftlichen Diskussion begleitet, die über die Notwendigkeit einer gesetzlichen Regelung der GmbH entbrannte. So sah Prof. Citovič, Vorsitzender der „Allerhöchst eingesetzten Kommission für die Überprüfung der gesetzlichen Bestimmungen über die Börsen und Aktiengesellschaften", im deutschen GmbH-Gesetz ein gutes Vorbild für Rußland.[81] Vereinzelt wurde sogar eine direkte Übernahme des gesamten deutschen GmbH-Rechts gefordert.[82] In der Lehre wurde die GmbH jedoch überwiegend als Gefährdung für den Geschäftsverkehr[83] angesehen, da der Grundsatz der Verantwortlichkeit für eigenes Handeln noch zu wenig verwurzelt sei, um Haftungsbeschränkungen zulassen zu können;[84] ferner wurde für den Fall ihrer Einführung prognostiziert, daß russische Gesellschaften mbH kreditunwürdig wären, da der Rechtsverkehr sie ausschließlich als Gesellschaften betrachten würde, die eine Schädigung ihrer Gläubiger beabsichtigten.[85] Die Befürworter einer Übernahme des Rechtsinstituts der GmbH konnten sich in der rechtspolitischen Debatte um den Entwurf eines neuen ZGB letztendlich nicht durchsetzen: Aus Mißtrauen gegenüber einer zu weitgehenden Haftungsbeschränkung wurde die Aufnahme eines GmbH-Typus' in den Rechtsformenkatalog des 1899 veröffentlichten Teilentwurfes[86] durch die mit den zivilrechtlichen Kodifikationsarbeiten beauftragte Regierungskommission schließlich verworfen.[87] Es blieb bei Bestimmungen zur ein-

---

81 Vgl. Rozenberg, Tovariščestvo s ograničennoj otvetstvennost'ju, S. 43 m.w.N.

82 Gorbačëv, Tovariščestvo, akcionernyja i paevyja kompanii, S. 423.

83 Landkof, Tovariščestvo s ograničennoj otvetstvennost'ju na zapade i v SSSR, S. 36.

84 Vgl. Kaminka, Očerki torgovogo prava, S. 371.

85 Kaminka, aaO., S. 371.

86 Diese Kommission stellte in den Jahren 1899 bis 1903 fünf Teilentwürfe (Allgemeiner Teil, Familienrecht, Grundsachenrecht [votčinnoe pravo], Erbrecht, Obligationenrecht) vor, wobei der Entwurf zum Obligationenrecht von 1899 das Gesellschaftsrecht behandelte; vgl. v. Seeler, Der Entwurf des Russischen Zivilgesetzbuches, S. 9; bei Reich, Sozialismus und Zivilrecht, S. 77, findet sich allerdings eine divergierende Abfolge. Wegen des Kriegsausbruches und der revolutionären Umwälzungen von 1917 konnte das 1913 begonnene Gesetzgebungsverfahren nicht mehr abgeschlossen werden; vgl. Feitelberg, Staatliche und gemischte Aktiengesellschaften im Sowjetrecht, S. 12 f.

87 Vgl. Ob''jasnitel'nye zapiski k proektu graždanskogo uloženija, St. Petersburg 1899, Bd. 3, Buch 5, S. 317 sowie Rozenberg, Tovariščestvo s ograničennoj otvetstvennost'ju, S. 44, wonach die Kommission die GmbH für eine „Hypertrophie des Prinzips der beschränkten Haftung im Geschäftsverkehr" hielt.

fachen, Voll-, (stillen) Kommandit- und Aktiengesellschaft sowie zu Artels,[88] allerdings mit einem weit höheren privatrechtlichen Regelungsgehalt.

Durch die Anforderungen der sich schnell entwickelnden Wirtschaft[89] rückten die Unzulänglichkeiten des Aktienrechts immer mehr in den Blickpunkt. Noch 1906 wurde im Tätigkeitsprogramm des neu geschaffenen Handels- und Industrieministeriums ausgeführt, die Überprüfung des Aktienrechts habe einen dringenden Bedarf für die Ausarbeitung einer gesetzlichen Regelung zu Gesellschaften mbH ergeben, welche für Familien-Anteilsgesellschaften einen Ausweg eröffnen würden.[90] Derartige, auch von offizieller Seite vorgetragene Vorstöße konnten sich jedoch nicht mehr durchsetzen, obwohl die steigende Anzahl von durch den aktienrechtlichen Rechtsformaufwand überforderten Familiengesellschaften die Einführung der GmbH gerechtfertigt hätte.[91]

Die Abkopplung Rußlands von der stürmischen Entwicklung des GmbH-Rechts in Westeuropa geht demnach auf einen bewußten Entscheidungsprozeß des Gesetzgebers zurück. Das diffuse Mißtrauen des Staates gegenüber einem haftungsrechtlich privilegierten Einsatz privaten Kapitals in kleineren und mittleren Unternehmen setzte sich exemplarisch darin fort, daß schon lange vor Ausbruch des ersten Weltkrieges[92] zwar Niederlassungen französischer Aktiengesellschaften und damaliger sociétés à capital variable, nicht aber deutscher Gesellschaften mbH in Rußland zugelassen wurden.[93]

---

88 Auch im E ZGB 1899 war das Artel unter Rückgriff auf das Vorbild der französischen Gesetzgebung als Vereinigung mit wechselndem Kapital und Mitgliederbestand ausgestaltet; Korelin, Die Kooperativen-Gesetzgebung in Rußland und die westliche Erfahrung, Ius Commune Bd. 86 (1996), S. 197 (206). Darüberhinaus enthielt der Rechtsformenkatalog des Entwurfes eine Art Versicherungsverein auf Gegenseitigkeit, Städtische Kreditgesellschaften sowie Grund- und Boden-Banken; s. dazu Guljaev, Russkoe Graždanskoe Pravo, S. 373 f.

89 Gemessen am Tempo des Wirtschaftswachstums nahm Rußland 1905/06 einen internationalen Spitzenrang ein; vgl. Korelin, Die Entwicklung der Kooperativen-Gesetzgebung in Rußland und die westliche Erfahrung, Ius Commune Bd. 86 (1996), S. 197 (210).

90 Vgl. Rozenberg, Tovariščestvo s ograničennoj otvetstvennost`ju, S. 44. S. dazu auch o. S. 10 ff.

91 Vgl. Rozenberg, Tovariščestvo s ograničennoj otvetstvennost`ju, S. 46/47.

92 Vgl. Landkof, Tovariščestvo s ograničennoj otvetstvennost`ju na Zapade i v SSSR, S. 27.

93 Vgl. Anm. 2 zu Art. 2139 Svod Zakonov Graždanskich.

B. Die personalistische Kapitalgesellschaft im Sowjetrußland der NEP

I. Aufhebung des zaristischen Gesellschaftsrechts und NEP

Das zaristische Gesellschaftsrecht wurde im Zuge der Oktoberrevolution von 1917 nicht durch einen einzigen legislatorischen Akt der neuen bolschewistischen Machthaber aufgehoben. Vielmehr galt der Svod Sakonov Graždanskich in der Fassung seiner Novellen zunächst, wie alles zaristische Recht, fort, soweit er nicht ausdrücklich aufgehoben oder ersetzt war.[94] Parallel zur Beseitigung der institutionellen Grundlagen des bisherigen Privatrechts[95] wurde die Anwendbarkeit des Svod Zakonov Graždanskich aber schrittweise durch die sog. Gerichtsdekrete der Regierung[96] zurückgedrängt. Diese Entwicklung fand schließlich durch die VolksgerichtsO vom 30.11.1918[97] ihren Abschluß, welche den aus vorrevolutionärer Zeit stammenden rechtlichen Überbau als Quelle der Rechtsfindung ausschloß.[98]

Nachdem die Verstaatlichung der Privatwirtschaft[99] weitgehend abgeschlossen[100] und ein bargeldloser Verteilungsmechanismus[101] implementiert worden war, führte das durch das Rechtsanwendungsverbot des Art. 22 VolksgerichtsO für alles vorrevolutionäre Recht entstandene Rechtsvakuum mit der Wirtschaftskrise der Jahre

---

[94] Vgl. Roggemann, Allgemeine Grundlagen des sowjetischen Zivilrechts, JbfOR Bd. XII (1971/1), S. 149 (153).

[95] Vgl. hierzu Reich, Sozialismus und Zivilrecht, S. 85 ff.; Smith, Reforming the Russian legal system, S. 29 f.

[96] Die Gerichtsdekrete hatten keine Rechtsnormenqualität und „legalisierten" oft nur bereits erfolgte revolutionäre Maßnahmen; Reich, Sozialismus und Zivilrecht, S. 85.

[97] O narodnom sude Rossijskoj Socialističeskoj Federativnoj Sovetskoj Respubliki (položenie), SU RSFSR 1918, Nr. 85, Pos. 889.

[98] Art. 22 des Dekrets lautet: „Bei der Entscheidung von Gerichtssachen wendet das Volksgericht die Dekrete der Arbeiter- und Bauernregierung an, und im Fall des Fehlens eines entsprechenden Dekrets oder seiner Unvollständigkeit läßt es sich von dem sozialistischen Rechtsbewußtsein leiten."

[99] Zu den Nationalisierungsdekreten s. Lindt, Das sowjetrussische Aktienrecht, S. 17 ff. Aufgrund der politischen Intention zur Beseitigung der „alten" Privatrechtsordnung ist davon auszugehen, daß Unternehmen aufhörten, als juristische Personen des Privatrechts zu existieren, sobald sie von einem Nationalisierungsdekret erfaßt wurden; Klemm, Russisches Recht der Kapitalgesellschaften, S. 52. Die Verstaatlichung fand ihren Abschluß im Dekret v. 29.12.1920, SU RSFSR 1920, Nr. 33, Pos. 512, das auch alle mittleren und kleineren Unternehmen mit mehr als 5 Beschäftigten erfaßte; vgl. dazu Knerer, Rechtliche Möglichkeiten privatwirtschaftlicher Betätigung in Sowjetrußland und der Sowjetunion, S. 6.

[100] Vgl. Meder, Das Sowjetrecht, S. 73.

[101] Reich, Sozialismus und Zivilrecht, S. 90.

1919/20, den Einwirkungen des Bürgerkrieges, dem industriellen Rückstand des Landes und der Hungersnot von 1921 endgültig zu einem Scheitern der Politik und des Wirtschaftssystems des Kriegskommunismus.[102] Abhilfe schaffen sollte die „Neue Wirtschaftspolitik" (Novaja èkonomičeskaja politika [NEP], 1921-1927). Der mit ihrer Einführung verbundene vorübergehende[103] Abbruch des kommunistischen Experiments war primär von der Notwendigkeit geprägt, Wirtschaftschaos und Hungersnot abzuwenden.[104] Die NEP zielte darauf ab, die ruinierte und weitgehend verstaatlichte[105] Sowjetwirtschaft durch (beschränkte) Mobilisierung in- und ausländischer unternehmerischer Privatinitiative wieder funktionsfähig zu machen.[106] Von der zu diesem Zweck verfolgten Rückgabe enteigneter Unternehmen an ihre ursprünglichen Inhaber waren allerdings die Hauptproduktionsmittel, Großindustrie, Banken, Transportwesen und der Außenhandel (die sog. „Kommandohöhen der Wirtschaft")[107] ausgenommen, die in der Hand des Staates verblieben.[108] Damit zog der Sowjetgesetzgeber während der NEP eine deutliche Grenze zwischen Großindustrie und Kleinbetrieben: Während Großunternehmen von einer Rückübereignung an die Alteigentümer ausgeschlossen waren und diesen nur in (unentgeltlicher) Pacht

---

[102] Reich, Sozialismus und Zivilrecht, S. 128.

[103] Die NEP knüpfte an Lenins Vorstellungen vom Staatskapitalismus unter proletarischer Diktatur an, die dieser im Gegensatz zu staatsozialistisch gesinnten linken Kommunisten wie Bucharin vertrat. Indessen stellte die NEP auch nach Lenins Dialektik nicht mehr als eine historisch notwendige, aber zeitlich begrenzte Übergangsmaßnahme (perechodnyj period) dar; vgl. hierzu Geilke, Einführung in das Sowjetrecht, S. 59; Hazard, Soviet Law: The Bridge Years, 1917-1920, in: Butler, Russian law: historical and political perspectives, S. 235 (256); Reich, Sozialismus und Zivilrecht, S. 80 f., 128.

[104] Roggemann, Die Entwicklung des sowjetischen Betriebsrechts, JbfOR Bd. VIII (1967/2), S. 59 (62 f.); Knerer, Rechtliche Möglichkeiten privatwirtschaftlicher Betätigung in Sowjetrußland und der Sowjetunion, S. 7.

[105] Eine Zusammenstellung der verstaatlichten Industriezweige im einzelnen bietet Klibanski, Die Gesetzgebung der Bolschewiki, S. 36 ff.

[106] Vgl. Arnold, ZGB der RF im Entstehen, RIW 1995, Nr. 11, S. 897 (900); Brunner, Handelsgesellschaften im Sozialismus?, S. 90. S. dazu: Deklaracija osnovnych častnych imuščestvennych prav, priznavaemych RSFSR, v. 22.5.1922, SU RSFSR 1922, Nr. 36, Pos. 423, dort Pkte. 2 und 7. Bereits vor der NEP-Periode sollte vermehrt ausländisches Kapital zum Wiederaufbau des Landes attrahiert werden, s. Deklaracija o koncessionnych dogovorach v. 23.11.1920, SU RSFSR 1921, Nr. 91, Pos. 481; dazu Freund, Das Zivilrecht Sowjetrusslands, S. 17 ff.; Jumašev, Inostrannye koncessii v Rossii i SSSR, GiP 1993, Nr. 10, S. 100 (102 f.); Maklezow et al. (Bogolepow), Das Recht Sowjetrusslands, S. 181 ff.

[107] Das staatliche Außenhandelsmonopol wurde jedoch teilweise durchbrochen, indem Pächtern verstaatlichter Unternehmen der Einkauf bestimmter Anlage- und Verbrauchsgüter im Ausland gestattet und großen Wirtschaftsverbänden das Recht zur selbständigen Vornahme von Ex- und Importgeschäften gewährt wurde; vgl. Maklezow et al. (Pilenko), Das Recht Sowjetrusslands, S. 203.

überlassen werden durften, war bei verstaatlichten Kleinbetrieben eine formelle Rückübereignung möglich.[109] Da die in Privateigentum stehenden oder gepachteten Unternehmen nicht nur als Einzelunternehmen geführt wurden, bedurfte es somit der Schaffung eines kapitalistischen Gesellschaftsrechts.

In den Dekreten, die die NEP konstituierten, waren keine Rechtsformen für privates Unternehmertum geregelt. Gemäß Ziff. 7 des „Dekretes über die grundlegenden privaten Vermögensrechte",[110] worin der Grundsatz der Vertragsfreiheit wiederbelebt wurde, war zwar der Abschluß von Gesellschaftsverträgen zur Errichtung von BGB-, offenen Handels-, Kommandit- und Aktiengesellschaften der Privatautonomie zugewiesen. Aufgrund der Nichtanwendbarkeit vorrevolutionären Rechts fanden diese Rechtsformen aber keine materiellrechtliche Ausgestaltung. Dadurch entstand insbesondere im Bereich des Gesellschaftsrechts ein dringendes Kodifikationsbedürfnis.[111] Eine Ausnahme machte insoweit das Genossenschaftsrecht, das im Verlauf des Jahres 1921 durch Dekrete zu verschiedenen Genossenschaftstypen auf eine breitere Regelungsgrundlage gestellt wurde.[112]

II. Die personalistische Kapitalgesellschaft im ZGB 1922[113]

Die Zugeständnisse der NEP an die Privatinitiative[114] mündeten in eine Restaurierung des Zivilrechts. Die Marktverhältnisse sollten in einem einheitlichen Gesetzeswerk geregelt werden, womit der Gesetzgeber an die russische, am kontinentaleuropäischen Recht orientierte juristische Tradition anknüpfte.[115] Am 1. Januar 1923 trat das ZGB der RSFSR vom 31.10.1922 (ZGB 1922) in Kraft, das von der Ukraine,

---

[108] Waehler, Das Verhältnis von Zivilrecht und Wirtschaftsrecht in der Sowjetunion, RabelsZ 51. Jg. (1987), S. 515 (520).

[109] Vgl. hierzu sowie zur rechtlichen Ausgestaltung des Privatisierungsprozesses Geilke, Einführung in das Sowjetrecht, S. 59 f.; Roggemann, Die Entwicklung des sowjetischen Betriebsrechts, JbfOR Bd. VIII (1967/2), S. 59 (73 ff.).

[110] S. Fn. 106.

[111] Vgl. Šreter, Sovetskoe chozjajstvennoe pravo, S. 24.

[112] S. die Dekrete v. 7.7.1921, SU RSFSR 1921, Nr. 53, Pos. 322 für Gewerbegenossenschaften; v. 16.8.1921, SU RSFSR 1921, Nr. 61, Pos. 434 für landwirtschaftliche Genossenschaften; v. 25.11.1921, SU RSFSR 1921, Nr. 77, Pos. 641 für Artels verantwortlicher Arbeit.

[113] Graždanskij kodeks RSFSR, SU RSFSR 1922, Nr. 71, Pos. 904.

[114] Vgl. Maklezow et al. (Bogolepow), Das Recht Sowjetrusslands, S. 181.

[115] Vgl. Jumašev, Die schwierige Wiederentstehung des russischen Gesellschaftsrechts, ROW 1993, Nr. 4, S. 97.

Weißrußland und den drei transkaukasischen Republiken mit nur geringfügigen Abweichungen übernommen wurde.[116] In Abschnitt X des innerhalb weniger Monate entworfenen[117] ZGB 1922 übernahm der Sowjetgesetzgeber die aus dem „Dekret über die grundlegenden privaten Vermögensrechte" bekannten Gesellschaftsformen, erweiterte[118] diesen Katalog aber um die in Artt. 318-321 ZGB 1922 geregelte „Gesellschaft mbH" (tovariščestvo s ograničennoj otvetstvennost`ju).[119] Demgegenüber war die Rechtsform des Artels, die noch Eingang in den E ZGB 1899 gefunden hatte, im ZGB 1922 unmittelbar nicht mehr enthalten.

Die Bezeichnung der in Artt. 318 ff. ZGB 1922 geregelten Rechtsform legt die Vermutung nahe, daß der Gesetzgeber dem Rechtsverkehr eine personalistische Kapitalgesellschaft nach dem Modell westeuropäischer GmbH-Rechte zur Verfügung stellen wollte. Jedoch ergibt sich bereits aus der Legaldefinition des Art. 318 ZGB 1922, daß die „Gesellschaft mbH" mit der GmbH im herkömmlichen Sinne nichts gemein hatte.[120] Gemäß dieser Bestimmung war unter einer „Gesellschaft mbH" eine Gesellschaft zu verstehen, deren sämtliche Gesellschafter unter gemeinsamer Firma Handel oder Gewerbe betrieben und für Verbindlichkeiten der Gesellschaft nicht nur mit den in die Gesellschaft eingebrachten Einlagen, sondern auch mit ihrem persönlichen Vermögen in einem für alle Gesellschafter gleichen Vielfachen (z.B. Dreifachen, Fünffachen, Zehnfachen) im Verhältnis zum Betrag der Einlage jeden Gesell-

[116] Brunner, Handelsgesellschaften im Sozialismus?, S. 91; Meder, Das Sowjetrecht, S. 170.

[117] Zu den Kodifikationsarbeiten s. Reich, Sozialismus und Zivilrecht, S. 140 ff.

[118] Daß es sich hierbei um die Einführung einer neuen Rechtsform handelte wird verkannt bei Roggemann, Die Entwicklung des sowjetischen Betriebsrechts, JbfOR Bd. VIII (1967/2), S. 59 (80).

[119] Die Bezeichnung tovariščestvo ist in diesem Zusammenhang mehrdeutig, da sie sowohl für Handelsgesellschaften, wie auch für Genossenschaften gebraucht wurde. Im deutschen Schrifttum finden sich beide Varianten. Eine Übersetzung der in Artt. 318 ff. ZGB 1922 geregelten Rechtsform als „Gesellschaft" findet sich bei: Brunner, Handelsgesellschaften im Sozialismus?, S. 91; Landkof, Die ultra-vires-Geschäfte der Erwerbszwecke verfolgenden juristischen Personen in der Sovetunion, ZfOR 1927, Nr. 5./6., S. 704 (707) [Übersetzer: Freund]; Maklezow et al. (Hrsg.) (Sawadsky), Das Recht Sowjetrusslands, S. 260; Roggemann, Die Entwicklung des sowjetischen Betriebsrechts, JbfOR Bd. VIII (1967/2), S. 59 (80); Solotych, Gesellschaftsrecht der Ukraine, S. 18 f. Dagegen spricht Freund, Das Zivilrecht Sowjetrusslands, von „Genossenschaft". Unter Vermeidung einer vorweggenommenen Typenzuordnung wird hier im folgenden von „Gesellschaft mbH" gesprochen.

[120] Šreter, Sovetskoe chozjajstvennoe pravo, S. 184. Unzutreffenderweise als GmbH qualifiziert wird die in den Artt. 318 ff. ZGB 1922 geregelte Rechtsform bspw. bei Arzinger/Galander, Russisches Wirtschaftsrecht, S. 69/70.

schafters hafteten. Im einzelnen ergibt sich die Qualifizierung der „Gesellschaft mbH" als aliud gegenüber dem GmbH-Typus aus folgenden Gesichtspunkten:

1. Haftungsverfassung

„Gesellschaften mbH" wurden als Personengesellschaften verstanden,[121] so daß eine Beschränkung der Haftung für Verbindlichkeiten der Gesellschaft auf das Gesellschaftsvermögen nicht in Betracht kam. Neben dem Gesellschaftsvermögen hafteten die Gesellschafter persönlich in Höhe eines statutarisch festzulegenden Vielfachen ihrer Einlage,[122] wobei die persönliche Haftung aufgrund dessen, daß jedenfalls die Satzungen von im Wege der Erlaubniserteilung gemäß Art. 320 2. Alt. ZGB 1922 errichteten Gesellschaften als lex specialis ergingen und als solche die gesetzliche Regelung derogierten,[123] in diesen Gesellschaften rechtstheoretisch ausgeschlossen werden konnte.[124] Es finden sich indessen keine Hinweise darauf, daß der Staat in Ausnahmefällen von dieser Möglichkeit Gebrauch gemacht und die Gesellschafter von „Gesellschaften mbH" aus der persönlichen Haftung entlassen hätte.

Aus der gesetzlichen Regelung ging nicht eindeutig hervor, ob die Gesellschafter für Verbindlichkeiten der Gesellschaft unmittelbar gegenüber den Gesellschaftsgläubigern einzustehen hatten oder eine entsprechende Nachschußpflicht im Innenverhältnis zur Gesellschaft bestand. Gegen letzteres sprach der Wortlaut des Art. 319 S. 2 ZGB 1922, wonach die Beschränkung der persönlichen Haftung auf die Einlage und deren Vielfaches auch dann *gegenüber dritten Personen* gelten sollte, wenn andere haftbare Mitgesellschafter zahlungsunfähig wurden. Die Ausgestaltung der „Gesellschaft mbH" im ZGB 1922 sprach damit an sich dafür, daß Gesellschaftsgläubiger in Höhe des jeweiligen Vielfachen der Einlage berechtigt bzw. verpflichtet

[121] Krasnokučkij, Tovariščestva s ograničennoj otvetstvennost`ju, S. 10, 26.

[122] Darüber hinaus war eine persönliche Haftung jedoch ausgeschlossen. Dies übersieht Knerer, Rechtliche Möglichkeiten privatwirtschaftlicher Betätigung in Sowjetrußland und der Sowjetunion, S. 123, der davon ausgeht, daß die Gesellschafter „bis zur Höhe des Gesamtkapitals" hafteten. Das Gesetz gab für „Gesellschaften mbH" kein festes Mindestkapital vor, außerdem wurde die persönliche Haftungsgrenze auch im Falle der Zahlungsunfähigkeit von Mitgesellschaftern nicht durchbrochen, vgl. Art. 319 S. 2 ZGB 1922.

[123] Vgl. Landkof, Tovariščestva i akcionernyje obščestva, S. 118.

[124] Vgl. Landkof, Tovariščestva i akcionernye obščestva, S. 110; Šreter, Sovetskoe chozjajstvennoe pravo, S. 184.

sein sollten, direkt auf das Privatvermögen der Gesellschafter Zugriff zu nehmen.[125] Ein solches Haftungsmodell hätte die Beitreibung von Forderungen gegen „Gesellschaften mbH" mit großem Mitgliederkreis jedoch erheblich erschwert, da Einzelklagen gegen die einzelnen Gesellschafter zu erheben gewesen wären.[126] Die Mustersatzungen der in Art. 320 ZGB 1922 aufgeführten Sonderrechtsformen (Elektrifizierungsgesellschaften, Artels verantwortlicher Arbeit) stellten dementsprechend klar, daß die Gesellschafter gegenüber der Gesellschaft zur Erbringung von Nachschüssen verpflichtet waren, d.h. den Gläubigern nicht unmittelbar hafteten.[127]

Der Sowjetgesetzgeber von 1922 knüpfte bei der Ausgestaltung der Haftungsverhältnisse der „Gesellschaft mbH" somit nicht an den in westeuropäischen GmbH-Ordnungen tragenden Gedanken des Ausschlusses der persönlichen Haftung, sondern unverkennbar an das zaristische Recht der Artels an.

2. Entstehung, Zweckverfolgung und Beendigung

Das Gesetz ging in Art. 320 ZGB 1922 davon aus, daß die Gründung von „Gesellschaften mbH" grundsätzlich unzulässig war und nur in Betracht kam, soweit diese Rechtsform für bestimmte Wirtschaftszweige ausdrücklich zugelassen war oder ihre Verwendung im Einzelfall regierungsbehördlich genehmigt wurde.[128] Als Sonderrechtsformen führte das Gesetz beispielhaft[129] Elektrifizierungsgesellschaften und Artels verantwortlicher Arbeit an. Demnach stellte sich Art. 320 ZGB 1922 als Schrankenbestimmung zu Art. 5 ZGB 1922 dar, wonach Bürger der RSFSR das

---

125 Zweifelhaft daher Knerer, Rechtliche Möglichkeiten privatwirtschaftlicher Betätigung in Sowjetrußland und der Sowjetunion, S. 123 sowie Freund, Das Zivilrecht Sowjetrusslands, S. 42, die eine Nachschußpflicht de lege lata annehmen.

126 Hierauf wird hingewiesen bei Šreter, Sovetskoe chozjajstvennoe pravo, S. 189, der eine Rechtsverfolgung gegen die einzelnen Gesellschafter für „technisch undurchführbar" hält.

127 Šreter, Sovetskoe chozjajstvennoe pravo, S. 189/190 m.w.N.; zum Verfahren der Einforderung und Leistung von Nachschüssen vgl. Krasnokutskij, Tovariščestva s ograničennoj otvetstvennost'ju, S. 17 m.w.N.

128 Zu diesem umgekehrten Regel-Ausnahmeverhältnis vgl. Landkof, Tovariščestva i akcionernyje obščestva, S. 117; Šreter, Sovetskoe chozjajstvennoe pravo, S. 184. Zum Gründungsablauf vgl. Krasnokučkij, Tovariščestva s ograničennoj otvetstvennost'ju, S. 18 ff.

129 Šreter, Sovetskoe chozjajstvennoe pravo, S. 184; a.A. Landkof, Tovariščestva i akcionernye obščestva, S. 17, der diese Sonderrechtsformen - außerhalb der Einzelfallzulassung - für abschließend hält.

Recht hatten, Industrie- und Handelsunternehmen unter Beachtung aller Bestimmungen zu gründen, die die industrielle und Handelstätigkeit regelten.

Die Zwecke, die in der Rechtsform der „Gesellschaft mbH" verfolgt werden konnten, waren beschränkt. Zum einen wurde Handelsunternehmen diese Rechtsform durch die hoheitliche Genehmigungspraxis als Alternative verweigert.[130] Zum anderen lag der Gegenstand von Unternehmen, die in einer der gesetzlich zugelassenen Sonderrechtsformen der „Gesellschaft mbH" verfaßt waren, durchweg in der Erbringung von Diensten für ihre Mitglieder bzw. in der Organisation und Vereinigung deren Tätigkeit.[131] Es handelte sich also um eine Rechtsform, in der lediglich ein besonderer Zweck, nämlich derjenige der Förderung der Mitglieder, verfolgt werden konnte.[132] Umgekehrt bestand jedoch kein Rechtsformzwang des Inhalts, daß diese Zwecke zur Annahme der Rechtsform einer „Gesellschaft mbH" gezwungen hätten.[133] So wurden z.B. Einkaufsverbände von Einzelhändlern zunächst als Aktiengesellschaften gegründet, bevor ihnen auch die Rechtsform der „Gesellschaft mbH" geöffnet wurde.[134] Letzteres Beispiel verdeutlicht, daß Privatunternehmer durchaus Gesellschafter in „Gesellschaften mbH" sein, in dieser Rechtsform jedoch nur genossenschaftliche Zwecke, nicht aber die Gewinnerzielung als eigentliches Ziel privater Interessen verfolgen konnten.[135]

Aus dieser Verfaßtheit als Selbsthilfeunternehmen folgt, daß „Gesellschaften mbH" einen genossenschaftlichen Typus darstellten.[136] Demzufolge war in der Lehre um-

---

[130] Landkof, Tovariščestva i akcionernye obščestva, S. 18. Auch die ausdrücklich zugelassenen Sonderrechtsformen trugen der Legaldefinition des Art. 318 ZGB 1922 nicht Rechnung, da sie allesamt keine Handelsgesellschaften darstellten, vgl. Šreter, Sovetskoe chozjajstvennoe pravo, S. 184.

[131] Šreter, Sovetskoe chozjajstvennoe pravo, S. 186/187, 188.

[132] Dies steht im Gegensatz zum Zweck der Gewinnerzielung. Daß tatsächlich Gewinn erzielt wurde, steht nicht entgegen.

[133] A.A. Klemm, Russisches Kapitalgesellschaftsrecht, S. 63.

[134] Vgl. Gojchbarg, Očerki chozjajstvennogo prava, S. 75 f.; Timochov, TOO v Rossii, GiP 1993, Nr. 1, S. 43 (47).

[135] Vgl. Korelin, Die Kooperativen-Gesetzgebung in Rußland und die westliche Erfahrung, Ius Commune Bd. 86 (1996), S. 197 (214); Landkof, Das Ukrainische Gesetz über die Gesellschaften mit beschränkter Haftung, ZfOR 1928, Nr. 6, S. 812 (814). Daß tatsächlich Gewinn erzielt wurde, stand nicht entgegen.

[136] Zum genossenschaftlichen Verbandszweck im deutschen Recht vgl. Schmidt, Gesellschaftsrecht, § 41 I 1.

stritten, ob „Gesellschaften mbH“ und die verschiedenen per Dekret geregelten[137] Genossenschaftsformen als eigenständige Rechtsformen anzusehen,[138] teilweise deckungsgleich[139] oder identisch[140] waren.

In der Praxis der Erlaubniserteilung setzte sich die - durch den Sowjetgesetzgeber beibehaltene - Unterwerfung von Rechtsformen, die ihren Mitgliedern ein (beschränktes) Haftungsprivileg gewährten, unter die wirtschafts- und sozialpolitischen Interessen des Staates fort. Erlaubnisse wurden dementsprechend nur erteilt, sofern die Tätigkeit eines in der Form einer „Gesellschaft mbH“ zu gründenden Unternehmens nach ihrer Bestimmung und ihrem Inhalt nicht nur gemeinnützig, sondern auch im Interesse der Entwicklung der Staatswirtschaft als notwendig erachtet wurde.[141] Als Einbruchstelle staatlicher Einflußnahme auf die Entstehung von Gesellschaften diente Art. 1 ZGB 1922, wonach bürgerliche Rechte nur insoweit gesetzlich geschützt wurden, als sie nicht „in Widerspruch zu ihrer gesellschaftlich-wirtschaftlichen Bestimmung verwirklicht“ wurden.[142]

Indessen unterlag die Gründung von „Gesellschaften mbH“ zum Teil dort nicht der Kuratel staatlicher Kontrolle und Interessenverfolgung, wo eine ausdrückliche gesetzliche Zulassung dieser Rechtsform i.S.d. Art. 320 ZGB 1922 gegeben und eine spezielle Erlaubnis damit nicht erforderlich war.[143] Gemäß Art. 14 S. 1 ZGB 1922 bedurfte eine juristische Person einer bestätigten, in betreffenden Fällen durch das dazu bevollmächtigte Organ registrierten, Satzung. Im Zeitpunkt der Bestätigung oder Registrierung der Satzung entstand die Rechtsfähigkeit der „Gesellschaft mbH“ als juristischer Person,[144] Art. 14 S. 3 ZGB 1922. Mit der Differenzierung zwischen Satzungsbestätigung und -registrierung knüpfte das Gesetz an eine Mischform aus

---

137 Vgl. o. Fn. 112.

138 Vgl. die Nachweise bei Šreter, Sovetskoe chozjajstvennoe pravo, S. 185 Fn. 1.

139 Krasnokučkij, Tovariščestva s ograničennoj otvetstvennost'ju, S. 7.

140 Šreter, Sovetskoe chozjajstvennoe pravo, S. 184.

141 Landkof, Das Ukrainische Gesetz über die Gesellschaften mit beschränkter Haftung, ZfOR 1928, Nr. 6, S. 812 (813, 814).

142 Vgl. dazu Meder, Das Sowjetrecht, S. 172.

143 Krasnokučkij, Tovariščestva s ograničennoj otvetstvennost'ju, S. 20.

144 Als juristische Personen galten nach Art. 13 ZGB 1922 Vereinigungen von Personen, Anstalten oder Organisationen, die als solche Vermögensrechte erwerben, Verbindlichkeiten eingehen sowie vor Gericht klagen und verklagt werden können.

Konzessions- und Octroisystem einerseits sowie das Normativsystem andererseits an.[145] Allerdings geht aus Art. 14 S. 1 ZGB 1922 nicht eindeutig hervor, ob das Gesetz die Registrierungspflicht, d.h. die Anwendung des Normativsystems, tatsächlich isoliert neben die Bestätigungspflicht stellte. Zutreffender dürfte vielmehr ein wortlautorientiertes Verständnis dahingehend sein, daß Satzungen grundsätzlich eines Bestätigungsaktes bedurften, der gegebenfalls zusätzlich um eine Registrierung ergänzt werden mußte.

Die sprachliche Ambivalenz des Gesetzes schlug sich in der behördlichen Praxis darin nieder, daß das Gründungsverfahren in Abhängigkeit von der jeweiligen (Sonder-) Rechtsform sowohl isoliert durch Satzungsregistrierung als auch kumulativ durch Bestätigung und Registrierung ausgestaltet wurde. Soweit der Gesetz- und Verordnungsgeber von dem Zulassungsvorbehalt aus Art. 320 ZGB 1922 Gebrauch gemacht und dadurch das im ZGB 1922 selbst nicht geregelte materielle Sachrecht (lex societatis) der als „Gesellschaften mbH" zugelassenen Sonderrechtsformen ausgestaltet hatte, erfolgte deren Gründung zum Teil im Wege der Registrierung der Satzung, wobei sich der behördliche Prüfungsumfang ausschließlich auf die Beachtung des materiellen Rechts bezog und die Registrierung demnach nicht aus politischen Zweckmäßigkeitserwägungen verweigert werden konnte.[146] Hier fand somit in einem Teilbereich eine Abkehr vom Konzessions- bzw. Octroisystem statt, wodurch inbesondere die Gründung der in Art. 320 ZGB 1922 beispielhaft aufgeführten Elektrifizierungsgesellschaften[147] erleichtert wurde.[148] Demgegenüber blieb für die Gründung der zweiten in Art. 320 ZGB genannten Sonderrechtsform, des Artels verantwortlicher Arbeit,[149] hinsichtlich der Satzung ein Bestätigungsakt erforderlich,[150] weshalb ein Rückschluß auf eine systematische Anwendung des Normativsystems auf Gründungen von Sonderrechtsformen i.S.d. Art. 320 ZGB 1922 ausscheidet.

---

145 So Landkof, Graždanskij kodeks RSFSR - Kommentarij III, Art. 14 Rn. 1 (S. 40).

146 Vgl. Landkof, Graždanskij kodeks RSFSR - Kommentarij III, Art. 14 Rn. 3 (S. 42); Šreter, Sovetskoe chozjajstvennoe pravo, S. 186.

147 Deklaracija o tovariščestvach po elektrosnabženiju s ograničennoj otvetstvennost'ju, Ziff. 5, SU RSFSR 1923, Nr. 2, Pos. 29.

148 Landkof, Graždanskij kodeks RSFSR - Kommentarij III, Art. 14 Rn. 4 (S. 43).

149 Artel'i otvetstvennogo truda; s. Dekret v. 25.11.1921, SU RSFSR 1921, Nr. 77, Pos. 641; 1924, Nr. 26, Pos. 228; 1925, Nr. 67, Pos. 538.

150 Landkof, Graždanskij kodeks RSFSR - Kommentarij III, Art. 14 Rn. 6 (S. 44). Zum Gründungsverfahren im einzelnen s. Gojchbarg, Očerki chozjajstvennogo prava, S. 52.

Der Bestand von „Gesellschaften mbH" war wenig gesichert, da sie jederzeit auf Beschluß der Regierung aufgelöst, d.h. in Liquidation überführt werden konnten, sobald ihre Organe von den satzungsmäßigen Zielen abwichen oder gegen die „Interessen des Staates" tätig wurden (Art. 18 ZGB 1922), worin sich abermals die Funktion des ZGB 1922 als „besondere Form der Politik des proletarischen Staates" äußerte.[151]

3. Offener Mitgliederkreis und Variabilität des Kapitals

Die Rechtsform der „Gesellschaft mbH" war weder an einen zahlenmäßig bestimmten Personenkreis gebunden, noch sah das Gesetz ein festes Mindestkapital vor.[152] Dadurch war das Gesellschaftskapital von dem jeweiligen Mitgliederbestand abhängig, welcher aufgrund des ordentlichen Austrittsrechts ständigen Schwankungen unterworfen sein konnte.[153] Der Gesetzgeber folgte damit nicht einem System fester Kapitalanteile, deren Inhaber wechseln können, sondern dem Konzept des variablen Kapitals nach französischem Vorbild, weshalb in der Literatur auch eine Aufgabe der irreführenden Bezeichnung der in den Artt. 318 ff. ZGB 1922 geregelten Rechtsform als „Gesellschaft mbH" und deren Ersetzung durch „Gesellschaft mit variablem Bestand und Kapital" gefordert wurde.[154]

4. Typologische Zuordnung

Die wesentlichen rechtlichen Spezifika der „Gesellschaft mbH" weisen offenbar - abgesehen von der mehrdeutigen Bezeichnung - keine Verbindungen mit der personalistischen Kapitalgesellschaft der GmbH deutschen bzw. kontinentaleuropäischen Rechts auf, sondern stehen eindeutig in der Kontinuität des zaristischen Rechts der Artels. Insbesondere die fehlende Zweckfreiheit und die Haftungserstreckung hin-

---

[151] Roggemann, Allgemeine Grundlagen des sowjetischen Zivilrechts, JBfOR Bd. XII (1971/1), S. 149 (168).

[152] Šreter, Sovetskoe chozjajstvennoe pravo, S. 189. Mindestkapitalziffern waren jedoch in den Mustersatzungen für verschiedene Sonderrechtsformen angegeben, vgl. Krasnokutskij, Tovariščestvo s ograničennoj otvetstvennost'ju, S. 10.

[153] Krasnokučkij, Tovariščestva s ograničennoj otvetstvennost'ju, S. 7, 9 („Politik der offenen Türen"). Da eine Beteiligung an „Gesellschaften mbH" keinen Anteil am Gesellschaftsvermögen gewährte, ging der Abfindungsanspruch bei Austritt lediglich auf den Betrag der Einlage, vgl. Šreter, Sovetskoe chozjajstvennoe pravo, S. 188/189.

[154] Šreter, Sovetskoe chozjajstvennoe pravo, S. 185.

sichtlich der Gesellschaftsverbindlichkeiten auf die Gesellschafter verdeutlichen, daß GmbH und „Gesellschaft mbH" i.S.d. ZGB 1922 funktional nicht vergleichbar sind.[155]

Indessen darf die Bezeichnung der in Artt. 318 ff. ZGB 1922 geregelten Gesellschaftsform als „Gesellschaft mbH", die zu Fehlassoziationen verleiten könnte, nicht den Blick darauf verstellen, daß es sich hierbei nicht nur keineswegs um einen GmbH-Typus handelte, sondern die „Gesellschaft mbH" vielmehr *die Genossenschaft* des kodifizierten Gesellschaftsrechts der 20er Jahre darstellt.[156] Die lex societatis einzelner Genossenschaftstypen war schon einige Zeit vor Inkrafttreten des ZGB 1922 per Dekret näher ausgestaltet worden.[157] Angesichts der großen Bedeutung des Genossenschaftswesens in Rußland[158] war der Sowjetgesetzgeber von 1922 daher gezwungen, das bereits früher entstandene Institut aufzunehmen.[159] Die letztendlich nur rudimentäre Regelung in den Artt. 318 ff. ZGB 1922 dürfte auf die Zersplitterung des Genossenschaftsrechts zurückzuführen sein, dessen Vereinheitlichung den Rahmen des unter höchstem Zeitdruck ausgearbeiteten ZGB 1922 gesprengt hätte. Den Artt. 318 ff. ZGB kam somit die Funktion eines „Allgemeinen Teils" des in Spezialgesetzen und untergesetzlichen Normen enthaltenen Genossenschaftsrechts zu. Erklärungsansätze für die Einführung des Terminus „Gesellschaft mbH" könnten darin zu sehen sein, daß er als Oberbegriff die einzelnen Genossenschaftsformen erfassen sollte, deren gemeinsames Merkmal gerade in der auf ein Vielfaches der Einlage beschränkten Haftung ihrer Mitglieder bestand. Zudem wurden Genossenschaften mit beschränkter Nachschußpflicht i.S.d. deut-

[155] Man könnte daher zutreffend von einer „Genossenschaft mbH" sprechen, so Freund, Das Zivilrecht Sowjetrusslands, S. 247 f.; Hachenburg (Behrens), GmbHG-D (7. Aufl.), Einl. Rn. 131; Lindt, Das sowjetrussische Aktienrecht, S. 24; Šreter, Sovetskoe chozjajstvennoe pravo, S. 183 f. Abzulehnen ist die bei Landkof, Das Ukrainische Gesetz über die Gesellschaften mit beschränkter Haftung, ZfOR 1928, Nr. 6, S. 812 (816), verwendete Bezeichnung als „GmbH genossenschaftlichen Typs", da es sich gerade nicht um einen GmbH-Typus, sondern um eine Genossenschaft handelt.

[156] Auch das Oberste Gericht vertrat in einer Entscheidung aus dem Jahre 1925 die Auffassung, die „Gesellschaft mbH" sei mit genossenschaftlichen Formen identisch, vgl. Šreter, Sovetskoe chozjajstvennoe pravo, S. 184 Fn. 3.

[157] S. Fn. 112.

[158] Vgl. Feitelberg, Staatliche und gemischte Aktiengesellschaften im Sowjetrecht, S. 35; Korelin, Die Kooperativen-Gesetzgebung in Rußland und die westliche Erfahrung, Ius Commune Bd. 86 (1996), S. 197 (216).

[159] So für die analoge Situation in der Ukraine Landkof, Das Ukrainische Gesetz über die Gesellschaften mit beschränkter Haftung, ZfOR 1928, Nr. 6, S. 812 (813).

schen Rechts in der russischen Rechtslehre herkömmlicherweise als „Gesellschaften mbH" bezeichnet,[160] wodurch diese Bezeichnung im Russischen schon vor Inkrafttreten des deutschen GmbH-Gesetzes besetzt war. Ihre weitere Verwendung im ZGB 1922 kann auch aus diesem Grund kaum als Anknüpfung des Gesetzgebers an westeuropäische GmbH-Rechte gewertet werden.

III. Das Aktienrecht des ZGB 1922 und der Aktienordnung von 1927

Das in Artt. 322 ff. ZGB 1922 kodifizierte Aktienrecht setzte zunächst viele Traditionen aus der Zeit des Zarenreichs fort. So bedurfte jede Unternehmensgründung weiterhin der staatlichen Genehmigung, ohne daß darauf ein Rechtsanspruch bestanden hätte.[161] Infolgedessen entwickelte sich abermals das Phänomen eines tatsächlichen Aktienrechts außerhalb der Normen des ZGB 1922, das durch eine sich in der statutarischen Rechtspraxis durchsetzende, im ZGB 1922 selbst aber nicht angelegte Typisierung in staatliche und gemischte AG geprägt war.[162] Dem Auseinanderfallen von Rechtswirklichkeit und geschriebenem Recht begegnete der Unionsgesetzgeber schließlich 1927, indem er die Ordnung über Aktiengesellschaften (SowAktO)[163] als unionseinheitliche Neukodifikation des Aktienrechts verabschiedete, die anstelle der vormaligen Regelung in die republikanischen Zivilkodices inkorporiert wurde.[164]

Die SowAktO ging von der privaten AG als gesetzlichem Grundtyp aus und grenzte hiervon die staatliche und gemischte AG ab, wobei für die typologische Zuordnung nicht in erster Linie die tatsächlichen Mehrheitsverhältnisse, sondern die Festlegungen in der Satzung maßgebend waren.[165] Das gesetzliche Regelungsmodell wurde

---

[160] S. Fn. 79.

[161] Vgl. Art. 323 ZGB 1922. Eine detaillierte Darstellung des Aktienrechts der NEP-Periode bietet Klemm, Russisches Kapitalgesellschaftsrecht, S. 55. ff., 65 ff.

[162] Vgl. Feitelberg, Staatliche und gemischte Aktiengesellschaften im Sowjetrecht, S. 30 f.; Freytag, Die Gründung der Aktiengesellschaft nach sowjet-russischem Recht, S. 47.

[163] Položenie ob akcionernych obščestvach, SZ SSSR 1927, Nr. 49, Pos. 500, bestätigt durch Beschluß des Zentralen Exekutivkomitees und des Rates der Volkskomissare der UdSSR v. 17.8.1927, SZ SSSR 1927, Nr. 49, Pos. 499.

[164] Lindt, Das sowjetrussische Aktienrecht, S. 26.

[165] Brunner, Handelsgesellschaften im Sozialismus?, S. 92. S. hierzu den in den Legaldefinitionen enthaltenen Verweis auf das Statut, Art. 3 Abs. 1, 2 SowAktO.

aber durch die Fakten konterkariert, da sich über 92 % des russischen Aktienkapitals in der Hand des Staates befanden.[166] Staatliche AG wurden mit den anderen staatlichen Unternehmen gleichgestellt und daher im Gegensatz zu gemischten und privaten AG nicht als juristische Personen des Privatrechts, sondern als solche des öffentlichen Rechts qualifiziert.[167] Zum 8. März 1925 existierten in der UdSSR lediglich 20 private und 47 gemischte Aktiengesellschaften, davon 12 mit ausländischer Kapitalbeteiligung,[168] was belegt, daß sich das inländische private Unternehmertum vorwiegend in Personengesellschaften organisierte.[169] Im übrigen war die private AG zwar eine reine Kapitalgesellschaft,[170] deren Charakter jedoch durch das Verbot der Ausgabe von Inhaberaktien (Art. 47 SowAktO)[171] sowie der (u.a.) hierdurch bedingten faktischen Inexistenz eines Kapitalmarktes[172] eindeutig personalistisch geprägt war.[173]

Daher kann es nicht verwundern, daß es sich bei den wenigen privaten AG nicht um industrielle Publikumsgesellschaften, sondern vorwiegend um Familienunternehmen handelte.[174] Dessen ungeachtet eröffnete das Recht der SowAktO der unternehmerischen Privatinitiative keinen gangbaren und realistischen Weg in die personalistische Kapitalgesellschaft, da sich aus der zahlenmäßigen Quasi-Bedeutungslosigkeit privater AG entnehmen läßt, daß die hoheitliche Genehmigungs- und Bestätigungspraxis nur in Ausnahmefällen eine „Flucht in das Aktienrecht" gestattete. Eine flexible Anpassung der aktienrechtlichen Form an die individuellen Bedürfnisse ei-

[166] Feitelberg, Staatliche und gemischte Aktiengesellschaften im Sowjetrecht, S. 42 f. Als geringfügig höher bzw. niedriger wird die Staatsquote angegeben bei Dolinskaja, Akcionernoe pravo, S. 77/78 und Kašanina, Chozjajstvennye tovariščestva i obščestva, S. 365.

[167] Arg. e Artt. 127, 143 SowAktO; s. hierzu auch Feitelberg, Staatliche und gemischte Aktiengesellschaften im Sowjetrecht, S. 33 f.; Landkof, Das neue Aktiengesetz der UdSSR, ZfOR 1928, Nr. 1, S. 93 (94); Šreter, Sovetskoe chozjajstvennoe pravo, S. 182.

[168] Zahlen nach Knerer, Rechtliche Möglichkeiten privatwirtschaftlicher Betätigung in Sowjetrußland und der Sowjetunion, S. 104.

[169] Vgl. Brunner, Handelsgesellschaften im Sozialismus?, S. 92.

[170] Freund, Das Zivilrecht Sowjetrusslands, S. 42.

[171] S. hierzu Freytag, Die Gründung der Aktiengesellschaft nach sowjet-russischem Recht, S. 43 f.

[172] Vgl. Feitelberg, Staatliche und gemischte Aktiengesellschaften im Sowjetrecht, S. 43; Solotych, Gesellschaftsrecht der Ukraine, S. 21 m.w.N.

[173] Vgl. Landkof, Das neue Aktienrecht der UdSSR, ZfOR 1928, Nr. 1, S. 93 (97), der aber aus dem Ausschluß des kapitalistischen Elements fälschlicherweise den Schluß zieht, bei der AG handele es sich um eine Personengesellschaft.

[174] Vgl. Landkof, Das neue Aktiengesetz der UdSSR, ZfOR 1928, Nr. 1, S. 93 (97).

nes beschränkten Mitgliederkreises war kaum in ausreichendem Maße möglich. Die Sicherung des Einflusses bspw. einer Familie hätte zwar nach geschriebenem Recht durch eine Vinkulierung der Aktien im Wege statutarischer Zustimmungsvorbehalte zugunsten der Gesellschaft (Art. 52 Abs. 3 SowAktO) erreicht werden können. Auch der Gründungsaufwand konnte durch private Zeichnung der Aktien, was eine Befreiung von Prospektpflichten nach sich zog (Artt. 26 S. 2, 28 SowAktO), in überschaubarem Rahmen gehalten werden. Da jedoch weder durch das ZGB 1922 noch durch die SowAktO ein Übergang des Gründungsrechts zum System der Normativbestimmungen vollzogen wurde,[175] standen potentiellen Gründern kleiner und mittlerer Unternehmen keine Rechtsmittel zur Durchsetzung derartiger statutarischer Bestimmungen zur Verfügung, d.h. die tatsächliche Verfassung der jeweiligen AG blieb letztendlich allein von obrigkeitlichen Willkürentscheidungen und ideologischen Grundsätzen folgender Interessenpolitik abhängig. Indem die Gründung der AG einen „Gnadenakt“ des Staates voraussetzte, die AG der Fähigkeit beraubt war, ihre inneren Angelegenheiten autonom zu regeln[176] und ihr Fortbestand völlig vom Gutdünken des Staates[177] abhing,[178] blieb das Aktienrecht ein privatkapitalfeindliches System.[179] In der restriktiven Position gegenüber der Zulassung privater AG setzte sich somit das Mißtrauen des Staates gegenüber haftungsprivilegierten[180] Realformen einer personenverbandsmäßigen Unternehmensorganisation auch während der NEP-Periode fort.

---

[175] Vgl. Lindt, Das sowjetrussische Aktienrecht, S. 35.

[176] Gem. Art. 18 SowAktO war auch für Satzungsänderungen ein hoheitlicher Bestätigungsakt erforderlich.

[177] Die AG konnte (u.a.) gem. Art. 97 lit. d.) 2. Alt. SowAktO jederzeit auf Beschluß der Regierung der UdSSR oder der Unionsrepubliken aufgelöst werden, wenn ihre Tätigkeit den Interessen des Staates nicht entsprach.

[178] Lindt, Das sowjetrussische Aktienrecht, S. 35, 36, 39.

[179] Vgl. Freytag, Die Gründung der Aktiengesellschaft nach sowjet-russischem Recht, S. 43.

[180] S. dazu Art. 1 S. 2 SowAktO.

IV. Die GmbH im E HGB 1923[181]

Nach Einleitung der NEP wurde schnell deutlich, daß die Wiederbelebung vertraglicher Beziehungen zwischen Subjekten des Privatrechts von einer Ausfüllung der bestehenden handelsrechtlichen Regelungslücke begleitet werden mußte. Der vom Komitee für Binnenhandel erarbeitete Entwurf eines sowjetischen Handelsgesetzbuches (E HGB 1923), zu dessen Annahme es nicht mehr kam, hätte durch die in Artt. 494 ff. enthaltene Regelung der Tovariščestvo s ograničennoj otvetstvennost`ju (GmbH) die genossenschaftliche Form der Artt. 318 ff. ZGB 1922 erheblich modifiziert. Art. 494 i.V.m. Art. 2 E HGB 1923 ließ die Gründung von GmbH zu jedem beliebigen gewerblichen und industriellen Zweck zu. Die persönliche Haftung der Gesellschafter für Verbindlichkeiten der Gesellschaft wäre fakultativ, d.h. statutarisch nicht nur beschränkbar, sondern als vollkommen abdingbar ausgestaltet worden. Als Gegengewicht hierzu führte der Entwurf ein gesetzliches Stammkapital von mindestens 10.000 Goldrubeln ein.[182]

Das Inkrafttreten des E HGB 1923 hätte demnach erstmals zu einer Rezeption einiger wesentlicher Charakteristika der GmbH deutschen bzw. kontinentaleuropäischen Rechts durch das russische Recht geführt. Stimmen in der zeitgenössischen Lehre, die eine Einführung der GmbH und daher auch die Verabschiedung des Entwurfs ablehnten, forderten stattdessen eine Herabsetzung des für AG festgeschriebenen Mindestkapitals von 100.000 (Art. 63 SowAktO) auf 10.000 Goldrubel.[183] Sowohl die Vorstellung des Entwurfs als auch die Kritik am geltenden Aktienrecht verdeutlichen, daß das praktische Bedürfnis nach einem GmbH-Strukturtypus während der NEP vermehrt als vordringlich empfunden wurde. Die verschiedenen Lösungsvorschläge konnten sich aber nicht mehr durchsetzen und wurden schließlich durch die tatsächliche Entwicklung obsolet.

---

[181] S. dazu die Übersicht bei Landkof, Tovariščestvo s ograničennoj otvetstvennost`ju na Zapade i v SSSR, S. 35 ff.; sowie Lindt, Das sowjetrussische Aktienrecht, S. 24; Solotych, Gesellschaftsrecht der Ukraine, S. 20; Timochov, TOO v Rossii, GiP 1993, Nr. 1, S. 43 (48).

[182] Nach Landkof, aaO., S. 37, hätte die GmbH des E HGB 1924 Elemente der französischen societé à capital variable und der deutschen GmbH in sich vereint. Dies könnte möglicherweise darauf hindeuten, daß der Ein- und Austritt von Gesellschaftern mit den entsprechenden vermögensrechtlichen Folgen jedenfalls solange ungehindert zulässig sein sollte, wie das Vermögen der GmbH nicht unter die gesetzliche Grenze von 10.000 Goldrubeln absank.

[183] Landkof, Tovariščestvo s ograničennoj otvetstvennost`ju na Zapade i v SSSR, S. 38.

V. Die Sonderentwicklung des GmbH-Rechts in der Ukraine

Die im E HGB 1923 angedachten Ansätze blieben auf die weitere Entwicklung nicht ohne Einfluß. Unionsweit wirkte sich die obligatorische zusätzliche Haftung der Gesellschafter von „Gesellschaften mbH" i.S.d. Artt. 318 ff. ZGB 1922 mit ihrem Privatvermögen über die Einlage hinaus als wesentliches Hindernis für eine stärkere Verbreitung dieser Rechtsform aus.[184] Um in den Genuß der Haftungsbeschränkung zu gelangen, richteten sich die Beteiligungsaktivitäten staatlicher Unternehmen auch dann nahezu ausschließlich auf die Rechtsform der AG, wenn aufgrund eines beschränkten Mitgliederkreises - was den Regelfall darstellte - eine Verbriefung der Anteile in Aktien an sich nicht notwendig war.[185] Dies nahm der ukrainische Gesetzgeber zum Anlaß, aus dem Staatshaushalt finanzierte Gesellschafter von „Gesellschaften mbH" von jeder zusätzlichen Haftung freizustellen.[186] Dieser Schritt erwies sich indessen als nicht ausreichend, da er zu einer als problematisch empfundenen Divergenz des Haftungsumfangs staatlicher und privater Gesellschafter in gemischten „Gesellschaften mbH" führte und außerdem die Haftungsbeschränkung nicht auf die im sowjetischen Wirtschaftsleben überwiegenden Trusts ausgedehnt werden konnte, die zwar Staatsunternehmen waren, aber nicht aus dem Staatshaushalt finanziert wurden.[187]

Daher wurden die dürftigen Bestimmungen der Artt. 318 ff. ZGB 1922 in der Folge durch ein aus 30 Artikeln bestehendes ukrainisches GmbH-Gesetz (UkrGmbHG)[188] aufgehoben, das aus dem Staatshaushalt finanzierte GmbH-Gesellschafter von der persönlichen Zusatzhaftung befreite und hinsichtlich aller übrigen Gesellschafter fakultativ die Möglichkeit einräumte, statutarisch die Haftung entweder auf die geleisteten Einlagen zu beschränken oder sie in Höhe eines für alle Gesellschafter gleichen Vielfachen der Einlage zu erweitern (Artt. 318 Abs. 1, 318^1 UkrGmbHG). Im

---

[184] Landkof, Das Ukrainische Gesetz über die Gesellschaften mit beschränkter Haftung, ZfOR 1928, Nr. 6, S. 812 (814).

[185] Vgl. Landkof, aaO.

[186] Vgl. VO des Gesamtukrainischen Zentralen Exekutivkomitees und des Rates der Volkskommissare der USSR über die Beteiligung staatlicher Einrichtungen und Betriebe an Aktiengesellschaften und Gesellschaften mit beschränkter Haftung v. 20.1.1926, SU USSR 1926, Nr. 3, Pos. 32.

[187] Landkof, aaO.

[188] Gesetz der USSR über Gesellschaften mit beschränkter Haftung v. 31.10.1927, SZ USSR 1927, Nr. 58-59, Pos. 236.

übrigen wurden zwei gesetzliche Grundtypen geregelt: Gesellschaften mit festem Kapital und ständigem Mitgliederkreis sowie Gesellschaften mit variablem Kapital und wechselndem Bestand (Art. 318 Abs. 2 UkrGmbHG). Das gesetzliche Mindestkapital von 5.000 Rubel war nur für die Gesellschaft mit variablem Kapital verbindlich, deren Mitgliederzahl nicht unter 25 absinken durfte (Art. 318^2 UkrGmbHG). Ein Absinken des Kapitals oder des Mitgliederbestands unter diese Grenzen zog die Liquidation der GmbH nach sich (Art. 321^{11} Abs. 2 UkrGmbHG). Zudem hob das Gesetz die genossenschaftliche Zweckbindung grundsätzlich auf und stellte eine vollkommen flexible Organstruktur zur Verfügung (Artt. 321 ff. UkrGmbHG). Insgesamt flossen Grundzüge des deutschen GmbH-Rechts, der Genossenschaft nach Artt. 318 ff. ZGB 1922 a.F. sowie der Societé à capital variable in das Gesetz ein.

Trotz der relativen Modernität des UkrGmbHG lag die Intention des Gesetzgebers jedoch nicht etwa darin, privaten Klein- und Mittelunternehmen den Weg aus den Personengesellschaften in eine personalistische Kapitalgesellschaft zu ebnen, sondern staatlichen Unternehmen eine flexiblere Alternative zur AG anzubieten, die zuvor infolge der zusätzlichen Haftung nicht gegeben war. Eine Ausschöpfung der Möglichkeiten des UkrGmbHG hätte in der Tat möglicherweise dazu führen können, daß die GmbH für die Notwendigkeiten der Staatswirtschaft bzw. gemischter Unternehmen die Funktion der AG übernommen und letztere aus dem Verkehr verdrängt hätte.[189] Daß es dazu nicht kam, war wesentlich in der Aufrechterhaltung des Konzessionssystems begründet. In der Erteilung von Erlaubnissen zu GmbH-Gründungen war der Staat weiterhin vollkommen frei und konnte die Erlaubnis daher verweigern, sobald die Satzung eine Haftungsbeschränkung der nichtstaatlichen Gesellschafter auf die Einlagen vorsah. Als ausschlaggebend dafür, daß sich der Anwendungsbereich der GmbH nach Inkrafttreten des UkrGmbHG nicht wesentlich erweiterte, kann aber der Umstand gelten, daß der Gesetzgeber sich nicht dazu durchringen konnte, die GmbH der Privatinitiative zugänglich zu machen. Die Verwendung dieser Rechtsform blieb dem privaten Unternehmertum grundsätzlich verwehrt und wurde nur in seltenen Einzelfällen dort gewährt, wo die Tätigkeit privater

---

[189] So auch die Einschätzung bei Landkof, Das Ukrainische Gesetz über die Gesellschaften mit beschränkter Haftung, ZfOR 1928, Nr. 6, S. 812 (816).

Vereinigungen im Interesse des Staates ausnahmsweise als höchst nützlich betrachtet wurde.[190]

Die GmbH-rechtlichen Neuerungen in der Ukraine blieben jedoch in der RSFSR und auf Unionsebene wenn nicht unbemerkt, so doch jedenfalls ohne Folgen. Das UkrGmbHG fand weder im Recht der anderen Unionsrepubliken noch auf Unionsebene eine Entsprechung und blieb eine singuläre Erscheinung.

C. Aufhebung des Gesellschaftsrechts

Nachdem die Zugeständnisse an die Privatwirtschaft bereits ab 1925 Schritt für Schritt wieder aufgehoben worden waren,[191] zog der XV. Parteitag vom 2. bis 19. Dezember 1927 expressis verbis einen Schlußstrich unter die NEP und erklärte den Übergang von der „Periode des Wiederaufbaus" zur „Periode der Umgestaltung" der sozialistischen Wirtschaft.[192] Die auf Industrialisierung des Landes und Zwangskollektivierung der Landwirtschaft abzielende Einführung des ersten Fünfjahresplans zum 1. Oktober 1928 markiert den Übergang zur stalinistischen Zentralverwaltungswirtschaft, mit dem das private Unternehmertum in der Sowjetunion liquidiert wurde.[193] Die Eliminierung des privaten Unternehmertums und die nahezu vollständige Beseitigung der ursprünglich privatrechtlichen Wirtschaftsformen des Aktien-[194] und Genossenschaftsrechts[195] transformierten das sowjetische Wirtschaftsrecht, das ohnehin immer nur zum geringen Teil ein Wirtschaftsprivatrecht gewesen war, in ein

[190] Landkof, aaO.

[191] Knerer, Rechtliche Möglichkeiten privatwirtschaftlicher Betätigung in Sowjetrußland und der Sowjetunion, S. 11; s. dazu auch Genkin et al., Sowjetisches Zivilrecht, Bd. I, S. 79 ff.

[192] Roggemann, Die Entwicklung des sowjetischen Betriebsrechts, JbfOR Bd. VIII (1967/2), S. 59 (93) m.w.N.

[193] Vgl. v. Bernstorff, Zivilrechtsentwicklung in Mittel- und Osteuropa, RIW 1998, Nr. 11, S. 825; Brunner, Handelsgesellschaften im Sozialismus?, S. 92; Genkin et al., Istorija sovetskogo Graždanskogo Prava 1917-1947, S. 46.

[194] Das Aktienrecht wurde allerdings erst mit Inkrafttreten der Grundlagen der Zivilgesetzgebung am 1.5.1962 aufgehoben; vgl. Erlaß des Präsidiums des Obersten Sowjets der UdSSR v. 23.5.1962, VVS SSSR 1962, Nr. 22, Pos. 226 - Ziff. 15, 16 der Anlage.

[195] So lehnt im Jahre 1935 etwa Uskov, Graždanskij Kodeks RSFSR, S. 82 eine Kommentierung der Artt. 318 ff. ZGB 1922 mit dem Hinweis ab, diese Vorschriften hätten keine praktische Bedeutung mehr.

reines Wirtschaftsverwaltungsrecht.[196] Dementsprechend verlor das Gesellschaftsrecht im Zuge der totalen Verstaatlichung seine praktische Bedeutung und wurde schließlich obsolet, seine formelle Aufhebung erfolgte jedoch erst im Rahmen der Zivilrechtsreform unter Chruščëv mit Inkrafttreten der Grundlagen der Zivilgesetzgebung der UdSSR in der ersten Hälfte der 60er Jahre.[197]

D. Der GmbH-Strukturtypus im sowjetischen Kapitalgesellschaftsrecht der Perestrojka-Periode

I. Joint Venture-Gesetzgebung der Jahre 1987/88

Das Fehlen eines Gesellschaftsrechts[198] führte erst im Zuge der Wirtschaftsreformen unter Gorbačëv, die u.a. auf die Öffnung der Sowjetunion für westliche Kapitalinvestitionen abzielten, zu neuem Kodifikationsbedarf. Die Rechtsgrundlagen für Direktinvestitionen ausländischer Investoren aus nicht dem RGW angehörigen Staaten wurden durch die VOen des Ministerrates der UdSSR Nr. 49 vom 13.1.1987 „Über das Gründungsverfahren und die Tätigkeit von Gemeinschaftsunternehmen unter Beteiligung sowjetischer Organisationen und Firmen aus kapitalistischen und Entwicklungsländern auf dem Territorium der UdSSR“[199] (VOGemU) sowie vom 2.12.1988 „Über die Weiterentwicklung der außenwirtschaftlichen Tätigkeit staatlicher, kooperativer und anderer gesellschaftlicher Unternehmen, Vereinigungen und Organisationen“[200] (AuWiUntVO) geschaffen.[201] Bei Gemeinschaftsunternehmen

---

[196] Vgl. Roggemann, Die Entwicklung des sowjetischen Betriebsrechts, JbfOR Bd. VIII (1967/2), S. 59 (120); zur allmählichen Abschaffung des freien Marktes und zum verfahrensrechtlichen Verlauf der Einführung von Diskriminierungsmaßnahmen gegenüber dem Privatkapital s. ders., aaO., S. 59 (118 f.).

[197] Erlaß des Präsidiums des Obersten Sowjets der UdSSR v. 23.5.1962, VVS SSSR 1962, Nr. 22, Pos. 226 - Pkt. 15, 16 der Anlage. Vgl. auch Brunner, Handelsgesellschaften im Sozialismus?, S. 93 m.w.N.; Solotych, Gesellschaftsrecht der Ukraine, S. 24 m.w.N.

[198] Waehler, Zweite Novelle zum Recht Gemeinsamer Unternehmen in der UdSSR, RIW 1989, Nr. 1, S. 21.

[199] SPP SSSR 1987, Nr. 9, Pos. 40. Deutsche Übersetzung bei Schweisfurth, Die Rechtsgrundlagen für Gemeinschaftsunternehmen in der Sowjetunion, RIW 1987, Nr. 7, S. 489 (495 ff.). Vgl. zur VOGemU Guyot, Gemischte Gesellschaften sowjetischen Rechts, JBfOR Bd. XXIX (1988), S. 39 ff.

[200] SPP SSSR 1989, Nr. 2, Pos. 7. Deutsche Übersetzung bei Waehler, Zweite Novelle zum Recht Gemeinsamer Unternehmen in der UdSSR, RIW 1989, Nr. 1, S. 21 (22f.). Zu den Rechtsgrundla-

i.S.d. VOGemU handelte es sich um eine sowjetische Rechtsform „sui generis“,[202] weshalb Gemeinschaftsunternehmen vor Wiedereinführung abstrakt-genereller Regelungen zu Kapitalgesellschaften durch den sowjetischen Gesetzgeber im Sommer 1990 nicht unmittelbar als GmbH oder AG gegründet werden konnten.[203] Um das fehlende Gesellschaftsrecht in der UdSSR zu kompensieren, war die VOGemU bewußt als Rahmengesetz ausgestaltet,[204] das den Partnern weitgehende Vertragsautonomie einräumte und dadurch die Möglichkeit eröffnete, die Rechtsform des Gemeinschaftsunternehmens in praxi strukturell an die Realform der GmbH anzupassen.[205]

---

gen vgl. ferner die bei Kuss/Roggemann, Das Investitionsrecht der Osteuropäischen Staaten und der DDR, S. 173 f. in deutscher Übersetzung auszugsweise wiedergegebene ÄnderungsVO des Ministerrates der UdSSR v. 17.9.1987. Die Novellen hatten insb. die Aufhebung der zunächst statuierten Beteiligungsgrenze des westlichen Partners auf höchstens 49%, die Zulassung von Ausländern für die Position des Vorstandsvorsitzenden bzw. Generaldirektors sowie die Dekonzentration des Genehmigungsverfahrens zum Gegenstand.

201 Zuvor wies bereits Art. 19 Ziff. 3 des Gesetzes der UdSSR „Über den staatlichen Betrieb“ (VVS SSSR 1987, Nr. 26, Pos. 385), durch welches das annähernd 70 Jahre währende Außenhandelsmonopol aufgehoben wurde, auf die Gründung von Gemeinschaftsunternehmen als eine der grundlegenden Formen der Wirtschaftsbeziehungen mit Unternehmen aus kapitalistischen Ländern hin und stellte eine entsprechende Gesetzgebung in Aussicht. Zu deren Verlauf vgl. eingehend Voznesenskaja, Sovmestnye predprijatija, S. 195 ff.

202 Innerhalb der in Art. 24 ZGB RSFSR 1964 enthaltenen Auflistung der juristischen Personen läßt sich das Gemeinschaftsunternehmen nur als „andere Organisation“ i.S.d. Art. 24 Abs. 1 Unterabs. 7 ZGB RSFSR 1964 i.V.m. Ziff. II.6. VOGemU qualifizieren; ebenso Boguslawskij, Das internationale Privatrecht in der UdSSR, RIW 1988, Nr. 3, S. 161 (166); Ennser, Die Gesetzgebung über Joint Ventures in der Sowjetunion, S. 119; Doronina, Inostrannye investivii, Zakonodatel`stvo i ékonomika 1996, Nr. 5-6, S. 3 (5). Der unmittelbare Rückgriff auf die Rechtsformen der GmbH und AG stand Gründungsgesellschaftern von Gemeinschaftsunternehmen erst nach Erlaß der AGGmbHO (s.u. S. 41) offen; daher jedenfalls für die Rechtslage ab Sommer 1990 zutreffend Knerer, Rechtliche Möglichkeiten privatwirtschaftlicher Betätigung in Sowjetrußland und der Sowjetunion, S. 180; die Kritik hieran bei Klemm, Russisches Kapitalgesellschaftsrecht. S. 73 (Fn. 318) geht somit fehl. Für die hier vertretene Auffassung auch Boguslawskij, Die Rechtslage ausländischer Investitionen in den Nachfolgestaaten der Sowjetunion, S. 90 f. A.A. Prichodko, Skol`ko stoit akcija?, ChiP 1993, Nr. 1, S. 70 (80), wonach die VOGemU keine eigenständige Rechtsform zur Verfügung stelle, sondern Gemeinsame Unternehmen nach ihrer Rechtsnatur von vornherein GmbH gewesen seien, obwohl die VOGemU sie nicht als solche bezeichne.

203 Vgl. Boguslavskij/Orlov, Zakonodatel`stvo Rossii o sovmestnych predprijatijach, S. 23

204 Thiel, Joint Ventures in der Rußländischen Föderation, S. 35.

205 Zur Strukturähnlichkeit vgl. Butler/Gashi-Butler, Towards a Russian Company Law, S. vii; Jumašev, Die schwierige Wiederentstehung des russischen Gesellschaftsrechts, ROW 1993, Nr. 4, S. 97 (100); Prichod`ko, Skol`ko stoit akcija?, ChiP 1993, Nr. 1, S. 70 (80); Timochov, TOO v Rossii, GiP 1993, Nr. 1, S. 43 (49) m.w.N.

1. GmbH-Merkmale im Normengefüge der VOGemU

Die Frage, ob in der VOGemU ein erster Versuch des sowjetischen Gesetzgebers zur Rezeption des GmbH-Typus kontinentaleuropäischen Rechts zu sehen sein könnte, beurteilt sich insbesondere danach, ob und inwieweit die VOGemU selbst normative Strukturelemente des GmbH-Rechts enthielt.

Auf der Grundlage der VOGemU gegründete[206] Unternehmen wiesen zunächst die universellen Strukturelemente der Rechtsfähigkeit und - außerhalb des kodifizierten Aktienrechts insoweit erstmalig in der (sowjet-) russischen Rechtsentwicklung - der Haftungsbeschränkung auf das Gesellschaftsvermögen und damit des Ausschlusses der persönlichen Haftung der Gesellschafter[207] auf. Der Risikobegrenzung im Aus-

---

[206] Registrierungsbedürftige Gründungsdokumente waren Satzung und Gründungsvertrag; vgl. Ziff. 7, 8 VOGemU. Da für den Gründungsvertrag keine inhaltlichen Vorgaben statuiert wurden, blieb die Funktion dieser Duplizität unklar. Mit einiger Wahrscheinlichkeit kann somit davon ausgegangen werden, daß der Verordnungsgeber mit dem Institut des Gründungsvertrages den Investitionsvertrag (auch Rahmen- oder Joint-Venture-Vertrag) im Blick hatte, der zwischen Partnern von Equity Joint Ventures in der internationalen Praxis üblicherweise geschlossen wird. Damit wurde indessen übersehen, daß Investitionsverträge ausschließlich schuldrechtliche Wirkungen zwischen den Gesellschaftern zeitigen, die Verfassung des zu errichtenden Gemeinschaftsunternehmens aber nicht berühren und daher regelmäßig auch nicht registrierungsbedürftig sind; vgl. dazu Göthel, IPR des Joint Ventures, RIW 1999, Nr. 8, S. 566 (568 f.) sowie Heger, Dogovor i ustav obščestva s ograničennoj otvetstvennost'ju, Zakon 1994, Nr. 5, S. 94 (95). Die Einführung der Duplizität der Gründungsdokumente im Rahmen der VOGemU beruhte daher auf einer mißglückten und funktionell nicht gerechtfertigten gesetzgeberischen Rezeption der internationalen Vertragspraxis.

[207] Gem. Ziff. II.18. Abs. 2 VOGemU hafteten die Gesellschafter ebensowenig wie der sowjetische Staat für Verbindlichkeiten des Gemeinschaftsunternehmens. Haftungsgrundlage war allein das dem Gemeinschaftsunternehmen „gehörende" Vermögen, vgl. Ziff. II.18. Abs. 1 VOGemU. Damit (i.V.m. Ziff. II.15. VOGemU) führte die VOGemU u.a. eine neue Eigentumskategorie ein, vgl. Ennser, Die Gesetzgebung über Joint Ventures in der Sowjetunion, S. 143 m.w.N. (Fn. 776); Schweisfurth, Die Rechtsgrundlagen für Gemeinschaftsunternehmen in der Sowjetunion, RIW 1987, Nr. 7, S. 489 (492/493); Solotych, Gesetz über das Eigentum vom 6. März 1990, JBfOR Bd. XXXI (1990), S. 195 (209). Voznesenskaja, Sovmestnye predprijatija s učastiem firm kapitalističeskich stran, SGiP 1988, Nr. 1, S. 117 (123/124), kritisiert insoweit, daß die VOGemU die Grenzen der Gesellschafterhaftung nicht bezeichne und in Ziff. II.10. S. 2, wonach sich der Statutenfonds (d.h. das Stammkapital) durch Gewinne aus der wirtschaftlichen Tätigkeit des Unternehmens und bei Bedarf auch durch zusätzliche Beiträge der Gesellschafter ergänzen kann, das Prinzip der Haftungsbeschränkung verletze, da die Erbringung zusätzlicher Beiträge nach allgemeinen Regeln allein vom Willen der Gesellschafter abhänge. Dem ist entgegenzuhalten, daß die Norm ausdrücklich („kann") keine unbeschränkte, vom Parteiwillen unabhängige Nachschußpflicht statuiert, sondern sich vielmehr mittels Bezugnahme auf das Stammkapital auf effektive Kapitalerhöhungen bezieht. Die ratio legis der Ziff. II.18. Abs. 2 VOGemU zeugt davon, daß es sich bei Gemeinschaftsunternehmen gerade nicht um - wie auch immer geartete - „Gesellschaften mit zusätzlicher Haftung" handelte. Die Gesellschafter traf somit lediglich ein Verlustrisiko in Höhe ihrer Einlage.

senverhältnis stand jedoch kein Regulativ in Form eines ziffernmäßig bestimmten Mindestkapitals als Haftungsfonds für die Gläubiger gegenüber.[208]

Hinsichtlich der konstitutiven GmbH-Merkmale, durch die sich die GmbH kontinentaleuropäischen Rechts von der aktienrechtlichen Kapitalgesellschaftsform unterscheidet - private Finanzierung, Verbot der wertpapiermäßigen Verbriefung der Anteile sowie Beschränkung des Mitgliederwechsels durch formelle und materielle Erschwerungen des Anteilsübergangs[209] -, war jedoch aufgrund des Fehlens eines Kapitalmarktrechts allenfalls eine partielle Anlehnung möglich bzw. erforderlich. Die Nichtbörsenfähigkeit von Gemeinschaftsunternehmen ergab sich bereits de facto aus der Inexistenz eines öffentlichen Kapitalmarktes in der Sowjetunion und bedurfte daher keiner normativen Regelung. Dies galt jedoch nicht für die Frage der Übertragbarkeit der Anteile. So wurde die Geschlossenheit des in Gemeinschaftsunternehmen naturgemäß begrenzten Mitgliederkreises in der VOGemU durch verschiedene imperative materielle Beschränkungen der Anteilsübertragung sichergestellt. Die Anteile an einem Gemeinschaftsunternehmen konnten nur mit Zustimmung des (der) Mitgesellschafter(s) übertragen werden,[210] außerdem war die Übertragung an die Genehmigung der Staatlichen Außenwirtschaftskommission des Ministerrates der UdSSR gekoppelt.[211] Diese zweifache Vinkulierung wurde dadurch ergänzt, daß sowjetischen Gesellschaftern ein Vorkaufsrecht auf den Erwerb von Anteilen ausländischer Gesellschafter eingeräumt wurde,[212] wodurch der Verordnungsgeber i.E. die Beschränkung der Fungibilität der Anteile und infolgedessen die Geschlossenheit des Mitgliederkreises, wie sie der personalistischen Kapitalgesellschaft wesenseigen ist, gewährleistete.

---

208 Die VOGemU traf keine Aussage über die Höhe des gem. Ziff. II.10. ff. VOGemU einzurichtenden Statutenfonds und überließ deren Festsetzung der statutarischen Bestimmung der Gesellschafter, vgl. Ziff. II.7. S. 2 VOGemU.

209 Vgl. Hachenburg (Behrens), GmbHG-D (7. Aufl.), Einl. Rn. 674.

210 Arg. e Ziff. II.16. S. 1 VOGemU.

211 Vgl. Ziff. II.16. Abs. 1 S. 2 VOGemU. In der Lehre wurde hingegen aus der Dekonzentration des gründungsrechtlichen Genehmigungsverfahrens durch die AuWiUntVO zum Teil abgeleitet, daß damit die Anteilsübertragung nicht mehr von der Zustimmung staatlicher Organe abhänge; vgl. Voznesenkaja, Sovmestnye predprijatija s učastiem firm kapitalističeskich stran, SGiP 1988, Nr. 1, S. 117 (120).

212 Vgl. Ziff. II.16. Abs. 1 S. 3 VOGemU. In praxi dürfte westlichen Partnern aufgrund ihrer i.d.R. überlegenen Verhandlungsposition (vgl. zu den Zielsetzungen der Parteien Thiel, Joint Ventures in der Rußländischen Föderation, S. 56 ff.) aber regelmäßig die Durchsetzung eines gegenseitigen Vorkaufsrechts möglich gewesen sein.

Daneben eröffnete die VOGemU den Partnern von Gemeinschaftsunternehmen den Weg in eine flexible, den Gesellschaftern starken Einfluß auf die Unternehmensleitung sichernde Binnenstruktur. Hinsichtlich der Organstruktur waren mit dem Vorstand und der für die Leitung der laufenden Geschäfte zuständigen Direktion nur zwei Organe zwingend vorgeschrieben.[213] In die ausschließliche Zuständigkeit des Vorstands fiel lediglich die Entscheidung „prinzipieller Fragen der Tätigkeit des Gemeinschaftsunternehmens", die von allen Vorstandsmitgliedern einstimmig zu treffen war;[214] im übrigen waren die Gesellschafter in der Ausgestaltung der Kompetenzstruktur frei.

2. Motive des Verordnungsgebers

Mit dem partiellen Rückgriff auf GmbH-spezifische rechtliche Instrumente intendierte der Verordnungsgeber die Betonung der personalistischen Struktur von Gemeinschaftsunternehmen. Da sich in kontinentaleuropäischen Rechtsordnungen insbesondere der Rechtsträger der GmbH für vergleichbare Aktivitäten anbietet und die VOGemU als isolierte Wiedereinführung abstrakt-genereller Normen für Kapitalgesellschaften ohnehin den Charakter von Gemeinschaftsunternehmen als personenverbandsmäßigen Unternehmensorganisationen zu berücksichtigen hatte, verwundert es nicht, daß das GmbH-Recht bei Ausarbeitung der VOGemU Pate stand.[215] Die Stellung der Joint Venture-Gesetzgebung als Sonderrecht erlaubt es aber nicht, von einer Rezeption i.e.S. zu sprechen. Vielmehr markiert das Recht der VOGemU vor dem Hintergrund des Zwangs der wirtschaftlichen Verhältnisse die erstmalige Überwindung des der russischen und sowjetischen Gesetzgebung seit jeher immanenten Mißtrauens gegenüber dem Prinzip der Haftungsbeschränkung und die Akzeptanz der ökonomischen Notwendigkeit, ausgesuchten Realformen des „GmbH-Unternehmens" einen passenden Rechtsträger in Form einer personalistischen Kapi-

---

[213] Vgl. Ziff. III.21. Abs. 1, 2 VOGemU.

[214] Vgl. Ziff. 32 Abs. 4 AuWiUntVO. Die VOen enthielten indessen keine Definition, welche Fragen derartig prinzipieller Natur waren, weshalb der entsprechende Katalog letztendlich ebenfalls der freien Vereinbarung der Parteien unterlag.

[215] Vgl. dazu auch Schweisfurth, Die Rechtsgrundlagen für Gemeinschaftsunternehmen in der Sowjetunion, RIW 1987, Nr. 7, S. 489 (491).

talgesellschaft zur Verfügung zu stellen, in welchem sich Risikobegrenzung im Außenverhältnis mit einer flexiblen Binnenstruktur verbinden läßt.

II. Die Ordnung über Aktiengesellschaften und Gesellschaften mit beschränkter Haftung von 1990 (AGGmbHO)[216]

Der Begriff der Aktiengesellschaft wurde erstmals wieder im Eigentumsgesetz der UdSSR vom 6.3.1990 (EigtG UdSSR)[217] sowie im Unternehmensgesetz der UdSSR vom 4.6.1990 (UntG UdSSR)[218] verwendet und den Kategorien des Kollektiveigentums und des Kollektivunternehmens zugeordnet.[219] Abgesehen von rudimentären Bestimmungen zur Errichtung, Kapitalaufbringung und Verwaltung[220] enthielt das UntG UdSSR kein materielles (Kapitalgesellschafts-) Sachrecht. Die dort aufgeführten Kollektivunternehmensarten waren nicht als numerus clausus konzipiert, da gemäß Art. 2 Ziff. 4 UntG UdSSR auch andere Unternehmensformen,[221] deren Gründung der Unionsgesetzgebung nicht widersprach, zulässig sein sollten.

Die AGGmbHO als vorläufiger[222] untergesetzlicher Normativakt zu diesen Wirtschaftsreformgesetzen sollte in erster Linie die Rechtsgrundlagen für die Umwandlung in Unionseigentum stehender staatlicher Unternehmen in Kapitalgesellschaften schaffen[223] und erst nachrangig die endgültige Unternehmensverfassung der umge-

---

216 SPP SSSR 1990, Nr. 15, Pos. 82; bestätigt durch VO des Ministerrates der UdSSR Nr. 590 v. 19.6.1990 „Zur Bestätigung der Ordnung über Aktiengesellschaften und Gesellschaften mit beschränkter Haftung und der Ordnung über Wertpapiere", SPP SSSR 1990, aaO.

217 Zakon SSSR „O sobstvennosti v SSSR", VSNDiVS SSSR 1990, Nr. 11, Pos. 164.

218 Zakon SSSR „O predprijatijach v SSSR", VSNDiVS SSSR 1990, Nr. 25, Pos. 460.

219 Artt. 10, 12 EigtG UdSSR, Art. 2 Ziff. 1 Abs. 3 UntG UdSSR („Aktiengesellschaften und andere Kapital- und Personengesellschaften").

220 S. Artt. 5, 6, 10, 14 ff. UntG UdSSR.

221 Die im EigtG UdSSR enthaltene eigenartige Konzeption des Kollektiveigentums, nach der dieselbe Vermögensmasse sowohl der juristischen Person des Kollektivunternehmens als auch den Mitgliedern des Kollektivs zugeordnet wurde, führte zu einer Vermengung von Rechtsträger und Vermögensobjekt und ließ das Verhältnis von Gesellschaft und Unternehmen somit ungeklärt.

222 Der Charakter der AGGmbHO als vorläufiger Regelung ergab sich in erster Linie daraus, daß sie ursprünglich nur die Phase bis zum für 1991 geplanten Inkrafttreten eines Unionsaktiengesetzes, zu dessen Verabschiedung es jedoch nicht mehr kam, überbrücken sollte; vgl. Knerer, Rechtliche Möglichkeiten privatwirtschaftlicher Betätigung in Sowjetrußland und der Sowjetunion, S. 111; Raig/v. Samson-Himmelstjerna, Die AG Estlands und der UdSSR, RIW 1991, Nr. 2, S. 111; Soldatova, Zakonodatel'stvo ob akcionernych obščestvach, SGiP 1991, Nr. 10, S. 58 (64).

223 Vgl. Ziff. 5 Abs. 3 VO des Ministerrates der UdSSR Nr. 590.

wandelten Gesellschaften bestimmen.[224] Als Zielformen stellte die AGGmbHO die AG und die GmbH zur Verfügung, die im Anschluß an einen für beide Rechtsformen geltenden allgemeinen Teil[225] in zwei besonderen Teilen[226] separat geregelt wurden. Die gemeinsamen gesetzlichen Merkmale der Rechtsformen AG und GmbH bestanden in ihrer Verfassung als rechts- und handlungsfähige[227] juristische Personen sowie als Kapitalgesellschaften mit körperschaftlicher Struktur[228], deren Gläubigern ausschließlich das Gesellschaftsvermögen haftete.[229] Die relative Modernität der AGGmbHO äußerte sich darin, daß das gesetzliche Gründungsverfahren erstmals in der (sowjet-) russischen Rechtsgeschichte auf dem System der Normativbestimmungen mit dem Publizitätsakt der staatlichen Registrierung basierte,[230] indem die Ablehnung der Registrierung aus bloßen Zweckmäßigkeitserwägungen durch die jeweilige Registerbehörde für unzulässig erklärt wurde.[231] Ferner konnte mit den Unternehmensträgern AG und GmbH gemäß Ziff. 2 Abs. 1 AGGmbHO jede gesetzlich nicht verbotene wirtschaftliche Tätigkeit betrieben werden.[232] Es bestand somit zwar keine Zweckfreiheit, da es sich um „wirtschaftliche" Tätigkeiten handeln mußte, d.h. solche, mit denen eine Gewinnerzielungsabsicht verfolgt wurde. Im Rahmen des gesetzlich Zulässigen konnten diesem Verbandszweck jedoch beliebige Unternehmensgegenstände zugeordnet werden.

---

[224] Raig/v. Samson-Himmelstjerna, aaO.

[225] Ziff. 1 - 29 AGGmbHO.

[226] Ziff. 30 - 63 AGGmbHO hatte das Recht der AG, Ziff. 64 - 81 AGGmbHO dasjenige der GmbH zum Gegenstand.

[227] Die AGGmbHO vollzog insoweit eine Abkehr vom bis dato im sowjetischen Zivilrecht herrschenden Grundsatz der speziellen Rechtsfähigkeit und regelte AG und GmbH als universell rechtsfähige Gesellschaften, vgl. Ziff. 1 Abs. 1, 2 Abs. 1 AGGmbHO.

[228] Dies kam insbesondere in der Unabhängigkeit ihrer rechtlichen Existenz von Mitgliederwechseln (vgl. Ziff. 69 AGGmbHO), der Verwaltung durch institutionalisierte Organe (vgl. Artt. 49 ff., 74 ff. AGGmbHO) sowie der Anknüpfung des Mitgliedschaftsverhältnisses an die Höhe der Kapitalbeteiligung zum Ausdruck.

[229] Vgl. Ziff. 22 AGGmbHO.

[230] In Deutschland vollzog sich der Übergang vom Konzessionssystem zum System der Normativbestimmungen bereits im Jahre 1870, vgl. Hopt, Handels- und Gesellschaftsrecht, Rn. 855; Schmidt, Gesellschaftsrecht, § 27 II. 1.

[231] Vgl. Ziff. 10 Abs. 2 S. 2 AGGmbHO.

[232] Eine Statuierung der allgemeinen Gewerbefreiheit war hiermit ersichtlich nicht verbunden, da es an einer gesetzlichen Gleichstellung sämtlicher Wirtschaftssubjekte unter Einbeziehung natürlicher Personen fehlte. Ein allgemeines, jedem offenstehendes Verfahren zur Gründung einer AG oder GmbH wurde durch die AGGmbHO somit nicht geschaffen; vgl. dazu die Sichtweise der seinerzeitigen Praxis bei Vosskühler, Funktionswandel des sowjetischen Unternehmensrechts?, RabelsZ 55 (1991), S. 551 (555).

Hier stellt sich die Frage, ob bzw. inwieweit das Aktienrecht der AGGmbHO einer personalistischen Ausgestaltung der AG zugänglich war und ob mit dem GmbH-Sonderrecht der AGGmbHO die GmbH kontinentaleuropäischen Rechts rezipiert wurde.

1. Aktienrecht[233]

Unter einer AG wurde eine Gesellschaft mit einem in eine bestimmte Anzahl von Aktien gleichen Nennwertes zerlegten Grundkapital i.H.v. mindestens 500.000 Rubel zu verstanden, für deren Verbindlichkeiten ausschließlich das Gesellschaftsvermögen haftete.[234] Sonderbestimmungen für unterhalb der Kapitalmarktschwelle agierende AG waren nicht vorgesehen, obwohl die vor Inkrafttreten der AGGmbHO geführte Privatisierungsdebatte insbesondere um die Frage der Zulassung offener AG kreiste.[235] Letzteres führte im Aktienrecht der AGGmbHO jedoch nicht zu einer typologischen Differenzierung zwischen kleinen „geschlossenen" auf der einen und kapitalmarktorientierten „offenen" AG auf der anderen Seite. Zwar fand eine Legaldefinition zur offenen AG Eingang in die AGGmbHO, wonach hierunter solche AG zu verstehen waren, deren Aktien durch offene Zeichnung untergebracht werden.[236] Mit Ausnahme von Publizitätspflichten bezüglich des Geschäftsberichtes[237] wurden an eine offene Zeichnung jedoch keine speziellen Rechtsfolgen geknüpft, woraus deutlich wird, daß die AGGmbHO unter den Bedingungen eines nahezu inexistenten Kapitalmarktes von der Unterbringung der Aktien im Wege geschlossener Zeichnung als Normalfall ausging.

Auf den Begriff der Zeichnung wurde im Gründungsrecht Bezug genommen, wonach die Gründer hinsichtlich der Zeichnung (Übernahme) der Aktien zwischen den Gründungsformen der Simultan- (Einheits-) und der Sukzessivgründung wählen konn-

---

233 Zum Aktienrecht der AGGmbHO vgl. ausführlich Klemm, Russisches Kapitalgesellschaftsrecht, S. 80 ff.

234 Vgl. Ziff. 30 Abs. 1, 2 i.V.m. Ziff. 22 AGGmbHO.

235 Vgl. Knerer, Rechtliche Möglichkeiten privatwirtschaftlicher Betätigung in Sowjetrußland und der Sowjetunion, S. 109 ff. m.w.N.

236 Vgl. Ziff. 63 Abs. 1 S. 1 AGGmbHO.

237 Veröffentlichung des von der Revisionskommission geprüften Geschäftsberichtes im vom Finanzministerium der UdSSR festgelegten Verfahren bis zum Ende des 1. Quartals; vgl. Ziff. 63 AGGmbHO.

ten.[238] Die Zeichnung sämtlicher Aktien durch die Gründer (Simultangründung) hat indessen nicht per se die Geschlossenheit des Mitgliederkreises zur Folge, da in vielen Fällen die Aktien alsbald dem Publikum angeboten werden sollen.[239] Zudem war es nach der AGGmbHO weder simultan gegründeten Gesellschaften verboten, bei späteren Emissionen junge Aktien durch offene Zeichnung unterzubringen, noch war es sukzessiv gegründeten Gesellschaften hierbei untersagt, geschlossene Zeichnungen vorzunehmen.[240] Dementsprechend war mit einer geschlossenen Zeichnung im Rahmen des Gründungsvorganges nicht die Möglichkeit verbunden, die Organsiations- und Finanzverfassung der Gesellschaft an die Anforderungen eines kleineren, konstanten Aktionärskreises anzupassen.[241]

Das personale Element konnte lediglich betont werden, indem in der Satzung Beschränkungen für die Übertragbarkeit der Aktien statuiert wurden.[242] Die Ausgabe von Inhaberaktien an natürliche Personen war unzulässig,[243] Rechte aus übertrage-

---

[238] Vgl. Ziff. 40 AGGmbHO. Im Rahmen der Sukzessivgründung mußten die Gründer jedoch mindestens Aktien im Nennwert von 25 % des Satzungsfonds (Grundkapitals) für die ersten zwei Jahre des Bestehens der Gesellschaft selbst übernehmen, vgl. Ziff. 41 Abs. 1 S. 3 AGGmbHO.

[239] Bspw. bei Übernahme aller Aktien durch Konsortialbanken als Gründerinnen, vgl. Schmidt, Gesellschaftsrecht, § 27 II. 1.

[240] In beiden Fällen war bei Kapitalerhöhungen ein Bezugsrecht der Aktionäre auf die neuen Aktien zur Erhaltung der Beteiligungsquote zwingend vorgesehen, vgl. Ziff. 58 Abs. 3 S. 2 AGGmbHO. Unzutreffend daher Klemm, Russisches Kapitalgesellschaftsrecht, S. 84 (Fn. 385); Knerer, Rechtliche Möglichkeiten privatwirtschaftlicher Betätigung in Sowjetrußland und der Sowjetunion, S. 121 sowie Raig/v. Samson-Himmelstjerna, Die AG Estlands und der UdSSR, RIW 1991, Nr. 2, S. 111 (115), die sämtlich ohne nähere Begründung davon ausgehen, daß Bezugsrechte in der AGGmbHO nicht zwingend geregelt seien. Dem ist entgegenzuhalten, daß in Ziff. 58 Abs. 3 S. 2 AGGmbHO keine Öffnungsklausel zugunsten abweichender statutarischer Regelungen enthalten ist. Etwas anderes ergibt sich auch nicht aus Ziff. 59 lit. d) AGGmbHO, wonach in der Bekanntmachung über die Einberufung einer Hauptversammlung zur Beschlußfassung über die Kapitalerhöhung die Aktionärsrechte in Bezug auf die neuen Aktien anzugeben waren. Hieraus läßt sich lediglich entnehmen, daß in der Bekanntmachung u.a. auf das Bezugsrecht hinzuweisen war.

[241] So war eine Vereinfachung der Organstruktur nicht möglich, da diese mit Hauptversammlung, Vorstand, (Aufsichts-) Rat und Revisionskommission zwingend viergliedrig vorgegeben war; vgl. Ziff. 49 - 57 AGGmbHO.

[242] Gemäß Ziff. 34 Abs. 6 AGGmbHO erforderte die Übertragung von Aktien nicht die Zustimmung der Gesellschaft, soweit die Satzung nichts anderes bestimmte.

[243] Vgl. Ziff. 34 Abs. 3 AGGmbHO. Dieses relative Verbot der Inhaberaktie belegt die Intention des Verordnungsgebers, den Aktienbesitz von Privatpersonen unter öffentlicher Kontrolle zu halten; vgl. dazu Paškov/Chochlov, Akcionernoe obščestvo: voprosy pravosubjektnosti, Pravovedenie 1991, Nr. 2, S. 3 (9); Raig/v. Samson-Himmelstjerna, Die AG Estlands und der UdSSR, RIW 1991, Nr. 2, S. 111 (114). Der Einfluß von Großaktionären konnte durch die statutarische Festlegung von Höchstgrenzen für von einem Aktionär gehaltene Aktien begrenzt werden; vgl. Ziff. 34 Abs. 9 AGGmbHO.

nen Namensaktien konnten gegenüber der Gesellschaft erst ab Eintragung der Übertragung im Aktienbuch der Gesellschaft ausgeübt werden.[244]

2. GmbH-Recht[245]

Das GmbH-Sonderrecht der AGGmbHO beinhaltete mehrere personenbezogene Strukturmerkmale, wobei das personale Element aufgrund der gegenüber dem Aktienrecht größeren Gestaltungsfreiheit der Gesellschafter statutarisch zusätzlich verstärkt werden konnte.

Unter einer GmbH war eine Gesellschaft zu verstehen, deren Satzungsfonds (Stammkapital) i.H.v. 50.000 Rubel[246] in Anteile von in den Gründungsdokumenten bestimmter Höhe zerlegt war und für deren Verbindlichkeiten ausschließlich das Gesellschaftsvermögen haftete.[247] Dem Rechtsverkehr wurde damit erstmals in der (sowjet-) russischen Rechtsentwicklung eine als GmbH bezeichnete Rechtsform zur Verfügung gestellt, in der die persönliche Haftung der Gesellschafter nicht nur - wie noch im ZGB 1922 - auf ein bestimmtes Vielfaches der Einlage beschränkt, sondern grundsätzlich ausgeschlossen war.

a. Mitgliedschaft

Die Mitgliedschaftsrechte des Gesellschafters[248] wurden durch den Anteil am Stammkapital verkörpert. Die Übertragbarkeit der Anteile war gesetzlich beschränkt

---

[244] Vgl. Ziff. 34 Abs. 4 S. 1 AGGmbHO.

[245] Zum GmbH-Recht der AGGmbHO vgl. weiterführend Klemm, Russisches Kapitalgesellschaftsrecht, S. 84 ff.; Knerer, Rechtliche Möglichkeiten privatwirtschaftlicher Betätigung in Sowjetrußland und der Sowjetunion, S. 124 ff.

[246] Vgl. Ziff. 66 Abs. 1 AGGmbHO. Diese gegenüber dem Aktienrecht um das Zehnfache niedrigere Mindeststammkapitalziffer verdeutlicht bereits, daß die GmbH als Rechtsform für kleinere Unternehmen konzipiert war.

[247] Vgl. Ziff. 64 i.V.m. Ziff. 22 AGGmbHO.

[248] Die Gesellschaft mußte aus mindestens zwei Gesellschaftern bestehen, vgl. Ziff. 3 Abs. 1 AGGmbHO. Ob Einmanngesellschaften im Wege des Erwerbs eigener Anteile durch die Gesellschaft - was auf Beschluß der Gesellschafterversammlung zulässig war (vgl. Ziff. 67 Abs. 4 S. 1, 75 lit. b) AGGmbHO) - oder sämtlicher Anteile durch einen Gesellschafter rechtswirksam entstehen konnten, ist zweifelhaft (bejahend Knerer, Rechtliche Möglichkeiten privatwirtschaftlicher Betätigung in Sowjetrußland und der Sowjetunion, S. 125 m.w.N.). Zwar war das Absinken der Gesellschafterzahl unter zwei nicht in dem Katalog gesetzlicher Auflösungsgründe (Ziff. 24 AGGmbHO) aufgeführt, die Formulierung der Ziff. 3 Abs. 1 AGGmbHO spricht jedoch dafür, daß

und konnte statutarisch darüber hinaus erschwert werden. Eine zwingende Vinkulierung bestand in der Bindung der Anteilsübertragung auf einen oder mehrere Mitgesellschafter an die Zustimmung aller übrigen Gesellschafter,[249] was durch einen statutarischen absoluten Ausschluß der Abtretung von Anteilen an Dritte erweitert werden konnte.[250] Im Falle zulässiger Anteilsabtretung an Dritte griff ferner ein gesetzliches Vorkaufsrecht zugunsten der übrigen Gesellschafter ein,[251] das indessen nicht zweistufig ausgestaltet werden konnte.[252]

Neben diesen Beschränkungen der rechtsgeschäftlichen Übertragbarkeit von Anteilen wurden auch bestimmte Fälle des Anteilsüberganges im Wege der gesetzlichen Gesamtrechtsnachfolge zwingend vom Zustimmungserfordernis erfaßt.[253] Durch diese Regelungen wurden die Geschlossenheit des Mitgliederkreises der GmbH und ein verläßlicher Überfremdungsschutz gewährleistet.

Die personalistische Struktur der GmbH kam auch in der Statuierung eines Ausschlußrechtes zum Ausdruck.[254] Soweit einer der ausdrücklich vorgesehenen Ausschlußgründe[255] vorlag, konnte ein Gesellschafter durch einstimmigen Beschluß der Gesellschafterversammlung aus der GmbH ausgeschlossen werden, wobei der auszuschließende Gesellschafter nicht an der Abstimmung teilnehmen durfte.[256] Bemer-

---

mindestens zwei Gesellschafter nicht nur bei Gründung, sondern während des gesamten Bestehens der Gesellschaft vorhanden sein mußten.

[249] Vgl. Ziff. 67 Abs. 1 S. 1 AGGmbHO.

[250] Vgl. Ziff. 67 Abs. 1 S. 1 AGGmbHO.

[251] Vgl. Ziff. 67 Abs. 1 S. 2 AGGmbHO. Aus dem Wortlaut ging zwar nicht hervor, daß das Vorkaufsrecht nur bei Abtretung an Dritte, nicht aber bei Transaktionen zwischen den Gesellschaftern bestand; dies ergibt sich aber aus der Natur der Sache.

[252] A.A. Klemm, Russisches Kapitalgesellschaftsrecht, unter Verweis auf Ziff. 67 AGGmbHO. Diese Norm sah jedoch kein Vorkaufsrecht zugunsten der Gesellschaft selbst vor. In systematischer Unabhängigkeit von Vinkulierungsfragen erklärte Ziff. 67 Abs. 4 S. 1 AGGmbHO lediglich den Erwerb eigener Anteile durch die Gesellschaft für zulässig. Angesichts des Regelungsverständnisses des Sowjetgesetzgebers, wonach gesetzlich nicht ausdrücklich vorgesehene Gestaltungsvarianten unzulässig waren, dürfte sich die Zulässigkeit eines zweistufigen Vorkaufsrechtes auch nicht aus Ziff. 8 Abs. 3 AGGmbHO ergeben haben, wonach in die Gründungsdokumente auch andere als die im Katalog der Ziff. 8 AGGmbHO aufgeführten Bedingungen aufgenommen werden konnten, soweit sie nicht geltendem Recht widersprachen.

[253] Ziff. 70 Abs. 1 AGGmbHO nannte insoweit den Übergang von Anteilen durch Erbfolge oder infolge Reorganisation einer juristischen Person. In diesem Zusammenhang war nicht die Zustimmung der Gesellschafter, sondern der Gesellschaft selbst erforderlich.

[254] Vgl. Ziff. 81 AGGmbHO.

[255] Ziff. 81 Abs. 1 S. 1 AGGmbHO nannte insoweit die systematische Nichterfüllung bzw. die nicht ordnungsgemäße Erfüllung von Pflichten sowie gesellschaftszweckwidriges Verhalten.

[256] Vgl. Ziff. 81 Abs. 1 S. 1 i.V.m. Ziff. 74 Abs. 4 AGGmbHO.

kenswert ist, daß die Zulässigkeit des Ausschlusses in der Literatur unter zwei Aspekten in Zweifel gezogen wurde. Zum einen sei für den Ausschluß grundsätzlich eine Ausschließungsklage zu verlangen, da ansonsten Mehrheitsgesellschafter von Minderheitsgesellschaftern durch einfachen Beschluß ausgeschlossen werden könnten.[257] Hiermit wurde indessen übersehen, daß das Quorum für die Beschlußfähigkeit der Gesellschafterversammlung die Anwesenheit von 60 % aller Stimmen voraussetzte[258] und das Ausschlußrecht daher allenfalls in die Rechtsstellung von Minderheitsgesellschaftern mit einem Anteil von unter 40 % eingreifen konnte. Zuzugeben ist aber, daß es ein Gebot des Minderheitenschutzes ist, dem Ausschließungsbeschluß keine unmittelbare Wirkung zuzuerkennen, sondern das Vorliegen eines sachlichen Ausschlußgrundes der rechtlichen Überprüfung im Rahmen eines gerichtlichen Verfahrens zu unterziehen. Ferner wurde die Zulässigkeit des Ausschlusses als „der vertraglichen Natur von Wirtschaftsgesellschaften widersprechend" mit dem Argument abgelehnt, der Ausschluß eines Gesellschafters komme einer einseitigen Kündigung des Gründungsvertrages gleich, was gegen das grundsätzliche Verbot einseitiger Erfüllungsverweigerung gemäß Art. 169 ZGB RSFSR 1964[259] verstoße.[260] Ob die in der AGGmbHO getroffene Regelung den Anforderungen der in Art. 169 ZGB RSFSR 1964 enthaltenen Öffnungsklausel zugunsten abweichender gesetzlicher Bestimmungen genügte, blieb streitig.[261] Auch die vermögensrechtlichen Folgen eines Gesellschafterausschlusses blieben unklar, da diesbezüglich auf die Rechtsfolgen bei Reorganisation oder Tod eines Gesellschafters verwiesen wurde[262] und kein Abfindungsanspruch des ausgeschlossenen Gesellschafters vorgesehen war.

---

257 Vgl. Prichod`ko, Skol`ko stoit akcija?, ChiP 1993, Nr. 1, S. 70 (72/74).

258 Vgl. Ziff. 76 Abs. 2 AGGmbHO. Die Stimmkraft der Anteile folgte gemäß Ziff. 74 Abs. 3 AGGmbHO zwingend der Beteiligungsquote am Stammkapital. Eine andere satzungsmäßige Gewichtung der Stimmkraft der Anteile war daher unzulässig; unzutreffend somit Klemm, Russisches Kapitalgesellschaftsrecht, S. 85 (Fn. 393).

259 VVS RSFSR 1964, Nr. 24, Pos. 406.

260 Vgl. Prichod`ko, Skol`ko stoit akcija?, ChiP 1993, Nr. 1 S. 70 (73).

261 Prichod`ko, aaO., ging davon aus, daß Ausnahmen zu Art. 169 ZGB RSFSR 1964 unmittelbar in einem Gesetz enthalten sein müßten. Demgegenüber sieht Klemm, Russisches Kapitalgesellschaftsrecht, S. 86 (Fn. 395) in Ziff. 81 AGGmbHO eine (zulässige) Ausfüllung der gesetzlichen Ausnahmeanordnung in Form einer untergesetzlichen Ausführungsvorschrift.

262 Vgl. Ziff. 81 Abs. 2 i.V.m. Ziff. 70 AGGmbHO. Diese Regelung war verfehlt, da bei Ausschluß einer juristischen Person mangels Reorganisationsbeschluß derselben kein Rechtsnachfolger existiert bzw. bei Ausschluß einer natürlichen Person zu deren Lebzeiten die Erbfolge nicht fest-

Nach Ziff. 69 Abs. 1 S. 1 AGGmbHO war bei Austritt eines Gesellschafters diesem der seinem Anteil am Stammkapital entsprechende Teil des Gesellschaftsvermögens auszuzahlen. Aus dieser Rechtsfolgenregelung wurde in der Literatur ohne weitere Begründung ein Austrittsrecht des GmbH-Gesellschafters abgeleitet,[263] was jedoch unter mehreren Aspekten Bedenken begegnete. Auffallend war zunächst, daß die Voraussetzungen des Austritts eines Gesellschafters entgegen des positivistischen Regelungsansatzes des Sowjetgesetzgebers im übrigen nicht normiert wurden.[264] Aus diesem Grund konnte man die Vermutung anstellen, daß die Verweisungsnorm der Ziff. 81 Abs. 2 AGGmbHO betreffend der Rechtsfolgen des Ausschlusses eines Gesellschafters irrtümlich Ziff. 70 AGGmbHO und nicht - sinnvoller- und richtigerweise - Ziff. 69 AGGmbHO in Bezug nahm. Neben dem Umstand, daß Ziff. 70 AGGmbHO als Rechtsfolgenregelung eines Ausschlusses nicht paßte,[265] ließ sich für die Annahme eines Verweisungsfehlers des Verordnungsgebers neben der unmittelbaren Standortnähe der Normen anführen, daß nach herkömmlicher Auffassung im Rahmen von Ausschlußverfahren zwar Abfindungsbeschränkungen, aber kein völliger Ausschluß des Abfindungsanspruches des ausgeschiedenen Gesellschafters zulässig ist.[266] Eine derartige Auslegung hätte wesentliche systematische Brüche des GmbH-Rechts der AGGmbHO vermieden, da der Verordnungsgeber dann mit Ziff. 69 AGGmbHO keineswegs die Normierung eines Austrittsrechts aus Gesellschaften mbH, sondern eines Abfindungsanspruches ausgeschlossener Gesellschafter intendiert hätte. Für die Zulässigkeit dieses Ansatzes ließ sich auch die Tatsache anführen, daß in den von der Staatlichen Wirtschaftsreformkommission beim Ministerrat der UdSSR am 30.11.1990 bestätigten GmbH-

---

steht. Die Anwendung der in Ziff. 70 Abs. 2 S. 1 AGGmbHO angeordneten Rechtsfolgen (Einrücken des Rechtsnachfolgers in die Gesellschafterstellung mit Einverständnis der Gesellschaft oder Abfindungsanspruch des Rechtsnachfolgers, nicht etwa des ausgeschlossenen Gesellschafters) hätte aber notwendigerweise die Identifikation des jeweiligen Gesamtrechtsnachfolgers vorausgesetzt.

[263] Vgl. statt vieler Panteleev/Glušeckij, Vychod učastnika iz OOO, ĖiŽ-Jurist 1998, Nr. 19, S. 4; Syrodoeva, Akcionernoe pravo SŠA i Rossii, S. 86.

[264] Unklar blieb daher bereits, ob es sich um ein jederzeit auszuübendes oder fristgebundenes ordentliches Kündigungsrecht handelte, oder ob der Austritt nur bei Vorliegen eines wichtigen Grundes zulässig sein sollte.

[265] Vgl. o. Fn. 262.

[266] Vgl. dazu aus Sicht des deutschen Rechts Hopt, Gesellschaftsrecht, Rn. 1165, 592; Hueck, Gesellschaftsrecht, § 36 IV 2; Schmidt, Gesellschaftsrecht, § 35 IV 2 d) m.w.N.

Mustergründungsdokumenten[267] an keiner Stelle von einem Austrittsrecht der Gesellschafter die Rede war. Hätte der Verordnungsgeber mit Ziff. 69 S. 1 AGGmbHO ein solches im Blick gehabt, hätte aber zumindest eine Definition seiner näheren Voraussetzungen in der Mustersatzung nahegelegen.

Für die Zulässigkeit eines Rückschlusses von der Rechtsfolgenanordnung der Ziff. 69 AGGmbHO auf ein Austrittsrecht streitet indessen der Wortlaut der Norm, da dem dort verwendeten Begriff „vychod" (Austritt) im Gegensatz zu „vybytie" (Ausscheiden) oder „isključenie" (Ausschluß) ein aktives Element immanent ist, das für ein willentliches Ausscheiden und gegen einen erzwungenen Ausschluß des Gesellschafters als Intention des Verordnungsgebers sprach. So fanden sich denn auch keine Stimmen, die ein Austrittsrecht auch nur bezweifelt hätten, was die in Rußland verbreitete einseitige Orientierung von Praxis und Wissenschaft am Wortlaut der Norm und die Vernachlässigung anderer Auslegungskriterien belegt. Insgesamt mußte es jedoch zumindest als zweifelhaft gelten, ob aus der Rechtsfolgenanordnung in Ziff. 69 S. 1 AGGmbH a priori auf ein Austrittsrecht des GmbH-Gesellschafters geschlossen werden konnte.

Die gesetzlichen Mitverwaltungs-, Vermögens- und Kontrollrechte[268] konnten statutarisch um weitere Individualrechte der Gesellschafter, u.a. Bezugsrechte auf vom Unternehmen der GmbH hergestellte Waren oder Dienstleistungen, erweitert werden.[269] Statutarischer Gestaltungsspielraum bestand auch hinsichtlich der Auferlegung von Nachschuß- und anderen Nebenleistungspflichten gegenüber der Gesellschaft.[270]

---

[267] BNA SSSR 1991, Nr. 7, S. 24 ff.

[268] Vgl. den für beide Rechtsformen geltenden Katalog in Ziff. 4 Abs. 1 sowie Ziff. 76 Abs. 4 S. 2, 3, 79 Abs. 2 S. 1 AGGmbHO.

[269] Vgl. Ziff. 4 Abs. 2 AGGmbHO. Aufgrund des Standortes dieser Bestimmung im Allgemeinen Teil der AGGmbHO handelte es sich nicht um ein GmbH-rechtliches Spezifikum.

[270] Vgl. Ziff. 68 lit. a), v) AGGmbHO. Offen blieb, ob aus Ziff. 68 lit. g) AGGmbHO, wonach die Gesellschafter verpflichtet waren, die Gesellschaft in ihrer Tätigkeit zu unterstützen, eine allgemeine Treuepflicht folgte.

b. Organisationsverfassung

Die Organisationsverfassung der GmbH bestand mit der Gesellschafterversammlung, dem Exekutivorgan und der Revisionskommission aus drei notwendigen Organen. Oberstes Organ der Gesellschaft war die Gesellschafterversammlung, der ein Katalog ausschließlicher Zuständigkeiten zugeordnet war.[271] Als für die laufende Geschäftsführung zuständiges Exekutivorgan konnte sowohl ein Generaldirektor als Einzelorgan als auch eine Direktion als Kollegialorgan unter Vorsitz des Generaldirektors vorgesehen werden,[272] dessen Zuständigkeitsbereich als Restkompetenz gegenüber den ausschließlichen Zuständigkeiten der Gesellschafterversammlung ausgestaltet wurde.[273] Das Exekutivorgan war der Gesellschafterversammlung rechenschaftspflichtig und hatte deren Beschlüsse umzusetzen,[274] ihm kam die organschaftliche Vertretungsmacht zu.[275] Die Kontrolle der Geschäftsführung oblag einer aus Gesellschaftern und Belegschaftsvertretern zu bildenden Revisionskommission.[276]

Aufgrund des widersprüchlichen Wortlautes der AGGmbHO blieb zweifelhaft, ob in der GmbH ein aufsichtsratähnliches Organ installiert werden konnte. Diese Unstimmigkeiten[277] resultierten daraus, daß das Initiativrecht zur Beauftragung der Revisionskommission mit einer Überprüfung der Geschäftsführung u.a. dem „pravlenie“

---

[271] Vgl. Ziff. 75 Abs. 1 li. a)-v) i.V.m. 49 Abs. 1 lit. a), b), g)-z), k)-m) AGGmbHO. Innerhalb dieser Grundlagenentscheidungen bedurften gemäß Ziff. 75 Abs. 2 i.V.m. Ziff. 49 Abs. 1 lit. a), b) AGGmbHO Beschlüsse zur Festlegung der Ausrichtung der Geschäftstätigkeit, Bestätigung der Businesspläne und Berichte, zu Satzungsänderungen sowie zum Ausschluß von Gesellschaftern der Einstimmigkeit.

[272] Vgl. Ziff. 78 Abs. 1 AGGmbHO.

[273] Vgl. Ziff. 78 Abs. 2 S. 1 AGGmbHO.

[274] Vgl. Ziff. 78 Abs. 3 S. 1 AGGmbHO.

[275] Vgl. Ziff. 78 Abs. 4 AGGmbHO. Im Zweifel bestand Einzelvertretungsmacht des Generaldirektors, soweit in den Gründungsdokumenten nicht Gesamtvertretung durch den Generaldirektor und einzelne oder sämtliche Mitglieder der Direktion vorgesehen wurde.

[276] Vgl. Ziff. 79 AGGmbHO. Die Besetzung der Revisionskommission im einzelnen war in den Gründungsdokumenten zu definieren. Da der zahlenmäßige Bestand der Geschäftsführungs- und Kontrollorgane von Kapitalgesellschaften in der AGGmbHO generell unter Satzungsvorbehalt stand, kann für den Fall der Revisionkommission in der GmbH hieraus nicht gefolgert werden, es handele sich nicht um ein notwendiges Organ; unzutreffend daher Klemm, Russisches Kapitalgesellschaftsrecht, S. 87. Gleiches ergab sich bereits als arg. e Ziff. 79 Abs. 3 S. 2 AGGmbHO, wonach eine Beschlußfassung der Gesellschafterversammlung zur Rechnungslegung der Gesellschaft ohne vorherige Stellungnahme der Revisionskommission unzulässig war.

[277] Vgl. auch Timochov, TOO v Rossii, GiP 1993, Nr. 1, S. 43 (49).

(wörtlich: Vorstand) zukam und die Ergebnisse wiederum dem „pravlenie" vorzulegen waren,[278] wobei diesem Organ keine weiteren Bestimmungen gewidmet waren.[279] Im Aktienrecht bezeichnete der Begriff „pravlenie" den geschäftsführungsbefugten und vertretungsberechtigten Vorstand,[280] wogegen er im GmbH-Recht ersichtlich nicht als Substitut für die Bezeichnung des Exekutivorgans gebraucht wurde. Zudem hätte es nahe gelegen, entsprechend der aktienrechtlichen Terminologie hinsichtlich des Aufsichtsrates auch im GmbH-Recht von „nabljudatel`nyj sovet" zu sprechen, soweit der Verordnungsgeber eine zwingend viergliedrige Organstruktur im Blick gehabt hätte. Ungeachtet dieser terminologischen Ungenauigkeiten bleibt festzuhalten, daß nach der gesetzlichen Konzeption jedenfalls nur das „pravlenie", nicht hingegen die Revisionskommission zu einem Bei- oder Aufsichtsrat ausgebaut werden konnte.[281]

Die Aufteilung der Zuständigkeiten insbesondere zwischen Gesellschafterversammlung und Geschäftsführung war weitgehend starr und statutarisch nur einseitig modifizierbar. So konnte die Gesellschafterversammlung einen Teil ihrer Zuständigkeiten auf das Exekutivorgan übertragen.[282] Die gesetzliche Definition der Zuständigkeiten des Exekutivorgans lautete dahin, daß die „Direktion (der Direktor) *alle* Fragen der Tätigkeit der Gesellschaft [entscheidet], außer denjenigen, die in die *ausschließliche* Zuständigkeit der Gesellschafterversammlung fallen."[283] Aus letzterem ergab sich im systematischen Umkehrschluß, daß der Begriff „ausschließliche Zuständigkeiten" nicht - dem Wortsinn entsprechend - die zwingend der Gesellschafterversammlung vorbehaltenen, das heißt nicht an andere Organe delegierbaren, Beschlußgegenstände bezeichnete, sondern die Zuständigkeiten der Gesellschafter überhaupt erfaßte. Nach der Systematik der AGGmbHO war daher davon auszugehen, daß die Gesellschafterversammlung außerhalb ihrer gesetzlich statuierten ausschließlichen Zuständigkeiten nicht berechtigt war, beliebige andere Fragen an sich

---

278 Vgl. Ziff. 79 Abs. 2 S. 1, Abs. 3 AGGmbHO.

279 In den in BNA SSSR 1991, Nr. 7, S. 24 ff. veröffentlichten GmbH-Mustergründungsdokumenten fand das „pravlenie" überhaupt keine Erwähnung.

280 Vgl. Ziff. 55, 56 AGGmbHO.

281 A.A. Klemm, Russisches Kapitalgesellschaftsrecht, S. 87 (Fn. 404).

282 Vgl. Ziff. 78 Abs. 2 S. 2 AGGmbHO.

283 Ziff. 78 Abs. 2 S. 1 AGGmbHO.

zu ziehen. Ob die unmittelbare Unternehmensleitung und -kontrolle durch die Gesellschafter gegenüber dem Management in der GmbH gewährleistet war, beantwortete sich somit danach, ob es sich bei den gesetzlich geregelten ausschließlichen Zuständigkeiten der Gesellschafter um einen offenen oder abschließenden Katalog handelte. Das Fehlen einer die statutarische Erweiterung des gesetzlichen Kompetenzkataloges gestattenden Öffnungsklausel, wie sie das Aktienrecht bereitstellte,[284] im GmbH-Recht belegte, daß die Zuständigkeiten der GmbH-Gesellschafter abschließend geregelt waren und nicht statutarisch erweitert werden konnten. Soweit eine Befugnis der Gesellschafterversammlung, jede beliebige Frage an sich zu ziehen, nicht allein aus deren gesetzlicher Titulierung als oberstem Gesellschaftsorgan abzuleiten war,[285] begegnete diese nach Wortlaut und Systematik der AGGmbHO an sich zwingende Schlußfolgerung jedoch unter mehreren Aspekten Zweifeln. Zum einen hätte sie zur Folge gehabt, daß ausschließliche, d.h. dem Wortsinn nach nicht entziehbare Zuständigkeiten der Gesellschafterversammlung durch Beschluß auf die Geschäftsführung übertragen werden konnten.[286] Ferner hätte eine Beschränkung der Gesellschafter auf Grundlagenentscheidungen eine ausufernde Restkompetenz der Geschäftsführung nach sich gezogen, innerhalb derer das Management die Gesellschaft weisungsunabhängig und in eigener Verantwortung hätte leiten könnte. Eine derart weitgehende Trennung von Mitgliedschaft und Leitungsfunktion im Sinne einer beschränkten Einflußnahme der Gesellschafter auf die Gesellschaftsangelegenheiten hätte indessen elementar dem Wesen der GmbH als personalistischer Mitunternehmergesellschaft[287] widersprochen, das Verhältnis zwischen Aktien- und GmbH-Recht auf den Kopf gestellt und konnte daher angesichts der im übrigen ausgeprägt personalen Struktur der GmbH so kaum vom Verordnungsgeber gewollt gewesen sein. Auch an dieser Stelle drängte sich daher die Vermutung auf, daß das

---

[284] Vgl. Ziff. 49 Abs. 3 AGGmbHO, wonach die Satzung weitere Fragen in die *ausschließliche* Zuständigkeit der Hauptversammlung verweisen konnte. Daraus ergibt sich, daß der Begriff *ausschließliche* Zuständigkeit nicht in dem (engeren) Sinne zu verstehen war, daß es sich hierbei um einem Organ zwingend, d.h. nicht kraft Satzung oder Gesellschafterbeschluß zuweisungsfähige und entziehbare, Zuständigkeiten handeln sollte.

[285] Ein solcher Schluß wäre nicht angebracht, da bereits die zwingend der Gesellschafterversammlung vorbehaltenen Grundlagenentscheidungen diese Bezeichnung rechtfertigten.

[286] Vor dem Hintergrund des im Aktienrecht (vgl. Fn. 275) hervortretenden weiten Verständnisses des Begriffes „ausschließliche Zuständigkeit“ könnten diesbezügliche Bedenken jedoch noch zurückgestellt werden.

[287] Zu den verschiedenen Unternehmenstypen s. Raiser, Recht der Kapitalgesellschaften, § 4 Rn. 10 ff.

Fehlen einer Ziff. 49 Abs. 3 AGGmbHO entsprechenden Öffnungsklausel im GmbH-Recht auf einen gesetzgebungstechnischen Fehler zurückzuführen war.[288] Vor dem Hintergrund der aufgezeigten Systembrüche konnte jedenfalls nicht davon gesprochen werden, daß das gesetzliche Führungsmodell der GmbH durch die Satzung weitgehend nach allen Richtungen modifizierbar oder auch nur a priori flexibler als in der AG gewesen wäre.[289]

Insgesamt kann festgestellt werden, daß der Verordnungsgeber die GmbH nicht als aktienrechtliche Unterform im Sinne einer „kleinen AG" ausgestaltete, sondern dem Rechtsverkehr - ungeachtet der Lückenhaftigkeit des GmbH-Rechts der AGGmbHO[290] - eine mit dem deutschen GmbH-Recht strukturverwandte[291] Rechtsform zur Verfügung stellte. Damit wurde *erstmals* in der (sowjet-) russischen Rechtsentwicklung der GmbH-Typus kontinentaleuropäischen Rechts rezipiert.[292] Ungeachtet der Regelung von Aktien- und GmbH-Recht in einem integrierten Gesetz war die im Jahre 1990 mit der AGGmbHO erfolgte Neukodifikation des Kapitalgesellschaftsrechts somit durch die Übernahme der dualen Konzeption der Rechtsfor-

---

288 In einigen Bestimmungen zum Minderheitenschutz in der GmbH zeigt sich ferner die Intention des Verordnungsgebers, eine allumfassende Zuständigkeit der Gesellschafter anzuerkennen. So waren gemäß Ziff. 77 Abs. 3 AGGmbHO solche Gesellschafter, die über mehr als 20 % der Stimmen verfügten, jederzeit berechtigt, ***aus beliebigem Anlaß*** die Einberufung einer außerordentlichen Gesellschafterversammlung zu verlangen, was voraussetzt, daß dort in jeder beliebigen Frage entschieden werden konnte.

289 So aber Klemm, Russisches Kapitalgesellschaftsrecht, S. 88.

290 Angesichts der wichtigen Rolle, die der GmbH bei der Privatisierung kleiner und mittlerer Unternehmen zugedacht war (vgl. Pozov/Rogozina, Kak organizovat` obščestvo s ograničennoj otvetstvennost`ju, Sovetskaja torgovlja 1991, Nr. 3, S. 2), wäre eine höhere Regelungsdichte hinsichtlich der lex societae wünschenswert gewesen; selbiges Manko traf allerdings auch im Aktienrecht zu (s. Fn. 219, 220).

291 Vgl. dazu auch Seiffert, Die Fortgeltung von Verträgen und Gesetzen der untergegangenen UdSSR in der RF, WiRO 1992, Nr. 5, S. 137 (140).

292 So auch Suchanov, Zakon ob obščestvach s ograničennoj otvetstvennost`ju, ChiP 1998, Nr. 5, S. 38 = ders., Das neue russische GmbH-Gesetz, RIW 1998, Nr. 9, S. 706 = ders., Das russische Gesetz über Gesellschaften mit beschränkter Haftung, FOWI-Arbeitspapier Nr. 53, S. 1; Timochov, Tovariščestva s ograničennoj otvetstvennost`ju v Rossii, GiP 1993, Nr. 1, S. 43 (49). Aufgrund des Fehlens einer der GmbH entsprechenden Rechtsform im ZGB 1922 unzutreffend Arzinger/Galander, Russisches Wirtschaftsrecht, S. 69/70 sowie Triebel/Moguilevskaja, in: Wirtschaftshandbuch Ost, Länderteil RF, S. 6, die davon ausgehen, Rußland habe das dualistische System (GmbH/AG) aus Deutschland bereits mit dem ZGB 1922 übernommen. Mißverständlich aus diesem Grunde auch Holloch, Neues russisches Wirtschaftsrecht, S. 39 (46), in: Schroeder, Die neuen Kodifikationen in Rußland, die von einer „(Neu)Begründung" der GmbH durch die AGGmbHO spricht. In Widerspruch zu seinen o. zitierten Stellungnahmen setzt sich auch Suchanov, Graždanskoe pravo I, S. 230 (Fn. 1 S. 3), mit der unzutreffenden Auffassung, der russische Gesetzgeber der NEP-Periode habe mit der „Gesellschaft mbH" im ZGB 1922 die damals neue Konstruktion der GmbH implementiert.

men AG und GmbH aus dem kontinentaleuropäischen Rechtskreis[293] gekennzeichnet.

E. Der GmbH-Strukturtypus in der russischen Transformationsgesetzbung bis 1994

I. Rechtsquellen des Übergangsrechts

Im Gefolge der Souveränitätserklärung der Russischen Föderation vom 12.6.1990[294] erging eine Reihe von Wirtschaftsreformgesetzen mit kapitalgesellschaftsrechtlichem Gegenstand. Zu nennen sind insbesondere das Gesetz über Eigentum vom 24.12.1990 (EigtG),[295] das Gesetz über Unternehmen und unternehmerische Tätigkeit (UntG)[296] vom 25.12.1990, die Ordnung über Aktiengesellschaften (AktO)[297] vom gleichen Tage sowie die Ordnung über die Ausgabe und den Umlauf von Wertpapieren und über Wertpapierbörsen in der RSFSR vom 28.12.1991 (WpBörsO).[298] Bis zum Untergang der Sowjetunion, der durch die Gründung der Gemeinschaft Unab-

---

[293] In den Ländern des Civil Law-Bereiches werden gesellschaftsrechtliche Zusammenhänge idealtypisch geordnet und die GmbH als eigenständige Kapitalgesellschaft unter strenger kodifikatorischer Trennung von der AG geregelt. Hingegen wird in den Ländern des anglo-amerikanischen Rechtskreises das Konzept der einheitlichen, liberal und flexibel geregelten Kapitalgesellschaftsform verfolgt, wobei für sich dem öffentlichen Kapitalmarkt zuwendende Gesellschaften strengere kapitalmarktrechtliche Regelungen eingreifen; vgl. zum Ganzen Behrens, Die GmbH im internat. und europ. Recht (ders. - Länderteil GB und Irland), S. 845 f., 852 ff.; Birds, Die britische Private Company, S. 138 (150 ff.); Bungert, Die GmbH im US-amerikanischen Recht - Close Corporation, S. 9 ff.; Karjala, Die close corporation im Recht der USA, S. 161 (163 ff.); Lutter, Die Entwicklung der GmbH in Europa und der Welt, in: FS 100 Jahre GmbH-Gesetz, S. 49 (57 ff.); Merkt, US-amerikanisches Gesellschaftsrecht, S. 157 ff.; Scholz (Westermann), GmbHG-D, Einl. Rdn. 147 ff. Im Common Law verlief die Entwicklung zum Teil auch in umgekehrter Richtung, indem Gesellschaften, deren Aktien nicht öffentlich emittiert wurden, von gewissen Erfordernissen befreit wurden (deregulierend etwa der britische Companies Act von 1900; vgl. dazu Birds, aaO., S. 138 [142]. Seit 1980 gilt jedoch auch in Großbritannien die nicht kapitalmarktorientierte Gesellschaft als Grundform; s. Morse, Company Law, S. 45 f.).

[294] Deklaration über die staatliche Souveränität der Russischen Sozialistischen Föderativen Sowjetrepublik vom 12.6.1990, VSNDiVS RSFSR 1990, Nr. 2, Art. 22.

[295] VSNDiVS RSFSR 1990, Nr. 30, Pos. 416.

[296] Gesetz der RSFSR über Unternehmen und unternehmerische Tätigkeit vom 25.12.1990, VSNDiVS RSFSR 1990, Nr. 30, Pos. 418, i.d.F. der ÄnderungsG vom 24.6.1992, VSNDiVS RF 1992, Nr. 34, Pos. 1966, und vom 20.7.1993, VSNDiVS RF 1993, Nr. 32, Pos. 1256.

[297] Bestätigt durch VO des Ministerrates der RSFSR Nr. 601 vom 25.12.1991, SPP RSFSR 1991, Nr. 6, Pos. 92.

[298] SPP RF 1992, Nr. 5, Pos. 26; bestätigt durch VO des Ministerrates der RF Nr. 78 vom 28.12.1991, aaO., Pos. 25.

hängiger Staaten (GUS) am 8.12.1991 mit dem Abkommen von Minsk[299] sowie durch das Protokoll von Alma-Ata vom 21.12.1991[300] besiegelt wurde, erweiterte sich dieser Rechtsstoff noch um auf Unionsebene ergangene Rechtsakte wie die Grundlagen der Zivilgesetzgebung der Union der SSR und der Republiken vom 31.5.1991[301] (GrZG 1991). Die in dieser Übergangsphase zum Geltungsverhältnis von republikanischem und Unionsrecht entbrannte Auseinandersetzung („Krieg der Gesetze") erfaßte auch das Kapitalgesellschaftsrecht, das aufgrund der Divergenz der im UntG einerseits und in den GrZG 1991 andererseits bereitgestellten Rechtsformenkataloge[302] von großer Rechtsunsicherheit geprägt war. Um die bis zum Inkrafttreten der gesellschaftsrechtlichen Normen des ZGB am 8.12.1994[303] geltenden Rechtsgrundlagen der personalistischen Kapitalgesellschaft zu ermitteln, bedarf es daher zunächst einer Betrachtung der gesetzlichen Rechtsanwendungsregeln.

II. Normenhierarchie in der Transformation

Der Untergang der Sowjetunion Ende 1991 verhinderte das ursprünglich geplante Inkrafttreten der GrZG 1991 zum 1.1.1992,[304] woraufhin der russische Gesetzgeber die GrZG zum 3.8.1992[305] übergangsweise in Kraft setzte, soweit diese nicht der Verfassung oder nach dem 12.6.1990 ergangenen Gesetzesakten der Russischen

---

[299] Abkommen über die Schaffung der Gemeinschaft Unabhängiger Staaten vom 8.12.1991 (Rossijskaja Gazeta vom 10.12.1991; deutsche Übersetzung bei Brunner [Hrsg.], VSO-GUS 1.1.a).

[300] Protokoll zum Abkommen über die Gründung der Gemeinschaft Unabhängiger Staaten, das am 8. Dezember 1991 in Minsk von der Republik Weißrußland, der Russischen Föderation (RSFSR) und der Ukraine unterzeichnet worden ist, vom 21.12.1991 (Izvestija vom 24.12.1991; deutsche Übersetzung bei Brunner [Hrsg.], VSO-GUS 1.1.b).

[301] VSNDiVS SSSR 1991, Nr. 26, Pos. 733.

[302] Vgl. Artt. 6 ff. UntG: Staats-, Kommunal-, Einzelprivatunternehmen, Vollgesellschaft, Gemischte Gesellschaft, Gesellschaft mit beschränkter Haftung (Aktiengesellschaft geschlossenen Typs), Aktiengesellschaft offenen Typs; vgl. demgegenüber Artt. 18 ff. GrZG: Vollgesellschaft, Kommanditgesellschaft, Gesellschaft mit beschränkter oder mit zusätzlicher Haftung, Aktiengesellschaft, Produktionsgenossenschaft, Pacht- und Kollektivunternehmen, Staats- und andere Unternehmen auf der Grundlage des Rechts vollständiger wirtschaftlicher Führung.

[303] S. Fn. 6.

[304] S. Ziff. 1 des Inkraftsetzungsbeschlusses zu den GrZG 1991 (VSNDiVS SSSR 1991, Nr. 26, Art. 734).

[305] Vgl. Ziff. 1 der VO des Obersten Sowjet RF vom 3.3.1993 „Zu einigen Fragen der Anwendung der Gesetzgebung der UdSSR auf dem Territorium der RF", VSNDiVS RF 1993, Nr. 11, Pos. 393. S. dazu auch Tolstoj, K vvedeniju v dejstvie Osnov SSSR, Pravovedenie 1993, Nr. 1, S. 61.

Föderation widersprachen.[306] Hieraus ergab sich ein Anwendungsvorrang zugunsten der im UntG geregelten Rechtsformen, wobei aufgrund der Sperrwirkung des dort enthaltenen *numerus clausus* auch eine Anwendbarkeit ausschließlich in den GrZG 1991 vorgesehener Rechtsformen ausschied.[307]

Keine Einigkeit herrschte indessen in der Frage, ob ein Rückgriff auf Bestimmungen der sowjetischen AGGmbHO zulässig war, soweit das russische materielle Aktienrecht Regelungslücken aufwies. Die Anwendbarkeit der AGGmbHO in derartigen Konstellationen wurde zum Teil mit der Begründung bestritten, bereits das Inkrafttreten des UntG habe deren Geltung „paralysiert" und mithin derogiert.[308] Demgegenüber konnte sich die einen Rückgriff für zulässig erachtende Gegenmeinung[309] auf die maßgebliche gesetzliche Rechtsanwendungsregel stützen, wonach vor dem 24.10.1990 erlassene Unionsvorschriften - wozu die AGGmbHO zählte - in der Russischen Föderation solange unmittelbar fortgalten, wie sie nicht durch Beschlüsse des Obersten Sowjet oder des Ministerrates ausdrücklich ausgesetzt wurden.[310] Ein derartiger Beschluß ist indessen weder aus den Einführungsverordnungen zum UntG und zur AktO noch aus anderen Rechtsakten ersichtlich.[311] Demnach konnte

---

306 Vgl. Ziff. 1 der VO des Obersten Sowjet RF „Zur Regulierung der bürgerlichen Rechtsverhältnisse in der Periode der Durchführung der Wirtschaftsreformen" v. 14.7.1992, VSNDiVS RF 1992, Nr. 30, Pos. 1800. Zur rechtstechnischen Notwendigkeit dieses Ratifikationsaktes vgl. Lippott, Strukturreform der Rechte an technischen Erfindungen, S. 122 m.w.N. Unzutreffend Dillenz, Das russische Wettbewerbsrecht, S. 11, der eine Anwendbarkeit der GrZG in der RF aufgrund Präsidialerlasses annimmt.

307 Dies betraf insbesondere die Figur der in Art. 19 Ziff. 5 geregelten Figur der Gesellschaft mit zusätzlicher Haftung; vgl. Klemm, Russisches Kapitalgesellschaftsrecht, S. 116 m.w.N.; Puseizer, Unternehmerische Betätigung von Ausländern in der RF, S. 164 m.w.N. Die in der Praxis vorherrschende Verunsicherung über die anwendbaren Rechtsformen spiegelte sich auch darin wider, daß zum Teil fälschlich von einer kumulativen Geltung sämtlicher im UntG und in den GrZG 1991 Rechtsformen ausgegangen wurde; so etwa Bryzgalin, Ponjatie i suščnost' subjekta predprinimatel'skoj dejatel'nosti, Pravovedenie 1994, Nr. 1, S. 73 (76). Es ergab sich jedoch auch aus untergesetzlichen Ausführungsbestimmungen, daß der russische Gesetzgeber selbst den Rechtsformenkatalog des UntG als abschließend betrachtete; vgl. z.B. Ziff. 14 Abs. 1 S. 1 WpBörsO.

308 Vgl. Prichod'ko, Skol'ko stoit akcija?, ChiP 1993, Nr. 1, S. 70 (71); ders./Golubov, Čudo sveta vremen razvitogo kapitalizma, Zakon 1992, Nr. 2, S. 57 ff.; Suchanov, GK v chozjajstvennoj praktike, ChiP 1997, Nr. 5, S. 78 (80); ders., Zakon ob OOO, ChiP 1998, Nr. 5, S. 38.

309 Vgl. Jumašev, Die schwierige Wiederentstehung des russischen Gesellschaftsrechts, ROW 1993, Nr. 4, S. 97 (100); Timochov, TOO v Rossii, GiP 1993, Nr. 1, S. 43 (50), der darauf verweist, die subisidäre Geltung der AGGmbHO sei offiziell vom Justizministerium auf eine konkrete Anfrage bestätigt worden.

310 Vgl. Art. 4 des Gesetzes „Über die Geltung von Akten der Organe der Union der SSR auf dem Gebiet der RSFSR" vom 24.10.1990 (VSNDiVS RSFSR 1990, Nr. 21, Pos. 237.

311 In Ziff. 7 EinführungsVO zur AktO wird lediglich eine Umregistrierungspflicht für nach der AGGmbHO gegründete AG statuiert, was indessen bereits aus dem Grund, daß nach der

das Fehlen eines förmlichen Außerkraftsetzungsbeschlusses nicht durch die Anwendung der lex posterior-Regel kompensiert werden, da hinsichtlich der AktO lediglich der grundsätzliche Anwendungsvorrang des Rechts der Russischen Föderation vor dem der Union[312] eingriff und die AGGmbHO somit subidär weiterhin anwendbar blieb. Ein Rückgriff auf die AGGmbHO zur Ausfüllung von Regelungslükken schied somit nur aus, soweit der russische Gesetzgeber die betreffende Frage offensichtlich bewußt ungeregelt belassen hatte.

III. Rechtsformen der personalistischen Kapitalgesellschaft

Der russische Gesetzgeber widmete den Begriffen GmbH und geschlossene AG (AGgT) in Art. 11 UntG unter der Überschrift „Tovariščestvo s ograničennoj otvetstvennost`ju (akcionernoe obščestvo zakrytogo tipa)" eine gemeinsame Legaldefinition und setzte damit diese Begriffe sprachlich gleich. Im Gegensatz zur AGGmbHO enthielt die AktO kein eigenständiges GmbH-Sonderrecht, sondern ging von der AGgT als punktuell modifizierter[313] Unterart der einheitlichen Kapitalgesellschaftsform AG aus. In den im UntG und der AktO als den primären Rechtsgrundlagen des Übergangsrechts verwendeten typologischen Rechtsbegriffen sowie der Regelungstechnik kam somit eine Abkehr des russischen Gesetzgebers vom dualistischen System der Kapitalgesellschaftsformen und eine Hinwendung zur einheitsrechtlichen Konzeption des anglo-amerikanischen Rechtskreises[314] zum Ausdruck.[315] Dieser Bruch mit den eigenen, am kontinentalen Europa orientierten kodifikatorischen Traditionen, die nie vollständig ausgestorben waren,[316] könnte sich daraus erklären, daß angelsächsische Beraterstäbe, Wirtschaftsprüfungsgesellschaften und

---

AGGmbHO gegründete GmbH von ihr nicht betroffen waren, nicht als audrücklicher Außerkraftsetzungsbeschluß hinsichtlich der AGGmbHO verstanden kann.

[312] Vgl. Ziff. 5 der Souveränitätserklärung (Fn. 294).

[313] Vgl. Ziff. 7, 36, 109 AktO.

[314] Vgl. dazu Fn. 293.

[315] Vgl. Klemm, Die neue russ. Ordnung über Aktiengesellschaften, RIW 1992, Nr. 3, S. 189 (190); Puseizer, Unternehmerische Betätigung von Ausländern in der RF, S. 164 m.w.N.; Puseizer/Micheler/Kozak, Die Russische AG, S. 58; Suchanov, Zakon ob OOO, ChiP 1998, Nr. 5, S. 38 (Fn. 2).

[316] Vgl. Laptev, Chozjajstvennoe pravo, GiP 1993, Nr. 1, S. 33 (34). Von einer Zugehörigkeit Rußlands zum kontinentaleuropäischen Rechtskreis kann dagegen nicht gesprochen werden; vgl. dazu Arnold, ZGB der RF im Entstehen, RIW 1995, Nr. 11, S. 897 (901) m.w.N.

Anwaltskanzleien zu Beginn der 90er Jahre schneller und nachhaltiger am russischen Markt und damit auch in der Gesetzgebungsberatung präsent waren als ihre kontinentaleuropäische Konkurrenz.[317] Die Übernahme disparater ausländischer Rechtskonzeptionen war jedoch von vornherein zum Scheitern verurteilt, da die angelsächsische Rechtskultur auf einer seit Jahrhunderten gewachsenen Tradition von Rechtsprechung auf sehr hohem Niveau beruht, die in Rußland nicht gegeben war.[318]

Andererseits ist zu berücksichtigen, daß der mit der AGGmbHO eingeführte Dualismus der Kapitalgesellschaftsformen bis zum Inkrafttreten des UntG und der AktO nur ein halbes Jahr Bestand hatte und daher nur schwerlich eine eigenständige (sowjet-) russische „GmbH-Tradition" begründen konnte. Ein alternativer Erklärungsansatz für die Übernahme der disparaten einheitsrechtlichen Konzeption könnte somit darin bestehen, daß die sprachliche Gleichsetzung von GmbH und AGgT in Art. 11 UntG nicht ausschließlich auf eine bewußte Hinwendung zum anglo-amerikanischen Rechtskreis, sondern ebenso auf den Versuch einer Anknüpfung an eigene vorrevolutionäre Rechtsinstitute zurückzuführen sein könnte. Als historische Parallele im vorrevolutionären Recht sticht denn auch die in praxi entstandene, personalistisch geprägte Figur der Anteilsgesellschaft (tovariščestvo na pajach)[319] hervor, die - insoweit vergleichbar mit der Regelung der „GmbH" in Art. 11 UntG - keine Aktien ausgab und dennoch von der Rechtsprechung als mit der AG identische Rechtsform qualifiziert wurde.[320]

---

[317] Vgl. Knieper, Wirtschaftsreform als Rechtsreform in post-kommunistischen Gesellschaften?, RIW 1993, Nr. 11, S. 907. Zur Kritik an dieser Entwicklung vgl. Suchanov, O proekte novogo GK Rossii, VMU 1993, Nr. 5, S. 3 (4); ders., Sootnošenie obščesojuznogo i respublikanskogo zakonodatel'stva, VMU 1992, Nr. 3, S. 27 (30).

[318] Vgl. Knieper, aaO., S. 907; Suchanov, The Russian Civil Code (Part Two) and Modern Property Turnover, Sudebnik 1996, Vol. 1 Issue 2, S. 287 (298); Tumanov, AO i TOO, Einführung S. IX.

[319] Vgl. zu dieser oben S. 11 ff.

[320] Vgl. zu diesem Ansatz Lucas/Maltsev, Corporate Law in the former USSR, ICLQ Vol. 45, April 1996, S. 365, (379).

1. AGgT

Die AGgT war eine wirtschaftliche Zwecke verfolgende Kapitalgesellschaft[321] mit eigener Rechtspersönlichkeit, für deren Verbindlichkeiten den Gläubigern nur das Gesellschaftsvermögen[322] haftete.[323] Das Aktienrecht der Übergangsphase ist in der deutschsprachigen Literatur bereits eingehend erörtert worden,[324] weshalb an dieser Stelle lediglich kursorisch auf diejenigen gesetzlichen Strukturelemente einzugehen ist, die gegenüber der in Art. 12 UntG geregelten AG offenen Typs (AGoT) eine personale Ausprägung der AGgT definierten bzw. ermöglichten. Nicht zu diesen Merkmalen gehörten die Organisationsverfassung und die Rechnungslegung der AGgT, die gegenüber der AGoT in keiner Weise vereinfacht waren.[325]

---

321 Vgl. Glušeckij, AOzT ili TOO: čto vybrat'?, Rossijskij ekonomičeskij žurnal 1993, Nr. 6, S. 27. Der kapitalgesellschaftliche Charakter der AGgT folgte auch daraus, daß das Aktienrecht nicht dem für eine personengesellschaftliche Orientierung stehenden Prinzip der Einheit der Mitgliedschaft, sondern dem Prinzip der Nennwertaktien verpflichtet war: Nach Ziff. 35, 44 AktO setzte sich das Grundkapital aus Aktien mit einem identischen Nennbetrag von mindestens 10 Rubel zusammen (zur Abgrenzung dieser typenspezifischen Prinzipien vgl. Raiser, Recht der Kapitalgesellschaften, § 9 Rn. 1 ff., § 24 Rn. 8).

322 Die Haftungsbeschränkung auf das Gesellschaftsvermögen ergab sich nicht aus dem Wortlaut des UntG, da gemäß Art. 11 Ziff. 3 UntG das aus den Einlagen, Gewinnen und anderen gesetzlichen Quellen gebildete Gesellschaftsvermögen im Bruchteilseigentum der Gesellschafter stand. Diese mit dem Prinzip der strikten Trennung des Vermögens der juristischen Person von dem ihrer Mitglieder unvereinbare Konstruktion setzte sich in Art. 43 AktO fort, wonach die Aktie das „Eigentumsrecht an einem Anteil am Satzungskapital" verbriefte. Dagegen war das Gesellschaftsvermögen gemäß Art. 14 EigtG der jeweiligen juristischen Person zugeordnet. Die Kollision dieser gleichrangigen Normen wurde zunächst durch Ziff. 1 der Anordnung Nr. 13 des OWG RF vom 17.9.1992 „Zu einigen Fragen der Entscheidungspraxis in mit der Anwendung der Eigentumsgesetzgebung verbundenen Angelegenheiten" zugunsten von Art. 14 EigtG und damit des Trennungsprinzips aufgelöst; vgl. Suchanov, Počemu ne delitsja imuščestvo chozjajstvennogo obščestva, EiŽ 1995, Nr. 37, S. 9; zur in der Lehre geführten Diskussion vgl. statt vieler Komkova, The Law of Ownership in Recent Russian Legal Writings, Sudebnik 1997, Issue 2, S. 353 (359 ff.); Pencov, Suščnost' akcii, Pravovedenie 1992, Nr. 4, S. 39 (43); Puseizer, Unternehmerische Betätigung von Ausländern in der RF, S. 154 m.w.N.; Suchanov, Položenie obščestv i tovariščestv v stranach SNG, Pravovedenie 1994, Nr. 1, S. 31 (32); Zinčenko/Lapač/Gazar'jan, Veščnye prava predprijatij, ChiP 1993, Nr. 7, S. 37 (51 f.). Unter dem Einfluß des die Verletzung des Trennungsprinzips aufrechterhaltenden Privatisierungsrechts revidierte die Rechtsprechung ihre Position jedoch bereits 1993 und verwies die vermögensrechtliche Zuordnung in die Gestaltungsfreiheit der Parteien; vgl. Informationsbrief des OWG RF Nr. S-13/OP-276 v. 10.10.1993, VVAS RF 1993, Nr. 11, S. 102 f.

323 Unter Berücksichtigung der Rechtsprechung zur Trennung des Vermögens der AG von demjenigen ihrer Aktionäre ergab sich dies aus Art. 11 Ziff. 2 S. 1 UntG i.V.m. Ziff. 8 S. 1, 10 S. 1 AktO.

324 Vgl. Klemm, Russisches Kapitalgesellschaftsrecht, S. 157 ff.; Puseizer, Unternehmerische Betätigung von Ausländern in der RF, S. 176 ff.; Puseizer/Micheler/Kozak, Die Russische AG, S. 58 ff.

325 Die insoweit einzige typenspezifische Differenzierung war in Ziff. 109 Abs. 1 AktO vorgesehen, wonach der Direktorenrat einer geschlossenen mindestens drei, derjenige einer offenen AG mindestens fünf Mitglieder aufweisen mußte.

a. Beschränkung der Verkehrsfähigkeit der Aktien

Aktien einer AGgT konnten nur mit Zustimmung der Mehrheit der Aktionäre in dem statutarisch vorgesehenen Verfahren übertragen werden.[326] Andere denkbare materielle Beschränkungen der Fungibilität der Aktien (z.B. Vorkaufsrechte)[327] waren ebensowenig vorgesehen wie eine zahlenmäßige Limitierung des Aktionärskreises. Im Verbot der Ausgabe von Inhaberaktien[328] wie auch im Gebot der Simultangründung[329] sah der russische Gesetzgeber keine spezifisch personalistischen, sondern sowohl die AGgT als auch die AGoT betreffende typenneutrale Institute.

b. Private Finanzierung

Die sich u.a. in einem gegenüber der AGoT um das Zehnfache niedrigeren Mindestgrundkapital[330] widerspiegelnde Ausgestaltung der AGgT als „kleine Aktiengesellschaft" hätte an sich erwarten lassen, daß der Gesetzgeber im Recht der AGgT das Prinzip der privaten Finanzierung als konstitutives Merkmal der personalistischen Kapitalgesellschaft konsequent durchführt. Aus den gesetzlichen Bestimmungen ergab sich indessen kein eindeutiger Ausschluß der AGgT vom öffentlichen Kapitalmarkt.

Dieser ergab sich insbesondere nicht daraus, daß die AGgT nur zur Begebung vinkulierter Namensaktien berechtigt war, da die Börsenfähigkeit solcher Aktien grundsätzlich nicht *a priori* ausscheidet.[331] Weiterhin ergab eine systematische Gegenüberstellung der im übrigen gleichlautenden Art. 11 Abs. 3 UntG und Art. 12 Abs. 2

---

[326] Vgl. Art. 11 Ziff. 2 S. 2 UntG i.V.m. Ziff. 7 S. 3 AktO. Nach letzterer Bestimmung stand das Mehrheitserfordernis unter Satzungsvorbehalt. Daraus konnte indessen nicht eine statutarische Abdingbarkeit der gesetzlichen Vinkulierung gefolgert werden, da aus einer systematischen Gegenüberstellung mit Art. 11 Ziff. 2 S. 2 UntG deutlich wurde, daß lediglich eine statutarische Modifikation in Richtung des dort enthaltenen Einstimmigkeitserfordernisses intendiert war.

[327] Statutarisch vorgesehene Vorkaufsrechte waren dagegen zulässig; vgl. Glušeckij, AOzT ili TOO: čto vybrat'?, Rossijskij ekonomičeskij žurnal 1993, Nr. 6, S. 27 (33) unter Verweis auf die gängige Kautelarpraxis.

[328] Vgl. Ziff. 46 AktO.

[329] Vgl. Ziff. 32, 33 WpBörsO.

[330] 10.000 Rubel für die AGgT im Gegensatz zu 100.000 Rubel für die AGoT; vgl. Ziff. 36 AktO.

[331] Im deutschen Recht geht etwa § 26 Abs. 2 der Bedingungen für Geschäfte an den deutschen Wertpapierbörsen de lege lata unter bestimmten Voraussetzungen von der Börsenfähigkeit vinkulierter Namensaktien aus; zu diesen vgl. Assmann/Schütze - Roth, Handbuch des Kapitalanlagerechts, § 1 Rn. 20; Friedewald, Die personalistische AG, S. 18 (Fn. 25) m.w.N.

UntG zwar, daß die für die AGoT vorgesehene Finanzierungsquelle des „Verkaufes von Aktien in Form offener Zeichnung" hinsichtlich der AGgT durch diejenige der „Einlagen der Gesellschafter" substituiert wurde. Hieraus im systematischen Umkehrschluß auf ein die AGgT treffendes Verbot der Unterbringung von Aktien im Wege offener Zeichnung und damit auf deren Ausschluß vom öffentlichen Kapitalmarkt zu schließen,[332] erschien jedoch zweifelhaft. Denn dann hätte umgekehrt der AGoT hinsichtlich der Aufbringung des Eigenkapitals der Rückgriff auf „Einlagen der Gesellschafter" bzw. der Gründer verschlossen gewesen sein müssen, was aufgrund des auch für die AGoT geltenden Gebotes der Simultangründung nicht zutraf. Ferner hätte es dem positivistischen Regelungsverständnis des russischen Gesetzgebers eher entsprochen, die Kapitalmarktfähigkeit der AGgT *expressis verbis* auszuschließen, soweit dies intendiert gewesen wäre. Das Fehlen dahingehender gesetzgeberischer Motive manifestierte sich zudem in der Kapitalmarkt- und Wertpapiergesetzgebung. Kriterium für den Zugang zum öffentlichen Kapitalmarkt, das entsprechende Prospektpflichten auslöste, war das Vorliegen eines „offenen Verkaufs" (öffentliche Unterbringung) von Aktien, welcher gegeben war, soweit sich die Emission (alternativ) an einen potentiell nicht begrenzten Investorenkreis richtete oder auf mehr als 50 Mio. Rubel lautete.[333] Somit konnte auch die AGgT, abgesehen von der Übernahme aller Aktien durch die Gründer, bei Erreichen der entsprechenden Schwellenwerte grundsätzlich junge Aktien beim Publikum unterbringen, zumal in der AktO keine Bezugsrechte der Altaktionäre vorgesehen waren.[334] Eine Schranke bestand lediglich insoweit, als die einzelnen Börsen im Rahmen ihres Selbstverwaltungsrechtes die Regeln der Zulassung von Wertpapieren zum Börsenhandel autonom bestimmen konnten.[335]

---

[332] Für einen solchen Klemm, Russisches Kapitalgesellschaftsrecht, S. 123; gegen die Börsenfähigkeit von Aktien der AGgT auch Prichod'ko, Skol'ko stoit akcija?, ChiP 1993, Nr. 1, S. 70 (82); a.A. Puseizer, Unternehmerische Betätigung von Ausländern in der RF, S. 177 f., der die (fehlende) Kapitalmarktfähigkeit der AGgT nicht als Differenzierungskriterium zwischen den beiden AG-Typen erwähnt.

[333] Vgl. Ziff. 42 Abs. 1 lit. b) WpBörsO. Dagegen lag eine private (geschlossene) Unterbringung vor bei einer im voraus bekannten Zahl von höchstens 100 Anlegern und (kumulativ) einem Gesamtumfang der Emission von weniger als 50 Mio. Rubel; vgl. Ziff. 42 Abs. 1 lit. a) WpBörsO.

[334] Zum Teil wurde Ziff. 58 AGGmbHO als Rechtsgrundlage von Bezugsrechten herangezogen; vgl. Rjasenzev, Akcii i fondovye birži, Soz. zakonnost' 1991, Nr. 6, S. 37 (39). Dem ist zuzugeben, daß es das Gewicht des das Institut des Bezugsrechts begründenden Prinzips der Wahrung der Beteiligungsverhältnisse nahelegt, hier nicht eine bewußte, sondern eine planwidrige Regelungslücke und damit die Zulässigkeit eines Rückgriffs auf die AGGmbHO anzunehmen (vgl. o. S. 55).

[335] Vgl. Ziff. 64 S. 1 WpBörsO.

Insgesamt läßt sich feststellen, daß in der AGgT zwar die Geschlossenheit des Mitgliederkreises gewährleistet war, das geschriebene Aktienrecht darüber hinaus jedoch einen verstärkten Einbau personalistischer Elemente nicht ermöglichte, wodurch diese Rechtsform das Bedürfnis kleiner und mittlerer Unternehmen nach einem flexiblen Rechtsträger für das „GmbH-Unternehmen" nicht befriedigen konnte.

2. GmbH

Fraglich ist daher, ob dem Rechtsverkehr zu Beginn der 90er Jahre trotz der begrifflichen Gleichsetzung von AGgT und GmbH in Art. 11 UntG ein geeigneter Rechtsträger im o.g. Sinne in Form der GmbH als eigenständiger Rechtsform zur Verfügung stand. Die Tatsache, daß die Rechtsform der AGgT dem Bedürfnis der Rechtspraxis nach einer flexiblen personalistischen Kapitalgesellschaft nicht gerecht wurde, verdeutlichte sich darin, daß in der Praxis ungeachtet der vom Gesetzgeber verfolgten Konzeption der einheitlichen Kapitalgesellschaft auch nach Inkrafttreten des UntG und der AktO weiterhin Gesellschaften mbH gegründet und registriert wurden.[336] Der wesentliche Rechtsformwahlaspekt zugunsten der GmbH lag in der Umgehung der Wertpapiergesetzgebung und der damit einhergehenden Senkung des Rechtsformaufwands.[337] Infolge der Diskrepanz zwischen gesetzgeberischem Leitbild und faktischer Rechtsformdualität setzte eine engagierte Auseinandersetzung darüber ein, ob GmbH und AGgT identische, eigenständige oder - in Form der GmbH als „AGgT ohne Aktien"- „gleichgestellte" Rechtsformen seien.[338]

Die These von der GmbH als aliud gegenüber der AGgT ließ sich indessen jedenfalls nicht damit begründen, daß die GmbH aufgrund ihrer Bezeichnung als „tovariščestvo" als Personengesellschaft ausgestaltet gewesen sei.[339] Denn die Begriffe „obščestvo" und „tovariščestvo" wurden in der russischen Rechtsentwicklung

---

336 Allein bei der Moskauer Registrierungskammer waren Ende 1992 bereits mehrere tausend GmbH registriert; vgl. Timochov, TOO v Rossii, GiP 1993, Nr. 1, S. 43 (50) sowie Puseizer, Unternehmerische Betätigung von Ausländern in der RF, S. 163; Triebel/Moguilevskaja, in: Wirtschaftshandbuch Ost, Länderteil RF, S. 6.

337 Vgl. Lucas/Maltsev, Corporate Law in the former USSR, ICLQ Vol. 45, April 1996, S. 365 (383).

338 Eine erschöpfende Darstellung des Streitstandes findet sich bei Klemm, Russisches Kapitalgesellschaftsrecht, S. 138 ff.

339 So aber Holloch, Neues russisches Wirtschaftsrecht, in: Schroeder, Die neuen Kodifikationen in Rußland, S. 39 (47).

in wechselnden Sinnzusammenhängen gebraucht[340] und erstmals im ZGB 1994 stringent als Differenzierungskriterium zwischen Kapital- und Personengesellschaften funktionalisiert.[341] Zudem wurden und werden im Bereich des GmbH-Rechts die verschiedenen ausländischen Bezeichnungen für „Gesellschaft" traditionell mit „tovariščestvo" ins Russische übersetzt.[342] Bei beiden in Art. 11 UntG zusammengefaßten Rechtsformen handelte es sich um Kapitalgesellschaften.[343]

Mit der faktischen Koexistenz von GmbH und AGgT war im Ergebnis nur die Auffassung in Einklang zu bringen, daß es sich um jeweils eigenständige Rechtsformen handelte.[344] Da die Klammerdefinition des Art. 11 UntG in der AktO nicht fortgeführt wurde, wies das russische Kapitalgesellschaftsrecht der Übergangsphase hinsichtlich der GmbH somit eine Regelungslücke auf. Obwohl die formellen Eintragungsvoraussetzungen für die GmbH letzlich ungeklärt blieben,[345] war in der Praxis der Registerbehörden eine Orientierung am GmbH-Recht der AGGmbHO unverkenn-

---

340 S. dazu o. Fn. 119. Im Rahmen der Systematik des E ZGB 1899 war der Terminus „obščestvo" dagegen öffentlich-rechtlichen Verbänden oder Gesellschaften mit gemeinnütziger Zwecksetzung vorbehalten; vgl. Klemm, Russisches Kapitalgesellschaftsrecht, S. 38 m.w.N.

341 Vgl. dazu Suchanov, Obščestva, tovariščestva i kooperativy, VVAS 1995, Nr. 6, S. 100 (101 f.). Noch bei Paškov/Chochlov, Akcionernoe obščestvo: voprosy pravosub'jektnosti, Pravovedenie 1991, Nr. 2, S. 3 (5) wird eine als „tovariščestvo" bezeichnete Rechtsform (AG) ausdrücklich als Kapitalgesellschaft bezeichnet.

342 Vgl. den Hinweis bei Zalesskij (ders.), Kommentarij k Zakonu „Ob OOO", Einführung S. IX sowie die Übersetzung des GmbHG-D bei Tumanov, AO i TOO, S. 3 ff.

343 Vgl. statt vieler Glušeckij, AOzT ili TOO: čto vybrat'?, Rossijskij ekonomičeskij žurnal 1993, Nr. 6, S. 27; Mogilevskij, OOO, S. 34; Prichod'ko, Skol'ko stoit akcija?, ChiP 1993, Nr. 1, S. 70 (76). Dieser Qualifikation stand die Legaldefinition beider Rechtsformen als „Vereinigung von Personen" (vgl. Art. 11 Ziff. 1 S. 1 UntG) nicht entgegen, da dieser Terminus auch für die AG offenen Typs - unstreitig eine Kapitalgesellschaft - Verwendung fand (vgl. Art. 12 Ziff. 1 S. 1 UntG), führte aber zu der verbreiteten Fehlannahme, bei der GmbH handele es sich um eine Personengesellschaft; vgl. Mogilevskij, aaO.

344 Zu den inneren Widersprüchen der „Identitätsthese" und der These von der GmbH als „AGgT ohne Aktien" vgl. Klemm, Russisches Kapitalgesellschaftsrecht, S. 141 ff. Die dualistische Auffassung hat sich heute weitgehend durchgesetzt (soweit ersichtlich, wird die Identitätsthese in der neueren Literatur nur noch befürwortet von Belostockaja/Zenkin, OOO, S. 11; dagegen aber Lucas/Maltsev, Corporate Law in the former USSR, ICLQ Vol. 45, April 1996, S. 365 [378 ff.] m.w.N.; Mogilevskij, OOO, S. 34; Glušeckij et al., Novyj GK RF ob AO i inych juridičeskich licach, S. 69).

345 Die Rechtsunsicherheit hinsichtlich der GmbH wird anschaulich aus den bei Čurilov/Guščin, Zakon o predprijatijach: praktika primenenija i puti obnovlenija, ChiP 1994, Nr. 4, S. 52 (53) angeführten Beispielsfällen aus der Registrierungspraxis; die gesetzliche Gleichstellung von GmbH und gAG „bereitete den Boden für das Diktat der Bürokraten und ihrer Mißbräuche"; vgl. Timochov, TOO v Rossii, GiP 1993, Nr. 1, S. 43 (50).

bar.[346] Die Reichweite dieses Rückgriffs blieb indessen von der Willkür der jeweiligen Registerbehörde abhängig,[347] und der - zulässige und gebotene - Rückgriff auf das GmbH-Recht der AGGmbHO setzte sich in praxi nicht zweifelsfrei durch.[348] Entgegen der bislang in der deutschsprachigen Literatur vorherrschenden Ansicht kann indessen jedenfalls nicht davon ausgegangen werden, die Anwendung der AGGmbHO sei an der fehlenden Akzeptanz durch die Rechtsunterworfenen gescheitert.[349] Die durch die Rechtsunsicherheit über die Normenhierarchie der Übergangsphase und das Auseinanderfallen von gesetzlicher und faktischer Typologie der personalistischen Kapitalgesellschaft verunsicherte Kautelarpraxis bot zwar ein buntes Bild verschiedener Ansätze zur Ausfüllung der Regelungslücke, orientierte sich jedoch mehrheitlich zumindest stillschweigend an den Bestimmungen der AGGmbHO.[350] Gleichwohl bestand hinsichtlich der GmbH ein Rechtsvakuum, das bis zum Inkrafttreten des 1. Teils des ZGB nicht mehr adäquat ausgefüllt wurde.

F. Zwischenergebnis

Rußland hat den GmbH-Typus erst mit - gerechnet ab dem Inkrafttreten des deutschen GmbH-Gesetzes im Jahre 1892 - nahezu 100jähriger Verspätung rezipiert. Dies ist jedoch nicht etwa auf eine Ignoranz gegenüber der Entwicklung kontinentaleuropäischer GmbH-Rechtsordnungen zurückzuführen. Bereits vor der Jahrhun-

[346] Vgl. etwa die ausdrücklich unter Berücksichtigung der Registrierungspraxis erstellte, in ChiP 1992, Nr. 3, S. 70 ff. veröffentlichte GmbH-Mustersatzung, die größtenteils wörtlich auf die Bestimmungen der AGGmbHO zurückgreift. Ferner läßt sich der Umstand, daß insbesondere die Moskauer Registerbehörden Einmanngründungen bei der GmbH - im Gegensatz zum Aktienrecht - als unzulässig betrachteten (vgl. dazu Glušeckij, AOzT ili TOO: čto vybrat'?, Rossijskij ekonomičeskij Žurnal 1993, Nr. 6, S. 27 [39]), nur durch einen unmittelbaren Rückgriff auf Ziff. 3 Abs. 1 AGGmbHO erklären. Auch das Justizministerium bestätigte, daß die AGGmbHO weiterhin in Kraft bliebe; vgl. Timochov, TOO v Rossii, GiP 1993, Nr. 1, S. 43 (50) [Fn. 26].

[347] Vgl. Ščerbatjuk, Zakon o predprijatijach, ChiP 1994, Nr. 2, S. 53 (55).

[348] So wurde es zum Teil für notwendig befunden, die Anwendbarkeit der AGGmbHO in den Gründungsdokumenten zu fixieren, vgl. Holloch, Neues russisches Wirtschaftsrecht, in: Schroeder, Die neuen Kodifikationen in Rußland, S. 39 (47). Verbreitet war auch die Auffassung, daß die Gesellschafter über die Anforderungen des Art. 11 UntG hinaus in der Ausgestaltung der Rechtsbeziehungen der GmbH frei seien und sich dabei daher bspw. an ausländischen GmbH-Ordnungen orientieren könnten; vgl. dazu Timochov, TOO v Rossii, GiP 1993, Nr. 1, S. 43 (50).

[349] So aber - ohne weiteren Nachweis - Klemm, Russisches Kapitalgesellschaftsrecht, S. 145.

[350] Vgl. etwa die Kurzkommentierung der GmbH bei Klejn, Predprinimatel'skoe pravo, S. 53 ff., die die Anwendbarkeit der AGGmbHO stillschweigend voraussetzt. Nicht nachvollziehbar erscheint daher die Annahme bei Šapkina (dies.), Kommentarij k Zakonu „Ob AO", 1. Aufl., Einführung S. XIII, die AGGmbHO habe „keine praktische Anwendung" gefunden.

dertwende beschäftigten sich Lehre und gesetzgeberische Kreise in Rußland intensiv mit der damals neuen Rechtsform. Letztlich setzte sich im zaristischen Rußland jedoch stets das einer Einführung der GmbH entgegenstehende Mißtrauen gegenüber einem haftungsprivilegierten Einsatz von Privatkapital in kleinen und mittleren Unternehmen gegen progressive Kräfte durch, die erkannt hatten, daß vor dem Hintergrund des inflexiblen Aktienrechts auch und gerade in Rußland ein dringendes Bedürfnis für einen GmbH-Typus bestand.

Unter den Bedingungen der NEP verstärkte sich das Bewußtsein für die wirtschaftliche Notwendigkeit einer GmbH-Rezeption nochmals, was insbesondere durch die Veröffentlichung des E HGB 1923 belegt wird. Weder die Verfechter des Entwurfs noch die Befürworter einer Reform des Aktienrechts konnten sich durchsetzen, obwohl das Beispiel der ukrainischen SSR bedenkenswerte Weiterentwicklungen des Unionsrechts in Richtung auf eine GmbH-Ordnung angeboten hätte.

Nach dem Funktionsverlust des Kapitalgesellschaftsrechts im kommunistischen System spielten die ersten Joint Venture-Projekte Ende der 80er Jahre eine Vorreiterrolle für die Verankerung des GmbH-Typus im (sowjet-) russischen Recht, was schließlich zur erstmaligen Rezeption der GmbH im Jahre 1990 noch durch den Sowjetgesetzgeber führte. Der auf niedrigem Niveau stehenden, durch die Desorientierung des russischen Gesetzgebers zwischen angelsächsischen und kontinentaleuropäischen Rechtskonzeptionen geprägten Transformationsgesetzgebung war es vorbehalten, diese ersten Ansätze unmittelbar wieder zunichte zu machen und die Ausdifferenzierung eines tragfähigen GmbH-Rechts bis 1994 zu verhindern. Insgesamt liegt in der mangelnden kodifikatorischen Würdigung von Funktion und Bedeutung der personalistischen Kapitalgesellschaft bis 1994 eine der wesentlichen rechtlichen Ursachen für die heutige Unterentwicklung des mittelständischen Sektors in der russischen Transformationsökonomie.

2. Kapitel: Grundzüge des Rechts der personalistischen Kapitalgesellschaft

Das geltende russische Gesellschaftsrecht sieht mit der GmbH und der gAG zwei personalistische Kapitalgesellschaftsformen vor. Im Gesetzgebungsverfahren zum ZGB konnten sich Stimmen, die eine Beschränkung auf die GmbH forderten,[351] nicht durchsetzen. In der Tat erschien es sinnvoll, der faktischen Koexistenz von GmbH und gAG in den Jahren 1991-1994 und damit der Rechtswirklichkeit durch die Aufnahme beider Rechtsformen in die neue Kodifikation zu entsprechen und dadurch die bisherige Übung zu legalisieren. Vor diesem historischen Hintergrund unterliegt es keinem Zweifel, daß die heutige Duplizität der personalistischen Kapitalgesellschaft in Rußland[352] ein Produkt der Eigenheiten der Entwicklung des russischen Kapitalgesellschaftsrechts ist und nicht etwa auf einer bewußten Positivierung der in kontinentaleuropäischen Rechtsordnungen geführten Diskussion beruht, ob der Dualismus von GmbH und kapitalmarktorientierter Publikums-AG zweckmäßigerweise um Sonderregelungen für eine eigenständige, nicht kapitalmarktorientierte „kleine" AG zu erweitern sei.[353]

---

351 Vgl. Timochov, TOO v Rossii, GiP 1993, Nr. 1, S. 43 (52).

352 Eine parallele Existenz von GmbH und gAG besteht - bis auf Georgien - auch in allen anderen GUS-Staaten.

353 Diese Diskussion betrifft Rechtsordnungen, die dem deutschen Modell der strikten Trennung zwischen der GmbH als der Rechtsform für kleine und mittlere Unternehmen und der kapitalmarktorientierten Publikums-AG folgen, d.h. nicht das finnische, norwegische und schwedische Recht, das nur die AG als einzige Kapitalgesellschaft vorsieht (demgegenüber führte Dänemark die GmbH in Verbindung mit dem Beitritt des Landes zur EG im Jahre 1973 ein; vgl. Hohloch, EG-Handbuch Gesellschaftsrecht, Länderteil Dänemark, Rn. 209). In Deutschland führte das Bestreben, die Rechtsform der AG als dem gesetzestypischen Großunternehmensträger auch für die mittelständische Wirtschaft zu öffnen, zum Erlaß des „Gesetzes für kleine Aktiengesellschaften und zur Deregulierung des Aktienrechts" v. 02.08.1994 (BGBl. 1994, Teil I, S. 1961 f.; zur Entstehungsgeschichte vgl. Hölters/Deilmann, Die „kleine" AG, S. 2 ff.). Das Gesetz führte keinen neuen AG-Typus ein, sondern sieht schwerpunktmäßig für nicht börsennotierte AG bestimmte Erleichterungen vor. Zu nennen sind die Vorschriften über die Einberufung der Hauptversammlung durch eingeschriebenen Brief, über die Vollversammlung unter Verzicht auf sämtliche Einberufungsformalitäten, die erleichterte Protokollierung von Hauptversammlungsbeschlüssen, die Stärkung der Satzungsautonomie bei der Gewinnverwendung, die Zulassung der Einpersonen-Gründung sowie die Beseitigung der 1/3-Mitbestimmung nach dem BetrVG 1952 (vgl. zum Ganzen Claussen, Das Gesetz über die kleine AG, WM 1996, Nr. 14, S. 609 ff.; Hommelhoff, „Kleine Aktiengesellschaften" im System des deutschen Rechts, AG 1995, Nr. 12, S. 529 ff.; Lutter, Das neue „Gesetz für kleine Aktiengesellschaften und zur Deregulierung des Aktienrechts", AG 1994, Nr. 10, S. 429 ff.; zur Rechtsformwahl zwischen GmbH und „kleiner" AG vgl. Priester, Die kleine AG, BB 1996, Nr. 7, S. 333 (336 f.). Demgegenüber hat etwa der französische Gesetzgeber einen anderen Weg gewählt und durch Gesetz Nr. 94-1 v. 03.01.1994 mit der Rechtsform der Societé par Actions Simplifiée (SAS) eine neue, personalistisch strukturierte aktienrechtliche Form eingeführt, die eigenständig neben die GmbH („Societé à Responsabilité Limitée", SARL) und die AG („Societé Anonyme", SA) tritt. Durch Gesetz v. 12.07.1999 wurde die SAS auch für natürliche Personen und juristische

A. Die Systematik der primären Rechtsgrundlagen

Die Rechtsverhältnisse der GmbH und gAG werden durch das GmbHG[354] bzw. das AktG[355] „in Übereinstimmung mit dem ZGB“[356] geregelt.[357] Dabei werden die in Art. 87 ff., 96 ff. ZGB enthaltenen Rahmenbestimmungen, in denen auf das GmbHG bzw. das AktG verwiesen wird,[358] durch letztere konkretisiert und ergänzt. Obwohl es für die Beurteilung der Rechtsverhältnisse der GmbH und gAG von wesentlichem Interesse ist, inwieweit diese Rechtsgrundlagen nachgiebiges Recht enthalten, ob ihnen abschließender Charakter zukommt und nach welchen Kriterien sich das Verhältnis zwischen den kapitalgesellschaftsrechtlichen Ausgangsbestimmungen des ZGB einerseits und dem AktG und dem GmbHG andererseits bestimmt, sind diese Grundfragen in Wissenschaft und Praxis nach wie vor umstritten.

I. Verhältnis von imperativem und dispositivem Recht

Mit der Neukodifikation des Gesellschaftsrechts im Rahmen des Zivilrechts war keine Abkehr des Gesetzgebers von dem bereits für das vorsozialistische und sowjetische Recht typischen positivistisch-formalistischen rechtsphilosophischen Ansatz verbunden.[359] Nach wie vor findet die individuelle Handlungsfreiheit ihre Grenze in der Regel nicht in gesetzlichen Verboten und sittlichen Geboten, sondern individuelles Handeln muß „den Rechtsvorschriften entsprechen“ oder darf diesen zumindest „nicht widersprechen“.[360] Damit ist fraglich, ob ein Abweichen vom Inhalt gesetzlicher

---

Personen mit einem Grundkapital von weniger als 1,5 Mio. Francs geöffnet und als Einpersonengesellschaft zugelassen; vgl. Guyon, Die SAS, ZGR 1994, Nr. 3, S. 551 ff.; Hommelhoff, „Kleine Aktiengesellschaften“ im System des deutschen Rechts, aaO., S. 529 (533 ff.); Stucki, Die Reform der französischen vereinfachten AG, DB 1999, Nr. 51/52, S. 2622 ff.; Süß, Reform des Rechts der vereinfachten AG, EuZW 1999, Nr. 22, S. 673.

[354] S. o. Fn. 9.

[355] S. o. Fn. 7.

[356] S. o. Fn. 6.

[357] Vgl. Art. 1 Ziff. 1 GmbHG, Art. 1 Ziff. 1 AktG.

[358] Vgl. Art. 87 Ziff. 3, 96 Ziff. 3 Abs. 1 ZGB.

[359] Zur Entwicklung des Rechtspositivismus und dem darauf basierenden Rechtsverständnis in Rußland vgl. Solotych, ZGB RF 1. Teil, S. 20 m.w.N.

[360] Dieser Ansatz kommt bereits in Art. 1 Ziff. 2 Abs. 1 S. 2 ZGB zum Ausdruck, wonach natürliche und juristische Personen in der Begründung eigener Rechte und Pflichten durch Vertrag sowie in der Bestimmung beliebiger Vertragsbedingungen frei sind, die *der Gesetzgebung* nicht widersprechen. Hieraus ergibt sich, daß die Vertragsfreiheit ihre Grenze nicht nur in den gesetzlichen Verbo-

Normen ausschließlich dann zulässig ist, wenn es den Adressaten im Text der jeweiligen Norm ausdrücklich gestattet wird,[361] oder ob sich die Dispositivität einer Norm, die keine Öffnungsklausel zugunsten anderweitiger vertraglicher oder satzungsmäßiger Regelungen enthält, auch aus anderen als rein formal-textualen Anhaltspunkten, wie etwa dem Schutzzweck der Norm, ergeben kann.[362]

Gegen letzteres spricht bereits die vom Gesetzgeber verwendete Regelungstechnik, denn die weite Streuung von Öffnungsklauseln über das gesamte Zivilrecht wäre systemwidrig, wenn es in der Frage der Nachgiebigkeit des Gesetzes nicht auf eine ausdrückliche Zulassung, sondern letztendlich auf außerhalb des Normtextes liegende Überlegungen ankäme. Die Rechtspraxis, insbesondere die Rechtsprechung, hat denn auch bislang die Bestimmung der Geltungskraft zivilrechtlicher Normen über den Schutzzweckgedanken nicht aufgegriffen,[363] sondern - im Gegenteil - ausdrücklich klargestellt, daß das Fehlen einer Öffnungsklausel der jeweiligen Norm imperativen Charakter verleiht.[364] Gegen dieses herrschende Verständnis läßt sich auch nichts aus dem Wortlaut der in Art. 421 Ziff. 4 Abs. 2 S. 1 ZGB gegebenen Legaldefinition einer dispositiven Norm als einer Vorschrift, „die anzuwenden ist, soweit die Parteien nichts anderes vereinbart haben", herleiten, denn sie verhält sich nicht zu der Frage, ob abweichende Parteivereinbarungen eine ausdrückliche Zulassung voraussetzen oder nicht. Somit bleibt festzuhalten, daß vom Inhalt zivilrechtlicher (und damit auch kapitalgesellschaftsrechtlicher) Vorschriften nur abgewichen werden kann, wenn das Gesetz dies ausdrücklich vorsieht.

Die Rechtsprechung hat sich durch Stützung dieses Verständnisses der Möglichkeit begeben, solche Normen, die keine Öffnungsklauseln enthalten, im Wege der Aus-

---

ten und Geboten, sondern im geschriebenen Recht in seiner Gesamtheit findet, soweit es sich nicht um nachgiebiges Recht handelt.

[361] So Braginskij/Vitrjanskij, Dogovornoe pravo, S. 70; Jakovlev, Primenenie GK I arbitražnymi sudami, VVAS 1995, Nr. 5, S. 88 (96); Erpyleva, Kollizionnye normy, Zakonodatel'stvo i ékonomika 1998, Nr. 2, S. 57 (60) [in bezug auf das IPR]; Mundry, Kaufvertrag in Rußland, Rn. 177; Solotych, Recht der Handelsgesellschaften, Rn. 1; Sergeev/Tolstoj, Graždanskoe pravo 1, S. 46 f.

[362] Dafür - in Widerspruch zu ihrer in Fn. 359, aaO., geäußerten Auffassung - Solotych, ZGB RF 1. Teil, S. 20, wonach Normen auch dann nachgiebiges Recht enthalten können, „wenn dies konkludent im Normtext zum Ausdruck kommt".

[363] Vgl. Solotych, Recht der Handelsgesellschaften, Rn. 1.

[364] Vgl. etwa - bezüglich Art. 94 ZGB - Ziff. 27 der Leitentscheidung Nr. 6/8 der Plenen des OG und des OWG, BVS RF 1996, Nr. 9, S. 1 (6).

legung für abdingbar zu erklären und auf diese Weise auf die Fortentwicklung des (Kapitalgesellschafts-) Rechts Einfluß zu nehmen.[365] Unter den Gegebenheiten des sich entwickelnden russischen Zivilrechtsverkehrs kann dieser Lösung im Interesse der Rechtssicherheit jedoch sicherlich eine gewisse Berechtigung nicht abgesprochen werden.[366] Soweit die fehlende Dispositivität gesellschaftsrechtlicher Vorschriften im Einzelfall die Flüssigkeit des Rechtsverkehrs beeinträchtigt, erhebliche negative Folgen zeitigt oder die Anwendung systemwidriger Normen erzwingt, bleiben Rechtsprechung und Kautelarpraxis allerdings auf Änderungen durch den Gesetzgeber angewiesen. Da die politische Bereitschaft zur Vornahme von Änderungen an der noch jungen Zivilrechtskodifikation aber eher gering ist, steht zu erwarten, daß sich im geltenden Recht angelegte Fehlentwicklungen perpetuieren werden.

Es bleibt Spekulation, ob die Rechtspraxis mittelfristig vom positivistischen Verständnis des Zivilrechts abrücken wird. Im Zuge der Ausdifferenzierung und weiteren Implementierung des neuen Zivilrechts könnten derartige Tendenzen auftreten, falls offenbar werden sollte, daß die Systematik derjenigen Normen, die ausdrücklich abweichende Lösungen zulassen, an sich auch bislang als imperativ verstandene Vorschriften erfassen müßte, durch die bspw. Rechte Dritter nicht berührt werden können.[367] Zweifel an dem heute anerkannten Grundsatz, daß Normen ohne Öffnungsklausel imperativen Charakters sind, könnten ferner dadurch hervorgerufen werden, daß der Gesetzgeber des ZGB vereinzelt ausdrücklich betont, daß von bestimmten Vorschriften nicht durch Parteivereinbarung abgewichen werden kann.[368] Die Notwendigkeit derartiger positiver Feststellungen wird vom heute herrschenden Verständnis nicht gedeckt und könnte das Gesetzesverständnis daher in Zukunft dahingehend beeinflussen, daß nachgiebiges Recht auch dann vorliegen kann, wenn weder Abweichungen ausdrücklich zugelassen noch der imperative Charakter einer

---

365 Der Verlust dieser Einwirkungsmöglichkeit wurde etwa im Rahmen der Verankerung des Prinzips der formellen Satzungsstrenge im AktG-D 1965 kritisiert; vgl. Geßler, Bedeutung und Auslegung des § 23 Abs. 5 AktG, in: FS für Martin Luther, S. 71 (72).

366 So auch Zalesskij (ders.), Kommentarij k zakonu ob OOO, Einführung S. XX.

367 Insoweit weist etwa Sadikov (ders.), Kommentarij GK I, Art. 1 Rn. 4, zwar zu Recht darauf hin, daß der imperative Charakter zivilrechtlicher Normen durch öffentliche Interessen, Interessen Dritter und die Unzulässigkeit von Mißbräuchen des Rechts bedingt ist. Jedoch ist zu bezweifeln, ob zur Erreichung dieser Schutzzwecke tatsächlich sämtliche Normen des geltenden Zivilrechts, die keine Öffnungsklauseln enthalten, erforderlich sind.

368 Vgl. z.B. Art. 198 Abs. 1 ZGB, wonach die Bestimmung der Verjährungsfristen expressis verbis der Parteiautonomie entzogen ist.

Norm positiviert ist. Bislang spielen solche Überlegungen in der Rechtsanwendung jedoch keine Rolle, die Akzeptanz des positivistischen Verständnisses hat sich vielmehr aufgrund der Rechtsprechung der Obergerichte verfestigt. Bestimmt sich die Nachgiebigkeit kapitalgesellschaftsrechtlicher Normen somit allein nach der Inkorporation von Öffnungsklauseln zugunsten abweichender vertraglicher oder satzungsmäßiger Regelungen, so wird es auf absehbare Zeit bei dem Grundsatz bleiben, daß andere als rein formal-textuale Anhaltspunkte für den dispositiven oder imperativen Charakter gesetzlicher Vorschriften, wie etwa der Regelungs- oder Schutzzweck der Norm, ausscheiden.[369]

Diese Regelungstechnik wird sowohl im Aktienrecht als auch im GmbH-Recht stringent durchgehalten und erinnert - im gesellschaftsrechtlichen Kontext - stark an das im deutschen Aktienrecht geltende Prinzip der formellen Satzungsstrenge.[370] Den Juristen mit deutschem Hintergrund mag dieser Gleichlauf in der Geltungskraft der Bestimmungen des russischen Aktien- und GmbH-Rechts zunächst befremden, da im deutschen Aktienrecht die privatautonome Gestaltungsfreiheit durch das Prinzip der formellen Satzungsstrenge gegenüber dem weitgehend flexiblen GmbH-Recht[371] erheblich eingeschränkt ist. In der Regel sind deutsche aktienrechtliche Vorschriften zwingendes Recht, weil nur so künftige Aktionäre und die Öffentlichkeit vor überraschenden Satzungsgestaltungen geschützt werden können.[372] Die fehlende Börsengängigkeit von GmbH-Anteilen und die für ihre Übertragbarkeit regelmäßig vereinbarten Beschränkungen führen dazu, daß ein solches Schutzbedürfnis im GmbH-Recht nicht besteht.

Diese Differenzierung zwischen der Geltungskraft des geschriebenen deutschen Aktien- und GmbH-Rechts findet im russischen Recht keine Entsprechung. Folge der Unterwerfung des gesamten Kapitalgesellschaftsrechts unter das Prinzip der formellen Satzungsstrenge ist, daß - entgegen der gesetzlichen Typizität in Deutschland -

---

369 Bedenklich daher die Auffassung von Solotych, ZGB RF I, S. 20, die Nachgiebigkeit des Rechts könne auch konkludent im Normtext zum Ausdruck kommen.

370 § 23 Abs. 5 AktG-D lautet: „Die Satzung kann von den Vorschriften dieses Gesetzes nur abweichen, wenn es ausdrücklich zugelassen ist. Ergänzende Bestimmungen der Satzung sind zulässig, es sei denn, daß dieses Gesetz eine abschließende Regelung enthält."

371 Vgl. dazu Schmidt, Gesellschaftsrecht, § 34 II 2 g); Scholz (Westermann), GmbHG-D, Einleitung Rn. 22 ff.

372 Geßler et al. (Eckardt), AktG-D I, § 23 Rn. 109.

Flexibilität und Anpassungsfähigkeit der russischen GmbH an individuelle Erfordernisse im Vergleich zur gAG nicht a priori höher sind, sondern davon abhängen, ob die einzelnen Vorschriften des GmbH-Rechts den Gesellschaftern weitere Gestaltungsspielräume, als sie das Aktienrecht bietet, einräumen.

Bereits das ZGB in seiner Gesamtheit enthält eine beachtliche Anzahl von Öffnungsklauseln.[373] Als Gegengewicht zur Erstreckung des Prinzips der formellen Satzungsstrenge auf die GmbH hat der Gesetzgeber im Kapitalgesellschaftsrecht verstärkt Öffnungsklauseln in das GmbHG eingebaut, deren Quantität deutlich über das im Aktienrecht anzutreffende Maß hinausgeht.

II. Reichweite der Satzungsautonomie in gesetzlich nicht geregelten Bereichen

Die Gestaltungsfreiheit der Gesellschafter einer GmbH oder gAG hängt nicht nur davon ab, wann vom Inhalt kapitalgesellschaftsrechtlicher Normen abgewichen werden kann. Sie wird wesentlich dadurch bestimmt, inwieweit in gesetzlich nicht geregelten Fragen ergänzende statutarische Bestimmungen zulässig sind. Unter russischen Juristen ist mitunter die Auffassung anzutreffen, der Gesetzgeber habe die im Kapitalgesellschaftsrecht bestehenden Gestaltungsmöglichkeiten generell abschließend normiert; was im Gesetz nicht angelegt sei, könne somit auch nicht vereinbart werden.[374] Dieser „radikalpositivistische" Ansatz ist nicht nur aufgrund der Vielschichtigkeit der Problemkonstellationen und der dadurch bedingten Unmöglichkeit einer abschließenden gesetzlichen Regelung von vornherein zum Scheitern verurteilt, er entspricht auch nicht geltendem Recht. Denn wenn der Grundsatz der Vertragsfreiheit gemäß Art. 1 Ziff. 2 Abs. 1 S. 2 ZGB zwar seine Schranke in den gesetzlichen Bestimmungen findet, die Parteien aber ansonsten in der Ausgestaltung ihrer Beziehungen frei sind, so folgt daraus, daß dem Schweigen des Gesetzes im

---

[373] Nach Einschätzung von *Munkueva* (Ėkonomičeskie reformy i graždanskoe zakonodatel'stvo, Žurnal rossijskogo prava 1997, Nr. 6, S. 138 [140]), besteht das ZGB zu 20 % aus mit Öffnungsklauseln versehenen, d.h. dispositiven Normen, und zu 80 % aus zwingendem Recht.

[374] Insbesondere im Verkehr mit Registrierungsbehörden muß nach wie vor damit gerechnet werden, mit dieser Auffassung konfrontiert zu werden; s. dazu auch Lechtinen, Zakrytoe AO, ChiP 1998, Nr. 5, S. 48 (49); Solotych, Unternehmensgründung in der RF, Rn. 45.

Ausgangspunkt kein Erklärungsgehalt des Inhalts zukommen kann, gesetzlich nicht geregelte Fragen seien einer privatautonomen Regelung unzugänglich.

Dies schließt nicht aus, daß im Einzelfall eine abschließende gesetzliche Regelung vorliegen kann, was nur anhand der jeweiligen gesetzlichen Vorschrift, ihrem Sinn und Zweck, ihrem Umfang und dem Anwendungsbereich, auf den sie sich erstrecken soll, sowie ihrem Zusammenhang mit anderen Bestimmungen geprüft und entschieden werden kann.[375]

Danach sind statutarische oder vertragliche Ergänzungen kapitalgesellschaftsrechtlicher Vorschriften zulässig, soweit das Gesetz überhaupt keine den Sachverhalt berührende Regelung getroffen hat. Hat das Gesetz hingegen einen bestimmten Fragenkomplex geregelt, schweigt es aber über einen bestimmten Ausschnitt daraus oder über eine damit in Zusammenhang stehende Frage, so muß in Anwendung der genannten Kriterien geprüft werden, ob seine Regelung als abschließend zu betrachten ist. Ist sie das, stellt eine statutarische oder vertragliche Regelung der mit Schweigen „behandelten" Frage eine unzulässige Ergänzung dar.

Als Grundsatz bleibt demnach festzuhalten, daß statutarische oder vertragliche Ergänzungen kapitalgesellschaftsrechtlicher Vorschriften zulässig sind, wo und soweit das Gesetz sie ausdrücklich vorsieht oder sich aus den genannten Kriterien ergibt, daß der Gesetzgeber keine abschließende Regelung schaffen wollte.

III. Das Rangverhältnis des ZGB zu AktG und GmbHG

Maßgebend für die Rechtsverhältnisse der GmbH und gAG ist schließlich, wie sich die GmbH- und aktienrechtlichen Ausgangsbestimmungen des ZGB[376] zu den im

[375] Unzweifelhaft anerkannt sind derzeit die grammatikalische, systematische und historische Auslegung; vgl. Sergeev/Tolstoj, Graždanskoe pravo 1, S. 48 f. Die Einsicht in die Notwendigkeit der Auslegung von Normen nach ihrem Sinn und Zweck setzt sich jedoch jedenfalls für die Beurteilung des abschließenden Charakters des Gesetzes zunehmend durch (vgl. etwa die Aufnahme dieses Elementes in die Auslegungsgrundsätze bei Suchanov, Graždanskoe pravo I, S. 87 f.). Zur Zulässigkeit statutarischer Ergänzungen im deutschen Aktienrecht vgl. Geßler, Bedeutung und Auslegung des § 23 Abs. 5 AktG, in: FS für Martin Luther, S. 69 (74); ders. et al. (Eckardt), AktG I, § 23 Rn. 115; Zöllner (Kraft), KK, § 23 Rn. 54.

[376] Vgl. Art. 87 ff., 96 ff. ZGB.

GmbHG und AktG enthaltenen Bestimmungen[377] verhalten. Die verfassungsrechtliche Normenhierarchie, wonach Bundesgesetze nicht Bundesverfassungsgesetzen widersprechen dürfen,[378] führt in dieser Frage nicht zu einer Höherrangigkeit des ZGB, weil dieses - wie GmbHG und AktG - nicht Bundesverfassungsgesetz, sondern (einfaches) Bundesgesetz ist.

Eine Aussage zum Verhältnis zivilrechtlicher Rechtsakte formell gleichen Ranges wird in Art. 3 Ziff. 2 Abs. 2 ZGB getroffen. Danach müssen in anderen Gesetzen enthaltene Normen des Zivilrechts[379] dem ZGB entsprechen. Ob damit eine „spezielle zivilrechtliche Normenhierarchie"[380] begründet wird, ist jedoch fraglich, weil der Wortlaut der Bestimmung lediglich einen Programmsatz statuiert, in welchem zwar eine Selbstbindung des Gesetzgebers und ein Auftrag zu ZGB-konformer Auslegung späterer Gesetze zum Ausdruck kommen könnte,[381] der aber expressis verbis keine Kollisionsregel für den Fall einer inhaltlichen Abweichung zwischen ZGB und einem Einzelgesetz postuliert.[382] Zu klären ist daher, ob im Zivilrecht dem ZGB und damit auch dessen kapitalgesellschaftsrechtlichen Ausgangsbestimmungen ein absoluter Geltungsvorrang vor dem AktG und dem GmbHG zukommt oder bei „Nicht-Entsprechungen" gegenüber diesen und anderen Einzelgesetzen die allgemeinen

[377] Die in deutschsprachigen Quellen des öfteren anzutreffende Bezeichnung des GmbHG und des AktG als „Spezialgesetze" wird im folgenden bewußt vermieden, da die Geltung der Kollisionsregel *lex specialis derogat legi generali* in deren Verhältnis zum ZGB gerade fraglich ist.

[378] Vgl. Art. 76 Ziff. 3, 108 Verf.; gemäß Teil 2, Ziff. 1 der Schluß- und Übergangsbestimmungen Verf trat diese mit ihrer Veröffentlichung in RG v. 25.12.1993 in Kraft.

[379] Das Handels- und Gesellschaftsrecht ist integraler Bestandteil des Zivilrechts; vgl. Art. 2 Ziff. 1 Abs. 3 ZGB.

[380] So Becker, Gesellschaftsrecht in Rußland, S. 6; Roggemann, Grundzüge und Entwicklung des Zivilrechts der RF, in: ders./Bergmann, ZGB RF (Erster Teil) von 1994, S. 23.

[381] So die Mutmaßung von Solotych, ZGB 1. Teil, S. 24. Für ein Verständnis des Art. 3 Ziff. 2 Abs. 2 ZGB als bloßer unverbindlicher Auftrag an den (späteren) Gesetzgeber auch Boguslavskij, Handels- und Unternehmensrecht in Rußland, in: Horn/Pleyer, Handelsrecht und Recht der Kreditsicherheiten in Osteuropa, S. 35 (40); Laptev, Akcionernoe pravo, S. 19. Dem angenähert meinen *Makovskij/Chochlov* (in: Maggs/Žilcov, The Civil Code of the RF, Einführung S. lxv), die Verbindlichkeit des Art. 3 Ziff. 2 Abs. 2 ZGB für den Gesetzgeber sei nicht überzubewerten, dessen Aufmerksamkeit werde dadurch aber wenigstens auf die erforderliche Einheit und Stabilität des Rechts gelenkt.

[382] Die daraus resultierenden Rechtsunsicherheiten können letztlich nur beseitigt werden, indem Art. 3 Ziff. 2 Abs. 2 ZGB um eine konkrete Kollisionsregel ergänzt wird; entsprechende Forderungen werden in der Lehre auch bereits vereinzelt erhoben (vgl. Laptev, Akcionernoe pravo, S. 19; Rachmilovič, Gaps and Contradictions in the Civil Code of the RF, PSJEEL 1997, Vol. 4, Nr. 4, S. 467 [475/476]).

Kollisionsregeln (lex posterior derogat legi priori, lex specialis derogat legi generali) eingreifen.

In der Literatur finden sich zunächst unpräzise Interpretationen des Art. 3 Ziff. 2 Abs. 2 ZGB, die in erster Linie Verunsicherung über das zutreffende Rangverhältnis dokumentieren und eine Aussage zur Rechtsanwendung im Fall inhaltlicher Widersprüche vermeiden.[383] So wird das ZGB verbreitet als *primus inter pares,*[384] *ökonomische Verfassung*[385] oder systemgebendes *koordinierendes Zentrum*[386] tituliert.[387] Soweit überhaupt konkrete Aussagen zum Geltungsrang des ZGB getroffen werden, wird aus diesen allgemeinen Charakteristika darauf geschlossen, das ZGB sei dem Rang von Bundesverfassungsgesetzen „angenähert", woraus überwiegend ein „absolutes Primat" des ZGB gegenüber zivilrechtlichen Einzelgesetzen i.S. einer Rechtsanwendungsregel abgeleitet wird.[388] Diese herrschende Auffassung ist indes-

---

[383] Vgl. Bogatych, Graždanskoe i torgovoe pravo, S. 29. Bezeichnend für die verbreitete Rechtsunsicherheit ist ferner, daß sogar in speziell der Frage des Rangverhältnisses gewidmeten Aufsätzen zuweilen nicht einmal der Versuch einer grundsätzlichen Klärung unternommen wird, sondern sich widersprechende Normen lakonisch allenfalls als „unglückliche Formulierung" abgetan werden; vgl. Golubov, Sootnošenie položenij GK i Zakona ob AO, in: GS Chochlov, S. 167 ff. In bezug auf ihre Eindeutigkeit stellt insoweit die Auffassung von *Gubin* (Akcionernoe pravo, S. 111) eine Ausnahme dar, der sich ausdrücklich für einen Rechtsanwendungsvorrang des ZGB ausspricht.

[384] Braginskij et al. (ders.), Kommentarij GK I, S. 44.

[385] Kalmykov, O značenii obščich položenii graždanskogo zakonodatel`stva, in: GS Chochlov, S. 43 (44).

[386] Abova/Kabalkin/Mozolin (letzterer), Kommentarij GK I, Art. 3 Rn. 3; Sadikov (ders.) II, Kommentarij GK I, Art. 3 Rn. 5; ähnlich Suchanov, Russia`s New Civil Code, PSJEEL 1994, Vol. 1, S. 619 (624).

[387] Suchanov kritisiert diese Bezeichnungen zu Recht als „Metaphern ohne jede konkrete rechtliche Bedeutung"; vgl. Suchanov, The Russian Civil Code (Part Two) and Modern Property Turnover, Sudebnik 1996, Vol. 1, Issue 2, S. 287 (298).

[388] Vgl. Braginskij et al. (ders.), Kommentarij GK I, S. 44; Gubin, Akcionernoe pravo, S. 111; Rachmilovič, The New Civil Code of the RF, RCEEL 1996, Nr. 2, S. 135 (141); Sadikov (Litovkin) I, Kommentarij GK I, Art. 3 Rn. 4; Šapkina, Nekotorye voprosy primenenija zakona ob AO, Žurnal ross. prava 1997, Nr. 1, S. 102 (105); Suchanov, Graždanskoe pravo I, S. 73; ders., Interview in Zakonodatel`stvo 1998, Nr. 10, S. 2. In demselben Sinne Abova/Kabalkin/Mozolin (letzterer), Kommentarij GK I, Art. 3 Rn. 3 und Kalmykov, O značenii obščich položenij graždanskogo zakonodatel`stva, in: GS Chochlov, S. 43 (52), die dem ZGB die „Oberhoheit" gegenüber jedem anderen zivilrechtlichen Bundesgesetz zusprechen, sowie Tichomirov (ders.), Kommentarij k zakonu ob AO, Art. 1 Rn. 1, der die Bestimmungen des AktG in einem Subordinationsverhältnis gegenüber dem ZGB sieht. Die Geltung der lex specialis-Regel im Verhältnis ZGB - Einzelgesetz wird expressis verbis abgelehnt bei Musin, GK i inostrannye investicii, Pravovedenie 1994, Nr. 4-5, S. 78 (79). Bemerkenswert ist, daß die aktuelle Auflage des führenden, von Sadikov herausgegebenen Kommentars zum ZGB im Gegensatz zur oben zitierten Vorauflage keine konkrete Aussage zum Geltungsverhältnis ZGB - Einzelgesetz bei Abweichungen des Einzelgesetzes mehr enthält, was die Rechtsunsicherheit in dieser Frage belegt; vgl. Sadikov (ders.) II, Kommentarij GK I, Art. 3 Rn. 5.

sen keineswegs unbestritten.[389] So wird der Umstand, daß in Art. 3 Ziff. 2 Abs. 2 ZGB gerade keine explizite Rechtsfolgenregelung für den Fall inhaltlicher Abweichungen in Einzelgesetzen vorgesehen ist, zum Teil dahingehend berücksichtigt, daß deren Auflösung seitens des Gesetzgebers weder zugunsten des ZGB noch des abweichenden Einzelgesetzes determiniert sei und daher der Rechtsprechung überlassen bleibe.[390] Dagegen wird ein aus der Heranziehung des Grundsatzes lex specialis derogat legi generali abgeleiteter Geltungsvorrang der kapitalgesellschaftsrechtlichen Einzelgesetze gegenüber dem ZGB nur von einer Mindermeinung befürwortet.[391]

Den beiden letztgenannten Auffassungen ist zuzugeben, daß allein sie im Gegensatz zur herrschenden Meinung mit dem Wortlaut des Art. 3 Ziff. 2 Abs. 2 ZGB vereinbar sind und überdies mit der verfassungrechtlichen Lage in Einklang stehen. Denn vor dem Hintergrund der Artt. 76 Ziff. 3, 108 Verf ist die Frage zu verneinen, ob es dem Gesetzgeber des ZGB frei stand, eine andere als die verfassungsmäßig vorgesehene Normenhierarchie zu implementieren, ohne das ZGB als Bundesverfassungsgesetz zu verabschieden.[392] Diese Aspekte haben indessen in der Diskussion über die Stellung des ZGB gegenüber formal gleichrangigen Gesetzen mit zivilrechtlichem Regelungsgegenstand bislang kaum eine Rolle gespielt[393] und sind auch von der Rechtsprechung nicht aufgegriffen worden. Soweit ersichtlich, neigen die Gerichte im Gegenteil wohl eher dazu, den von der herrschenden Lehre vertretenen absoluten Geltungsvorrang des ZGB zu bestätigen.[394]

---

[389] Eine aus Art. 3 Ziff. 2 Abs. 2 ZGB abgeleitete, *de facto* bestehende höhere Geltungskraft des ZGB wird etwa verneint von Suchanov, The Russian Civil Code (Part Two) and Modern Property Turnover, Sudebnik 1996, Vol. 1, Issue 2, S. 287 (297).

[390] Vgl. Tichomirov (ders.), Kommentarij k zakonu ob OOO, Art. 56 Rn. 1 (S. 364).

[391] Dafür nunmehr - als allerdings namhafte Stimmen - Laptev, Akcionernoe pravo, S. 19; ders., Zakonodatel'stvo o predprijatijach, GiP 2000, Nr. 7, S. 22 (23); Popondopulo/Jakovleva, Kommerčeskoe pravo, S. 45 f.; wohl auch Heidemann, Die GmbH in der RF, GmbHR 2002, 732 (733), wonach das GmbHG „in der Regel“ Vorrang vor dem älteren und allgemeineren ZGB habe. Kritisch auch Kozlov/Falileev, Sootnošenie obščich i specialnych pravovych norm, GiP 1997, Nr. 11, S. 82 (83), welche die Verdrängung der lex specialis-Regel durch Art. 3 Abs. 2 ZGB als geltendes Recht aber nicht in Frage stellen.

[392] Verneinend etwa Solotych, ZGB I, S. 23.

[393] Unter dem Aspekt der Verfassungswidrigkeit des Art. 3 Abs. 2 ZGB schließt bislang - soweit ersichtlich - allein *Laptev* (Akcionernoe pravo, S. 19) auf die Anwendbarkeit der allgemeinen Regeln.

[394] Nicht eindeutig ist die Position der Rechtsprechung in Ziff. 12 der Leitentscheidung Nr. 4/8 der Plenen des OG und des OWG, ĖiŽ 1997, Nr. 17, S. 16, die den ordentlichen und Wirtschaftsgerichten die Tatbestandsvoraussetzungen für einen Haftungsdurchgriff auf die Muttergesellschaft

Obwohl der von Rechtsprechung und herrschender Lehre vertretene Geltungsvorrang des ZGB gegenüber Einzelgesetzen mit zivilrechtlichem Regelungsgegenstand weder aus dem Wortlaut des Art. 3 Ziff. 2 Abs. 2 ZGB folgt noch mit der verfassungsrechtlich vorgegebenen Normenhierarchie vereinbar sein dürfte, ist mit Rücksicht auf das herrschende Verständnis auch im Rahmen des Kapitalgesellschaftsrechts davon auszugehen, daß sich dieses Verständnis durchgesetzt hat und die Lösung von Abweichungen im Einzelfall in Zukunft zugunsten des ZGB bestimmen wird. Die allgemeinen Kollisionsregeln der *lex posterior* und *lex specialis* finden somit im Verhältnis des ZGB zu GmbHG und AktG keine Anwendung.[395] Es bleibt abzu-

---

einer AG wegen Verbindlichkeiten aus weisungsgemäß geschlossenen Rechtsgeschäften der Tochtergesellschaft vorgibt: Hierzu ist in Art. 6 Ziff. 3 Abs. 2 S. 2 AktG vorgeschrieben, daß ein Weisungsrecht der Muttergesellschaft nur anzunehmen ist, wenn es in einem Beherrschungsvertrag mit der Tochtergesellschaft oder in deren Satzung vorgesehen ist. Demgegenüber enthält Art. 105 Ziff. 2 Abs. 2 ZGB keine einschränkenden Anforderungen an das Weisungsrecht und betont lediglich, daß es *unter anderem* aus Vertrag entstehen kann. Da die ZGB-Bestimmung keine Öffnungsklausel enthält, wäre es dem Gesetzgeber des AktG nach herrschender Literaturmeinung verwehrt, den Entstehungstatbestand eines konzernhaftungsrechtlich relevanten Weisungsrechts einzuschränken. Die Obergerichte (aaO.) haben indessen gerade die Anwendbarkeit der streitigen Bestimmung des AktG nicht ausdrücklich klargestellt, sondern den Untergerichten nur den ZGB-kompatiblen Wortlaut des Art. 6 Ziff. 3 AktG zur Anwendung empfohlen. Dieses Schweigen könnte als Indiz dafür zu werten sein, daß die Obergerichte Art. 6 Ziff. 3 Abs. 2 S. 2 AktG unter (stillschweigender) Bezugnahme auf Art. 3 Ziff. 2 Abs. 2 ZGB für unanwendbar halten und damit der herrschenden Literatur folgen. Zur Position der Rechtsprechung vgl. ferner Dedikov, Zakon surov, no ... neobjazatelen, Zakon 1997, Nr. 5, S. 78 (80) m.w.N.; Becker, Gesellschaftsrecht in Rußland, S. 6 (allerdings ohne jeden Rechtsprechungsnachweis).

In Kontrast hierzu steht nunmehr allerdings Ziff. 16 lit. v) Abs. 2 der zum GmbH-Recht ergangenen Leitentscheidung der Plenen des OG und des OWG Nr. 90/14 v. 09.12.1999 (BVS RF 2000, Nr. 3, S. 1 [6]), welche inhaltliche Widersprüche zwischen Art. 94 S. 2 ZGB und Art. 26 Ziff. 3 Abs. 1 GmbHG, die sich auf die nur nach ZGB zulässige statutarische Verlängerung von Abfindungsfristen bei Austritt eines Gesellschafters beziehen, zugunsten der im GmbHG getroffenen engeren Lösung auflöst.

Entgegen der Auffassung von *Dedikov* (aaO., S. 80) hat dagegen der Gesetzgeber selbst nicht weitergehend zur Klärung der Problematik beigetragen, denn der von ihm angeführte Beschluß der Staatsduma v. 11.10.96 Nr. 682-II „Über das Verfahren der Anwendung des Art. 855 Ziff. 2 ZGB" (SZ RF 1996, Nr. 43, Pos. 4870) kann nicht als vom Gesetzgeber vertretene sog. „offizielle Auslegung" des Art. 3 Ziff. 2 Abs. 2 ZGB i.S.d. Auffassung der Rechtsprechung und herrschenden Lehre gewertet werden: Zum einen wurde dieser Beschluß durch Entscheidung des Verfassungsgerichts Nr. 17-P v. 17.11.97 für verfassungswidrig erklärt (vgl. VVAS 1998, Nr. 1, S. 10 ff.), zum anderen betrifft er nur das Verhältnis des ZGB (in concreto: des Art. 855 ZGB) zur Finanz- und Steuergesetzgebung. Letztere regelt aber Rechtsbeziehungen, die durch ein zwischen den Beteiligten bestehendes Subordinationsverhältnis geprägt sind, weshalb das auf Gleichordnungsverhältnisse ausgelegte Zivilrecht auf derartige Rechtsverhältnisse keine Anwendung findet; vgl. Art. 2 Ziff. 3 ZGB sowie Sadikov (ders.) II, Kommentarij GK I, Art. 2 Rn. 8. Die in der VO getroffene punktuelle Aussage zum Verhältnis des Zivilrechts zur Finanz- und Steuergesetzgebung führt demnach im Rahmen des Art. 3 Ziff. 2 Abs. 2 ZGB (Verhältnis ZGB - zivilrechtliches Einzelbundesgesetz) nicht weiter.

395 Hieran ist zu kritisieren, daß die Geltung dieser Kollisionsregeln den Verfassern des AktG und GmbHG erst die erforderliche Flexibilität gegeben hätte, um in den kapitalgesellschaftsrechtlichen Ausgangsbestimmungen des ZGB angelegte Fehlentwicklungen korrigieren und neuere Entwick-

warten, ob die Obergerichte mittelfristig unter Berufung auf *Laptev* und *Popondopulo/Jakovleva* zu einer - dogmatisch allein zulässigen - verfassungskonformen Auslegung des Art. 3 Ziff. 2 Abs. 2 ZGB finden und die allgemeinen Kollisionsregeln insoweit zur Anwendung bringen werden.

Fraglich ist, wann Normen des GmbHG oder des AktG dem ZGB nicht „entsprechen",[396] denn es versteht sich von selbst, daß dessen Ausgangsbestimmungen hinsichtlich der GmbH und der AG nur einen Rahmen setzen und erst durch die Einzelgesetze konkretisiert und ergänzt, mithin ausgefüllt werden. Die grundsätzlichen Bestimmungen des ZGB werden zumeist in den weiterführenden Bestimmungen der Einzelgesetze wortgleich wiederholt und diesen vorangestellt. Kollisionen entstehen daher weniger aus eindeutigen textualen Abweichungen, sondern in erster Linie daraus, daß im Einzelfall unklar sein kann, welche Grenzen der ZGB-Gesetzgeber der konkretisierenden Einzelgesetzgebung gesetzt hat. Die Bestimmung dieser Grenzen ist anhand der jeweiligen ZGB-Norm vorzunehmen und hat mittels derjenigen Kriterien zu erfolgen, die oben[397] zur Frage entwickelt worden sind, wann kapitalgesellschaftsrechtliche Vorschriften als abschließend zu betrachten sind. Ergibt sich danach, daß das ZGB eine abschließende Regelung bereitstellt, sind einzelgesetzliche Bestimmungen, die den bereits abschließend geregelten Fragenkomplex weiter ausdifferenzieren, aufgrund des Geltungsvorrangs des ZGB nicht anwendbar.

---

lungen aufnehmen zu können; vgl. Pistor, Company Law and Corporate Governance in Russia, in: Sachs/dies., The Rule of Law and Economic Reform in Russia, S. 165 (178 [Fn. 78]). Die durch die herrschende Auslegung des Art. 3 Ziff. 2 Abs. 2 ZGB bedingte „Starre" des Kapitalgesellschaftsrechts (vgl. dazu Laptev, Akcionernoe pravo, S. 19) ist einer der wesentlichen Nachteile eines Kodifikationskonzeptes, das das Handels- und Gesellschaftsrecht in das Zivilrecht integriert (sog. „Prinzip der Einheit der zivilrechtlichen Regelungen"; vgl. zur dazu geführten rechtspolitischen Auseinandersetzung Boguslavskij, Handels- und Unternehmensrecht in Rußland, in: Horn/Pleyer, Handelsrecht und Kreditsicherheiten in Osteuropa, S. 35 [37 f.]).

[396] Vgl. insoweit die Terminologie des Art. 3 Ziff. 2 Abs. 2 ZGB.

[397] S. o. S. 73 f.

IV. Auf Altsachverhalte anwendbares Recht

Beim Erwerb russischer Unternehmen, die in der Rechtsform einer GmbH oder gAG verfaßt sind, ist - unabhängig davon, ob es sich um einen Vermögens-[398] oder Beteiligungserwerb handelt - die Durchführung einer eingehenden Unternehmensprüfung, insbesondere einer rechtlichen *due diligence* erforderlich. Deren Durchführung setzt u.a. Klarheit darüber voraus, nach welchen primären Rechtsgrundlagen sich das Gesellschaftsstatut dieser Unternehmensträger vor Inkrafttreten des AktG und des GmbHG bestimmte.

Hinsichtlich des Aktienrechts ist die Rechtslage insoweit eindeutig. Nach Inkrafttreten des 1. Teils des ZGB war die AktO[399] nach Art. 4 Abs. 2 EGZGB zunächst weiterhin anzuwenden, soweit sie den Bestimmungen des ZGB nicht widersprach. Erst nach Inkrafttreten des AktG wurde die AktO durch RegVO v. 6. März 1996[400] außer Kraft gesetzt.

Im Unterschied dazu ist im GmbH-Recht nach Inkrafttreten des GmbHG am 1. März 1998 bislang kein Rechtsakt ergangen, aus dem nachträglich eindeutig zu entnehmen wäre, ob die GmbH nach Inkrafttreten des 1. Teils des ZGB ausschließlich durch dessen Bestimmungen oder kumulativ auch durch die die GmbH betreffenden Bestimmungen der AGGmbHO,[401] soweit sie nicht in Widerspruch zu Normen des ZGB standen, geregelt wurde. Dementsprechend ist diese Frage in der Praxis lebhaft umstritten, wobei die herrschende Meinung davon ausgeht, daß auf zwischen dem 8. Dezember 1994 (Inkrafttreten des 4. Abschnitts des ersten Teils des ZGB) und dem 1. März 1998 entstandene Altsachverhalte neben dem ZGB subsidiär das GmbH-Recht der AGGmbHO anzuwenden ist.[402] Dem wird insbesondere von

[398] Der Unternehmenskauf im Wege des asset deal wird nunmehr geregelt durch Artt. 559 ff. ZGB; vgl. dazu Hüper, Unternehmenskauf in Rußland, S. 64 ff., 145 ff.; Mundry, Kaufvertrag in Rußland, Rn. 249 ff.

[399] S. Fn. 297.

[400] SZ RF 1996, Nr. 12, Pos. 1137.

[401] S. Fn. 216.

[402] Vgl. Bažanina, Voprosy privedenija dokumentov OOO v sootvetstvie s zakonodatel`stvom, Ekonomiko-pravovoj bjulleten` 1998, Nr. 6, S. 8 (9); Belostockaja/Zenkin, OOO, S. 11 f.; Braginskij et al. (ders.), Kommentarij GK I, S. 22 f.; Christiansen, New Law on Limited Liability Companies, EWEG 1998, April, S. 3; Drozdova, Priëm v OOO novych učastnikov, ChiP 1999, Nr. 5, S. 95; Knaul, GmbH-Recht, S. 5; ders./Heeg, Das neue russische GmbH-Gesetz, ROW 1998, Nr. 4, S. 147; Kozlova, Organizacionnye formy predprinimatel`stva: dostoinstva i nedostatki, Zakonodatel`stvo 1997, Nr. 2, S. 24 (29); Micheler, Das neue russische GmbH-Gesetz im Überblick, WiRO

Suchanov entgegengehalten, das GmbH-Recht habe in dieser Periode allein auf Artt. 87 ff. ZGB beruht, da die Geltung der AGGmbHO durch das UntG vom 25. Dezember 1990 paralysiert worden sei, welches die GmbH in Art. 11 mit der AG geschlossenen Typs gleichsetzte.[403] Daneben wird zum Teil vertreten, nicht die AGGmbHO sei neben Artt. 87 ff. ZGB subsidiär anwendbar gewesen, sondern die AktO.[404]

Die verschiedenen Ansichten wurzeln erkennbar in dem zu Beginn der 90er Jahre aufgrund von Art. 11 UntG entbrannten Streit über die Rechtsnatur der GmbH.[405] Für die Richtigkeit der herrschenden Auffassung streiten indessen nicht nur die damals entwickelten Wertungen. Die subsidiäre Anwendbarkeit der AGGmbHO ist vielmehr auch formaljuristisch begründbar. Denn das GmbH-Recht der AGGmbHO ist durch keinen der nachfolgenden Rechtsakte des Unternehmensrechts außer Kraft gesetzt worden. Ziff. 7 EinführungsVO (AktO) statuierte zwar für nach dem Aktienrecht der AGGmbHO errichtete AG eine Pflicht zur Umregistrierung bis zum 1. April 1991. Von einer Umregistrierungspflicht für Alt-GmbH ist in der EinführungsVO (AktO) hingegen nicht die Rede. Dies legt bereits für sich nahe, daß durch die AktO nur das Aktienrecht der AGGmbHO, nicht aber deren GmbH-Recht abgelöst wurde. Für ein Außerkrafttreten der gesamten AGGmbHO läßt sich auch nicht Ziff. 2 EinführungsVO (AktO), welche die Verfügung des Ministerrates der RSFSR Nr. 857-p v. 14. Juli 1990 für unwirksam erklärte, anführen. Denn bei dieser Ministerratsverfügung handelte es sich nicht um die - sowjetische - EinführungsVO (AGGmbHO). Die in Bezug genommene Verfügung informierte lediglich die Ministerien und Verwaltungen der russischen Unionsrepublik über das Inkrafttreten der AGGmbHO auf Unionsebene und empfahl diesen, bis zum Inkrafttreten entsprechender republikanischer Gesetzgebung die Umwandlung von Staatsunternehmen in die Rechtsform der AG nach

---

1998, Nr. 5, S. 161; Sadikov (ders.) II, Kommentarij GK I, Art. 4 EGZGB Rn. 2 a. E.; Schmitt/Gravenhorst, Mehr Rechtssicherheit mit neuem GmbH-Gesetz, Ost-West-Contact 1998, Nr. 4, S. 64.

[403] Vgl. Suchanov, Zakon ob OOO, ChiP 1998, Nr. 5, S. 38 (=RIW 1998, Nr. 9, S. 706). Ebenso - ohne weitere Begründung - Hüper, Das Einführungsgesetz zum ZGB, Rn. 26.

[404] Vgl. Andreeva/Kaliničenko, Žizn` v obščestve, Ékspert 1998, Nr. 14, S. 14; Schaer, New Civil Code of the RF, IBL June 1995, S. 268 (270).

[405] S. dazu o. S. 64 ff. m.w.N.

den Bestimmungen der AGGmbHO vorzunehmen.[406] Mangels ausdrücklicher Außerkraftsetzung der AGGmbHO wurde somit zwar deren Aktienrecht, nicht aber der GmbH-rechtliche Teil durch die AktO derogiert. Gleiches gilt für die EinführungsVO (UntG),[407] die sich nicht zur Frage der Fortgeltung der AGGmbHO verhielt. Auch die von der Praxis ignorierte Gleichsetzung der GmbH mit der AG geschlossenen Typs in Art. 11 UntG konnte der Anwendbarkeit des GmbH-Rechts der AGGmbHO nicht entgegenstehen, da die GmbH weiterhin als eigenständige Rechtsform zur Verfügung stand und in praxi im wesentlichen unter Rückgriff auf den sowjetischen Rechtsakt ausgestaltet wurde.[408] Entgegen *Suchanov* handelt es sich somit nicht um ein Problem der Zulässigkeit des „Wiederauflebens" für kraftlos erklärter bzw. nach allgemeinen Grundsätzen derogierter Rechtsakte. Bei zutreffender Betrachtung stellte das GmbH-Recht der AGGmbHO im Dezember 1994 geltendes Recht dar, das nach Art. 4 Abs. 1 EGZGB bis zum Inkrafttreten des GmbHG weiterhin anzuwenden war, soweit es den die GmbH betreffenden Bestimmungen des ZGB nicht widersprach.

V. GUS-Modellgesetzgebung

Im Rahmen der der Interparlamentarischen Versammlung der GUS-Mitgliedstaaten mit Sitz in St. Petersburg zugewiesenen Kompetenz, Modellgesetze zu erlassen und diese mit entsprechenden Empfehlungen den Parlamenten der Mitgliedstaaten zuzuleiten,[409] ist in den Jahren 1994 - 1996 eine umfassende GUS-Modellgesetzgebung u.a. zum Kapitalgesellschaftsrecht ergangen. Diese folgt grundsätzlich demselben - fragwürdigen - Regelungskonzept wie das russische ZGB. Ausgangsbestimmungen zur GmbH/GmzH sowie gAG und oAG finden sich in Artt. 107 ff., 119 ff. ZGB (GUS),[410] die durch ein GmbHG (GUS)[411] und ein AktG (GUS)[412] ergänzt werden.

---

406 Vgl. ĖiŽ 1997, Nr. 7, S. 11. Die Verfügung wurde nicht in SPP RSFSR veröffentlicht, ihr Text ist daher - soweit ersichtlich - nicht zugänglich. Die fehlende Veröffentlichung verdeutlicht, daß es sich um eine rein verwaltungsinterne Anweisung handelte.

407 VSNDiVS RSFSR 1990, Nr. 30, Pos. 417.

408 Vgl. dazu o. S. 65 f.

409 Vgl. Art. 4 lit. d) der Konvention über die Interparlamentarische Versammlung der Mitgliedstaaten der Gemeinschaft Unabhängiger Staaten v. 26.05.1995, Diplomatičeskij Vestnik 1995, Nr. 7, S. 38 ff.

410 ZGB (GUS) 1. Teil v. 29.10.1994, Beilage zu Informacionnyj bjulleten` 1995, Nr. 6.

Insbesondere im GmbH-Recht hat sich der GUS-Modellgesetzgeber aber offenbar weitgehend von den Vorgaben des ZGB (GUS) gelöst[413] und zu Ansätzen gefunden, die in vielen Punkten gegenüber denjenigen des späteren russischen Gesetzgebers vorzugswürdig sind.[414] Die „Resistenz" des russischen GmbH-Gesetzgebers befremdet zunächst insofern, als es sich bei der Modellgesetzgebung der Interparlamentarischen Versammlung der GUS-Mitgliedstaaten nicht um originär parlamentarische Rechtsschöpfung handelt. Zumindest anfangs wurde die Interparlamentarische Versammlung intensiv durch das *Institut für Gesetzgebung und Rechtsvergleichung* beraten,[415] welches wiederum bei der russischen Regierung angesiedelt ist.[416] Dieser prägende russische Einfluß dürfte erst seit Errichtung und Arbeitsaufnahme des *Wissenschaftlichen Konsultationszentrums für Privatrecht der GUS*[417] unter Leitung von *A. L. Makovskij* seit 1995 zurückgegangen sein, was sich numehr in wesentlichen Abweichungen des russischen GmbHG von der im November 1996 ergangenen GmbH-Modellgesetzgebung manifestiert. *Makovskij* selbst führt die Unterschiede denn auch auf die Ausarbeitung durch verschiedene Arbeitsgruppen zurück, die in zentralen Fragen unterschiedlicher Auffassung gewesen seien.[418]

Für Inhalt und Auslegung des nationalen Kapitalgesellschaftsrechts der Mitgliedstaaten ist die GUS-Modellgesetzgebung zum Kapitalgesellschaftsrecht ohne Bedeutung, da sie nicht self-executing wirkt, sondern ausschließlich empfehlenden Charakter hat. Dies ergibt sich aus dem Umstand, daß die GUS-Mitgliedsstaaten keine Rechtsetzungskompetenzen auf die GUS bzw. die Interparlamentarische Versamm-

---

411 GmbHG (GUS) v. 02.11.1996, Informacionnyj bjulleten` 1997, Nr. 12, S. 239 ff.

412 AktG (GUS) v. 17.02.1996, Informacionnyj bjulleten` 1996, Nr. 10, S. 94 ff.

413 Vgl. nur die sich jeweils gegenseitig ausschließenden Regelungen zu den Gründungsdokumenten der GmbH (Art. 109 Ziff. 1 S. 1 ZGB [GUS]/Art. 13 Ziff. 2 GmbHG) und zum ordentlichen Austrittsrecht des GmbH-Gesellschafters (Art. 114 ZGB [GUS]/Art. 10 GmbHG).

414 Zu den Materien im einzelnen vgl. Kruse, Neues russisches GmbH-Recht sowie die Modellgesetzgebung für die GUS-Staaten (Gesellschaftsrecht), WGO-MfOR 1998, Nr. 5, S. 362 (364 f.).

415 Vgl. Korolev, Problemy sootnošenija zakonodatel`stva gosudarstv-učastnikov SNG i aktov organov sodružestva, GiP 1995, Nr. 2, S. 3 (5).

416 Lippott, Die GUS als einheitlicher Rechtsraum, ZVglRWiss 97 (1998), S. 485 (493 f.) m.w.N.

417 S. dazu Kolibab, O sbliženii chozjajstvennogo zakonodatel`stva učastnikov SNG, ChiP 1994, Nr. 9, S. 22 [24]).

418 Vgl. Kruse, Neues russisches GmbH-Recht sowie die Modellgesetzgebung für die GUS-Staaten (Gesellschaftsrecht), WGO-MfOR 1998, Nr. 5, S. 362 (364).

lung übertragen haben.[419] Sie unterstützen gemäß Art. 20 Abs. 1 GUS-Statut lediglich die Angleichung der nationalen Rechtsordnungen.[420] Dementsprechend wird der GUS in ihren vertraglichen Grundlagen auch kein Auftrag zu zwischenstaatlicher Rechtsvereinheitlichung erteilt, der sie zum Erlaß von nicht transformationsbedürftigen, unmittelbar geltenden Akten ermächtigen würde. In Art. 2 GUS-Statut, welcher die Ziele der Gemeinschaft definiert, ist die Rechtsvereinheitlichung nicht einmal aufgeführt.[421] Eine entsprechende Zielsetzung enthält mittelbar erst der auf die Schaffung eines gemeinsamen Wirtschaftsraums, welcher u.a. die harmonisierte Wirtschaftsgesetzgebung der Vertragsparteien erfordert, gerichtete Vertrag über die Schaffung einer Wirtschaftsunion.[422]

---

[419] Arg. e Art. 36 des Statuts der Gemeinschaft Unabhängiger Staaten v. 22.01.1993, BMD 1994, Nr. 1, S. 4 ff. (fortan: GUS-Statut). Dies ergibt sich ferner daraus, daß die GUS nicht über supranationale Befugnisse verfügt (Art. 1 Abs. 3 GUS-Statut), woraus auch folgt, daß nationale Gesetzgebungskompetenzen auch nicht im Rahmen einer an der Erreichung der Vertragsziele orientierten begrenzten Ermächtigung an die GUS delegiert sind.

[420] Darüber hinausgehende Verpflichtungen sind die GUS-Mitgliedstaaten auch nicht durch das *Abkommen über die Prinzipien der Angleichung der Wirtschaftsgesetzgebung der Mitgliedstaaten der Gemeinschaft* v. 09.10.1992 (BMD 1993, Nr. 10, S. 3) eingegangen. Für die RF ergibt sich auch aus dem *Strategischen Kurs Rußlands gegenüber den GUS-Mitgliedstaaten*, bestätigt durch Präsidialerlaß v. 14.09.1995 (SZ RF 1995, Nr. 38, Pos. 3667), nichts anderes. In dessen Ziff. 7 Abs. 3 heißt es: „Die Annäherung der nationalen Wirtschaftssysteme ist durch die gemeinsam mit den Partnern erfolgende Ausarbeitung von Wegen zur Vervollkommnung der einheitlichen Modellgesetze im Rahmen der Interparlamentarischen Versammlung der GUS-Mitgliedstaaten zu erreichen." Eine Selbstverpflichtung zur Anpassung der russischen Gesetzgebung an die GUS-Modellgesetzgebung liegt hierin nicht.

[421] Dies wird auch betont von Meissner, Das politische Paktsystem innerhalb der GUS, Osteuropa-Recht 1994, Nr. 3, S. 226 (231), und dürfte eine der wesentlichen Ursachen für die nur schleppende Vertiefung des Integrationsprozesses innerhalb der GUS sein. Hingegen wurde dieser „Geburtsfehler" bei Abschluß des mittelfristig auf die Schaffung einer „Gemeinschaft Integrierter Staaten" gerichteten Vertrages zwischen Weißrußland, Kasachstan, Kirgisien und Rußland v. 20.03.1996 (RG v. 02.04.1996) erkannt und vermieden. Dort gehört die Harmonisierung der Gesetzgebung ausdrücklich zu den wichtigsten Integrationszielen, das u.a. durch von einem Interparlamentarischen Komitee erlassene Modellgesetze, „auf deren Grundlage die Akte der nationalen Gesetzgebung erarbeitet werden", erreicht werden soll; vgl. Artt. 2, 22 des Vertrages. Zum Teil wird vertreten, daß aufgrund dieser Modellgesetze - im Gegensatz zur Rechtslage in der GUS - nationale Gesetze ausgearbeitet werden *müssen*; vgl. Mojseev, Osnovy sotrudničestva stran SNG, S. 56. Gegen diese Auslegung spricht, daß der Vertragstext selbst von „empfehlenden Akten des Interparlamentarischen Komitees" spricht; im übrigen sind - soweit ersichtlich - bislang innerhalb der „Viererunion" keine Modellgesetze ergangen. Allerdings könnte sich im Bereich der zwischenstaatlichen Rechtsangleichung auch hier eine „Integration der zwei Geschwindigkeiten" andeuten.

[422] Artt. 2, 3, 26 des Vertrages v. 24.09.1993, BMD 1995, Nr. 1, S. 3 ff.

Die Transformation von Modellgesetzen in nationales Recht ohne Vornahme wesentlicher Modifikationen ist bislang die Ausnahme geblieben.[423] Soweit der nationale Gesetzgeber die Modellgesetzgebung überhaupt als Orientierung berücksichtigt - wozu er nicht verpflichtet ist[424] -, stellt sich die Frage, ob und inwieweit nationales Recht der GUS-Mitgliedstaaten durch Heranziehung des jeweiligen Modellgesetzes auszulegen ist. Gegen eine Zulässigkeit der Auslegung nationalen Rechts anhand der Modellgesetzgebung spricht bereits der Umstand, daß eine solche, im Zweifel GUS-freundliche Auslegung bei Abweichungen zwischen den die Beziehungen in den Bereichen gemeinsamer Tätigkeit regelnden Normen der nationalen Rechtsordnungen der Mitgliedstaaten nicht in Betracht kommt, sondern in derartigen Fällen lediglich Konsultationen zur Beseitigung der Abweichungen geführt werden.[425] GUS-Modellgesetzen kommt somit bereits nach den vertraglichen Grundlagen der GUS keine Funktion als Auslegungshilfe nationalen Rechts zu. Deshalb ergibt sich auch aus innerstaatlicher Perspektive des russischen Rechts nichts anderes.[426] Die GUS-

---

423 Bspw. wurde das ZGB (GUS) ohne wesentliche Änderungen nur von Kasachstan und Armenien übernommen; vgl. dazu Kruse, Neues russisches GmbH-Recht sowie die Modellgesetzgebung für die GUS-Staaten (Gesellschaftsrecht), WGO-MfOR 1998, Nr. 5, S. 362 (364).

424 Zur Behandlung von GUS-Modellgesetzen in den nationalen Parlamenten s. Korolev, Problemy sootnošenija zakonodatel'stva gosudarstv-učastnikov SNG i aktov organov sodružestva, GiP 1995, Nr. 2, S. 3 (4, 8 f.).

425 Vgl. Art. 20 Abs. 2 GUS-Statut.

426 Die russische Verfassung statuiert ausdrücklich nur für Völkervertragsrecht i.S.d. Art. 38 Abs. 1 lit a IGH-Statut einen Geltungsvorrang vor innerstaatlichen Gesetzen (Art. 15 Ziff. 4 S. 2 Verf). Da die GUS-Verträge aber hinsichtlich der Modellgesetzgebung weder ein Anwendungs- noch ein Auslegungsgebot enthalten, ergibt sich aus ihrem Primat keine Auslegungsregel für das russische Recht.

Anzumerken ist, daß das Völkergewohnheitsrecht und die allgemeinen Rechtsgrundsätze des Völkerrechts in Art. 15 Ziff. 4 S. 1 Verf als „Bestandteil des Rechtssystems der RF" bezeichnet werden, ohne daß ihnen diese generelle Transformationsklausel einen Standort in der innerstaatlichen Normenhierarchie zuweist. In der Literatur ist streitig, ob hieraus im Umkehrschluß folgt, daß diesen Quellen kein Geltungsvorrang zukommt (vgl. Topornin [Danilenko], Konstitucija RF, S. 162; gegen Geltungsvorrang insoweit Kudrjavcev [Andrianov], Kommentarij k Konstitucii RF, S. 80; für die Verdrängung innerstaatlichen Gesetzesrechts auch durch die allgemeinen Regeln des Völkerrechts dagegen Okun'kov [Oksamytnyj/Rachmanina], Kommentarij k Konstitucii RF, S. 62). Die Rechtsprechung scheint Art. 15 Ziff. 4 Verf eng auszulegen, indem die Anwendbarkeit des Art. 15 Ziff. 4 S. 2 Verf auf zustimmungsbedürftige Verträge beschränkt wird, d.h. keine ausdrückliche Erstreckung der Norm auch auf die allgemeinen Regeln des Völkerrechts vorgenommen wird; vgl. Ziff. 5 Abs. 2 der Leitentscheidung Nr. 8 des Plenums des OG v. 31.12.1995 „Zu einigen Fragen der Anwendung der Verfassung der Russischen Föderation durch die Gerichte", BVS 1996, Nr. 1, S. 3 (4). Da insoweit kein verfestigtes Verfassungsverständnis ersichtlich ist und daher keine mit der etwa nach Art. 25 GG-D bestehenden Rechtslage vergleichbare Situation vorliegt, kann nicht ohne weiteres davon ausgegangen werden, dass der Grundsatz der völkerrechtsfreundlichen Auslegung im russischen Recht verankert ist.

Modellgesetzgebung zum Kapitalgesellschaftsrecht kann im russischen Kapitalgesellschaftsrecht demnach nicht als Auslegungsmaßstab herangezogen werden.

B. Die Stellung von GmbH und gAG im Gesellschaftsrecht

Das russische Gesellschaftsrecht ist - anders als das deutsche - ganz überwiegend Körperschaftsrecht, da es sich bei den im 4. Abschnitt des ZGB (Artt. 48 ff.) zur Verfügung gestellten Rechtsformen sämtlich um juristische Personen[427] handelt.[428] Ihre Klassifizierung erfolgt zum einen nach der Art der Rechtsbeziehung zu ihren Gründern (Gesellschaftern), zum anderen nach dem Zweck der Gesellschaft.[429] Daneben sind auch einige Personenzusammenschlüsse ohne eigene Rechtspersönlichkeit geregelt.

I. Überblick über das Recht der juristischen Personen

Das russische Gesellschaftsrecht klassifiziert die juristischen Personen zunächst nach der Art der zwischen der jeweiligen Gesellschaft und ihren Trägern bestehenden vermögensrechtlichen Beziehungen.[430] Diese können schuldrechtlicher oder dinglicher Natur sein, oder aber dem Träger stehen überhaupt keine Rechte am

In Bezug auf Völkervertragsrecht i.S.d. Art. 38 Abs. 1 lit. a IGH-Statut ist im übrigen festzuhalten, daß sich die Wirkungen des nach Artt. 106 lit. d), 86 lit. c) Verf ggf. erforderlichen Zustimmungsgesetzes entgegen dem Wortlaut des Art. 15 Ziff. 4 S. 1 Verf nicht in der Ermächtigung des Präsidenten zum völkerrechtlich verbindlichen Vertragsschluß erschöpfen. Denn die Transformation des Inhalts zustimmungsbedürftiger Verträge tritt nicht unmittelbar über Art. 15 Ziff. 4 S. 1 Verf, sondern erst aufgrund des Zustimmungsgesetzes ein (arg. e Art. 5 Ziff. 3 S. 2 des Gesetzes „Über die internationalen Verträge der Russischen Föderation" v. 15.07.1995, SZ RF 1995, Nr. 29, Pos. 2757). Welche Vertragsgegenstände das Zustimmungserfordernis auslösen, ergibt sich aus Art. 15 dieses Gesetzes.

[427] Gemäß Art. 48 Ziff. 1 ZGB ist juristische Person eine Organisation, die abgesondertes Vermögen zu Eigentum, in Bewirtschaftung oder in operativer Verwaltung hat, mit dem sie für ihre Verbindlichkeiten haftet, und die in eigenem Namen Vermögensrechte und Persönlichkeitsrechte erwerben und ausüben, Verpflichtungen eingehen und vor Gericht klagen und verklagt werden kann. Vertiefend zu den einzelnen Begriffselementen vgl. Vitrjanskij, Čerty juridičeskogo lica, ĖiŽ 1995, Nr. 8, S. 30.

[428] Die Ausgestaltung auch der Personengesellschaften als juristische Person knüpft an das vorrevolutionäre Recht, das ZGB 1922 und Art. 19 GrZG 1991 an; vgl. dazu Bryzgalin, Pravovedenie 1994, Nr. 1, S. 73 (75); Braginskij et al. (ders.), Kommentarij GK I, S. 135. Mehrere westeuropäische Staaten, darunter Frankreich, folgen demselben Regelungsansatz.

[429] Vgl. Artt. 48 Ziff. 2 u. 3, 50 Ziff. 1 ZGB.

[430] S. hierzu unter Einbeziehung rechtshistorischer Entwicklungslinien Mogilevskij, Akcionernye obščestva, S. 27 ff. (= ders., OOO, S. 25 ff.).

Vermögen der juristischen Person zu. Beziehungen schuldrechtlicher Natur bestehen bei Wirtschaftsgesellschaften[431] (Personen- und Kapitalgesellschaften) sowie Produktions- und Verbrauchergenossenschaften. Dingliche Rechte am dem der juristischen Person zugeordneten Vermögen stehen dem jeweiligen Träger staatlicher und kommunaler Einheitsunternehmen[432] sowie eigentümerfinanzierter Einrichtungen[433] zu,[434] während Mitglieder gesellschaftlicher und religiöser Organisationen (Vereinigungen), gemeinnütziger und anderer Stiftungen sowie von Vereinigungen

431 In der Literatur wird anstelle von „chozjajstvennye tovariščestva i obščestva" (Wirtschaftsgesellschaften) auch der kontinentaleuropäischem Verständnis korrespondierende Begriff „torgovye tovariščestva i obščestva" (Handelsgesellschaften) gebraucht; vgl. Makovskij et al., GK Rossii, ĖiŽ 1995, Nr. 2, S. 1. Es handelt sich um Synonyme. Mit der Entscheidung für ersteren Begriff knüpft der Gesetzgeber an die vor dem Systemwechsel herausgebildete Terminologie an; vgl. Suchanov, Graždanskoe pravo I, S. 212.

432 Solche Gesellschaften können auf der Grundlage eines Bewirtschaftungsrechts (russ.: „chozjajstvennoe vedenie"; Artt. 114, 294 f. ZGB) oder als Fiskusunternehmen mit dem Recht zu operativer Verwaltung des ihnen zugewiesenen Vermögens (Artt. 115, 296 f. ZGB) errichtet werden. Es handelt sich dabei jeweils um beschränkt dingliche Rechte, wobei das Bewirtschaftungsrecht Verfügungen über unbewegliches Vermögen ohne Zustimmung des Eigentümers ausschließt. Darüber hinausgehend kommen Fiskusunternehmen überhaupt keine von der Zustimmung des Trägers unabhängigen Verfügungsrechte über das verwaltete Vermögen zu. Die Neugründung von bewirtschaftungsberechtigten Einheitsunternehmen sollte bereits 1994 eingestellt werden; vgl. Präsidialerlaß v. 23.05.94 Nr. 1003 „Zur Reform der Staatsunternehmen" (SZ RF 1994, Nr. 5, Pos. 393). Daß dies nicht gelungen ist, läßt sich Ziff. 4 Abs. 4 des Unternehmensreformkonzeptes 1997 entnehmen (bestätigt durch RegVO v. 30.10.97 Nr. 1373, SZ RF 1997, Nr. 44, Pos. 5078): danach soll die Anwendung des „den Strukturwandel behindernden" Instituts des „Bewirtschaftungsrechts" nur „schrittweise beendet" werden. Abgesehen von der weitgehend fehlenden Implementation dieser Reformbemühungen wird dabei übersehen, daß Fiskusunternehmen in noch stärkerem Maße zu strukturellen Beharrungstendenzen führen und daher in das Reformkonzept einbezogen werden müßten. Denn sie weisen nur bei formaler Sichtweise eigenständige Rechtssubjektivität auf, während faktisch sämtliche unternehmerischen Entscheidungen durch den Träger getroffen werden, der auch subsidiär für ihre Verbindlichkeiten haftet, was im Falle von bewirtschaftungsberechtigten Einheitsunternehmen gerade nicht der Fall ist; vgl. Artt. 126 Ziff. 3 i.V.m. 115 Ziff. 5 ZGB (dies verkennt Lechtinen, Formy predprinimatel'stva, ChiP 1995, Nr. 8, S. 55 [61], dessen darauf gestützte rechtsdogmatische Kritik an der Ausgestaltung des bewirtschaftungsberechtigten Einheitsunternehmens als juristische Person daher fehlgeht). In bezug auf die Verfügungsbefugnisse der Gesellschaft stellt sich das Recht auf operative Verwaltung somit als Minus gegenüber dem Bewirtschaftungsrecht dar. Funktional sind Fiskusunternehmen somit mit dem deutschen Rechtsinstitut des „Eigenbetriebes", bewirtschaftungsberechtigte Einheitsunternehmen dagegen allenfalls begrenzt mit demjenigen der „Eigengesellschaft" vergleichbar (abzulehnen ist in jedem Fall die einheitliche Übersetzung als „Eigengesellschaft" bei Rohde, Das neue russische Privatisierungsgesetz vom 21. Juli 1997, ROW 1998, Nr. 5, S. 194 [199; Fn. 2]). Staatliche und kommunale Einheitsunternehmen auf der Grundlage des Bewirtschaftungsrechts sind nach Art. 295 Ziff. 2 ZGB mit Zustimmung des Eigentümers berechtigt, Tochterunternehmen auch in der Rechtsform einer Wirtschaftskapitalgesellschaft zu gründen (vgl. insoweit die Klarstellung des Verhältnisses von Art. 114 Ziff. 7 Abs. 1 ZGB und Art. 295 Ziff. 2 ZGB in der Entscheidung des OWG v. 02.02.1999 Nr. 4841/98, VVAS 1999, Nr. 5, S. 39 [40]).

433 Vgl. Art. 120 ZGB (nach deutscher Systematik in etwa: Anstalten).

434 Zu dieser Gruppe gehören nach Art. 48 Ziff. 2 Abs. 3 ZGB auch Tochterunternehmen staatlicher und kommunaler Einheitsunternehmen, sofern sie in der Rechtsform des Einheitsunternehmens verfaßt sind.

juristischer Personen (Assoziationen und Verbänden) weder dingliche noch obligatorische Rechte am Vermögen der juristischen Person haben.

An den Gesellschaftszweck knüpft die Differenzierung der juristischen Personen in kommerzielle und nichtkommerzielle Organisationen als zweites Klassifikationskriterium an. Kommerzielle Organisationen sind juristische Personen, deren Zweck hauptsächlich in der Gewinnerzielung besteht. Soweit dagegen der maßgebliche Gesellschaftszweck ein anderer ist, das heißt jedenfalls nicht in erster Linie in der Gewinnerzielung liegt, und der erzielte Gewinn nicht an die Gesellschafter ausgeschüttet wird, handelt es sich um nichtkommerzielle Organisationen. Nichtkommerziellen Organisationen ist die Verfolgung unternehmerischer Erwerbszwecke nur insoweit gestattet, als dies der Verfolgung ihrer Gründungszwecke dient und die unternehmerische Tätigkeit diesen Zwecken entspricht.[435] Je nach Vorhandensein oder Fehlen eines unternehmerischen Erwerbszweckes werden vom Gesetzgeber unterschiedliche Rechtsformen zur Verfügung gestellt: Kommerzielle Organisationen können als Wirtschaftsgesellschaften (Personen- und Kapitalgesellschaften), Produktionsgenossenschaften[436] sowie staatliche und kommunale Einheitsunternehmen gegründet werden, nichtkommerzielle als Verbrauchergenossenschaften, gesellschaftliche oder religiöse Vereinigungen, eigentümerfinanzierte Einrichtungen, gemeinnützige und andere Stiftungen sowie in anderen Formen, die durch Gesetz vorgesehen sind.[437] Hieraus wird deutlich, daß das ZGB hinsichtlich der kommerziellen Organisationen einen numerus clausus möglicher Rechtsformen vorsieht,[438] während weitere nichtkommerzielle Organisationsformen auch in anderen Gesetzen geregelt werden können.[439]

---

[435] Vgl. Art. 50 Ziff. 3 Abs. 2 ZGB. Von jeglicher unternehmerischer Erwerbstätigkeit ausgeschlossen sind innerhalb der nichtkommerziellen Organisationen lediglich Assoziationen und Verbände juristischer Personen; vgl. Art. 121 Ziff. 1 Abs. 2 ZGB (kritisch dazu Rachmilovič, Gaps and Contradictions in the Civil Code of the RF, PSJEEL 1997, Vol. 4, Nr. 4, S. 467 [470]). Sie kommen daher für eine unternehmerische Betätigung in Rußland nicht - wie von Solotych, Recht der Handelsgesellschaften, Rn. 13, behauptet - in Betracht.

[436] Vgl. Gesetz v. 8.5.96 „Über Produktionsgenossenschaften“ (SZ RF 1996, Nr. 20, Pos. 2321).

[437] Vgl. Art. 50 Ziff. 2 u. 3 ZGB.

[438] Vgl. Art. 6 Ziff. 1 Abs. 1 S. 2 EGZGB i.V.m. Art. 50 Ziff. 2 ZGB.

[439] Vgl. z.B. die in Artt. 8, 10 des Gesetzes „Über nichtkommerzielle Organisationen“ v. 12.1.96 (SZ RF 1996, Nr. 3, Pos. 145; geändert durch Gesetz v. 08.07.1999, SZ RF 1999, Nr. 28, Pos. 3473) geregelten Rechtsformen der nichtkommerziellen Partnerschaft und der autonomen nichtkommerziellen Organisation (s. dazu Suchanov, Graždanskoe pravo I, S. 273 ff.) sowie die Gesetze „Über Wohnraumeigentümergesellschaften“ v. 15.6.96 (SZ RF 1996, Nr. 25, Pos. 2963) und „Über

Mischformen sind nur als GmbH & Co. KG sowie als AG & Co. KG zulässig. Der abschließende Rechtsformenkatalog des ZGB kann derartigen Ausgestaltungen nicht entgegenstehen, weil Wirtschaftskapitalgesellschaften gemäß Art. 66 Ziff. 4 Abs. 1 ZGB ausdrücklich als Komplementäre zugelassen sind. Dagegen kann in Rußland keine KG auf Aktien errichtet werden, da das ZGB keine derartige Kapitalgesellschaftsform vorsieht und der KG die Ausgabe von Aktien ausdrücklich verboten ist.[440]

Aufgrund des für nichtkommerzielle Organisationen geltenden Gewinnausschüttungsverbots sind diese als Rechtsträger für unternehmerische Aktivitäten in Rußland untauglich. Ein weiteres wesentliches Abgrenzungsmerkmal liegt darin, daß innerhalb der juristischen Personen nur den kommerziellen Organisationen universelle Rechtsfähigkeit zukommt,[441] während auf alle anderen Rechtsformen das ultra-vires-Prinzip Anwendung findet.

Dementsprechend ist die Rechtsformwahl ausländischer Investoren zwischen den einzelnen Wirtschaftsgesellschaftsformen vorzunehmen, das heißt zwischen den Personengesellschaften[442] (Vollgesellschaft[443] und Gesellschaft auf Vertrauen

---

Landwirtschaftsgenossenschaften" v. 8.12.95 (SZ RF 1995, Nr. 50, Pos. 4870), geändert durch Gesetz v. 7.3.97 (SZ RF 1997, Nr. 10, Pos. 1120). Landwirtschaftsgenossenschaften fallen nur dann unter die nichtkommerziellen Organisationen, wenn sie gem. Art. 4 Ziff. 2 LandwirtschaftsgenossenschaftsG nicht als Produktions-, sondern als Verbrauchergenossenschaft gegründet werden. Zu weiteren außerhalb des ZGB geregelten Formen nichtkommerzieller Gesellschaften s. Mogilevskij, Akcionernye obščestva, S. 31.

[440] Vgl. Art. 66 Ziff. 7 ZGB.

[441] Vgl. Art. 49 Ziff. 1 Abs. 2 ZGB (dies gilt nicht für Einheitsunternehmen). Unzutreffend ist die Behauptung, damit werde kommerziellen Organisationen erstmals in der russischen Rechtstradition die volle, uneingeschränkte Rechtsfähigkeit gewährt; so aber Holloch, Neues russisches Wirtschaftsrecht, in: Schröder, Die neuen Kodifikationen in Rußland, S. 39 (42 f.). Denn bereits Art. 1 Ziff. 6 AGGmbHO bezeichnete AG und GmbH als universell rechtsfähig und war damit gegenüber den GrZG 1991 und dem UntG 1990 „seiner Zeit voraus"; vgl. dazu Musin, GK i inostrannye investicii, Pravovedenie 1995, Nr. 4-5, S. 78 (81).

[442] Vgl. Art. 66 Ziff. 2 ZGB.

[443] Abgesehen von der Charakterisierung als juristische Person vergleichbar der OHG deutschen Rechts. Da die Gesellschafter mit ihrem gesamten persönlichen Vermögen für Gesellschaftsverbindlichkeiten haften und das Gesetz jedem Gesellschafter grundsätzlich Einzelvertretungsmacht einräumt (vgl. Artt. 69 Ziff. 1, 72 Ziff. 1 Abs. 1 ZGB), ist es ausgeschlossen, die russische Vollgesellschaft dem Modell der deutschen GmbH anzunähern; dafür aber unzutreffenderweise Solotych, Recht der Handelsgesellschaften, Rn. 14. Zum Recht der Vollgesellschaft s. Gluščeckij et al., Novyj GK RF ob AO i inych juridičeskich licach, S. 53 ff.; Suchanov, Graždanskoe pravo I, S. 215 ff.; Vanin, Kommerčeskie organizacii, S. 6 ff.

[KG])[444] sowie den Kapitalgesellschaften[445] (AG, GmbH und GmzH). Für die Realisierung ausländischer Investitionen stehen sämtliche Rechtsformen kommerzieller Organisationen zur Verfügung.[446]

Der so gesteckte Rahmen reduziert sich in praxi abermals dadurch, daß Personengesellschaften im Gegensatz zur Situation im vorrevolutionären Rußland[447] im heutigen Rechtsverkehr bislang aus verschiedenen Gründen keine nennenswerte Verbreitung gefunden haben.[448] Zum einen scheiden nach russischem Recht vorteilhafte steuerliche Gestaltungsmöglichkeiten, die Personengesellschaften nach deutschem Recht bieten, aufgrund der Charakterisierung der Personengesellschaften als juristische Personen aus: Personengesellschaften haben eigene Steuersubjektivität und

---

[444] Zum Recht der KG s. Glušeckij et al., Novyj GK RF ob AO i inych juridičeskich licach, S. 59 ff.; Suchanov, Graždanskoe pravo I, S. 220 ff.; Vanin, Kommerčeskie organizacii, S. 21 ff.

[445] Vgl. Art. 66 Ziff. 3 ZGB.

[446] Vgl. Art. 20 Ziff. 1 des Gesetzes „Über ausländische Investitionen in der Russischen Föderation" v. 09.07.1999, SZ RF 1999, Nr. 28, Pos. 3493 (fortan: AIG). Hierzu zählt auch die Produktionsgenossenschaft (vgl. Art. 20 Ziff. 1 AIG i.V.m. Art. 50 Ziff. 2 Abs. 1 ZGB). Zu beachten ist jedoch, daß der Begriff der Direktinvestition nunmehr gemäß Art. 2 Abs. 4 AIG an eine Beteiligung von mindestens 10 % am Satzungskapital einer Wirtschaftsgesellschaft, wozu die Produktionsgenossenschaft nicht zählt, anknüpft.

Gemäß Art. 25 AIG ist das Vorgängergesetz (VVS RSFSR 1991, Nr. 29, Pos. 1008, geändert durch Gesetze v. 19.06.1995 [SZ RF 1995, Nr. 26, Pos. 2397] und v. 16.11.1997 [SZ RF 1997, Nr. 47, Pos. 5341]) zum 14.07.1999 außer Kraft getreten. Soweit auf Altsachverhalte das AIG a. F. Anwendung findet, ist zu beachten, daß dessen Terminologie und Rechtsformenkataloge dem größtenteils außer Kraft getretenen UntG von 1990 entsprechen (vgl. dazu Doronina, Inostrannye investicii, Zakonodatel'stvo i Ékonomika 1996, Nr. 5-6, S. 3 [5 f.]. zur Kritik am AIG n. F., das unter verschiedenen Gesichtspunkten hinter den Erwartungen zurückgeblieben ist, s. Brockstedt, RF: AIG, WiRO 1999, Nr. 12, S. 455; Müller, Das neue russische AIG, WiRO 1999, Nr. 11, S. 401 ff.; Subbotin, Man hat die ausländischen Investoren auf ihren Platz verwiesen, Mitteilungen des VfdrWR Nr. 16-17, September 1999, S. 51 ff.

[447] Vgl. Suchanov, Obščestva, tovariščestva i kooperativy, VVAS 1995, Nr. 6, S. 100 (103).

[448] Vgl. Bogdanov, Suščnost' juridičeskogo lica, GiP 1997, Nr. 10, S. 97 (98); Cybulenko, Graždanskoe pravo I, S. 102; Kozlova, Organizacionnye formy predprinimatel'stva: dostoinstva i nedostatki, Zakonodatel'stvo 1997, Nr. 2, S. 24 (28); Suchanov, GK o juridičeskich licach, VVAS 1995, Nr. 6, S. 100 (103); Torkanovskij, Organizacionno-pravovye mery razvitija malogo biznesa, ChiP 1998, Nr. 5, S. 20 (26 f.); Zalesskij, OOO v sisteme chozjajstvennych tovariščetsv i obščestv, Pravo i Ékonomika 1998, Nr. 3, S. 13. Abwegig erscheint es jedoch, mit *Kosjakova* (Kommerčeskie organizacii, Pravo i Ékonomika 1998, Nr. 5, S. 4 [6]) den Grund für diese mangelnde Akzeptanz im Fehlen eines Spezialgesetzes über Vollgesellschaften und KG und damit in gesetzlicher Unterregulierung dieser Rechtsformen zu sehen. Das Recht der Personengesellschaften bedarf naturgemäß nicht der hohen Regelungsdichte des Kapitalgesellschaftsrechts, das ZGB regelt insoweit sämtliche essentialia. Die Auffassung bringt daher eher den in Rußland verbreiteten Hang zu Überregulierung und Geringschätzung privatautonomer Gestaltungsspielräume zum Ausdruck, die jedoch gerade unter russischen Verhältnissen das wesentliche Plus einer Rechtsform ausmachen können (vgl. dazu Solotych, Recht der Handelsgesellschaften, Rn. 62).

werden wie Kapitalgesellschaften besteuert.[449] Zum anderen sieht die Masse der Unternehmer unter den Bedingungen einer keineswegs voll ausgebildeten Wettbewerbswirtschaft offenbar keine Notwendigkeit, die besondere Vertrauenswürdigkeit ihres Unternehmens durch die Übernahme persönlicher Haftung zu untermauern, weshalb nicht zu erwarten steht, daß der Rechtsverkehr und der Verbraucher ausländischen Investoren, die sich einer Personengesellschaft bedienen, ein signifikant höheres Maß an Goodwill zuschreiben würde. Ohnehin sollte bei einem in der Regel zunächst auf Markterschließung ausgelegten, strategischen unternehmerischen Engagement in Rußland nicht das Risiko einer unbeschränkten persönlichen, wenn auch subsidiären[450] Haftung eingegangen werden. Ein weiterer Grund für die fehlende Attraktivität der Personengesellschaften liegt darin, daß sich natürliche Personen nur dann als Gesellschafter an einer Vollgesellschaft oder als Komplementär an einer Kommanditgesellschaft beteiligen können, wenn sie staatlich als Einzelunternehmer[451] registriert sind,[452] zudem ist eine Beteiligung an mehreren Personengesellschaften ausgeschlossen.[453]

Soweit kein Zugang zum öffentlichen Kapitalmarkt angestrebt wird, fokussiert sich die Rechtsformwahl in den mesiten Fällen demnach faktisch auf die Alternative zwischen GmbH und gAG.

---

[449] Vgl. Fanger, Direktinvestitionen in Russland, S. 307; Schwarz, Investieren in Rußland, S. 27. Kritisch zu den geltenden Besteuerungsgrundlagen insoweit Kozlova, aaO.

[450] Vgl. Art. 75 Ziff. 1 ZGB. Gesellschafter einer Vollgesellschaft können daher nur bei Vermögenslosigkeit der Gesellschaft in Anspruch genommen werden. Dies wird übersehen bei Kašanina, Chozjajstvennye tovariščestva i obščestva, S. 48, nach der der Gesetzgeber diese Frage offen gelassen habe.

[451] Um unternehmerisch, d.h. als selbständig gewerblich Tätiger, tätig werden zu können, ist gemäß Art. 23 Ziff. 1 ZGB die staatliche Registrierung als Einzelunternehmer erforderlich, was auch eine entsprechende Pflicht zur Erlangung einer steuerlichen Registrierung nach sich zieht; vgl. Arzinger/Galander, Russisches Wirtschaftsrecht, S. 50. Unter unternehmerischer Tätigkeit ist nach Art. 2 Ziff. 1 Abs. 3 ZGB jede selbständig und auf eigenes Risiko betriebene Tätigkeit zu verstehen, die auf systematische Gewinnerzielung gerichtet ist. Zur Frage, ob die Registrierung als Einzelunternehmer in Rußland durch eine nach ausländischem Recht bestehende Kaufmannseigenschaft substituiert wird, ist dem in Artt. 1186 ff. ZGB geregelten IPR (der dritte Teil des ZGB trat zum 1. März 2002 in Kraft) unmittelbar insoweit nichts zu entnehmen. Damit dürfte auf der Grundlage des Art. 2 Ziff. 1 Abs. 4 ZGB bis auf weiteres davon auszugehen sein, daß die Beteiligung von Ausländern an einer Personengesellschaft russischen Rechts eine Registrierung als Einzelunternehmer erfordert.

[452] Vgl. Art. 66 Ziff. 4 ZGB.

[453] Vgl. Artt. 69 Ziff. 2, 82 Ziff. 3 ZGB. Zulässig sind lediglich mehrere Kommanditbeteiligungen an verschiedenen Kommanditgesellschaften.

II. Begriff der personalistischen Kapitalgesellschaftsformen

1. GmbH

In Art. 87 Ziff. 1 Abs. 1 ZGB i.V.m. Art. 2 Ziff. 1 Abs. 1 GmbHG[454] wird die GmbH legaldefiniert als von einer oder mehreren Personen gegründete Wirtschaftskapitalgesellschaft, deren Satzungskapital[455] in Anteile von in den Gründungsdokumenten bestimmter Höhe zerlegt ist; die Gesellschafter haften nicht für Verbindlichkeiten der Gesellschaft und tragen das Risiko von mit der Gesellschaftstätigkeit verbundenen Verlusten in Höhe der von ihnen geleisteten Einlagen. Als juristische Person ist die GmbH Eigentümerin des in ihre Bilanz eingestellten Vermögens.[456] Diese vor dem Hintergrund jahrelang ungeklärter Eigentumsverhältnisse juristischer Personen zu Beginn der 90er Jahre begrüßenswerte Klarstellung[457] verdeutlicht, daß die Gesellschafter - entgegen dem ungenauen Wortlaut der Legaldefinition - grundsätzlich nicht für Gesellschaftsverbindlichkeiten haften und lediglich das Risiko der Entwertung bzw. des Verlustes des von ihnen eingesetzten Vermögens tragen.

Daneben regelt Art. 95 ZGB die kontinentaleuropäischen Rechten unbekannte Rechtsform der GmzH. Diese unterscheidet sich von der GmbH nur in einem Punkt, nämlich der Durchbrechung der Haftungsbeschränkung auf das Gesellschaftsvermögen: bei Vermögenslosigkeit einer GmzH trifft ihre Gesellschafter eine Ausfallhaftung in Höhe eines in den Gründungsdokumenten bestimmten Vielfachen ihrer Ein-

---

454 Im GmbHG - wie auch im AktG - sind an mehreren Stellen an sich überflüssige wortgleiche Duplizierungen von ZGB-Bestimmungen enthalten. Dies mag nicht streng dem Regelungszusammenspiel von ZGB und GmbHG entsprechen (kritisch etwa Behrens, vgl. Holloch, Tagungsbericht GmbH-Recht, Mitteilungen des VfdrWR Nr. 14, März 1998, S. 49 [53]), gibt dem Rechtsverkehr aber didaktische Leitlinien an die Hand.

455 Inhaltlich stimmt der Begriff mit demjenigen des Stammkapitals im deutschen GmbH-Recht überein. Grundsätzlich sollen im folgenden russische Rechtstermini aber - soweit möglich - in wörtlicher Übersetzung wiedergegeben werden, um nicht zu Fehlassoziationen mit im Zweifel nicht identischen deutschen Rechtsinstituten Anlaß zu geben.

456 Vgl. Art. 2 Ziff. 2 Abs. 2 GmbHG. Darüber hinaus stellt Art. 213 Ziff. 3 ZGB klar, daß Wirtschaftsgesellschaften Eigentümer der ihnen als Einlagen übertragenen Vermögensgegenstände und des Vermögens sind, welches sie anderweitig erwerben.

457 Zur vormals äußerst praxisrelevanten Fehlkonstruktion des Bruchteilseigentums der Gesellschafter am Gesellschaftsvermögen und den Fortwirkungen dieses das Trennungsprinzip verletzenden Verständnisses vgl. Dozorcev, Principial'nye čerty prava sobstvennosti v GK, in: GS Chochlov, S. 228 (236 f.). Danach ist im Rechtsverkehr nach wie vor zuweilen die Vorstellung anzutreffen, Mehrheitsaktionäre, insbesondere der Staat, seien Eigentümer des Gesellschaftsvermögens.

lagen.[458] Der rechtshistorische Vorläufer der GmzH wird in der in Artt. 318 ff. ZGB 1922 geregelten „Gesellschaft mbH" gesehen.[459] Streitig ist, ob es sich bei der GmzH um eine eigenständige organisationsrechtliche Form gegenüber der GmbH handelt.[460] Obwohl die GmzH in der Gliederung des ZGB besonders hervorgehoben ist, indem ihr in Abschnitt 4 § 2 ZGB, der die Wirtschaftsgesellschaften behandelt, eine eigene Überschrift unter Ziff. 5 gewidmet wird,[461] ist sie richtigerweise als Unterform der GmbH und damit als GmbH-Strukturtypus zu qualifizieren. Denn abgesehen von ihrer modifizierten Haftungsverfassung findet auf sie im übrigen ausschließlich GmbH-Recht Anwendung.[462] Demgegenüber verleiht das grundsätzlich auf die oAG zugeschnittene[463] Aktienrecht der gAG ein deutlich eigenständigeres Profil, indem es Ausnahmeregelungen trifft, die es ermöglichen, die gAG unter diversen Aspekten abweichend auszugestalten. Trotz dieser erhöhten Eigenständigkeit der gAG herrscht Einigkeit darüber, daß die gAG keine Sonderrechtsform, sondern neben der oAG gleichberechtigter Typus derselben Rechtsform (AG) ist.[464] Im Sinne eines maiore ad minus muß dies daher auch für das Verhältnis von GmbH und - bis auf die Haftungserweiterung deckungsgleicher - GmzH gelten.

---

[458] Vgl. Art. 95 Ziff. 1 Abs. 1 S. 1 2. Hs. ZGB. Hierbei handelt es sich nicht um eine „Art Nachschußpflicht" (so aber Solotych, Recht der Handelsgesellschaften, Rn. 59), da die Gesellschafter den Gesellschaftsgläubigern unmittelbar haften.

[459] Vgl. Zalesskij, OOO v sisteme chozjajstvennych tovariščestv i obščestv, Pravo i ekonomika 1998, Nr. 3, S. 13 (15). Bei Sadikov (Avilov) II, Kommentarij GK I, Art. 95, sowie Suchanov, Graždanskoe pravo I, S. 230 (Fn. 1), werden GmzH und „Gesellschaft mbH" als uneingeschränkt identisch betrachtet. Dies ist abzulehnen, da auf die GmzH gemäß Art. 95 Ziff. 3 ZGB im übrigen GmbH-Recht Anwendung findet, während die „Gesellschaft mbH" aus dem ZGB 1922 einen genossenschaftlichen Typus darstellte.

[460] Dafür Sadikov (Avilov) II, Kommentarij GK I, Art. 95 und Tichomirov (ders.), Kommentarij k zakonodatel'stvu o chozjajstvennych obščestvach, S. 38; verneinend Zalesskij, Kommentarij k zakonu ob OOO, Einleitung S. XI sowie ders., OOO v sisteme chozjajstvennych tovariščestv i obščestv, Pravo i Ékonomika 1998, Nr. 3, S. 13 (15).

[461] Dementsprechend differenziert auch Art. 66 Ziff. 3 ZGB zwischen Aktiengesellschaften, GmbH und GmzH, d.h. der Gesetzgeber geht möglicherweise nicht davon aus, daß zwischen GmbH und GmzH ein Verhältnis wie zwischen gAG und oAG besteht, da letztere nicht separat aufgeführt, sondern unter dem Oberbegriff AG zusammengefaßt werden.

[462] Vgl. Art. 95 Ziff. 3 ZGB.

[463] Vgl. Bakšinskas/Dedov/Karelina, Akcionernoe pravo, S. 14 f.; Müller/Bartholomy/Müller, AktG RF, Beilage 1 zu RIW 1996, Nr. 4, S. 1 (23). Der Zugrundelegung der oAG als gesetzlichem Regeltypus steht nicht Art. 7 Ziff. 1 AktG entgegen, der oAG und gAG als gleichberechtigte Unterformen des Oberbegriffes AG normiert, da sich die Besonderheiten des Gesellschaftsstatuts der gAG, abgesehen von der Legaldefinition, ausschließlich aus Ausnahmebestimmungen ergeben.

[464] Vgl. Ziff. 6 der Leitentscheidung Nr. 4/8 der Plenen des OG und des OWG, ĖiŽ 1997, Nr. 17, S. 16 sowie Bakšinskas/Dedov/Karelina, Akcionernoe pravo, S. 12; Panova, Aktual'nye voprosy reorganizacii predprijatij, Pravo i Ékonomika 1999, Nr. 1, S. 8 (9).

Dieses Ergebnis ist insbesondere im Umwandlungsrecht von Bedeutung. Denn durch einen Typuswechsel innerhalb derselben Kapitalgesellschaftsform werden nicht die für rechtsformwechselnde Umwandlungen geltenden Pflichten ausgelöst.[465]. Gemäß Art. 56 Ziff. 1 GmbHG ist eine GmbH berechtigt, sich in eine AG, GmzH oder Produktionsgenossenschaft umzuwandeln. Nach dem Wortlaut der Bestimmung würde der Wechsel von der GmbH in die GmzH also die Erstellung eines Übergabeaktes und einer Auseinandersetzungsbilanz sowie eine vorherige Benachrichtigung der Gesellschaftsgläubiger voraussetzen.[466] Unter Gläubigerschutzaspekten wäre eine Benachrichtigung jedoch an sich entbehrlich, da den Gläubigern einer GmbH durch den Wechsel in die GmzH zusätzliche Haftungsmasse in Form eines ziffernmäßig bestimmten Teils des persönlichen Vermögens der Gesellschafter zur Verfügung gestellt wird und ihre Interessen gegenüber der Zielgesellschaft dadurch besser geschützt sind als gegenüber einer GmbH. Diese Inkonsistenz sowie die Tatsache, daß es sich bei der GmzH ebensowenig wie bei der gAG um eine eigenständige Sonderrechtsform handelt, legen nahe, daß in einem Typenwechsel von der GmbH in die GmzH entgegen dem gesetzlichen Wortlaut keine rechtsformwechselnde Umwandlung gesehen werden kann[467] und GmbH und GmzH demnach als Ausprägungen derselben Rechtsform anzusehen sind. Im übrigen ist bereits die Geltung des Art. 56 Ziff. 1 GmbHG zweifelhaft, soweit die Möglichkeit der Umwandlung einer GmbH in eine GmzH in Rede steht. Denn der ZGB-Gesetzgeber stellt als Zielgesellschaften für Umwandlungen aus GmbH nur die AG und die Produktionsgenossenschaft zur Verfügung (Art. 92 Ziff. 2 ZGB). Unabhängig von der höchstrichterlich zu klärenden Frage, ob diese Bestimmung abschließend ist[468] - was nach herrschender

[465] Im Aktienrecht ist die Rechtslage insoweit eindeutig. Durch einen Typuswechsel zwischen den aktienrechtlichen Gesellschaftsformen werden die Rechtsfolgen der Artt. 58 Ziff. 5 ZGB, 15 Ziff. 5, 20 AktG nicht ausgelöst; vgl. Bakšinskas/Dedov/Karelina, Akcionernoe pravo, S. 28, 12; Solotych, Unternehmensgründung in der RF, Rn. 99. Ausreichend ist eine bloße Satzungsänderung; vgl. Ziff. 6 Abs. 3 der Leitentscheidung Nr. 4/8 der Plenen des OG und des OWG, ĖiŽ 1997, Nr. 17, S. 16. A.A. Popondopulo/Jakovleva, Kommerčeskoe pravo, S. 106.

[466] Vgl. Artt. 58-60 ZGB.

[467] In diesem Sinne auch Zalesskij (ders.), Kommentarij k zakonu ob OOO, Art. 56 Rn. 1.

[468] Entscheidend hierfür ist die Klärung des Verhältnisses zwischen der allgemeinen Bestimmung des Art. 68 Ziff. 1 ZGB und Art. 92 Ziff. 2 ZGB, was nach allgemeiner Auffassung einer Leitentscheidung der Obergerichte zum GmbH-Recht vorbehalten bleibt (vgl. Tichomirov [ders.], Kommentarij k zakonodatel'stvu o chozjajstvennych obščestvach, S. 38). Vor Inkrafttreten des GmbHG betrachtete nur Sadikov (Avilov) II, Kommentarij GK I, Art. 92 Rn. 2, die Enstehung einer GmzH durch Umwandlung einer GmbH mangels ausdrücklicher gesetzlicher Vorschrift wegen der Eigen-

Auffassung zur Nichtanwendbarkeit abweichender Bestimmungen des GmbHG führen würde -, könnte die Fassung des Art. 92 Ziff. 2 ZGB dafür sprechen, daß der ZGB-Gesetzgeber die Umwandlung einer GmbH in eine GmzH nicht als rechtsformwechselnde Umwandlung i.e.S. angesehen und die GmzH aus diesem Grund auch nicht als Zielgesellschaftsform aufgeführt hat.[469] Ferner stützt der Umstand, daß sich das GmbHG außerhalb des Art. 56 zur GmzH ausschweigt, das oben gefundene Ergebnis.

Die Leitentscheidung der Plenen des OG und des OWG zur Anwendung des GmbHG[470] hat sich mit dieser Frage nicht auseinandergesetzt. Es erscheint allerdings keineswegs als ausgeschlossen, daß die Rechtsprechung arg. e Art. 56 Ziff. 1 GmbHG im Wege einer Synopse mit Art. 20 Ziff. 1 Abs. 1 AktG[471] zukünftig zu einer gegenteiligen, dem Wortlaut des Gesetzes und der Gliederung des ZGB verpflichteten Auffassung gelangen und GmbH und GmzH - konträr zum Aktienrecht - als eigenständige Rechtsformen qualifizieren könnte.

2. gAG

In Art. 97 Ziff. 2 Abs. 1 S. 1 ZGB i.V.m. Art. 7 Ziff. 3 Abs. 1 S. 1 AktG wird die gAG legaldefiniert als AG, deren Aktien nur unter den Gründungsgesellschaftern oder einem anderen vorher bestimmten Personenkreis verteilt werden. Die gAG ist nicht berechtigt, beim Publikum Aktien im Wege einer offenen Zeichnung unterzubringen oder Aktien auf andere Weise einem unbegrenzten Personenkreis zum Erwerb anzubieten.

---

ständigkeit der GmzH als nicht möglich, was zwingend eine Auslegung des Art. 92 Ziff. 2 ZGB als abschließend voraussetzt.

469 Str.: Teils wird behauptet, die Möglichkeit der Umwandlung einer GmbH in eine GmzH sei unstreitig (so Abova/Kabalkin/Mozolin [letzterer/Judenkov], Kommentarij GK I, Art. 92 Rn. 2). Dies ist bereits insoweit unsubstantiiert, als nicht zu dem eigentlichen Problem Stellung genommen wird, ob der Wechsel in eine GmzH nur eine Satzungsänderung voraussetzt oder den Vorschriften über rechtsformwechselnde Umwandlungen unterliegt.

470 BVS RF 2000, Nr. 3, S. 1 ff. [= ChiP 2000, Nr. 3, S. 44 ff. = ÉiŽ 2000, Nr. 4, S. 23 ff. = Ross. Justicija 2000, Nr. 3, S. 51 ff.].

471 Dort wird der Typenwechsel aus der oAG in die gAG nicht ausdrücklich als Fall einer rechtsformwechselnden Umwandlung angeführt.

Einen weiteren aktienrechtlichen Typus enthält nunmehr das zum 1. Oktober 1998 in Kraft getretene Gesetz über BelegschaftsAG (im folgenden: BelegschaftsAGG).[472] Auf BelegschaftsAG finden die Bestimmungen des AktG zur gAG Anwendung, soweit das BelegschaftsAGG nichts anderes bestimmt.[473] Damit hat der Gesetzgeber eine weitere aktienrechtliche Sonderform eingeführt. Für ausländische Investoren ist die BelegschaftsAG bedeutungslos, da sie nicht durch Neugründung, sondern nur als Zielgesellschaft im Wege der Umwandlung von oAG, an denen die jeweilige Belegschaft mindestens 49 % des Satzungskapitals hält, entstehen kann.[474] Zu betonen ist aber, daß die Geltung weiter Teile des BelegschaftsAGG, das unter maßgeblicher Mitwirkung des ehemaligen, der kommunistischen Partei angehörigen Wirtschaftsministers der Regierung Primakov, Masljukov, zustande gekommen[475] ist, Zweifeln begegnet. Im Rechtsverkehr mit Unternehmen, die als BelegschaftsAG verfaßt sind, ist daher Vorsicht und Zurückhaltung geboten.

Diese Zweifel beruhen darauf, daß es dem Gesetzgeber grundsätzlich verwehrt ist, neue, nicht im ZGB aufgeführte Formen von Wirtschaftsgesellschaften zu normieren, ohne das ZGB selbst zu ändern bzw. zu ergänzen. Denn hinsichtlich der Wirtschaftsgesellschaften enthält das ZGB einen abschließenden numerus clausus.[476] Eine ausdrückliche Ermächtigungsgrundlage für die gesetzliche Einführung einer weiteren aktienrechtlichen Sonderform neben oAG und gAG enthält das ZGB nicht.[477] Art. 96 Ziff. 3 Abs. 2 ZGB, wonach sich die Besonderheiten von AG, die im Wege der Privatisierung staatlicher und kommunaler Unternehmen gegründet wurden, durch Gesetze und andere Rechtsakte über die Privatisierung bestimmen, kann

---

472 Vgl. Art. 16 Ziff. 1 des Gesetzes „Über die Besonderheiten der Rechtslage von Belegschaftsaktiengesellschaften (Volksunternehmen)“, SZ RF 1998, Nr. 30, Pos. 3611.

473 Art. 1 Ziff. 2 BelegschaftsAGG.

474 Vgl. Art. 2 Ziff. 1 Abs. 1 BelegschaftsAGG.

475 Vgl. WiRO 1998, Nr. 11, S. 435.

476 Vgl. Artt. 50 Ziff. 2, 66 Ziff. 2 ZGB. S. dazu Sadikov (Rachmilovič) II, Kommentarij GK I, vor Art. 48, Art. 50 Rn. 3.

477 Überlegungen in dieser Richtung wurden in nichtamtlichen Stellungnahmen auch bereits von Richtern des Obersten Wirtschaftsgerichts angestellt. So weist etwa RiOWG Šapkina darauf hin, die BelegschaftsAG füge sich nicht „vollständig“ in den allgemeinen rechtlichen Rahmen ein; Šapkina, nekotorye voprosy primenenija korporativnogo zakonodatel`stva, VVAS 1999, Nr. 5, S. 85. Auch *Zemin/Mikrjukova* (AO rabotnikov, ChiP 1999, Nr. 10, S. 32 [36]) weisen auf den numerus clausus des ZGB hin, ziehen hieraus jedoch keine Folgerungen hinsichtlich der Anwendbarkeit des BelegschaftsAGG.

nicht als Ermächtigungsgrundlage für den Erlaß des BelegschaftsAGG herangezogen werden. Denn der Gründung einer BelegschaftsAG geht der eigentliche Privatisierungsvorgang voraus, daß staatliche Unternehmen in Rechtsformen des Privatrechts, regelmäßig eine oAG, überführt werden,[478] welche nachfolgend bei Erreichen der genannten Beteiligungsschwelle[479] der Arbeitnehmer in eine BelegschaftsAG umgewandelt werden können. Als privatisiert und damit vom Wortlaut des Art. 96 Ziff. 3 Abs. 2 ZGB erfaßt kann daher nur die Ausgangsgesellschaft (oAG), nicht aber die Zielgesellschaft (BelegschaftsAG) angesehen werden. Darauf, daß es sich bei der Figur der Belegschaftsgesellschaft[480] nicht um eine eigenständige Rechtsform, sondern um ein in verschiedenen Rechtsformen mögliches Phänomen handelt, hat bereits *Suchanov* in der parlamentarischen Debatte über den ersten Teil des ZGB hingewiesen.[481]

Trotz allem wird man dem Gesetzgeber nicht unterstellen können, sehenden Auges eine Rechtsform zur Verfügung zu stellen, die sich nicht in den numerus clausus des ZGB einfügt. Deshalb wird man sich auf den Standpunkt stellen müssen, die BelegschaftsAG stelle keine den numerus clausus des ZGB sprengende Wirtschaftsgesellschaftsform, sondern eine modifizierte Form der gAG dar.[482] Gleichwohl bleibt die Bestimmung der Stellung des BelegschaftsAGG in der Normenhierarchie problematisch. Gem. Art. 96 Ziff. 3 Abs. 1 ZGB bestimmt sich das Gesellschaftsstatut jeder AG nach dem ZGB *und* dem AktG, soweit kein Ausnahmetatbestand nach Art. 96 Ziff. 3 Abs. 2 u. 3 ZGB eingreift, was hier nicht der Fall ist. Art. 1 Ziff. 2 BelegschaftsAGG, wonach das Gesetz eine gleichberechtigte Stellung neben dem AktG beansprucht, erscheint daher bereits regelungstechnisch angreifbar. Auch eine Hin-

---

[478] Zum Verfahren der Belegschaftsprivatisierung durch Erwerb von Aktien zu Vorzugsbedingungen nach altem Recht vgl. Moguilevskaia/Meinel, Post-Voucher-Privatisierung in Rußland, WiRO 1995, Nr. 3, S. 91 (92 f.). Diese Privatisierungsmöglichkeit ist auch nach neuem Recht beibehalten worden; vgl. Art. 25 PrivG (SZ RF 1997, Nr. 30, Pos. 3595).

[479] Der Beteiligungserwerb als Form der „großen" Privatisierung ist nach Art. 22 Ziff. 3 PrivG dreistufig aufgebaut: 1. Umwandlung in eine oAG; 2. Geschlossene Zeichnung von Unternehmensaktien zu Vorzugskonditionen durch die Mitglieder des Arbeitskollektivs; 3. Veräußerung von Aktien an externe Erwerber. Zum Verfahren im einzelnen vgl. Dojnikov, Predprinimatel`skoe pravo, S. 104 ff.; Krüßmann, Privatisierung und Umstrukturierung in Rußland, S. 268 f., 368 ff. m.w.N.

[480] Russ.: „Narodnoe predprijatie", wörtl.: „Volksunternehmen".

[481] Vgl. Gosudarstvennaja Duma - Stenogramma zasedanii (Sitzungsstenogramm der Staatsduma), Band 5, 11. - 27.05.1994, Moskau 1995, S. 559 f.

[482] Dafür Šapkina, Nekotorye voprosy primenenija koporativnogo zakonodatel`stva, VVAS 1999, Nr. 5, S. 85.

nahme dieses Widerspruches hilft jedoch nicht über den Anwendungsvorrang zumindest des ZGB hinweg. Das BelegschaftsAGG fügt sich nicht vollständig in den Rahmen ein, der durch die aktienrechtlichen Ausgangsbestimmungen des ZGB vorgegeben ist. Im Folgenden soll daher ein kurzer Überblick über diejenigen Bereiche gegeben werden, in denen ein Spannungsverhältnis zwischen ZGB und AktG einerseits sowie dem BelegschaftsAGG andererseits besteht. Dabei ist festzuhalten, daß das BelegschaftsAGG unanwendbar ist, soweit es gegen Bestimmungen des ZGB verstößt; sein ungeklärtes Verhältnis zum AktG kann im Einzelfall jedenfalls geeignet sein, erhebliches Konfliktpotential zu begründen.

- Die grundlegende Bestimmungen in Art. 99 Ziff. 2 ZGB zur Kapitalaufbringung und -erhaltung werden nicht gewahrt. Danach können die Aktionäre nicht von ihrer Einlagepflicht befreit werden. Aktien einer BelegschaftsAG sollen demgegenüber unter bestimmten Voraussetzungen auch ohne Gegenleistung ausgegeben werden können.[483] Zudem ist die Stellung als Aktionär an die Dauer des Arbeitsverhältnisses gebunden;[484] mit dessen Beendigung ist der Aktionär verpflichtet, seine Aktien an die Gesellschaft zu veräußern, welche diese daraufhin unentgeltlich an die verbliebenen Arbeitnehmer auszugeben hat.[485] Damit dürfte eine BelegschaftsAG bereits ab ihrer Entstehung i.d.R. unterkapitalisiert sein und das Gesellschaftsvermögen fortschreitender Auszehrung unterliegen. Dieser Prognose steht nicht entgegen, daß eine BelegschaftsAG im Wege der Umwandlung einer Wirtschaftsgesellschaft, regelmäßig einer oAG, entsteht und damit das Gesellschaftsvermögen der Ausgangsgesellschaft auf die BelegschaftsAG übergeht.

[483] An Arbeitnehmer der Ausgangsgesellschaft, die den Gründungsvertrag der Zielgesellschaft mitunterzeichnet haben, sind Aktien in dem Verhältnis auszugeben, das dem Anteil des Gehalts des jeweiligen Arbeitnehmers an der Gesamtlohnsumme während der letzten zwölf Monate vor Gründung der BelegschaftsAG entspricht, indem die Altaktien der Arbeitnehmer gegen neue Aktien getauscht werden; vgl. Art. 4 Ziff. 3 S. 1 BelegschaftsAGG. Hält ein Arbeitnehmer nicht die für einen Umtausch in die auf ihn entfallende Zahl neuer Aktien erforderliche Zahl von Altaktien der Ausgangsgesellschaft, hat er die auf die Differenz entfallenden neuen Aktien nicht voll, sondern nur zu 50 % ihres „Wertes" zu bezahlen; vgl. Art. 4 Ziff. 4 BelegschaftsAGG.

[484] Vgl. Art. 6 Ziff. 4 BelegschaftsAGG. Dieser Eingriff in die Eigentümerstellung des Aktionärs erscheint verfassungsrechtlich problematisch, da eine zwangsweise Eigentumsentziehung grundsätzlich unzulässig und nur in den durch Art. 35 Ziff. 3 S. 1 Verf i.V.m. Art. 235 Ziff. 2 ZGB normierten Ausnahmetatbeständen, die hier nicht vorliegen, gerechtfertigt ist. Art. 6 Ziff. 4 BelegschaftsAGG könnte somit nur als verfassungskonform qualifiziert werden, wenn darin eine zulässige Inhaltsschranke des Eigentums zu sehen wäre. Die verfassungsrechtlichen Voraussetzungen für die Ausfüllung des Gesetzesvorbehalts nach Art. 235 Ziff. 1 ZGB sind bislang ungeklärt, aber angesichts fehlender Gemeinnützigkeit vorliegend wohl zu verneinen.

[485] Vgl. Artt. 6 Ziff. 4, 5 Ziff. 2 BelegschaftsAGG.

Denn einerseits ist die Anwendbarkeit der diese Rechtsfolge vorsehenden Normen[486] auf den *in concreto* zu beurteilenden Umwandlungsvorgang - wie gezeigt - zweifelhaft, andererseits kann der Wert des übergehenden Vermögens niedriger als das Satzungskapital der BelegschaftsAG[487] sein.

- Die aus dem Eigentum am Wertpapier fließenden Verfügungsbefugnisse[488] der Aktionäre/Arbeitnehmer werden wesentlich dadurch beschränkt, daß eine Veräusserung an Mitaktionäre oder die Gesellschaft selbst nur zum Ende des Finanzjahres und nur in Höhe von maximal 20 % der von der jeweiligen Person gehaltenen Aktien zulässig ist.[489] Eine Veräußerung an Mitglieder der Geschäftsführungs- und Kontrollorgane ist generell ausgeschlossen; hinsichtlich außenstehender Dritter gilt gleiches sogar dann, wenn weder Mitaktionäre noch die Gesellschaft auf ein vorhergehendes Angebot einsteigen.[490] Aus gutem Grund wird daher in der Literatur davon gesprochen, das BelegschaftsAGG konstituiere „nicht vollwertige Eigentümer nicht vollwertiger Aktien".[491] Nach allgemeinem Aktienrecht können derart weitgehende Beschränkungen der Übertragbarkeit der Aktien einer gAG nicht - statutarisch - vorgesehen werden.[492] Ihre Verfassungsmäßigkeit erscheint angesichts der Eigentumsgarantie aus Art. 35 Ziff. 2 Verf ebenso zweifelhaft wie die Frage, ob der Gesetzgeber des BelegschaftsAGG insoweit zulässige Eigentumsschranken i.S.d. Art. 209 Ziff. 2 ZGB gesetzt hat.

- Das in Art. 2 BelegschaftsAGG vorgesehene Verfahren der Umwandlung einer Wirtschaftsgesellschaft in eine BelegschaftsAG weicht von Art. 20 AktG ab. Insbesondere ist das Verfahren des Aktienumtausches gemäß Art. 20 Ziff. 3 S. 1 AktG noch durch die Aktionärsversammlung der Ausgangsgesellschaft zu beschließen, d.h. nicht erst in den Gründungsdokumenten der Zielgesellschaft nie-

---

[486] Art. 20 Ziff. 4 AktG, Art. 56 Ziff. 4 GmbHG.

[487] Das Mindestsatzungskapital beträgt das 1000fache des gesetzlichen Mindestlohns; vgl. Art. 4 Ziff. 7 BelegschaftsAGG.

[488] Vgl. dazu Kašanina/Sudar`kova, Akcionernoe pravo, S. 93.

[489] Vgl. Art. 6 Ziff. 2 u. 3 BelegschaftsAGG. Kritisch dazu auch Zernin/Mikrjukova, AO rabotnikov, ChiP 1999, Nr. 10, S. 32 (35).

[490] Vgl. Artt. 6 Ziff. 3, 8 Ziff. 3 BelegschaftsAGG.

[491] So Glušeckij, Konstrukcija „narodnogo predprijatija" iskusstvenna i nežiznesposobna, Ross. ékonomičeskij žurnal 1998, Nr. 2, S. 15 (16).

[492] Vgl. Art. 7 Ziff. 3 Abs. 4 bis 8 AktG.

derzulegen (so aber Art. 3 Ziff. 1 4) BelegschaftsAGG). Soweit es sich bei der Ausgangsgesellschaft um eine AG handelt, sind mögliche Zielgesellschaftsformen ihrer Umwandlung zudem nach Art. 20 Ziff. 1 AktG ausschließlich die GmbH und die Produktionsgenossenschaft.

- Die Beschlußfassung auf der Aktionärsversammlung erfolgt nach Artt. 4 Ziff. 1 Abs. 1, 10 Ziff. 1 BelegschaftsAGG a.E. in nahezu allen Grundlagenentscheidungen nicht nach dem Prinzip „eine Aktie - eine Stimme", sondern es wird nach Köpfen abgestimmt.[493]
- Der Nennbetrag der Aktien einer BelegschaftsAG ist auf Beschluß der Aktionärsversammlung festzusetzen und darf maximal 20 % des gesetzlichen Mindestlohns[494] betragen (Art. 4 Ziff. 1 Abs. 2 BelegschaftsAGG).[495]
- Vorsitzender des Direktorenrates einer BelegschaftsAG ist nach Art. 12 Ziff. 4 BelegschaftsAGG der geschäftsführende Generaldirektor kraft Amtes, obwohl diese Ämter gem. Art. 66 Ziff. 2 Abs. 2 S. 2 AktG unvereinbar sind.

Rechtsprechung zur Anwendbarkeitsproblematik des BelegschaftsAGG liegt bislang nicht vor. In der Literatur anzutreffende nichtamtliche Stellungnahmen von Richtern am Obersten Wirtschaftsgericht deuten jedoch schon heute eher darauf hin, daß die Rechtsprechung vor einem Anwendungsausschluß des BelegschaftsAGG zurückschrecken wird.[496] In der Literatur ist das Gesetz zu Recht auf ungewöhnlich harsche Kritik gestoßen.[497]

---

[493] Im Unterschied dazu ist das Aktienrecht dem erstgenannten Grundsatz verpflichtet; vgl. Art. 59 AktG. Kritisch insoweit auch Zernin/Mikrjukova, AO rabotnikov, ChiP 1999, Nr. 10, S. 32 (36).

[494] Angesichts des nach wie vor hochinflationären Umfelds bedient sich der Gesetzgeber des Kunstgriffs, bestimmte Schwellenwerte durch eine Variable eines Vielfachen des Mindestlohns zu ersetzen. Der Mindestlohn wurde letztmalig rückwirkend zum 1.1.1997 erhöht (vgl. SZ RF 1997, Nr. 3, Pos. 350) und beträgt derzeit 83,49 Rbl. (denominiert) monatlich.

[495] Demgegenüber legen weder ZGB noch AktG Mindest- oder Höchstbeträge für den Nennbetrag von Aktien fest. Der Nennbetrag ist in der Satzung zu fixieren; Art. 27 Ziff. 1 Abs. 1 AktG. Die Regelung im BelegschaftsAGG führt zu einer praktischen Undurchführbarkeit der Errichtung einer BelegschaftsAG, da der Umtausch der Aktien bzw. Anteile der Ausgangsgesellschaft in Aktien der BelegschaftsAG erst nach Beschlußfassung der Hauptversammlung der zu errichtenden Gesellschaft über den Nennbetrag erfolgen könnte. Nach Art. 3 Ziff. 1 4) BelegschaftsAGG hat der Umtausch aber zum Gründungszeitpunkt, d.h. vor Zusammentritt der ersten Hauptversammlung, zu erfolgen, das Umtauschverfahren ist zudem bereits im Errichtungsvertrag festzulegen. Dies ist nicht möglich, soweit die Nennbeträge der Aktien der Zielgesellschaft noch nicht feststehen.

[496] So geht *Šapkina* (Nekotorye voprosy primenenija korporativnogo prava, VVAS 1999, Nr. 5, S. 85 [86]) ohne weitere Begründung unter Verweis auf Art. 1 BelegschaftsAGG offenbar von dessen Anwendbarkeit aus. Die Frage, ob derartige Anwendungsregeln in gegenüber dem ZGB nach h. M.

III. Nichtrechtsfähige Zusammenschlüsse

Neben den körperschaftlichen Zusammenschlüssen stellt das ZGB als besondere Vertragstypen die sog. einfache Gesellschaft,[498] die stille Gesellschaft[499] sowie daneben die Figur des Einzelunternehmers[500] zur Verfügung. Die Form der einfachen Gesellschaft kann (u.a.) bei der Konzipierung von Contractual Joint Ventures sowie insbesondere beim Abschluß von Konsortialverträgen von Bedeutung sein.[501] Zu beachten ist, daß im deutschen Schrifftum zum Teil übereilt eine Vergleichbarkeit der einfachen und stillen Gesellschaft russischen Rechts mit den deutschen Instituten der GbR und der stillen Gesellschaft[502] angenommen wird.

1. Einfache Gesellschaft

Art. 1041 ZGB definiert die einfache Gesellschaft als Personenvereinigung, bei der sich mindestens zwei Personen aufgrund eines Vertrages verpflichten, Einlagen zu leisten und gemeinsam ohne Errichtung einer juristischen Person zum Zwecke der Gewinnerzielung oder zur Erreichung eines anderen gesetzlich nicht verbotenen Ziels zusammenzuwirken.[503] Die einfache Gesellschaft als auf Dauer angelegte rei-

---

nachrangigen Gesetzen mit dem Rechtsformzwang des ZGB vereinbar sind, wird nicht erörtert. Untergesetzliche Rechtsakte wurden bereits an das BelegschaftsAGG angepaßt (s. etwa Präsidialerlaß Nr. 1022 v. 09.08.1999, SZ RF 1999, Nr. 32, Pos. 4051).

497 So formuliert *Glušeckij* die zynisch anmutende, aber möglicherweise nicht grundlose Vermutung, das Gesetz diene dem Interessenschutz unfähiger Unternehmensdirektoren privatisierter AG, indem es die Möglichkeit legitimiere, unter Umgehung der gesetzlichen Konkursverursachungshaftung Unternehmen im Wege der Umwandlung in eine BelegschaftsAG in den Ruin zu treiben; vgl. Glušeckij, Konstrukcija „narodnogo predprijatija“ iskusstvenna i nežiznesposobna, Ross. Ėkonomičeskij Žurnal 1998, Nr. 2, S. 15 (18).

498 Artt. 1041 ff. ZGB. Im Gesetzestext wird die einfache Gesellschaft auch - synonym - als Vertrag über gemeinsame Tätigkeit bezeichnet.

499 Vgl. Art. 1054 ZGB. Russ.: „Neglasnoe tovariščestvo“ (wörtlich: Nichtöffentliche Gesellschaft).

500 Vgl. Artt. 23 - 25 ZGB. Eine unternehmerische Betätigung natürlicher Personen setzt danach eine Registrierung als Einzelunternehmer voraus. Im Sowjetsystem und in den ersten Jahren der Transformation konnte sich der Typus eines eigenverantwortlichen *homo oeconomicus* im eigentlichen Sinne nur unzureichend entwickeln. Ob die heutigen Beschränkungen zum Schutz marktwirtschaftlich unerfahrener Bürger vor dem Risiko persönlicher Haftung tatsächlich geboten sind, erscheint dennoch zweifelhaft.

501 Kruglova, Chozjajstvennoe pravo, S. 558. Zur Verwendbarkeit der einfachen Gesellschaft in ARGE-ähnlichen Strukturen vgl. ferner Sadikov (Čubarov), Kommentarij GK II, Art. 1041, Rn. 3; ders. (ders.), Objazatel'stvennoe pravo, S. 601.

502 Vgl. §§ 705 ff. BGB-D; §§ 230 ff. HGB-D.

503 Erscheinungsformen einfacher Gesellschaften sind u.a. Gründungsverträge über die Errichtung von AG (vgl. Ziff. 3 der Leitentscheidung Nr. 4/8 der Plenen des OG und des OWG v. 1.7.1996,

ne Innengesellschaft konzipiert.[504] Ihre fehlende Verselbständigung kommt darin zum Ausdruck, daß die Einlagen der Gesellschafter nicht in ein bestimmtes Gesellschaftskapital als Haftungsfonds, sondern „zur gemeinsamen Sache" zu leisten sind.[505] Einlagen können neben Geldmitteln oder sonstigen Vermögensgegenständen daher auch immaterieller Natur sein, wobei sich aus demerläuternden Beispielkatalog des Gesetzes[506] ergibt, daß als einlagefähig auch solche Leistungen anzuerkennen sind, die keinen Geldwert haben und daher nicht zu einer Mehrung der Haftungsmasse führen,[507] weshalb jede bloße Zweckförderungsleistung ausreichend ist.[508] Nach der im deutschen Gesellschaftsrecht gebrauchten Terminologie[509] haben Gesellschafter einer einfachen Gesellschaft somit nicht zwingend „Einlagen" im engeren Sinne, sondern lediglich Beiträge zu leisten. Eine Vereinbarung über Höhe und Verfahren der Einbringung der so verstandenen Einlagen ist jedoch wesentlicher Bestandteil des Gesellschaftsvertrages;[510] bei Fehlen konkreter vertraglicher

---

ĖiŽ 1997, Nr. 17, S. 16) sowie die nunmehr durch Bundesgesetz v. 30.11.1995 (SZ RF 1995, Nr. 49, Pos. 4697, fortan: FIGG) geregelten Finanz-Industrie-Gruppen (fortan: FIG), die jedoch bestimmten Besonderheiten wie einer deklarativen Registrierungspflicht und der Bildung eines Verwaltungsrates unterliegen (vgl. Braginskij et al. [Suchanov], Kommentarij GK II dlja predprinimatelej, S. 255; Jasper, FIG in der RF, Osteuropa-Wirtschaft 1999, Nr. 1, S. 29 [32]; Kruglova, Chozjajstvennoe pravo, S. 558; zur Regelung vor Inkrafttreten des FIGG s. Krüßmann, Privatisierung und Umstrukturierung in Rußland, S. 486 ff.; zur Rechtslage de lege lata s. Kogan, FPG v Rossii, Zakon 1999, Nr. 8, S. 117 ff.). Soweit im Gründungsvertrag einer FIG ein aliud gegenüber dem Vertrag einer einfachen Gesellschaft gesehen wird, weil er im Unterschied zu letzterem zur Errichtung einer neuen juristischen Person, nämlich der Zentralgesellschaft der Gruppe i.S.d. Art. 11 FIGG, führe (so Mel`gunov, Pravovoe regulirovanie sovmestnoj chozjajstvennoj dejatel`nosti, ChiP 1999, Nr. 10, S. 88 [92]), ist dies unzutreffend. Denn zum einen kann die Errichtung einer juristischen Person legitimer und - wie im Aktienrecht - typischer Zweck einer einfachen Gesellschaft sein. Zum anderen ändert das nach neuem Recht zwingende Erfordernis einer (Verwaltungs-) Zentralgesellschaft nichts an der fehlenden Verselbständigung der FIG selbst, was auch in deren Legaldefinition als „Gesamtheit der Mitgliedsgesellschaften" zum Ausdruck kommt (vgl. Art. 2 FIGG).

504 Vgl. Solotych, ZGB RF II, S. 85.

505 Vgl. Art. 1042 Ziff. 1 ZGB (russ.: „obščee delo").

506 Art. 1042 Ziff. 1 ZGB nennt insoweit professionelle und andere Kenntnisse, Fertigkeiten, geschäftliche Reputation und Geschäftsbeziehungen, d.h. im wesentlichen Kenntnisse und know-how.

507 Vgl. Kozyr`/Makovskij/Chochlov (Avilov), Kommentarij GK II, S. 564. Im Unterschied dazu ist die Einlagefähigkeit von Sachen und Rechten in das Satzungs- bzw. Einlagekapital (letzteres russ.: skladočnyj kapital) von Wirtschaftsgesellschaften nach Art. 66 Ziff. 6 ZGB davon abhängig, ob sie einer Bewertung in Geld zugänglich sind.

508 Zu denken ist hier etwa an das Unterlassen von Wettbewerb, das Halten von Vermögen bei der Gesellschaft, Erbringung von Dienstleistungen etc.

509 S. Schmidt, Gesellschaftsrecht, § 20 II.

510 Vgl. Art. 1041 Ziff. 1 ZGB.

Regelungen zu diesem Gegenstand liegt kein Gesellschaftsvertrag vor.[511] An den von den Gesellschaftern geleisteten Einlagen sowie dem im Verlauf der Gesellschaftstätigkeit erworbenen Vermögen haben die Gesellschafter mangels Vereinbarung von Gesamthandeigentum Miteigentum zu Bruchteilen,[512] wobei den Gesellschaftern gleiche Anteile zustehen, soweit der Gesellschaftsvertrag nichts anderes bestimmt.[513]

In der Frage, ob über das Bruchteilseigentum der Gesellschafter Buch zu führen ist, war bislang eine verbreitete Rechtsunsicherheit zu beobachten, die aus der Formulierung des Art. 1043 Ziff. 2 ZGB resultierte. Das Gesetz spricht insoweit davon, daß eine der an einer einfachen Gesellschaft beteiligten juristischen Personen mit der Buchführung hinsichtlich des Sondervermögens beauftragt werden *kann*. Dem ist nicht unmittelbar zu entnehmen, ob eine Buchführungspflicht unabhängig vom rechtlichen Status der Gesellschafter ipso iure besteht oder ob eine solche nur insoweit eingreift, als juristische Personen an einer einfachen Gesellschaft beteiligt sind. Gegen eine obligatorische Buchführungspflicht spricht *prima facie* bereits der Umstand, daß in diesem Fall die Möglichkeit der Übertragung auf einen Gesellschafter, der die entsprechenden organisatorischen Voraussetzungen mitbringt und dadurch die fehlende Verfaßtheit der einfachen Gesellschaft kompensieren kann, eine reine Selbst-

---

511 Streitig ist in diesem Fall, ob der Vertrag zwar nicht als Gesellschaftsvertrag zu qualifizieren, aber im übrigen wirksam (dafür Arzinger/Galander, Russisches Wirtschaftsrecht, S. 54; Kozyr'/Makovskij/Chochlov [Avilov], Kommentarij GK II, S. 562 f.) oder wegen Gesetzesverstosses gemäß Artt. 167, 168 ZGB nichtig ist (so Sadikov [Čubarov], Kommentarij GK II, Art. 1042 Rn. 4).

512 Vgl. Artt. 1043 Ziff. 1, 244 Ziff. 1 ZGB. Demgemäß ist jeder Gesellschafter über seinen (ideellen) Anteil ohne Zustimmung der übrigen Gesellschafter verfügungsbefugt; vgl. dazu Sadikov (Čubarov), Kommentarij GK II, Art. 1043 Rn. 4 m.w.N. aus der Rspr. Jedoch besteht bei Abschluß von Anteilskaufverträgen mit außenstehenden Dritten ein Vorkaufsrecht der Mitgesellschafter (vgl. Artt. 246 Ziff. 2, 250 ZGB), das auch eingreifen soll, wenn der Anteil zum Gegenstand eines Tauschvertrages gemacht wird (vgl. Art. 250 Ziff. 5 ZGB). Die Ratio letzterer Bestimmung bleibt unklar, da die Mitgesellschafter regelmäßig nicht über die mit dem Dritten konkret vereinbarte Gegenleistung verfügen und nach dem Gesetzeswortlaut auch nicht berechtigt sind, diese durch eine Geldleistung zu substituieren. Ein vorrangiges Erwerbsrecht der Mitgesellschafter im Falle des Tausches erscheint somit *de facto* als nicht realisierbar (in diesem Sinne auch Abova/Kabalkin/Mozolin [Beljaeva], Kommentarij GK I, Art. 250 Rn. 4; Sadikov [Masevič] I, Kommentarij GK I, Art. 250 Rn. 5). Zu weiteren aus Miteigentum zu Bruchteilen entstehenden Einzelfragen s. Sergeev/Tolstoj, Graždanskoe pravo I, S. 446 ff. sowie Ziff. 35 ff. der Leitentscheidung der Plenen des OG und des OWG Nr. 6/8.

Die Ausgestaltung der einfachen Gesellschaft als Bruchteilsgemeinschaft sowie der Umstand, daß diese im russischen Zivilrecht in systematischer Hinsicht nicht als Grundform der Personengesellschaften einzuordnen ist, lassen die nur bedingte Vergleichbarkeit mit der GbR deutschen Rechts (§§ 705 ff. BGB-D) erkennen; a.A. Solotych, ZGB RF II; S. 85.

513 Vgl. Artt. 1042 Ziff. 2, 245 Ziff. 1 ZGB.

verständlichkeit wäre, die an sich keiner gesetzlichen Positivierung bedürfte. Eine nähere Betrachtung der ab 1996 neugefaßten Rechtsgrundlagen zum Buchführungs- und Rechnungslegungssystem[514] führt zu folgendem.

Gemäß Art. 4 Ziff. 1 i.V.m. Art. 8 Ziff. 3 BuchführungsG ist jede Organisation ab dem Zeitpunkt ihrer Registrierung als juristische Person bis zu ihrer Reorganisation oder Liquidation ohne Unterbrechung buchführungspflichtig. Der sachliche Anwendungsbereich des BuchführungsG ist demnach auf juristische Personen beschränkt.[515] Dies ist bei der Auslegung der zur buchhalterischen Darstellung geschäftlicher Vorgänge einfacher Gesellschaften ergangenen Instruktion des Finanzministeriums[516] (im folgenden: InstrEinfGes) zu berücksichtigen. Auch die darin aufgestellten Regeln sind nur auf Organisationen - Gesellschafter - anzuwenden, die nach russischer Gesetzgebung juristische Personen sind.[517] Nach geltendem Recht ist somit die Beteiligung einer juristischen Person konstitutives Element für die Entstehung einer Buchführungspflicht bei der einfachen Gesellschaft,[518] was auch dann gilt, wenn die Gesellschaft keinen unternehmerischen Erwerbszweck verfolgt.[519] Anzumerken ist ferner, daß die InstrEinfGes aufgrund ihrer weitgehenden Anlehnung an den Vorgän-

---

[514] Vgl. das Gesetz „Über die Buchführung", SZ RF 1996, Nr. 48, Pos. 5369 (im folgenden: BuchführungsG) sowie die hierzu ergangenen Ausführungsbestimmungen in der „Verordnung über Buchführung und Rechnungslegung in der Russischen Föderation", BNA 1998, Nr. 23, S. 21 ff. (im folgenden: BuchRechnVO), bestätigt durch Erlaß des Finanzministeriums v. 29.7.1998 Nr. 34n, aaO., S. 20.

[515] Dieser Grundsatz wird erweitert durch Art. 4 Ziff. 2 BuchRechnVO, wonach auch Niederlassungen und Repräsentanzen ausländischer juristischer Personen in Rußland sowie Einzelunternehmer buchführungspflichtig sind, letztere allerdings nur im von der Steuergesetzgebung vorgesehenen Verfahren. Für Niederlassungen und Repräsentanzen ausländischer juristischer Personen in Rußland ist nach Art. 2 Abs. 2 BuchRechnVO unter bestimmten Voraussetzungen die vormals bestehende Pflicht zu doppelter Buchführung mit Wirkung zum 01.01.99 entfallen.

[516] „Instruktionen zur Darstellung von Operationen, die mit der Durchführung von Verträgen über einfache Gesellschaften verbunden sind, in der Buchführung", ĖiŽ 1999, Nr. 5, S. 11, bestätigt durch Verfügung des Finanzministeriums vom 24.12.98 Nr. 68n, a.a.O., S. 10.

[517] Vgl. Ziff. 1 1. InstrEinfGes. Eine weitere Einschränkung des Anwendungsbereiches der InstrEinfGes auf einfache Gesellschaften, die unternehmerische Erwerbszwecke verfolgen, wird unterstellt von Gurov, Dogovor prostogo tovariščestva, EiŽ-BP 1999, Nr. 12, S. 7. Dafür finden sich im Text der InstrEinfGes jedoch keine Anhaltspunkte.

[518] Ebenso wohl Sadikov (Čubarov), Objazatel`stvennoe pravo, S. 607.

[519] Soweit die einfache Gesellschaft keine Erwerbszwecke verfolgt, können sich an ihr beliebige Personen beteiligen, die für aus Vertrag entstandene gemeinsame Verbindlichkeiten anteilsmäßig haften; vgl. Artt. 1041 Ziff. 1, 1047 Ziff. 1 ZGB. Bei Verfolgung von Erwerbszwecken sind dagegen nur Einzelunternehmer und Wirtschaftsgesellschaften beteiligungsfähig; sie haften für gemeinsame Verbindlichkeiten unabhängig von deren Entstehungsgrund als Gesamtschuldner; vgl. Artt. 1041 Ziff. 2, 1047 Ziff. 2 ZGB.

gerrechtsakt[520] zum Teil nicht mit den vorrangigen Bestimmungen des ZGB über die einfache Gesellschaft vereinbar sind. So hat nach InstrEinfGes - bei bestehender Buchführungspflicht - derjenige geschäftsführende Gesellschafter, dem vertraglich Alleinvertretungsmacht eingeräumt ist, die Bücher der einfachen Gesellschaft zu führen, eine eigene Bilanz zu erstellen und ein zusätzliches Bankkonto zu eröffnen.[521] Gemäß Art. 1044 Ziff. 1 ZGB kann jedoch auch Einzel- oder Gesamtvertretungsmacht vorgesehen werden. Das ZGB kennt demnach keinen zwingenden Zusammenhang von Geschäftsführung bzw. Vertretung und Buchführung.[522]

I. E. ist die Tätigkeit einfacher Gesellschaften demnach dann nicht buchführungspflichtig, wenn kein buchführungspflichtiges Subjekt an ihnen beteiligt ist.[523] Bei bestehender Buchführungspflicht sind die Gesellschafter nicht zur Offenlegung der Bücher gegenüber staatlichen Organen oder Dritten verpflichtet.[524] Die Vorgänge in der einfachen Gesellschaft werden in den Jahresabschlüssen der Gesellschafter abgebildet und auf dieser Grundlage besteuert.[525] Der erhebliche administrative Mehraufwand verdeutlicht indessen, daß der ZGB-Gesetzgeber in keiner Weise das Leitbild der Gelegenheitsgesellschaft vor Augen hatte.

---

520 Brief des Finanzministeriums der RF v. 24.01.94 Nr. 7 „Über die Darstellung von Operationen, die mit der Durchführung gemeinsamer Tätigkeit verbunden sind, in der Buchführung und der Rechnungslegung", Rossijskie vesti v. 15.02.94 Nr. 26.

521 Vgl. Ziff. 3 Abs. 2, 8 Abs. 1 u. 3 S. 2 InstrEinfGes.

522 Vgl. dazu Gurov, Dogovor prostogo tovariščestva, ĖiŽ-BP 1999, Nr. 12, S. 7 (8 f.).

523 Grundsätzlich übereinstimmend wohl Kruglova, Chozjajstvennoe pravo, S. 555, wonach die Absonderung des gemeinsamen Vermögens der Gesellschafter von ihren jeweiligen Privatvermögen „gewöhnlich" im Wege seiner Erfassung in einer eigenständigen Bilanz erfolge. Allerdings verkennt auch *Kruglova*, daß die „Absonderung" des Gesellschaftsvermögens Konstitutivmerkmal nur der juristischen Person (vgl. Art. 48 Ziff. 1 Abs. 1 ZGB) und daher bei einfachen Gesellschaften gegenstandslos ist.

Die Rechtsprechung hat jedenfalls den Gesellschaftsvertrag einer als Bau-ARGE strukturierten einfachen Gesellschaft, der zwischen zwei juristischen Personen geschlossen wurde, mit Hinweis darauf, daß keiner der Gesellschafter der Buchführungspflicht in bezug auf das gemeinsame Bruchteilseigentum nachgekommen war, als Verstoß gegen Artt. 1041-1044, 1048 ZGB gewertet, wobei aber offen blieb, ob das Gericht den Gesellschaftsvertrag für nichtig oder anfechtbar erachtete; vgl. Beschluß des Föderalen Wirtschaftsgerichts des Gebiets Povolžsk v. 11.04.2000 in der Sache Nr. 1200/98-9-19, abgedruckt in: Dolženko/Reznikov/Chochlova, Sudebnaja praktika po graždanskim delam, S. 863 ff.

524 Gurov, Dogovor prostogo tovariščestva, ĖiŽ-BP 1999, Nr. 12, S. 7 (9).

525 Vgl. dazu Filipenko, Sovmestnaja dejatel'nost' predprijatij, ĖiŽ-BP 2000, Nr. 36, S. 17 (19 ff.); a.A. Fanger, Direktinvestitionen in Russland, S. 206, wonach der für die gesonderte Buchführung der einfachen Gesellschaft zuständige Gesellschafter den laufenden Gewinn und das Vermögen siwue die daraus resultierende Steuerbelastung für die einzelnen Gesellschafter ermittelt und die entsprechenden Steuern an das Finanzamt abführt.

2. Stille Gesellschaft

Eine stille Gesellschaft liegt vor, wenn der Gesellschaftsvertrag einer einfachen Gesellschaft vorsieht, daß das Gesellschaftsverhältnis Dritten gegenüber nicht offengelegt wird.[526] Gegenüber Dritten haftet jeder Gesellschafter persönlich und unbeschränkt aus Rechtsgeschäften, die er im gemeinsamen Interesse der Gesellschafter, aber in eigenem Namen abschließt.[527] Rechtsbeziehungen der stillen Gesellschaft zu Dritten sind daher nicht denkbar, es handelt sich um eine bloße Innengesellschaft. Im Innenverhältnis ist der werbend Tätige berechtigt, bei dem (anderen) stillen Gesellschafter Regreß zu nehmen.[528] Im übrigen kommen die Bestimmungen über die einfache Gesellschaft zur Anwendung.[529]

Diese Konzeption der stillen Gesellschaft divergiert erheblich von ihrem deutschen Pendant und kann diesem lediglich individualvertraglich angenähert werden. Denn eine stille Gesellschaft deutschen Rechts setzt voraus, daß zwischen einem Unternehmensträger und einem stillen Gesellschafter zur Erreichung eines gemeinsamen Zwecks[530] ein Gesellschaftsvertrag geschlossen wird, kraft dessen der stille Gesellschafter ohne Bildung eines Gesellschaftsvermögens mit einer Vermögenseinlage am Unternehmen beteiligt ist und eine Gewinnbeteiligung erhält.[531] Dies hat zur Folge, daß die Einlage des stillen Gesellschafters in das Vermögen des Unternehmensträgers übergeht und allein der Unternehmensträger aus von ihm geschlossenen Geschäften berechtigt und verpflichtet wird.[532] Dieses Grundmodell kann im russischen Recht nicht verwirklicht werden, weil der Regreßanspruch im Innenverhältnis nicht abdingbar ist und das Gesetz keine Möglichkeit vorsieht, die Einlage des Stillen anstatt in die „gemeinsame Angelegenheit“ in das Vermögen des anderen zu

---

[526] Vgl. Art. 1054 Ziff. 1 S. 1 ZGB. Zur Besteuerung der stillen Gesellschaft s. die ausführliche Darstellung bei Fanger, Direktinvestitionen in Russland, S. 200 ff.

[527] Vgl. Art. 1054 Ziff. 2 ZGB.

[528] Vgl. Artt. 1054 Ziff. 3, 325 Ziff. 2 ZGB.

[529] Etwas anderes gilt nur, soweit die Anwendung dieser Bestimmungen nicht mit dem Wesen der stillen Gesellschaft vereinbar ist; vgl. Art. 1054 Ziff. 1 S. 2 ZGB.

[530] Der gemeinsame Zweck besteht dabei regelmäßig in der Beteiligung des Stillen an Gewinn oder Verlust des von dem Unternehmensträger betriebenen Handelsgewerbes; vgl. Hopt, Gesellschaftsrecht, Rn. 830.

[531] Vgl. Schmidt, Gesellschaftsrecht, § 62 I 1 b). Die Beteiligung am Verlust, nicht aber am Gewinn kann gesellschaftsvertraglich ausgeschlossen werden, § 231 Abs. 2 HGB-D.

[532] Vgl. § 230 Abs. 2 HGB-D.

leisten, falls es sich bei diesem um einen Unternehmensträger handelt. Daß dem Gesetzgeber mit Art. 1054 ZGB nicht die Regelung stiller Unternehmensbeteiligungen vorschwebte, ergibt sich ferner daraus, daß jeder stille Gesellschafter, wobei es sich auch um mehr als zwei Personen handeln kann, im gemeinsamen Interesse der Gesellschafter am Rechtsverkehr teilnehmen kann. Der gesetzliche Idealtypus gleicht daher eher einer als Innengesellschaft angelegten GbR deutschen Rechts.[533] Bis auf weiteres ist demnach davon auszugehen, daß das russische Recht Gebilde in der Art etwa einer GmbH & Still deutschen Rechts nicht anerkennt.[534] Jedoch bleibt die Entwicklung der Rechtsprechung abzuwarten, der nach Art. 1054 Ziff. 1 S. 2 ZGB über eine Ausfüllung des Begriffs des „Wesensgehaltes" der stillen Gesellschaft die Möglichkeit gegeben ist, von den allgemeinen Vorschriften über die einfache Gesellschaft abzuweichen und auf diesem Wege das gesetzliche Instrumentarium hinsichtlich der stillen Gesellschaft flexibler auszugestalten.

IV. Der sachliche Anwendungsbereich von GmbHG und AktG

Soweit die GmbH als Rechtsträger im Bank-, Versicherungs- und Investmentwesen sowie in der Agrarproduktion tätiger Unternehmen eingesetzt wird, bestimmt sich ihre rechtliche Stellung, das Verfahren der Errichtung, Reorganisation und Liquidation gemäß Art. 1 Ziff. 2 GmbHG nicht nach dem GmbHG, sondern nach anderen Bundesgesetzen.[535] Soweit die jeweilige Spezialgesetzgebung Regelungslücken aufweist, kommt das GmbHG subsidiär zur Anwendung. Dies wird regelmäßig in weitem Umfang der Fall sein, denn der Begriff „rechtliche Stellung" ist nicht als Ermächtigungsgrundlage zur umfassenden Regelung des Gesellschaftsstatuts in anderen Bundesgesetzen zu verstehen, sondern eng auszulegen.[536] Zudem ergibt sich bereits arg. e Art. 87 Ziff. 3 Abs. 1 ZGB, daß jedenfalls die gesetzlichen Rechte und

[533] Zu nennen sind hier nicht nach außen auftretende Gelegenheitsgesellschaften, im hier interessierenden Zusammenhang bspw. Stimmrechtspools und Schutzgemeinschaftsverträge zur Verwaltung von Gemeinschaftsunternehmen; vgl. Schmidt, Gesellschaftsrecht, § 58 III 7 d).

[534] Auch in der Literatur ist die Auffassung anzutreffen, das russische Recht sehe kein dem Institut der stillen Gesellschaft nach kontinentaleuropäischen Verständnis vergleichbares Gebilde vor; vgl. Bogatych, Graždanskoe i torgovoe pravo, S. 68.

[535] Bei ausländischen Investitionen im Bank- und Versicherungssektor ist zudem zu beachten, daß der Anwendungsbereich des AIG nicht eröffnet ist, vgl. Art. 1 Ziff. 2 Abs. 1 AIG.

[536] Vgl. Šapkina, Zakon ob AO: sfera dejstvija, voprosy primenenija, ĖiŽ 1997, Nr. 6, S. 39.

Pflichten der Gesellschafter - und damit wohl auch die Instrumente zu ihrer Durchsetzung sowie die Kompetenzabgrenzung zwischen den Gesellschaftsorganen, soweit sie durch ZGB und GmbHG zwingend vorgegeben ist - einer Regelung in anderen Bundesgesetzen nicht zugänglich sind. Dies wird auch von der herrschenden Auffassung vertreten,[537] der sich die höchstrichterliche Rechtsprechung nunmehr angeschlossen hat.[538] Die Rechtslage von als GmbH verfaßten Kreditinstituten[539] bestimmt sich in erster Linie nach den Bestimmungen des BankG, das zahlreiche Modifikationen hinsichtlich der Mindesthöhe des Satzungskapitals,[540] der Rechtsfähigkeit, der Registrierung und der Lizenzbedürftigkeit enthält, sowie nach von der russischen Zentralbank erlassenen untergesetzlichen Rechtsakten.[541] Die Herausnahme des Unternehmensgegenstandes „Landwirtschaft" aus dem Anwendungsbereich des GmbHG erklärt sich weniger durch Besonderheiten dieser Branche, sondern durch parlamentarische Lobbyarbeit von Interessengruppen, die generell bestrebt sind, diesen Bereich der Geltung der allgemeinen Gesetzgebung zu entziehen.[542] Festzuhalten ist, daß der sachliche Anwendungsbereich des GmbHG eröffnet

[537] Vgl. dazu Šapkina, a.a.O., die diese Schlußfolgerung insbesondere mit der gefestigten Anwendungspraxis des Aktienrechts, das eine analoge Problematik aufweist, begründet. Gesichtspunkte für eine hiervon abweichende Auslegung des Begriffs der „rechtlichen Stellung" im GmbH-Recht sind nicht ersichtlich.

[538] Vgl. Ziff. 2 Abs. 3 S. 1 der Leitentscheidung Nr. 90/14 der Plenen des OG und des OWG v. 09.12.1999, BVS RF 2000, Nr. 3, S. 1 (2). Danach sind die dem Spezialgesetzgeber eröffneten Regelungsmaterien in Art. 1 Ziff. 2 GmbHG abschließend aufgeführt. Eine Ausnahme gilt nur, soweit die GmbH als Rechtsträger für Kreditorganisationen eingesetzt wird. Nach Art. 87 Ziff. 3 Abs. 2 ZGB, der erst durch die Novelle v. 08.07.1999 in das ZGB eingefügt wurde, bestimmen sich die Rechte und Pflichten der Gesellschafter in diesem Fall nicht nur nach ZGB und GmbHG, sonder auch nach den entsprechenden Einzelgesetzen (d.h. insbesondere dem Bundesgesetz „Über Banken und Bankentätigkeit" v. 02.12.1990 i.d.F. v. 03.02.1996 [SZ RF 1996, Nr. 6, Pos. 492], geändert durch Gesetze v. 31.07.1998 [SZ RF 1998, Nr. 31, Pos. 3829] und v. 08.07.1999 [SZ RF 1999, Nr. 28, Pos. 3470], fortan: BankG); vgl. dazu auch Ziff. 2 Abs. 3 S. 2 der Leitentscheidung Nr. 90/14. Insoweit erzeugen ZGB und GmbHG in keinem Bereich Bindungswirkung, bleiben aber subsidiär anwendbar, soweit die Spezialgesetzgebung keine Regelung zur Verfügung stellt.

[539] Als prominentes Beispiel läßt sich insoweit die Moskauer Tochter der Dresdner Bank AG anführen.

[540] Vgl. dazu Kravcova, Specifika ustavnogo kapitala banka, GiP 1999, Nr. 11, S. 51 ff.

[541] Vgl. hierzu näher Zalesskij (Šapkina), Kommentarij k zakonu ob OOO, Art. 1 Rn. 2 m.w.N. auch zum Versicherungsrecht. Zum Verfahren bei Gründung von Geschäftsbanken vgl. im einzelnen Kolesnikov/Kroliveckaja (Beloglazova), Bankovskoe Delo, S. 32 ff. Ausführungsbestimmung für die Anpassung der Gründungsdokumente von als GmbH verfaßten Geschäftsbanken an die Bestimmungen des GmbHG ist die Weisung der Zentralbank v. 12.03.98 Nr. 184-U, ÉiŽ 1998, Nr. 13, S. 17. Die Eigenständigkeit des Bankrechts setzt sich ferner in einem speziellen Konkursrecht fort (Bundesgesetz v. 25.02.99 „Über den Konkurs [Bankrott] von Kreditorganisationen, SZ RF 1999, Nr. 9, Pos. 1097).

[542] Vgl. Suchanov, Zakon ob OOO, ChiP 1998, Nr. 5, S. 39 (Fn. 4). Diese Entwickung kommt auch im Erlaß eines LandwirtschaftsgenossenschaftsG (SZ RF 1995, Nr. 50, Pos. 4870, i.d.F. v. 18.02.1999, SZ RF 1999, Nr. 8, Pos. 973) als Spezialgesetz zum ProduktionsgenossenschaftsG

ist, soweit kein Ausnahmetatbestand nach Art. 1 Ziff. 2 GmbHG gegeben ist bzw. ein vorrangig anzuwendendes anderes Bundesgesetz den betreffenden Regelungsgegenstand nicht behandelt.

Für in der Privatisierung staatlicher und kommunaler Unternehmen entstandene Aktiengesellschaften sind gemäß Art. 1 Ziff. 5 AktG die Besonderheiten der Privatisierungsgesetzgebung zu beachten.[543] Demgegenüber findet sich im GmbH-Recht kein Vorbehalt zugunsten des Privatisierungsrechts, obwohl Pachtunternehmen und Kolchosen insbesondere in der ersten Hälfte der neunziger Jahre zuweilen auch in die Rechtsform einer GmbH überführt wurden. Typisches Merkmal solcher Gesellschaften war ihre hohe Gesellschafterzahl, die mitunter in die tausende ging[544] und damit nicht dem nunmehrigen gesetzlichen GmbH-Strukturtypus entsprach. Gesellschaften mit mehr als fünfzig Gesellschaftern waren gesetzlich verpflichtet, sich bis zum 1. Januar 1999 entweder in Aktiengesellschaften oder Produktionsgenossenschaften umzuwandeln oder ihre Gesellschafterzahl auf max. fünfzig herabzusetzen.[545] Eine Fristversäumung durch betroffene Gesellschaften steht unter der Sanktion einer Auflösungsandrohung, die im Wege der Erhebung von Auflösungsklagen durch die Registrierungsbehörden oder andere insoweit antragsbefugte staatliche Stellen realisiert werden kann.[546]

Auch im Aktienrecht ist das Bank-, Investment- und Versicherungswesen vom Anwendungsbereich des AktG ausgenommen.[547] Die Regelungstechnik entspricht dem

---

(s.o. Fn. 439) zum Ausdruck. Nachdem 1996 Vorschläge des Landwirtschaftsministeriums hinsichtlich eines Gesetzes „Über Agrarwirtschaftsgesellschaften" nicht zur Einbringung eines Gesetzentwurfes führten, werden derzeit - soweit ersichtlich - keine Überlegungen zum Erlaß eines „Agrar-GmbHG" mehr angestellt; vgl. Vedenin, Pravovoj status sel`skochozjastvennych kommerčeskich organizacii, Zakonnost` 1996, Nr. 8, S. 6 (8).

[543] Vgl. die in Ziff. 1 Abs. 4 der Leitentscheidung der Plenen des OG und des OWG v. 2.4.1997, aaO., aufgeführten einschlägigen Rechtsakte sowie das zum 2.8.1997 in Kraft getretene neue PrivG (SZ RF 1997, Nr. 30, Pos. 3595; s. dazu Rohde, Das neue russische Privatisierungsgesetz vom 21. Juli 1997, ROW 1998, Nr. 5, S. 194 ff.). Außerdem können im Einzelfall Beschlüsse der Regierung und entsprechende Rechtsakte von Bundesorganen zu beachten sein; vgl. Bakšinskas/Dedov/Karelina, Akcionernoe pravo, S. 13.

[544] Vgl. Andreeva/Kaliničenko, Žizn` v obščestve, Ékspert 1998, Nr. 14, S. 14 (15).

[545] Vgl. Art. 59 Ziff. 3 Abs. 2 S. 1 GmbHG. Die nach der ursprünglichen Fassung des GmbHG am 1. Juli 1998 auslaufende Frist wurde durch die GmbH-Novelle vom 11.7.1998 (SZ RF 1998, Nr. 28, Pos. 3261) bis zum 1. Januar 1999 verlängert.

[546] Vgl. Art. 59 Ziff. 3 Abs. 4 GmbHG.

[547] Vgl. Art. 1 Ziff. 3 AktG.

GmbH-Recht, d.h. das AktG findet insoweit lediglich subsidiär Anwendung. Allerdings wird die Frage, welche Rechtsgrundlagen anzuwenden sind, soweit der Unternehmensgegenstand „Landwirtschaft" betroffen ist, im Gegensatz zur klaren Rechtslage bei der GmbH im Aktienrecht nicht einheitlich beurteilt. Gemäß Art. 1 Ziff. 4 AktG bestimmen sich die Besonderheiten der Errichtung, Reorganisation und Liquidation und der rechtlichen Stellung von auf Basis umgewandelter Kolchosen, Sovchosen und anderer landwirtschaftlicher Unternehmen errichteter AG nach (speziellen) Bundesgesetzen. Bis zum Inkrafttreten dieser Gesetze „handeln" solche Gesellschaften gemäß Art. 94 Ziff. 5 AktG auf der Grundlage der vor Inkrafttreten des AktG ergangenen Rechtsakte.[548] Eine wortlautorientierte Auslegung dieser Bestimmung führt zur - einstweiligen - Nichtanwendbarkeit des AktG.[549] Dessen ungeachtet wird vertreten, daß sich nur die „Besonderheiten der Errichtung und rechtlichen Stellung" i.S.d. Art. 1 Ziff. 4 AktG nach Altrecht richteten, das AktG sei im übrigen aber auch vor Inkrafttreten von Spezialgesetzen subisidiär anzuwenden.[550] Die aktienrechtlichen Ausgangsbestimmungen öffneten das AktG über Art. 96 Ziff. 3 ZGB ausschließlich für Vorbehalte zugunsten des Privatisierungsrechts, nicht aber für andere Gesetzesmaterien. Da die Fälle des Art. 1 Ziff. 4 AktG sämtlich auch unter Ziff. 5 dieser Norm subsumierbar seien, verstoße jedenfalls Art. 94 Ziff. 5 AktG gegen Artt. 96 Ziff. 3, 3 Ziff. 2 Abs. 2 ZGB.[551] Die Rechtsprechung hat sich dieser Auffassung nicht angeschlossen und Art. 94 Ziff. 5 AktG ausdrücklich für anwendbar erklärt.[552] Danach ist davon auszugehen, daß auf im Agrarbereich tätige AG bis auf weiteres ausschließlich Altrecht anzuwenden ist, soweit der Anwendungsbereich des Art. 1 Ziff. 4 AktG eröffnet ist.[553] Letzteres ist bei Neugründungen nicht der Fall.[554]

---

[548] Ein Gesetz „Über die Besonderheiten der Errichtung und der rechtlichen Stellung von Agrar-AG" befindet sich derzeit im parlamentarischen Prozeß.

[549] Dafür Tichomirov (ders.), Kommentarij k zakonu ob AO, Art. 1 Rn. 4. I.E. übereinstimmend Micheler, Das neue russische Aktiengesetz im Überblick, FOWI-Arbeitspapier Nr. 33, S. 4 (= WiRO 1996, Nr. 3, S. 81 [82]).

[550] Vgl. Andreev, O pravovom statuse agrarnych akcionernych obščestv, ChiP 1999, Nr. 7, S. 35 f.; Bakšinskas/Dedov/Karelina, Akcionernoe pravo, S. 13 f.; Vedenin, Pravovoj status sel`skochozjajstvennych kommerčeskich organizacii, Zakonnost` 1996, Nr. 8, S. 6 (8).

[551] Vgl. Andreev, O pravovom statuse agrarnych akcionernych obščestv, ChiP 1999, Nr. 7, S. 35 (36).

[552] Vgl. Ziff. 1 Abs. 3 S. 2 der Leitentscheidung Nr. 4/8 der Plenen des OG und des OWG v. 02.04.1997, ĖiŽ 1997, Nr. 17, S. 16.

[553] Eine Zusammenstellung der einschlägigen Rechtsgrundlagen findet sich bei Krapivin/Vlasov, Kommentarij k zakonu ob AO, S. 12; Šapkina (dies.), Kommentarij k zakonu ob AO, Art. 1 Rn. 4.

Dem unbefangenen westeuropäischen Beobachter könnte sich hier der Eindruck aufdrängen, daß die Beschränkungen des sachlichen Anwendungsbereiches der kapitalgesellschaftsrechtlichen Einzelgesetze auf Anleihen des russischen Gesetzgebers im sekundären Gemeinschaftsrecht der EU zurückzuführen sein könnten. Denn vielfach sind insbesondere vom Anwendungsbereich von EU-Richtlinien, die das Aktien- und GmbH-Recht betreffen, Kreditinstitute und Versicherungen ausgenommen.[555] In der Literatur werden derartige Verbindungslinien zum Gemeinschaftsrecht jedoch - soweit ersichtlich - nicht diskutiert, was einen Grund auch darin haben mag, daß die separate Regelung dieser Komplexe ein in osteuropäischen Transformationsstaaten allgemein zu beobachtendes Phänomen darstellt.

C. Die Errichtung der personalistischen Kapitalgesellschaft

I. Der Gesellschafterkreis

1. Individualanforderungen an (Gründungs-) Gesellschafter

Im Gegensatz zum Personengesellschaftsrecht können sich an Wirtschaftskapitalgesellschaften neben juristischen Personen auch solche natürlichen Personen beteiligen, die nicht als Einzelunternehmer eingetragen sind.[556] Ein weiterer Unterschied zum Personengesellschaftsrecht besteht darin, daß bei der GmbH und der gAG die persönliche Beteiligung der Gesellschafter bzw. Aktionäre an der Unter-

---

554 Nach seinem Wortlaut ist Art. 1 Ziff. 4 AktG nur auf AG anwendbar, die auf der Basis nach dem Präsidialerlaß Nr. 323 „Über dringliche Maßnahmen zur Durchführung der Landreform in der RSFSR" v. 27.12.1991 (VSNDiVS RSFSR 1992, Nr. 1, Pos. 53) umgewandelter Kolchosen, Sovchosen etc. errichtet wurden. Es bleibt abzuwarten, ob Neugründungen zukünftig in den Anwendungsbereich der Spezialgesetzgebung einbezogen werden.

555 Hinsichtlich des Einzelabschlusses gilt dies etwa für die „Vierte Richtlinie des Rates vom 25.7.1978 aufgrund von Artikel 54 Abs. 3 Buchst. g) des Vertrages über den Jahresabschluß von Gesellschaften bestimmter Rechtsformen" (78/660/EWG), ABl. EG Nr. L 222 v. 14.8.1978, S. 11 ff. (sog. Bilanzrichtlinie). Insoweit gilt für Kreditinstitute und Versicherungen eine spezielle „Richtlinie des Rates vom 8.12.1986 über den Jahresabschluß und den konsolidierten Abschluß von Banken und anderen Finanzinstituten" (86/635/EWG), ABl. EG Nr. L 372 v. 31.12.1986, S. 1 ff.

556 Vgl. Art. 66 Ziff. 4 Abs. 2 ZGB.

nehmenstätigkeit nicht vorausgesetzt, aber auch nicht ausgeschlossen wird.[557] Beteiligungen ein und derselben Person an verschiedenen GmbH oder gAG sind daher zulässig. Die Fähigkeit bestimmter Kreise natürlicher Personen, (Gründungs-) Gesellschafter einer GmbH oder gAG zu sein, kann durch Gesetz aufgehoben oder eingeschränkt werden.[558]

a. Einpersonengesellschaften

Sowohl die Einpersonen-GmbH[559] als auch die Einpersonen-AG[560] sind zulässig. Sie können sowohl im Wege der Einpersonengründung als auch durch nachträgliche Vereinigung der Anteile bzw. Aktien in einer Hand entstehen. Beide Entstehungstatbestände setzen in beiden Rechtsformen entsprechende registrierungspflichtige Angaben in der Satzung voraus.[561] Darüber hinaus ist eine gAG verpflichtet, die Vereinigung sämtlicher Aktien in einer Hand in der Presse öffentlich bekanntzumachen.[562] Demgegenüber besteht im GmbH-Recht keine derartige Offenlegungspflicht.[563]

---

[557] Vgl. Suchanov, Chozjajstvennye tovariščestva i obščestva, ChiP 1995, Nr. 3, S. 3 (6).

[558] Vgl. Art. 66 Ziff. 4 Abs. 5 ZGB. Eine Ausfüllung des Gesetzesvorbehaltes findet sich etwa in Art. 9 AntimonopolG, wonach es Amtsträgern staatlicher Organe u. a. verboten ist, sich an Kapitalgesellschaften zu beteiligen oder Ämter in ihren Leitungsorganen auszuüben. Weitere Nachweise bei Eršova/Mgjuja, Sozdanie kommerčeskich organizacij, Zakon 2001, Nr. 8, S. 62 (63 f.).

[559] Vgl. Artt. 87 Ziff. 1 Abs. 1 1. Hs., 89 Ziff. 1 S. 2 ZGB i.V.m. Art. 7 Ziff. 2 Abs. 2 GmbHG.

[560] Der durch ein Urteil des Moskauer Wirtschaftsgerichts vom 5. Juli 1994, durch das die Gründungsdokumente einer AGgT als Einmann-Gesellschaft wegen Verstosses gegen das UntG für unwirksam erklärt wurden, ausgelöste Streit um die Zulässigkeit von Einmann-AG (vgl. dazu Mindach, RF: Gesellschaftsrecht, S. 12; Schwartz, Aufregung um russische Einmann-AG, WiRO 1994, Nr. 12, S. 483) wurde durch Art. 98 Ziff. 6 Abs. 1 S. 1 ZGB aufgelöst. Zur vormals inkonsistenten Rechtslage vgl. Musin, GK i inostrannye investicij, Pravovedenie 1995, Nr. 4-5, S. 78 (79 f.).

[561] Im Aktienrecht ergibt sich dies unmittelbar aus Art. 98 Ziff. 6 Abs. 1 S. 2 ZGB. Das GmbH-Recht enthält keine derartige Bestimmung. Dort folgen die genannten Anforderungen jedoch aus dem Umstand, daß die Angabe der Höhe der Anteile der (des) Gesellschafter(s) - im Gegensatz zum Aktienrecht - bereits notwendiger Satzungsbestandteil ist; s. u. S. 132.

[562] Vgl. Art. 98 Ziff. 6 Abs. 1 S. 2 ZGB. Angesichts ihres eindeutigen Wortlauts findet die Bestimmung auch auf die gAG Anwendung, obwohl deren Publizitätspflichten im übrigen im Vergleich zur oAG wesentlich herabgesetzt sind.

[563] Vor dem Hintergrund der Mängel des derzeitigen russischen Registerwesens (vgl. dazu u. S. 141 ff.) bleibt das russische GmbH-Recht diesbezüglich hinter dem Pflichtenniveau zurück, das in Art. 3 der „Zwölften Richtlinie des Rates vom 21.12.1989 auf dem Gebiet des Gesellschaftsrechts betreffend Gesellschaften mit beschränkter Haftung mit einem einzigen Gesellschafter" (89/667/EWG), ABl. EG Nr. L 395 v. 30.12.1989, S. 40 ff. (fortan: EinpersonenRL), statuiert wird.

Weder in der GmbH noch in der gAG kann eine andere eingliedrige Kapitalgesellschaft als Alleingesellschafterin auftreten.[564] Die Rechtslage ist insoweit mit dem sekundären Gemeinschaftsrecht der Europäischen Union vergleichbar.[565] Auch in Rußland dient das Verbot der Bildung von senkrechten Gruppen mit hundertprozentigen Tochtergesellschaften der Verhinderung des Mißbrauchs der Haftungsbeschränkung, insbesondere der Zwischenschaltung von Einpersonengesellschaften zum Zwecke der Umgehung der Konkursverursachungshaftung aus Art. 56 Ziff. 3 Abs. 2 ZGB, der Ausfallhaftung von Obergesellschaften im Konkurs der Tochtergesellschaft aus Art. 105 Ziff. 2 Abs. 3 ZGB und der Durchgriffshaftung herrschender Unternehmen aus Art. 105 Ziff. 2 Abs. 2 ZGB.[566] Zudem will man die Gründung mehrerer Unternehmen mit dem Kapital nur einer Person verhindern oder zumindest eine solche Möglichkeit einschränken.[567] Die gleichzeitige Beteiligung einer Person, die nicht eine eingliedrige Kapitalgesellschaft ist, als Alleingesellschafterin an mehreren GmbH bzw. gAG wird vom geltenden Recht nicht ausgeschlossen.

Fraglich erscheint, ob das Verbot der Alleingesellschafterstellung eingliedriger Kapitalgesellschaften in gAG oder GmbH auch dann eingreift, wenn es sich bei dem Investor um eine eingliedrige Kapitalgesellschaft handelt, deren Gesellschaftsstatut nichtrussischem Recht unterfällt. Aus der Perspektive des russischen Rechts stellt sich die Anknüpfung in diesen Fällen wie folgt dar. Grundsätzlich finden die Bestimmungen des Zivilrechts auch auf Rechtsverhältnisse Anwendung, an denen auslän-

---

[564] Vgl. Art. 66 Ziff. 5 ZGB i.V.m. Artt. 88 Ziff. 2 ZGB, 7 Ziff. 2 Abs. 3 GmbHG bzw. Artt. 98 Ziff. 6 Abs. 2 ZGB, 10 Ziff. 2 Abs. 2 AktG. Unzutreffend - da zu weitgehend - nimmt jedoch *Kozlova* (Organizacionnye formy predprinimatel`stva: dostoinstva i nedostatki, Zakonodatel`stvo 1997, Nr. 2, S. 24 [29]) an, Einpersonen-GmbH seien generell nicht berechtigt, ihrerseits eine andere Wirtschaftskapitalgesellschaft zu gründen. Denn unter Hinzuziehung eines weiteren Gründungsgesellschafters ist dies jederzeit auch dann möglich, wenn letzterer neben der Einpersonen-GmbH nur eine minimale Beteiligung übernehmen soll. Einen Mindestnennbetrag statuiert das Gesetz weder für GmbH-Anteile noch für Aktien. Das gesetzliche Verbot kann durch Strohmanngründungen indessen nicht umgangen werden, da es sich nicht nur auf die Gründung, sondern auch auf die nachträgliche Entstehung nachgeschalteter Einpersonen-Wirtschaftskapitalgesellschaften bezieht.

[565] Vgl. hierzu die EinpersonenRL, deren Anwendungsbereich sich nach Art. 6 auch auf die Einpersonen-AG erstreckt, soweit diese national zugelassen ist. Gemäß Art. 2 Abs. 2 EinpersonenRL kann der nationale Gesetzgeber Beschränkungen für die Fälle vorsehen, in denen eine natürliche Person Alleingesellschafter mehrerer Gesellschaften oder eine Einpersonen-Gesellschaft ihrerseits einzige Gesellschafterin einer anderen Gesellschaft ist.

[566] Vgl. Abova/Kabalkin/Mozolin (Mozolin), Kommentarij GK I, Art. 88 Rn. 2; Braginskij et al. (Suchanov), Kommentarij GK I, S. 148; Mogilevskij, OOO, S. 36; Sadikov (Avilov) II, Kommentarij GK I, Art. 88 Rn. 2.

[567] Vgl. Glušeckij et al., Novyj GK RF ob AO i inych juridičeskich licach, S. 65 f. Das deutsche Recht kennt eine solche Beschränkung nicht.

dische juristische Personen beteiligt sind, soweit durch Bundesgesetze nichts anderes bestimmt ist.[568] Dieser Gesetzesvorbehalt wird durch Artt. 11 Ziff. 3 GmbHG, 9 Ziff. 6 AktG konkretisiert, wonach Besonderheiten in bezug auf die Gründung von GmbH und AG durch ausländische Investoren in Bundesgesetzen - in concreto dem AIG - normiert werden können. Ausländische Investoren i.S.d. AIG können u. a. ausländische juristische Personen sein, deren Zivilrechtsfähigkeit sich nach der Gesetzgebung des Staates bestimmt, in dem sie gegründet wurden, und die nach dessen Gesetzgebung berechtigt sind, Investitionen in Rußland vorzunehmen.[569] Unter Bezugnahme auf diese Formulierung, die auch ausländische eingliedrige Kapitalgesellschaften erfaßt und für diese keine Ausnahme statuiert, wurde - noch zu Art. 1 AIG a. F. - zum Teil vertreten, auch solche Gesellschaften seien taugliche Gründer russischer Einpersonen-Kapitalgesellschaften, soweit sie nach dem Recht ihres Sitzstaates (nunmehr: Gründungsstaates) zur Errichtung hundertprozentiger Tochterkapitalgesellschaften berechtigt seien.[570] Nach dieser Auffassung stünde etwa einer eingliedrigen AG bzw. GmbH, deren Gesellschaftsstatut deutsches Recht ist, die Errichtung einer russischen Tochterkapitalgesellschaft offen, ohne einen weiteren Gründungsgesellschafter „mit ins Boot" nehmen zu müssen, da das deutsche Recht ein entsprechendes Verbot nicht kennt. Soweit das Recht anderer Staaten ein entsprechendes Verbot enthält, wäre dieser Weg dort gegründeten eingliedrigen Kapitalgesellschaften versperrt.[571] Dem kann jedoch nicht gefolgt werden. Denn es kann nicht unterstellt werden, daß eine „Berechtigung zur Investitionstätigung" i.S.d. AIG hinsichtlich der Errichtung einer russischen eingliedrigen Kapitalgesellschaft dann nicht gegeben ist, wenn das Recht des Gründungsstaates der ausländischen Einpersonengesellschaft die Gründung hundertprozentiger Tochterkapitalgesellschaften verbietet. Bezugspunkt des ggf. im Recht des Gründungsstaates enthaltenen Verbots können nicht Tochtergesellschaften sein, die einem fremden - hier: russischem - Gesellschaftsstatut unterliegen. Ob ausländische eingliedrige Kapital-

---

[568] Vgl. Art. 2 Ziff. 1 Abs. 4 ZGB.

[569] Vgl. Art. 2 Abs. 2 AIG. Das AIG folgt nunmehr der Gründungstheorie, während die Vorgängerregelung des Art. 1 AIG a. F. der Sitztheorie verpflichtet war.

[570] Vgl. Musin, GK i inostrannye investicii, Pravovedenie 1995, Nr. 4-5, S. 78 (81).

[571] Ein entsprechendes Verbot enthält z.B. das französische Recht der GmbH (SARL), während bei der AG (SA) und der vereinfachten AG (SAS) die Gründung von senkrechten Gruppen mit hundertprozentigen Tochtergesellschaften erlaubt ist; vgl. Stucki, Die Reform der französischen vereinfachten AG, DB 1999, Nr. 51/52, S. 2622 (2623).

gesellschaften taugliche Gründer bzw. Alleingesellschafter russischer eingliedriger Kapitalgesellschaften sind, bestimmt sich danach ausschließlich nach russischem Recht. Das Recht des Gründungsstaates des ausländischen Investors ist insoweit lediglich für die Beurteilung von Bedeutung, ob dem Investor die erforderliche (Zivil-) Rechtsfähigkeit zukommt.[572] Etwas anderes kann Art. 2 AIG nicht entnommen werden. Denn vor dem Hintergrund des in Art. 2 Ziff. 1 Abs. 4 ZGB angesprochenen grundsätzlichen Anwendungsgebotes würde die Richtigkeit der geschilderten Literaturauffassung eine *ausdrückliche* Freistellung ausländischer eingliedriger Kapitalgesellschaften im AIG von den einschlägigen Beschränkungen des russischen Gesellschaftsrechts voraussetzen, die aber nicht gegeben ist. Die Mindermeinung verkennt daher das Regelungszusammenspiel zwischen ZGB und AIG und ist somit abzulehnen. Für deutschem Recht unterliegende[573] eingliedrige Kapitalgesellschaften bleibt daher festzuhalten, daß Aktivitäten in Rußland nicht durch hundertprozentige russische Tochterkapitalgesellschaften betrieben werden können.[574]

Soweit die Errichtung einer russischen Tochterkapitalgesellschaft mit hundertprozentiger Beteiligung zulässigerweise angestrebt wird, war vor dem 1. Januar 2002 bei der Rechtsformwahl zu beachten, daß das AktG a.F. die Besonderheiten der Einpersonen-gAG nicht berücksichtigte und insbesondere in Artt. 47 ff. AktG a.F. keine Erleichterungen für die Beschlußfassung durch den Alleinaktionär vorsah.[575] Die ohnehin auf die oAG zugeschnittenen Regelungen des Aktienrechts führten daher bei Einpersonen-gAG in besonderem Maße zu Rechtsunsicherheit in diversen Einzelfragen. Demgegenüber war und ist das jüngere GmbH-Recht dieser Kritik nicht ausgesetzt,[576] weshalb vor der Novellierung des AktG bei Alleingründungen

---

[572] Vgl. Art. 1202 Ziff. 1 Nr. 5 ZGB. Der am 1. März 2002 in Kraft getretene dritte Teil des ZGB umfaßt u.a. auch das IPR.

[573] Nach der - insbesondere von der deutschen Rechtsprechung vertretenen - Sitztheorie ist eine Gesellschaft dem Recht desjenigen Staates unterworfen, in dem sich der tatsächliche Verwaltungssitz befindet; vgl. hierzu sowie zur von der Gegenansicht vertretenen Gründungstheorie Zimmer, Internationales Gesellschaftsrecht, S. 28 f. m.w.N.

[574] Zur vergleichbar gelagerten Problematik in Polen und der i.E. mit der hier vertretenen Auffassung übereinstimmenden Rechtsprechung des polnischen Obersten Gerichtshofs s. Zoll/Kuglarz, Gründung einer polnischen Einmann-GmbH durch eine deutsche Einmann-GmbH, RIW 1999, Nr. 4, S. 277 ff.

[575] Kritisch auch *Gubin* (Akcionernoe pravo, S. 14 f.) unter beispielhafter Aufzählung nach Altrecht möglicher Problemkonstellationen.

[576] Vgl. nur zur Beschlußfassung durch den Alleingesellschafter Art. 39 GmbHG.

i.d.R. die Errichtung einer Einpersonen-GmbH vorzugswürdig war. Mit der Novelle wurden die Regelungsdefizite in bezug auf die gAG weitgehend beseitigt.[577]

b. Die öffentliche Hand als Gesellschafter

Staatliche Organe und Organe der kommunalen Selbstverwaltung sind grundsätzlich nicht berechtigt, als Gesellschafter von Wirtschaftskapitalgesellschaften, d.h. von GmbH und AG, aufzutreten, soweit gesetzlich nichts anderes bestimmt ist (Art. 66 Ziff. 4 Abs. 3 ZGB).[578] Hierzu wurde von der höchstrichterlichen Rechtsprechung präzisiert, daß ab dem 8.12.1994 erfolgte Registrierungen von Wirtschaftskapitalgesellschaften, die unter Beteiligung von Organen der öffentlichen Hand gegründet wurden, durch die Gerichte auf Antrag für unwirksam zu erklären sind, soweit dem jeweiligen Organ ein entsprechendes Gründungsrecht nicht nach Bundesgesetz oder anderen, vor Inkrafttreten des ersten Teils des ZGB ergangenen Rechtsakten zustand.[579] Neben begrifflich ungenauer Berichterstattung in der Presse[580] wird hieraus auch in der juristischen Fachliteratur vereinzelt der unzutreffende Schluß gezogen, der *Staat als solcher* dürfe sich nicht an Gesellschaften dieser Rechtsformen beteiligen.[581] Indessen ergibt sich bereits aus einzelnen Bestimmungen des AktG, daß diese Auffassung verfehlt ist.[582]

---

[577] Neu eingefügt wurde insbesondere Art. 2 Ziff. 2 AktG, wonach die Bestimmungen des AktG auf die Einmann-AG Anwendung finden, soweit das AktG nichts anderes vorsieht und die Anwendung nicht dem Wesen der Rechtsbeziehungen in der Einmann-AG widerspricht. Damit wurde die Regelung aus Art. 7 Ziff. 2 Abs. 4 GmbHG übernommen. Ferner ist die Einmann-AG nunmehr gem. Art. 47 Ziff. 3 S. 2 AktG von den Einberufungs- und Durchführungsbestimmungen befreit, die auf die Aktionärsversammlung der mehrgliedrigen gAG Anwendung finden.

[578] Während sich in Art. 7 Ziff. 2 Abs. 1 GmbHG eine inhaltsgleiche Vorschrift findet, spricht Art. 10 Ziff. 1 Abs. 2 AktG lediglich davon, daß staatliche Organe und solche der kommunalen Selbstverwaltung nicht als *Gründer* von Aktiengesellschaften auftreten dürfen. Aufgrund des genannten allgemeinen Verbots im ZGB, dem Geltungsvorrang zukommt, hat dieser terminologische Unterschied zwischen den Einzelgesetzen jedoch nicht etwa zur Folge, daß den aufgeführten Organen ein späterer Aktienerwerb grundsätzlich gestattet wäre. Die im Aktienrecht geltenden Restriktionen werden übersehen und negiert bei Christiansen, New Law on Limited Liability Companies, EWEG April 1998, S. 3 (28).

[579] Vgl. Ziff. 26 Abs. 1 der Leitentscheidung Nr. 6/8 der Plenen des OG und des OWG, BVS RF 1996, Nr. 9, S. 1 (5).

[580] Vgl. Golubov, Gosudarstvo i obščestva, Ėkspert 1998, Nr. 14, S. 15.

[581] So etwa Schaer, New Civil Code ot the RF, IBL June 1995, S. 268 (270).

[582] Bspw. statuiert Art. 13 Abs. 2 AktG die Pflicht, bei Registrierung von Neugründungen unter Beteiligung des Staates oder kommunaler Gebietskörperschaften Dokumente einzureichen, die das Eigentumsrecht der Gründungsgesellschafter an dem Vermögen belegen, das zur Bezahlung der übernommenen Aktien eingebracht wird.

In diesem Zusammenhang aus westlicher Perspektive auftretende Mißverständnisse beruhen offenbar darauf, daß sich das rechtliche Regelungskonzept hinsichtlich der Teilnahme des russischen Staates am Privatrechtsverkehr, also nicht an Subordinations-, sondern Gleichordnungsverhältnissen, wesentlich von dem etwa in Deutschland verfolgten Ansatz unterscheidet. Während hier der Staat selbst als juristische Person angesehen wird, soweit er als Fiskus - etwa im Rahmen privatrechtlicher Beschaffungstätigkeiten der öffentlichen Verwaltung oder bei erwerbswirtschaftlicher Betätigung - am Privatrechtsverkehr teilnimmt, wird der russische Staat diesbezüglich nicht als juristische Person des öffentlichen Rechts,[583] sondern als Rechtssubjekt sui generis verstanden.[584] Dieses Verständnis bedingt eine ausdrückliche Gleichstellung des Staates und der übrigen Gebietskörperschaften mit natürlichen und juristischen Personen, soweit ihre Beteiligung an dem Zivilrecht unterliegenden Rechtsverhältnissen in Rede steht (Artt. 2 Ziff. 1 Abs. 2 S. 2, 124 Ziff. 1 ZGB). Staat und Gebietskörperschaften selbst sind somit keine juristischen Personen im eigentlichen Sinne, sondern eine besondere, die dritte Art von Subjekten des Zivilrechts, die den juristischen Personen grundsätzlich gleichgestellt wird.[585] Im Privatrechtsverkehr treten im Namen der Föderation, der Föderationssubjekte und der kommunalen Selbstverwaltungen die jeweils zuständigen Organe auf, die ausschließlich die hinter ihnen stehende Körperschaft (bzw. das Rechtssubjekt sui generis) berechtigen und verpflichten können.[586] Dabei ist Organen der Exekutive die gleichzeitige Wahrneh-

---

[583] Vgl. Kalpin/Masljaev, Graždanskoe pravo I, S. 106; Sergeev/Tolstoj, Graždanskoe pravo 1, S. 180. Nach russischem Rechtsverständnis ist die Figur der juristischen Person ausschließlich eine solche des Privatrechts; vgl. Goloviznin, Voprosy učastija v graždanskom oborote organov gosudarstvennoj vlasti, ChiP 1999, Nr. 6, S. 59 (60); Markalova, Treuhänderische Vermögensverwaltung, RIW 1999, Nr. 8, S. 586 (588); Solotych, ZGB RF 1. Teil, S. 30.

[584] Vgl. Goloviznin, Voprosy učastija v graždanskom oborote organov gosudarstvennoj vlasti, ChiP 1999, Nr. 6, S. 59 f.; Suchanov, Graždanskoe pravo I, S. 282; ders., Juridičeskie lica, gosudarstvennye i municipal'nye obrazovanija, ChiP 1995, Nr. 4, S. 3 (23 f.).

[585] Vgl. Art. 124 Ziff. 2 ZGB. Zur Reichweite dieser Verweisung auf das materielle Gesellschaftsrecht vgl. Goloviznin, Voprosy učastija v graždanskom oborote organov gosudarstvennoj vlasti, ChiP 1999, Nr. 6, S. 59 (62); Suchanov, Graždanskoe pravo I, S. 282.

[586] Vgl. Art. 125 Ziff. 1, 2 ZGB. Zweifelhaft ist, ob insoweit die Bestimmungen über die Stellvertretung (Artt. 182 ff. ZGB) uneingeschränkt Anwendung finden (dafür Sergeev/Tolstoj, Graždanskoe pravo 1, S. 185). Für eine lediglich sinngemäße Anwendung spricht, daß ein als falsus procurator im Namen der öffentlichen Hand auftretendes Organ an sich nach Art. 183 Ziff. 1 ZGB selbst aus dem geschlossenen Geschäft berechtigt und verpflichtet würde. Diese Rechtsfolge würde behördliche Kompetenzüberschreitungen im privaten Rechtsverkehr jedoch gewissermaßen honorieren und damit bewußten Umgehungen des Verbotes aus Art. 66 Ziff. 4 Abs. 3 ZGB Vorschub leisten (keine Bedenken hinsichtlich dieses Ergebnisses hegt offenbar Suchanov, Juridičeskie lica, gosudarstvennye i municipal'nye obrazovanija, ChiP 1995, Nr. 4, S. 3 [26]).

mung obrigkeitlicher Funktionen und der Funktion eines Wirtschaftssubjekts verboten (Art. 7 Ziff. 2 Abs. 2 WbG).[587]

Dezentralisierte Kompetenzzuweisungen an verschiedene staatliche[588] Organe zur Gründung von Wirtschaftskapitalgesellschaften finden sich nicht. Ausgangsbestimmung ist vielmehr Art. 114 Ziff. 1 lit. g) Verf, wonach die Verfügungsmacht über das föderale Eigentum bei der Regierung der RF liegt. In bundesgesetzlich und untergesetzlich bestimmten Fällen kann sich die Regierung hierbei vertreten lassen, indem sie staatliche Organe, Organe der kommunalen Selbstverwaltung oder natürliche und juristische Personen mit der Wahrnehmung ihrer Verfügungsbefugnis im Namen der RF besonders beauftragt (Art. 125 Ziff. 3 ZGB). Hinsichtlich der Gründung von Wirtschaftskapitalgesellschaften unter Einbringung von Vermögen der öffentlichen Hand ist eine bundesgesetzliche Regelung in diesem Sinne in Art. 10 Ziff. 3 Abs. 4 PrivG erfolgt. Soweit nicht Privatisierungsverfahren[589] betroffen sind, tritt danach als Gründer von Wirtschaftskapitalgesellschaften im Auftrag der Bundesregierung namens der RF der Russische Fonds des föderalen Vermögens (fortan: RFFI) auf.[590]

---

[587] Bundesgesetz „Über den Wettbewerb und die Begrenzung monopolistischer Tätigkeit auf Warenmärkten" v. 22.03.91 (VVS RF 1991, Nr. 16, Pos. 499), i.d.F. der Novellen v. 24.06.92 (VVS RF 1992, Nr. 34, Pos. 1966), v. 15.07.92 (VVS RF 1992, Nr. 32, Pos. 1882), v. 25.05.95 (SZ RF 1995, Nr. 22, Pos. 1977) und v. 06.05.98 (SZ RF 1998, Nr. 19, Pos. 2066); fortan: WbG. Als „Wirtschaftssubjekte" definiert Art. 4 Abs. 5 WbG u.a. alle russischen und ausländischen kommerziellen Organisationen und ihre Zusammenschlüsse sowie nichtkommerzielle Organisationen und Einzelunternehmer (zu den durch den Begriff „[nicht-] kommerzielle Organisation" jeweils erfaßten Rechtsformen s. Art. 50 Ziff. 2 u. 3 ZGB). Zu im Zusammenhang mit der Novelle des WbG v. 25.05.95 außer Kraft gesetzten Rechtsakten vgl. Gesetz v. 18.12.95, SZ RF 1995, Nr. 51, Pos. 4974.

[588] Der Begriff „staatliches Organ" wird im folgenden in einem weiten Sinne unter Einbeziehung kommunaler Selbstverwaltungseinheiten gebraucht. Nach Art. 12 S. 3 Verf i.V.m. Art. 14 Ziff. 5 S. 1 des Gesetzes „Über die allgemeinen Organisationsgrundlagen der kommunalen Selbstverwaltung in der Russischen Föderation" v. 28.08.95 (SZ RF 1995, Nr. 35, Pos. 3506), geändert durch Gesetze v. 22.04.96 (SZ RF 1996, Nr. 17, Pos. 1917) und v. 17.03.97 (SZ RF 1997, Nr. 12, Pos. 1378), stehen Organe der kommunalen Selbstverwaltung außerhalb des Systems der staatlichen Organe.

[589] Nach Art. 1 PrivG beschränkt sich der Privatisierungsbegriff auf die entgeltliche Veräußerung von Vermögen der öffentlichen Hand an natürliche und juristische Personen. Vom Anwendungsbereich der Privatisierungsgesetzgebung ausgenommen sind daher alle Vorgänge, die sich nach deutschem Rechtsverständnis als „unechte Privatisierung" darstellen.

[590] Russ.: „Rossijskij fond federal'nogo imuščestva". Dieser nimmt gemäß Ziff. 1 der RegVO „Über die spezialisierte Einrichtung zum Verkauf föderalen Vermögens" v. 15.11.1997 (SZ RF 1997, Nr. 47, Pos. 5416) die Funktionen nach Art. 10 PrivG wahr und ist in der Rechtsform einer eigentümerfinanzierten Einrichtung i.S.d. Artt. 120, 296, 298 ZGB organisiert. Bis zum Erlaß der in Ziff. 2 dieser RegVO in Aussicht genommenen Neusatzung richtet sich die Tätigkeit des RFFI nach der durch Präsidialerlaß v. 17.12.1993 Nr. 2173 bestätigten Altsatzung (SAPP RF 1993, Nr. 51, Pos. 4937); s. hierzu auch Suchanov, Graždanskoe pravo I, S. 285, 288. Nicht mehr von Bedeutung dürfte Ziff. 2 Abs. 1 der RegVO Nr. 96 v. 10.02.94 „Über die Delegierung der Verwaltungs- und

Bei zu Privatisierungszwecken erfolgenden Umwandlungen von Unternehmen der öffentlichen Hand in oAG tritt hingegen im Namen der RF das Mingosimuščestvo als Gründer auf.[591] Neben diesen zentralisierten Kompetenzzuweisungen, die ihre Grundlage in Art. 125 Ziff. 3 ZGB finden, sind bislang keine Gesetze ergangen, die den in Art. 66 Ziff. 4 Abs. 3 ZGB vorgesehenen Gesetzesvorbehalt ausfüllen.[592]

Die Ratio des Verbots aus Art. 66 Ziff. 4 Abs. 3 ZGB wird erst deutlich, wenn man sich die rechtliche Doppelnatur staatlicher Organe sowie die hieraus entstandene, untragbare Situation vor Augen führt, die bis zum Inkrafttreten des ersten Teils des ZGB bestand. Soweit Handlungen staatlicher Organe nämlich nicht kraft Stellvertretung der hinter ihnen stehenden Körperschaft zugerechnet werden, können sie grundsätzlich als juristische Person in eigenem Namen am Privatrechtsverkehr teilnehmen. Uneinigkeit besteht lediglich über die Grundlage der Qualifikation staatlicher Organe als juristische Person. Während zum Teil angenommen wird, staatliche Organe seien in Gleichordnungsverhältnissen grundsätzlich juristische Person,[593] wird von anderen die ausdrückliche Zuerkennung der Rechte einer juristischen Person in der Satzung bzw. Ordnung des jeweiligen Organs für erforderlich gehalten.[594]

Verfügungsbefugnisse der Regierung der Russischen Föderation über Objekte föderalen Eigentums" (SAPP RF 1994, Nr. 8, Pos. 593) sein, wonach als Gründer von Unternehmen, die unter Beteiligung Dritter errichtet werden, namens der RF der RFFI *und* Goskomimuščestvo (vgl. Fn. 590) auftreten. Diese VO wurde zwar nicht durch die Schlußbestimmungen zum (aktuellen) PrivG außer Kraft gesetzt, tritt aber nach allgemeinen Rechtsanwendungsregeln hinter dessen Kompetenzaufteilung zurück, die nunmehr allein den RFFI berechtigt.

591 Russ.: „Ministerstvo gosudarstvennogo imuščestva Rossijskoj Federacii". Mingosimuščestvo ist Rechtsnachfolger des staatlichen Vermögensverwaltungskomitees (russ.: „Gosudarstvennyj komitet Rossijskoj Federacii po upravleniju gosudarstvennym imuščestvom" - vormals bekannt unter der Abkürzung Goskomimuščestvo); vgl. Präsidialerlaß v. 30.09.1997 Nr. 1063, SZ RF 1997, Nr. 40, Pos. 4583, sowie Ziff. 1 Abs. 2 der RegVO v. 29.12.1997 Nr. 1644, SZ RF 1998, Nr. 1, Pos. 144. Mingosimuščestvo (noch als Goskomimuščestvo) hat die Zuweisung der Gründungskompetenz an den RFFI außerhalb der Privatisierung in einer Selbstverpflichtung nochmals bestätigt; vgl. Brief des Goskomimuščestvo v. 09.01.1997 Nr. AR-19/74 „Zur Beteiligung der staatlichen Vermögensverwaltungskomitees der Subjekte der RF an der Gründung von Wirtschaftskapitalgesellschaften" (nicht offiziell veröffentlicht).

592 Vgl. die Darstellung der - nach wie vor unveränderten - Rechtslage bei Rubanov, The RF as a Partner of Foreign Investors, Sudebnik 1997, Issue 2, S. 329 (348/Fn. 11).

593 So wohl Leonova, Učreždenie kak sub``ekt graždanskogo prava, VMU Serija 11 1998, Nr. 1, S. 56; Suchanov, Graždanskoe pravo I, S. 283 (288); ders., Nekommerčeskie organizacii kak juridičeskie lica, ChiP 1998, Nr. 5, S. 3 (5); Vitrjanskij, GK o juridičeskich licach, VVAS 1995, Nr. 5, S. 101 (106). Diese Auffassung kann sich rechtshistorisch auf die seinerzeit zu Art. 407 ZGB RSFSR 1922 angenommene Identität der Begriffe „Einrichtung" (dazu sogleich) und „staatliches Organ" stützen; vgl. Makovskij, Graždanskaja otvetstvennost` gosudarstva za akty vlasti, in: GS Chochlov, S. 67 (74).

594 Vgl. Goloviznin, Voprosy učastija v graždanskom oborote organov gosudarstvennoj vlasti, ChiP 1999, Nr. 6, S. 59 (61); Sergeev/Tolstoj, Graždanskoe pravo 1, S. 182, 184.

Welcher Ansicht zu folgen ist, kann dahinstehen, da heute in den Satzungen bzw. Ordnungen nahezu sämtlicher Organe, die namens der Föderation, ihrer Subjekte oder von Kommunen im Privatrechtsverkehr auftreten, eine Bestimmung enthalten ist, wonach das Organ „juristische Person ist" bzw. „über die Rechte einer juristischen Person verfügt".[595] Materiell kommt hier das Gesellschaftsstatut der sog. eigentümerfinanzierten Einrichtung gemäß Art. 120 ZGB, einer russischrechtlichen Sonderform juristischer Personen, zur Anwendung. Diese werden von einem Träger (hier: der öffentlichen Hand als Eigentümerin) zur Ausübung von verwaltungs-, sozial-kulturellen oder anderen nichtkommerziellen Funktionen gegründet. Eigentümer des Vermögens der juristischen Person bleibt der Träger, während der Einrichtung selbst hieran nur ein Recht auf operative Verwaltung[596] zukommt. Bei letzterem handelt es sich um ein beschränkt dingliches Recht, das für die Einrichtung zwar Besitz- und Nutzungsrechte, aber keine Verfügungsrechte hinsichtlich des verwalteten Vermögens begründet.[597] Etwas anderes gilt nur dann, wenn der Einrichtung nach ihren Gründungsdokumenten die Ausübung unternehmerischer Erwerbstätigkeit gestattet ist.[598] Eigentumsrechtliches Zuordnungssubjekt der dadurch erwirtschafteten Gewinne und des dafür erworbenen Vermögens bleibt zwar auch in diesem Fall der Träger der Einrichtung,[599] letztere kann hierüber aber selbständig verfügen.[600] Unabhängig von der zentralisierten Kompetenzzuweisung an den RFFI und Mingosimuščestvo hinsichtlich der Gründung von Wirtschaftskapitalgesellschaften könnten somit grundsätzlich - bei Vorliegen der geschilderten Voraussetzungen - auch andere Organe der öffentlichen Hand in ihrer Eigenschaft als eigentümerfinanzierte Einrichtungen in eigenem Namen aus erwirtschafteten Eigenmitteln Kapitalgesellschaften gründen. Dieser aus ihrer rechtlichen Doppelnatur folgenden Möglichkeit wird erst durch das Verbot aus Art. 66 Ziff. 4 Abs. 3 ZGB ein Riegel vorgeschoben.

---

[595] Vgl. Goloviznin, aaO., S. 59 (61); Sergeev/Tolstoj, aaO., S. 185. In Anlehnung an Goloviznin, aaO., S. 63, können staatliche Organe daher in der Regel zutreffend jedenfalls als „quasi-juristische Personen" bezeichnet werden.

[596] Russ.: „Operativnoe upravlenie".

[597] Vgl. Artt. 296 Ziff. 1, 298 Ziff. 1 ZGB.

[598] Diese Möglichkeit ist Ausfluß der Zugehörigkeit der Einrichtung zu den nichtkommerziellen Organisationen; s.o. S. 87.

[599] Suchanov, Nekommerčeskie organizacii kak juridičeskie lica, ChiP 1998, Nr. 5, S. 3 (6).

[600] Vgl. Art. 298 Ziff. 2 ZGB.

Zu berücksichtigen ist auch, daß die zu Beginn der neunziger Jahre bestehende Rechtslage und -wirklichkeit dringenden Reformbedarf für den ZGB-Gesetzgeber zeitigte. Insbesondere war es erforderlich, den Kreis der zur Gründung von Kapitalgesellschaften berechtigten staatlichen Organe radikal einzuschränken. Denn gemäß der Vorgängerregelung des Art. 25 Ziff. 2 GrZG 1991 wurden der Staat und die Unionsrepubliken in zivilrechtlichen Rechtsbeziehungen durch „Organe der Verwaltung staatlichen Vermögens" vertreten. Da nahezu jedem staatlichen Organ derartige Verfügungsbefungnisse zustanden, wurde innerhalb kürzester Zeit eine Vielzahl von Wirtschaftsgesellschaften errichtet, deren Gesellschafter zwar formal der Staat war, von denen aber gemutmaßt werden kann, daß das Ergebnis ihrer Tätigkeit vornehmlich im Abfluß von Staatsvermögen in private Kanäle bestand.[601] Dieser außer Kontrolle geratenen Praxis wurde durch die Einführung des für staatliche Organe geltenden generellen Beteiligungsverbots ein Ende bereitet.[602]

Aus der Perspektive ausländischer Investoren bleibt somit zu konstatieren, daß Ansprechpartner bei einer beabsichtigten Errichtung von Gemeinschaftsunternehmen unter Beteiligung der öffentlichen Hand in erster Linie der RFFI bzw. dessen regionale Abteilungen sind. Als Rechtsform kommt insoweit ausschließlich die GmbH, nicht aber die gAG, in Betracht. Denn gemäß Art. 7 Ziff. 4 AktG ist der öffentlichen Hand innerhalb der aktienrechtlichen Formen nur die Beteiligung an oAG, nicht aber an gAG, eröffnet.[603]

2. Zahlenmäßige Beschränkung des Gesellschafterkreises

Der Gesellschafterkreis von GmbH und gAG ist zahlenmäßig auf maximal fünfzig beschränkt.[604] Wird diese Limitierung überschritten, haben sich sowohl eine GmbH

[601] Soweit es staatlichen Organen nach Altrecht über Art. 25 Ziff. 2 GrZG 1991 hinaus erlaubt war, in eigenem Namen als Gründer aufzutreten, arbeitet die Rechtsprechung heute mit einer Zurechnungsfiktion: Gemäß Ziff. 26 Abs. 3 der Leitentscheidung Nr. 6/8 der Plenen des OG und des OWG (BVS RF 1996, Nr. 9, S. 1 [5]) gilt als Gründer von vor Inkrafttreten des ersten Teils des ZGB durch staatliche Organe gegründeten Wirtschaftskapitalgesellschaften nunmehr die Föderation bzw. das jeweilige Subjekt respektive Kommune.

[602] Vgl. zum Ganzen Rubanov, The RF as a Partner of Foreign Investors, Sudebnik 1997, Issue 2, S. 329 (342 f., 347).

[603] Vgl. dazu Krapivin/Vlasov, Kommentarij k zakonu ob AO, S. 37.

[604] Vgl. Art. 88 Ziff. 1 ZGB i.V.m. Art. 7 Ziff. 3 Abs. 1 GmbHG; Art. 97 Ziff. 2 Abs. 3 ZGB i.V.m. Art. 10 Ziff. 2 Abs. 1 S. 2 AktG.

als auch eine gAG innerhalb eines Jahres in eine oAG umzuwandeln;[605] andernfalls kann die Gesellschaft auf Antrag einer staatlichen Behörde durch gerichtliche Entscheidung aufgelöst[606] werden, sofern die Gesellschafterzahl nicht auf das gesetzlich zulässige Maß herabgesetzt wird. Gleichwohl sind im Rechtsverkehr vielfach gAG mit weitaus mehr als fünfzig Aktionären anzutreffen.[607] Solche Gesellschaften sind von der gesetzlichen Auflösungsandrohung ausgenommen und somit rechtmäßig verfaßt, soweit sie vor Inkrafttreten des AktG errichtet wurden, denn durch dessen Übergangsbestimmungen wurde die gesetzliche Obergrenze insoweit außer Kraft gesetzt.[608] Gleiches gilt, soweit die betreffende gAG zwar nach Inkrafttreten des AktG, aber vor dem 1. Januar 1999 durch rechtsformwechselnde Umwandlung aus einer GmbH mit mehr als fünfzig Gesellschaftern entstanden ist.[609] Dagegen

[605] Vgl. Artt. 7 Ziff. 3 Abs. 2 S. 1 GmbHG, 7 Ziff. 3 Abs. 3 S. 1 AktG. Bei Umwandlungen aus einer GmbH steht darüber hinaus auch die Produktionsgenossenschaft als Zielgesellschaftsform zur Verfügung.

[606] Im Gegensatz zum deutschen Recht differenziert das Gesetz in Art. 61 ff. ZGB terminologisch nicht zwischen Auflösung und Abwicklung. Unter „Liquidation im gerichtlichen Verfahren" ist eine Auflösungsklage durch die zuständigen Staatsorgane zu verstehen. Aktivlegitimiert sind nach Artt. 7 Ziff. 3 Abs. 2 S. 2 GmbHG, 7 Ziff. 3 Abs. 3 S. 2 AktG die Registrierungsbehörden sowie andere staatliche Organe und solche der kommunalen Selbstverwaltung, denen durch Bundesgesetz ein entsprechendes Klagerecht zugewiesen ist. Zur Erhebung von Auflösungsklagen befugt sind danach u.a. die Steuerbehörden; vgl. Art. 31 Ziff. 1 Abs. 19 Steuerkodex (Steuerkodex der Russischen Föderation - 1. Teil v. 31.07.1998, SZ RF 1998, Nr. 31, Pos. 3824). Nach dem Wortlaut dieser Bestimmung ist der Rechtsweg insoweit sowohl zu den ordentlichen, als auch zu den Wirtschaftsgerichten eröffnet (vgl. Art. 31 Ziff. 1 Abs. 16 Steuerkodex). Die Registrierungsbehörden sind in den in Rede stehenden Fällen *verpflichtet*, vor den Wirtschaftsgerichten Klage auf Nichtigerklärung der Gründungsdokumente zu erheben; vgl. Ziff. 12 RegO. Klagebefugt sind ferner verschiedene Aufsichtsbehörden, im Bankensektor etwa die Zentralbank Rußlands (zu einem Fall aus der Praxis s. Ageev, Opjat' Žiltovarišči pojut, Ėkspert 1998, Nr. 26, S. 50), sowie die Staatsanwaltschaft; vgl. Informationsbrief des Präsidiums des OWG Nr. 23 v. 05.12.1997, VVAS 1998, Nr. 2, S. 64 m.w.N. Gleiches gilt für die Wettbewerbsbehörden; vgl. Ziff. 20 des Informationsbriefs des Präsidiums des OWG Nr. 32 v. 30.03.1998, VVAS 1998, Nr. 5, S. 88 (100).

[607] Zu den Entstehungstatbeständen s. Braginskij et al. (Suchanov), Kommentarij GK I, S. 148; Mogilevskij, Akcionernye Obščestva, S. 41; Suchanov, Kompanii v novom GK Rossii, ChiP 1995, Nr. 8, S. 61 (64).

[608] Vgl. Artt. 7 Ziff. 3 Abs. 2 u. 3, 94 Ziff. 4 AktG.

[609] Vgl. Art. 59 Ziff. 3 Abs. 2 GmbHG n. F. Das Gesetz erleichterte den Umwandlungsvorgang insoweit, als Gläubigeransprüche auf Erfüllung der Verbindlichkeiten der Ausgangsgesellschaft vor Fälligkeit sowie die entsprechenden publikationspflichtigen Fristen zur Anmeldung der Forderungen bei dieser für nicht anwendbar erklärt wurden; vgl. Artt. 59 Ziff. 3 Abs. 3, 51 Ziff. 5 Abs. 1 GmbHG. Die Intention der Regelung besteht in der Vermeidung einer Flucht aus der GmbH durch Geltendmachung des ordentlichen Austrittsrechts, die seitens der Gesellschafter von unter dem Druck der Auflösungsandrohung stehenden GmbH absehbar war, um den Wert des Geschäftsanteils aus der Gesellschaft abziehen zu können und sich nicht auf die Liquidationsquote verweisen lassen zu müssen (vgl. dazu Glušeckij, Preobrazovanie OOO v AO, ĖiŽ 1998, Nr. 20, S. 22). In praxi war in GmbH mit hohem Gesellschafterbestand der einstimmig von sämtlichen Gesellschaftern, d.h. nicht nur der auf der betreffenden Gesellschafterversammlung anwesenden Stimmen, zu fassende Umwandlungsbeschluß (vgl. Artt. 33 Ziff. 2 Nr. 11, 37 Ziff. 8 Abs. 2 GmbHG) indessen nur schwer erreichbar (s. dazu Knaul, GmbH-Recht, S. 126 f.). Zur Wahrung des Bestands-

schließt das GmbH-Recht eine Perpetuierung von mehr als fünfzig Gesellschaftern zählenden GmbH aus. Vor Inkrafttreten des GmbHG entstandene, die zahlenmäßige Beschränkung überschreitende GmbH konnten die vorgeschriebene Reduzierung des Gesellschafterbestandes nur durch die nach Art. 59 Ziff. 3 Abs. 2 GmbHG n. F. bestehende Möglichkeit vermeiden, bis zum 1. Juli 1999 unter Beibehaltung des Gesellschafterbestandes einen Rechtsformwechsel in die gAG vorzunehmen. Auch im GmbH-Recht stand die Fristüberschreitung unter der Sanktion der Auflösungsandrohung.[610]

Mit der dem französischen GmbH-Recht entnommenen[611] zahlenmäßigen Beschränkung verfolgt der Gesetzgeber den Zweck, die Überschaubarkeit des Gesellschafterkreises und damit den personalistischen Charakter von GmbH und gAG zu sichern.[612] Die Eignung der Anzahl der Gesellschafter als Kriterium der personalistischen Prägung einer Kapitalgesellschaft ist jedoch nicht nur wegen hierdurch bedingter Auslegungsschwierigkeiten,[613] sondern auch deshalb zweifelhaft, weil die

---

schutzinteresses wäre insoweit die Aufnahme eines Ausnahmetatbestandes hinsichtlich des Einstimmigkeitserfordernisses in die Übergangsvorschriften erforderlich gewesen. Mangels eines solchen waren unter dem Druck der Auflösungsandrohung stehende GmbH gezwungen, als ultima ratio Ausschlußklage gegen nicht zustimmungswillige Gesellschafter nach Art. 10 GmbHG zu erheben. Ausgeschlossenen und ausgetretenen Gesellschaftern stehen jedoch dieselben, den Bestand der Gesellschaft möglicherweise gefährdenden Ansprüche zu, was durch die Eröffnung des Auswegs in die gAG gerade vermieden werden sollte.

610 Vgl. Art. 59 Ziff. 3 Abs. 4 GmbHG. Soweit in betroffenen GmbH weder fristgemäß der Gesellschafterbestand reduziert noch mangels erreichbarer Einstimmigkeit ein Umwandlungsbeschluß gefaßt wurde, nehmen diese Gesellschaften - im Falle einer gerichtlichen Auflösungsanordnung - bis zur Eintragung des Abschlusses des Liquidationsverfahrens im einheitlichen staatlichen Register für juristische Personen gemäß Art. 63 Ziff. 8 ZGB rechtmäßig am Rechtsverkehr teil; vgl. Bažanova, Nesvoevremennoe privedenie dokumentov OOO v sootvetstvie s zakonodatel`stvom, Ėkonomiko-pravovoj bjulleten` 1998, Nr. 6, S. 36 (37). Bis zu einer Leitentscheidung der Obergerichte bleiben ihre Rechtsgrundlagen jedoch unklar. Denn einerseits ließe sich unter Bezugnahme auf den Rechtsgedanken des Art. 6 Ziff. 2 Abs. 2 EGZGB I vertreten, daß die Gründungsdokumente solcher GmbH weiterhin gelten, soweit sie nicht in Widerspruch zu ZGB und GmbHG stehen (bloße Teilnichtigkeit nach Art. 180 ZGB). Andererseits ist im Aktienrecht die Rechtslage insoweit eindeutig, als nach Art. 94 Ziff. 2 AktG die Nichtbeachtung der Anpassungsfristen die Unwirksamkeit der Gründungsdokumente zur Folge hat. Im GmbH-Recht fehlt eine derartige Bestimmung. Bis zur Eintragung des Abschlusses des Liquidationsverfahrens besteht die AG fort; davor in ihrem Namen geschlossene Geschäfte sind wirksam, soweit sie der Gesetzgebung nicht widersprechen (s. Ziff. 2, 3 der Leitentscheidung der Plenen des OWG und des OG Nr. 4/2 v. 05.02.1998, VVAS 1998, Nr. 4, S. 35 [36]. Hierin könnte ein das gesamte Kapitalgesellschaftsrecht prägender Grundsatz zu sehen sein.

611 Zur Rechtslage im französischen GmbH-Recht vgl. insoweit Maier, Die GmbH im französischen Recht, GmbHR 1990, Nr. 9, S. 379 (380).

612 Vgl. Krapivin/Vlasov, Kommentarij k zakonu ob AO, S. 50.

613 In praxi kann sich z.B. die Problematik ergeben, ob Ehegatten im gesetzlichen Güterstand als ein oder zwei Gesellschafter zu behandeln sind. Der gesetzliche Güterstand ist weder mit der Zugewinngemeinschaft i.S.d. § 1363 BGB-D noch mit der Gütergemeinschaft i.S.d. §§ 1415 ff. BGB-D

Größe einer Kapitalgesellschaft nicht in erster Linie durch ihren Gesellschafterbestand, sondern den Umfang ihrer Geschäftstätigkeit bestimmt wird.[614] Die für den personalistischen Charakter einer Gesellschaft ausschlaggebende enge persönliche Verbundenheit der Gesellschafter kann bereits bei weniger als fünfzig Gesellschaftern nicht mehr, bei einer höheren Anzahl im Einzelfall jedoch durchaus noch gegeben sein; eine Vermutungswirkung kommt festen Kennzahlen daher nicht zu. Der russische Gesetzgeber folgt damit einem in Osteuropa zwar noch vereinzelt anzutreffenden,[615] in Westeuropa aber auf dem Rückzug befindlichen Regelungsansatz.[616] Letztendlich bleibt jede Festsetzung einer zahlenmäßigen Obergrenze be-

---

identisch. Vielmehr bleibt vor Eingehung der Ehe erworbenes Vermögen solches des jeweiligen Ehegatten; vgl. Artt. 256 Ziff. 2 Abs. 1 ZGB, 36 Ziff. 1 Familienkodex der Russischen Föderation v. 29.12.1995, SZ RF 1996, Nr. 1, Pos. 16. Während der Ehe erworbenes Vermögen steht den Ehegatten zur gesamten Hand zu; vgl. Artt. 256 Ziff. 1, 253 ZGB i.V.m. Art. 34 Ziff. 1 Familienkodex. Gemäß Art. 34 Ziff. 2 S. 2 ZGB zählen hierzu u.a. aus Einkünften der Ehegatten erworbene Wertpapiere und Geschäftsanteile an Kapitalgesellschaften unabhängig davon, namens welchen Ehegatten sie erworben bzw. die entsprechende Einlageleistung in das Satzungskapital erbracht wurde. Zweckmäßigerweise dürfte eine eheliche Gesamthand, der eigentumsrechtlich ein Anteil an einer Kapitalgesellschaft zugeordnet ist, als ein (1) Gesellschafter anzusehen sein, da über das Gesamthandsvermögen nur als solches verfügt werden kann und eine Aufsplitterung der Beteiligung durch anteilsmäßige Verfügung eines Ehegatten daher ausgeschlossen ist. Eine Weigerung des Führers des Aktionärsregisters, auf eine Aktie beide Ehegatten einzutragen, um Schwierigkeiten bei der einvernehmlichen Stimmrechtsausübung etwa nach Scheidung der Ehe zu vermeiden, ist rechtswidrig (vgl. Zinčenko et al., Akcionernoe zakonodatel`stvo: ispytanie praktikoj, ChiP 1998, Nr. 10, S. 52 [55]).

Entsprechend stellt sich die Frage, wie die Innehabung von Geschäftsanteilen bzw. Aktienpaketen durch Erbengemeinschaften zu beurteilen ist.

Eine den §§ 69 AktG-D, 18 GmbHG-D entsprechende Regelung ist nur im Aktienrecht enthalten. Gemäß Art. 57 Ziff. 3 S. 1 AktG sind die durch gesamthänderisch gehaltene Aktien vermittelten Stimmrechte durch einen der Gesamthänder oder einen gemeinsamen Vertreter auszuüben. Das GmbH-Recht kennt keine entsprechende Vorschrift, dürfte aber demselben Grundsatz folgen. Die Gesamthänder haben einen Anspruch auf Eintragung in das Aktionärsregister i.S.d. Art. 44 AktG. Deshalb sind in der Praxis seitens der Registerführer mitunter zu beobachtende Bestrebungen, nur einen der Gesamthänder einzutragen, um Schwierigkeiten bei der Stimmrechtsausübung in Fällen zu vermeiden, in denen sich die Gesamthänder nicht auf eine einheitliche Stimmrechtsausübung verständigen können (was etwa im Falle einer Ehescheidung denkbar ist), rechtswidrig; vgl. dazu Zinčenko et al., Akcionernoe zakonodatel`stvo: ispytanije praktikoj, ChiP 1998, Nr. 10, S. 52 (55).

[614] Lutter, Die Entwicklung der GmbH in Europa und in der Welt, in: FS 100 Jahre GmbHG, S. 49 (62).

[615] Eine Beschränkung der personalistischen Kapitalgesellschaft auf max. fünfzig Gesellschafter bzw. Aktionäre findet sich etwa noch in Litauen, Tschechien und der Slowakei.

[616] In Westeuropa besteht eine zahlenmäßige Limitierung des GmbH-Gesellschafterbestandes nur noch in Frankreich (50) und Liechtenstein (40), während Großbritannien mit dem Companies Act 1980 (vgl. Behrens, Die GmbH im int. und europ. Recht, 3. Abschnitt VIII., GB/NI Rn. 8 u. 14), Belgien durch Gesetz v. 15.07.1985 (vgl. Lutter, Die Entwicklung der GmbH in Europa und in der Welt, in: FS 100 Jahre GmbHG, S. 49, 62) und Spanien mit der am 01.06.1995 in Kraft getretenen GmbH-Novelle (s. dazu Meyer, Das neue GmbH-Gesetz in Spanien) diese Schranke aufgehoben haben. Als Ausdruck in Rußland des öfteren zu beobachtender ungenauer Rechtsvergleichung ist es daher zu werten, wenn von führenden Gesellschaftsrechtlern vertreten wird, das russische GmbHG setze die Obergrenze „in Anlehnung an *alle* Staaten Kontinentaleuropas" fest; so Za-

liebig, was sich auch darin dokumentiert, daß der Gesetzgeber offenbar die - unter den geschilderten Voraussetzungen zulässige - auf Dauer angelegte Existenz von gAG, nicht aber von GmbH mit weit höherem Gesellschafterbestand als unproblematisch erachtet.[617]

II. Gründungsdokumente

1. Gesetzliche Systematik

Obwohl sich gAG und GmbH als personalistisch strukturierbare Kapitalgesellschaften typologisch nahestehen, basiert ihre Verfassung nicht auf denselben Grundlagen. Grundsätzlich bestimmt sich die Verfassung einer Kapitalgesellschaft russischen Rechts nach den gesetzlich für die jeweilige Rechtsform vorgesehenen Gründungsdokumenten.[618] Unerläßliche Gründungsurkunde jeder Kapitalgesellschaft ist die auf der Gründungsversammlung durch einstimmigen Beschluß der Gründer festzustellende Satzung. Während jedoch das Aktienrecht ausschließlich die Satzung als Gründungsdokument einer AG ausweist,[619] hat eine GmbH mit Gründungsvertrag und Satzung zwingend zwei Gründungsdokumente.[620] Dagegen kennt das Aktien-

---

lesskij (ders.), Kommentarij k zakonu ob OOO, S. XIII; ders., OOO v sisteme chozjajstvennych obščestv, Pravo i Ėkonomika 1998, Nr. 3, S. 13 (15); nur leicht relativierend Gluševckij et al., Novyj GK RF ob AO i inych juridičeskich licach, S. 65 sowie Suchanov, Kompanii v novom GK Rossii, ChiP 1995, Nr. 8, S. 61 (67).

617 Diese typologisch nicht gerechtfertigte Differenzierung wird in der Lehre mit dem Hinweis darauf erklärt, daß - wie die Praxis zeige - ein hoher Gesellschafterbestand die wirtschaftliche Stabilität von GmbH weitaus stärker als in gAG gefährde, was auf das Institut des ordentlichen Austrittsrechts des GmbH-Gesellschafters zurückzuführen sei; s. Zalesskij (Šapkina), Kommentarij k zakonu ob OOO, Art. 59 Rn. 3. Letztlich bringt die Differenzierung jedoch in erster Linie die Untauglichkeit des Gesellschafterbestandes als Wesenselement der personalistischen Kapitalgesellschaft zum Ausdruck, da es bereits hinter Bestandsschutzgesichtspunkten zurücktritt. Berechtigt ist daher die Kritik an der bestehenden Rechtslage bei Mogilevskij, Akcionernye obščestva, S. 41.

618 Die Funktion des Begriffes der „Gründungsdokumente" liegt nicht in einer gesetzlichen Festlegung der für die Registrierung der Gesellschaft erforderlichen Dokumente, da hierfür zahlreiche weitere Unterlagen einzureichen sind. Vielmehr bezeichnet das Gesetz die verbandskonstituierenden Organisationsverträge bzw. -akte als Gründungsdokumente juristischer Personen und nimmt damit eine Abgrenzung von anderen, zwischen den Mitgliedern getroffenen schuldrechtlichen Vereinbarungen vor, welche die Verfassung der juristischen Person nicht berühren.

619 Vgl. Art. 98 Ziff. 3 Abs. 1 ZGB i.V.m. Art. 11 Ziff. 1, 9 Ziff. 5 Abs. 1 S. 2 AktG.

620 Vgl. Art. 89 Ziff. 1 S. 1 ZGB i.V.m. Art. 11 Ziff. 1 S. 2 GmbHG. Die Duplizität der Gründungsdokumente im GmbH-Recht wird übersehen von Christiansen, New Law on Limited Liability Companies, EWEG April 1998, S. 3 (28).

recht keinen als Gründungsdokument ausgestalteten Gründungsvertrag. Hier schließen die Gründungsgesellschafter einen „Vertrag über die Errichtung einer AG“ (fortan: Errichtungsvertrag),[621] durch den eine einfache Gesellschaft i.S.d. Artt. 1041 ff. ZGB begründet wird, deren Zweck in der Errichtung der AG besteht.[622] Grundlage dieser einfachen Gesellschaft ist der Errichtungsvertrag sowie die Artt. 1041 ff. ZGB, soweit letztere nicht durch zwingende aktienrechtliche Bestimmungen verdrängt werden.[623] Sie endet mit Zweckerreichung, d. h. mit dem Konstitutivakt der Registrierung[624] der AG.[625] Der Errichtungsvertrag zeitigt deshalb keine über diesen Entste-

---

[621] Die bewußte begriffliche Differenzierung des Gesetzgebers wirkt sich u.a. dahingehend aus, daß Art. 52 Ziff. 2 Abs. 2 ZGB als Ausgangsbestimmung für den Mindestinhalt von Gründungsverträgen juristischer Personen nicht auf den Errichtungsvertrag einer AG anwendbar ist. Im deutschen Schrifttum wird dies zuweilen verkannt und auch der Errichtungsvertrag unzutreffend als „Gründungsvertrag“ bezeichnet (so etwa Solotych, Unternehmensgründung in der RF, Rn. 56; dies., Recht der Handelsgesellschaften, Rn. 65), was zu einer fehlerhaften Bestimmung des im Errichtungsvertrag zu regelnden Fragenkreises führen kann.

[622] Bakšinskas, Sozdanie AO, Pravo i Ékonomika 1997, Nr. 21-22, S. 9. Trotz Anwendbarkeit der Artt. 1041 ff. ZGB sieht *Stepanov* (Osobennosti dogovora učrediteljej o sozdanii AO, ChiP 2000, Nr. 2, S. 42 [45/47]) im Errichtungsvertrag ein aliud gegenüber der einfachen Gesellschaft und begründet dies damit, letztere setze ein Zusammenwirken von Personen *ohne Errichtung einer juristischen Person* voraus; darauf ziele der Errichtungsvertrag aber gerade ab. Stepanov übersieht damit, daß gerade in der Errichtung der Gesellschaft die originäre Zwecksetzung i.S.d. Artt. 1041 ff. ZGB liegt.

[623] Verdrängt wird etwa die Haftungsregelung des Art. 1047 Ziff. 1 Abs. 1 ZGB, wonach Gesellschafter einer einfachen Gesellschaft für Verbindlichkeiten derselben grundsätzlich nur anteilsmäßig einzustehen haben, durch Art. 10 Ziff. 3 Abs. 1 AktG, der insoweit zwingend eine gesamtschuldnerische Haftung vorsieht.

[624] Terminologisch ist zu beachten, daß - im Gegensatz zum deutschen Recht - Errichtung und Entstehung jeder Kapitalgesellschaft identische Zeitpunkte bezeichnen: Mit ihrer Registrierung gilt eine Kapitalgesellschaft als errichtet (Art. 51 Ziff. 2 ZGB i.V.m. Artt. 8 Ziff. 2 AktG, 2 Ziff. 3 Abs. 1 GmbHG), und mit der Errichtung entsteht ihre Rechtsfähigkeit als juristische Person (Art. 49 Ziff. 3 Abs. 1 ZGB).

[625] Die Erreichung des Gesellschaftszwecks ist gesetzlich nicht als Auflösungsgrund geregelt, sollte aber m.E. als Eintritt einer auflösenden Bedingung, unter der der Gesellschaftsvertrag geschlossen worden war (Art. 157 Ziff. 2 ZGB), behandelt werden können; ebenso Sergeev/Tolstoj, Graždanskoe pravo 2, S. 667; Solotych, ZGB RF II. Jedenfalls geht die Lehre nahezu einhellig von einer Beendigung durch Zweckerreichung aus; vgl. Bakšinskas, Sozdanie AO, Pravo i Ékonomika 1997, Nr. 21-22, S. 9 (11); Suchanov, Graždanskoe pravo I, S. 234; Tichomirov (ders.), Kommentarij k zakonu ob AO, Art. 9 Rn. 5.; ders., OOO, S. 86 f.; a.A. Anufrieva, Novye trebovanija k ustavu AO, ÉiŽ 1996, Nr. 2, S. 38. Soweit das Satzungskapital im Entstehungszeitpunkt der juristischen Person noch nicht vollständig aufbebracht wurde, ist zu beachten, daß die einmal wirksam begründete Einlageverpflichtung der Gründer durch die Beendigung der einfachen Gesellschaft auch dann nicht entfällt, wenn vertraglich in Ausfüllung des Art. 425 Ziff. 3 ZGB vorgesehen ist, daß mit der Beendigung der einfachen Gesellschaft auch die vertraglichen Pflichten der Parteien untergehen. Die Nichtigkeit solcher Bestimmungen ergab sich vor dem 01.01.2002 aus entgegenstehendem zwingendem Kapitalaufbringungsrecht über Artt. 99 Ziff. 2, 168 ZGB (so auch i.E. - mit abweichender Begründung - Stepanov, Osobennosti dogovora učrediteljej o sozdanii AO, ChiP 2000, Nr. 2, S. 42 [55]).

hungszeitpunkt hinausreichenden Rechtsfolgen.[626] Sein Gegenstand liegt ausschließlich in der Regelung der zwischen den Gründungsgesellschaftern vor Entstehung der AG bestehenden schuldrechtlichen Beziehungen, wovon die Verfassung der zu errichtenden Gesellschaft in keiner Weise betroffen wird. Die Anwendbarkeit der Artt. 1041 ff. ZGB im Stadium zwischen Abschluß des Errichtungsvertrages und Registrierung der Gesellschaft wurde inzwischen höchstrichterlich bestätigt[627] und begegnet auch im Schrifttum keinen Zweifeln.[628] Demgegenüber beansprucht der Gründungsvertrag einer GmbH nicht nur bis zu ihrer Registrierung, sondern - neben der Satzung - bis zu ihrer Beendigung Geltung. Infolge dieser Abweichung vom Aktienrecht ist bislang nicht abschließend geklärt, wie der Gründungsvertrag zu qualifizieren ist und worin im GmbH-Recht der Grund für die gesetzliche Duplizität der Gründungsdokumente zu sehen ist. Auch die zum GmbHG ergangene höchstrichterliche Leitentscheidung hat insoweit nichts zur Klärung beigetragen. Dort wird der Gründungsvertrag definiert als „Dokument, das die Errichtung der Gesellschaft und das Verhältnis der Gründer untereinander und zur Gesellschaft für den Zeitraum ihrer Existenz regelt und den allgemeinen Anforderungen genügen muß, die das ZGB an Verträge und Rechtsgeschäfte (einschließlich der Vorschriften über die Unwirksamkeit von Rechtsgeschäften) stellt, sowie die Besonderheiten zum Aus-

---

[626] Zweifelhaft erscheint daher, ob eine dauerhafte Regelung der Beziehungen zwischen den Gründern, die gerade bei gAG mit geschlossenem und weitgehend konstantem Aktionärsbestand notwendig und gewollt sein kann, im Wege des Abschlusses des Errichtungsvertrages auf unbestimmte Dauer erreicht werden kann (dafür Solotych, Recht der Handelsgesellschaften, Rn. 65). Denn die grundsätzlich gegebene Möglichkeit einer einfachen Gesellschaft auf Zeit (arg. e Art. 1050 Ziff. 1 Abs. 6 ZGB) erscheint hier deshalb als ausgeschlossen, weil der Gesetzgeber mit der Bezeichnung des Errichtungsvertrages als Vertrag „über die Errichtung einer AG" den Zweck und den Zeitpunkt der Zweckerreichung der einfachen Gesellschaft zwingend festgelegt hat. Die vertragliche Vereinbarung einer über die Entstehung der AG hinausreichenden Dauer würde die gesetzliche Differenzierung zwischen Gründungs- und Errichtungsvertrag, die wesentlich durch deren unterschiedliche Geltungsdauer geprägt ist, negieren und wäre daher nach hier vertretener Auffassung gemäß Art. 168 ZGB nichtig.

[627] S. Ziff. 3 der Leitentscheidung Nr. 4/8 der Plenen des OG und des OWG v. 02.04.1997, ĖiŽ 1997, Nr. 17, S. 16.

[628] Eine Ausnahme bildet insoweit die Auffassung *Cepovs* (Dogovor ili objazatel`stvo?, Žurnal dlja akcionerov 1999, Nr. 1, S. 34 [36]), der Errichtungsvertrag sei als Vertrag zugunsten Dritter i.S.d. Art. 430 ZGB zu qualifizieren. Dies ist abzulehnen, weil Art. 430 Ziff. 1 ZGB einen Vertrag zwischen Gläubiger und Schuldner zugunsten eines Dritten verlangt. Gläubiger der Einlageleistung ist aber von vornherein nicht eine der Parteien des Errichtungsvertrages, sondern die zu errichtende Gesellschaft.

druck bringen muß, die gesetzlich für diesen Vertrag als Gründungsdokument vorgesehen sind".[629]

Spätere Änderungen der Gründungsdokumente sind unter Vorlage der ordnungsgemäß protokollierten Änderungsbeschlüsse und der Gründungsurkunden in neuer Fassung innerhalb einer Woche nach dem Beschlußtermin zur Registrierung einzureichen.[630] Gegenüber Dritten werden Änderungen i.d.R. mit ihrer Registrierung wirksam, wenn ihre Wirksamkeit nicht aufgrund gesetzlicher Bestimmungen bereits mit der Anmeldung bei der Registrierungsbehörde eintritt.[631] Die Gesellschaft muß sich aber auch vor Eintritt des gesetzlichen Wirksamkeitszeitpunktes an den beschlossenen Änderungen festhalten lassen und kann sich gegenüber Dritten, die bereits unter Berücksichtigung dieser Änderungen gehandelt haben, nicht auf deren fehlende Registrierung berufen.[632]

a. Rechtsnatur der Satzung

Aufgrund der Qualifizierung des außerhalb des gesetzlichen Systems der Gründungsdokumente stehenden Errichtungsvertrages als Vertrag einer einfachen Gesellschaft ist unzweifelhaft, daß in Fragen seines Abschlusses, der Auslegung und der (Teil-) Nichtigkeit das Allgemeine Schuldrecht und die im Allgemeinen Teil des ZGB enthaltenen Regeln über Rechtsgeschäfte Anwendung finden. Die Rechtsprechung hat dies jedenfalls hinsichtlich der die (Teil-) Nichtigkeit von Rechtsgeschäften regelnden Artt. 168, 180 ZGB ausdrücklich gerade aufgrund des rechtsgeschäftlichen Charakters und der fehlenden Eigenschaft des Errichtungsvertrages als

[629] Vgl. Ziff. 5 Abs. 2 der der Leitentscheidung Nr. 90/14 der Plenen des OG und des OWG v. 09.12.1999, BVS RF 2000, Nr. 3, S. 1 (2) [= ChiP 2000, Nr. 3, S. 44 ff. = ĖiŽ 2000, Nr. 4, S. 23 ff. = Ross. Justicija 2000, Nr. 3, S. 51 ff.].

[630] Artt. 14 Ziff. 1 AktG, 12 Ziff. 4 Abs. 2 GmbHG i.V.m. Art. 34 Ziff. 5 UntG. Gemäß Art. 2 Abs. 6 EGZGB I sind die das Registrierungsverfahren betreffenden Artt. 34, 35 UntG nach wie vor in Kraft.

[631] Art. 52 Ziff. 3 ZGB i.V.m. Artt. 14 Ziff. 2 AktG, 12 Ziff. 4 Abs. 3 GmbHG. Eine auf den Anmeldungszeitpunkt vorgezogene Wirksamkeit im Außenverhältnis ist insbesondere in Artt. 5 Ziff. 6 S. 2 u. 3 AktG, 5 Ziff. 5 S. 2 u. 3 GmbHG vorgesehen.

[632] Art. Ziff. 3 S. 2 ZGB. Im Außenverhältnis entfalten Änderungen der Gründungsdokumente jedoch ab demjenigen Zeitpunkt keine Rechtswirkungen (mehr), in dem die Registrierungsbehörde ggf. die Registrierung wegen Verstosses der Änderungen gegen materielles Recht ablehnt (vgl. Krapivin/Vlasov, Kommentarij k zakonu ob AO, S. 58).

Gründungsdokument hervorgehoben.[633] Fraglich ist deshalb, ob auch die Satzung einer Kapitalgesellschaft selbst rechtsgeschäftlichen Grundsätzen folgt („Vertragstheorie") oder ihr Inhalt mit Entstehung der juristischen Person als normative Verbandsverfassung, also gesetzesähnlich, behandelt werden muß („Normentheorie").[634] Für die Behandlung des durch die Satzung geschaffenen Rechtszustandes als objektives Recht spricht, daß diese nicht nur die Beziehungen der Gesellschafter untereinander regelt, sondern zugleich das Organisationsstatut der durch Registrierung entstandenen juristischen Person bildet und insofern auch für die Rechtsbeziehungen der Gesellschaft zu Dritten von unmittelbarer Bedeutung ist.[635] Aufgrund dieser Außenwirkung ist die Sicherheit des Rechtsverkehrs nur gewährleistet, wenn eine in Vollzug gesetzte juristische Person auch dann rechtswirksam entstanden sein kann, wenn der Entstehungsakt an Mängeln leidet, die nach allgemeinen Regeln zur Nichtigkeit oder Unwirksamkeit der Satzung führen müßten (sog. Lehre von der fehlerhaften Gesellschaft).[636] Die Rechtsnatur der Satzung ist ferner in Fragen der Teilnichtigkeit und der Auslegung von Bedeutung. Folgte man der Vertragstheorie, wäre die Auslegung nicht allein an den Text der jeweiligen Urkunde gebunden, sondern auch anhand der in Art. 431 Abs. 2 ZGB aufgeführten, außerhalb der Vertragsurkunde liegenden Kriterien zulässig, soweit die grammatikalische Auslegung kein eindeutiges Ergebnis erlaubt.[637] Bei Nichtigkeit einzelner Satzungsbestimmungen nach Art. 168 ZGB könnte der letztlich auf den mutmaßlichen Willen der Gründer abstellende Rechtsgedanke des Art. 180 ZGB, wonach für den Fortbestand des teilnichtigen Rechtsgeschäfts entscheidend ist, ob es auch ohne

---

633 Vgl. Ziff. 3 Abs. 2 S. 1 u. 2 der Leitentscheidung Nr. 4/8 der Plenen des OG und des OWG v. 02.04.1997, ĖiŽ 1997, Nr. 17, S. 16.

634 Zu dieser, der deutschen Diskussion entnommenen Terminologie s. Schmidt, Gesellschaftsrecht, § 5.I.1.c) m.w.N.

635 Dies gilt nunmehr auch für den GmbH-Gründungsvertrag, dessen obligatorischer Inhalt nach geltendem Recht nicht auf die Regelung der Rechtsverhältnisse zwischen den Gesellschaftern beschränkt ist, sondern auch die Verfassung der zu gründenden Gesellschaft betrifft.

636 Dies wird nunmehr zu Recht ausdrücklich betont bei Stepanov, Pravovaja priroda ustava juridičeskogo lica, ChiP 2000, Nr. 6, S. 41 (48). Denn die in keiner Weise modifizierte Anwendung der Artt. 166 ff. ZGB auf (bspw.) mit Willensmängeln behaftete Beitrittserklärungen, Unvollständigkeiten, Formverstöße oder fehlende Genehmigungen bei Anmeldung der Gesellschaft würde gerade zur rückwirkenden Vernichtung der Gesellschaft führen. Zum deutschen Recht vgl. insoweit Hachenburg (Ulmer), GmbHG-D, § 2 Rn. 86 ff.; Schmidt, Gesellschaftsrecht, § 6 I 1.

637 Das Gesetz nennt insoweit u.a. den gemeinsamen wirklichen Willen der Parteien, Begleitumstände, Vertragsverhandlungen und Handelsbräuche. Zur Anwendung des Art. 431 ZGB in der gerichtlichen Praxis s. Erdelevskij, Tolkovanie dogovora, Ross. Justicija 1999, Nr. 4, S. 13.

Einbeziehung des nichtigen Teils vorgenommen worden wäre, nur dann zulässigerweise herangezogen werden, wenn nicht mit der Normentheorie davon auszugehen wäre, daß der Gründerwille hinter dem in der Satzung objektivierten Verbandswillen zurücktritt und daher keine Berücksichtigung mehr finden kann, sobald der Verband nach außen ins Leben getreten ist.

Das Gesetz spricht vom "Abschluß" des Gründungsvertrages und von der „Feststellung" der Satzung.[638] Ungeachtet dieser terminologischen Differenzierung besteht Einigkeit über die rechtsgeschäftliche Natur des Abschlusses bzw. der Feststellung der Gründungsdokumente von Kapitalgesellschaften.[639] Unbestritten ist ferner der normative Charakter von Satzungen.[640] Diese Ausgangssituation legt die Annahme nahe, daß sich die russische Lehre einem Verständnis nähert, das mit der sog. modifizierten Normentheorie vergleichbar ist, die in Deutschland herrschende Auffassung ist. Zu differenzieren ist danach zwischen der Satzungserrichtung, die rechtsgeschäftlich eingeordnet wird, und der hierdurch geschaffenen Verbandsverfassung, die wie objektives Recht behandelt wird. In der Konsequenz dieses Verständnisses würde es liegen, ab Entstehung einer Kapitalgesellschaft insbesondere die Artt. 431, 180 ZGB nicht und - bei Gründungsmängeln - die Artt. 166 ff. ZGB lediglich in stark eingeschränkter und modifizierter Form anzuwenden. Diese konkreten Folgerungen aus dem normativen Charakter der Satzung haben sich jedoch bislang weder in der Rechtsprechung noch in der Lehre zweifelsfrei durchgesetzt.

So ziehen etwa Autoren, die den Satzungsinhalt zutreffend als objektives Recht einordnen, gleichwohl bei Nichtigkeit einzelner Satzungsbestimmungen Art. 180 ZGB

---

[638] Vgl. Artt. 11 Ziff. 1 Abs. 1 S. 1 GmbHG, 9 Ziff. 2 AktG. *Sergeev/Tolstoj* (Graždanskoe pravo 1, S. 133) führen die Unterscheidung darauf zurück, daß der Gründungsvertrag von sämtlichen Gründern zu unterzeichnen ist, während die Satzung ohne Unterzeichnung durch Beschluß festgestellt wird.

[639] Vgl. Abova/Kabalkin/Mozolin (letzterer/Judenkov), Kommentarij GK I, Art. 52 Rn. 2; Mogilevskij, OOO, S. 42; Sergeev/Tolstoj, Graždanskoe pravo 1, S. 133. Für den Gründungsvertrag ergibt sich dies nunmehr unmittelbar aus Ziff. 5 Abs. 2 der Leitentscheidung Nr. 90/14 der Plenen des OG und des OWG v. 09.12.1999, BVS RF 2000, Nr. 3, S. 1 (2).

[640] Vgl. Abova/Kabalkin/Mozolin (letzterer/Judenkov), Kommentarij GK I, Art. 89 Rn. 2; Stepanov, Pravovaja priroda ustava juridičeskogo lica, ChiP 2000, Nr. 6, S. 41 (49). Gleichbedeutend kann die verbreitete, sowjetischem Sprachgebrauch verhaftete Bezeichnung der Satzungen von Kapitalgesellschaften als „lokal-normative" Dokumente verstanden werden; so etwa Dolinskaja, Akcionernoe pravo, S. 252; Sadikov, Učreditel'nyj dogovor i ego pravovye osobennosti, GiP 1994, Nr. 6, S. 87 (93); Šapkina, Ustav AO, Pravo i èkonomika 1997, Nr. 10, S. 3 (4); Sergeev/Tolstoj, Graždanskoe pravo 1, S. 133; Tichomirov, OOO, S. 89.

analog heran.[641] Zudem hinterläßt die Betrachtung einschlägiger Gerichtsentscheidungen[642] Zweifel, ob es die Rechtsprechung tatsächlich im Interesse des Rechtsverkehrs, beteiligter Dritter und auch mit Rücksicht auf die Innenbeziehungen der Gesellschafter als verfehlt betrachtet, einer registrierten Gesellschaft unter Hinweis auf fehlerhafte Gründungsdokumente oder Gründungsmängel rückwirkend die Grundlage zu entziehen.[643] Es muß indessen berücksichtigt werden, daß die in dieser Frage zugänglichen Entscheidungen noch auf der Grundlage von Art. 14 Ziff. 1 lit. b) des Gesetzes „Über die Grundlagen des Steuersystems in der Russischen Föderation“ (im folgenden: SteuerGrG),[644] das zum 01.01.1999 im wesentlichen außer Kraft gesetzt wurde, bzw. von Art. 34 UntG ergingen. Danach stellte sich die Rechtslage wie folgt dar. Nach Art. 14 Ziff. 1 lit. b) SteuerGrG kam den Steuerbehörden eine Klagebefugnis sowohl zur Erhebung von auf die in Art. 61 Ziff. 2 ZGB genannten Auflösungsgründe gestützten Auflösungsklagen als auch von Klagen auf Erklärung der Registrierung eines Unternehmens für unwirksam zu.[645] Letzteres setzte voraus, daß ein Verstoß gegen das gesetzliche Verfahren der Errichtung des Unternehmens vorlag oder die Gründungsdokumente nicht den gesetzlichen Anforderungen entsprachen, wobei es im Ermessen der Steuerbehörden lag, ob die Klage mit einem Antrag auf Einziehung der durch das Unternehmen erzielten „Einnahmen“ verbunden wurde.[646] Der Umstand, daß es sich ausdrücklich nicht um eine - aus-

[641] So etwa Mogilevskij, OOO, S. 46.

[642] S. etwa die Entscheidungen des OWG v. 19.03.1996 Nr. 4112/95 (VVAS 1996, Nr. 6, S. 68) und v. 26.08.1997 Nr. 3350/97 (VVAS 1997, Nr. 12, S. 47 f.).

[643] Das Recht der europäischen Gemeinschaften enthält insoweit eine klare Vorgabe an den nationalen Gesetzgeber: Diesem ist ein abschließender Katalog von Nichtigkeitsgründen vorgegeben (vgl. Art. 11 Nr. 2 der „Ersten Richtlinie des Rates vom 9. März 1968 zur Koordinierung der Schutzbestimmungen, die in den Mitgliedstaaten den Gesellschaften im Sinne des Artikels 58 Absatz 2 des Vertrages im Interesse der Gesellschafter sowie Dritter vorgeschrieben sind, um diese Bestimmungen gleichwertig zu gestalten [68/151/EWG]“ - fortan: PublizitätsRL -; ABl. EG Nr. L 65 v. 14.03.1968, S. 8 ff.; zu späteren Änderungen s. Behrens [ders.], Die GmbH im internat. und europ. Recht, EuR Rn. 8).

[644] Gesetz v. 27.12.1991, VVS RF 1992, Nr. 11, Pos. 527, zuletzt geändert durch Gesetz v. 29.12.1998, SZ RF 1999, Nr. 1, Pos. 1. Mit Ausnahme der Artt. 18 Ziff. 2, 19 - 21 erfolgte die Außerkraftsetzung zum 01.01.1999 durch Art. 2 Abs. 4 EGSteuerkodex v. 31.07.1998, SZ RF 1999, Nr. 31, Pos. 3425.

[645] Nach Art. 61 Ziff. 3 Abs. 1 ZGB können auf in Ziff. 2 gestützte Auflösungsklagen nur von staatlichen und kommunalen Organen erhoben werden, denen durch Gesetz ein entsprechendes Klagerecht zugewiesen ist. Dabei handelt es sich i.d.R. um die Registrierungs-, Lizenz- und Aufsichtsbehörden (vgl. auch Fn. 608). Die Regelung bezweckt den Ausschluß eines Klagerechts für nicht gesetzlich ermächtigte Organe.

[646] Entscheidung des OWG v. 26.08.1997 Nr. 3350/97, VVAS 1992, Nr. 12, S. 47.

schließlich Rechtswirkungen für die Zukunft zeitigende - Auflösungsklage handelte, sowie die Konfiskationsmöglichkeit könnten dafür sprechen, daß bislang eine juristische Person im Falle der gerichtlichen Aufhebung ihrer Registrierung als von vornherein inexistent angesehen wurde. Gegen eine solche Auslegung des Altrechts und der dazu entwickelten Spruchpraxis läßt sich jedoch anführen, daß die Gerichte zumindest eine Rückabwicklung der seitens der ex tunc für nichtig erklärten Gesellschaft geschlossenen Rechtsgeschäfte nach Bereicherungsrecht (Artt. 1102 ff. ZGB) offenbar als problematisch erkannt haben, da sie diese trotz Aufhebung der Registrierung als des Konstitutivaktes für die Entstehung der juristischen Person in keinem bekannten Fall ebenfalls für nichtig erklärt haben.[647] Andererseits hat das OWG in der Frage, welche Rechtsfolgen die Aufhebung der Registrierung einer juristischen Person nach sich zieht, ohne weiteres Art. 34 Ziff. 1 Abs. 2 S. 2 UntG in Ansatz gebracht,[648] wonach die Einnahmen aus der Tätigkeit eines *nicht registrierten* Unternehmens eingezogen werden und den kommunalen Haushalten zufallen. Damit wird die durch ein die Registrierung für unwirksam erklärendes Gestaltungsurteil geschaffene Rechtslage mit dem Fall gleichgesetzt, daß eine registrierungspflichtige, aber nicht angemeldete und daher mangels Konstitutivaktes als juristische Person inexistente Gesellschaft bereits als solche im Rechtsverkehr auftritt, was gesetzlich verboten ist.[649] Nach Auffassung des OWG führte ein entsprechendes Urteil demnach zur rückwirkenden Vernichtung der juristischen Person, womit übersehen wurde, daß damit der im Interesse des Rechtsverkehrs unbedingt erforderliche Bestandsschutz einmal durch staatlichen Konstitutivakt ins Leben gerufener juristischer Personen negiert wird.[650] Diese inkonsistente, den Normativcharakter von Satzun-

---

[647] Dies entspräche der Rechtslage nach Art. 12 Abs. 3 PubliziätsRL, wonach die Nichtigkeit als solche die Gültigkeit von Verpflichtungen nicht beeinträchtigt, die die Gesellschaft eingegangen ist oder die ihr gegenüber eingegangen wurden.

[648] S. die Entscheidung des OWG v. 19.03.1996, VVAS 1996, Nr. 6.

[649] Vgl. Art. 34 Ziff. 1 Abs. 2 S. 1 UntG.

[650] Anders verhält es sich, wenn die Satzung einer AG wegen Überschreitung der für die Anpassung an die Bestimmungen des AktG vorgesehenen Frist bis zum 01.07.1997 (s. Art. 94 Ziff. 3 Abs. 1 S. 1 AktG a.F.) kraft Gesetzes (s. Art. 94 Ziff. 3 Abs. 2 AktG a.F.) unwirksam ist. In diesem Fall ist unstreitig, daß die Gesellschaft weiterhin rechtsfähig ist und kraft der ihren Organen zustehenden gesetzlichen Befugnisse weiterhin am Rechtsverkehr teilnehmen kann (vgl. Počujkin, Ob``javlenie zakonom učreditel'nych dokumentov AO nedejstvitel'nymi, Juridičeskij mir 1997, Nr. 12, S. 12 [14f.]). In den Übergangsvorschriften zum GmbHG ist keine derartige Unwirksamkeitssanktion mehr vorgesehen; vielmehr wird klargestellt, daß die zuständigen Organe bei Fristüberschreitung lediglich zur Erhebung von Auflösungsklagen berechtigt sind (vgl. Art. 59 Ziff. Ziff. 3 Abs. 3

gen nicht ausreichend beachtende und die Lehre von der fehlerhaften Gesellschaft i. E. wohl eher ablehnende Rechtsprechung beruhte auf mit geltendem Gesellschaftsrecht zum Teil inkompatiblen Bestimmungen des Steuer- und Registrierungsrechts, die bereits außer Kraft getreten sind (Art. 14 SteuerGrG) oder jedenfalls in absehbarer Zukunft durch eine Nachfolgeregelung abgelöst werden werden (Art. 34 UntG).

Nachfolgeregelung zu Art. 14 Ziff. 1 lit. b) SteuerGrG ist nunmehr Art. 31 Ziff. 1 Abs. 15 ff. Steuerkodex. Darin hat der Gesetzgeber zwar die Dopplung der Klagebefugnis der Steuerbehörden, die diesen sowohl die Erhebung von Auflösungsklagen als auch von Klagen auf Unwirksamerklärung der Registrierung juristischer Personen ermöglicht, beibehalten. Nach geltendem Steuerrecht ist jedoch die Möglichkeit entfallen, die Einnahmen einer juristischen Person, deren Registrierung für unwirksam erklärt wurde, zugunsten des Haushalts einzuziehen. De lege lata kann diese Rechtsfolge nur noch über Art. 34 Ziff. 1 Abs. 2 S. 2 UntG eintreten, dessen Anwendung auf einmal qua staatlichen Konstitutivaktes ins Leben gerufene Gesellschaften aber aus den geschilderten Gründen äußerst problematisch ist und zutreffenderweise abzulehnen wäre. Mit Inkrafttreten des in Art. 52 Ziff. 1 Abs. 1 S. 1 ZGB vorgesehenen RegistrierungsG[651] am 1. Juli 2002 wird das derzeitige zersplitterte und nicht mehr zeitgemäße Registrierungsrecht eine Neuordnung erfahren und damit auch Art. 34 UntG außer Kraft gesetzt werden.[652] Das RegistrierungsG knüpft an die Unwirksamkeit der Registrierung oder der Gründungsdokumente keine rückwirkenden Rechtsfolgen. Soweit untergesetzliche Rechtsakte nichts anderes bestimmen werden, besteht de lege ferenda durchaus Grund zu der Annahme, daß eine rückwirkende Vernichtbarkeit juristischer Personen ausgeschlossen sein und sich ein Verständnis der Rechtsnatur der Gründungsdokumente i.S. der modifizierten Normentheorie endgültig durchsetzen könnte. Kritikwürdig bleibt die Beibehaltung der Differenzierung zwischen „Auflösungsklagen" und „Klagen auf Unwirksamerklärung der Registrierung" in Art. 31 Ziff. 1 Steuerkodex. Denn insoweit handelt es sich um synonyme Institute, da ein die Registrierung für unwirksam erklärendes Gestal-

---

GmbHG). Auch im Aktienrecht wurde die Unwirksamkeitsanordnung in Art. 94 Ziff. 3 Abs. 2 AktG a.F. zum 01.01.2002 gestrichen.

[651] Bundesgesetz „Über die staatliche Registrierung juristischer Personen", SZ RF 2001, Nr. 33, Pos. 3431 (fortan: RegistrierungsG). S. dazu u. S. 153 ff.

[652] S. Artt. 8 EGZGB I, 27 Ziff. 3 RegistrierungsG. Zur Kritik des derzeit gültigen (Alt-) Registrierungsrechts vgl. Abova/Kabalkin/Mozolin (letzterer/Judenkov), Kommentarij GK I, Art. 51 Rn. 3.

tungsurteil einen gesetzlichen Auflösungsgrund darstellt.[653] Eine entsprechende Klage stellt sich somit ebenfalls als Auflösungsklage i.S.d. Art. 61 Ziff. 2 ZGB dar,[654] woraus bereits für sich genommen ersichtlich ist, daß es sich bei einer auf die Aufhebung der Registrierung gerichteten Klage keinesfalls um eine ex tunc wirkende Nichtigkeitsklage handeln kann. Deshalb ist die im Steuerrecht vorgenommene Unterscheidung mißverständlich und sollte aufgehoben werden.

Im übrigen ist der bisherigen Spruchpraxis entgegenzuhalten, daß ein gesetzlicher Bestandsschutz einmal registrierter juristischer Personen bereits ohne weiteres aus geltendem Gesellschaftsrecht, insbesondere der Systematik der gesetzlichen Auflösungsgründe, ableitbar ist. Berücksichtigt man, daß auf Gründungsmängel[655] gestützte Auflösungsklagen nach Art. 61 Ziff. 2 Abs. 2 ZGB nur dann begründet sind, wenn es sich um unheilbare Mängel handelt, so ergibt sich daraus zunächst, daß heilbare Mängel keine Auswirkungen auf den Fortbestand einer juristischen Person haben. Wenn aber selbst unheilbare Mängel nach allgemeinen Regeln allenfalls zur Auflösung der Gesellschaft für die Zukunft führen können, so wird daraus im Wege des Umkehrschlusses erkennbar, daß der ZGB-Gesetzgeber unabhängig von der Schwere des Gründungsmangels eine ex tunc eintretende Nichtigkeit als ausgeschlossen erachtet. Insoweit dürfte Art. 61 Ziff. 2 Abs. 2 ZGB als speziellere Rege-

---

[653] Vgl. Art. 61 Ziff. 2 Abs. 2 ZGB. Unzutreffenderweise wird diese Fallgruppe in Abs. 2 dieser Norm aufgeführt, welcher die freiwillige Auflösung durch Gesellschafterbeschluß zum Gegenstand hat. Ein entsprechendes Gestaltungsurteil führt jedoch unabhängig vom Willen der Gesellschafter zur Einleitung des Liquidationsverfahrens und ist daher systematisch in Art. 61 Ziff. 2 Abs. 3 ZGB, welcher die zwingenden Auflösungsgründe behandelt, hineinzulesen. In der Lehre besteht Einigkeit darüber, daß dieses Redaktionsversehen im Wege der Auslegung in der geschilderten Weise zu beseitigen ist; vgl. Braginskij et al. (ders.), Kommentarij GK I, S. 116; Vol'nov/Frolova, Likvidacija juridičeskich lic, Ross. Justicija 1998, Nr. 12, S. 15.

[654] Ebenso etwa das Wirtschaftsgericht des Čeljabinsker Gebiets; vgl. Entscheidung des OWG v. 26.11.1996 Nr. 3070/96, VVAS 1997, Nr. 3, S. 62.

[655] In Art. 61 Ziff. 2 Abs. 2 ZGB ist insoweit von „Verstößen gegen das Gesetz oder andere Rechtsakte bei Errichtung der juristischen Person, die unheilbaren Charakter haben", die Rede. Fraglich ist, ob hierunter neben eigentlichen Gründungsmängeln auch fehlerhafte Gründungsdokumente fallen, da es insoweit nicht um die unwirksame Konstituierung eines Verbandes, sondern um die Unwirksamkeit einzelner Regelungen geht. Gleichwohl dürfte hier eine weite Auslegung angebracht sein, da andernfalls selbst fehlende essentialia der Gründungsdokumente nie eine Auflösungsklage rechtfertigen könnten. Hiervon scheinen auch die Entwurfsverfasser des RegistrierungsG auszugehen, in dessen Art. 18 jeder „interessierten Person" das Recht eingeräumt wird, innerhalb von sechs Monaten nach Registrierung einer Gesellschaft auf Umwirksamerklärung ihrer Gründungsdokumente zu klagen. Diese Bestimmung wäre wegen des Anwendungsvorrangs des ZGB unanwendbar, wenn fehlerhafte Gründungsdokumente nicht vom Begriff des „Gründungsmangels" i.S.d. Art. 61 Ziff. 2 Abs. 2 ZGB umfaßt würden. I. E. wohl übereinstimmend Vol'nov/Frolova, Likvidacija juridičeskich lic, Ross. Justicija 1998, Nr. 12, S. 15 (17).

lung die Anwendung der Artt. 168, 180 ZGB ausschließen. Dem allgemeinen Anwendungsvorrang des ZGB hat die höchstrichterliche Rechtsprechung dadurch Rechnung getragen, daß die Auflösung juristischer Personen durch Gerichtsentscheidung aus anderen als im ZGB aufgeführten Gründen unzulässig sein soll.[656] Aus diesen Gründen sind Normen außerhalb des ZGB, die u.U. wie Art. 34 Ziff. 1 Abs. 2 UntG als Grundlage für Nichtigkeitsklagen i.e.S. herangezogen werden könnten, m. E. *erst recht* unanwendbar. Bei zutreffender Betrachtung ist das Institut der Nichtigkeitsklage in diesen Normen ohnehin nicht angelegt. Die Systematik des ZGB spricht dafür, von der modifizierten Normentheorie auszugehen und Satzungen von GmbH und AG gesetzesähnlich als Quellen objektiven Verbandsrechts zu betrachten, deren Errichtung den Bestimmungen des Allgemeinen Teils und des Allgemeinen Schuldrechts des ZGB unterfällt, während diese Bestimmungen nach Entstehung der Gesellschaft lediglich insoweit Anwendung finden, als sie den Bestand der Gesellschaft nicht in Frage stellen.[657]

In jüngster Zeit scheint sich auch das OWG in diese Richtung zu bewegen. Mit Präsidumsbeschluß v. 09.06.2000[658] hat es klargestellt, daß eine Gerichtsentscheidung, welche die Registrierung einer juristischen Person für unwirksam erklärt, als solche keinen Grund darstellt, die durch die juristische Person vor der Gerichtsentscheidung geschlossenen Rechtsgeschäfte für nichtig zu halten.

b. Rechtsnatur des Gründungsvertrages

Im Gegensatz zur AG, bei der allein die Satzung Gründungsdokument ist, gelten bei der GmbH sowohl die Satzung als auch der Gründungsvertrag als Gründungsdokumente. Gegenstand des Gründungsvertrages ist einerseits die Regelung der Rechtsverhältnisse zwischen den Gesellschaftern vor Entstehung der GmbH, insbesondere des mit der gesetzlich vorgeschriebenen Aufbringung von mindestens 50 % des Satzungskapitals vor Registrierung der GmbH verbundenen Fragenkomplexes.

---

[656] Ziff. 23 S. 1 der Leitentscheidung der Plenen des OG und des OWG v. 01.07.1996 Nr. 6/8, Zakon 1996, Nr. 11, S. 95 (98).

[657] I. E. übereinstimmend Stepanov, Pravovaja priroda ustava juridičeskogo lica, ChiP 2000, Nr. 6, S. 41 (49).

[658] Präsidiumsbeschluß des OWG v. 09.06.2000, abgedruckt in: Dolženko/Reznikov/ Chochlova, Sudebnaja praktika po graždanskim delam, S. 236.

Insoweit hat der Gründungsvertrag nichtnormative, rein schuldrechtliche Wirkungen. Andererseits stellt sich der Gründungsvertrag in seinen übrigen obligatorischen Bestandteilen, die sich teilweise mit dem Satzungsinhalt überschneiden, auch als die Verfassung der in Vollzug gesetzten GmbH prägende Grundlage dar, weshalb nach zutreffender Auffassung jedenfalls insoweit das zur Rechtsnatur der Satzung Gesagte gelten sollte.[659] In der nunmehr zum GmbHG ergangenen höchstrichterlichen Leitentscheidung wird ein solcher Schluß allerdings nicht gezogen. Vielmehr läßt sich der dort gegeben Definition des Gründungsvertrages entnehmen, daß diesem auch hinsichtlich seiner Funktion als für die Dauer der Gesellschaft geltendes Gründungsdokument kein Normativcharakter zukommen soll, da auch insoweit das Vertragsrecht des ZGB für anwendbar erklärt wird.[660] Danach folgt allein aus der gesetzlichen Einstufung des Gründungsvertrages als Gründungsdokument nicht, daß dieser der Rechtsnatur der Satzung folgt. Die Rechtsprechung zum Gründungsvertrag nähert sich im Gegenteil derjenigen zum Errichtungsvertrag an. Denn die zum AktG und GmbHG ergangenen Leitentscheidungen stimmen zumindest darin überein, daß die Artt. 168, 180 ZGB in Fragen der (Teil-) Nichtigkeit gleichermaßen auf den Errichtungs- wie den Gründungsvertrag Anwendung finden.[661] Offengelassen wurde dagegen, ob der Gründungsvertrag hinsichtlich seiner bereits vor Entstehung der GmbH eintretenden Rechtswirkungen in Parallele zum Errichtungsvertrag wie dieser jedenfalls insoweit als Vertrag i.S.d. Artt. 1041 ff. ZGB anzusehen ist.

Im Schrifttum ist streitig, ob eine Qualifizierung des Gründungsvertrages als Vertrag i.S.d. Artt. 1041 ff. ZGB statthaft ist.[662] Für die Statthaftigkeit spricht insbesondere,

---

[659] Deshalb trifft hinsichtlich der materiellen Satzungsbestandteile des Gründungsvertrages die Auffassung von *Solov'eva* (in: Zalesskij, Kommentarij k zakonu ob OOO, Art. 11 Rn. 1) nicht zu, der Gründungsvertrag sei u.a. dann beendet, wenn eine ursprünglich mehrgliedrige GmbH durch Ausscheiden der übrigen Gesellschafter zu einer Einpersonengesellschaft werde. Denn der Gründungsvertrag weist insoweit Normativcharakter auf und muß daher vom jeweiligen Gesellschafterbestand unabhängig sein. Etwas anderes kann nur in den ausdrücklich geregelten Fällen des Art. 1 Ziff. 1 Abs. 2 GmbHG gelten.

[660] Vgl. Ziff. 5 Abs. 2 der Leitentscheidung Nr. 90/14 der Plenen des OG und des OWG v. 09.12.1999, BVS RF 2000, Nr. 3, S. 1 (2); s. dazu auch o. S. 136 f.

[661] Zum Aktienrecht vgl. o. S. 127.

[662] Die Literatur spricht sich verbreitet für eine solche Qualifizierung aus, was teils mit einem Analogieschluß zur Rechtsprechung zum Errichtungsvertrag, teils mit einer analogen Bedeutung des Gründungsvertrages begründet wird; so Bublik, Graždanskoe zakonodatel'stvo i imuščestvennyj status ėkonomičeskich agentov, ChiP 1996, Nr. 8, S. 61; Dorogina, Inostrannye investicii, Pravo i Ėkonomika 1997, Nr. 4, S. 39 (44); Sergeev/Tolstoj, Graždanskoe pravo 2, S. 655; Solotych, Recht der Handelsgesellschaften, Rn. 9 u. 39; Suchanov, in: Zalesskij, Kommentarij k zakonu ob OOO, Art. 16 Rn. 2 (Fn. 1); Zalesskij, OOO v sisteme chozjajstvennych obščestv, Pravo i

daß die Rechtsverhältnisse einer „GmbH in Gründung" nicht anders beurteilt werden können als bei einer „AG in Gründung", weil eine Ungleichbehandlung innerhalb des Kapitalgesellschaftsrechts sachlich nicht gerechtfertigt ist. Der vor der Leitentscheidung zum GmbHG ergangenen höchstrichterlichen Rechtsprechung läßt sich zu dieser Frage keine eindeutige Aussage entnehmen. Zwar vertraten die obersten Bundesgerichte noch im Jahre 1996 die Auffassung, der Ausschluß eines GmbH-Gesellschafters sei faktisch eine Änderung der Bedingungen des Gründungsvertrages und damit eine einseitige Kündigung desselben gegenüber dem auszuschließenden Gesellschafter i.S.d. Art. 450 Ziff. 2 ZGB. Als einseitige Kündigung sei der Ausschluß deshalb nur möglich, wenn ein gesetzliches oder statutarisches Kündigungsrecht bestehe.[663] Ob hierzu die im Recht der einfachen Gesellschaft normierten Kündigungsrechte[664] gezählt wurden, blieb aber offen. Auch in der aktuellen Leitentscheidung zum GmbHG haben sich die Obergerichte einer eindeutigen Qualifikation des Gründungsvertrages enthalten. Klargestellt wurde insoweit lediglich, daß auch die Errichtung der Gesellschaft Regelungsgegenstand des Gründungsvertrages ist und auf diesen Vertrag das Vertragsrecht des ZGB Anwendung findet.[665] Ob der Gründungsvertrag danach den Artt. 1041 ff. ZGB unterfällt, bleibt nach dieser Definition offen, aber jedenfalls möglich.

Ékonomika 1998, Nr. 3, S. 13 (16); ders., Kommentarij k zakonodatel`stvu RF o chozjajstvennych obščestvach, S. 70; ders., Kommentarij k zakonu ob OOO, Einführung, S. XIII f.); ders., in: Šapkina, Kommentarij k zakonu ob AO, Art. 9 Rn. 5 a. E. (in Abweichung von der Vorauflage). Andere Autoren halten eine Qualifizierung des Gründungsvertrages als Vertrag i.s.d. Artt. 1041 ff. ZGB für unzulässig und stützen dies u.a. auf die Fortgeltung des Gründungsvertrages nach Registrierung der Gesellschaft; vgl. Andreev, Spory učastnikov chozjajstvennych obščestv, GiP 1998, Nr. 4, S. 26 (28); Savel`jev, Dogovor prostogo tovariščestva, in: Braginskij (Hrsg.), Aktual`nye problemy graždanskogo prava, S. 276 (284); Sipakova, The Russian ZAO and OOO: A Comparison, Sudebnik 1998, Nr. 3, S. 597 (609]). Vermittelnd konstatiert *Solov`eva* (in: Zalesskij, Kommentarij k zakonu ob OOO, Art. 12 Rn. 1), der Gründungsvertrag enthalte jedenfalls Elemente des Vertrages einer einfachen Gesellschaft.

663 Ziff. 28 der Leitentscheidung der Plenen des OG und des OWG Nr. 6/8 v. 01.07.1996, Zakon 1996, Nr. 11, S. 95 (99). Offensichtlich ist, daß die Auffassung der Obergerichte nahtlos an die seinerzeit zu Art. 81 AGGmbHO geführte Diskussion anknüpft (vgl. dazu o. S. 48 ff. m.w.N.). Dogmatisch ist die Qualifizierung des Gesellschafterausschlusses durch die Obergerichte jedoch vollkommen verfehlt, weil nicht die vertraglich verbundenen Gesellschafter, sondern die Anteile die rechtskonstruktive Basis der GmbH als Kapitalgesellschaft bilden. Kritisch in diesem Sinne auch Suchanov, Zakon ob OOO, ChiP 1998 Nr. 5, S. 38 (46).

664 Vgl. Art. 1050 Ziff. 1 Abs. 5 u. 6 ZGB. Durch die Wahrnehmung der dort genannten Rechte wird die Gesellschaft beendet, sofern der Gesellschaftsvertrag keine Fortsetzungsklausel enthält.

665 Vgl. Ziff. 5 Abs. 2 der Leitentscheidung Nr. 90/14 der Plenen des OG und des OWG v. 09.12.1999, BVS RF 2000, Nr. 3, S. 1 (2).

Argumente für die (teil-) identische Rechtsnatur von Errichtungs- und Gründungsvertrag lassen sich aus der Bestimmung des Zeitpunktes gewinnen, in dem der Gründungsvertrag rechtswirksam wird. Hierfür kommen mit dem Vertragsschluß einerseits und der Registrierung als Entstehungszeitpunkt der GmbH andererseits grundsätzlich zwei Zeitpunkte in Betracht. Nach allgemeinen Regeln gelten Verträge, die der staatlichen Registrierung unterliegen, kraft gesetzlicher Fiktion erst mit ihrer Registrierung als geschlossen und damit für die Parteien verbindlich (Art. 433 Ziff. 3 ZGB). Registrierungspflichten in diesem Sinne sind für bestimmte Vertragstypen, nicht aber für die Gründigungsdokumente von Kapitalgesellschaften ausdrücklich und unmittelbar normiert.[666] Gleichwohl läßt sich dem geltenden Registrierungsrecht entnehmen, daß auch die bei der Anmeldung der Gesellschaft einzureichenden Gründungsdokumente selbst der Registrierung unterliegen. Denn nach Ziff. I.5. Abs. 2 RegO besteht der Registrierungsakt nicht primär in der Registereintragung, sondern in der Registrierung der eingereichten Gründungsdokumente, indem die zuständige Behörde eine Ordnungsnummer an die Gesellschaft vergibt und auf den Titelblättern der Gründungsdokumente die registrierende Behörde, die Ordnungsnummer und das Datum vermerkt.[667] Mit der Anbringung des Vermerks ist die Gesellschaft registriert und damit - unabhängig von ihrer eigentlichen Eintragung - wirksam entstanden. Diese Rechtslage wurde inzwischen durch das Föderale Wirtschaftsgericht des Moskauer Gebiets bestätigt.[668] Es läge daher in der Konsequenz der gesetzlichen Ausgestaltung des Gründungsvertrages als Gründungsdokument der GmbH anzunehmen, daß dieser grundsätzlich erst ab Entstehung der GmbH Rechtswirkungen erzeugt. Die Erstreckung dieses Grundsatzes auf den gesamten Inhalt des Gründungsvertrages wäre jedoch nicht mit der gesetzlichen Konzeption seines notwendigen Inhalts vereinbar. Denn insoweit ist zu beachten, daß sich der

---

[666] Dies gilt z. B. gemäß Artt. 164 Ziff. 1, 131 ZGB i.V.m. Art. 4 des Bundesgesetzes „Über die staatliche Registrierung von Immobilienrechten und -geschäften" (SZ RF 1997, Nr. 30, Pos. 3594; fortan: ImmRegG) für alle Rechtsgeschäfte, deren Gegenstand in der Bestellung oder Übertragung von Rechten an Immobilien liegt, sowie für Unternehmenskaufverträge (Art. 560 Ziff. 3 ZGB).

[667] Vgl. dazu Lebedev, Bemühungen um ein besseres Investitionsklima in Rußland, WiRO 1995, Nr. 2, S. 41 (44), sowie Veršinin, Urkundswesen in Rußland, WiRO 1994, Nr. 3, S. 74 (75). Dementsprechend ist auch in der Terminologie der obersten Bundesgerichte von der Registrierung „der Satzung" und „des Gründungsvertrages" die Rede; so etwa in der Entscheidung des Präsidiums des OWG v. 26.11.1996, VVAS 1997, Nr. 3, S. 62.

[668] S. Beschluß des Föderalen Wirtschaftsgerichts des Moskauer Gebiets v. 09.02.2000 in der Sache KA-A40/122-00, abgedruckt in: Dolženko/Reznikov/Chochlova, Sudebnaja praktika po graždanskim delam, S. 65 f.

Gründungsvertrag sowohl als die Gründungsgesellschafter im Gründungsstadium bindende Rechtsgrundlage als auch als Organisationsstatut der entstandenen GmbH darstellt. Aus dieser rechtlichen Doppelnatur ergibt sich zwingend, daß der Gründungsvertrag jedenfalls insoweit bereits mit seinem Abschluß in Kraft treten muß, als er das Gründungsstadium, insbesondere Fragen der Kapitalaufbringung vor Registrierung der GmbH, regelt.[669] Seine Funktion ist insoweit identisch mit derjenigen des Errichtungsvertrages. Nach zutreffender Auffassung wird deshalb mit Abschluß des Gründungsvertrages eine einfache Gesellschaft i.S.d. Artt. 1041 ff. ZGB begründet. Die diese Gesellschaft ausgestaltenden Bestimmungen des Gründungsvertrages sind rein formelle Bestandteile desselben als verbandsrechtlichen Organisationsvertrags, die als gewöhnliche schuldrechtliche Abreden zu behandeln sind. Sie müssen von denjenigen Bestandteilen unterschieden werden, die sich als materielle Satzungsbestimmungen darstellen und erst im Zeitpunkt der Entstehung der GmbH und der damit zusammenfallenden Beendigung der einfachen Gesellschaft wirksam werden. Die vor Inkrafttreten des GmbHG ergangene Leitentscheidung[670] zur Qualifizierung des Ausschlusses von GmbH-Gesellschaftern als Kündigung des Gründungsvertrages beruht auf der unzutreffenden[671] Vorstellung, die GmbH basiere auf der aus dem Gründungsvertrag fließenden vertraglichen Verbundenheit der Gesellschafter, und ist somit bereits deshalb abzulehnen, weil die schuldrechtliche Komponente des Gründungsvertrages mit Enstehung der GmbH entfällt. Mit Inkrafttreten des GmbHG dürfte die Leitentscheidung diesbezüglich ohnehin obsolet geworden sein. Denn de lege lata kann der Ausschluß eines GmbH-Gesellschafters nur noch erreicht werden, indem Gesellschafter, die über mindestens 10 % der Anteile verfügen, Ausschlußklage erheben (Art. 10 GmbHG). Vormals war das Ausschlußverfahren in Artt. 87 ff. ZGB nicht geregelt.[672] Die Spezialregelung des Art. 10 GmbHG dürfte aufgrund ihres Wortlautes, der in keiner Weise

---

[669] Von einer mit Vertragsschluß eintretenden Wirksamkeit des Gründungsvertrages geht indirekt auch *Tichomirov* (Kommentarij k zakonu ob OOO, Art. 12 Rn. 1) aus, indem er betont, der Gründungsvertrag trete - im Gegensatz zum Errichtungsvertrag - nicht mit Errichtung (d. h. mit Registrierung) der GmbH außer Kraft. Hinsichtlich des GmbH-Rechts zu weitgehend ist demgegenüber die Auffassung von *Sergeev/Tolstoj* (Graždanskoe pravo 1, S. 132 f.), der Gründungsvertrag *als Ganzes* trete „in der Regel mit seinem Abschluß" in Kraft.

[670] S. Fn. 656.

[671] S. Fn. 663.

[672] Subsidiär fand nach hier vertretener Auffassung Ziff. 81 AGGmbHO Anwendung.

auf schuldrechtliche Beziehungen bzw. den Gründungsvertrag verweist, jedoch nicht als gesetzlicher Kündigungsgrund i.S.d. Art. 450 Ziff. 2 Abs. 2 Nr. 2 ZGB anzusehen sein.

c. Verhältnis von Gründungsvertrag und GmbH-Satzung

In der Entwicklung einer GmbH kann es zu erheblichen Divergenzen zwischen Gründungsvertrag und Satzung kommen. Die Wahrscheinlichkeit von Abweichungen ist deshalb relativ hoch, weil Änderungen der Satzung mit einer Mehrheit von (mindestens) ¾ der Gesamtstimmenzahl beschlossen werden können,[673] während Änderungen des Gründungsvertrages der Einstimmigkeit bedürfen.[674] Im Falle von Abweichungen zwischen dem Gründungsvertrag und der Satzung hat die Satzung sowohl für Dritte als auch für die Gesellschafter selbst Vorrang.[675] Diese Regelung ist auch insofern von Bedeutung, als vor Inkrafttreten des GmbHG verbreitet davon ausgegangen wurde, im Gründungsvertrag könnten zugunsten einzelner Gesellschafter Sonderregelungen vereinbart werden, die nicht unbedingt in Einklang mit der Satzung stehen.[676] Da de lege lata die Rechtslage dahingehend geklärt ist, daß nunmehr nur die Satzung maßgebend ist, sind derartige Sonderregelungen im Gründungsvertrag nicht mehr durchsetzbar.[677] Folgerichtig bestimmt Art. 8 Ziff. 2 Abs. 1 GmbHG, daß einzelne Gesellschafter allein durch die Satzung mit Sonderrechten ausgestattet werden können.

---

[673] Artt. 12 Ziff. 4 Abs. 1, 33 Ziff. 2 Nr. 2), 37 Ziff. 8 Abs. 1 GmbHG.

[674] Artt. 33 Ziff. 2 Nr. 3), 37 Ziff. 8 Abs. 2 GmbHG.

[675] Vgl. Art. 12 Ziff. 5 GmbHG.

[676] Dieses verfehlte Verständnis findet sich etwa bei Abova/Kabalkin/Mozolin (Judenkov), Kommentarij GK I, Art. 89 Rn. 2.

[677] Vgl. dazu auch Knaul/Heeg, Das neue russische GmbH-Gesetz, ROW 1998, Nr. 4, S. 147 (148).

2. Obligatorischer und fakultativer Inhalt der Gründungsdokumente und des Errichtungsvertrages

a. Satzung

Der obligatorische Mindestinhalt der *Satzung einer gAG* ergibt sich zunächst aus einer Gesamtschau der Artt. 52 Ziff. 2 Abs. 1, 98 Ziff. 3 Abs. 2 ZGB i.V.m. Art. 11 Ziff. 3 AktG:

- Firma der Gesellschaft;
- Sitz der Gesellschaft;
- Gesellschaftstyp (geschlossene);
- Anzahl, Nennbetrag und Gattungen der Aktien; ggf. Arten der ausgegebenen Vorzugsaktien;
- Rechte der Aktionäre für jede Aktiengattung und -art;
- Betrag des Satzungskapitals;
- Struktur und Zuständigkeit der Gesellschaftsorgane; Verfahren der Beschlußfassung; Auflistung der Fragen, in denen Beschlüsse einstimmig oder mit qualifizierter Stimmenmehrheit zu fassen sind;
- Einberufung und Durchführung der Aktionärsversammlung;
- Angaben zu den Vertretungen und Filialen der Gesellschaft.

Gemäß Art. 11 Ziff. 3 Abs. 1 a. E. AktG sind ferner auch „andere durch dieses und andere Bundesgesetze vorgesehene Bestimmungen" in die Satzung aufzunehmen.[678] Auch insoweit handelt es sich um obligatorische Satzungsbestandteile.[679]

Fakultativ können über die statutarische Ausgestaltung der dispositiven Bestimmungen des Aktienrechts[680] hinaus beliebige Regelungen in die Satzung aufgenommen

[678] Aufgrund dieser Norm müssen in die Satzung Regelungen zu den Artt. 32 Ziff. 2 Abs. 1 u. 2 i.V.m. 23 Ziff. 2 Abs. 1 S. 2, 23 Ziff. 1 Abs. 3; 35 Ziff. 1 Abs. 1 u. 2; 68 Ziff. 2 S. 1 AktG aufgenommen werden.

[679] Vgl. Sadikov (Šapkina) II, Kommentarij GK I, Art. 98 Rn. 3; dies., Ustav AO, Pravo i èkonomika 1997 Nr. 10, S. 3.

[680] Dispositive Bestimmungen bzw. ausdrückliche Verweise auf statutarische Gestaltungsmöglichkeiten enthält das AktG in seinen Artt. 7 Ziff. 3 Abs. 4 S. 2, Abs. 5 S. 2, Abs. 6 S. 1, Abs. 7; 11 Ziff. 3 Abs. 12; 12 Ziff. 2 Abs. 1; 21 Ziff. 1 Abs. 1 S. 1; 27 Ziff. 1 Abs. 2 u. 3 i.V.m. 28 Ziff. 3 Abs. 1; 28

werden, soweit sie dem AktG und anderen Bundesgesetzen nicht widersprechen (Art. 11 Ziff. 3 Abs. 13 AktG).[681] Gesetzwidrige Klauseln sind nichtig, eine geltungserhaltende Reduktion findet nicht statt. Grundsätzlich bleibt die Satzung im übrigen wirksam, wofür es nach der hier vertretenen Auffassung ohne Bedeutung ist, ob die Voraussetzungen der Artt. 168, 180 ZGB vorliegen.

Der Mindestinhalt der *Satzung einer GmbH* ergibt sich entsprechend aus einer Gesamtschau der Artt. 52 Ziff. 2 Abs. 1, 89 Ziff. 2 ZGB i.V.m. Art. 12 Ziff. 2 GmbHG:

- Firma der Gesellschaft;
- Sitz der Gesellschaft;
- Zusammensetzung und Kompetenz der Gesellschaftsorgane; Fragen, die in die ausschließliche Kompetenz der Gesellschafterversammlung[682] fallen; Verfahren der Beschlußfassung, insbesondere in Fragen, zu denen Beschlüsse einstimmig oder mit qualifizierter Stimmenmehrheit zu fassen sind;
- Betrag des Satzungskapitals;
- Höhe und Nennbetrag des Anteils jedes Gesellschafters;
- Rechte und Pflichten der Gesellschafter;
- Verfahren und Rechtsfolgen des Austritts eines Gesellschafters;
- Verfahren des Übergangs eines Anteils am Satzungskapital der Gesellschaft auf eine andere Person;
- Angaben zur Verwahrung der Dokumente der Gesellschaft und zur Erteilung von Informationen an Gesellschafter und Dritte.

Ziff. 2 Abs. 2, Ziff. 3 Abs. 1; 29 Ziff. 1 Abs. 2; 32 Ziff. 3 Abs. 1 u. 2, Ziff. 4 Abs. 2 S. 2; 33 Ziff. 2 Abs. 2, Ziff. 3; 34 Ziff. 1 Abs. 3, Ziff. 2 Abs. 2; 35 Ziff. 2 Abs. 1 S. 1; 42 Ziff. 1 Abs. 1 u. 2 S. 2, Ziff. 4 Abs. 1 S. 1; 49 Ziff. 3; 52 Ziff. 1 Abs. 3, Ziff. 3 Abs. 1; 53 Ziff. 1; 55 Ziff. 2 Abs. 2, Ziff. 3 Abs. 1 u. 2; 60 Ziff. 2 Abs. 3; 64 Ziff. 1 Abs. 2 S. 1; 65 Abs. 2 Ziff. 1 Abs. 2 Nr. 5), 9), 18); 66 Ziff. 3 Abs. 1; 67 Ziff. 1 u. 2; 68 Ziff. 1 S. 1 - 3, Ziff. 3 Abs. 1 S. 1 u. Abs. 3; 69 Ziff. 3 Abs. 1, Ziff. 4 Abs. 2, 3 u. 6; 72 Ziff. 1 Abs. 1, Ziff. 2 Abs. 1, Ziff. 4 Abs. 2; 80 Ziff. 2 Abs. 2 S. 1; 88 Ziff. 2 Abs. 1, 89 Ziff. 1 Abs. 17.

[681] Zur Reichweite der Satzungsautonomie s.o. S. 68 ff.

[682] Russ.: „Obščee sobranie učastnikov obščestva" (wörtlich: Allgemeine Versammlung der Teilhaber der Gesellschaft; im folgenden: Gesellschafterversammlung).

Auch im GmbH-Recht sind darüber hinaus nach Art. 12 Ziff. 2 Abs. S. 1 a. E. GmbHG „andere durch dieses Gesetz vorgesehene Bestimmungen" in die Satzung aufzunehmen.[683]

Parallel zum Aktienrecht ist die Satzung einer GmbH ferner über die statutarische Ausgestaltung der dispositiven Bestimmungen des GmbH-Rechts[684] hinaus für beliebige fakultative Inhalte offen, soweit sie dem GmbHG und anderen Bundesgesetzen nicht widersprechen (vgl. Art. 12 Ziff. 2 Abs. 12 GmbHG).

b. gAG-Errichtungsvertrag

Obwohl der Errichtungsvertrag nicht Gründungsdokument einer gAG ist, zählt er zu denjenigen Unterlagen, die zur Registrierung einer gAG mit ausländischer Beteiligung bei der Staatlichen Registrierungskammer beim Justizministerium einzureichen sind.[685] In diesem Fall unterliegt auch der Errichtungsvertrag der Überprüfung durch die Registrierungsbehörden.[686] Aus einer Gesamtschau der Art. 98 Ziff. 1 ZGB i.V.m. Art. 9 Ziff. 5 AktG ergeben sich folgende obligatorische Bestandteile des *Errichtungsvertrages einer gAG*:

---

683 Danach sind in der Satzung Regelungen zu den Artt. 34 Abs. 1 S. 1, Abs. 2; 35 Ziff. 1; 36 Ziff. 3 Abs. 1; 37 Ziff. 1; 40 Ziff. 1 Abs. 1 S. 1, Ziff. 4 GmbHG sowie - soweit diese Bestimmungen aufgrund der gewählten Organisationsstruktur einschlägig sind - zu den Artt. 32 Ziff. 2 Abs. 2 S. 1, Abs. 3, Ziff. 6 Abs. 1 S. 2 i.V.m. 47 Ziff. 1 u. 4; 41 Ziff. 2 GmbHG zu treffen. Entsprechend der Rechtslage im Aktienrecht ist die Zuordnung der dortigen Verweise auf die Satzung zum obligatorischen Satzungsinhalt unstreitig; vgl. statt vieler Tichomirov, OOO, S. 90.

684 Dispositive Bestimmungen bzw. ausdrückliche Verweise auf statutarische Gestaltungsmöglichkeiten enthält das GmbHG in seinen Artt. 2 Ziff. 2 Abs. 2, Ziff. 3 Abs. 2; 8 Ziff. 2 Abs. 1; 9 Ziff. 2 Abs. 1; 14 Ziff. 3 S. 1 u. 2; 15 Ziff. 2 Abs. 4, Ziff. 4; 18 Ziff. 1 Abs. 1; 19 Ziff. 1 Abs. 1 S. 1, Abs. 2 S. 2, Ziff. 2 Abs. 1 S. 1; 21 Ziff. 1 u. 2, Ziff. 4 Abs. 1 S. 1 u. 2, Abs. 2 S. 2 u. 3, Ziff. 5, Ziff. 6 Abs. 1 S. 1, Ziff. 7 Abs. 3, Ziff. 8 Abs. 1 u. 2; 22 S. 1; 23 Ziff. 3 Abs. 2; Ziff. 8 Abs. 1; 24 Abs. 2; 25 Ziff. 2 Abs. 2; 26 Ziff. 3 Abs. 1; 27 Ziff. 1 Abs. 1 S. 1, Abs. 2, Ziff. 2 Abs. 1 u. 2 S. 1, Ziff. 3; 28 Ziff. 2 Abs. 2 S. 1; 30; 32 Ziff. 1 Abs. 5 S. 1, Ziff. 2 Abs. 1 u. 3 S. 1, Ziff. 6 Abs. 1 S. 1, Abs. 2; 36 Ziff. 1, Ziff. 3 Abs. 2, Ziff. 4; 37 Ziff. 5 S. 2, Ziff. 8 Abs. 1 u. 3, Ziff. 9 Abs. 1, Ziff. 10; 42 Abs. 1; 45 Ziff. 1 a. E., Ziff. 7; 46 Ziff. 1 S. 1, Ziff. 4 u. 6; 50 Ziff. 1 Abs. 11; 57 Ziff. 1 Abs. 1 S. 1.

685 Vgl. Ziff. 5 der Anlage 1 zur Anordnung der Staatlichen Registrierungskammer beim Wirtschaftsministerium der Russischen Föderation v. 07.02.1996 Nr. 2 „Zum Verfahren der Registrierung von Aktiengesellschaften mit ausländischen Investitionen" (nicht offiziell veröffentlicht).

686 Entgegen *Krapivin/Vlasov* (Kommentarij k zakonu ob AO, S. 57) ist für die Errichtung von AG ohne Beteiligung ausländischer natürlicher und/oder juristischer Personen die Einreichung des Errichtungsvertrages nicht zwingend erforderlich, da insoweit alternativ auch die Einreichung des in das Protokoll der Gründungsversammlung aufgenommenen Gründungsbeschlusses ausreichend ist (vgl. Art. 34 Ziff. 3 UntG i.V.m. Ziff. I. 1. Abs. 4 RegO; zutreffend daher die Zusammenstellung der einzureichenden Unterlagen etwa bei Gubin, Akcionernoe pravo, S. 25).

(1) Regelung des Zusammenwirkens der Gründer zwecks Errichtung der Gesellschaft;

(2) Höhe des Satzungskapitals;

(3) Kategorien und Typen der auszugebenden Aktien, Verfahren ihrer Unterbringung, Umfang und Verfahren ihrer Bezahlung;

(4) Rechte und Pflichten der Gründer bei Errichtung der Gesellschaft.

Ungeachtet dieses abschließenden Katalogs sind die Rechtsverhältnisse im Gründungsstadium aufgrund der Unbestimmtheit des Merkmals zu (1) einer individuellen Ausgestaltung im Errichtungsvertrag zugänglich. Die Öffnung des Errichtungsvertrages für weitere fakultative Inhalte ergibt sich zudem aus der Anwendbarkeit der Artt. 1041 ff. ZGB, da die dort enthaltenen Öffnungsklauseln durch Regelungen im Errichtungsvertrag konkretisiert werden müssen, soweit der Eintritt der gesetzlichen Rechtsverhältnisse einer einfachen Gesellschaft vermieden werden soll. Aus dem Merkmal zu (3) folgt, daß auch Bestimmungen zu Höhe, Fälligkeit und Art der auf die übernommenen Aktien zu erbringenden Leistungen aufzunehmen sind. Fakultativ ist ferner an eine Verschärfung der gesetzlichen Kapitalaufbringungsmechanismen durch Vereinbarung zusätzlicher Sanktionen bei Verletzung von Einlagepflichten (Vertragsstrafen etc.) zu denken. Hingegen muß keine auf die Gesellschaftsgründung gerichtete ausdrückliche Selbstverpflichtung der Gründer in den Errichtungsvertrag aufgenommen werden. Denn insoweit ist in der Gründungsversammlung ohnehin ein einstimmiger Gründungsbeschluß zu fassen,[687] der nicht durch die Unterzeichnung des Errichtungsvertrages substituiert wird. Aus dem Grundsatz der Vertragsfreiheit i.S.d. Artt. 1. Ziff. 2 Abs. 1 S. 2, 421 Ziff. 2 u. 4, 422 Ziff. 1 ZGB folgt jedoch, daß im Errichtungsvertrag letztlich beliebige Regelungen vereinbart werden können, soweit zwingendes Recht nicht entgegensteht, weshalb die Aufnahme einer entsprechenden Klausel jedenfalls unschädlich ist.

[687] Vgl. Art. 9 Ziff. 1 S. 2, Ziff. 2 u. 3 AktG. Demgegenüber ist unklar, auf was mit dem in Art. 89 Ziff. 1 Abs. 3 AktG verwendeten Begriff des „Errichtungsbeschlusses" Bezug genommen wird, da ein solcher dem Aktienrecht unbekannt ist. Zu differenzieren ist allein zwischen dem Gründungsbeschluß und dem Errichtungsvertrag. Offenbar handelt es sich um ein gesetzgeberisches Versehen. Deshalb dürfte m.E, in der Sache auch hier der Gründungsbeschluß gemeint sein.

c. Gründungsvertrag

Die obligatorischen Bestandteile des *Gründungsvertrages einer GmbH* ergeben sich aus einer Gesamtschau der Artt. 52 Ziff. 2 Abs. 2, 89 Ziff. 2 ZGB i.V.m. Art. 12 Ziff. 1 GmbHG:[688]

(1) Verpflichtung der Gründer zur Errichtung der Gesellschaft;

(2) Regelung des Zusammenwirkens der Gründer zwecks Errichtung der Gesellschaft;

(3) Zusammensetzung der (Gründungs-) Gesellschafter: Name (Firma), Wohnort (Sitz), Angaben zu den Personalien (zur staatlichen Registrierung);

(4) Höhe des Satzungskapitals und der Anteile der (Gründungs-) Gesellschafter;

(5) Betrag und Art der Einlagen, Verfahren und Fristen ihrer Einbringung in das Satzungskapital der Gesellschaft bei ihrer Gründung;

(6) Haftung der (Gründungs-) Gesellschafter bei Verletzung von Einlagepflichten;

(7) Verteilung von Gewinnen und Verlusten;

(8) Zusammensetzung der Gesellschaftsorgane;

(9) Modalitäten des Austritts von Gesellschaftern;

(10) Ggf. persönliche Mitwirkung der Gesellschafter an der zu errichtenden Gesellschaft.

Bei rechtstechnischer Betrachtung könnte man die gesetzliche Inkorporation der Errichtungsverpflichtung in den Gründungsvertrag (Merkmal zu [1]) dahin verstehen, daß im GmbH-Recht ein kumulativ zur Unterzeichnung des Gründungsvertrages zu fassender Gründungsbeschluß der Gründungsversammlung entfällt. Der Gesetzgeber geht jedoch offensichtlich auch hier von der Notwendigkeit eines Gründungsbeschlusses aus,[689] obwohl sich die den Gründungsvertrag unterzeichnenden Parteien

---

[688] Ferner ist Ziff. I. 3. lit. c) RegO zu berücksichtigen.

[689] Zwar ist ein Gründungsbeschluß nicht als obligatorischer Bestandteil des in der Gründungsversammlung abzuhandelndenden Beschlußkatalogs (vgl. Art. 11 Ziff. 1 GmbHG) aufgeführt. Seine Notwendigkeit ergibt sich aber indirekt als zwingender Bestandteil des bei der Gesellschaft zu verwahrenden Protokolls der Gründungsversammlung (vgl. Art. 50 Ziff. 1 Abs. 3 GmbHG). Angesichts der gesetzlichen Ausgestaltung des Gründungsvertrages als Gründungsdokument ist der auch im Schrifttum angenommene Gleichlauf von Aktien- und GmbH-Recht hinsichtlich des auf der Gründungsversammlung zu fassenden Gründungsbeschlusses (s. dafür statt vieler Mogi-

bereits durch diesen ausdrücklich zur Errichtung der GmbH, d. h. zur Vornahme der dafür erforderlichen Handlungen, verpflichten. Dessen ungeachtet ergeben sich wesentliche Unterschiede zum Aktienrecht. Durch die Merkmale zu (7) - (10) betrifft der Gründungsvertrag die körperschaftliche Verfassung der Gesellschaft und ist daher aufgrund dieser sowie der Merkmale zu (3) und (4) neben der Satzung per Gesellschafterbeschluß zu ändern und in aktualisierter Form zur Registrierung einzureichen, soweit Änderungen in der Verfassung, im Gesellschafterbestand oder in den Beteiligungsverhältnissen eintreten.[690] Die Regelung der im Zusammenhang mit der Kapitalaufbringung stehenden Fragen weist der Gesetzgeber nicht der Satzung, sondern dem Gründungsvertrag zu. Die Beantwortung der Frage, ob auch der Gründungsvertrag über die Ausfüllung der gesetzlichen Merkmale zu (1) - (10) hinaus für fakultative Inhalte offen ist,[691] hängt davon ab, ob er - entsprechend dem Errichtungsvertrag - als Vertrag i.S.d. Artt. 1041 ff. ZGB zu qualifizieren oder in seiner Eigenschaft als verbandskonstituierendes Gründungsdokument dem Prinzip der formellen Satzungsstrenge unterworfen ist, welches die Gestaltungsfreiheit der Gesellschafter begrenzt. Ersterenfalls stünde die Ausgestaltung des Gründungsvertrages im Lichte der Vertragsfreiheit; letzterenfalls wäre davon auszugehen, daß der Gesetzgeber den Inhalt des Gründungsvertrages durch den abschließenden[692] Katalog in Art. 12 Ziff. 1 GmbHG bewußt eingegrenzt hat.[693] Aufgrund der rechtlichen Doppelnatur des Gründungsvertrages ist m. E. eine Abgrenzung anhand der Funktion seines jeweiligen Regelungsgegenstandes vorzunehmen: soweit der Gründungsver-

---

levskij, OOO, S. 41; Solotych, Unternehmensgründung in der RF, Rn. 63) m. E. zwar funktional nicht gerechtfertigt, aber zur Vermeidung von Schwierigkeiten bei der Registrierung der Gesellschaft weiterhin hinzunehmen.

[690] Vgl. Artt. 12 Ziff. 4 Abs. 2, 13 GmbHG. Grundsätzlich erlangen Änderungen in den GmbH-Gründungsdokumenten gegenüber Dritten erst mit ihrer Registrierung Gültigkeit (Art. 12 Ziff. 4 Abs. 3 GmbHG).

[691] Im Schrifttum hat sich diesbezüglich noch keine herrschende Auffassung herausgebildet. Die Möglichkeit der privatautonomen Ausgestaltung des Gründungsvertrages über den gesetzlichen Mindestinhalt hinaus wird etwa vertreten von *Judenkov/Mozolin* (in: Abova/Kabalkin/Mozolin, Kommentarij GK I, Art. 89 Rn. 2) und *Tichomirov* (Kommentarij k zakonu ob OOO, Art. 12 Rn. 1 a. E.), während *Solov'eva* (in: Zalesskij, Kommentarij k zakonu ob OOO, Art. 12 Rn. 1) betont, der Gesetzgeber habe den Inhalt des Gründungsvertrages in Art. 12 GmbHG abschließend geregelt. Im Gesetz sind fakultative Inhalte des Gründungsvertrages nur in Art. 15 Ziff. 3 Abs. 2 GmbHG angesprochen.

[692] Während die Satzung gemäß Art. 12 Ziff. 2 GmbHG neben dem dort aufgeführten Mindestinhalt auch weitere Bestimmungen enthalten kann, die dem GmbHG und anderen Bundesgesetzen nicht widersprechen, hat der Gesetzgeber eine derartige Öffnungsklausel für die in den Gründungsvertrag aufzunehmenden Bestimmungen gerade nicht vorgesehen.

trag eine bis zur Entstehung der GmbH bestehende einfache Gesellschaft begründet, unterliegen die Gründungsgesellschafter lediglich den allgemeinen Grenzen der Privatautonomie, während der Inhalt des Gründungsvertrages im übrigen, d.h. in Angelegenheiten der entstandenen GmbH, gesetzlich abschließend geregelt ist. Aus diesem Grunde gehören auch Angaben zu den Vertretungsverhältnissen in der Gründungsphase nicht zum zwingenden Inhalt des Gründungsvertrages.[694] Denn der einfachen Gesellschaft als nichtrechtsfähigem Personenzusammenschluß ist in Art. 1044 Ziff. 1 ZGB Einzelvertretung vorgegeben, soweit vertraglich nicht Gesamtvertretung vorgesehen oder einzelne Gesellschafter von der Vertretung ausgeschlossen werden. Letzteres wird allerdings in den meisten Fällen ratsam sein.

3. Formerfordernisse

Das Gesetz sieht für die Gründungsdokumente von Kapitalgesellschaften keine notarielle Form vor. Für den Errichtungs- und den Gründungsvertrag ist einfache Schriftform i.S.d. Art. 160 Ziff. 1 Abs. 1 ZGB vorgeschrieben.[695] Auf Satzungen findet diese Formvorschrift keine Anwendung, da sie nicht durch die Gründer unterzeichnet, sondern durch Beschluß festgestellt werden. Die Notwendigkeit ihrer schriftlichen Abfassung folgt insoweit naturgemäß aus dem Registrierungserfordernis.

Dennoch war es in der Praxis bislang üblich, sowohl Gründungsdokumente als auch Errichtungsverträge notariell beglaubigen zu lassen.[696] Der Grund für diese Übung lag darin, daß diese Urkunden gemäß Art. 16 Abs. 3 Nr. 1 lit b) AIG a. F. bei Anmeldung einer Kapitalgesellschaft mit ausländischer Beteiligung in beglaubigter Kopie einzureichen waren. Gemäß Art. 78 NotarO ist die Anbringung notarieller Beglaubigungsvermerke auf Ablichtungen jedoch nur zulässig, wenn es sich um Ablichtungen von Originalurkunden handelt, die ihrerseits notariell beglaubigt sind. Nunmehr ist

---

693 Vgl. dazu o. S. 73 f.

694 So aber Solotych, Unternehmensgrünsdung in der RF, Rn. 54.

695 Vgl. Art. 98 Ziff. 1 Abs. 2 ZGB i.V.m. Art. 9 Ziff. 5 Abs. S. 1 AktG (Errichtungsvertrag) sowie Art. 89 Ziff. 1 S. 1 ZGB (Gründungsvertrag).

696 Die Vornahme der Beglaubigung wird geregelt durch Artt. 35 Nr. 4 - 6, 77 ff. der „Grundlagen der Gesetzgebung der Russischen Föderation über das Notariat" (VSNDiVS RF 1993, Nr. 10, Pos. 357; fortan: NotarO). Hierzu sowie zur Beurkundung vgl. Veršinin, Urkundswesen in Rußland, WiRO 1994, Nr. 3, S. 74 (77).

gemäß Art. 20 Ziff. 2 AIG n. F. nur noch die Satzung, bei GmbH auch der Gründungsvertrag, d. h. weder der Errichtungsvertrag noch beglaubigte Kopien dieser Urkunden, einzureichen. Ex lege besteht ein indirekter Formzwang bei Gesellschaften mit ausländischer Beteiligung also nicht mehr. Inwieweit die Registrierungsbehörden der Neuregelung Folge leisten oder kumulativ Altrecht zur Anwendung bringen werden, muß abgewartet bzw. vor Antragstellung mit der Staatlichen Registrierungskammer abgeklärt werden. Denn vorläufig nicht angepaßte bzw. außer Kraft gesetzte untergesetzliche Regelungen sehen nach wie vor die Einreichung notariell beglaubigter Kopien vor.[697] Angesichts des relativ geringen Gebührenaufwands sollten die Unterschriften unter den Gründungsdokumenten und dem Errichtungsvertrag daher auch weiterhin vor Anmeldung der Gesellschaft notariell beglaubigt werden, um unnötige Zeitverluste im Registrierungsverfahren zu vermeiden.[698] Dies gilt insbesondere für GmbH mit ausländischer Beteiligung, soweit zusätzlich deren Anmeldung bei der Moskauer Registrierungskammer erforderlich ist,[699] da das Moskauer Verfahrensrecht ausdrücklich verlangt, daß die Unterschriften von Gründungsgesellschaftern, die natürliche Personen sind, unter dem im Original einzureichenden Gründungsvertrag notariell zu beglaubigen sind.[700]

Der sich als Tendenz abzeichnende Verzicht des Gesetzgebers auf einen qualifizierten gesetzlichen Formzwang erscheint rechtspolitisch kaum nachvollziehbar.[701] Bis 1992 war zumindest die notarielle Beglaubigung der Gründungsdokumente von Kapitalgesellschaften ausdrücklich vorgeschrieben.[702] Angesichts des Umstandes, daß in Rußland das Registrierungs- und Registerwesen traditionell nicht den Gerich-

---

697 So etwa Ziff. 4 - 6 der Anlage 1 zur Weisung der Staatlichen Registrierungskammer beim Wirtschaftsministerium der RF v. 07.02.1996 Nr. 2 „Zum Verfahren der Registrierung von Aktiengesellschaften mit ausländischen Investitionen" (nicht amtlich veröffentlicht, abgedruckt bei Mogilevskij, Akcionernye obščestva, S. 509 ff.), die in praxi auch auf die GmbH Anwendung findet.

698 Da Satzungen als solche nicht unterzeichnet, sondern auf der Gründungsversammlung durch Beschluß, der in das von den Gründungsgesellschaftern zu unterzeichnende „Protokoll Nr. 1" aufzunehmen ist, festgestellt werden, bezieht sich die Beglaubigung insoweit nicht auf die Satzung, sondern auf die Unterschriften des „Protokolls Nr. 1".

699 S. dazu u. S. 154 ff.

700 Ziff. 2.2. lit. g) der „Ordnung über das Verfahren der Registrierung von Unternehmen in der Stadt Moskau" (fortan: RegO/Moskau), bestätigt durch VO der Regierung Moskaus v. 17.12.1991 i.d.F. v. 11.11.1997 (nicht offiziell veröffentlicht).

701 Kritisch insoweit auch Zalesskij (ders.), Kommentarij k zakonu ob OOO, Einführung S. XIV.

702 Der Formzwang hinsichtlich der Beglaubigung der entsprechenden Unterschriften wurde aufgehoben durch VO des Obersten Sowjets der RF v. 04.03.1992, VSNDiVS RF 1992, Nr. 13, Pos. 661.

ten, sondern der Exekutive zugeordnet ist, böte die Einführung der notariellen Beurkundung als gesetzlich vorgeschriebener Form für Gründungsdokumente den Vorteil einer gegenüber der registrierungsbehördlichen Inhaltskontrolle in höherem Maße qualifizierten Prüfung durch die Notare,[703] was zudem möglicherweise eine Verringerung der Abhängigkeit der Kautelarjurisprudenz von der oftmals willkürlich und formal anmutenden Auslegungspraxis der Exekutive nach sich zöge.[704]

4. Kritik der Duplizität der Gründungsdokumente im GmbH-Recht

Die parallele Existenz von zwei Gründungsdokumenten, auf die der Gesetzgeber diejenigen Regelungen, die sich als materielle Satzungsbestimmungen darstellen, aufteilt, wird in der Lehre einhellig als verfehlt kritisiert.[705] Dieser Kritik ist zuzustimmen. Mit der Entscheidung gegen eine Aufgabe des zweispurigen Systems hat der Gesetzgeber im Rahmen der Neuregelung des GmbH-Rechts offensichtlich an Traditionen der sowjetischen Joint Venture-Gesetzgebung sowie des GmbH-Rechts der Transformationsperiode angeknüpft. Die Ausgestaltung des Gründungsvertrages als Gründungsdokument findet sich erstmals in Ziff. 8 VOGemU und wurde in Ziff. 7 AGGmbHO beibehalten; die heutigen Regelungen zum Mindestinhalt, aus denen die rechtliche Doppelnatur des Gründungsvertrages resultiert, orientieren sich eng am Wortlaut des Art. 13 Ziff. 2 Abs. 4 GrZG 1991. Damit haben Fehlleistungen des sowjetischen Gesetzgebers in das russische GmbH-Recht Eingang gefunden, denn die in Ziff. 8 VOGemU getroffene Regelung erscheint allein durch ein unzutreffendes Verständnis des historischen Verordnungsgebers von der Rechtsnatur des zwischen den Partnern von Equity Joint Ventures üblicherweise geschlossenen, rein schuldrechtlichen Investitionsvertrages erklärbar.[706] Diese mißglückte Rezeption führte in den Nachfolgeregelungen im Bereich der Gründungsdokumente zu einer ungerecht-

---

703 Der Prüfungsumfang bei der Beurkundung von Rechtsgeschäften ergibt sich aus Art. 54 NotarO. Zu den bisherigen Mißständen im behördlichen Registrierungsverfahren vgl. etwa Krapivin/Vlasov, Kommentarij k zakonu ob AO, S. 55.

704 Ebenso Zalesskij (ders.), Kommentarij k zakonu ob OOO, Einführung, S. XIV.

705 Vgl. Abova/Kabalkin/Mozolin (letzterer/Judenkov), Kommentarij GK I, Art. 52 Rn. 2; Avilov, Chozjajstvennye tovariščestva i obščestva v GK Rossii, in: GS Chochlov, S. 176 (191); Sadikov (Avilov) II, Kommentarij GK I, zu Art. 89; Suchanov, Zakon ob OOO, ChiP 1998, Nr. 5, S. 38 (46); Tichomirov (ders.), Kommentarij k zakonu ob OOO, Art. 12 Rn. 2 a. E.; Zalesskij (ders.), Kommentarij k zakonu ob OOO, Einführung S. XV; ders. (Solov`eva), aaO., Art. 11 Rn. 1.

706 Vgl. o. Fn. 206.

fertigten Differenzierung zwischen Aktien- und GmbH-Recht und mag bei Verabschiedung des ZGB und des GmbHG in dem Bemühen, sich nicht allein an ausländischen GmbH-Ordnungen zu orientieren, sondern auch „russische Besonderheiten" zu berücksichtigen, fortgeführt worden sein.[707] Damit wurde zugleich die Systematik des im Zeitpunkt des Gesetzgebungsverfahrens bereits ergangenen und dem nationalen Gesetzgeber zur Anwendung empfohlenen GmbHG (GUS) ignoriert, nach dessen Artt. 13, 15 Ziff. 1 Abs. 1 die Satzung einziges Gründungsdokument der GmbH ist und daneben fakultativ ein „Vertrag über die Gründung" geschlossen werden kann, der ausschließlich schuldrechtliche Wirkungen zwischen den Gründungsgesellschaftern zeitigt.[708] Zudem meinte man, im zweispurigen System ein Abgrenzungskriterium zwischen den Rechtsformen der GmbH und der (geschlossenen) AG gefunden zu haben, das die durch das ZGB erfolgte Legalisierung der - in praxi bereits vor Inkrafttreten des ZGB geübten - Unterscheidung zwischen diesen beiden Rechtsformen rechtfertigen könnte.[709] Demgegenüber mutmaßt *Knaul* hinsichtlich der gesetzgeberischen Motive für die Duplizität, sie sei in das neue russische GmbHG aus dem deutschen Recht in Verkennung dessen übernommen worden, daß nach dem deutschen GmbHG das Gründungsdokument der Gesellschaft durchgängig als Gesellschaftsvertrag bezeichnet, dieser aber nach Eintragung der Gesellschaft zur Satzung werde.[710] Dieser bloßen Vermutung ist die Entstehungsgeschichte entgegenzuhalten, aus der deutlich wird, daß die Duplizität 1994 nicht (vermeintlich) aus fremden Rechtsordnungen übernommen, sondern aufgrund der russischen Rechtsentwicklung in bewußter Abkehr von der GUS-Modellgesetzgebung gerade beibehalten wurde.

---

[707] Noch bei Vorbereitung des Entwurfes eines GmbH-Gesetzes wurden ernsthafte Zweifel geäußert, ob der Gründungsvertrag die Funktion eines Gründungsdokumentes haben müsse (vgl. Suchanov, Zakon ob OOO, ChiP 1998, Nr. 5, S. 38 (46). In den parlamentarischen Lesungen wurde diese Diskussion aber offenbar nicht vertieft. Jedenfalls sahen sämtliche Entwürfe die Duplizität vor. Eine Synopse des GmbHG mit der Entwurfsfassung nach der zweiten Lesung in der Staatsduma findet sich in den Mitteilungen des VfdrWR Nr. 13, Februar 1998, S. 1 ff.

[708] Ein weiterer Unterschied zum geltenden russischen GmbH-Recht liegt darin, daß es nach der Modellgesetzgebung Neugesellschaftern bei Eintritt in die GmbH freisteht, in die Rechte und Pflichten aus dem „Vertrag über die Gründung" einzutreten oder nicht (Art. 13 Ziff. 2 Abs. 2 2. Hs. GmbHG [GUS]).

[709] Als Wesensmerkmal der GmbH wird die Duplizität ihrer Gründungsdokumente wohl gesehen bei Glušeckij et al., Novyj GK RF ob AO i inych juridičeskich licach, S. 66.

[710] Vgl. Knaul, GmbH-Recht, S. 38.

Die GmbH ist die einzige Rechtsform, die zwei Gründungsdokumente aufweist. Dies ist unter Berücksichtigung der Systematik des Rechts der Wirtschaftsgesellschaften systemwidrig. Der als registrierungspflichtiges Gründungsdokument ausgestaltete Gründungsvertrag ist in erster Linie ein Institut des Personengesellschaftsrechts, denn allein auf ihm basieren die Personengesellschaftsformen der vollen und der Kommanditgesellschaft.[711] Die Übertragung dieses Instituts in das GmbH-Recht betont zwar den Charakter der GmbH als personalistische Kapitalgesellschaft,[712] ist aber auch gerade aus diesem Grunde abzulehnen, weil dadurch die - lange bestrittene - Zugehörigkeit der GmbH zum Kapitalgesellschaftsrecht relativiert wird und selbst die AG als die aufwendigere Rechtsform mit einem Gründungsdokument auskommt.

Zudem ist nach Entstehung der GmbH für ein zweites Gründungsdokument neben der Satzung keine eigenständige Funktion erkennbar, was sich nunmehr auch in der zugunsten der Satzung ausgestalteten Kollisionsregel des Art. 12 Ziff. 5 GmbHG ausdrückt. Dies gilt umso mehr, als sich die Inhalte von Satzung und Gründungsvertrag ohnehin teilweise überschneiden bzw. diejenigen obligatorischen Bestimmungen des Gründungsvertrages, die materiell Satzungscharakter haben, auch problemlos in die Satzung inkorporiert werden könnten. Die gesetzliche Aufteilung der Regelungsgegenstände von Satzung und Gründungsvertrag erscheint zuweilen eher zufällig. Während bspw. die Einlagefähigkeit bestimmter Vermögensgegenstände in der Satzung ausgeschlossen werden kann,[713] soll der gesetzliche Grundsatz, wonach der Gesellschaft als Sacheinlage für eine bestimmte Dauer zur Nutzung überlassene Vermögensgegenstände auch im Falle des Ausschlusses oder Austritts des einbringenden Gesellschafters für die vereinbarte Nutzungsdauer bei dieser verbleiben, im Gründungsvertrag durchbrochen werden können.[714] Ein sachlicher Grund für derartige standortmäßige Differenzierungen einzelner Fragen des Kapitalaufbrin-

---

[711] Vgl. Artt. 52 Ziff. 1 Abs. 1 S. 1, 70 Ziff. 1 S. 1, 83 Ziff. 1 S. 1 ZGB.

[712] Auch hierin wird zum Teil die gesetzgeberische Intention für die Beibehaltung der Duplizität im GmbH-Recht vermutet; vgl. Sadikov (Avilov) II, Kommentarij GK I, zu Art. 89; Stepanov, Pravovaja priroda ustava juridičeskogo lica, ChiP 2000, Nr. 6, S. 41 (49, Fn. 39).

[713] Vgl. Art. 15 Ziff. 2 Abs. 4 GmbHG.

[714] Vgl. Art. 15 Ziff. 4 GmbHG.

gungs- und Kapitalerhaltungsrechts ist nicht ersichtlich.[715] Der Funktionsverlust des Gründungsvertrages illustriert sich ferner daran, daß sein Abschluß bei Gründung einer Einmann-GmbH naturgemäß entfällt (Art. 11 Ziff. 1 Abs. 2 S. 1 GmbHG). Soweit sich nachträglich eine mehrgliedrige Struktur ergibt, ist nunmehr - neben der Vornahme der erforderlichen Satzungsänderungen - gleichwohl ein Gründungsvertrag abzuschließen (Art. 11 Ziff. 1 Abs. 2 S. 2 GmbHG),[716] obwohl die Gesellschaft bereits errichtet ist und sich ihre Verfassung primär nach der Satzung bestimmt. Auch das in der Leitentscheidung zum GmbHG zum Ausdruck kommende Verständnis, im Gründungsvertrag sei das Innenverhältnis zwischen Gesellschaft und Gesellschaftern sowie derselben untereinander zu regeln,[717] geht an der gesetzlichen Systematik vorbei. Denn (auch) die Satzung ist zwingender Regelungsstandort für bestimmte Komplexe des Innenrechts - wie etwa das Austrittsverfahren -, was insbesondere für die Einräumung bzw. Auferlegung sog. „Sonderrechte und -pflichten" i.S.d. Artt. 8 Ziff. 2, 9 Ziff. 2 GmbHG[718] gilt. Vom Mindestinhalt des Gründungsvertrages abgesehen obliegt die nähere Ausgestaltung des Verhältnisses zwischen Gesellschafter und Gesellschaft daher der Satzung, während im Gründungsvertrag insoweit allenfalls schuldrechtliche Abreden zwischen den Gesellschaftern getroffen werden können.[719] Warum dem vertraglichen Regelungsstandort solcher Abreden zwingend die Qualität eines Gründungsdokuments der Gesellschaft zukommen muß ist ebenso unerfindlich wie die Gründe, die den Gesetzgeber zur Ablehnung der Möglichkeit veranlaßt haben, solche Abreden als unechte Satzungsbestandteile in die Satzung zu inkorporieren.

Eine Gesamtschau dieser Aspekte muß daher in die an den Gesetzgeber gerichtete Aufforderung münden, das zweispurige System im GmbH-Recht aufzugeben und damit das Kapitalgesellschaftsrecht zu vereinheitlichen. Einstweilen ist zu konstatie-

---

715 Kritisch insoweit auch Tichomirov, OOO v sisteme chozjajstvennych tovariščestv i obščestv, Pravo i Ėkonomika 1998, Nr. 3, S. 13 (17).

716 A. A. zur Rechtslage vor Inkrafttreten des GmbHG Izotova/Makarova, OOO: Problemy i rešenija, Judičeskaja praktika 1997, Nr. 2 (9), S. 84 (87).

717 Vgl. Ziff. 5 Abs. 2 der Leitentscheidung Nr. 90/14 der Plenen des OG und des OWG v. 09.12.1999, BVS RF 2000, Nr. 3, S. 1 (2).

718 Vgl. dazu u. S. 171 ff.

719 Die Gesellschafter untereinander bindende Abreden sind nach herrschender Auffassung nur im GmbH-Recht, nicht aber im Recht der gAG zulässig; vgl. Suchanov, Aktuelle Probleme des russischen GmbH-Rechts, JBfOR 2000, Bd. 2, S. 283 (286).

ren, daß im Gründungsstadium einer GmbH eine gewisse, durch die Duplizität der Gründungsdokumente und die damit verbundene Unklarheit über den Zeitpunkt des Inkrafttretens des Gründungsvertrages bewirkte Rechtsunsicherheit besteht, der die Praxis zu begegnen versucht, indem die in den Gründungsvertrag aufzunehmenden Vereinbarungen bezüglich des Vorgehens zur Errichtung, Registrierung und Kapitalaufbringung zusätzlich in das Protokoll der Gründungsversammlung aufgenommen werden.[720] Eine sachkundige Beratung vorausgesetzt, stellt sich die unterschiedliche Struktur der Gründungsdokumente jedoch nicht als Kriterium dar, das die Rechtsformwahl zwischen GmbH und gAG beeinflussen sollte.

III. Registrierung

Registrierungsrechtliche Ausgangsbestimmung des Zivilrechts ist Art. 51 Ziff. 1 Abs. 1 S. 1 ZGB, wonach jede juristische Person der staatlichen Registrierung bei den Justizorganen nach einem Verfahren unterliegt, das durch das RegistrierungsG[721] bestimmt wird. Die Angaben zur Registrierung sind in ein einheitliches staatliches Register der juristischen Personen einzutragen (Art. 51 Ziff. 1 Abs. 1 S. 2 ZGB).[722] Der ZGB-Gesetzgeber beschrieb dami zunächst die Rechtslage de lege ferenda, da das Registrierungsrecht bis zum Inkrafttreten des RegistrierungsG weiterhin Bestand haben sollte.[723] Nunmehr ist das RegistrierungsG zum 1. Juli 2002 in Kraft gesetzt und durch eine RegVO konkretisiert worden. Die Auswirkungen der damit verbundenen tiefgreifenden Reform des Registerwesens, insbesondere das Verhältnis von geltendem und Altrecht, können derzeit noch nicht endgültig abgeschätzt werden.

---

[720] Vgl. dazu Solotych, Unternehmensgründung in der RF, Rn. 63. M. E. ist diese Übung bereits de lege lata entbehrlich, weil der Gründungsvertrag bei zutreffender Betrachtung insoweit bereits mit seinem Abschluß für die Gründungsgesellschafter verbindlich wird.

[721] S.o. Fn. 651.

[722] De lege ferenda wird ein bundesweit einheitliches Register mit gewissen Publizitätswirkungen eingerichtet, das der Öffentlichkeit zugänglich ist. Die juristische Person wird mit ihrer Eintragung in das Register entstehen. Der Erfolg des neuen Registerrechts wird von der Qualität seiner Ausdifferenzierung auf untergesetzlicher Ebene abhängen. Andererseits führt das RegistrierungsG nicht alle heutigen Probleme einer Lösung zu. Dies gilt vor allem in bezug auf die dogmatisch ungeklärte Leistung von Einlagen vor Registrierung; kritisch insoweit Lomakin, O proekte zakona o registracii juridičeskich lic, Zakonodatel'stvo 2001, Nr. 6, S. 75 ff.; Zacharov, Registracija: ot plochogo k chudšemu, ĖiŽ-Jurist Mai 2001, S. 2.

[723] Vgl. Artt. 2 Ziff. 6, 8 EGZGB I. Einstweilen sind insbesondere Artt. 34 f. UntG und die Bestimmungen der RegO weiterhin anzuwenden.

Aus diesem Grund soll im Folgenden zunächst die vor dem 1. Juli 2002 geltende Rechtslage dargestellt und nachfolgend ein Ausblick auf die wesentlichen Neuerungen gegeben werden.

1. Rechtslage vor dem 1. Juli 2002

Unabhängig von der Frage, ob an einer Neugründung ausländische Investoren beteiligt sind, ist für die Registrierung von (u.a.) Kapitalgesellschaften grundsätzlich die Exekutive der Föderationssubjekte i.S.d. Art. 65 Ziff. 1 Verf zuständig, in welchen jeweils sog. Registrierungskammern eingerichtet sind.[724] Darüber hinaus können im Einzelfall abweichende Sonderzuweisungen an andere Registrierungsbehörden zu beachten sein. Dies gilt etwa[725] für die Zentralbank, bei der als GmbH oder gAG verfaßte Geschäftsbanken zu registrieren sind.[726] Zuständigkeiten für die Registrierung von Gesellschaften mit ausländischer Kapitalbeteiligung liegen ferner bei der Staatlichen Registrierungskammer beim Justizministerium der RF mit Sitz in Moskau.

Die Registrierung bei der Staatlichen Registrierungskammer ist unabhängig vom Unternehmensgegenstand in jedem Fall dann erforderlich, wenn die ausländische

---

[724] Tichomirov, Registracija statusov juridičeskich i fizičeskich lic, Pravo i ėkonomika 2000, Nr. 1 S. 3 (4). Rechtsgrundlagen des Registrierungsverfahrens in Moskau sind insbesondere die „Ordnung über das Moskauer Registrierungsregister" (fortan: RegisterO/Moskau), bestätigt durch Verordnung der Regierung Moskaus v. 16.11.1993 Nr. 1043, VMM 1998, Nr. 1 (zit. nach Eršova/Mgjuja, Sozdanie kommerčeskich organizacii, Zakon 2001, Nr. 8, S. 62), sowie die „Ordnung über das Verfahren der Registrierung von Unternehmen in der Stadt Moskau" (fortan: RegO/Moskau), bestätigt durch VO der Moskauer Regierung v. 17.09.1991 Nr. 97 (nicht amtlich veröffentlicht; fortan: EVORegO/Moskau), jeweils i.d.F. der VO v. 11.11.1997 „Über Änderungen des Verfahrens der Registrierung von Aktiengesellschaften in der Stadt Moskau" (ĖiŽ 1997, Nr. 40, S. 6). Registerführende Registrierungsbehörde ist die Moskauer Registrierungskammer, vgl. VO der Regierung Moskaus v. 24.12.1991 Nr. 264 „Über die Organisation der Arbeit der Moskauer Registrierungskammer und die Vervollkommnung des Verfahrens der Registrierung und Errichtung von Unternehmen und Organisationen in der Stadt Moskau" (VMM 1992, Nr. 1). Zur Anmeldung von GmbH bei der Registrierungskammer des Moskauer Gebiets s. Ogorodnikov, O realizacii Moskovskoj oblastnoj registracionnoj palatoj zakona „Ob OOO", ĖiŽ 1998, Nr. 18, S. 6. Zur Situation in St. Petersburg s. Rumin, Registration in St. Petersburg, Financial Times EEBL, Januar 1996, S. 14 f.; Sergeev/Tolstoj, Graždanskoe pravo 1, S. 134 m.w.N.

[725] Weitere Beispiele finden sich bei Sadikov (Rachmilovič) II, Kommentarij GK I, Art. 51 Rn. 3.

[726] Vgl. Art. 12 Abs. 1 BankG. Die Ausführungsbestimmungen finden sich in Abschnitt I der Instruktion der Zentralbank v. 23.06.1998 Nr. 75-I „Über das Verfahren der Anwendung von Bundesgesetzen, die das Verfahren der Registrierung von Kreditorganisationen und der Lizenzierung der Banktätigkeit regeln" (VBR 1998 Nr. 55), geändert durch Zentralbankweisungen v. 18.05.1999 (VBR 1999 Nr. 32) sowie v. 24. und 30.06.1999 (VBR 1999, Nr. 38).

Kapitalbeteiligung mehr als 100.000 Rubel beträgt.[727] Unabhängig von der Höhe der ausländischen Kapitalbeteiligung gilt dies auch bei Anmeldung einer Gesellschaft, deren Unternehmensgegenstand in der Erdöl- oder Gasförderung bzw. -verarbeitung oder in der Kohleförderung liegt. Anzumerken ist, daß sich die zuständigkeitsbegründende Differenzierung nach der Beteiligungshöhe heute zwar noch aus der Satzung der Staatlichen Registrierungskammer ergibt, in Art. 20 Ziff. 2 Abs. 1 AIG n. F. aber aufgegeben wurde.[728] Dadurch ist die Registrierungszuständigkeit für Gesellschaften mit ausländischem Kapitalanteil von unter 100.000 Rubel zweifelhaft geworden. Denn nach Art. 20 Ziff. 2 Abs. 1 AIG sind „juristische Personen, die Wirtschaftsorganisationen mit ausländischen Investitionen [sind], (...) bei den Justizorganen zu registrieren." Nachdem die Staatliche Registrierungskammer dem Justizministerium zugeordnet wurde, ist sie das insoweit zuständige Justizorgan. Die Aufgabe der Differenzierung im Text des AIG könnte daher bedeuten, daß nunmehr *alle* Gesellschaften mit ausländischer Beteiligung ohne Rücksicht auf deren Höhe konstitutiv direkt bei der Staatlichen Registrierungskammer zu registrieren sind. Andererseits könnten die Gebietsadministrationen argumentieren, die Satzungsbestimmung stelle eine zulässige Konkretisierung des AIG dar, um eigene Registrierungszuständigkeiten bei Gesellschaften mit ausländischem Kapitalanteil von weniger als 100.000 Rubel aufrechtzuerhalten.[729] Insoweit muß die zukünftige Auslegungspraxis des AIG durch die Staatliche Registrierungskammer und die Gebietsadministrationen abgewartet und ggf. vor der Anmeldung abgeklärt werden.

Ausländische Investoren können sich bei Anmeldung einer GmbH oder gAG ferner dadurch vor Probleme gestellt sehen, daß bislang nicht abschließend geklärt ist, ob

---

[727] Vgl. Ziff. 3 der Satzung der Staatlichen Registrierungskammer beim Justizministerium der RF, bestätigt durch Weisung des Justizministeriums v. 29.12.1998 Nr. 192 (BNA 1999, Nr. 2, S. 36 ff.), fortan: Satzung Regkammer RF. Die früher beim Wirtschaftsministerium angesiedelte Registrierungskammer wurde durch RegVO v. 05.09.1998 Nr. 1034 (SZ RF 1998, Nr. 37, Pos. 4616) in die Zuständigkeit des Justizministeriums überführt. Zur Entstehungsgeschichte der Behörde vgl. Schwarz, Die Staatliche Registrierungskammer beim Wirtschaftsministerium der Russischen Föderation, WiRO 1995, Nr. 8, S. 314.

[728] Vormals stimmte die Satzung insoweit mit Art. 16 Abs. 2 S. 1 AIG a. F. überein.

[729] Unzutreffend ist dagegen die von Müller (Das neue russische AIG, WiRO 1999, Nr. 11, S. 401 [404]) in Erwägung gezogene Interpretation der Neufassung des AIG, diese könne den „Wegfall" der Sonderregistrierungszuständigkeit der Staatlichen Registrierungskammer zugunsten der allgemein zuständigen lokalen Registrierungsbehörden bedeuten. Denn bereits nach Altrecht war keine Zuständigkeit der Staatlichen Registrierungskammer gegeben, soweit der ausländische Kapitalanteil unter 100.000 Rubel lag.

die grundsätzliche Zuständigkeit der Registrierungsbehörden auf der Ebene der Föderationssubjekte dann entfällt, wenn eine spezielle Zuständigkeit der Staatlichen Registrierungskammer oder einer anderen kraft Sonderzuweisung zuständigen Behörde gegeben ist. Während in der russischen Literatur insoweit mehrheitlich von einem zwingend zweistufigen Registrierungsverfahren ausgegangen wird,[730] vertreten *Arzinger/Galander*[731] die Auffassung, die direkte Registrierung bei der Staatlichen Registrierungskammer könne „doppelte Arbeit" ersparen, also die Registrierung auf Subjektsebene substituieren. In praxi kann wohl eine doppelte Anmeldung vermieden werden, sofern vor Anmeldung bei der Staatlichen Registrierungskammer eine „Abstimmung" mit der Administration des jeweiligen Föderationssubjekts erfolgt und gegenüber der Staatlichen Registrierungskammer bei Antragsstellung nachgewiesen wird.[732]

Zu beachten ist, daß der Begriff der „Registrierung" (zumindest vor dem 1. Juli 2002) nicht den Vorgang einer Registereintragung beschrieb.[733] Vielmehr ist zwischen dem bundeseinheitlich geregelten Registrierungsverfahren als solchem und dem eigentlichen Registerwesen zu unterscheiden. Das in Art. 51 Ziff. 1 S. 2 ZGB angeführte einheitliche Register der juristischen Personen existiert bislang nicht.[734] Abgesehen von den bei den Registrierungskammern auf Subjektsebene sowie bei den kraft Sonderzuweisung zuständigen Bundesbehörden isoliert geführten Registern wird auf Bundesebene ein einheitliches Unternehmensregister lediglich vom Staatlichen

---

730 Vgl. Kramarenko, Registracija kommerčeskich organizacii s inostrannymi investicijami, Pravo i Ékonomika 1999, Nr. 10, S. 12 (19); Pavlodskij, Registracija predprijatij s inostrannymi investicijami, Pravo i Ékonomika 2000, Nr. 2, S. 83 (85); Sadikov (Rachmilovič) II, Kommentarij GK I, Art. 51 Rn. 3.

731 Russisches Wirtschaftsrecht, S. 23.

732 Vgl. Ziff. 2 der Anlage 1 zur Weisung der Staatlichen Registrierungskammer v. 07.02.1996 Nr. 2 „Zum Verfahren der Registrierung von Aktiengesellschaften mit ausländischen Investitionen" (nicht offiziell veröffentlicht).

733 A. A. Jen`kova (Voprosy registracii kommerčeskich organizacii s inostrannymi investicijami, ĖiŽ 1999, Nr. 47, S. 25), die das Registrierungsverfahren bei Gesellschaften mit ausländischer Kapitalbeteiligung erst im Zeitpunkt der Eintragung in das „Staatliche Register von Wirtschaftsorganisationen mit ausländischen Investitionen" für abgeschlossen hält, das gemäß Ziff. 3 Abs. 6 Satzung Regkammer RF bei der Staatlichen Registrierungskammer beim Justizministerium der RF geführt wird. Mit dem Wortlaut der Ziff. I.5. Abs. 2 RegO (vgl. dazu o. S. 129) ist diese Auffassung jedoch nicht vereinbar.

734 Vgl. Arzinger/Galander, Russisches Wirtschaftsrecht, S. 23; Belostockaja/Zenkin, OOO, S. 92; Kramarenko, Registracija kommerčeskich organizacii s inostrannymi investicijami, Pravo i ékonomika 1999, Nr. 10, S. 12 (19); Suchanov, Graždanskoe pravo I, S. 198.

Steuerdienst geführt.[735] Gemäß Ziff. 15 Abs. 1 RegO haben die Registrierungsbehörden innerhalb einer Woche ab Registrierung einer Gesellschaft die Registrierungsangaben, zu denen die Vertretungsverhältnisse nicht zählen, der Steuerinspektion zwecks Eintragung in dieses Register mitzuteilen. Das Register ist zwar öffentlich (Ziff. 15 Abs. 3 RegO), zeitigt aber keine Publizitätswirkungen.

Wie bereits erörtert wurde,[736] besteht die eigentliche „Registrierung" also nicht in einer Registereintragung, sondern ist dieser vorgelagert. Im Hinblick auf Art. 51 Ziff. 2 ZGB, der ausdrücklich auf die Registrierung abstellt, ist es für den Entstehungszeitpunkt der juristischen Person deshalb unerheblich, wann die Eintragung erfolgt.[737] Angesichts des eindeutigen Wortlauts des Gesetzes und der sich darauf stützenden Rechtsprechung kann eine Konstitutivwirkung der Registereintragung entgegen der Auffassung *Nozdračevs* nicht im Wege eines Umkehrschlusses aus dem Umstand gefolgert werden, daß die Liquidation einer juristischen Person erst mit der Eintragung eines entsprechenden Liquidationsvermerks in das Register abgeschlossen ist.[738]

Die Verleihung der Rechtsfähigkeit folgt nunmehr grundsätzlich dem System der Normativbestimmungen.[739] Soweit die gesetzlichen Mindestanforderungen erfüllt sind, besteht ein Anspruch auf Registrierung, der gerichtlich durchsetzbar ist.[740] Den Registrierungsbehörden ist es gesetzlich grundsätzlich verboten, eine Registrierung aus bloßen Zweckmäßigkeitserwägungen zu verweigern.[741] Ebensowenig wie eine Zweckmäßigkeitskontrolle findet eine kaufmännische Kontrolle statt, was auch für

---

735 Rechtsgrundlage ist die „Ordnung über das Verfahren der Führung des Staatlichen Unternehmensregisters", BNA 1993, Nr. 8, S. 17 ff. (fortan: RegisterO). Vgl. dazu Belostockaja/Zenkin, OOO, S. 92; Gorinov, Kak zaregistrirovat` predprijatie?, ĖiŽ 1994, Nr. 32, S. 15; Nozdračev, Gosudarstvennyj reestr predprijatij, ChiP 1994, Nr. 3, S. 15 ff., jeweils m.w.N.

736 S. o. S. 138.

737 Ebenso Solotych, ZGB RF 1. Teil, S. 34.

738 Vgl. Art. 63 Ziff. 8 ZGB. Die Ansicht von *Nozdračev* (Gosudarstvennyj reestr predprijatij, ChiP 1994, S. 15 [16/18]) stützt sich noch auf die inhaltlich identische Vorgängerregelung des Art. 37 Ziff. 5 UntG.

739 Statt vieler vgl. Cybulenko, Graždanskoe pravo I, S. 80; Tichomirov, Registracija statusov juridičeskich i fizičeskich lic, Pravo i Ėkonomika 2000, Nr. 1, S. 3.

740 Vgl. Artt. 51 Ziff. 1 Abs. 3 ZGB, 20 Ziff. 2 Abs. 7 AIG. Daß ein entsprechender Anspruch grundsätzlich besteht, ergibt sich ferner arg. e Artt. 55 Ziff. 3 Verf, 1 Ziff. 2 Abs. 2 ZGB, 20 Ziff. 2 Abs. 6 AIG.

741 Vgl. Art. 51 Ziff. 1 Abs. 2 S. 2 ZGB.

die Kapitalausstattung der Gesellschaft gilt. Der Grundsatz, daß den Registrierungsbehörden eine rein rechtliche Prüfungsbefugnis zukommt, erfährt allerdings in Art. 20 Ziff. 2 Abs. 6 AIG eine dahingehende Einschränkung,[742] daß zu den dort aufgeführten, nichtnormativen Zwecken die Registrierung kommerzieller Organisationen mit ausländischen Investitionen abgelehnt werden kann.[743]

Bei Erreichen bestimmter Schwellenwerte ist die Registrierung mit einem Notifizierungsverfahren bei den Kartellbehörden verbunden: die Errichtung einer GmbH oder gAG ist innerhalb von fünfzehn Tagen nach deren Registrierung als juristischer Person dem GKAP[744] anzuzeigen, sofern die Gesamtsumme der Aktiva der Gründungsgesellschafter das 100.000fache des Mindestarbeitslohns[745] übersteigt.[746]

---

[742] Bei der genannten Bestimmung handelt es sich um eine Ausfüllung des Gesetzesvorbehalts aus Artt. 55 Ziff. 3 Verf, 1 Ziff. 2 Abs. 2 ZGB.

[743] Das Gesetz nennt den Schutz der verfassungsmäßigen Ordnung, der Sittlichkeit, der Gesundheit, der Rechte und gesetzlichen Interessen Dritter, der Gewährleistung der Landesverteidigung und der Sicherheit des Staates. Angesichts der Unbestimmtheit dieser Begriffe wird zu Recht der Erlaß von Richtlinien für die behördliche Ermessensausübung gefordert; vgl. Marinich/Zafft, Russia's new Foreign Investment Law, RCEEL 1999, Nr. 3, S. 435 (442). Erweiterte Prüfungsbefugnisse sind auch einzelnen kraft Sonderzuweisung zuständigen Bundesbehörden eingeräumt, so etwa der Zentralbank bei der Registrierung von als GmbH oder gAG verfaßten Geschäftsbanken; vgl. Artt. 16, 18 BankG. Die von Alekseev (GK, in: GS Chochlov, S. 21 [39]) geäußerte Kritik, in Art. 51 ZGB sei keine vollständige Überwindung des Konzessions- zugunsten des Systems der Normativbestimmungen erfolgt, ist unter diesem Aspekt daher insgesamt nachvollziehbar, kann aber nicht an Art. 51 ZGB selbst festgemacht werden.

[744] Staatliches Komitee der Russischen Föderation für Antimonopolpolitik und Unterstützung neuer Wirtschaftsstrukturen, fortan: GKAP.

[745] Durch Gesetz v. 09.01.1997 wurde dieser auf den seit dem 01.01.98 geltenden Betrag von 83,49 Rbl. festgesetzt, was im Sommer 1999 ca. 6,50 DM entsprach. Über Aktiva von mehr als 650.000 DM dürfte nahezu jedes ausländische Unternehmen verfügen, das sich zur Errichtung einer russischen Tochter entschließt.

[746] Art. 17 Ziff. 4 WbG. Eine Pflicht zur Einholung einer Vorabgenehmigung besteht in keinem Fall; vgl. Blitzer/Anderson, Russia, Fiancial Times EEBL August 1995, S. 13. Den Gründern steht es jedoch frei, bereits vor Registrierung der Gesellschaft die Zustimmung des GKAP zu beantragen; vgl. Art. 17 Ziff. 7 WbG i.V.m. Ziff. 2.3. der „Ordnung über das Verfahren der Einreichung von Anträgen und Anzeigen gemäß den Anforderungen der Artt. 17 und 18 WbG bei den Antimonopolbehörden" (BNA 2000, Nr. 1, S. 4 ff.; fortan: VerfahrensO/WbG). Die Einholung einer derartigen Vorabgenehmigung ist mit dem aus dem EU-Wettbewerbsrecht vertrauten Institut der „comfort letters" vergleichbar. Im Gegensatz zum Notifizierungsverfahren handelt es sich in diesem Fall um ein Genehmigungsverfahren, da die Behörde den Antrag gem. Art. 17 Ziff. 7 2. Hs. i.V.m. Art. 17 Ziff. 2 WbG zu bescheiden hat. Soweit sich die Gründer für das Genehmigungsverfahren entscheiden, ist zu beachten, daß der Antrag zu stellen ist, bevor der Gründungsbeschluß gefaßt wird. Die einzureichenden Unterlagen ergeben sich - unabhängig von der Verfahrensart - aus Anlage 1 Ziff. 4 VerfahrensO/WbG. Übersichten zur Gründungskontrolle bieten *Dillenz* (Das russische Wettbewerbsrecht, S. 99 f.), *Krüßmann* (Privatisierung und Umstrukturierung in Rußland, S. 549) und *Olschewski/v. Wistinghausen* (Grundzüge des Kartell- und Wettbewerbsrechts der RF, Rn. 40 ff.). Zum Umfang der Begründungspflicht im Falle ablehnender Entscheidungen des GKAP vgl. Tot'jev, Otkaz v udovletvorenii chodatajstva dolžen byt' motivirovannym, ĖiŽ 1999, Nr. 51, S. 24.

2. Rechtslage ab dem 1. Juli 2002

Die Eckpunkte der Novelle bestehen in der Einführung eines einheitlichen landesweiten Registers, der Zuständigkeitszuweisung an das Ministerium für Steuern und Abgaben und in der Hinwendung zum angelsächsischen Prinzip einer Eintragung ohne vorherige inhaltliche Prüfung der Gründungsdokumente.[747] Im Vergleich zur oben umrissenen Situation nach Altrecht ist die Fülle der sich aus der Reform ergebenden Fragen evident. Bislang ist ungeklärt, ob die Staatliche Registrierungskammer beim Justizministerium ihre Funktionen beibehält. Dies wird man ebenso abzuwarten haben wie die Frage, ob dem neuen einheitlichen Register in für den Rechtsverkehr zuverlässiger Weise positive und negative Publizität zukommen wird.

D. Sitz

Kapitalgesellschaften sind in der Wahl ihres Sitzes nicht frei. Nach Art. 54 Ziff. 2 ZGB ist der Sitz einer juristischen Person grundsätzlich am Ort ihrer Registrierung belegen, soweit nicht die Gründungsdokumente „in Übereinstimmung mit dem Gesetz" etwas anderes bestimmen.[748] Die Bestimmung des Sitzes ist somit der Privatautonomie entzogen und nur dort zulässig, wo das Gesetz ausdrücklich verschiede-

[747] Vgl. Amwrossow/v. Sydow, RF: Gesetz zur Registrierung juristischer Personen, WiRO 2002, Nr. 2, S. 47 ff.; Heidemann, Die GmbH in der RF, GmbHR 2002, Nr. 15, S. 732 (733).

[748] Fraglich erscheint, wie sich hierzu der von der Rechtsprechung aufgestellte Leitsatz verhält, bis zum Inkrafttreten des RegistrierungsG sei im Streitfalle davon auszugehen, der Sitz einer juristischen Person sei der Ort, an welchem sich ihre Verwaltungsorgane befinden (Ziff. 21 Abs. 2 der Leitentscheidung der Plenen des OG und des OWG v. 01.07.1996 Nr. 6/8, Zakon 1996, Nr. 11, S. 95 [98]). Sinn und Zweck dieser Fiktion sind bislang nicht geklärt worden (vgl. Tolstoj/Sergeev, Graždanskoe pravo 1, S. 128 [Fn. 1]). Hierzu ist zu berücksichtigen, daß sich im geltenden Registrierungsrecht die örtliche Zuständigkeit der Registrierungsbehörden nicht ausdrücklich nach dem gewählten Gesellschaftssitz richtet und die von der Rechtsprechung aufgestellte Fiktion daher möglicherweise lediglich die Vermeidung von Streitigkeiten über die örtliche Zuständigkeit bezweckt. So trifft nach Moskauer Registrierungsrecht diejenigen Unternehmen eine Registrierungspflicht in Moskau, die dort unternehmerisch tätig oder dort „faktisch belegen" sind (vgl. Ziff. 2 EVORegO/Moskau). Die Leitentscheidung soll daher wohl auch der Zersplitterung des geltenden Rechts im Streitfalle begegnen, stellt aber jedenfalls nicht die Geltung des Art. 54 Ziff. 2 ZGB vor Inkrafttreten des RegistrierungsG in Frage, da sie ausdrücklich nur „im Streitfall" eingreift.

Für das GmbH-Recht wurde zudem inzwischen ausdrücklich klargestellt, daß die Gerichte Streitigkeiten über den Sitz in Anwendung der Artt. 54 ZGB, 4 Ziff. 2 GmbHG zu entscheiden haben (vgl. Ziff. 3 S. 1 der Leitentscheidung der Plenen des OG und des OWG Nr. 90/14 v. 09.12.1999, BVS RF 2000, Nr. 3, S. 1 [2]), so daß die genannte Fiktion hier auch prozessual gegenstandslos geworden sein dürfte. Dagegen wird in der zum AktG ergangenen Leitentscheidung Nr. 4/8 nicht zu Fragen der Sitzbestimmung Stellung genommen, weshalb insoweit von der Fortgeltung der o.g. Entscheidung auszugehen ist.

ne Gestaltungsvarianten zur Verfügung stellt. Vor der Novellierung des AktG zum 1. Januar 2002 wurde die Ermächtigungsnorm des Art. 54 Ziff. 2 2. Hs. ZGB im Aktien- und GmbH-Recht in unterschiedlicher Weise ausgefüllt.

Das GmbHG positiviert die Gestaltungsmöglichkeit, abweichend von der Grundregel der Identität von Registrierungs- und Sitzort den Ort des ständigen Sitzes der Verwaltungsorgane oder den Hauptort der Gesellschaftstätigkeit als Sitz einer GmbH in der Satzung festzulegen.[749] Diese Regelung ist insbesondere für in Moskau zu registrierende Gesellschaften mit ausländischer Beteiligung vor dem Hintergrund interessant, daß in der Vergangenheit viele örtliche Administrationen befürchtet haben, das Zusammenfallen von Registrierungsort und Gesellschaftssitz würde auch die Besteuerung der Gesellschaft in Moskau nach sich ziehen, und aus diesem Grunde zunächst die Zustimmung zur Registrierung verweigert haben.[750]

Dagegen machte das AktG a.F. von der genannten Ermächtigung keinen Gebrauch, sondern verschärfte die Anforderungen an die gesetzliche Einräumung anderer Sitzorte zusätzlich, indem es bestimmte, daß der Sitz einer AG nur dann nicht am Ort ihrer Registrierung belegen ist, wenn „in Übereinstimmung mit *Bundesgesetzen*" in der Satzung etwas anderes bestimmt ist.[751] Der im GmbH-Recht eröffnete Gestaltungsspielraum bestand daher nach Altrecht nicht.

Zum 1. Januar 2002 hat der Reformgesetzgeber nunmehr die Regelung des GmbH-Rechts in das AktG übernommen.[752]

E. Umfang der Rechtsfähigkeit

GmbH und gAG sind in ihrer Eigenschaft als kommerzielle Organisationen grundsätzlich unbeschränkt rechtsfähig.[753] Sie können somit auch Rechtsgeschäfte ab-

---

[749] Vgl. Art. 4 Ziff. 2 S. 2 GmbHG. Die Geltung dieser Norm ist durch die höchstrichterliche Rechtsprechung (vgl. Fn. 723) nicht betroffen und wurde etwa in Ziff. 1 eines in Registracionnyj vestnik v. 17.09.1998 Nr. 18 veröffentlichten Informationsbriefs der Moskauer Registrierungskammer bestätigt.

[750] Auch in Zukunft wird dieses Verhalten anzutreffen sein, da de lege lata insofern Kollisionen zwischen GmbH- und Steuerrecht entstehen können, als nunmehr auch Art. 11 Ziff. 2 Abs. 15 Steuerkodex bestimmt, daß Sitz einer russischen Organisation der Ort ihrer staatlichen Registrierung ist.

[751] Vgl. Art. 4 Ziff. 2 AktG a.F.

[752] Vgl. Art. 4 Ziff. 2 AktG.

schließen, die außerhalb ihres satzungsmäßigen Unternehmensgegenstands liegen. Dementsprechend besteht keine Rechtspflicht, Zweck und Gegenstand des Unternehmens in den Gründungsdokumenten festzuschreiben.[754]

Ausnahmen bestehen bei als GmbH oder gAG verfaßten Banken, Börsen und Versicherern.[755] In diesen Fällen ist ex lege eine spezielle Rechtsfähigkeit gegeben. Diese tritt ferner kraft statutarischer Selbstbeschränkung bei jeder Kapitalgesellschaft ein, deren Gründungsdokumente einen abschließenden Tätigkeitskatalog enthalten.[756] Unter Überschreitung der selbstbeschränkten Rechtsfähigkeit geschlossene Rechtsgeschäfte sind nach Art. 173 ZGB als ultra-vires-Geschäfte anfechtbar. Dadurch ist ein Weg eröffnet, über eine abschließende Definition des Unternehmensgegenstandes zu verhindern, daß die Geschäftsführung über diesen Rahmen hin-

---

[753] Vgl. Art. 49 Ziff. 1 Abs. 2 ZGB. Entgegen der Auffassung von *Butler/Gashi-Butler* (Towards a Russian Company Law, S. viii) besteht im Umfang der Rechtsfähigkeit von GmbH und gAG kein dahingehender Unterschied, daß die GmbH generell nur beschränkt rechtsfähig sei. Zwar findet Art. 2 Ziff. 2 Abs. 2 2. Hs. GmbHG, wonach die Rechtsfähigkeit der GmbH nur dann unbeschränkt ist, soweit dies nicht dem in ihrer Satzung abschließend bestimmten Unternehmensgegenstand widerspricht, in Art. 2 Ziff. 4 Abs. 1 AktG keine Entsprechung. Die Bestimmung positiviert jedoch lediglich die bereits nach ZGB auch für die AG gegebene Möglichkeit, die generell unbeschränkte Rechtsfähigkeit der GmbH fakultativ satzungsautonom zu beschränken (vgl. dazu u. S. 150).

[754] Arg. e Art. 52 Ziff. 2 Abs. 1 S. 3 ZGB. Etwas anderes gilt, soweit gesetzlich eine entsprechende Pflicht vorgesehen ist; vgl. etwa Art. 10 BankG. In praxi kann das völlige Fehlen entsprechender Angaben zu Schwierigkeiten bei der Anmeldung der Gesellschaft, insbesondere bei der Vergabe der statistischen Codes und von Lizenzen führen (vgl. Belostockaja/Zenkin, OOO, S. 19; Frenkel, Overview of the New Russian Corporation Law, PSJEEL 1996, Vol. 3:41, S. 101 [102]). Aus diesem Grund empfiehlt es sich, zwar den Unternehmensgegenstand in Grundzügen in den Gründungsdokumenten zu umschreiben, durch anschließende Aufnahme des Wortlauts aus Art. 49 Ziff. 1 Abs. 2 ZGB in die Bestimmung aber klarzustellen, daß es sich hierbei keinesfalls um einen abschließenden Katalog handelt.

[755] Die Rechtsfähigkeit von Banken ist auf diejenigen Tätigkeiten beschränkt, die das BankG als Bankgeschäfte definiert; vgl. Artt. 1 Ziff. 1 S. 1, 5 BankG. Die Rechtsfähigkeit von Versicherern beschränkt sich auf Tätigkeiten, die sich nicht als Produktion, Handelsvermittlungs- oder Bankgeschäfte darstellen; vgl. Art. 6 Ziff. 1 Abs. 2 VersG i.V.m. Art. 49 Ziff. 1 Abs. 2 ZGB.

[756] Vgl. Ziff. 18 Abs. 1 der Leitentscheidung der Plenen des OG und des OWG v. 01.07.1996 Nr. 6/8, Zakon 1996, Nr. 11, S. 95 (97), ausdrücklich nunmehr auch Art. 2 Ziff. 2 Abs. 2 GmbHG. In der Literatur a. A. nur - soweit ersichtlich - Gubin, Akcionernoe pravo, S. 15 ff., der darauf verweist, nach Art. 49 Ziff. 2 S. 1 ZGB könne die Rechtsfähigkeit nur durch Gesetz und daher nicht privatautonom beschränkt werden. Zudem ergebe sich arg. e Art. 52 Ziff. 2 Abs. 1 S. 3 ZGB, daß der Gesetzgeber die fakultative abschließende Beschreibung des Unternehmensgegenstands in den Gründungsdokumenten nicht mit einer Beschränkung der Rechtsfähigkeit verbinde, da er die Möglichkeit einer fakultativen Beschreibung ausdrücklich positiviert habe. Dieser Argumentation läßt sich zwar entgegenhalten, daß eine solche Verbindung im Wortlaut des Art. 173 ZGB zum Ausdruck kommt. Unter Verkehrsschutzaspekten wäre es gleichwohl zu begrüßen, wenn sich die bisherige Mindermeinung auf Dauer durchsetzen würde, da der Rechtsverkehr so auf die allgemeine Rechtsfähigkeit kommerzieller Organisationen vertrauen könnte.

ausgehende Rechtsgeschäfte unanfechtbar[757] abschließen und insofern die Interessen der Gesellschaft beeinträchtigen kann.[758] Gleichwohl ist das Instrument der Selbstbeschränkung der Rechtsfähigkeit nur bedingt geeignet, die Kontrolle insbesondere ausländischer Gesellschafter über russische Kapitalgesellschaften zu gewährleisten. Zwar wird dadurch der Handlungsspielraum der Tochter beschränkt. Die Anfechtung von ultra-vires-Geschäften durch die beschränkt rechtsfähige Kapitalgesellschaft oder ihre Gesellschafter ist jedoch nur im gerichtlichen Verfahren möglich und hat nur dann Erfolg, wenn die andere Partei die Überschreitung kannte oder kennen mußte. Die Beweislast hierfür trägt nicht der Anfechtungsgegner, sondern der Kläger.[759] Zieht man die in der neueren Rechtsprechung zu Art. 174 ZGB entwickelten Grundsätze[760] heran, so wird eine Kenntnis des Kontrahenten nicht bereits dann fingiert, wenn die jeweilige Vertragsurkunde einen Verweis auf die Gründungsdokumente der beschränkt rechtsfähigen Kapitalgesellschaft enthält.[761] Vielmehr kann der Beweis zuverlässig nur erbracht werden, wenn die Gründungsdokumente vor Vertragsschluß gegenüber der anderen Partei offengelegt wurden. Soweit

---

757 Ungenau ist insoweit die Auffassung *Arzingers/Galanders* (Russisches Wirtschaftsrecht, S. 20), die gesetzliche Regelung eröffne einen Weg, zu verhindern, daß Geschäftsführer außerhalb des beschränkten Unternehmensgegenstandes Rechtsgeschäfte *wirksam* abschließen und insofern die Interessen der Gesellschaft beeinträchtigen könnten. Dies ist insofern unrichtig, als ultra-vires-Geschäfte auch bei selbstbeschränkter Rechtsfähigkeit *zunächst wirksam* und lediglich unter bestimmten Voraussetzungen anfechtbar sind. Etwas anderes gilt nur bei ex lege beschränkter Rechtsfähigkeit: dann sind entsprechende Geschäfte von vornherein gem. Art. 168 ZGB nichtig; vgl. Ziff. 18 Abs. 3 der Leitentscheidung der Plenen des OG und des OWG v. 01.07.1996 Nr. 6/8, Zakon 1996, Nr. 11, S. 95 (97).

758 Der Umstand, daß das russische Recht insoweit von dem im deutschen Kapitalgesellschaftsrecht geltenden Grundsatz der nach außen unbeschränkten und unbeschränkbaren Vertretungsmacht abweicht, führt indessen nicht zu seinem Zurückbleiben hinter dem im sekundären Gemeinschaftsrecht erreichten acquis communautaire, denn dort ist die Aufgabe der ultra-vires-Lehre den Mitgliedstaaten keineswegs zwingend vorgegeben. Die nationalen Rechtsordnungen der Mitgliedstaaten können gem. Art. 9 Abs. 1 S. 2 PublizitätsRL für Handlungen, die den Unternehmensgegenstand überschreiten, vorsehen, daß die Gesellschaft nicht verpflichtet wird, wenn sie beweist, daß dem Dritten bekannt war, daß die Handlung den Unternehmensgegenstand überschritt, oder daß er darüber nach den Umständen nicht in Unkenntnis sein konnte; allein die Bekanntmachung der Satzung reicht zu diesem Zweck nicht aus. Zur dennoch EU-weiten Zurückdrängung der ultra-vires-Lehre nach der Grundregel des Art. 9 Abs. 1 S. 1 PublizitätsRL s. Habersack, Europäisches Gesellschaftsrecht, Rn. 52.

759 Vgl. Art. 53 Ziff. 1 S. 1 Arbitragegerichtsprozeßordnung der Russischen Föderation (fortan: APO) v. 05.05.1995, SZ RF 1995, Nr. 19, Pos. 1709.

760 Vgl. Ziff. 5 der Leitentscheidung des OWG v. 14.05.1998 Nr. 9, VVAS 1998, Nr. 7, S. 18 (19).

761 S.u. S. 342 ff. m.w.N.

die damit verbundene Offenlegung von Interna[762] vermieden werden soll, besteht ein erhebliches Prozeßrisiko.

Unter der gesetzlichen Überschrift „Rechtsfähigkeit der juristischen Person" ist in Art. 49 Ziff. 1 Abs. 3 ZGB[763] normiert, daß eine juristische Person einzelne Arten von Tätigkeiten, die durch Gesetz[764] bestimmt werden, nur mit einer speziellen Genehmigung (Lizenz) ausüben kann. Lizenzerfordernisse werden bislang in Rechtsprechung und Lehre als gesetzliche Beschränkungen der Rechtsfähigkeit juristischer Personen verstanden.[765] Dies ist bereits deshalb zweifelhaft, weil derartige Rechtsgeschäfte nicht der gesetzlichen Rechtsfolge der ex lege beschränkten Rechtsfähigkeit (Nichtigkeit nach Art. 168 ZGB) unterliegen, sondern lediglich nach Art. 173 ZGB auf Anfechtungsklage der juristischen Person, ihrer Gesellschafter oder von Aufsichtsbehörden durch die Gerichte aufgehoben werden können. Dabei trägt der Anfechtungskläger die Beweislast dafür, daß der Kontrahent das Fehlen der Lizenz im Zeitpunkt des Vertragsschlusses kannte oder kennen mußte.[766] Die Wirksamkeit eines Vertrags wird somit vom Fehlen einer Lizenz nicht berührt.[767] Deshalb betonen

---

[762] Im Gegensatz zum Aktienrecht ist mit der Offenlegung der Gründungsdokumente einer GmbH auch die Bekanntgabe der im Gründungsvertrag festgehaltenen Identität der Gesellschafter und der Beteiligungsverhältnisse verbunden; kritisch zu dieser Folge aus der gesetzlichen Einstufung des Gründungsvertrags als Gründungsdokument auch Mogilevskij, OOO, S. 47.

[763] Wortgleich wiederholt in Artt. 2 Ziff. 3 Abs. 2 S. 1 AktG, 2 Ziff. 2 Abs. 3 S. 1 GmbHG.

[764] Bislang waren insbesondere die in Art. 17 des Bundesgesetzes „Über die Lizenzierung einzelner Tätigkeiten" (SZ RF 1998, Nr. 39, Pos. 4857; geändert durch Gesetz v. 26.11.1998, SZ RF 1998, Nr. 48, Pos. 5823, und v. 22.12.1999, SZ RF 1999, Nr. 52, Art. 6366; fortan: LizG) aufgeführten Tätigkeiten lizenpflichtig. Bei der Unterwerfung bestimmter Tätigkeiten unter die Lizenzpflicht folgte der Gesetzgeber in erster Linie Kontrollgesichtspunkten und verwendete relativ unbestimmte Kriterien. Im Schrifttum wurde eine Neuausrichtung dieser Kriterien am Begriff der Betroffenheit öffentlicher Interessen gefordert; so de lege ferenda etwa Olejnik, Licenzirovanie otdel'nych vidov dejatel'nosti, Zakon 2000, Nr. 1, S. 20 (22). Nunmehr hat der Gesetzgeber das LizG zum 01.02.02 durch ein neues, gleichnamiges Gesetz ersetzt und den Lizenzkatalog verkürzt; vgl. SZ RF 2001, Nr. 33 Teil I, Pos. 3430.

[765] Vgl. etwa Beschluß des OG v. 05.02.1997, BVS 1997, Nr. 5, S. 1 (2); Ionova, Pravovye problemy licenzirovanija, Pravovedenie 1996, Nr. 3, S. 95; Suchanov, Graždanskoe pravo I, S. 191; Zalesskij, Pravosposobnost' juridičeskogo lica, Pravo i Ėkonomika 1999, Nr. 5, S. 85 (86).

[766] Vgl. Beschluß des Präsidiums des OWG v. 14.07.1998 Nr. 1173/98, abgedruckt in: Dolžnikov/Reznikov/Chochlova, Sudebnaja praktika po graždanskim delam, S. 255 ff.

[767] Dies wird übersehen bei *Micheler* (Das neue russische Aktiengesetz im Überblick, S. 5), die Art. 173 ZGB nicht beachtet und daher meint, es bleibe abzuwarten, ob sich in der russischen Rechtspraxis das Fehlen einer Lizenz auf die Gültigkeit des Vertrags auswirkt.

Lizenzerfordernisse sollten peinlichst beachtet werden, da Verstöße die zuständigen Behörden zur Erhebung von Auflösungsklagen gegen die lizenzpflichtige juristische Person nach Art. 61 ZGB berechtigen (zu den Grundsätzen der behördlichen Ermessensausübung vgl. Ionova, Pravovye problemy licenzirovanija, Pravovedenie 1996, Nr. 2, S. 95 [99]).

neuere Literaturstimmen zu Recht, die allgemeine Rechtsfähigkeit erfasse auch lizenzpflichtige Tätigkeiten.[768] Würde man lizenzpflichtige Tätigkeiten nicht - wie die herrschende Lehre - nur nominell, sondern tatsächlich aus der allgemeinen Rechtsfähigkeit aussparen, müßte dies zum einen die Nichtigkeit von Geschäften, für deren Vornahme eine Vertragspartei nicht über die vorgeschriebene Lizenz verfügt, nach sich ziehen und hätte zum anderen zur Folge, daß es kein Institut der allgemeinen Rechtsfähigkeit, sondern nur verschiedene Stufen der speziellen Rechtsfähigkeit gäbe. Beides ist mit geltendem Recht nicht vereinbar.

F. Firma

Nachdem die Regelungsdichte des Firmenrechts im Recht der gAG zunächst hinter dem GmbH-Recht zurückblieb, hat der Reformgesetzgeber nunmehr mit der Novellierung des AktG zum 1. Januar 2002 die Bestimmungen des GmbHG sinngemäß übernommen. In der Literatur[769] wird verbreitet vertreten, neben den gesetzlichen Bestimmungen sei die Firmenordnung aus dem Jahre 1927[770] weiterhin subsidiär anwendbar. Deren Fortgeltung ist m.E. jedoch zumindest zweifelhaft und eher zu verneinen, denn ihr dürfte bereits die 1962 erfolgte formelle Aufhebung des Gesellschaftsrechts entgegenstehen.[771]

Die Firma einer GmbH oder gAG kann aus einer beliebigen Bezeichnung in russischer Sprache bestehen, welcher obligatorisch der Rechtsformzusatz „Gesellschaft mit beschränkter Haftung“ (russisch: obščestvo s ograničennoj otvetstvennost`ju, abgekürzt: OOO) bzw. „Geschlossene Aktiengesellschaft“ (russisch: zakrytoe akcio-

[768] Vgl. Belych/Skuratovskij, GK: novaja model` regulirovanija, GiP 2001, Nr. 8, S. 5 (11 f.); Kudaškin, Priroda pravosposobnosti, ChiP 1999, Nr. 9, S. 108 (109).

[769] Vgl. Gribanov, Predprijatie i firmennoe naimenovanie, ChiP 2000, Nr. 11, S. 3 f.; Tolstoj/Sergeev, Graždanskoje pravo 1, S. 129; Zalesskij, OOO v sisteme chozjastvennych obščestv, Pravo i Ékonomika 1998, Nr. 3, S. 13 (16).

[770] Vgl. Eršova/Mgjuja, Sozdanie kommerčeskich obščestv, Zakon 2001, Nr. 8, S. 62 (65) sowie die Fundstellennachweise bei Gribanov, Predprijatie i firmennoe naimenovanie, ChiP 2000, Nr. 11, S. 3 (4; dort Fn. 3); Zalesskij, OOO v sisteme chozjastvennych tovariščestv i obščestv, Pravo i Ékonomika 1998, Nr. 3, S. 13 (16).

[771] S. o. S. 37 f.

nernoe obščestvo, abgekürzt: ZAO) beizufügen ist.[772] In der russischsprachigen Pflichtfirma sind fremdsprachige Rechtsformzusätze (z.B. „Ltd.") grundsätzlich nicht statthaft.[773] Eine Sachfirma muß nur geführt werden, soweit dies gesetzlich vorgeschrieben ist, was i.d.R. der Fall ist, wenn die Rechtsfähigkeit der Gesellschaft ex lege auf bestimmte Tätigkeiten beschränkt ist.[774] Ansonsten ist auch eine Personen- oder Phantasiefirma zulässig. In jedem Fall muß die Firmenausschließlichkeit gewährleistet sein.[775] Die Verwendung geographischer und historischer Eigennamen kann im Einzelfall erlaubnis- und gebührenpflichtig sein; dies gilt insbesondere für die Worte „Rußland" und abgeleitete Adjektive.[776] Fakultativ sind zusätzlich zur vollständigen russischsprachigen Pflichtfirma Kurzformen und fremdsprachige Formen zulässig. Die in Art. 54 Ziff. 4 Abs. 4 ZGB vorgesehene gesetzliche Regelung der - speziellen - Registrierung und Verwendung der Firma ist bislang nicht erfolgt. In praxi wird die Registrierung der Gesellschaft mit derjenigen ihrer Firma gleichgesetzt.[777] Mit Registrierung ihrer Firma erwirbt eine Kapitalgesellschaft ein ausschließliches Verwendungsrecht an dieser,[778] dessen Verletzung Unterlassungs- und Schadensersatzansprüche begründet.[779] Unabhängig von einer Hinterlegung

---

[772] Vgl. Art. 54 Ziff. 1 S. 1, 4 Abs. 1 ZGB i.V.m. Artt. 4 Ziff. 1 Abs. 1 S. 1 GmbHG, 4 Ziff. 1 Abs. 1 S. 1 u. Abs. 2 S. 1 AktG. Der Rechtsformzusatz kann der Firma vor- oder nachgestellt werden, wobei in praxi die Voranstellung gebräuchlicher ist.

[773] Vgl. Artt. 4 Ziff. 1 Abs. 3 GmbHG; 4 Ziff. 1 Abs. 3 AktG. Beide Normen enthalten einen gesetzlichen Genehmigungsvorbehalt.

[774] Vgl. etwa Art. 7 Ziff. 2 BankG.

[775] Beispiele aus der Praxis, in denen eine Firma wegen fehlender Firmenausschließlichkeit nicht registriert wurde, diskutieren Eršova/Mgjuja, Sozdanie kommerčeskich organizacii, Zakon 2001, Nr. 8, S. 62 (66 f.). Keine Stütze im Gesetz findet die von *Trachtengerc* (Firmennoje naimenovanije, Pravo i Ėkonomika 1999, Nr. 10, S. 83) geäußerte Auffassung, in unterschiedlichen Branchen tätige Gesellschaften bzw. solche mit verschiedener Produktpalette könnten im Rechtsverkehr zulässigerweise unter derselben Firma auftreten.

[776] Vgl. VO des OS RF v. 14.02.1992, VVS RF 1992, Nr. 10, Pos. 470.

[777] Vgl. Berlin, Zaščita firmennogo naimenovanija, ĖiŽ-Jurist Nr. 18, Mai 2001, S. 2; Kalpin/Masljaev, Graždanskoe pravo I, S. 82; Tolstoj/Sergeev, Graždanskoe pravo 1, S. 129. Bislang kann das Fehlen eines bundeseinheitlichen Firmenregisters und damit bundesweiten Vergleichsmaterials auf Seiten der Registrierungsbehörden dazu führen, daß in verschiedenen Föderationssubjekten identische Firmennamen registriert werden; vgl. Trachtengerc, Firmennoje naimenovanije, Pravo i ėkonomika 1999, Nr. 10, S. 83 (84). Im Streitfalle hat die frühere Registrierung Vorrang; Trachtengerc, aaO. Zur Prüfung der Unterscheidungskraft einer angemeldeten Firma in Verfahren vor der Moskauer Registrierungskammer vgl. Olejnik, Predprinimatel`skoe pravo, S. 297 f.

[778] Vgl. Art. 54 Ziff. 4 Abs. 2 ZGB.

[779] Vgl. Art. 54 Ziff. 4 Abs. 3 ZGB.

oder Eintragung besteht der Firmenschutz in allen Verbandsstaaten der Pariser Verbandskonvention.[780]

[780] Pariser Verbandsübereinkunft zum Schutz des gewerblichen Eigentums v. 20.03.1883 i.d.F. v. 14.07.1967 (BGBl. 1970 II, S. 293, 391 ff.), dort Art. 8. Die Russische Föderation gehört als Rechtsnachfolgerin der Sowjetunion zu den Verbandsstaaten; vgl. Sadikov (Pavlodskij) I, Kommentarij GK I, Art. 54 Rn. 4.

3. Kapitel: Die Mitgliedschaft in der GmbH und der gAG

Mitgliedschaft bezeichnet im Gesellschaftsrecht die auf der Zugehörigkeit zu einem Verband beruhende Rechtsstellung einer Person. Sie kann auf unterschiedliche Weise erworben werden, nämlich durch Beteiligung am Gründungsvorgang, durch nachträglichen Beitritt (Aufnahme) oder durch Rechtsnachfolge. Durch Beteiligung am Gründungsvorgang und durch Beitritt wird ein originärer, durch Rechtsnachfolge ein derivativer Erwerb der Mitgliedschaft begründet. Der Verlust der Mitgliedschaft tritt ein durch Vollbeendigung der Gesellschaft, durch Austritt oder Ausschließung oder durch Rechtsnachfolge.

Zu diesen Komplexen stellt das russische Kapitalgesellschaftsrecht eingehende Regelungen zur Verfügung. Dagegen haben die durch die Mitgliedschaft als Rechtsverhältnis begründeten Sonderrechtsbeziehungen zwischen dem Mitglied und dem Verband, aber auch zwischen den Mitgliedern selbst einen nur unzureichenden Niederschlag im geschriebenen Recht gefunden und werden auch in Rechtsprechung und Literatur bislang kaum problematisiert. Inwieweit sich für die personalistische Kapitalgesellschaft eine „ungeschriebene Legalordnung“ konkreter Förderungs- und Interessenwahrungspflichten (Treupflichten), Schadensersatzpflichten des Mitglieds gegenüber dem Verband z.B. bei Unterkapitalisierung etc. herausbilden wird, bleibt somit abzuwarten.

Im folgenden werden die Mitgliedschaftsrechte und -pflichten eines GmbH-Gesellschafters und eines Aktionärs einer gAG vergleichend dargestellt und insbesondere daraufhin untersucht, inwieweit in der jeweiligen Rechtsform die Annäherung von Mitgliedschaft und Unternehmensleitung sowie die Geschlossenheit des Mitgliederkreises als Wesensmerkmale der personalistischen Kapitalgesellschaft gewährleistet sind.

A. Allgemeine Systematik

I. Gesetzliche Mitgliedschaftsrechte und -pflichten

Ausgangsbestimmung hinsichtlich der mit der Mitgliedschaft in Kapitalgesellschaften verbundenen Rechte und Pflichten ist Art. 67 ZGB. Aus den Verweisungsnormen der Artt. 87 Ziff. 3, 96 Ziff. 3 Abs. 1 ZGB ergibt sich, daß sich die Rechtsstellung des Mitglieds neben den in Art. 67 ZGB aufgeführten Katalogrechten und -pflichten durch die kapitalgesellschaftsrechtlichen Einzelgesetze bestimmt. Während der GmbHG-Gesetzgeber in Artt. 8 f. GmbHG eine weitgehend[781] einheitliche Regelung der Mitgliedschaft geschaffen hat, die einen Rückgriff auf Art. 67 ZGB erübrigt, enthält das AktG zwar in Artt. 31 f. eine zusammenhängende Regelung der wichtigsten durch Aktien verbrieften Rechte, im übrigen wird hier aber ergänzend ein Rückgriff auf verschiedenste Normen des AktG sowie Artt. 67 ZGB, 2 Abs. 2 S. 1 des Bundesgesetzes „Über den Wertpapiermarkt"[782] (fortan: WPMG) erforderlich.

Die Mitgliedschaft in der GmbH wird durch den *Geschäftsanteil* vermittelt. Gesellschafter ist, wer einen oder mehrere Geschäftsanteile an der GmbH hält. Die russische Rechtssprache kennt den Terminus „Geschäftsanteil" zwar nicht, vielmehr ist im GmbHG ausschließlich vom „Anteil am Satzungskapital" (russ.: dolja v ustavnom kapitale) die Rede. Wie sich aus Art. 21 Ziff. 6 Abs. 3 GmbHG ergibt,[783] steht dieser Begriff für die Summe der Rechte und Pflichten des einzelnen Gesellschafters in der GmbH und kann demnach fortan zulässigerweise als Geschäftsanteil bezeichnet werden. Die Höhe des Geschäftsanteils bestimmt sich nach dem Verhältnis seines Nennbetrags zum Satzungskapital und ergibt sich damit als Prozent- oder Bruchzahl.[784] Gesetzlich ist für Geschäftsanteile kein Mindestnennbetrag vorgeschrieben.

---

781 Nach Artt. 8 Ziff. 1 S. 2, 9 Ziff. 1 S. 2 GmbHG erfaßt die Mitgliedschaft sämtliche im GmbHG geregelten unabdingbaren Rechte und Pflichten.

782 Bundesgesetz „Über den Wertpapiermarkt" v. 22.04.1996, SZ RF 1996, Nr. 17, Pos. 1918, geändert durch Bundesgesetze v. 26.11.1998, SZ RF 1998, Nr. 48, Pos. 5857 und v. 08.07.1999, SZ RF 1999, Nr. 28, Pos. 3472.

783 Danach gehen auf den Erwerber eines Anteils am Satzungskapital grundsätzlich alle vor der Abtretung des Anteils begründeten Rechte und Pflichten des Gesellschafters über.

784 Vgl. Art. 14 Ziff. 2 Abs. 1 GmbHG. Das Satzungskapital setzt sich gemäß Art. 14 Ziff. 1 Abs. 1 GmbHG aus den Nennbeträgen der Anteile zusammen. Zu beachten ist, daß hier insoweit eine Abweichung zwischen GmbHG und ZGB besteht, als Art. 90 Ziff. 1 Abs. 1 ZGB bestimmt, daß das Satzungskapital aus dem „Wert der Einlagen der Gesellschafter" besteht. In der Literatur wird die

Letzteres gilt auch für Aktien. Diese verbriefen schuldrechtliche Ansprüche gegen die Gesellschaft[785] und werden in Art. 2 Abs. 2 S. 1 WPMG als Emissionswertpapiere definiert, die das Recht ihres Inhabers auf Erhalt eines Teils des Gewinns der Aktiengesellschaft in Form von Dividenden, auf Teilname an ihrer Verwaltung und auf einen Anteil am Abwicklungsüberschuß fixieren. Das Aktienrecht kennt ausschließlich Nennbetragsaktien, die Begebung von Stückaktien ist unzulässig. Obwohl die Ausgabe von Inhaberaktien in der personalistisch strukturierten gAG, die auf der besonderen persönlichen Beziehung der Kapitaleigner zur Gesellschaft basiert und somit an einer erleichterten Umlauffähigkeit der Aktien nicht interessiert sein kann, kaum von praktischem Interesse ist, sei der Vollständigkeit halber angemerkt, daß nach wie vor Streit in der Frage besteht, ob Inhaberaktien nach russischem Aktien- und Kapitalmarktrecht zulässigerweise begeben werden können. Dieser Streit resultiert aus einem Widerspruch zwischen Aktien- und Kapitalmarktrecht. Während nach Art. 25 Ziff. 2 Abs. 3 AktG alle Aktien einer AG Namensaktien sind, wird die Begebung von Inhaberaktien durch Art. 2 Abs. 2 S. 2 WPMG[786] mit der Einschränkung für zulässig erklärt, daß der Umfang der Ausgabe in einem von der FKCB[787] festzulegenden Verhältnis zur Höhe des Satzungskapitals zu stehen hat. Zum Teil wird dem aktienrechtlichen Ausschluß von Inhaberaktien Geltungsvorrang unter dem Gesichtspunkt eingeräumt, das WPMG sei zwar das jüngere Gesetz, das AktG teile aber als ausdrücklich im ZGB vorgesehenes Einzelgesetz dessen Geltungsvorrang und gehe daher dem WPMG vor.[788] Demgegenüber stützt *Laptev* die

---

Definition in Art. 14 Ziff. 1 Abs. 1 GmbHG als zulässige Konkretisierung des ZGB angesehen; vgl. Suchanov, Zakon ob OOO, ChiP 1998, Nr. 5, S. 38 (43); ders., in: Zalesskij, Kommentarij k zakonu ob OOO, Art. 14 Rn. 1. Dem dürfte unter dem Aspekt zu folgen sein, daß der Begriff der „Einlage" in Art. 15 GmbHG nunmehr nicht im Sinne der übernommenen Stammeinlage, sondern des zur Erfüllung der Einlageverpflichtung geleisteten Vermögens definiert ist und diese Ausdifferenzierung dem GmbHG-Gesetzgeber auch offen stand. Der - erst nachträglich feststellbare - Wert der eingebrachten Vermögensgegenstände kann für die bereits im Gründungszeitpunkt festzulegende Satzungskapitalziffer aber offensichtlich nicht ausschlaggebend sein mit der Folge, daß Art. 90 Ziff. 1 ZGB nach Inkrafttreten des GmbHG keine Bedeutung mehr zukommt.

[785] Vgl. Art. 2 Ziff. 1 Abs. 1 AktG.

[786] Zur Entstehungsgeschichte der Norm s. Schramm, Kapitalmarktrecht in der RF, S. 87 ff.

[787] Federal`naja Komissija po Rynku Cennych Bumag (Föderale Komission für den Wertpapiermarkt, fortan: FKCB). Zu Aufbau und Zuständigkeiten der FKCB s. Artt. 40 ff. WPMG.

[788] Vgl. Chabarov, Kommentarij k zakonu o rynke cennych bumag, Pravo i Ėkonomika 1999, Nr. 2, S. 10 (19). I.E. übereinstimmend Arzinger/Galander, Russisches Wirtschaftsrecht, S. 71; Black/Kraakman/Tarassova, Russian Law on Joint Stock Companies, S. 214 f.; Hüper, Unternehmenskauf in Rußland, S. 128; Krapivin/Vlasov, Kommentarij k zakonu ob AO, S. 79; Tichomirov

Zulässigkeit einer Begebung von Inhaberaktien, die von zahlreichen Stimmen ohne nähere Erörterung der Problematik bejaht wird,[789] gerade auf den lex posterior-Aspekt.[790] Hiergegen und für die erstgenannte Auffassung streitet aber i.E.[791] die gesetzliche Systematik. Denn nach Art. 145 Ziff. 2 ZGB kann die nach Ziff. 1 dieser Vorschrift grundsätzlich bestehende Möglichkeit, Inhaberwertpapiere auszugeben, durch Gesetz ausgeschlossen werden. Dieser Gesetzesvorbehalt wird durch Art. 25 Ziff. 2 Abs. 3 AktG ausgefüllt.[792] Die nach ZGB grundsätzlich zulässige Begebung von Inhaberaktien kann daher gesetzestechnisch nur im Wege der Aufhebung dieser Bestimmung, nicht aber durch eine bloße Gestattung im WPMG erreicht werden. Allerdings zeigt die Gegenmeinung, daß in praxi auch Inhaberaktien begeben werden.

Der Gang der Darstellung orientiert sich an der Systematik der Artt. 67 ZGB, 8 Ziff. 1 GmbHG. Diese läßt erkennen, daß nach dem Verständnis des Gesetzgebers nicht nur Ansprüche auf Gewinn und den Liquidations-erlös, sondern im GmbH-Recht auch das Verfügungsrecht über den Geschäftsanteil[793] zu den mitgliedschaftlichen Vermögensrechten zählen. Die durch Art. 67 Ziff. 1 ZGB i.V.m. Art. 8 Ziff. 1 GmbHG bzw. i.V.m. Artt. 31 AktG, 2 Abs. 2 WPMG begründeten Mitgliedschaftsrechte stellen einen Mindeststandard dar; sie können statutarisch weder abbedungen noch eingeschränkt werden.[794]

(ders.), Kommentarij k zakonu ob AO, Art. 25 Rn. 2 (dort S. 126); Šapkina, Nekotorye voprosy primeneija korporativnogo zakonodatel`stva, VVAS 1999, Nr. 5, S. 85 (86).

789 Vgl. Dolinskaja, Akcionernoe pravo, S. 139; Kašanina/Sudar`kova, Akcionernoe pravo, S. 95; Meteleva, Prodaža akcii na birževom i vnebirževom rynkach; Pravo i Ékonomika 1997, Nr. 21-22. S. 25 (26); Popondopulo/Jakovleva, Kommerčeskoe pravo, S. 118; Solotych, Recht der Handelsgesellschaften, Rn. 98.

790 Vgl. Laptev, Akcionernoe pravo, S. 56.

791 Die Argumentation bei *Chabarov* (s. Fn. 779) ist dagegen nicht stichhaltig. Der Geltungsvorrang aus Art. 3 Ziff. 2 Abs. 2 ZGB bezieht sich ausdrücklich nur auf das ZGB selbst, nicht dagegen auf das Verhältnis zwischen im ZGB angesprochenen Einzelgesetzen und anderen Gesetzen.

792 Vgl. Abova/Kabalkin/Mozolin (Solovjanenko), Kommentarij GK I, Art. 145 Rn. 2.

793 Dagegen ist aus den Bestimmungen des Aktienrechts eine Zuordnung der Verfügungsrechte über Aktien zur Mitgliedschaft nicht unmittelbar ableitbar. Dessen ungeachtet folgt das herrschende Verständnis dem GmbH-Recht, vgl. Gubin, Akcionernoe pravo, S. 129.

794 Vgl. Zalesskij (Avilov), Kommentarij k zakonu ob OOO, Art. 8 Rn. 2.

II. Nichtmitgliedschaftliche statutarische Rechte und Pflichten

Für die Einräumung von Vorzugsrechten stehen in beiden Rechtsformen unterschiedliche Institute zur Verfügung. GmbH-Gesellschaftern können über ihre gesetzlichen Mitgliedschaftsrechte und -pflichten hinaus sog. „zusätzliche Rechte und Pflichten"[795] (fortan: Sonderrechte und -pflichten) i.S.d. Artt. 8 Ziff. 2, 9 Ziff. 2 GmbHG eingeräumt werden, die bestimmten Besonderheiten in bezug auf ihre Übertragbarkeit unterliegen, aber inhaltlich weitgehend frei ausgestaltet werden können. Hinter dieser Flexibilität bleibt das Recht der gAG erheblich zurück. Im Bereich der Vermögensrechte sind über die gesetzlichen Mitgliedschaftsrechte hinausgehende Rechte nur durch die Ausgabe „privilegierter Aktien"[796] (fortan: Vorzugsaktien) i.S.d. Art. 32 AktG begründbar, die indessen nur für einen Nennbetrag von maximal 25 % des Satzungskapitals ausgegeben werden dürfen.[797] Innerhalb der auf mindestens 75 % des Satzungskapitals auszugebenden „gewöhnlichen Aktien"[798] (fortan: Stammaktien) ist es nicht möglich, einzelnen Aktionären besondere Mitverwaltungsrechte, z.B. Entsendungs- oder Mehrfachstimmrechte, einzuräumen, da jede Stammaktie zwingend dieselben Rechte verbürgt.[799] Im Gegensatz zu dem bloßen Gleich*behandlungs*gebot aus § 53a AktG-D[800] hat der russische Gesetzgeber damit klargestellt, daß die mitgliedschaftlichen Ansprüche und Befugnisse der Inhaber von Stammaktien nicht unterschiedlich sein dürfen, womit schlechthin deren Gleich*berechtigung* verlangt wird.

---

[795] Russ.: „Dopolnitel'nye prava i objazannosti".

[796] Russ.: „Privilegirovannye akcii".

[797] Vgl. Art. 102 Ziff. 1 ZGB i.V.m. Art. 25 Ziff. 2 Abs. 1 S. 2 AktG.

[798] Russ.: „Obyknovennye akcii".

[799] Vgl. Art. 31 Ziff. 1 AktG. Die Begebung verschiedener Aktientypen innerhalb einer Gattung, die zwar in sich identische, aber untereinander unterschiedliche Rechte verbürgen, ist nur innerhalb der Vorzugsaktien zulässig; vgl. Artt. 25 Ziff. 2 Abs. 1 S. 1, 32 Ziff. 1 Abs. 2 AktG. Unter einem Aktientyp ist danach eine Zusammenfassung von Vorzugsaktien mit gleichen Rechten und Nennbeträgen zu verstehen. Innerhalb der Stammaktien ist eine Differenzierung nach Typen dagegen ausgeschlossen. Die bei *Solotych* (Recht der Handelgesellschaften, Rn. 100) anzutreffende Aussage, jede Aktie einer Gattung und eines Typs begründe gleiche Rechte, ist daher insoweit ungenau, als sie die Fehlvorstellung nahelegt, Inhabern von Stammaktien könnten unterschiedliche Mitgliedschaftsrechte zukommen, soweit verschiedene Stammaktientypen ausgegeben worden seien. Solche sind gesetzlich ausgeschlossen. Zur Unzulässigkeit von Vetorechten zugunsten einzelner Aktionäre vgl. Torkanovsky, Peredel akcionernoj sobstvennosti, ChiP 1999, Nr. 4, S. 29 (34).

[800] S. dazu statt vieler Hüffer, AktienG-D, § 11 Rn. 2.

1. GmbH-Recht

In der Konzeption der Sonderrechte und -pflichten liegt ein wesentlicher Unterschied zum deutschen GmbH-Recht. Dort kommt der Abgrenzung zwischen mitgliedschaftlichen Sonderrechten und Nebenpflichten einerseits und schuldrechtlichen Abreden andererseits besondere Bedeutung zu. Denn mitgliedschaftliche Rechte und Pflichten können nur im Gesellschaftsvertrag begründet werden, unterliegen besonderen Auslegungsregeln, können nur durch förmliche Satzungsänderung geändert bzw. aufgehoben werden und gehen ipso iure auf den Erwerber des Geschäftsanteils über, während schuldrechtliche Rechte und Pflichten formlos zwischen den Parteien begründet, geändert und aufgehoben werden können, der Auslegung nach dem Willen der Vertragsteile (§§ 133, 157 BGB) und den §§ 320 ff. BGB unterliegen und nur durch besondere Abtretung bzw. Schuldübernahme auf den Erwerber übergehen. Nach deutschem Recht kommt es bei der Abgrenzung im Einzelfall entscheidend auf den Willen der Parteien an, objektive Anhaltspunkte bestehen daneben nur insoweit, als Festlegungen im Gesellschaftsvertrag i.d.R. mitgliedschaftlicher Natur sind.[801] Hierzu steht das russische GmbH-Recht in erheblichem Kontrast.[802] Denn die der Mitgliedschaft zuzuordnenden Rechte und Pflichten sind in Artt. 8 Ziff. 1, 9 Ziff. 1 GmbHG abschließend geregelt.[803] Deshalb können über diese Kataloge hinausgehende Rechte und Pflichten zwar in der Satzung festgestellt werden, sind dann aber keinesfalls mitgliedschaftlicher Natur. Nicht zur Mitgliedschaft zählen demzufolge auch solche Rechte und Pflichten, die in der Satzung vorgesehen werden, indem durch dispositives Gesetzesrecht eingeräumte Gestaltungsmöglichkeiten ausgefüllt werden. Vielmehr handelt es sich dabei zwingend um Sonderrechte und -pflichten i.S.d. Artt. 8 Ziff. 2, 9 Ziff. 2 GmbHG, die nicht mit dem Geschäftsanteil ver-

[801] Dies gilt nicht für die Bestellung von Geschäftsführern und einzelnen Abreden dazu im Gesellschaftsvertrag, da § 6 GmbHG-D davon ausgeht, daß dies sowieso regelmäßig dort erfolgt; vgl. BGH 18, 208; DB 1968, 166. Im übrigen ist bereits die von der herrschenden Auffassung vertretene Zulässigkeit der Abgrenzung anhand objektiver Kriterien (vgl. Lutter/Hommelhoff, GmbHG-D, § 3 Rn. 47) streitig (a.A. etwa Baumbach/Hueck, GmbHG-D, § 3 Rn. 56).

[802] Unverständlich daher die Anmerkung von *Suchanov* (Zakon ob OOO, ChiP 1998, Nr. 5, S. 38 [41]), die Idee zu dem Rechtsinstitut der „Sonderrechte und -pflichten" sei dem deutschen Recht entnommen.

[803] Einzubeziehen sind natürlich die über Artt. 8 Ziff. 1 S. 2, 9 Ziff. 1 S. 2 GmbHG in Bezug genommenen anderen imperativen Bestimmungen des GmbHG i.V.m. Art. 67 ZGB, auf die sich jeder Gesellschafter unmittelbar berufen kann.

bunden sind, sondern in der Person des jeweiligen Gesellschafters entstehen.[804] Aufgrund der imperativen gesetzlichen Regelung dieses Rechtsinstituts steht es den Gesellschaftern nicht frei, Sonderrechte und -pflichten als Bestandteil der Mitgliedschaft zu vereinbaren. Der Geschäftsanteil umfaßt regelmäßig ausschließlich die gesetzlichen Mitgliedschaftsrechte und -pflichten, weshalb das russische Recht keine Vorzugsgeschäftsanteile kennt. Dementsprechend gehen Sonderrechte und -pflichten bei Abtretung des Geschäftsanteils grundsätzlich nicht auf den Erwerber über. Vom Begriff der „Sonderrechte und -pflich-ten" werden alle schuldrechtlichen Abreden erfaßt, die zwischen der Gesellschaft und einem Gesellschafter getroffen werden. Insoweit ist zu beachten, daß das Gesetz in jedem Fall die Feststellung in der Satzung verlangt.[805] Fraglich ist, ob darin ein Wirksamkeitserfordernis für das betreffende Rechtsgeschäft, etwa bei der Übernahme von Nebenpflichten in Form von Lieferverpflichtungen gegenüber der Gesellschaft oder bei Dienstleistungen wie der Übernahme der Pflicht zur Geschäftsführung, zu sehen ist. Soweit ersichtlich, haben sich Rechtsprechung und Literatur zu dieser Frage bislang nicht geäußert. Damit ist bis auf weiteres davon auszugehen, daß entsprechende Vereinbarungen nach Art. 168 ZGB nichtig sind, sofern sie nicht in der Satzung fixiert werden. Dies gilt auch dann, wenn Sonderrechte und -pflichten nicht bereits bei Gründung der Gesellschaft satzungsmäßig festgestellt, sondern nachträglich durch Gesellschafterbeschluß begründet werden.[806] Entgegen der Auffassung *Solov'evas*[807] entfällt in diesem Fall das Erfordernis einer Satzungsänderung nicht. Denn nach Art. 12 Ziff. 2 S. 1 Abs. 7 GmbHG umfaßt der obligatorische Satzungsinhalt die „Rechte und Pflichten der Gesellschafter" unabhängig davon, ob es sich um mitgliedschaftliche oder um Sonderrechte und -pflichten handelt. Konstitutivwirkung kommt insoweit jedoch nur dem satzungsändernden Beschluß selbst, nicht aber der behördlichen Registrierung der Satzungsänderung zu, da letztere lediglich für die Wirksamkeit im Außenverhältnis von Bedeutung ist,[808] von Sonderrechten und -pflichten aber aus-

---

[804] Vgl. Gluševkij/Panteleev, Osnovnye i dopolnitel'nye prava učastnika OOO, ĖiŽ 1998, Nr. 16, S. 24; Zalesskij (Avilov), Kommentarij k zakonu ob OOO, Art. 8 Rn. 2.

[805] Vgl. Artt. 8 Ziff. 2 Abs. 1 S. 1, 9 Ziff. 2 Abs. 1 S. 1 GmbHG.

[806] So die im Gesetz ausdrücklich genannten Entstehungstatbestände von Sonderrechten und -pflichten; vgl. Artt. Ziff. 2 Abs. 1 S. 2, 9 Ziff. 2 Abs. 1 S. 2 GmbHG.

[807] Vgl. dies., in: Tichomirov, Kommentarij k zakonu ob OOO, Art. 8 Rn. 2.

[808] Arg. e Art. 52 Ziff. 3 ZGB i.V.m. Art. 12 Ziff. 4 Abs. 3 GmbHG.

schließlich die Innenrechtsbeziehungen zwischen der Gesellschaft und den Gesellschaftern betroffen sind.

a. Begründung und Aufhebung von Sonderrechten und -pflichten

Grundsätzlich können Sonderrechte und -pflichten bei Gründung der Gesellschaft in der Satzung festgestellt oder nachträglich durch einstimmigen Beschluß der Gesellschafterversammlung begründet werden.[809] Das Einstimmigkeitserfordernis wird nur durchbrochen, soweit Sonderpflichten nicht allen, sondern einem bestimmten Gesellschafter oder einer Gesellschaftergruppe auferlegt werden sollen. Unter der Bedingung, daß der belastete Gesellschafter für den Beschluß stimmt oder schriftlich sein Einverständnis erteilt, genügt in diesem Fall eine 2/3-Mehrheit.[810] Gegen den Willen des betroffenen Gesellschafters können weder Sonderrechte noch Sonderpflichten begründet werden.

Sonderpflichten können nur durch einstimmigen Beschluß der Gesellschafterversammlung geändert oder aufgehoben werden.[811] Hinsichtlich der Mehrheitserfordernisse für die Änderung und Aufhebung von Sonderrechten ist danach zu differenzieren, ob es sich um allen Gesellschaftern gleichermaßen oder asymmetrisch bestimmten Gesellschaftern eingeräumte Rechte handelt. Ersterenfalls bleibt ein einstimmiger Änderungs- oder Aufhebungsbeschluß erforderlich.[812] Letzterenfalls kann der Beschluß mit einer 2/3-Mehrheit gefaßt werden, sofern der (die) Sonderrechtsinhaber für den Beschluß stimmt oder schriftlich sein Einverständnis erteilt.[813]

b. Übergang von Sonderrechten und -pflichten

Da das Gesetz Sonderrechte und -pflichten systematisch von der Mitgliedschaft trennt, sind diese grundsätzlich an die Person des berechtigten bzw. verpflichteten

---

[809] Artt. 8 Ziff. 2 Abs. 1 S. 2, 9 Ziff. 2 Abs. 1 2 GmbHG.

[810] Vgl. Art. 9 Ziff. 2 Abs. 1 S. 3 GmbHG.

[811] Vgl. Art. 9 Ziff. 2 Abs. 3 GmbHG. Nach dem eindeutigen Gesetzeswortlaut gilt dies auch dann, wenn die aufzuhebende Sonderpflicht durch eine 2/3-Mehrheit begründet wurde.

[812] Vgl. Art. 8 Ziff. 2 Abs. 3 S. 1 GmbHG.

[813] Vgl. Art. 8 Ziff. 2 Abs. 3 S. 2 GmbHG.

Gesellschafters, nicht aber an dessen Geschäftsanteil gebunden.[814] Dennoch enthält das Gesetz keinen allgemeinen Grundsatz, daß Sonderrechte und -pflichten - d.h. alle nichtmitgliedschaftlichen Rechte und Pflichten - bei Abtretung des Geschäftsanteils nicht auf den Erwerber übergehen.

aa. Übergang asymmetrischer Sonderrechte und -pflichten

Gesetzlich ist ein solcher Übergangsausschluß vielmehr nur für den Fall normiert, daß es sich um asymmetrisch, d.h. einem einzelnen Gesellschafter oder einer Gesellschaftergruppe eingeräumte Sonderrechte und

-pflichten handelt.[815] Dies zieht die Frage nach sich, ob nach Art. 383 ZGB solche Rechte untrennbar an die Person des Berechtigten gebunden und nicht isoliert abtretbar sind, was nach zutreffender Auffassung zu verneinen sein dürfte. Art. 383 ZGB verlangt einen untrennbaren Zusammenhang zwischen dem Recht und der Person des Gläubigers und nennt beispielhaft Ansprüche auf Unterhalt sowie Schadensersatz wegen Schäden an Leben und Gesundheit. Ein untrennbarer Zusammenhang in diesem Sinne könnte nur dann angenommen werden, wenn asymmetrisch begründete Sonderrechte an die Person des berechtigten Gesellschafters in seiner mitgliedschaftlichen Stellung gebunden und wegen des Grundsatzes der Einheit der Mitgliedschaft nicht von diesem getrennt werden könnten. Die Mitgliedschaft ist jedoch gesetzlich abschließend konzipiert und umfaßt Sonderrechte generell nicht. Ausschlaggebend ist zudem zu berücksichtigen, daß Art. 8 Ziff. 2 Abs. 1 S. 2 GmbHG nichts für einen gesetzlichen Ausschluß der Möglichkeit eines derivativen Erwerbs von Sonderrechten entnommen werden kann. Bestünde ein derartiger allgemeiner Rechtsgrundsatz, wäre bereits die ex lege eingreifende Abkopplung asymmetrischer Sonderrechte von der Anteilsübertragung überflüssig. Demnach ergibt sich für asymmetrische Sonderrechte, daß ein Erwerb im Wege der Schuldübernahme nach Artt. 391 f. ZGB möglich ist, soweit die Gesellschaft zustimmt.

---

[814] In der Lehre wird insoweit vom individuellen oder personalen Charakter von Sonderrechten und -pflichten gesprochen; vgl. Glušeckij/Panteleev, Osnovnye i dopolnitel`nye prava učastnika OOO, ĖiŽ 1998, Nr. 16, S. 24; Mogilevskij, OOO, S. 81; Tichomirov (Solov`eva), Kommentarij k zakonu ob OOO, Art. 8 Rn. 2 (dort S. 72); Zalesskij (Avilov), Kommentarij k zakonu ob OOO, Art. 8 Rn. 2.

[815] Vgl. Artt. 8 Ziff. 2 Abs. 2, 9 Ziff. 2 Abs. 2 GmbHG.

Weiterhin stellt sich die Frage, ob asymmetrische Sonderrechte und -pflichten, die bei Anteilsveräußerung nicht auf den rechtsgeschäftlichen Erwerber des Geschäftsanteils übergehen, in der Person des Altgesellschafters fortbestehen oder untergehen. Dem Gesetz läßt sich hierzu nichts entnehmen. Gegen einen Untergang spricht, daß die Einheitlichkeit der Mitgliedschaft durch die Anteilsveräußerung nicht gefährdet wird, weil Sonderrechte und -pflichten nichtmitgliedschaftlicher Natur sind. Ihre Wahrnehmung durch gesellschaftsfremde Dritte kann die mitgliedschaftliche Selbstbestimmung des Verbandes daher grundsätzlich nicht beeinträchtigen. Dies gilt jedoch nicht, soweit die gesetzliche Stimmenverteilung in der Satzung modifiziert und bestimmten Gesellschaftern Mehrfachstimmrechte oder Vetorechte eingeräumt werden. Rechtsgrundlage ist in diesen Fällen nicht die dispositive Bestimmung des Art. 32 Ziff. 1 Abs. 5 GmbHG, sondern vielmehr die Satzung selbst, weshalb es sich nach dem Wortlaut um „gesetzlich nicht vorgesehene Rechte" i.S.d. Art. 8 Ziff. 2 GmbHG und damit um nichtmitgliedschaftliche Sonderrechte handelt.[816] Blieben derartige Sonderstimmrechte dem Altgesellschafter erhalten, bestünde für die Gesellschaft die Gefahr der Fremdbestimmung.[817] Ob der GmbHG-Gesetzgeber bewußt eine Stimmrechtsabspaltung zulassen wollte, dürfte zweifelhaft sein. Zur Begründung eines Stimmrechtsabspaltungsverbotes bieten sich verschiedene Konstruktionen an:

- In Art. 32 Ziff. 1 Abs. 2 GmbHG kommt zum Ausdruck, daß Stimmrechte in der Gesellschafterversammlung prinzipiell nur „Gesellschaftern" zustehen können. Bereits hieraus könnte sich ergeben, daß nichtmitgliedschaftliche Mitverwaltungsrechte bei Anteilsveräußerung entweder untergehen oder auf den Erwerber übergehen müssen, um die Einheitlichkeit der Mitgliedschaft zu gewährleisten.
- Den dogmatischen Brüchen, zu denen die abschließende gesetzliche Konzeption der Mitgliedschaft führt, könnte wirksam begegnet werden, indem der in Art. 8 Ziff. 2 Abs. 1 S. 1, 9 Ziff. 2 Abs. 1 S. 1 GmbHG enthaltene Begriff der „durch dieses Gesetz vorgesehenen Rechte/Pflichten" extensiv dahin ausgelegt wird, daß davon

---

[816] So auch die Qualifikation bei Glušeckij/Panteleev, Osnovnye i dopolnitel'nye prava učastnikov OOO, ĖiŽ 1998, Nr. 16, S. 24; Knaul, GmbH-Recht, S. 32.

[817] Zu dem im deutschen GmbH-Recht zur Vermeidung dieser Gefährdungslage von der Rechtsprechung im Rahmen der Mitgliedschaft entwickelten sog. „Verbot der Stimmrechtsabspaltung" vgl. Lutter/Hommelhoff, GmbHG-D, § 14 Rn. 11; Schmidt, Gesellschaftsrecht, § 19 III 4.

nicht nur sämtliche zwingenden gesetzlichen Vorschriften, sondern auch diejenigen statutarischen Bestimmungen erfaßt werden, die von gesetzlich eingeräumten Gestaltungsmöglichkeiten Gebrauch machen.[818] Dadurch würde der Anwendungsbereich des Rechtsinstituts der Sonderrechte und -pflichten auf gesetzlich in keiner Weise geregelte bzw. angesprochene Komplexe i.S.d. Art. 12 Ziff. 2 S. 2 GmbHG beschränkt und die Mitgliedschaft selbst privatautomer Ausgestaltung geöffnet.

- Bereits im Wortlaut des Art. 8 Ziff. 1 Abs. 2 GmbHG könnte der Grundsatz zum Ausdruck kommen, daß zur Mitgliedschaft nicht nur die gesetzlichen, sondern auch diejenigen Mitverwaltungsrechte[819] zählen, die erst durch die Gründungsdokumente begründet werden. Zwar knüpft der Gesetzgeber in Art. 8 Ziff. 2 Abs. 1 S. 1 GmbHG die Zuordnung von Rechten zur Mitgliedschaft oder zum Institut der nichtmitgliedschaftlichen Sonderrechte an den jeweiligen Entstehungstatbestand des Rechts - Gesetz oder Satzung - an; dies schließt jedoch noch nicht a priori aus, daß aufgrund der spezifischen Problematik des Übergangs von Mitverwaltungsrechten auf gesellschaftsfremde Dritte bewußt eine Ausnahmeregelung getroffen werden sollte. Für eine solche läßt sich die Stellung innerhalb der Norm anführen, denn der Gesetzgeber hat statutarisch begründete Mitverwaltungsrechte in den Katalog der unabdingbaren Mitgliedschaftsrechte in Art. 8 Ziff. 1 GmbHG inkorporiert.

Die Klärung dieser Problematik durch Rechtsprechung und Lehre bleibt abzuwarten. Derzeit bliebe die Annahme eines im russischen GmbH-Recht geltenden Abspaltungsverbotes auf der Grundlage der genannten Ansätze Spekulation. Der Wortlaut des Gesetzes ist vielmehr insoweit eindeutig, als Gesellschafterrechte, die sich nicht unmittelbar aus gesetzlichen Bestimmungen, sondern aus der Satzung ergeben, nicht zur Mitgliedschaft zählen. Daher kann es für die Qualifikation nicht beachtlich sein, ob das GmbHG ausdrücklich Satzungsautonomie einräumt oder die Regelung

---

818 Bemerkenswerterweise wird diese Sichtweise zum Teil sogar von Entwurfsverfassern des GmbHG vertreten, so etwa hinsichtlich der statutarischen Einräumung von Sondergewinnbezugsrechten in Abweichung vom gesetzlichen Verteilungsmaßstab, d.h. dem Verhältnis der Nennbeträge der Geschäftsanteile zueinander, auf Grundlage des Art. 28 Ziff. 2 Abs. 2 S. 1 GmbHG; vgl. Andreeva/Kaliničenko, Žizn` v obščestve, Ékspert 1998, Nr. 14, S. 14 (15).

819 Das Gesetz spricht insoweit von dem Recht, „an der Leitung der Angelegenheiten der Gesellschaft (...) teilzunehmen".

in der Satzung nur deshalb zulässig ist, weil sie jedenfalls nicht gegen positives Recht verstößt. Bis auf weiteres ist somit anhand der gesetzlichen Systematik davon auszugehen, daß es insbesondere zu einem Auseinanderfallen von Sonderstimmrechtsinhabern und Geschäftsanteil kommen kann. Um gesellschaftsfremden Dritten (Altgesellschaftern) keine Möglichkeiten der Einflußnahme zu eröffnen, sollte bei der Begründung von Sondermitverwaltungsrechten daher eine diesbezügliche antizipierte Abtretungserklärung des Berechtigten für den Fall der Anteilsveräußerung in die Satzung aufgenommen werden. Alternativ bietet sich eine antizipierte Verzichtserklärung i.S.d. Art. 8 Ziff. 2 Abs. 4 GmbHG an.

Im Interesse der Rechtssicherheit und der Autonomie der GmbH wäre es zu begrüßen, wenn sich vor dem Hintergrund der geschilderten, im Gesetz selbst angelegten Ansatzpunkte zukünftig ein Verständnis dahin durchsetzen würde, daß Sonderrechte und -pflichten bei Anteilsübertragung weder auf den Erwerber übergehen noch bei dem Altgesellschafter verbleiben, sondern grundsätzlich untergehen. Bereits heute sind namhafte Gesellschaftsrechtler wie *Suchanov* und *Avilov* der Auffassung, dieses Verständnis liege dem Gesetz zugrunde.[820] Es bleibt abzuwarten, ob diese Auffassung angesichts des Schweigens des Gesetzes weitere Anhänger finden wird.

bb. Übergang symmetrischer Sonderrechte und -pflichten

Obwohl es sich bei der Asymmetrie um die typischerweise anzutreffende Situation handelt, kann es mitunter unumgänglich sein, die nichtmitgliedschaftliche Rechtsposition der Gesellschafter einheitlich auszugestalten. Dann entsteht die Frage, ob auch solche Sonderrechte und -pflichten, die identisch für jeden Gesellschafter statutarisch festgelegt werden, bei Anteilsabtretung vom Übergangsausschluß erfaßt werden oder mangels gesetzlicher Regelung nach allgemeinen Grundsätzen[821] auf den Erwerber übergehen. In der Literatur besteht insoweit Streit.

Zum Teil wird vertreten, ausgehend von einer wörtlichen Auslegung des Art. 8 Ziff. 2 GmbHG seien unter Sonderrechten nur asymmetrisch eingeräumte Rechte zu ver-

---

[820] Interview des Verfassers mit Prof. Dr. Suchanov und Dr. Avilov am 26. Juni 2000 in Hamburg.

[821] Vgl. Art. 23 Ziff. 6 Abs. 3 GmbHG.

stehen.[822] Demzufolge wären symmetrisch begründete Rechte ungeachtet ihres nichtmitgliedschaftlichen Charakters an den Geschäftsanteil des Berechtigten gebunden. Die in dieser Auffassung liegende begriffliche Reduktion ist jedoch bereits arg. e Art. 8 Ziff. 2 Abs. 3 S. 1 GmbHG abzulehnen, wo ausdrücklich von der „Aufhebung von *allen* Gesellschaftern eingeräumten *Sonderrechten*" die Rede ist. *Mogilevskij* will dagegen symmetrisch eingeräumte Sonderrechte bei Anteilsabtretung nicht automatisch auf den Erwerber übergehen lassen und begründet dies damit, der Erwerber eines Geschäftsanteils könne Sonderrechte ausschließlich originär durch Beschluß der Gesellschafterversammlung erlangen.[823] Darin liegt eine gesetzesanaloge Anwendung des für asymmetrische Sonderrechte und -pflichten geltenden Übergangsaus-schlusses aus Art. 8 Ziff. 2 Abs. 2 GmbHG. Eine Gesetzesanalogie setzt nach Art. 6 Ziff. 1 ZGB neben einer Regelungslücke aber das Fehlen einer Parteivereinbarung voraus. Danach wäre die Frage des Übergangs symmetrischer Sonderrechte zunächst einer privatautonomen Regelung in der Satzung zugänglich. Entgegen *Mogilevskij* ist zudem wie aufgezeigt davon auszugehen, daß auch ein derivativer Erwerb von Sonderrechten zulässig ist.

Jedoch verdient die erstgenannte Auffassung zwar nicht in der Argumentation, jedoch im Ergebnis Zustimmung,[824] wonach symmetrisch begründete Sonderrechte nicht der Person des Berechtigten, sondern dem Geschäftsanteil zugeordnet werden. Zu berücksichtigen ist insoweit, daß keine Vermutung für den individuellen Charakter von symmetrischen Sonderrechten spricht. Diese können aufgrund der Symmetrie nicht personal bestimmt sein. Denn insoweit wird gerade nicht etwa an die Fähigkeiten eines bestimmten Gesellschafters angeknüpft.[825] Ihre Qualifikation als Sonderrechte beruht allein darauf, daß der Gesetzgeber die Mitgliedschaft abschließend geregelt hat und es den Gesellschaftern damit verwehrt ist, im übrigen satzungsautonom zwischen Mitgliedschaftsrechten und rein schuldrechtlichen Absprachen zu differenzieren. Materiell sind symmetrische Sonderrechte und -pflichten

---

[822] Vgl. Tichomirov (Solov`eva), Kommentarij k zakonu ob OOO, Art. 8 Rn. 2 (dort S. 72).

[823] Vgl. Mogilevskij, OOO, S. 81 f.

[824] Ohne Auseinandersetzung mit der Problematik, aber i.E. ebenso Knaul, GmbH-Recht, S. 29; Solotych, Recht der Handelsgesellschaften, Rn. 56.

[825] Zutreffend wird daher von *Glušeckij/Panteleev* (Osnovnye i dopolnitel`nye prava učastnika OOO, ÉiŽ 1998, Nr. 16, S. 24) betont, Sonderrechte könnten nur dann individuellen Charakters sein, wenn sie einem einzelnen oder einer Gruppe, d.h. nicht generell allen Gesellschaftern zustehen.

der Mitgliedschaft dennoch insoweit angenähert, als sie alle Gesellschafter gleichermaßen betreffen und sich von mitgliedschaftlichen Rechten und Pflichten allein dadurch unterscheiden, daß sie privatautonom begründet und aufgehoben werden können. Ferner läßt sich der gesetzlichen Systematik entnehmen, daß in der Frage ihrer Zuordnung bei Anteilsübertragung von einer durch den Gesetzgeber bewußt gesetzten Regelungslücke ausgegangen werden muß. Denn der Ausnahmetatbestand in Art. 21 Ziff. 6 Abs. 3 S. 1 2. Hs. GmbHG bezieht sich nicht unterschiedslos auf alle Fälle der Artt. 8 Ziff. 2, 9 Ziff. 2 GmbHG, sondern ausdrücklich nur auf asymmetrische Sonderrechte und -pflichten. Deshalb erscheint es zutreffend, symmetrische Sonderrechte und -pflichten ipso iure dem jeweiligen Inhaber des Geschäftsanteils zuzuordnen.

2. Aktienrecht

Die Mitgliedschaftsrechte der Halter von Stammaktien sind ipso iure identisch.[826] Dabei ist die Mitgliedschaft nicht auf die gesetzlichen Mitgliedschaftsrechte beschränkt, sondern in den Grenzen der Satzungsautonomie[827] können beliebige weitere Rechte statutarisch begründet werden. Lediglich eine asymmetrische Begünstigung bestimmter Stammaktionäre ist ausgeschlossen. Berücksichtigt man, daß Vorzugsaktien nur bis zu 25 % des Satzungskapitals begeben werden können, sind gerade hierdurch die Möglichkeiten, eine gAG auf die individuellen Anforderungen etwa eines Familienunternehmens zuzuschneiden, beschränkt. Denn die Einflußnahme einzelner Stammaktionäre kann nicht durch die Begründung besonderer Mitverwaltungsrechte abgesichert und so auch nicht an die Unternehmensleitung angenähert werden.

Diese Grundsätze gelten nicht für die statutarische Begründung besonderer (gesetzlich nicht vorgesehener) Mitgliedschaftspflichten, denn das für die durch Stammaktien verbürgte Rechtsposition geltende gesetzliche Identitätsgebot bezieht sich ausdrücklich nur auf Mitgliedschafts*rechte*.

---

[826] Vgl. Art. 31 Ziff. 1 AktG.

[827] Zu beachten sind insoweit die Grenzen aus Art. 11 Ziff. 3 S. 3 AktG, wonach entsprechende Satzungsbestimmungen nur zulässig sind, soweit sie dem AktG und anderen Bundesgesetzen nicht widersprechen. Die Frage der Vereinbarkeit richtet sich nach den allgemeinen Grundsätzen (vgl. dazu o. S. 66 ff.).

Besondere Vermögensrechte werden durch Vorzugsaktien i.S.d. Art. 32 AktG verbürgt. Für diese sind in der Satzung Regelungen zur Höhe der auf jeden Vorzugsaktientyp entfallenden Dividende und des Anteils am Liquidationserlös zu treffen.[828] Grundsätzlich handelt es sich um stimmrechtslose Aktien.[829] Jedoch sind Inhaber von Vorzugsaktien kraft Gesetzes teilnahme- und stimmberechtigt bei Grundlagenentscheidungen wie Reorganisation und Liquidation sowie bei Satzungsänderungen, durch die ihre Rechte beeinträchtigt werden.[830] Darüber hinaus entsteht ein vollwertiges, sämtliche Tagesordnungspunkte erfassendes Stimmrecht für die auf eine Jahresaktionärsversammlung folgende Versammlung, sofern auf der Jahresaktionärsversammlung keine Dividende auf den jeweiligen Vorzugsaktientyp beschlossen oder entschieden wurde, die Dividende nicht in voller Höhe auszuzahlen.[831] Das Stimmrecht entfällt, sobald die vollständige Ausschüttung tatsächlich erfolgt.[832]

Mit der Novellierung des AktG zum 01.01.2002 hat der Reformgesetzgeber die nach Altrecht streitige Frage entschieden, ob und ggf. in welchen Fällen Vorzugsaktien durch die Satzung mit über die gesetzlichen Entstehungstatbestände hinausgehenden Stimmrechten ausgestattet werden können. Nach Altrecht stellte sich die Rechtslage wie folgt dar.

Gemäß Art. 32 Ziff. 5 S. 1 AktG a.F. war eine statutarische Begründung weiterer Stimmrechte zunächst für jeden in Stammaktien konvertiblen Vorzugsaktientyp möglich. In Abweichung von dem in Art. 59 AktG niedergelegten Grundsatz, wonach auf jede stimmberechtigte Aktie eine Stimme entfällt, konnte die Stimmkraft in Stammaktien konvertibler Vorzugsaktien durch die Satzung frei bestimmt werden, war aber der Höhe nach durch die Anzahl der Stammaktien begrenzt, in die die jeweilige Vor-

---

828 Vgl. Art. 32 Ziff. 2 Abs. 1 S. 1 AktG. Ausreichend ist auch, wenn die Satzung die Bestimmbarkeit dieser Ansprüche gewährleistet; vgl. Art. 32 Ziff. 2 Abs. 1 S. 3 AktG. Fehlen entsprechende Satzungsbestimmungen, stehen Vorzugsaktien Stammaktien gleich; vgl. Art. 32 Ziff. 2 Abs. 1 S. 4 AktG.

829 Vgl. Artt. 32 Ziff. 1 Abs. 1, 49 Ziff. 1 AktG.

830 Vgl. Art. 32 Ziff. 4 AktG.

831 Vgl. Art. 32 Ziff. 5 Abs. 1 AktG. Mit der jüngsten Novellierung wurde klargestellt, daß das Stimmrecht unabhängig von den Gründen entsteht, auf denen der rechtsbeeinträchtigende Beschluß beruht.

832 Nach dem eindeutigen gesetzlichen Wortlaut und entgegen der Auffassung von *Müller/Bartholomy/Müller* (AktG RF, RIW 1996, Beilage 1 zu Nr. 4, S. 1 [9]) entfällt das Stimmrecht erst mit der faktischen Ausschüttung, nicht aber bereits mit der Nachholung des Dividendenausschüttungsbeschlusses.

zugsaktie konvertiert werden konnte.[833] Darüber hinaus war umstritten, ob eine Begebung stimmberechtigter Vorzugsaktien auch dann zulässig war, soweit diese nicht konvertibel waren. Für eine Zulässigkeit hätte der Wortlaut des Art. 32 Ziff, 1 Abs. 1 AktG a.F. herangezogen werden können, wonach den Inhabern von Vorzugsaktien kein Stimmrecht zukam, soweit durch das AktG *oder die Satzung* für einzelne Vorzugsaktientypen nichts anderes bestimmt war. Daraus wurde zum Teil gefolgert, Stimmrechte auf Vorzugsaktien könnten unabhängig von deren Konvertierbarkeit satzungsautonom begründet werden.[834] Jedoch begegnete eine solche isolierte Betrachtung des Art. 32 Ziff. 1 Abs. 1 AktG a.F. Bedenken systematischer Art. Denn sie hätte zur Folge gehabt, daß die in Ziff. 5 dieser Norm getroffene, o.g. spezielle Regelung für konvertible Vorzugsaktien nur noch in Hinblick auf die Stimmkraftbegrenzung von Bedeutung gewesen wäre, da sich die grundsätzliche Zulässigkeit der Begebung stimmberechtigter Vorzugsaktien bereits aus Ziff. 1 Abs. 1 ergeben hätte. Daraus hätte sich aber wiederum ergeben, daß Art. 32 Ziff. 5 S. 1 AktG a.F., wonach die Satzung stimmberechtigte konvertible Vorzugsaktien vorsehen konnte, eine bloße Dopplung enthalten und somit überflüssig gewesen wäre. Dies konnte schwerlich die Intention des Gesetzgebers gewesen sein, zumal dadurch die gesetzgeberische Entscheidung, sich hinsichtlich der Stimmkraft unterscheidende Stammaktientypen nicht zuzulassen, unterlaufen worden wäre. Entgegen der Ansicht *Schramms*[835] konnte auch Art. 99 Ziff. 5 ZGB, der die Möglichkeit eröffnet, in der Satzung für einzelne Aktionäre eine Höchststimmenzahl festzulegen,[836] diese Auffassung nicht stützen. Denn die genannte Norm setzt voraus, daß der jeweilige Aktionär überhaupt stimmberechtigt ist, wozu sie keine Aussage trifft. Sinnvollerweise war die Regelungsabfolge des Art. 32 AktG a.F. vielmehr dahin aufzufassen, daß nach dem Grundsatz, daß Vorzugsaktien grundsätzlich kein Stimmrecht gewähren, als Ausnahme zunächst die gesetzlichen Entstehungstatbestände eines (beschränkten)

---

[833] Vgl. Art. 32 Ziff. 5 S. 2 AktG. Das Umtauschverhältnis bestimmt sich nach der Satzung.

[834] Vgl. Gubin, Akcionernoe pravo, S. 114; Krapivin/Vlasov, Kommentarij k zakonu ob AO, S. 80; Schramm, Kapitalmarktrecht in der RF, S. 85.

[835] Vgl. Schramm, aaO.

[836] Die Norm wird vollständig übersehen bei Sipakova, The Russian ZAO and OOO: a Comparison, Sudebnik 1998, Nr. 3, S. 597 (602). Entgegen *Sipakova* widersprechen in der Satzung festgeschriebene Beteiligungshöchstgrenzen nicht dem Wesen einer AG und sind daher sowohl in der GmbH als auch in der gAG zulässig. Dies folgt aus den funktional identischen Normen der Artt. 99

Stimmrechts sowie abschließend der einzige Fall normiert wurde, in dem eine statutarische Stimmrechtsbegründung möglich war.[837] Demnach lag in der Begebung stimmberechtigter konvertibler Vorzugsaktien die einzige Möglichkeit, den Satzungsvorbehalt aus Art. 32 Ziff. 1 Abs. 1 AktG a.F. auszufüllen. Soweit Vorzugsaktien nicht konvertibel waren, begründeten sie keine Stimmrechte.

In diesem Punkt hat die Novelle zu einer Rechtsänderung geführt, da der Reformgesetzgeber die Satzungsvorbehalte in Art. 32 Ziff. 1 Abs. 1, Ziff. 5 AktG a.F. gestrichen hat. De lege lata sind somit die Tatbestände, in denen Stimmrechte auf Vorzugsaktien entstehen, gesetzlich abschließend geregelt.

Während bei der gAG von der Gleichheit aller Stammaktionäre ausgegangen und daher eine Bevorzugung einzelner Aktionäre mit Verweis auf dieses Prinzip grundsätzlich abgelehnt wird, eröffnet die GmbH hier erheblich flexiblere Gestaltungsmöglichkeiten,[838] die das geltende Recht der gAG auch bei Begebung von Vorzugsaktien nicht eröffnet.

B. Die Mitgliedschaftsrechte im einzelnen

I. Teilhabe- und Schutzrechte

1. Einberufungsrechte

Hinsichtlich des Quorums, das dazu berechtigt, die Einberufung einer außerordentlichen Aktionärs- bzw- Gesellschafterversammlung zu verlangen, bestehen keine Abweichungen zwischen Aktien- und GmbH-Recht: Der Gesellschafter (die Gesellschaftergruppe) muß über mindestens 10 % der stimmberechtigten Aktien[839] bzw.

Ziff. 5 ZGB, 14 Ziff. 3 GmbHG. Die Zulässigkeit setzt in beiden Rechtsformen voraus, daß die Regelung nicht mitgliederbezogen, sondern abstrakt ausgestaltet wird.

[837] I.E. ebenso Black/Kraakman/Tarassova, Russian Law on Joint Stock Companies, S. 233 ff.; Solotych, Recht der Handelsgesellschaften, Rn. 105. Übereinstimmend wohl auch Solov`eva (in: Tichomirov, Kommentarij k zakonu ob AO, Art. 32 Rn. 1), die nur Ziff. 3 - 5, nicht aber Ziff. 1 des Art. 32 AktG als Rechtsgrundlage für Stimmrechte aus Vorzugsaktien nennt.

[838] Vgl. Schwarz/Balayan, GmbH-Gesetz, WiRO 1998, Nr. 7, S. 251.

[839] Vgl. Art. 55 Ziff. 1 Abs. 1 AktG.

der Gesamtstimmenzahl[840] verfügen.[841] Während im GmbH-Recht zwingend das Exekutivorgan über den Antrag zu entscheiden hat, liegt im Aktienrecht die Zuständigkeit bei dem - in der gAG fakultativen[842] - Direktorenrat. In der direktorenratsfreien gAG muß die Satzung eine Zuständigkeitszuweisung an eine bestimmte Person oder ein anderes Gesellschaftsorgan enthalten.[843] In beiden Rechtsformen darf die beantragte Tagesordnung seitens des Exekutivorgans bzw. des Direktorenrates nicht geändert werden.[844] Zur grundsätzlichen Entscheidung über das Gesuch sind unterschiedliche Fristen einzuhalten. Während in der GmbH das Exekutivorgan innerhalb von fünf Tagen ab Zugang des Antrags einen Beschluß zur Durchführung oder Ablehnung[845] einer außerordentlichen Gesellschafterversammlung zu fassen hat,[846] stehen dem gAG-Direktorenrat hierfür zehn Tage zur Verfügung.[847] Wird in-

---

[840] Vgl. Art. 35 Ziff. 2 Abs. 1 GmbHG.

[841] *Tichomirov* (OOO: organy i struktura upravlenija, S. 130) vertritt die Auffassung, arg e. Artt. 35 Ziff. 2 Abs. 1, 37 Ziff. 4 Abs. S. 2 a. E. GmbH ergebe sich, daß einem über die entsprechende Stimmenzahl verfügenden einzelnen Gesellschafter keine Antragsbefugnis zukomme, da das Gesetz ausdrücklich von „Gesellschaftern" spreche. Dem kann nicht gefolgt werden. Für eine solche Schlechterstellung eines einzelnen Minderheitsgesellschafters gegenüber anderen Gesellschaftern mit geringerer Beteiligung ist kein sachlicher Grund ersichtlich. Zudem verdeutlicht eine Synopse mit Art. 55 Ziff. 1 Abs. 1 S. 1 AktG, wo von einem „Aktionär (Aktionären), der mindestens 10 % der stimmberechtigten Aktien hält (...)", die Rede ist, daß es sich insoweit um ein Redaktionsversehen des GmbH-Gesetzgebers handelt und eine enge Wortlautauslegung daher nicht angezeigt ist.

[842] Vgl. Art. 64 Ziff. 1 Abs. 2 S. 1 AktG.

[843] Art. 64 Ziff. 1 Abs. 2 S. 2 AktG.

[844] Vgl. Artt. 35 Ziff. 2 Abs. 6 GmbHG, 55 Ziff. 4 Abs. 2 AktG. Darüber hinaus positiviert Art. 35 Ziff. 2 Abs. 7 GmbHG das Recht des Exekutivorgans, die vorgeschlagene Tagesordnung zu ergänzen. Im Aktienrecht ist diese Frage nicht geregelt. Für ein inhaltlich unbeschränktes Ergänzungsrecht des Direktorenrates ließe sich anführen, daß dieser ohnehin nach Art. 55 Ziff. 1 Abs. 1 S. 1 AktG aus eigener Initiative eine außerordentliche Hauptversammlung einberufen kann. In der Lehre wird zum Teil vertreten, in der Satzung könne ein Ergänzungsrecht lediglich hinsichtlich derjenigen Fragen vorgesehen werden, die auf der Aktionärsversammlung gem. Artt. 49 Ziff. 3, 65 S. 2 Nr. 5 AktG a.F. (= Artt. 49 Ziff. 3, 48 Ziff. 1 Nr. 2), 6), 14)-19) AktG a.F.) nur auf Initiative des Direktorenrates behandelt werden können; vgl. Glušeckij, Obščee sobranie akcionerov, S. 58.

[845] Die im Aktien- und GmbH-Recht geltenden Ablehnungsgründe stimmen überein und sind in den Artt. 55 Ziff. 6 Abs. 3-5 AktG, 35 Ziff. 2 Abs. 2-4 GmbHG enumerativ aufgeführt. Der Katalog ist nach der Rechtsprechung abschließend (vgl. Ziff. 11 der Leitentscheidung der Plenen des OG und des OWG v. 02.04.1997 Nr. 4/8, ĖiŽ 1997, Nr. 17, S. 16 sowie Ziff. 21 Abs. 3 S. 1 der Leitentscheidung der Plenen des OG und des OWG v. 09.12.1999 Nr. 90/14, BVS RF 2000, Nr. 3, S. 1 [8]) und kann somit nicht statutarisch oder in Geschäftsordnungen der Gesellschaftsorgane erweitert werden. Ein Antrag kann danach nur abgelehnt werden, soweit der Antrag als solcher bzw. der Antragsteller die Voraussetzungen des gesetzlich geregelten Antragstellungsverfahren nicht erfüllt, keiner der beantragten Tagesordnungspunkte in die Kompetenz der außerordentlichen Aktionärsbzw. Gesellschafterversammlung fällt oder nicht mit dem AktG und anderen Rechtsakten (Aktienrecht) bzw. Bundesgesetzen (GmbH-Recht) vereinbar ist (kritisch hinsichtlich der Unbestimmtheit des letztgenannten Ablehnungsgrundes Krapivin/Vlasov, Kommentarij k zakonu ob AO, S. 105; zum Ganzen vgl. Šapkina [Pavlodskij], Kommentarij k zakonu ob AO, Art. 55 Rn. 4).

[846] Vgl. Art. 35 Ziff. 2 Abs. 2 S. 1 GmbHG.

nerhalb dieser Fristen kein oder ein ablehnender Beschluß gefaßt, entsteht in der Person bzw. der Personengruppe, die die Einberufung einer außerordentlichen Versammlung verlangt hat, das Recht, selbst eine solche einzuberufen.[848] Andernfalls, d.h. soweit die Geschäftsführung bzw. der Direktorenrat dem Gesuch nachkommt, ist die außerordentliche Versammlung spätestens vierzig[849] (gAG) bzw. fünfundvierzig[850] (GmbH) Tage nach Zugang des Gesuchs[851] abzuhalten.

2. Teilnahmerecht an Aktionärs- bzw. Gesellschafterversammlungen

Nach russischem Verständnis stellt sich das Recht, an Aktionärs- bzw. Gesellschafterversammlungen teilzunehmen,[852] nicht als Ausfluß des Stimmrechts, sondern als eigenständiges mitgliedschaftliches Recht dar.[853] Während seine Durchsetzung im GmbH-Recht dadurch abgesichert wird, daß in den Gründungsdokumenten oder durch Beschlüsse von Gesellschaftsorganen begründete Einschränkungen ex lege nichtig sind,[854] ist im Recht der gAG zu berücksichtigen, daß bei Einberufung und Durchführung von Aktionärsversammlungen die auf die oAG zugeschnittenen und aus diesem Grund in hohem Maße formalisierten gesetzlichen Anforderungen ungeachtet des beschränkten Mitgliederkreises ausnahmslos zu beachten sind. Bedin-

---

847 Vgl. Art. 55 Ziff. 6 Abs. 1 AktG.

848 Vgl. Artt. 35 Ziff. 4 Abs. 1 GmbHG, 55 Ziff. 8 Abs. 1 S. 1 AktG.

849 Vgl. Art. 55 Ziff. 2 Abs. 1 AktG. Mit der jüngsten Novelle hat der Gesetzgeber die Frist um fünf Tage verkürzt und einen Schlußstrich unter einen Meinungsstreit gezogen, der aus dem Wortlaut des Art. 55 Ziff. 1 Abs. 6 AktG a.F. resultierte (wörtlich: „Die Einberufung einer außerordentlichen Aktionärsversammlung [...] erfolgt durch den Direktorenrat spätestens [...]). Streitig war danach, ob der Direktorenrat zwar fristgemäß Maßnahmen zur Durchführung der Versammlung zu ergreifen hatte, in der Festsetzung des Versammlungstermins aber insoweit frei war, als dieser auch auf einen Zeitpunkt nach Fristende datiert werden konnte (dafür Glušeckij, Obščee sobranie akcionerov, Praktikum akcionirovanija 1997, Vypusk 6, S. 45), oder ob die Versammlung als solche innerhalb der Frist abzuhalten war (dafür Šapkina [Pavlodskij], Kommentarij k zakonu ob AO, Art. 55 Rn. 3; Tichomirov [Zalesskij], Komentarij k zakonu ob AO, Art. 55 Rn. 1).

850 Vgl. Art. 35 Ziff. 3 GmbHG.

851 Die Frist beginnt nach Art. 191 ZGB mit Beginn des auf den Ereignistag folgenden Tages, hier also an dem Tag, der auf den Zugang des Gesuches folgt, und endet mit Ablauf des durch die Frist bestimmten Tages, sofern es sich dabei um einen Arbeitstag handelt. Andernfalls fällt das Fristende nach Art. 193 ZGB auf den nächsten Arbeitstag.

852 Vgl. Artt. 51, 57 AktG, 32 Ziff. 1 Abs. 2 GmbHG.

853 Vgl. Mogilevskij, Akcionernye obščestva, S. 79; a. A. Gubin, Akcionernoe pravo, S. 112.

854 Vgl. Art. 32 Ziff. 1 Abs. 3 GmbHG.

gung[855] für die Entstehung des Teilnahmerechts ist die Eintragung des Aktionärs in die „Liste der teilnahmeberechtigten Personen“,[856] welche auf der Grundlage der im Aktionärsregister[857] enthaltenen Angaben durch den Direktorenrat erstellt wird.[858] Diese Liste wird zu dem jeweiligen Stichtag geschlossen und ist nachträglichen Änderungen nur zugänglich, soweit im Zeitpunkt ihrer Erstellung Rechte nicht eingetragener Personen verletzt wurden oder eingetragene Angaben fehlerhaft sind.[859] Veräußert ein eingetragener Aktionär nach dem Stichtag Aktien an einen Dritten, hat der Erwerber keinen Anspruch gegen die Gesellschaft auf Eintragung in die Liste, da er im Zeitpunkt der Listenerstellung noch nicht Mitglied der Gesellschaft war, und damit auch kein Teilnahmerecht. Vielmehr bleibt der Erwerber darauf verwiesen, von dem Veräußerer die Erteilung einer Stimmvollmacht zu verlangen oder den Veräußerer anzuweisen, das Stimmrecht nach seiner Weisung auszuüben, wozu dieser jeweils verpflichtet ist.[860] Ferner ist zu beachten, daß das Teilnahmerecht nicht mit dem Stimmrecht identisch ist, da auch die Inhaber stimmrechtsloser Vorzugsaktien in die Liste der teilnahmeberechtigten Aktionäre aufzunehmen sind.[861]

Das Teilnahmerecht korreliert mit der Möglichkeit, die Gestaltung der Tagesordnung der Versammlung zu beeinflussen. In der GmbH ist jeder Gesellschafter unabhängig

---

855 Da der Eintragung im Aktionärsregister konstitutive Wirkung für den Aktienerwerb und damit für die Erlangung der Mitgliedschaft zukommt, korreliert hiermit auch das Teilnahmerecht an Hauptversammlungen; vgl. Glušeckij, Kto imeet pravo učastvovat\` v obščem sobranii akcionerov, Pravo i Ékonomika 1997, Nr. 15-16, S. 7 (11).

856 Der frühestmögliche Erstellungstermin für die Liste liegt gemäß Art. 51 Ziff. 1 Abs. 2 AktG fünfzig Tage vor dem Versammlungstermin.

857 Vgl. Artt. 44 ff. AktG i.V.m. Art. 8 WPMG i.V.m. der „Ordnung über die Führung des Registers der Inhaber von Namenswertpapieren“ (fortan: WertpapierRegO), bestätigt durch VO der FKCB v. 02.10.1997 Nr. 27, Vestnik FKCB v. 14.10.1997, Nr. 7; geändert durch VO der FKCB v. 31.12.1997 Nr. 45, Vestnik FKCB v. 23.04.1998, Nr. 1.; VO FKCB v. 12.01.1998 Nr. 1, Vestnik FKCB v. 23.01.1998 Nr. 1; VO FKCB v. 20.04.1998 Nr. 8, Vestnik FKCB v. 22.04.1998 Nr. 2. Der gAG steht es frei, das Register selbst zu führen oder damit einen spezialisierten Registrator zu beauftragen. Angesichts des auf fünfzig Personen begrenzten Aktionärskreises besteht in der gAG i.d.R. kein Bedürfnis für eine externe Registerführung. Weiterführend vgl. Gubin, Upravlenije i korporativnyj kontrol\` v AO, S. 142 ff.

858 Vgl. Art. 51 Ziff. 1 AktG. i.V.m. Ziff. 7.4.5. WertpapierRegO. In der direktorenratsfreien gAG wird regelmäßig das Exekutivorgan ermächtigt werden.

859 Vgl. Art. 51 Ziff. 5 AktG.

860 Vgl. Art. 57 Ziff. 2 AktG. Zum Verfahren bei Veräußerung eines Teils eines Aktienpakets sowie zu den Ansprüchen des Letzterwerbers im Falle einer Transaktionskette zwischen Stichtag und Versammlungstermin ohne Eintragung der Zwischenerwerber vgl. Kondratov, Primenenie zakona ob AO, ChiP 1998, Nr. 10, S. 88 f.; Šapkina (dies.), Kommentarij k zakonu ob AO, Art. 45 Rn. 2.

861 Vgl. Artt. 51 Ziff. 1 Abs. 1 S. 1, 44 Ziff. 1 AktG i.V.m. Ziff. 3.2. WertpapierRegO. S. dazu auch Gubin, Akcionernoe pravo, S. 115.

von der Beteiligungshöhe berechtigt, bis fünfzehn Tage vor dem Versammlungstermin Tagesordnungspunkte bei dem Einberufungsorgan formfrei anzumelden,[862] ohne Gründe für die begehrte Ansetzung darlegen zu müssen.[863] Dies gilt sowohl für ordentliche als auch für außerordentliche Gesellschafterversammlungen.[864] Rechtzeitig angemeldete Tagesordnungspunkte sind in unveränderter Fassung zu berücksichtigen, soweit sie in die Zuständigkeit der Gesellschafterversammlung fallen und anderen Bundesgesetzen nicht widersprechen.[865] Demgegenüber sind in der gAG die Möglichkeiten eines Minderheitsaktionärs, die Beschlußfassung zu unternehmerischen Fragen ggf. auch gegen den Willen des Managements durchzusetzen, enger. Die Anmeldung von Tagesordnungspunkten durch einen Aktionär (bzw. eine Aktionärsgruppe) ist nur zulässig, soweit dieser mindestens zwei Prozent der stimmberechtigten Aktien hält. Darüber hinaus ist das Anmeldungsrecht auf zwei Tagesordnungspunkte begrenzt, bezieht sich ausschließlich auf die Jahresaktionärsversammlung[866] und ist spätestens dreißig Tage nach Ablauf des Finanzjahres[867] auszuüben.[868] Die Anmeldung muß schriftlich erfolgen sowie den Namen des Antragstellers und Zahl, Gattungen und Typen der von ihm gehaltenen Aktien nennen.[869] Werden unzutreffende Angaben gemacht oder widersprechen die angemeldeten Tagesordnungspunkte dem AktG oder anderen Rechtsakten,[870] hat der insoweit zur Entscheidung berufene Direktorenrat das Gesuch abzulehnen.[871]

---

[862] Vgl. Art. 36 Ziff. 2 Abs. 2 S. 1 GmbHG.

[863] Arg. e Art. 53 Ziff. 2 AktG a.F.

[864] Dies ergibt sich daraus, daß Art. 36 GmbHG nicht zwischen ordentlichen und außerordentlichen Gesellschafterversammlungen differenziert.

[865] Vgl. Art. 36 Ziff. 2 Abs. 2 S. 2, Abs. 3 GmbHG.

[866] Bei der Erstellung der Tagesordnung außerordentlicher Aktionärsversammlungen steht es dem Direktorenrat daher frei, ob er entsprechende Gesuche von Seiten der Aktionäre berücksichtigt; vgl. Krapivin/Vlasov, Kommentarij k zakonu ob AO, S. 103.

[867] Das Finanzjahr entspricht dem Kalenderjahr; vgl. Art. 14 Ziff. 1 des Bundesgesetzes „Über die buchhalterische Rechnungslegung" (fortan: BuchhaltungsG) v. 21.11.1996, SZ RF 1996, Nr. 48, Pos. 5369; geändert durch Gesetz v. 23.07.1998, SZ RF 1998, Nr. 30, Pos. 3619.

[868] Vgl. Art. 53 Ziff. 1 AktG. Die Ausschlußfrist ist satzungsdispositiv.

[869] Vgl. Art. 53 Ziff. 3 AktG. Die Begründungspflicht aus Art. 53 Ziff. 2 AktG a.F. ist entfallen.

[870] Der Prüfungsmaßstab ist insoweit weiter als im GmbH-Recht, als er nicht auf Bundesgesetze beschränkt ist, sondern mit „Rechtsakten" auch das gesamte untergesetzliche Recht erfaßt.

[871] Vgl. Art. 53 Ziff. 5 AktG. In direktorenratsfreien Gesellschaften ist die Zuständigkeit durch die Satzung einem anderen Gesellschaftsorgan oder einer Person zuzuweisen; vgl. Art. 64 Ziff. 1 Abs. 2 S. 2 AktG.

3. Stimmrecht

Die Teilnahme an der Willensbildung der GmbH vollzieht sich durch Ausübung des Stimmrechts in der Gesellschafterversammlung. Das Stimmrecht ist nicht von der vollständigen Leistung der Stammeinlage abhängig.[872] Es steht allen vor Versammlungseröffnung ordnungsgemäß als anwesend registrierten Gesellschaftern zu.[873] Die auf den Gesellschafter entfallende Stimmenzahl bestimmt sich grundsätzlich proportional zum Nennbetrag des Geschäftsanteils, soweit die Satzung kein „anderes *Verfahren*[874] der Bestimmung der Stimmenzahl der Gesellschafter" festlegt.[875] Insoweit ist unstreitig, daß eine Abstimmung nach Köpfen vorgesehen werden kann.[876] Im übrigen könnte indessen die Verwendung des unbestimmten Rechtsbegriffes „Verfahren" immanente Schranken des Satzungsvorbehalts begründen. So ergeben sich Zweifel an der Reichweite der Satzungsdispositivität aus dem Umstand, daß Art. 32 Ziff. 1 Abs. 4 GmbHG-E nach der ersten Lesung zunächst die Wendung „soweit nichts anderes in den Gründungsdokumenten bestimmt ist" enthielt und die o.g. Formulierung erst in der zweiten Lesung in den Gesetzestext Eingang fand. Aufgrund der Verwendung des Begriffes „Verfahren" könnte die Reichweite des Satzungsvorbehalts bewußt eingeschränkt und somit die Zulässigkeit von Satzungsklauseln, die nicht lediglich der Bestimmbarkeit der jeweiligen Stimmenzahl dienen, sondern unmittelbar die auf die Anteile entfallenden Stimmen festschreiben,[877] fraglich geworden sein. In der Literatur wird (wohl) davon ausgegangen, daß die statutarischen Gestaltungsmöglichkeiten durch die Aufgabe der eindeutigen Entwurfsfassung nach erster Lesung nicht eingeschränkt werden sollten.[878] Dieser Auffassung dürfte mit der Überlegung zu folgen sein, daß unter Zugrundelegung des

---

[872] Arg. e Art. 32 Ziff. 1 Abs. 2 GmbHG. Etwas anderes gilt lediglich bei einer späteren Aufnahme neuer Gesellschafter im Wege einer Kapitalerhöhung; vgl. Art. 19 Ziff. 2 Abs. 5 GmbHG. S. dazu Drozdova, Priëm novych učastnikov v OOO, ChiP 1999, Nr. 5, S. 95 (97).

[873] Art. 32 Ziff. 1 Abs. 2 i.V.m. Art. 37 Ziff. 2 Abs. 1 u. 3 GmbHG.

[874] Russ.: „Porjadok". Ebenso zulässig ist die in deutschen Übersetzungen des GmbHG zum Teil verwendete Wiedergabe als „Ordnung".

[875] Vgl. Art. 32 Ziff. 1 Abs. 4 u. 5 S. 1 GmbHG.

[876] Vgl. Mogilevskij, OOO, S. 141 f.; Zalesskij (Gajdenko), Kommentarij k zakonu ob OOO, Art. 32 Rn. 3.

[877] So bei der Schaffung von Mehrstimmrechts-Anteilen und der Einräumung von Vetorechten.

[878] Vgl. Tichomirov, OOO: organy i struktura upravlenija, S. 146 sowie die in der von *Göckeritz* erstellten GmbH-Mustersatzung (abgedruckt in Mitteilungen der VfdrWR 1998, Nr. 15, S. 30 [63]) als zulässig erachteten Gestaltungsvarianten.

herrschenden positivistischen Gesetzesverständnisses die Annahme gerechtfertigt erscheint, daß der Gesetzgeber anstelle einer inhaltlich beschränkten Öffnungsklausel die Abstimmung nach Köpfen positiv und abschließend zugelassen hätte, wenn er einen Ausschluß anderer Alternativen zur gesetzlichen Stimmenverteilung intendiert hätte. Demnach ist die Stimmenverteilung für jede satzungsautonome Ausgestaltung geöffnet. Indessen wird bislang weder in der Lehre noch in der Rechtsprechung die Frage diskutiert, wie sich die Satzungsautonomie zu dem Grundsatz verhält, daß Bestimmungen in den Gründungsdokumenten oder Beschlüsse von Gesellschaftsorganen, die grundlegende Mitverwaltungsrechte - darunter das Stimmrecht - beschränken, nichtig sind, Art. 32 Ziff. 1 Abs. 3 GmbHG i.V.m. Art. 168 ZGB.[879] M. E. stellt sich die dispositive Regelung der Stimmenverteilung in der Systematik des Art. 32 Ziff. 1 GmbHG als partielle Ausnahme zu dieser Bestandsgarantie dar. Andernfalls würde in jeder Ausfüllung des Satzungsvorbehalts eine unzulässige Stimmrechtsbeschränkung liegen, womit der Satzungsvorbehalt schlechthin hinfällig wäre. Danach ist auch die Schaffung stimmrechtsloser Geschäftsanteile zulässig. Die Anwendbarkeit der genannten Normen auf stimmrechtsbeschränkende Organbeschlüsse bleibt unberührt. Vom Stimmrecht ausgeschlossen ist, wer im Anwendungsbereich des Art. 45 GmbHG ein Interesse am Abschluß eines Rechtsgeschäfts zwischen der Gesellschaft und einem Dritten hat, soweit die Zustimmung der Gesellschafterversammlung erforderlich ist.[880] Nicht unter das Stimmverbot fallen Organisationsakte wie z.B. die Bestellung und Anstellung als Organ.

Demgegenüber ist im Aktienrecht die gesetzliche Stimmenverteilung - grundsätzlich gewährt jede Aktie eine Stimme[881] - zwingend. Die Ausgabe von Mehrstimmrechtsaktien ist unzulässig. Die Entstehung des Stimmrechts ist durch die vollständige Leistung der Einlage bedingt.[882] Aus eigenen Aktien kommt der Gesellschaft kein Stimmrecht zu.[883] Im Bereich der Stimmverbote ergeben sich keine Rechtsformunterschiede.[884]

---

879 Vgl. Zalesskij (Gajdenko), Kommentarij k zakonu ob OOO, Art. 32 Rn. 2.

880 Vgl. Art. 45 Ziff. 3 GmbHG.

881 Vgl. Art. 59 AktG.

882 Vgl. Art. 34 Ziff. 1 Abs. 3 u. 6 AktG. Hinsichtlich der im Rahmen der Gründung übernommenen Aktien kann die Satzung etwas anderes bestimmen.

883 Vgl. Art. 76 Ziff. 6 Abs. 2 S. 2 AktG.

884 Vgl. Art. 83 Ziff. 4 Abs. 1 AktG.

4. Auskunfts- und Einsichtsrechte

In Art. 8 Ziff. 1 Abs. 3 GmbHG wird ein der Mitgliedschaft zuzuordnendes individuelles Informationsrecht des Gesellschafters normiert, nach Maßgabe der Gründungsdokumente Informationen über die Tätigkeit der Gesellschaft zu erhalten und Einsicht in die Buchhaltung sowie in andere Dokumentation zu nehmen. Dieses Informationsrecht konkretisiert sich im einzelnen dadurch, daß die Gesellschaft kraft Gesetzes verpflichtet ist, den Gesellschaftern innerhalb „vernünftiger" Fristen die Einsichtnahme in die Gründungsdokumente zu ermöglichen,[885] Auszüge aus den Protokollen der Gesellschafterversammlungen zu überlassen[886] und mit der Benachrichtigung über die Durchführung einer Gesellschafterversammlung den Jahresbericht, (ggf.) die Prüfungsvermerke der Revisionskommission und eines externen Wirtschaftsprüfers hinsichtlich der Jahresberichte und buchhalterischen Bilanzen sowie andere Dokumente zu übersenden.[887] Ferner folgt arg. e Art. 50 Ziff. 2 GmbHG, daß jeder Gesellschafter Einsicht in diejenigen Unterlagen nehmen kann, deren Verwahrung am Sitz der Geschäftsführung gesetzlich vorgeschrieben ist.[888] Zu diesen gehören auch die Dokumente der Buchhaltung[889] und die Sitzungsprotokolle des kollektiven Exekutivorgans. Neben diesen Einsichtsrechten sieht das Gesetz keine individuellen Informationsrechte hinsichtlich der Gesellschaftstätigkeit vor. Soweit die Geschäftsführung den Gesellschaftern zur Auskunft über die Angelegenheiten der Gesellschaft verpflichtet sein soll, bedarf es daher einer Regelung in der Satzung.

Die mitgliedschaftlichen Einsichtsrechte der gAG-Aktionäre sind demgegenüber insoweit verkürzt, als vom Anwendungsbereich des jedem Aktionär zustehenden Einsichtsrechts nach Art. 91 Ziff. 1 Abs. 1 i.V.m. Art. 89 Ziff. 1 AktG die Dokumente der Buchhaltung und die Sitzungsprotokolle des Kollegialexekutivorgans ausgenommen sind. Einsicht in diese Unterlagen können nur ein Aktionär oder eine Aktionärsgruppe verlangen, die mindestens 25% der stimmberechtigten Aktien halten.[890] Etwas

---

[885] Vgl. Art. 12 Ziff. 3 S. 1 GmbHG.

[886] Vgl. Art. 37 Ziff. 6 Abs. 2 S. 2 GmbHG. Das Protokollbuch ist nach S. 1 der Vorschrift jedem Gesellschafter jederzeit offenzulegen.

[887] Vgl. im einzelnen Art. 36 Ziff. 3 GmbHG.

[888] S. dazu die Auflistung in Art. 50 Ziff. 1 GmbHG.

[889] Art. 50 Ziff. 1 letzter Abs. GmbHG i.V.m. Art. 17 Ziff. 1 BuchhaltungsG.

[890] Art. 91 Ziff. 1 Abs. 1 S. 2 AktG.

anderes gilt lediglich in bezug auf die Einberufung von Aktionärsversammlungen. Zum Zweck der Vorbereitung auf die Versammlung hat jede teilnahmeberechtigte Person unabhängig von den Beteiligungsverhältnissen einen Anspruch gegen die Gesellschaft auf Überlassung von Kopien derjenigen Unterlagen, die die Gesellschaft während der letzten zwanzig Tage vor dem Versammlungstermin am Sitz ihres Exekutivorgans zur Einsichtnahme bereitzuhalten hat.[891] Hierzu gehören jedenfalls die Dokumente der Buchhaltung. Ein rechtsformspezifischer sachlicher Grund, die Dokumente der Buchhaltung außerhalb von Aktionärsversammlungen sowie die Sitzungsprotokolle des Kollegialexekutivorgans ausnahmslos dem Zugriff einzelner Aktionäre, die weniger als 25% der Aktien halten, zu entziehen, ist indessen nicht erkennbar.[892] Zudem begegnet die Wirksamkeit der Ausklammerung der Dokumente der Buchhaltung aus dem allgemeinen Einsichtsrecht Zweifeln, da bereits Art. 67 Ziff. 1 Abs. 3 ZGB für die Gesellschafter sämtlicher Wirtschaftsgesellschaftsformen ein Einsichtsrecht in die Buchhaltungsunterlagen normiert, dessen Einschränkung dem Gesetzgeber des AktG nach allgemeinen Grundsätzen verschlossen ist. Ferner kann jeder Aktionär verlangen, von der Gesellschaft über die Rechte, welche durch die von ihm gehaltenen Aktien verbrieft sind, sowie über das Verfahren zu ihrer Ausübung informiert zu werden.[893] Dies korrespondiert mit dem Anspruch aus Art. 46

---

[891] Vgl. Art. 52 Ziff. 3 Abs. 3 S. 1 u. Abs. 4 AktG.

[892] Dabei stellt das geltende Recht bereits insoweit einen Fortschritt dar, als nach Art. 91 Ziff. 1 AktG a.F. den Aktionären die Einsicht in die Buchhaltung und die Sitzungsprotokolle des Kollegialexekutivorgans generell verwehrt war. Die Unsicherheit über die Ratio der Beschränkung des Einsichtsrechtes spiegelt sich auch in den Erklärungsversuchen der Literatur wider: während *Ju. A. Tichomirov* (in: Tichomirov, Kommentarij k zakonu ob AO, Art. 91 Rn. 1) auf den „speziellen Charakter" dieser Unterlagen verweist, hält sie *Gubin* (Akcionernoe pravo, S. 123) für in der täglichen Arbeit der Exekutivorgane unverzichtbar. Beides stünde der Einräumung eines Einsichtsrechts jedoch nicht entgegen. Der von *Bykov* (in: Šapkina, Kommentarij k zakonu ob AO, Art. 91 Rn. 2) verfolgten restriktiven Auslegung, wonach unter „Dokumenten der Buchhaltung" i.S.d. Art. 91 Ziff. 1 Abs. 1 S. 2 AktG nur solche Unterlagen zu verstehen sind, deren Inhalt unter das Geschäftsgeheimnis (vgl. Art. 139 Ziff. 1 u. 2 Abs. 1 i.V.m. Art. 10 Ziff. 4 BuchhaltungsG) fällt, kann ebenfalls nicht gefolgt werden, weil auch diese Auslegung den umfassenden Informationsanspruch des Aktionärs aus Art. 67 Ziff. 1 Abs. 3 ZGB in unzulässiger Weise verkürzt. Für eine Einbeziehung der Buchhaltungsunterlagen in das Einsichtsrecht sprechen sich zutreffenderweise *Black/Kraakman/Tarassova* (Russian Law on Joint Stock Companies, S. 477) aus. Hinsichtlich der Herausnahme der Sitzungsprotokolle des Kollegialexekutivorgans aus dem Einsichtsanspruch des Aktionärs greift das Argument von *Bykov* (aaO.), es handele sich um Dienstgeheimnisse, nicht durch. Ein schutzwürdiges Geheimhaltungsinteresse der gAG gegenüber ihren Aktionären kann allenfalls in Ausnahmefällen anerkannt werden, so etwa beim Abschluß von Lizenz- oder Know-how-Verträgen, nach deren Inhalt eine Geheimhaltungsabrede zwischen der Gesellschaft und dem Dritten unumgänglich sein kann.

[893] Vgl. Art. 8 Ziff. 3 Abs. 17 WPMG. Der Anspruch richtet sich indessen nur dann gegen die Gesellschaft selbst, wenn diese in ihrer Funktion als Emittent das Aktionärsregister selbst führt und damit keinen externen Registrator beauftragt, was gemäß Art. 8 Ziff. 1 Abs. 10 S.1 WPMG i.V.m. Ziff. 1

AktG, wonach die Gesellschaft - sofern sie Registerführerin ist - verpflichtet ist, die Rechte eines Aktionärs auf dessen Verlangen durch einen Auszug aus dem Aktionärsregister, der kein Wertpapier darstellt, zu bestätigen. Ein Anspruch auf Zurverfügungstellung sämtlicher im Aktionärsregister enthaltenen Angaben steht indessen nur Aktionären zu, die mehr als ein Prozent der stimmberechtigten Aktien der Gesellschaft halten.[894] Die Gesellschaft ist jedem Aktionär zur Auskunft darüber verpflichtet, ob er in die Liste der Personen, die zur Teilnahme an der Aktionärsversammlung berechtigt sind, eingetragen wurde.[895] Die Offenlegung der gesamten Liste kann nur von eingetragenen Personen gefordert werden, die mindestens 1% der Stimmen repräsentieren.[896]

5. Abwehrrechte

Bei der Ausgestaltung der eigenen Abwehrrechte des Mitglieds (actio negatoria) hat der GmbHG-Gesetzgeber offenbar die höchstrichterliche Rechtsprechung zum Aktienrecht berücksichtigt, weshalb der Blick zunächst auf dieses gerichtet werden soll. Ausdrücklich geregelte Klagerechte des Aktionärs finden sich in verschiedenen Normen des AktG, wobei keine Unterscheidung zwischen Nichtigkeits- und Anfechtungsklagen getroffen wird.[897] Hinsichtlich der Anfechtung von Beschlüssen der Aktionärsversammlung ergibt sich diese fehlende Differenzierung bereits aus dem Umstand, daß das Gesetz keine Nichtigkeitsgründe nennt. Ein Aktionär kann einen unter Verletzung des AktG,[898] anderer Rechtsakte oder der Satzung gefaßten Beschluß gerichtlich anfechten, sofern er nicht an der Aktionärsversammlung teilgenommen[899] oder zwar teilgenommen, aber gegen den Beschluß gestimmt hat, und

---

Abs. 4 u. 9 WertpapierRegO zulässig und in der i.d.R. personalistisch strukturierten gAG mit relativ konstantem Mitgliederkreis regelmäßig der Fall ist.

[894] Vgl. Art. 8 Ziff. 3 Abs. 16 WPMG.

[895] Vgl. Art. 51 Ziff. 4 Abs. 2 AktG.

[896] Vgl. Art. 51 Ziff. 4 Abs. 1 AktG. Durch die jüngste Novelle wurde die Schwelle von 10 auf 1% abgesenkt.

[897] Vgl. demgegenüber §§ 246, 249 AktG-D.

[898] In Betracht kommen insbesondere Verstöße gegen die Einberufungsvorschriften nach Artt. 52 Ziff. 1 u. 2, 60 Ziff. 2 AktG; vgl. Ziff. 8 Abs. 1 der Leitentscheidung der Plenen des OG und es OWG v. 02.04.1997 Nr. 4/8, ÉiŽ 1997, Nr. 17, S. 16 (noch zu Artt. 50 Ziff. 3, 52 Ziff. 2 u. 3 AktG a.F.)

[899] Die Anfechtungsbefugnis besteht unabhängig vom Grund des Fernbleibens; eine § 245 Nr. 2 AktG-D vergleichbare Norm existiert nicht.

der Beschluß seine Rechte und gesetzlichen Interessen verletzt.[900] Das Vorliegen dieser Voraussetzungen führt jedoch nicht zwingend zur gerichtlichen Aufhebung des Beschlusses. Denn Art. 49 Ziff. 8 S. 3 AktG eröffnet dem Gericht einen Ermessensspielraum, den Beschluß aufrechtzuerhalten, soweit die auf den Kläger entfallenden Stimmen das Abstimmungsergebnis nicht beeinflussen konnten, der Beschluß keine wesentlichen[901] Rechtsfehler aufweist und keinen Vermögensschaden[902] auf Seiten des Klägers verursacht hat.[903] Klagerechte gegen Beschlüsse der Verwaltungsorgane sind ausdrücklich in Artt. 53 Ziff. 6 Abs. 2, 55 Ziff. 7 Abs. 2 AktG geregelt. Anfechtbar sind danach Beschlüsse des Direktorenrats, durch die eine Berücksichtigung von Anträgen zur Tagesordnung von Aktionärsversammlungen, von Kandidatenvorschlägen bei Wahlen zu Ämtern in den Gesellschaftsorganen oder die Einberufung einer außerordentlichen Aktionärsversammlung abgelehnt wird. Diese gesetzlichen Klagerechte sind nicht abschließend. Die höchstrichterliche Rechtsprechung hat insoweit klargestellt, daß die Klagebefugnis keiner gesetzlichen Rechtsgrundlage bedarf und Beschlüsse der Verwaltungsorgane daher grundsätzlich anfechtbar sind, soweit sie gegen das AktG oder andere Rechtsakte verstoßen und Rechte und gesetzlich geschützte Interessen eines Aktionärs verletzen.[904] Gerichtlich anfechtbar ist schließlich auch die Ablehnung der Eintragung in das Aktionärsregister.[905] Gleichwohl führt die Ausgestaltung der Abwehrrechte nicht dazu, daß Organbeschlüsse bis zum Erlaß eines Aufhebungsurteils in jedem Falle rechtswirksam sind. Sämtliche Gerichte sind nämlich gehalten, von Amts wegen die Bezug-

---

[900] Vgl. Art. 49 Ziff. 7 S. 1 AktG.

[901] Das Wesentlichkeitskriterium ist insbesondere bei Beschlüssen zu bejahen, für die keine Zuständigkeit der Hauptversammlung gegeben ist oder die gefaßt wurden, obwohl die Hauptversammlung wegen Nichterreichens des Quorums nicht beschlußfähig war; arg. e Ziff. 9 S. 1 der Leitentscheidung der Plenen des OG und des OWG v. 02.04.1997 Nr. 4/8, ĖiŽ 1997, Nr. 17, S. 16.

[902] Das Gesetz spricht insoweit von „Nachteilen“ (russ.: „ubytki“). Nach der Legaldefinition aus Art. 15 Ziff. 2 Abs. 1 ZGB fallen darunter die zur Wiederherstellung des verletzten Rechts erforderlichen Aufwendungen, der Verlust oder die Beschädigung des Vermögens des Verletzten sowie entgangener Gewinn.

[903] Kritisch zum Erfordernis des kumulativen Vorliegens dieser Voraussetzungen und für eine alternative Ausgestaltung de lege ferenda Black/Kraakman/Tarassova, Russian Law on Joint Stock Companies, S. 318.

[904] Vgl. Ziff. 10 S. 1 der Leitentscheidung der Plenen des OG und des OWG v. 02.04.1997 Nr. 4/8, ĖiŽ 1997, Nr. 17, S. 16. Diese richterliche Rechtsfortbildung führt insoweit zu Folgeproblemen, als bislang ungeklärt ist, ob die Begründetheit von Anfechtungsklagen gegen Beschlüsse von Verwaltungsorganen analog Art. 49 Ziff. 8 S. 2 AktG voraussetzt, daß der Kläger wesentliche Rechtsverstöße und einen kausalen Vermögensschaden vortragen und beweisen kann.

[905] Vgl. Art. 45 Ziff. 2 Abs. 2 S. 1 AktG.

nahme einer Partei auf einen wesentlich rechtsfehlerhaften Beschluß der Aktionärsversammlung zu verwerfen und die Rechtslage allein nach den gesetzlichen Vorschriften zu beurteilen, wobei die Präklusion derjenigen Partei, welche die Rechtswidrigkeit des Beschlusses als für sich günstig in Anspruch nimmt, unabhängig davon eintritt, ob der Beschluß ausdrücklich angefochten wird oder nicht.[906] Die Rechtsprechung kompensiert das Fehlen gesetzlicher Nichtigkeitsgründe somit durch eine zwingende Inzidentkontrolle von Hauptversammlungsbeschlüssen auf wesentliche Rechtsfehler, welche zu einer Unwirksamkeitsfiktion inter partes führen.[907] Klagegegner ist in allen Konstellationen der actio negatoria nicht das jeweilige Organ, sondern die Gesellschaft selbst.[908] Der einzige Fall der Geltendmachung von Verbandsrechten durch das Mitglied (actio pro socio) ist in Art. 71 Ziff. 5 AktG vorgesehen. Danach ist ein Aktionär (eine Aktionärsgruppe), der mindestens ein Prozent der Stammaktien hält, berechtigt, einzelne Mitglieder der Verwaltungsorgane auf Leistung von Schadensersatz aus Art. 71 Ziff. 2 AktG an die Gesellschaft zu verklagen. Für die aufgeführten Anfechtungs- und Leistungsklagen sind sachlich die ordentlichen Gerichte zuständig, soweit es sich bei dem klagenden Aktionär um eine natürliche Person handelt, die nicht als Einzelunternehmer registriert ist; andernfalls liegt die Zuständigkeit bei der Wirtschaftsgerichtsbarkeit.[909] Zu beachten ist die allgemeine Verjährungsfrist von drei Jahren gemäß Artt. 196, 200 Abs. 1 ZGB.

Die genannten Grundsätze gelten auch im GmbH-Recht, das inhaltlich identische Abwehransprüche normiert. Regelungstechnisch hat die aktienrechtliche Entwicklung insofern im Gesetz Niederschlag gefunden, als die Fälle der actio negatoria in Art. 43 GmbHG gebündelt wurden. Beschlüsse der Gesellschafterversammlung unterliegen unter denselben Voraussetzungen wie solche der Hauptversammlung einer gAG der Anfechtung nach Art. 43 Ziff. 1 S. 1, Ziff. 2 GmbHG. Die zu beachtenden

[906] Vgl. Ziff. 9 S. 1 der Leitentscheidung der Plenen des OG und des OWG v. 02.04.1997 Nr. 4/8, ĖiŽ 1997, Nr. 17, S. 16. Zur dogmatischen Herleitung dieser Rechtsfortbildung aus dem Verfassungs- und Wirtschaftsprozeßrecht s. Šapkina, Nekotorye voprosy primenenija korporativnogo zakonodatel'stva, VVAS 1999, Nr. 5, S. 85 (89).

[907] Ob diese Grundsätze auch auf Beschlüsse anderer Organe Anwendung finden, wie zum Teil vermutet wird (so etwa Black/Kraakman/Tarassova, Russian Law on Joint Stock Companies, S. 319), ist offen.

[908] Ziff. 10 S. 2 der Leitentscheidung der Plenen des OG und des OWG v. 02.04.1997 Nr. 4/8, ĖiŽ 1997, Nr. 17, S. 16.

[909] Vgl. Art. 22 Ziff. 1 Nr. 1, Ziff. 2 Abs. 9 der Wirtschaftsgerichtsprozeßordnung der Russischen Föderation (fortan: WiPO) v. 05.05.1995, SZ RF 1995, Nr. 19, Pos. 1709.

Klagefristen sind nunmehr einer eingehenden Regelung zugeführt worden und differieren danach, ob der Kläger an der entsprechenden Gesellschafterversammlung teilgenommen hat. Im Falle der Teilnahme ist die Klage innerhalb von zwei Monaten nach dem Versammlungstermin zu erheben.[910] Erfolgte die Beschlußfassung in Abwesenheit des klagenden Gesellschafters, so hat dieser innerhalb von zwei Monaten ab dem Tag, an dem er von dem Beschluß Kenntnis erlangt hat oder erlangen mußte, Klage zu erheben.[911] Die nachfolgende Regelung der Anfechtbarkeit von Beschlüssen anderer Organe in Art. 43 Ziff. 3 GmbHG verdeutlicht, daß das Gericht rechtswidrige Beschlüsse auch dann aufzuheben hat, wenn der Rechtsverstoß unwesentlich ist und dem Kläger kein Vermögensschaden entstanden ist. Insoweit greift lediglich die allgemeine Verjährungsfrist ein. Eine actio pro socio nach Art. 44 Ziff. 5 GmbHG gegen Mitglieder der Verwaltungsorgane auf Leistung von Schadensersatz aus Art. 44 Ziff. 2 GmbHG an die Gesellschaft kann jeder Gesellschafter unabhängig von der Höhe seiner Beteiligung erheben.

II. Vermögensrechte

1. Gewinnbezugsrecht

Das allgemeine mitgliedschaftliche Gewinnbezugsrecht ergibt sich aus Artt. 31 Ziff. 2, 32 Ziff. 2 AktG bzw. Art. 8 Ziff. 1 Abs. 4 GmbHG und ist von dem Anspruch des Mitglieds auf Auszahlung seiner Dividende bzw. seines Gewinnanteils zu unterscheiden. Der Auszahlungsanspruch entsteht erst mit dem Ergebnisverwendungsbeschluß der Aktionärs- bzw. Gesellschafterversammlung nach Artt. 42 Ziff. 1 AktG, 28 Ziff. 1 GmbHG. Eine ausdrückliche Beschränkung der Ausschüttung auf den Bilanzgewinn[912] enthält weder das Aktien- noch das GmbH-Recht.[913] Ausschüttungs-

[910] Vgl. Art. 43 Ziff. 1 S. 3 GmbHG.

[911] Vgl. Art. 43 Ziff. 1 S. 2 GmbHG.

[912] Der Bilanzgewinn ist legaldefiniert als das endgültige finanzielle Ergebnis einer Abrechnungsperiode, wie er sich aus der Rechnungslegung ergibt; vgl. Ziff. 71 der VO „Über die Buchführung und Rechnungslegung in der Russischen Föderation", bestätigt durch Anweisung des Finanzministeriums v. 26.12.1994 Nr. 170, BNA 1995, Nr. 5, S. 3 ff. Die Fortgeltung beschränkt sich auf diejenigen Bestimmungen, die dem BuchhaltungsG nicht widersprechen; vgl. Art. 19 Abs. 2 BuchhhaltungsG. Die VO ist danach in weiten Teilen außer Kraft getreten und wird in der neueren Literatur bereits nicht mehr berücksichtigt.

grundlage ist vielmehr der „Reingewinn" der Gesellschaft.[914] Entgegen der Auffassung *Schramms*[915] deckt sich dieser Begriff nicht mit dem Bedeutungsgehalt der „Nettoaktiva". Denn in den Bestimmungen des AktG und des GmbHG wird klar zwischen diesen Begriffen differenziert.[916] Der Begriff des Reingewinns ist nicht legaldefiniert. In der Literatur wird darunter der Gewinn nach Steuern und Abgaben verstanden.[917] Da sich die Besteuerungsgrundlage nach der Buchführung und der Rechnungslegung, also insbesondere nach dem Jahresabschluß bestimmt,[918] kann die Aktionärs- bzw. Gesellschafterversammlung somit über die Verwendung des Reingewinns erst beschließen, wenn sie den Jahresabschluß festgestellt hat.[919] Im GmbH-Recht können Verwendungsbeschlüsse viertel- oder halbjährlich oder für das Gesamtgeschäftsjahr gefaßt werden,[920] während in der gAG nur eine Jahresdividende ausgeschüttet werden kann.[921] Mit der GmbH-rechtlichen Zulässigkeit von Zwischenausschüttungen korrespondiert die Pflicht der Gesellschaft, Quartalsabschlüs-

---

913 Vgl. Zielke/Ozerov, Standards der Rechnungslegung in der RF, WiRO 2000, Nr. 5, S. 161.

914 Vgl. Artt. 42 Ziff. 2 S. 2 AktG, 28 Ziff. 1 S. 1 GmbHG.

915 Vgl. Schramm, Kapitalmarktrecht in der RF, S. 82. Dort wird unzutreffenderweise Art. 35 Ziff. 3 AktG sowie die Anweisung des Finanzministeriums und der FKCB v. 05.08.1996 Nr. 71/149 „Zum Bewertungsverfahren der Nettoaktiva von Aktiengesellschaften" (ĖiŽ 1996, Nr. 40, S. 24) als Konkretisierung des Begriffes des Reingewinns herangezogen. Die genannten Bestimmungen behandeln aber ausschließlich den Begriff der Nettoaktiva bzw. deren Bewertung.

916 Die Nettoaktiva sind insbesondere bei der Feststellung der Insolvenz einer Gesellschaft als gesetzliche Bezugsgröße vorgesehen; vgl. Artt. 35 Ziff. 5 AktG, 20 Ziff. 3 GmbHG. Bereits in dieser Funktion unterscheiden sie sich vom Reingewinn. Ihre Festsetzung erfolgt im Eigenkapitalspiegel, der als Formular Nr. 3 mit der Bilanz, der Gewinn- und Verlustrechnung, der Zusammenstellung über die Geldmittelherkunft und -verwendung sowie dem Anhang den von jeder Kapitalgesellschaft zu erstellenden Jahresabschluß bildet (s. dazu Barz, Rechnungslegung und Buchführung in Rußland, S. 2 f., 20 ff. m.w.N.).

917 Vgl. Dolinskaja, Akcionernoe pravo, S. 167; Tichomirov (Solov`eva), Kommentarij k zakonu ob AO, Art. 42 Rn. 1. Zutreffenderweise wird man daher unter Reingewinn denjenigen Betrag zu verstehen haben, der in Zeile 170 der Gewinn- und Verlustrechnung ausgeworfen wird, da dieser bereits die Gewinnsteuer und sonstige Abgaben berücksichtigt.

918 Vgl. etwa Art. 8 Ziff. 1 des Bundesgesetzes „Über die Besteuerung des Gewinns von Unternehmen und Organisationen" (fortan: GewinnsteuerG) v. 27.11.1991, VVS RF 1992, Nr. 11, Pos. 525, i.d.F. v. 04.05.1999, SZ RF 1999, Nr. 18, Pos. 2221 sowie dazu Barz, Rechnungslegung und Buchführung in Rußland, S. 17.

919 Hierzu ist sie ausschließlich zuständig; vgl. Artt. 48 Ziff. 1 Nr. 11 AktG, 33 Ziff. 2 Nr. 6 GmbHG. Dabei geht die herrschende Auffassung davon aus, daß der Verwendungsbeschluß bereits in der der Feststellung des Jahresabschlusses enthalten ist und keinen getrennten Tagesordnungspunkt erfordert; vgl. Glušeckij/Kravčenko, Dividendy AO: ob``javlenie i vyplata, Praktikum akcionirovanija 1998, S. 12 f.; Šapkina (Braginskij), Kommentarij k zakonu ob AO, Art. 42 Rn. 5.

920 Vgl. Art. 28 Ziff. 1 S. 1 GmbHG.

921 Vgl. Art. 42 Ziff. 1 Abs. 1 AktG. Art. 42 Ziff. 1 Abs. 1 AktG a.F. entsprach dagegen noch dem GmbH-Recht.

se[922] einzureichen. Ein Verwendungsbeschluß kann in beiden Rechtsformen erst gefaßt werden, nachdem das Satzungskapital vollständig eingezahlt wurde.[923] Im übrigen ergeben sich jedoch gewichtige Unterschiede zwischen dem Recht der gAG und dem GmbH-Recht.

Wie ein Rückblick auf das Altrecht ergibt, wurden die Gewinnentnahmemöglichkeiten der gAG-Aktionäre mit der zum 01.01.2002 in Kraft getreteten Novelle des AktG erweitert. Gem. Art. 42 Ziff. 2 S. 1 AktG a.F. beschränkte sich das zur Ausschüttung freie Gesellschaftsvermögen auf den Reingewinn der Gesellschaft *für das laufende Jahr*. Diese Bestimmung war nicht wörtlich zu verstehen. Denn die Jahresaktionärsversammlung, der die Feststellung des Jahresabschlusses obliegt, kann frühestens auf den 01.03 und spätestens auf den 30.06. des auf das Finanzjahr folgenden Jahres einberufen werden.[924] Beschlußgegenstand war daher die Dividende aus dem Reingewinn nicht des laufenden, sondern des Vorjahres.[925] Aus der gesetzlichen Beschränkung der Ausschüttungsgrundlage auf den Reingewinn des Vorjahres folgte nach allgemeiner Auffassung ein Verbot, thesaurierte Gewinne aus früheren Finanzjahren an die Aktionäre auszuschütten.[926] Eine Ausnahme hiervon galt nur hinsichtlich der Dividende auf Vorzugsaktien, da das Gesetz insoweit als alternative Ausschüttungsgrundlage zum Reingewinn des Vorjahres auch speziell zu diesem Zweck eingerichtete Fonds der Gesellschaft anerkannte,[927] die wiederum aus thesaurierten Gewinnen errichtet werden konnten. Zwischendividenden wurden nicht auf der Aktionärsversammlung, sondern durch den Direktorenrat beschlossen.[928] In

---

[922] Vgl. Barz, Rechnungslegung und Buchführung in Rußland, S. 2.

[923] Vgl. Artt. 43 Ziff. 1 Abs. 2 AktG, 29 Ziff. 1 Abs. 2 GmbHG. Kritisch insoweit Meteleva, Pravo akcionera na dividend, ChiP 1998, Nr. 7, S. 43 (47); Syrodoeva, Akcionernoe pravo SŠA i Rossii, S. 98.

[924] Vgl. Art. 47 Ziff. 1 Abs. 3 S. 1 AktG.

[925] Ebenso Black/Kraakman/Tarassova, Russian Law on Joint Stock Companies, S. 273; Gubin, Upravlenije i korporativnyj kontrol' v AO, S. 72.

[926] Vgl. Black/Kraakman/Tarassova, Russian Law on Joint Stock Companies, S. 272; Meteleva, Pravo akcionera na dividend, ChiP 1998, Nr. 7, S. 43 (44); Zalesskij (Kozyr'), Kommentarij k zakonu ob OOO, Art. 28 Rn. 3.

[927] Vgl. Art. 42 Ziff. 2 S. 2 AktG. Zu anderen Umgehungsmöglichkeiten s. Black/Kraakman/Tarassova, Russian Law on Joint Stock Companies, S. 276.

[928] Vgl. Art. 42 Ziff. 3 S. 1 AktG a.F. Soweit der erst im Jahresabschluß festgestellte Reingewinn nicht die während des Vorjahres ausgeschütteten Zwischendividenden rechtfertigte (bspw. aufgrund von Verlusten im vierten Quartal), wurde die Auffassung vertreten, die Rechtmäßigkeit der Zwischendividenden bleibe davon unberührt. In praxi erlangte das Institut der Zwischendividende ohnehin kaum Bedeutung; vgl. Black/Kraakman/Tarassova, Russian Law on Joint Stock Companies, S.

direktorenratsfreien gAG konnte diese Kompetenz kraft Satzung dem Exekutivorgan oder der Aktionärsversammlung zugewiesen werden.[929]

De lege lata ist die Ausschüttungsgrundlage nicht mehr auf den Reingewinn des abgelaufenen Finanzjahres begrenzt.[930] Ziwschendividenden sind unzulässig.[931]

Die Gewährung einer Dividende ist nur dann rechtmäßig, wenn dem Beschluß der Jahresaktionärsversammlung eine entsprechende Empfehlung des Direktorenrates zugrundeliegt und die Höhe der Dividende diese Empfehlung nicht überschreitet.[932] Gläubiger des Dividendenanspruchs sind ausschließlich Pesonen, die in der „Liste der anspruchsberechtigten Personen" eingetragen sind, welche auf denselben Stichtag wie die Liste der an der Jahresaktionärsversammlung teilnahmeberechtigten Personen zu erstellen ist.[933] Werden Aktien durch eine eingetragene Person vor dem Beschlußtermin veräußert, geht die Gläubigerstellung hinsichtlich des Dividendenanspruchs nicht auf den Erwerber über. Denn aus Art. 29 Abs. 9 WPMG folgt, daß der Emittent auch dann mit befreiender Wirkung an den Eingetragenen leisten kann, wenn er nach Erstellung der Liste von der Übertragung Kenntnis erlangt, weshalb der Nachweis der materiellen Berechtigung durch den Erwerber außerhalb des Registers unzulässig ist.[934] Aus diesem Grund ist der eingetragene Veräußerer auch nicht verpflichtet, die Gesellschaft anzuweisen, die Dividende an den Erwerber auszuzahlen. Eine solche Pflicht wäre allein aus einer analogen Anwendung des Art. 57 Ziff. 2 AktG ableitbar, die angesichts der in Art. 29 Abs. 9 WPMG getroffenen Regelung indessen unzulässig sein dürfte. Insgesamt bleibt als wesentliches Charakteristikum des mitgliedschaftlichen Gewinnbezugsrechts festzuhalten, daß die Einflußmöglichkeiten der Aktionäre auf die Ausschüttungspolitik von der Organstruktur der gAG abhängen. Besteht ein Direktorenrat, haben die Aktionäre keine Möglichkeit,

273 f. Die Gesellschaft blieb auf Schadensersatzansprüche gegen die Direktorenratmitglieder aus Art. 53 Ziff. 3 ZGB i.V.m. Art. 71 Ziff. 1 AktG verwiesen.

929 Die Wahlmöglichkeit ergab sich arg. e Art. 64 Ziff. 1 Abs. 2 S. 1 AktG.

930 Vgl. Artt. 42 Ziff. 2 S. 1, 48 Ziff. 1 Nr. 11) AktG. Die Dividende bemißt sich nach dem Ergebnis des abgelaufenen Finanzjahres.

931 Arg. e Art. 42 Ziff. 1 Abs. 1 AktG.

932 Vgl. Artt. 42 Ziff. 3 S. 2, 65 Ziff. 1 S. 2 Nr. 11) AktG. Ungeklärt ist, ob diese Bestimmung in direktorenratsfreien gAG analog auf das Exekutivorgan zur Anwendung kommt.

933 Vgl. Art. 42 Ziff. 4 Abs. 2 AktG.

934 Vgl. Schramm, Kapitalmarktrecht in der RF, S. 83.

direkt auf die Ausschüttungspolitik Einfluß zu nehmen, und sind deshalb gezwungen, sich der seitens des Exekutivorgans bzw. des Direktorenrates intendierten Geschäfts- und Investitionspolitik unterzuordnen. Dagegen können in Direktorenratsfreien Gesellschaften Entscheidungen über die Ergebnisverwendung - eine entsprechende Satzungsgestaltung vorausgesetzt - vollumfänglich der Aktionärsversammlung zugewiesen werden, wodurch in kleinen Gesellschaften das Element unmittelbarer Unternehmensleitung gestärkt werden kann.

Im GmbH-Recht stellt demgegenüber die Konzentration der unternehmerischen Entscheidungsgewalt hinsichtlich der Ergebnisverwendung in den Händen der Gesellschafter den gesetzlichen Regelfall dar. Die Gesellschafterversammlung beschließt nicht nur über die Verwendung des Jahresergebnisses, sondern auch über Zwischenausschüttungen.[935] Vorschlagsrechte anderer Organe, die die Gesellschafterversammlung binden, bestehen nicht.[936] Da das Gesetz die Ausschüttung nicht auf den Reingewinn *für das laufende Jahr* beschränkt, können die Gesellschafter auch auf thesaurierte Vorjahresgewinne zugreifen.[937] Der Verteilungsschlüssel richtet sich grundsätzlich nach dem Verhältnis der Nennbeträge der Geschäftsanteile, kann statutarisch jedoch durch einstimmigen Gesellschafterbeschluß beliebig modifiziert werden.[938]

---

[935] Vgl. Art. 28 Ziff. 1 S. 1 u. 2 i.V.m. Art. 33 Ziff. 2 Nr. 7 GmbHG. In der Literatur wird vereinzelt aus dem Umstand, daß Art. 28 Ziff. 1 S. 1 GmbHG - im Unterschied zum Aktienrecht - für viertel- und halbjährliche Ausschüttungen nicht ausdrücklich den Oberbegriff „Zwischenausschüttung" einführt, der Schluß gezogen, Zwischenausschüttungen einer GmbH erfolgten aus den im Quartal erzielten Reingewinn, während Zwischendividenden einer AG als Vorabzahlungen auf das Jahresergebnis zu werten seien; vgl. Ėkonomiko-pravovoj bjulletjen` 1998, Nr. 6, S. 24 sowie Zalesskij (Kozyr`), Kommentarij k zakonu ob OOO, Art. 28 Rn. 3. Dem kann nicht gefolgt werden. In beiden Rechtsformen basieren Zwischendividenden nicht auf einem prognostizierten Jahresreingewinn, sondern auf dem Ergebnis des jeweiligen Quartals. Allein aus der Verwendung des Begriffes „*Zwischen*dividende" im Aktienrecht läßt sich keine inhaltliche Differenzierung herleiten. Zudem führte die kritisierte Auffassung zu einer Aushöhlung der Ausschüttungssperre auf den Jahresreingewinn.

[936] Angesichts der imperativen Fassung des Art. 28 Ziff. 1 GmbHG können solche auch nicht statutarisch vorgesehen werden.

[937] Vgl. Zalesskij (Kozyr`), Kommentarij k zakonu ob OOO, Art. 28 Rn. 3.

[938] Vgl. Art. 28 Ziff. 2 Abs. 2 GmbHG. Nach hier vertretener Auffassung werden durch erhöhte Gewinnbezugsrechte keine Vorzugsgeschäftsanteile geschaffen, sondern einzelnen Gesellschaftern Sonderrechte i.S.d. Art. 8 Ziff. 2 GmbHG eingeräumt.

2. Verfügungsrechte über Aktien und Geschäftsanteile

a. Die Übertragung von Aktien der gAG

Bis heute ist streitig geblieben, welchen Normen die Übertragung von Namensaktien unterliegt. Diese Unstimmigkeiten beruhen auf der Bestimmung des zutreffenden Verhältnisses zwischen dem WPMG und den wertpapierrechtlichen Normen des ZGB. Während nach Art. 146 Ziff. 2 S. 1 ZGB die Übertragung der Rechte aus Namenswertpapieren den Regeln über die Abtretung von Forderungen (Artt. 382 ff. ZGB) folgt, statuiert Art. 29 Abs. 10 WPMG den Grundsatz, daß die Rechte aus Namensemissionswertpapieren dem Recht am Papier folgen, d.h. ihre Übertragung die Übereignung der Urkunde voraussetzt. Eine generelle Öffnungsklausel zugunsten abweichender einzelgesetzlicher Bestimmungen ist in Artt. 142 ff. ZGB nicht enthalten.

Zum Teil wird vertreten, die Übertragung von Namensaktien richte sich über Art. 146 Ziff. 2 S. 1 ZGB ausschließlich nach den Vorschriften über die Abtretung von Forderungen.[939] Eine weitere Mindermeinung ist der Auffassung, die Übertragung vollziehe sich nach Art. 146 Ziff. 2 ZGB i.V.m. Art. 29 WPMG im Wege der Abtretung und nachfolgenden Umschreibung in den Büchern der Gesellschaft.[940] Demgegenüber rekurriert die wohl herrschende Meinung auf eine ausschließliche Anwendung der Artt. 28 f. WPMG.[941] Der Anwendungsbereich des Art. 146 Ziff. 2 ZGB beschränke sich auf „allgemeine" Rektapapiere und erfasse Namensaktien nicht, weil die Legitimation aus einer Namensaktie im Unterschied zu „allgemeinen" Rektapapieren zusätzlich die Eintragung der in dem Papier genannten Person im Aktionärsregister voraussetze.[942]

---

[939] So etwa Mundry, Kaufvertrag in Rußland, Rn. 163, 1655; Braginskij et al. (Suchanov), Kommentarij GK I, S. 218 (allerdings noch vor Inkrafttreten des WPMG) sowie die bei *Vlasova* (Sposob peredači imennych akcij, S. 71 [Fn. 1]) aufgeführten Autoren.

[940] Vgl. Meteleva, Prodaža akcii na birževom i vnebirževom rynkach, Pravo i Ėkonomika 1997, Nr. 21-22, S. 25.

[941] So - unter Berufung auf die gängige Praxis - Gubin, Akcionernoe pravo, S. 211 f.

[942] Vgl. Vlasova, Sposob peredači imennych akcii, S. 71 (73 f.) m.w.N.

Mit der herrschenden Meinung ist in diesem Zusammenhang davon auszugehen, daß kein zur Anwendung der Abtretungsregeln führender Vorrang des ZGB besteht. Zu berücksichtigen ist zunächst, daß die Vorstellung des Gesetzgebers dahin ging, der Anwendungsbereich des ZGB und des WPMG könne klar voneinander geschieden werden.[943] Zudem ist in Art. 142 Ziff. 2 ZGB die Möglichkeit vorgesehen, in anderen Gesetzen festzuschreiben, daß für die Übertragung wertpapiermäßig verbriefter Rechte der Nachweis ihrer Fixierung in einem speziellen Register ausreichend ist. Soweit davon nicht lediglich das Rechtsverhältnis zwischen Emittent und Erwerber betroffen sein soll, könnte man bereits diese Norm als Öffnungsklausel für die in Art. 29 WPMG getroffene Regelung heranziehen.[944] Für die herrschende Meinung läßt sich - ausschlaggebend - auch anführen, daß die Zuordnung der Inhaberschaft wertpapiermäßig verbriefter Rechte zum jeweiligen Eigentümer der Urkunde bereits in Art. 142 Ziff. 1 Abs. 2 ZGB zum Ausdruck kommt.

Entscheidend ist somit der Eigentumsübergang an der Urkunde. Grundsätzlich vollzieht sich der Eigentumsübergang an Sachen[945] gemäß Art. 223 Ziff. 1 ZGB aufgrund des schuldrechtlichen Grundgeschäfts[946] in Verbindung mit der Übergabe der Sache, soweit gesetzlich nichts anderes bestimmt ist. In Ausfüllung dieses Vorbehaltes regelt Art. 29 WPMG die Formen der Übergabe sowie deren Surrogate. Insoweit ist zu differenzieren, ob es sich um dokumentierte oder dokumentenlose[947] Namensaktien handelt.

---

[943] Schramm, Kapitalmarktrecht in der RF, S. 54 m.w.N.

[944] Danach kann offen bleiben, ob darüber hinaus auch in Art. 149 Ziff. 1 Abs. 1 ZGB eine Öffnungsklausel gesehen werden kann; dafür Schramm, Kapitalmarktrecht in der RF, S. 67. Nach seinem Wortlaut betrifft die Bestimmung lediglich Rechte hinsichtlich der Registerführung, die Registratoren als Lizenznehmern einzelgesetzlich eingeräumt werden können, jedoch nicht die Anforderungen an den Rechtsübergang selbst.

[945] Dazu zählen auch Wertpapiere, Art. 128 ZGB.

[946] Handelt es sich bei dem Grundgeschäft um einen Kaufvertrag, finden gemäß Art. 454 Ziff. 2 ZGB die Bestimmungen über den Kauf von Sachen Anwendung, soweit keine speziellen Gesetzesbestimmungen bestehen. Bei *Šapkina* (Nekotorye voprosy primenenija korporativnogo zakonodatel'stva, VVAS 1999, Nr. 5, S. 85 [90]) werden hinsichtlich der Haftung des Veräußerers die Artt. 146 Ziff. 2, 390 ZGB, wonach der Zedent für den Bestand der Forderung, nicht aber für deren Erfüllung haftet, als die Gewährleistungsvorschrift des Art. 469 ZGB verdrängende Spezialvorschriften i. S.d. Art. 454 Ziff. 2 ZGB qualifiziert.

[947] Vgl. zu diesen Begriffen Art. 149 ZGB i.V.m. Art. 2 Abs. 11 u. 12 WPMG sowie dazu Schramm, Kapitalmarktrecht in der RF, S. 61 ff.; Vlasova, Sposob peredači imennych akcij, S. 77 f. (zur Entstehungsgeschichte dieses Rechtsinstituts).

Im Fall dokumentierter Namensaktien geht das Recht am Papier mit Übergabe des Zertifikats[948] nach Eintragung eines Eingangsvermerks auf dem persönlichen Konto des Erwerbers im Aktionärsregister auf diesen über.[949] Nach dem klaren Wortlaut des Gesetzes hat die Eintragung des Erwerbers im Aktionärsregister nicht lediglich die Funktion, diesen gegenüber der Gesellschaft als Inhaber zu legitimieren, sondern ist konstitutive Voraussetzung für den Eigentumsübergang am Papier.[950] Damit ist zugleich gesagt, daß der Eigentumsübergang weder nach allgemeinen Regeln[951] bereits mit Abschluß des Aktienkaufvertrages und Zertifikatübergabe eintritt noch dokumentierte Namensaktien außerhalb des Aktionärsregisters durch Indossament übertragen werden können.[952] Die Eintragung des Erwerbers im Aktionärsregister nimmt der Registerführer nach Zugang einer durch den Veräußerer unterschriebenen sog. Übertragungsverfügung vor, die den durch die FKCB festgelegten Anforderungen[953] genügen muß. Darin ist der Registerführer anzuweisen, den Eigentumsübergang am Papier in das Register einzutragen.[954]

---

[948] Bei dem „Zertifikat" handelt es sich nach der Legaldefinition in Art. 2 Abs. 14 WPMG um eine durch den Emittenten begebene Globalurkunde, die die Gesamtheit der Rechte an der darin genannten Anzahl von Wertpapieren verbrieft.

[949] Vgl. Art. 29 Abs. 8 WPMG. Soweit die Wertpapier- und Zertifikatverwahrung bei einem Depositar erfolgt, bedarf es keiner Übergabe, sondern das Recht am Papier geht bereits mit der Eintragung auf dem Depotkonto des Erwerbers über; vgl. Art. 29 Abs. 9 WPMG.

[950] Vgl. Gubin, Upravlenije i korporativnyj kontrol' v AO, S. 142; Lenga, RF: AktG, WiRO 1996, Nr. 4, S. 131; Meteleva, Prodaža akcii na biržėvom i vnebiržėvom rynkach, Pravo i Ėkonomika, S. 25; Vlasova, Sposob peredači imennych akcii, S. 75; a. A. Schramm, Kapitalmarktrecht in der RF, S. 68 unter Berufung auf Art. 29 Abs. 10 S. 2 WPMG. Danach muß der Übergang durch Namensemissionswertpapiere verbriefter Rechte von einer Benachrichtigung des Registerführers begleitet werden. M. E. handelt es sich insoweit um ein Redaktionsversehen, das den spezielleren Vorschriften zur Übertragung des Eigentums am Papier selbst nicht entgegenstehen kann. Hierfür spricht auch die bewußte Entscheidung des Gesetzgebers gegen eine Übertragbarkeit des Eigentums an Namensaktien außerhalb des Aktionärsregisters.

[951] Vgl. Artt. 454 Ziff. 1 i.V.m. 223 Ziff. 1 ZGB.

[952] Insoweit ist der russische Gesetzgeber französischen Vorbildern gefolgt; vgl. Schramm, Kapitalmarktrecht in der RF, S. 57 m.w.N.; Vlasova, Sposob peredači imennych akcij, S. 75 f.

[953] Vgl. im einzelnen Art. 8 Ziff. 3 Abs. 19 WPMG i.V.m. Ziff. 2 Abs. 20, Ziff. 3.4.2., Ziff. 7.3.1. WertpapierRegO. Entgegen der Auffassung *Krapivins* (Voprosy zaščity prav i zakonnych interesov melkich akcionerov, ChiP 2000, Nr. 9, S. 84 [97]) ist der Registerführer bei Übertragungen aufgrund Rechtsgeschäfts nicht nur in den dort genannten Fällen, sondern generell zur Ablehnung der Eintragung des Erwerbers berechtigt, wenn keine Übertragungsverfügung vorgelegt wird.

[954] Der Registerführer ist zu diesem Zweck gesetzlich verpflichtet, aufgrund der Übertragungsverfügung ein persönliches Konto für den Erwerber zu eröffnen; vgl. Art. 8 Ziff. 3 Abs. 12 WPMG.

Bei der Übertragung dokumentenloser Namensaktien entfällt die Übergabe des Zertifikats als Voraussetzung des Eigentumsübergangs.[955] Im übrigen gelten dieselben Grundsätze wie bei dokumentierten Namensaktien.

Inhaberaktien werden durch das Aktionärsregister nicht erfaßt.[956] Die Übertragung der durch sie verbrieften Rechte erfolgt nach Art. 146 Ziff. 1 ZGB im Wege der Aushändigung der Urkunde.

Die Formalisierung der Handelbarkeit von Namensaktien kommt u.a. darin zum Ausdruck, daß die FKCB von dem Abschluß entsprechender Verträge zu benachrichtigen ist, sofern es sich bei dem Erwerber um eine ausländische Person handelt.[957] Werden mehr als 20 % der stimmberechtigten Aktien erworben bzw. bestimmte Schwellenwerte hinsichtlich der Aktiva des Erwerbers und des Emittenten überschritten, bestehen Zustimungsvorbehalte der Antimonopolbehörden.[958] Weiterhin ist zu beachten, daß die Übertragung von Aktien vor vollständiger Leistung der Einlage und staatlicher Registrierung des Ergebnisberichtes des Emittenten über die Ausgabe gesetzlich verboten ist.[959]

---

[955] Vgl. Art. 29 Abs. 4 - 6 WPMG. Dogmatisch ist umstritten, ob dokumentenlosen Namensaktien mangels urkundenmäßiger Verbriefung überhaupt Wertpapiercharakter zukommt und sie nicht nach den Regeln der Forderungsabtretung übertragen werden; vgl. Vlasova, Sposob peredači imennych akcii, S. 78 ff. m.w.N. Angesichts ihrer Einbeziehung in Art. 29 WPMG dürfte dem Streit keine Praxisrelevanz mehr zukommen.

[956] Vgl. Art. 8 Ziff. 1 Abs. 7 WPMG.

[957] Vgl. Art. 29 Abs. 16 WPMG.

[958] Vgl. den Überblick bei Mundry, Kaufvertrag in Rußland, Rn. 168.

[959] Vgl. Art. 5 Ziff. 2 des Bundesgesetzes „Über den Schutz der Rechte und gesetzlichen Interessen von Investoren auf dem Wertpapiermarkt" v. 05.03.1999, SZ RF 1999, Nr. 10, Pos. 1163 (fortan: InvSchutzG). Die FKCB sieht die Ratio dieses Verbots im wesentlichen darin, Investoren vor den Folgen einer fehlgeschlagenen Emission zu schützen; vgl. die Mitteilung der FKCB an Teilnehmer des Wertpapiermarktes v. 26.04.1999 „Zur Erklärung des Art. 5 Ziff. 2 des Bundesgesetzes vom 05.03.1999 No. 46-F3 \`Über den Schutz der Rechte und gesetzlichen Interessen von Investoren auf dem Wertppapiermarkt\`", Vestnik FKCB 1999, Nr. 4 (29).

b. Die Übertragung von Geschäftsanteilen

Die Änderung der dinglichen Zuordnung des Geschäftsanteils durch rechtsgeschäftliche Einzelrechtsnachfolge erfolgt durch Abtretung nach Artt. 382 ff. ZGB.[960] Als vermögenswertes Recht i.S.d. Art. 128 ZGB[961] ist der Geschäftsanteil Gegenstand bürgerlicher Rechte. Als schuldrechtliches Grundgeschäft kommt daher jeder Vertragstyp des ZGB in Betracht. Handelt es sich dabei um einen Kaufvertrag, kommen über Art. 454 Ziff. 4 ZGB die Bestimmungen der Artt. 454 - 491 ZGB über den Kauf von Sachen zur Anwendung, soweit nicht aus dem Inhalt oder dem Charakter des Geschäftsanteils als vermögenswertem Recht etwas anderes folgt. Der Geschäftsanteilskauf- und Abtretungsvertrag[962] bedarf lediglich der Schriftform, sofern die Satzung nicht notarielle Form vorschreibt.[963]

Fraglich ist darüber hinaus, ob die Übertragung von Geschäftsanteilen staatlicher Registrierung bedarf. Dies könnte sich aus Art. 389 Ziff. 2 ZGB ergeben, wonach ein Abtretungsvertrag staatlich registriert werden muss, wenn der Vertrag, aus dem sich die abzutretende Forderung ergibt, seinerseits staatlicher Registrierung unterliegt. Denkbar erschiene es, Gründungsvertrag und Satzung als Entstehungsgrundlage des Geschäftsanteils anzusehen und die Notwendigkeit staatlicher Registrierung daher auch auf die Übertragung der Rechte und Pflichten eines Gesellschafters zu erstrecken. Soweit ersichtlich, wird dies in der Lehre allerdings nicht vertreten.

Gegen die Anwendung des Art. 389 Ziff. 2 ZGB spricht, dass das zum 1. Juli 2002 in Kraft getretene RegistrierungsG zwar die registermäßige Offenlegung der Gründer, nicht jedoch die Einreichung aktueller Gesellschafterlisten verlangt, wenn sich Ände-

---

[960] Vgl. Sadikov (Avilov) II, Kommentarij GK I, Art. 93 Rn. 2; Tichomirov (Zalesskij), Kommentarij o chozjajstvennych obščestvach, S. 217; Zalesskij (Suchanov), Kommentarij k zakonu ob OOO, Art. 21 Rn. 1.

[961] So die Qualifizierung bei Mogilevskij, OOO, S. 101.

[962] Umstritten ist, ob zwischen Kausalgeschäft und Abtretungsvertrag zu unterscheiden ist. In der Lehre wird überwiegend vertreten, bei dem Abtretungsvertrag gem. Art. 382 Ziff. 1 Abs. 1 ZGB handele es sich nicht um einen eigenständigen Vertrag i.S. eines abstrakten Verfügungsgeschäftes, vielmehr bildeteten Abtretungsvertrag und Kausalgeschäft eine Einheit; vgl. Anochin, Ustupka prava trebovanija, ChiP 2000, Nr. 11, S. 59 (60); Beljaev/Gorlov/Zacharov, OOO: pravovoe položenie, S. 142. In der Rechtsprechung ist ebenfalls nicht ersichtlich, daß von einem abstrakten Verfügungsgeschäft ausgegangen wird; vgl. etwa Beschluß des Präsidiums des OWG v. 29.12.1998 Nr. 1676/98, abgedruckt in : Dolženko/Reznikov/Chochlova, Sudebnaja praktika po graždanskim delam, S. 438 (439).

[963] Vgl. Art. 21 Ziff. 6 Abs. 1 S. 1 GmbHG.

rungen in der Gesellschafterstruktur ergeben. Außerdem setzt die Anwendung des Art. 389 Ziff. 2 ZGB ohnehin voraus, dass durch Gesetz nichts anderes bestimmt ist. Ob Art. 21 Ziff. 6 GmbHG, also die fakultativ statutarisch einführbare notarielle Form, als abschließende Regelung i.S.d. Art. 389 Ziff. 2 ZGB verstanden wird, bleibt abzuwarten.

Wird die gesetzliche Schriftform oder die kraft Satzung maßgebliche notarielle Form nicht gewahrt, ist das Rechtsgeschäft gem. Art. 21 Ziff. 6 Abs. 1 S. 2 GmbHG i.V.m. Artt. 162 Ziff. 2, 165 Ziff. 1 ZGB nichtig.[964]

Zulässig ist auch die Veräußerung von Teilen eines Geschäftsanteils, ohne daß es hierzu einer Genehmigung der Gesellschaft bedürfte.[965]

Die Gesellschaft ist von einer erfolgten Geschäftsanteilsabtretung unter Beifügung von Nachweisen, d.h. von Kopien der entsprechenden Verträge, schriftlich zu benachrichtigen.[966] Die Benachrichtigung kann somit weder mündlich noch konkludent geschehen. Schwierigkeiten bereitet die Beurteilung, ob in der Anmeldung ein zusätzliches Tatbestandselement i.S. einer Wirksamkeitsvoraussetzung der Veräußerung zu sehen ist oder diese - entsprechend der Funktion des § 16 GmbHG-D - den Erwerber lediglich im Verhältnis zur Gesellschaft legitimiert, ohne die Wirkung der Veräußerung im Verhältnis der Vertragsteile untereinander und zu Dritten, insbesondere Gläubigern, zu berühren. In der Literatur ist die Rechtsnatur der Anmeldepflicht bislang kaum problematisert worden. Soweit von *Suchanov* betont wird, der Erwerber erlange die Gesellschafterstellung mit der schriftlichen Benachrichtigung der Gesellschaft über die vollzogene Abtretung,[967] läßt sich dem nicht entnehmen, ob die Wirksamkeit der Abtretung im Verhältnis zwischen Zedent und Zessionar sowie Dritten vor Vornahme der Anmeldung in Abrede gestellt werden oder lediglich betont werden soll, daß sich - was unstreitig ist - der Gesellschafterwechsel bereits

---

[964] Vgl. Ziff. 12 lit. ž) der Leitentscheidung Nr. 90/14 der Plenen des OG und des OWG v. 09.12.1999, BVS RF 2000, Nr. 3, S. 1 (4). A. A. Solov'eva (in: Tichomirov, Kommentarij k zakonu ob OOO, Art. 21 Rn. 6), welche bei Verstoß gegen die kraft Satzung vorgeschriebene notarielle Form lediglich Anfechtbarkeit annimmt.

[965] Anders etwa § 17 Abs. 1 GmbHG-D.

[966] Vgl. Art. 21 Ziff. 6 Abs. 2 S. 1 GmbHG.

[967] Zalesskij (Suchanov), Kommentarij k zakonu ob OOO, Art. 21 Rn. 4.

vollziehen kann, bevor die Gründungsdokumente entsprechend geändert und registriert werden.

Das Gesetz spricht davon, daß der Erwerber ab dem Zeitpunkt der Benachrichtigung der Gesellschaft über die Abtretung die Rechte eines Gesellschafters ausübt und dessen Pflichten trägt.[968] Damit wird auf die Benachrichtigung hinsichtlich der bereits *vollzogenen* Abtretung Bezug genommen.[969] Handelte es sich bei der Anmeldung um ein zusätzliches Tatbestandselement der Abtretung, wäre diese vor der Anmeldung gerade noch nicht vollzogen. Der Gesetzeswortlaut legt somit nahe, daß der Gesetzgeber die Funktion der Anmeldung in der Legitimation des Erwerbers gegenüber der Gesellschaft sieht, ohne daß hiervon die Wirksamkeit der Abtretung im übrigen betroffen wäre. Der Erwerber wird daher m.E. mit der Abtretung Inhaber des Geschäftsanteils,[970] kann die sich aus diesem ergebenden Rechte aber erst nach formgerechter Anmeldung der Abtretung bei der Gesellschaft ausüben.[971]

Das Gesetz schweigt sich dazu aus, ob es dem Veräußerer oder dem Erwerber obliegt, den Anteilsübergang bei der Gesellschaft anzumelden, weshalb sich eine entsprechende Vereinbarung empfiehlt, soweit die Satzung hierzu keine Regelungen enthält.[972] Soweit der Veräußerer nicht mit dem bislang Angemeldeten identisch ist, sollte auch letzterer zur Anmeldung des Erwerbers befugt sein.

---

[968] Vgl. Art. 21 Ziff. 6 Abs. 2 S. 2 GmbHG.

[969] Dieser entscheidende Bestandteil des Wortlauts des Art. 21 Ziff. 6 Abs. 2 S. 1 GmbHG findet in deutschen Übersetzungen zum Teil keine Berücksichtigung; so etwa bei Reinsch, Handbuch Wirtschaft und Recht in Osteuropa, RUS 355.

[970] A. A. *Beljaev/Gorlov/Zacharov* (OOO: pravovoe položenije, S. 143), wonach der Gesellschafterwechsel weder mit der Abtretung noch mit deren Anmeldung, sondern erst mit der staatlichen Registrierung der geänderten Gründungsdokumente eintreten soll, sowie *Solov'eva* (in: Tichomirov, Kommentarij k zakonu ob OOO, Art. 21 Rn. 6), welche auf den Zeitpunkt der Anmeldung abstellt.

[971] In diesem Sinne auch Mundry, Kaufvertrag in Rußland, Rn. 166.

[972] Vgl. Sadovnikov, Novye položenija učreditel'nych dokumentov OOO, S. 11 (21). Zum Teil wird demgegenüber vertreten, die Anmeldung obliege dem Erwerber; so etwa Beljaev/Gorlov/Zacharov, OOO: pravovoje položenije, S. 143; Mogilevskij, OOO, S. 107. Diese Auffassung findet jedoch im Wortlaut des Art. 21 Ziff. 6 Abs. 2 GmbHG keine Stütze und ist abzulehnen.

c. Beschränkungen der Übertragbarkeit von Aktien der gAG und Geschäftsanteilen

Die Übertragbarkeit von Geschäftsanteilen und Aktien ist Gegenstand der Ausgangsbestimmungen in Art. 93 ZGB bzw. Art. 97 Ziff. 2 Abs. 2 ZGB. Während die in Art. 93 ZGB enthaltenen GmbH-rechtlichen Regelungen in Art. 21 GmbHG eine eingehende Ausdifferenzierung erfahren haben, erweitert Art. 7 Ziff. 3 Abs. 4 - 8 AktG die aktienrechtlichen Ausgangsbestimmungen des ZGB lediglich insoweit, als das dort geregelte Vorkaufsrecht der Aktionäre durch die Möglichkeit ergänzt wird, in die Satzung ein subsidiäres Vorkaufsrecht der Gesellschaft selbst aufzunehmen. Weitergehende Möglichkeiten der Sicherung der Geschlossenheit des Mitgliederkreises der gAG - zu denken wäre an einen absoluten Ausschluß der Übertragbarkeit der Aktien sowie an deren Vinkulierung durch Zustimmungsvorbehalte - stellt das Aktienrecht nicht ausdrücklich zur Verfügung, d.h. es regelt innerhalb dieses Fragenkomplexes lediglich einen Ausschnitt. Auch die höchstrichterliche Rechtsprechung hat sich lediglich mit Fragen zur Ausübung des Vorkaufsrechts, nicht aber mit der Zulässigkeit statutarischer Instrumente zur Sicherung der Geschlossenheit des Mitgliederkreises beschäftigt. Damit ist die Frage von Interesse, ob die gesetzlichen Beschränkungen der Übertragbarkeit der Aktien einer gAG in Gestalt des Vorkaufsrechts als abschließend zu betrachten und statutarische Gestaltungsmöglichkeiten somit ausschließlich im Rahmen des Art. 7 Ziff. 3 Abs. 4 - 8 AktG eröffnet, darüberhinaus aber unzulässig sind oder ob angesichts des Schweigens des Gesetzes insoweit nach allgemeinen Grundsätzen[973] Satzungsautonomie gegeben ist.

Weder in der Praxis[974] noch in der Literatur besteht in dieser Frage Einigkeit. Überwiegend halten russische und deutsche Literaturstimmen - allerdings ohne nähere Begründung - eine statutarische Vinkulierung der Aktien einer gAG für unzulässig,[975]

---

[973] S. o. S. 73 f.

[974] Vgl. Schwarz/Balayan, GmbH-Gesetz, WiRO 1998, Nr. 7, S. 251 (252).

[975] Vgl. Gubin, Akcionernoe pravo, S. 6; Ioncev, Akcionernye obščestva 1, S. 42; Micheler, Das neue russische Aktiengesetz im Überblick, WiRO 1996, Nr. 3, S. 81 (83); Petnikova, Osobennosti vychoda učastnika iz OOO, Pravo i Ėkonomika 2000, Nr. 2, S. 11 (13); Solotych, Recht der Handelsgesellschaften, Rn. 102. Dieser Auffassung dürften auch *Krapivin/Vlasov* (Kommentarij k zakonu ob AO, S. 45) zuzuordnen sein, die betonen, die Geschlossenheit des Mitgliederkreises sei in der gAG allenfalls bedingt gewährleistet, und als Ausweg lediglich die Festschreibung von Beteiligungsobergrenzen nach Art. 11 Ziff. 3 S. 2 AktG anbieten, ohne statutarische Vinkulierungsinstrumente zu diskutieren.

was somit erst recht für einen absoluten Übertragungsausschluß gelten muß. Dagegen erachtet *Laptev* ein statutarisches Verbot der Übertragung der Aktien einer gAG auf außenstehende Dritte für zulässig.[976] Inkonsequent erscheint letztere Auffassung insofern, als sie unberücksichtigt läßt, daß dann statutarische Zustimmungsvorbehalte als Minus gegenüber einem absoluten Übertragungsausschluß ebenfalls zulässig sein müßten.

Da das Gesetz den Fragenkomplex der Geschlossenheit des Mitgliederkreises nur unter dem Aspekt des Vorkaufsrechtes behandelt, ist die Frage, ob diese Regelung als abschließend zu betrachten ist, im Wege der Auslegung zu beantworten. Für die wohl herrschende Meinung läßt sich die Entstehungsgeschichte der Artt. 97 Ziff. 2 Abs. 2 ZGB, 7 Ziff. 3 Abs. 4 - 8 AktG anführen. Nach der Vorgängerregelung in Art. 11 Ziff. 2 S. 2 UntG i.V.m. Ziff. 7 S. 3 AktO lag eine AG geschlossenen Typs vor, wenn nach der Satzung Aktien nur mit Zustimmung der Mehrheit der Aktionäre von einer Person auf eine andere übertragen werden konnten.[977] Diese Konzeption hat der ZGB-Gesetzgeber aufgegeben und durch das Institut des unabdingbaren[978] Vorkaufsrechts substituiert, was in einer Gesamtschau mit der in Art. 21 GmbHG zum Ausdruck kommenden Regelungstechnik, statutarische Möglichkeiten zur Beschränkung der Übertragbarkeit von Geschäftsanteilen detailliert ausdrücklich einzuräumen, für die Intention des Gesetzgebers spricht, die Übertragbarkeit von Aktien einer gAG ausschließlich durch Vorkaufsrechte zu beschränken und darüber hinausgehende statutarische Beschränkungen nicht zuzulassen. Diese Entwicklung hat mit der jüngsten Novellierung des AktG zum 01.01.2002 einen Abschluß gefunden, welche die gesetzlichen Regelungen zum Vorkaufsrecht der gAG-Aktionäre neu gefaßt und deren Regelungsdichte erhöht hat. Entscheidend ist die Einführung des Art. 2 Ziff. 1 Abs. 4 AktG. Danach sind die Aktionäre berechtigt, die von ihnen gehaltenen Aktien ohne Zustimmung der übrigen Aktionäre und der Gesellschaft zu veräußern. Die Norm enthält keinen Satzungsvorbehalt.

---

[976] Laptev, Akcionernoe pravo, S. 31.

[977] S.o. S. 62.

[978] Klargestellt durch Ziff. 7 Nr. 1 der Leitentscheidung der Plenen des OG und des OWG Nr. 4/8 v. 02.04.1997, ĖiŽ 1997, Nr. 17, S. 16.

Die weitere Darstellung folgt der Systematik des Art. 21 GmbHG. Danach sind in Abhängigkeit davon, ob es sich um Gesamt- oder Einzelrechtsnachfolge sowie innerhalb letzterer um eine entgeltliche oder unentgeltliche Transaktion[979] handelt, unterschiedliche Vinkulierungsmöglichkeiten gegeben.

aa. Beschränkungen bei Einzelrechtsnachfolge

aaa. Ausschluß der Übertragbarkeit

In der gAG ist ein absoluter statutarischer Ausschluß der Übertragbarkeit der Aktien nach herrschender Auffassung unzulässig. Demgegenüber läßt das GmbH-Recht einen statutarischen Ausschluß der Übertragbarkeit von Geschäftsanteilen jedenfalls insoweit zu, als im Verhältnis zu Dritten sowohl der Verkauf als auch eine Abtretung aufgrund eines unentgeltlichen Grundgeschäfts[980] durch die Satzung verboten werden können.[981] A maiore ad minus können derartige Transaktionen zwischen Gesellschaftern und Dritten kraft Satzung auch davon abhängig gemacht werden, daß in der Person des Dritten bestimmte persönliche Eigenschaften oder Vermögensverhältnisse gegeben sind.[982]

Dies gilt jedoch nicht hinsichtlich der Abtretung eines Geschäftsanteils an Mitgesellschafter, was dem Grunde nach gemäß Art. 21 Ziff. 1 S. 1 GmbHG zu den unabdingbaren Gesellschafterrechten gehört. Die Rechtswidrigkeit eines absoluten Ausschlusses der Übertragbarkeit von Geschäftsanteilen im Verhältnis zwischen den Gesellschaftern ergibt sich zudem arg. e Art. 21 Ziff. 2 GmbHG.

---

[979] Entgeltlich sind gemäß Art. 423 Ziff. 1 ZGB solche Verträge, aus denen sich ein Anspruch einer Vertragspartei auf eine Geldzahlung oder eine andere Gegenleistung für die Erfüllung ihrer Pflichten ergibt.

[980] Das Gesetz spricht in Art. 21 GmbHG insoweit von einer „Abtretung in anderer Weise, als durch Verkauf".

[981] Vgl. Art. 21 Ziff. 2 GmbHG.

[982] Vgl. Beljaev/Gorlov/Zacharov, OOO: pravovoe polo ženie, S. 142.

bbb. Zustimmungsvorbehalte

Wie aufgezeigt wurde, sieht die herrschende Meinung in Art. 7 Ziff. 3 Abs. 4 - 8 AktG eine abschließende Regelung der Beschränkungen, die in bezug auf die Übertragbarkeit der von einer gAG begebenen Aktien zulässig sind. Eine Vinkulierung in Gestalt statutarischer Zustimmungsvorbehalte zugunsten der Gesellschaft oder der Aktionäre ist somit unzulässig. Auch in diesem Zusammenhang räumt das GmbH-Recht der Satzungsautonomie wesentlich weiteren Raum ein. Das Gesetz sieht verschiedene Vinkulierungsmöglichkeiten vor und differenziert dabei danach, ob es sich um eine Geschäftsanteilsabtretung aufgrund eines unentgeltlichen oder eines entgeltlichen Grundgeschäfts handelt.

Liegt der Abtretung kein Kaufvertrag zugrunde, sondern verpflichtet sich ein Gesellschafter zur unentgeltlichen Übertragung seines Anteils, kann die Abtretung kraft Satzung an die Zustimmung der Gesellschaft oder der Gesellschafter unabhängig von der Frage gebunden[983] werden, ob es sich bei dem Zessionar und Vertragspartner um einen Mitgesellschafter oder einen Dritten handelt.[984]

Für den Regelfall des Verkaufes eines Geschäftsanteils an Dritte besteht Einigkeit darüber, daß eine Vinkulierung in Gestalt statutarischer Zustimmungsvorbehalte unzulässig ist.[985] Dies ergibt sich zwingend arg. e Art. 21 Ziff. 5 GmbHG, wonach die Vinkulierungsmöglichkeit in Bezug auf Transaktionen zwischen Gesellschaftern und Dritten auf unentgeltliche Übertragungen beschränkt ist. Die personale Erhaltung des Gesellschafterbestandes und dessen Schutz vor einem ungewollten Eindringen Dritter wird bei entgeltlichen Transaktionen abschließend durch gesetzliche Vorkaufsrechte der Mitgesellschafter gesichert. Zweifelhaft ist hingegen, ob die Satzung Zustimmungsvorbehalte für den Fall vorsehen kann, daß es sich bei beiden Kaufvertragsparteien um Gesellschafter derselben Gesellschaft handelt. In dieser Situation

---

[983] Bei der Zustimmung handelt es sich um eine aufschiebende Bedingung i.S.d. Art. 157 Ziff. 1 ZGB, so daß die dingliche Abtretung bis zur Entscheidung über die Genehmigung schwebend unwirksam, der Zedent gegenüber dem Zessionar aber aus dem Grundgeschäft gebunden ist. Aus dieser Bindung ist der Zedent verpflichtet, sich für die Erteilung der Zustimmung einzusetzen. Da nach dem Wortlaut des Gesetzes insoweit ein Stimmrechtsausschluß bestehen dürfte, hat der Zedent de facto kaum eine Möglichkeit, die Entscheidung über die Genehmigung zu beeinflussen.

[984] Vgl. Art. 21 Ziff. 1 S. 2, Ziff. 5 GmbHG.

[985] Vgl. Glušeckij, Pereustupka doli po soglasiju, ĖiŽ 1998, Nr. 15, S. 24; Knaul, GmbH-Recht, S. 68. Die Unzulässigkeit ergibt sich zwingend arg. e Art. 21 Ziff. 5 GmbHG.

kommt den nicht an der Transaktion beteiligten Gesellschaftern kein Vorkaufsrecht kraft Gesetzes zu. Unter Verweisung auf den in Art. 21 Ziff. 1 S. 2 GmbHG vorgesehenen Satzungsvorbehalt, der sich ausdrücklich auch auf den Fall des Verkaufes von Geschäftsanteilen an Mitgesellschafter bezieht,[986] soll eine Vinkulierung nach in der russischen Lehre einhellig vertretener Auffassung zulässig sein.[987] Diese Auffassung muß jedoch insoweit Bedenken begegnen, als die Geltung des Art. 21 Ziff. 1 S. 2 GmbHG zumindest zweifelhaft erscheint. Denn nach der Ausgangsbestimmung des Art. 93 Ziff. 1 ZGB steht die Übertragbarkeit von Geschäftsanteilen auf Mitgesellschafter nicht unter Satzungsvorbehalt.[988] Ferner stellt das Gesetz in Art. 14 Ziff. 3 GmbHG eine speziellere Möglichkeit zur Verfügung, Veränderungen der Beteiligungsverhältnisse gegen den Willen der nicht transaktionsbeteiligten Gesellschafter auszuschließen. Danach können in die Satzung Obergrenzen für die Beteiligungshöhe der einzelnen Gesellschafter aufgenommen und Änderungen der Beteiligungsverhältnisse beschränkt werden. Letztlich kann nicht mit Sicherheit davon ausgegangen werden, daß Satzungsklauseln, die die Übertragung von Geschäftsanteilen auf Mitgesellschafter von der Zustimmung der übrigen Gesellschafter oder der Gesellschaft abhängig machen, in Zukunft gerichtsfest sein werden. Soweit ein Interesse der Gründungsgesellschafter an einer Perpetuierung der Beteiligungsverhältnisse besteht, sollte daher - jedenfalls zusätzlich zu einer Vinkulierung - von den in Art. 14 Ziff. 3 GmbHG vorgesehenen Möglichkeiten Gebrauch gemacht werden.

Aus dem Gesetz geht nicht hervor, wie eine nach der Satzung erforderliche Zustimmung der Gesellschaft oder der Gesellschafter zu bestimmten Abtretungen in concreto zu erteilen ist. Verlangt die Satzung die Zustimmung „der GmbH", kann die entsprechende Zuständigkeit einem bestimmten Gesellschaftsorgan zugewiesen werden. Enthält die Satzung hierzu keine Regelung, ist im Zweifel das individuelle

---

[986] Vgl. Art. 21 Ziff. 1 S. 2 i.V.m. Ziff. 1 S. 1 1. Alt. GmbHG.

[987] Vgl. Glušeckij, Perechod doli v ustavnom kapitale OOO, ĖiŽ 1998, Nr. 14, S. 21; ders., Pereustupka doli po soglasiju, ĖiŽ 1998, Nr. 15, S. 24; Golubkov, Perechod prav na dolju, ĖiŽ 1998, Nr. 29, S. 26; Sadovnikov, Novye položenija učreditel'nych dokumentov OOO, S. 11 (20); Zalesskij (Suchanov), Kommentarij k zakonu ob OOO, Art. 21 Rn. 2. A. A. Knaul, GmbH-Recht, S. 68 (allerdings unter unzutreffender Bezugnahme auf Glušeckij, Perechod doli v ustavnom kapitale OOO, a.a.O).

[988] Stellt man Ziff. 1 und Ziff. 2 Abs. 1 des Art. 93 ZGB gegenüber, so erhellt sich der Wille des ZGB-Gesetzgebers, die Übertragbarkeit von Geschäftsanteilen auf Mitgesellschafter von statutarischen Beschränkungen freizuhalten. Ebenso Sadikov (Avilov) II, Kommentarij k Graždanskomu kodeksu RF, Art. 93 Rn. 3.

Exekutivorgan, d.h. die Geschäftsführung, aufgrund ihrer sich aus Art. 40 Ziff. 3 Nr. 4) GmbHG ergebenden Auffangkompetenz zuständig. Regelungsbedarf besteht ferner in der Frage, ob die Erteilung bzw. Versagung der Zustimmung formbedürftig sein soll und ob die Zustimmung als empfangsbedürftige Willenserklärung sowohl gegenüber dem Zedenten als auch dem Zessionar oder vielmehr zwingend gegenüber einer dieser Personen zu erteilen ist. Nach der gesetzlichen Systematik kann davon ausgegangen werden, daß ein Zustimmungsvorbehalt zugunsten „der GmbH" das individuelle Exekutivorgan im Zweifel nicht verpflichtet, zuvor die Meinung der Gesellschafter einzuholen oder gar einen Beschluß der Gesellschafterversammlung herbeizuführen. Denn in den Alternativen des Art. 21 Ziff. 1, Ziff. 5 GmbHG kommt zum Ausdruck, daß die Gesellschafter nur dann eingebunden werden, wenn dies in der Satzung ausdrücklich vorgesehen ist.

Verlangt die Satzung die Zustimmung „der übrigen Gesellschafter", so ist dies nicht dahingehend auslegungsfähig, daß ein einstimmiger oder ein Mehrheitsbeschluß der Gesellschafterversammlung ausreichend ist. Vielmehr ist die schriftliche Zustimmung jedes einzelnen Gesellschafters erforderlich.[989] Die Zustimmung wird kraft Gesetzes fingiert, wenn innerhalb von dreißig Tagen oder einer anderen in der Satzung bestimmten Frist, nachdem der abtretungswillige die übrigen Gesellschafter von der beabsichtigten Transaktion in Kenntnis gesetzt hat,[990] bei diesem von keinem der Gesellschafter eine schriftliche Ablehnung der Zustimmungserteilung eingeht.[991] Das Gesetz bringt durch die Bezugnahme auf die Zustimmung der *übrigen* Gesellschafter zum Ausdruck, daß sich die Zustimmung des abtretungswilligen Gesellschafters in jedem Fall bereits aus den Umständen ergibt und er mit seinem Stimmrecht ausgeschlossen ist.

---

[989] Vgl. Art. 21 Ziff. 8 Abs. 1 GmbHG.

[990] Fraglich und bislang ungeklärt ist, ob der Lauf der Frist auch dann mit der Benachrichtigung der Gesellschafter beginnt, wenn der abtretungswillige Gesellschafter die nach Art. 21 Ziff. 4 Abs. 2 S. 1 GmbHG zwingend vorgeschriebene Benachrichtigung der Gesellschaft unterlassen hat. Entgegen der Auffassung *Glušeckijs* (Pereustupka doli po soglasiju, ĖiŽ 1998, Nr. 15, S. 24) ist aufgrund des eindeutigen Wortlauts des Art. 21 Ziff. 8 GmbHG nicht letztere, sondern ausschließlich die Benachrichtigung der Mitgesellschafter für den Fristbeginn maßgeblich.

[991] Augenfällig sind insoweit die Anleihen des russischen Gesetzgebers bei dem fakultativen Zustimmungsverfahren nach niederländischen GmbH-Recht; vgl. dazu Lutter, Die Entwicklung der GmbH in Europa und in der Welt, in: FS 100 Jahre GmbH-Gesetz, S. 49 (66).

ccc. Vorkaufsrechte

In beiden Rechtsformen räumt das Gesetz den Gesellschaftern durch die Satzung nicht abdingbare Vorkaufsrechte ein, wenn ein Gesellschafter beabsichtigt, Aktien bzw. Geschäftsanteile an außenstehende Dritte zu verkaufen.[992] Funktional unterscheidet sich das jeweilige Vorkaufsrecht darin, daß es in der gAG das einzige Vinkulierungsinstrument darstellt, während seine Entstehung in der GmbH voraussetzt, daß die Satzung keinen absoluten Ausschluß der Übertragbarkeit von Geschäftsanteilen auf Dritte enthält. Sowohl im Recht der gAG als auch im GmbH-Recht ist streitig, ob sich das Vorkaufsrecht ausschließlich auf Kaufverträge i.e.S. bezieht oder auch den Tausch von Aktien bzw. Geschäftsanteilen erfaßt. Nach Art. 7 Ziff. 3 Abs. 4 S. 1 AktG soll ein vorrangiges „Erwerbsrecht" an Aktien, die von anderen Aktionären verkauft werden, zum Preis des Angebots an den Dritten bestehen. Mit diesem Wortlaut stimmt Art. 21 Ziff. 4 Abs. 1 S. 1 GmbHG mit der geringfügigen Abweichung überein, daß hier von einem vorrangigen „Ankaufsrecht" die Rede ist. Aufgrund der in beiden Rechtsformen deutlich zum Ausdruck kommenden Beschränkung des Vorkaufsrechtes auf Fälle der entgeltlichen Übertragung von Geschäftsanteilen bzw. Aktien hat die höchstrichterliche Rechtsprechung für beide Rechtsformen betont, das Vorkaufsrecht greife nicht beim Abschluß unentgeltlicher Verträge ein.[993] Als unentgeltlich qualifiziert Art. 423 Ziff. 2 ZGB solche Verträge, nach denen sich eine Partei zur Erbringung einer Leistung verpflichtet, ohne von der anderen Partei ein Entgelt oder eine andere Gegenleistung zu erhalten. In Einklang mit dieser Spruchpraxis bezieht die herrschende Auffassung in der Literatur Tauschverträge in den Anwendungsbereich des Vorkaufsrechtes ein.[994] Sie stützt sich dabei auf eine direk-

---

992 Vgl. Art. 93 Ziff. 2 Abs. 2 S. 1 ZGB i.V.m. Art. 21 Ziff. 4 Abs. 1 S. 1 GmbHG bzw. Art. 97 Ziff. 2 Abs. 2 ZGB i.V.m. Art. 7 Ziff. 3 Abs. 4 S. 1 AktG.

993 Vgl. Ziff. 7 Nr. 5 der Leitentscheidung der Plenen des OG und des OWG Nr. 4/8 v. 02.04.1997, ĖiŽ 1997, Nr. 17, S. 16 sowie Ziff. 12 lit. b) Abs. 3 S. 1 der Leitentscheidung der Plenen des OG und des OWG Nr. 90/14 v. 09.12.1999, BVS RF 2000, Nr. 3, S. 1 (4).

994 S. Beljaev/Gorlov/Zacharov, OOO: pravovoe položenie, S. 143; Black/Kraakman/Tarassova, Russian Law on Joint Stock Companies, S. 128; Braginskij et al. (Suchanov), Kommentarij GK I, S. 151; Glušeckij et al., Novyj GK RF ob AO i inych juridičeskich licach, S. 67; Šapkina (dies.), Kommentarij k zakonu ob AO, Art. 7 Rn. 4 (S. 40); dies., Nekotorye voprosy primenenija zakona ob AO, Žurnal ross. prava 1997, Nr. 1, S. 102 (106), Zalesskij (Suchanov), Kommentarij k zakonu ob OOO, Art. 21 Rn. 3 a. E. Ausdrücklich offen gelassen bei Dolinskaja, Akcionernoe pravo, S. 197. A. A. Knaul, GmbH-Recht, S. 68 f. m.w.N.; Golubkov, Perechod prav na dolju, ĖiŽ 1998, Nr. 29, S. 26; Sadikov (Avilov) II, Kommentarij GK I, Art. 93 Rn. 3.

te[995] oder analoge[996] Anwendung des Art. 250 Ziff. 5 ZGB, wo hinsichtlich des Bruchteilseigentums bestimmt ist, daß Vorkaufsrechte der Miteigentümer auch dann entstehen, wenn ein Anteil aufgrund Tauschvertrages an Dritte veräußert wird, sowie auf Art. 567 Ziff. 2 S. 1 ZGB, wonach auf den Tauschvertrag Kaufrecht zur Anwendung kommt, soweit in den Artt. 567 ff. ZGB nichts anderes bestimmt ist und das Wesen des Tauschvertrages nicht entgegensteht. Ersteres Argument kann im Recht der personalistischen Kapitalgesellschaft jedoch nicht durchgreifen. Eine direkte Anwendung des Art. 250 Ziff. 5 ZGB muß bereits aus dem einfachen Grund ausscheiden, daß das Gesellschaftsvermögen nicht im Bruchteilseigentum der Gesellschafter, sondern im Eigentum der juristischen Person steht. Eine analoge Anwendung scheitert am Fehlen einer planwidrigen Regelungslücke im Aktien- und GmbH-Recht; der Wortlaut der einschlägigen Bestimmungen legt es gerade nahe, Tauschverträge nicht in den Anwendungsbereich des Vorkaufsrechtes einzubeziehen. Der Rechtsprechung und herrschenden Lehre ist dennoch unter Berücksichtigung von Sinn und Zweck der gesetzlichen Vinkulierung sowie dem Gewicht der Verweisungsnorm des Art. 567 Ziff. 2 S. 1 ZGB zu folgen. Andernfalls könnte das Vorkaufsrecht mühelos durch den Tausch von Geschäftsanteilen bzw. Aktien gegen eine nicht auf Geld lautende, wirtschaftlich bedeutungslose oder geringwertige Gegenleistung zuzüglich eines Aufgeldes nach Art. 568 Ziff. 2 ZGB umgangen werden, was einem Kaufvertrag wirtschaftlich, nicht aber rechtlich gleichkäme und deshalb das Vorkaufsrecht nicht auslösen würde.

Das Vorkaufsrecht von GmbH-Gesellschaftern entsteht nach dem klaren Wortlaut des Gesetzes nicht in Fällen von Transaktionen zwischen Gesellschaftern, sondern nur beim Verkauf - bzw. Tausch - eines Geschäftsanteils an Dritte. Im Recht der gAG begegnet die Herausnahme von Binnentransaktionen aus dem Anwendungsbereich des Vorkaufsrechtes vor der jüngsten Novelle des AktG insoweit Bedenken, als Art. 7 Ziff. 3 Abs. 4 S. 1 AktG a.F. das Vorkaufsrecht nicht auf den Verkauf von Aktien an Dritte beschränkte, sondern lediglich davon sprach, daß das Vorkaufsrecht an Aktien, die von anderen Aktionären verkauft werden, zum Preis des Angebotes an die „andere Person" auszuüben war.[997] Obwohl man als „andere Person" auch einen

[995] Dafür Arzinger/Galander, Russisches Wirtschaftsrecht, S. 64.

[996] Vgl. Fn. 987 sowie Braginskij et al. (Suchanov), Kommentarij GK I, S. 152.

[997] Vgl. Šapkina (dies.), Kommentarij k zakonu ob AO, Art. 7 Rn. 4 (S. 39 f.).

Mitaktionär behandeln konnte, wurden reine Binnentransaktionen nach hier vertretener Auffassung bereits nach Altrecht nicht durch das Vorkaufsrecht in der gAG erfaßt. Ein rechtsformspezifischer sachlicher Grund für eine verschiedene Reichweite der Vorkaufsrechte von GmbH-Gesellschaftern und gAG-Aktionären war nicht ersichtlich. Zudem erschien die sprachliche Abweichung zwischen den Einzelgesetzen eher zufällig. Aufgrund der eindeutigen Fassung des GmbHG konnte angenommen werden, daß bereits der Gesetzgeber des AktG a.F. ausschließlich Transaktionen zwischen Aktionären und Dritten dem Vorkaufsrecht unterwerfen wollte.[998] Dies hat sich mit der Novelle bestätigt. Zum 01. Januar 2002 hat der Reformgesetzgeber den Begriff „andere Person" durch „dritte Person" ersetzt.

Das Vorkaufsrecht kann ferner in beiden Rechtsformen durch die Satzung zweistufig ausgestaltet werden.[999] Dadurch wird die Gesellschaft selbst berechtigt, die angebotenen Geschäftsanteile bzw. Aktien zu übernehmen, sofern die Gesellschafter nicht von ihrem Vorkaufsrecht Gebrauch machen. Zweifelhaft ist, ob die Entstehung des subsidiären Vorkaufsrechts der Gesellschaft voraussetzt, daß keiner der Gesellschafter sein Vorkaufsrecht ausgeübt hat.[1000] Dies dürfte jedenfalls für die GmbH in Hinblick auf Art. 21 Ziff. 4 Abs. 2 S. 2 GmbHG zu verneinen sein, wonach der angebotene Anteil erst und nur dann an den Dritten verkauft werden darf, wenn die „Gesellschafter und/oder die Gesellschaft" das Vorkaufsrecht nicht hinsichtlich des „gesamten Anteils" fristgemäß ausüben. Die Gesellschaft kann auf das Angebot somit auch hinsichtlich eines Restanteils einsteigen, der nach Ausübung des Vorkaufsrechts durch einzelne Gesellschafter verbleibt. Im Umkehrschluß aus der genannten Bestimmung dürfte dem Verkauf des gesamten Anteils an einen Dritten in solchen GmbH, deren Satzung kein Vorkaufsrecht zugunsten der Gesellschaft vorsieht, entgegen einer verbreiteten Auffassung[1001] nicht bereits eine Ausübung des jeweils proportionalen Vorkaufsrechtes durch einzelne Gesellschafter entgegenste-

[998] Mit der hier vertretenen Auffassung i.E. übereinstimmend Glušeckij, Prodavat` akcii v zakrytych AO stalo prošče, ĖiŽ 1995, Nr. 37, S. 8; Mundry, Kaufvertrag in Rußland, S. 66; Lechtinen, Zakrytoe AO, ChiP 1998, Nr. 5, S. 48 (50) m.w.N.; Šapkina (dies.), Kommentarij k zakonu ob AO, Art. 7 Rn. 4 Ziff. 4).

[999] Vgl. Artt. 7 Ziff. 3 Abs. 4 S. 2 AktG, 21 Ziff. 4 Abs. 1 S. 2 GmbHG.

[1000] Unklar insoweit Ziff. 12 lit. v) der Leitentscheidung der Plenen des OG und des OWG Nr. 90/14 v. 09.12.1999, BVS RF 2000, Nr. 3, S. 1 (4).

[1001] Vgl. Glušeckij, Perechod doli v ustavnom kapitale OOO, ĖiŽ 1998, Nr. 14, S. 21.

hen, sondern nur dessen Ausübung durch sämtliche Gesellschafter.[1002] Aus der Sicht des veräußerungswilligen Gesellschafters wird die Übertragung an den Dritten nur dadurch gehindert, daß der angebotene Anteil vollständig durch die Mitgesellschafter und/oder die Gesellschaft abgenommen wird. Der veräußerungswillige Gesellschafter braucht sich also nicht darauf verweisen zu lassen, den Anteil zum Teil an Mitgesellschafter und zum Teil an den Dritten zu veräußern. Im Recht der gAG bot das Gesetz bislang keine Lösung zu diesen Fragen an,[1003] weshalb hierzu detaillierte Regelungen in die Satzung aufzunehmen waren. Zum 01.01.2002 hat der Reformgesetzgeber die diesbezüglichen Grundsätze des GmbH-rechtlichen Vorkaufsrechtes in das AktG übernommen.[1004]

Von den geschilderten Gemeinsamkeiten abgesehen, stellt das GmbH-Recht gegenüber dem Recht der gAG eine in Bezug auf die Gewichtung der Vorkaufsberechtigung einzelner Gesellschafter als auch hinsichtlich des Ausübungsverfahrens wesentlich flexiblere Regelung zur Verfügung. Im GmbH-Recht bestimmt sich das Vorkaufsrecht grundsätzlich nach dem Verhältnis der Geschäftsanteile, kann aber durch die Satzung[1005] oder - bemerkenswerterweise - durch Vereinbarung zwischen den Gesellschaftern anders gewichtet werden.[1006] Dies ermöglicht eine von den gegebenen Beteiligungsverhältnissen unabhängige Konzentration der Vorerwerbsberechtigung in der Person einzelner Gesellschafter, die gegebenenfalls ad hoc vereinbart werden kann, nachdem ein Gesellschafter seinen Geschäftsanteil den Mitgesellschaftern angeboten hat. Eine solche abstrakte Gewichtung des Vorkaufsrechtes ist

---

[1002] Gleichgestellt ist diesbezüglich die Übernahme des angebotenen Anteils durch einzelne Gesellschafter, die kraft Satzung oder aufgrund Vereinbarung zwischen den Gesellschaftern allein vorerwerbsberechtigt sind.

[1003] Allenfalls konnte aus Ziff. 7 Nr. 3) S. 2 der Leitentscheidung der Plenen des OG und des OWG Nr. 4/8 v. 02.04.1997, ĖiŽ 1997, Nr. 17, S. 16, eine Parallele zum GmbH-Recht konstruiert werden. Danach sollte ein ausscheidungswilliger Aktionär zum Verkauf seiner Aktien an einen Dritten berechtigt sein, wenn der Preis, zu dem sich die Mitaktionäre zum Erwerb der Aktien bereiterklärten, niedriger war als der Preis des Angebotes an den Dritten. Damit war zunächst nur klargestellt, daß die vorerwerbsberechtigten Aktionäre das angebotene Paket nicht unter dem angebotenen Preis übernehmen konnten. Unklar blieb aber, ob die angebotenen Aktien auch dann frei veräußerbar sein sollten, wenn das - proportionale - Vorkaufsrecht nicht von sämtlichen Aktionären ausgeübt wurde.

[1004] Vgl. Art. 7 Ziff. 3 Abs. 6 S. 1 AktG.

[1005] Die Aufnahme, Änderung und Aufhebung entsprechender Klauseln erfordert einen einstimmigen Beschluß der Gesellschafterversammlung, Art. 21 Ziff. 4 Abs. 3 GmbHG.

[1006] Vgl. Art. 21 Ziff. 4 Abs. 1 S. 1 2. Hs. GmbHG. Zu möglichen Gestaltungsvarianten vgl. Glušeckij, Perechod doli v ustavnom kapitale OOO, ĖiŽ 1998, Nr. 14, S. 21.

m.E. im Recht der gAG nicht eröffnet, obwohl das Verfahren der Ausübung des Vorkaufsrechtes durch Art. 7 Ziff. 3 Abs. 4 S. 1 AktG gleichlautend dem Bereich der Satzungsautonomie zugewiesen ist. Dem steht das Verbot einer asymmetrischen Begünstigung bestimmter Stammaktionäre ipso iure entgegen.[1007] Erhöhte Vorkaufsrechte können statutarisch auch nicht für bestimmte Vorzugsaktientypen festgeschrieben werden. Denn die Rechtsposition von Vorzugsaktionären unterliegt zwar der Definition durch die Satzung, ist aber in jedem Fall auf den in Art. 32 AktG angesprochenen Fragenkreis beschränkt.[1008] Somit reduziert sich die Bedeutung des Satzungsvorbehaltes im Recht der gAG auch nach der jüngsten Novelle auf die Ausgestaltung des Verfahrens.

Das Flexibilitätsgefälle zwischen GmbH und gAG zeigt sich weiterhin an den Ausübungsfristen. Im GmbH-Recht greift die gesetzliche Ausübungsfrist von einem Monat ab Benachrichtigung der Gesellschaft und der Gesellschafter von der Transaktionsabsicht nur ein, soweit in der Satzung keine - kürzere oder längere - Frist bestimmt ist und, falls eine statutarische Fristbestimmung fehlt, die Gesellschafter keine Fristbestimmung im Wege der Parteivereinbarung getroffen haben.[1009] Letzteres ist sogar noch nach Eingang der das Angebot enthaltenden Benachrichtigung möglich, so daß im Einzelfall eine unerwünschte Transaktion mit Dritten durch Vereinbarung einer Ausübungsfrist vereitelt werden kann, deren Dauer das wirtschaftliche Interesse an der Transaktion auf Seiten des Kaufinteressenten wegen Zeitablaufes entfallen läßt. Wo hier die Grenzen des Rechtsmißbrauches zu ziehen sind, bedarf der zukünftigen Klärung durch Literatur und Rechtsprechung. Demgegenüber hat sich die Ausübung des Vorkaufsrechts im Recht der gAG in einem Korridor von zwei Monaten ab Unterbreitung des Kaufangebotes an die Mitaktionäre zu bewegen.[1010] In der Satzung kann die Ausübungsfrist bis auf zehn Tage nach Erhalt des Kaufangebotes verkürzt, aber nicht verlängert werden.[1011] Eine Fristbestimmung durch Parteivereinbarung zwischen den vorkaufsberechtigten Aktionären ist unzulässig.

1007 Vgl. Art. 31 Ziff. 1 AktG.

1008 Vgl. Šapkina (Braginskij), Kommentarij k zakonu ob AO, Art. 32 Rn. 10.

1009 Vgl. Art. 21 Ziff. 4 Abs. 2 S. 2 GmbHG.

1010 Vgl. Art. 7 Ziff. 3 Abs. 6 S. 1 AktG.

1011 Vgl. Art. 7 Ziff. 3 Abs. 6 S. 1 u. 2 AktG.

Werden Aktien bzw. Geschäftsanteile unter Verstoß gegen das Vorkaufsrecht entgeltlich auf Dritte übertragen,[1012] ist der Erwerb gleichwohl wirksam. Jeder vorkaufsberechtigte Gesellschafter bleibt darauf beschränkt, innerhalb von drei Monaten, nachdem er oder die Gesellschaft von dem Rechtsverstoß erfahren hat oder hätte erfahren müssen, Klage gegen den Erwerber mit dem Antrag zu erheben, die Rechte und Pflichten des Käufers aus den übertragenen Aktien bzw. Geschäftsanteilen auf sich zu übertragen.[1013] Gleiches gilt für die Gesellschaft, sofern sie vorkaufsberechtigt ist. In der gAG wird dem Erwerber darüber hinaus regelmäßig unzulässigerweise, aber de facto die konstitutive Eintragung in das Aktionärsregister verweigert werden. Dagegen hat eine GmbH keine Möglichkeit, den Zugang der Anmeldung einer vorkaufsrechtswidrigen Transaktion als einseitiger Willenserklärung zu vereiteln oder die Anmeldung zu ignorieren.

Es bleibt festzustellen, daß die gesetzlichen Vorkaufsrechte weder in der GmbH noch in der gAG einen verläßlichen Überfremdungsschutz gewährleisten. Soweit die Geschlossenheit des Mitgliederkreises, der Schutz der Gesellschafter vor der Entstehung ungewollter Mehrheitsverhältnisse oder der Eingliederung in einen Konzern die im Einzelfall bei der Entscheidung über die Wahl der Rechtsform ausschlaggebenden Aspekte darstellen, sollte der GmbH der Vorzug eingeräumt werden, da das GmbH-Recht in Gestalt der oben dargestellten Vinkulierungsmöglichkeiten insoweit weitere Absicherungsinstrumente anbietet.

bb. Beschränkungen bei Gesamtrechtsnachfolge

Der Geschäftsanteil eines verstorbenen Gesellschafters einer GmbH geht mit dessen Tode ohne weiteres und mit allen Rechten und Pflichten einschließlich derjenigen auf Leistung rückständiger Einlagen mit Ausnahme von Sonderrechten und -pflichten auf den oder die Erben unabhängig davon über, ob es sich um gesetzliche oder gewillkürte Erbfolge handelt.[1014] Gleiches gilt für den Anteilsübergang auf den

[1012] In Betracht kommt insbesondere ein Verkauf an den Dritten unter demjenigen Preis, den der ausscheidende Gesellschafter den vorkaufsberechtigten Personen mitgeteilt hat, eine unterlassene Benachrichtigung von der beabsichtigten Transaktion sowie die Abwicklung der Transaktion vor Ablauf der Frist zur Ausübung des Vorkaufsrechtes.

[1013] Vgl. Artt. 21 Ziff. 4 Abs. 4 GmbHG, 7 Ziff. 3 Abs. 7 AktG.

[1014] Vgl. Art. 21 Ziff. 7 Abs. 1 GmbHG.

oder die Rechtsnachfolger einer an einer GmbH beteiligten juristischen Person. Bei Auflösung einer solchen juristischen Person wird ein nach der Abwicklung mit den Gläubigern eventuell verbleibender Restanteil an der GmbH unter den Gesellschaftern der juristischen Person i. L. geteilt.[1015]

Dieser Grundsatz erfährt eine Einschränkung durch die Möglichkeit, in der Satzung den Übergang von Geschäftsanteilen auf Erben oder Rechtsnachfolger sowie die Teilung von Geschäftsanteilen unter den Gesellschaftern einer an der GmbH beteiligten, aufgelösten juristischen Person von der Zustimmung der übrigen Gesellschafter abhängig zu machen.[1016]

Im Recht der gAG finden sich keine Bestimmungen, die den Übergang von Aktien im Wege der Gesamtrechtsnachfolge betreffen. Da sich das AktG zu diesem Themenkomplex ausschweigt, ist es zulässig, nach Art. 11 Ziff. 3 S. 3 AktG eine dem GmbH-Recht entsprechende Regelung in die Satzung aufzunehmen.[1017]

[1015] Vgl. Art. 21 Ziff. 7 Abs. 2 GmbHG.

[1016] Vgl. Art. 21 Ziff. 7 Abs. 3 GmbHG. Zur Zustimmungsfiktion bei Fristablauf s. o. S. 199.

[1017] Ungeklärt ist bislang, ob in der gAG darüberhinaus weitergehende Beschränkungen wie etwa ein absoluter Ausschluß der Nachfolge von Todes wegen zulässig ist.

d. Bestellung von Pfandrechten an Geschäftsanteilen und Aktien

Im GmbH-Recht stellt sich das Recht des Gesellschafters, Mitgesellschaftern ein Pfandrecht an seinem Geschäftsanteil zu bestellen, als Ausfluß des mitgliedschaftlichen Verfügungsrechtes über den Geschäftsanteil i.S.d. Art. 8 Ziff. 1 GmbHG dar[1018] und kann statutarisch nicht abbedungen werden.[1019] Dagegen kann eine Pfandrechtsbestellung zugunsten gesellschaftsfremder persönlicher Gläubiger eines Gesellschafters gemäß Art. 22 S. 1 GmbHG in der Satzung ausgeschlossen werden. Die verbotswidrige Bestellung von Pfandrechten für Dritte ist daher gemäß Art. 168 ZGB nichtig. Soweit die Bestellung von Pfandrechten für Dritte nach der Satzung zulässig ist, hängt die Wirksamkeit des dinglichen Verpfändungsvertrages i.S.d. Artt. 339, 341 Ziff. 1 ZGB von der Genehmigung durch die Gesellschaft ab.[1020] Diese Regelung ist im Interesse der Geschlossenheit des Mitgliederkreises zu begrüßen. Sie ermöglicht es der Gesellschaft, die Entstehung von Pfandrechten an Geschäftsanteilen absolut auszuschließen oder zu verhindern, daß unerwünschten Pfandgläubigern durch eine gerichtliche Entscheidung[1021] der Zugriff auf den Geschäftsanteil und damit ein Einrücken in die Gesellschafterstellung eröffnet wird.

Fraglich ist, ob dieses Instrument auch im Recht der gAG zur Verfügung steht. Spezielle Regelungen zur Bestellung von Pfandrechten an Aktien einer gAG enthalten weder das AktG noch das WPMG, so daß an diesen im Grundsatz nach Art. 336 Ziff. 1 ZGB Pfandrechte bestellt werden können. Statutarische Beschränkungen der Verpfändbarkeit an Nichtmitglieder der gAG dürften unter dem Aspekt unzulässig sein, daß im Recht der gAG nach herrschender Auffassung keine die gesetzlichen Vorkaufsrechte der Mitaktionäre erweiternden Übertragungsbeschränkungen zulässig sind. Zwar handelt es sich bei einem statutarischen Verbot der Belastung von

---

[1018] Vgl. Zalesskij (Braginskij), Kommentarij k zakonu ob OOO, Art. 22 Rn. 4.

[1019] Vgl. Mogilevskij, OOO, S. 80; Zalesskij (Braginskij), Kommentarij k zakonu ob OOO, Art. 22 Rn. 9.

[1020] Die Zustimungserteilung stellt sich als aufschiebende Bedingung i.S.d. Art. 157 Ziff. 1 ZGB dar und kann nicht abbedungen werden. Erforderlich ist ein mit absoluter Mehrheit aller Stimmen gefaßter Gesellschafterbeschluß; Art. 22 S. 2 GmbHG.

[1021] Die Verwertung eines verpfändeten Geschäftsanteiles ist nach Eintritt der Pfandreife nicht durch freihändigen Verkauf zulässig, sondern setzt zwingend voraus, daß der Pfandgläubiger eine gerichtliche Entscheidung erwirkt. Dies ergibt sich sowohl aus allgemeinen Grundsätzen (vgl. Art. 349 Ziff. 1 u. Ziff. 3 Nr. 1) ZGB i.V.m. Art. 22 S. 1 GmbHG) als auch aus Art. 25 GmbHG, der jedenfalls subsidiär anwendbar sein dürfte.

Aktien mit Pfandrechten nicht um eine Übertragungsbeschränkung i.e.S.; es hindert i. E. aber gleichfalls den Übergang des Eigentums an der Aktie auf Dritte und ist daher wie eine Vinkulierungsklausel zu behandeln. Auch hier verdeutlicht sich, daß die gAG keinen geeigneten Rechtsträger darstellt, soweit es entscheidend auf die Abschottung des Unternehmens gegen ein Eindringen Dritter ankommt.

3. Liquidationsanteil am Restvermögen

Mitgliedschaftliches Vermögensrecht ist schließlich der aus Artt. 58 Ziff. 1 GmbHG, 23 Ziff. 1 AktG fließende Anspruch jeden Gesellschafters auf Auszahlung seines Anteils an dem nach Abschluß des Liquidationsverfahrens noch vorhandenen Restvermögen der Gesellschaft. Wesentliche Rechtsformunterschiede bestehen insoweit nicht. Die gesetzlichen Vorschriften zur Geschäftsführung und Vertretung durch die Liquidationskommission, Ansammlung eines liquiden Abwicklungsvermögens, Bilanzierung während der Liquidation sowie hinsichtlich der vor der Verteilung des Restvermögens an die Gesellschafter eingreifenden Mechanismen der Gläubigersicherung sind in einer GmbH i.L. und einer gAG i.L. identisch.[1022] Der Verteilungsschlüssel ist für beide Rechtsformen gesetzlich festgelegt und kann statutarisch nicht modifiziert werden.

Aus dem Restvermögen einer GmbH sind zunächst Ansprüche auf verteilten, d.h. bereits beschlossenen, aber nicht ausgeschütteten Gewinn zu befriedigen. Für die Verteilung des danach verbleibenden Vermögens ist das Verhältnis der Nennbeträge der Geschäftsanteile maßgebend. Aus dem Restvermögen einer gAG sind zunächst Zahlungen auf Aktien glattzustellen, die nach Art. 75 AktG durch die Gesellschaft aufgekauft werden müssen. Danach sind beschlossene Dividenden und der durch die Satzung festgelegte Liquidationswert auf Vorzugsaktien auszuzahlen. Leistungen auf Stammaktien erfolgen erst drittrangig.

[1022] Allein aus dem Umstand, daß das GmbHG keine Art. 22 AktG entsprechende Norm enthält, kann nicht gefolgert werden, das Liquidationsverfahren sei im GmbH-Recht einer statutarischer Regelung zugänglich. Ebensowenig kommt es auf die Frage an, ob Art. 22 AktG im GmbH-Recht analog anzuwenden ist (dafür Zalesskij [ders.], Kommentarij k zakonu ob OOO, Art. 57 Rn. 5). Denn das Liquidationsverfahren ist in Art. 63 f. ZGB gesetzlich einheitlich für alle juristischen Personen geregelt.

C. Die Beendigung der Mitgliedschaft

I. Das Austrittsrecht des GmbH-Gesellschafters

Der augenfälligste Unterschied zwischen der Mitgliedschaft in der gAG und der GmbH besteht in den weiterreichenden Lösungsmöglichkeiten des GmbH-Gesellschafters. Dieser kann die Mitgliedschaft nicht nur im Wege der Übertragung seines Anteils beenden, sondern ist berechtigt, unabhängig von der Zustimmung der Mitgesellschafter oder der Gesellschaft zu jeder Zeit aus der GmbH auszutreten.[1023] Damit statuiert das Gesetz ein imperatives,[1024] vom Vorliegen eines wichtigen Grundes unabhängiges und mithin ordentliches Austrittsrecht. Es zählt zu den umstrittensten Rechtsinstituten des gesamten Gesellschaftsrechtes und muß in seinen Implikationen für die Stabilität der GmbH bei der Entscheidung über die Rechtsformwahl eingehend berücksichtigt werden.

1. Entstehungsgeschichte des Art. 26 GmbHG

Im internationalen Kontext stellt das ordentliche Austrittsrecht aus russischen Gesellschaften mbH insofern ein singuläres Phänomen dar, als eine einseitige Austrittskündigung ohne wichtigen Grund mit Ausnahme Bulgariens[1025] in keiner weite-

---

[1023] Vgl. Art. 94 S. 1 ZGB i.V.m. Artt. 26 Ziff. 1, 8 Ziff. 1 Abs. 6 GmbHG. Vollkommen verkannt wird dieser wesentliche Rechtsformunterschied von *Solov'eva* (in: Tichomirov, Kommentarij k zakonu ob OOO, Art. 26 Rn. 1), die meint, das Austrittsrecht nähere die Stellung des Gesellschafters hinsichtlich der Freiheit zu jederzeitigem Ausscheiden aus der Gesellschaft derjenigen eines Aktionärs an.

[1024] Ziff. 27 der Leitentscheidung der Plenen des OG und des OWG Nr. 6/8 v. 01.07.1996, BVS RF 1996, Nr. 9, S. 1 (6). Danach sind statutarische Bestimmungen, die das Austrittsrecht ausschließen oder einschränken, nichtig. Seit Inkrafttreten des GmbHG gilt dies insbesondere für jede Modifizierung der gesetzlichen Abfindungsregeln. Als einzige gesetzliche Ausnahme von diesem Grundsatz ist Art. 12 Ziff. 10 BankG zu beachten, wonach die Gründer von Kreditinstituten im Verlauf der ersten drei Jahre nach Registrierung der Bank nicht das Recht haben, als Teilhaber der Bank auszutreten. Dadurch sind als GmbH verfaßte Banken in den ersten drei Jahren ihres Bestehens gegen die Entstehung von Abfindungsansprüchen gefeit. Darüber hinaus legt der Wortlaut nahe, daß nicht nur das Austrittsrecht von GmbH-Gesellschaftern ausgeschlossen sein soll, sondern jede Beendigung der Mitgliedschaft, d.h. auch eine Veräußerung der Beteiligung, unabhängig von der Rechtsform, vor Ablauf der Dreijahresfrist verboten ist. Vgl. dazu auch Kravcova, Specifika ustavnogo kapitala banka, GiP 1999, Nr. 11, S. 51 (57).

[1025] Vgl. Art. 125 Abs. 2 des Handelsgesetzes v. 16.05.1991, Dŭržaven vestnik 48/1991, zuletzt geändert durch Gesetz v. 30.12.1999, Dŭržaven vestnik 114/1999. Nach kroatischem Recht *kann* im Gesellschaftsvertrag bestimmt werden, daß ein Mitglied aus der Gesellschaft austreten kann; vgl.

ren europäischen GmbH-Rechtsordnung normiert ist.[1026] Dies gilt auch in Rechtsordnungen, welche die GmbH eher als verselbständigte Personengesellschaft denn als Unterfall der Aktiengesellschaft betrachten. Demgegenüber war die erstmalige Rezeption der GmbH in Rußland bzw. der Sowjetunion durch die AGGmbHO von 1990 insofern durch eine Modifikation gegenüber den Auslandsrechten begleitet, als sie mit einem ordentlichen Austrittsrecht aus Gesellschaften mbH verbunden wurde, weshalb die Mitgliedschaft in der GmbH von Beginn an keineswegs mit einer gegenüber dem Personengesellschaftsrecht stärkeren Bindung der Gesellschafter an die Gesellschaft verbunden war. Allerdings bestehen starke Zweifel, ob die Aufnahme eines ordentlichen Austrittsrechtes in das GmbH-Recht tatsächlich einer bewußten Entscheidung des historischen Verordnungsgebers gegen ein Festhalten des Gesellschafters auf unbegrenzte Dauer und gegen seinen Willen an einer einmal getroffenen Beitrittsentscheidung zuzuschreiben war oder schlicht auf einem regelungstechnischen Verweisungsfehler beruhte.[1027] Der ZGB-Gesetzgeber von 1994 hat diesen russischen Sonderweg fortgesetzt[1028] und mit Art. 94 ZGB dem späteren Gesetzgeber des GmbHG eine grundlegende Korrekturmöglichkeit verschlossen. Letzterer ließ sich offenbar ohnehin auch durch den Umstand, daß auch das während des Gesetzgebungsverfahrens bereits vorliegende und ihm zur Anwendung empfohlene GmbHG (GUS) die Lösungsmöglichkeiten des Gesellschafters ausdrücklich auf die Veräußerung des Geschäftsanteils beschränkte,[1029] nicht zu einem Umdenken bewegen. Die grundsätzliche Problematik des freien einseitigen Ausscheidens von Gesellschaftern im Spannungsfeld zwischen dem notwendigen Schutz der Stabilität der GmbH und dem Desinvestitionsinteresse des einzelnen scheint im Gesetzgebungsverfahren nicht thematisiert oder zumindest einseitig zugunsten des Desinvestitionsinteresses des ausscheidungswilligen Gesellschafters

---

Art. 420 des Gesetzes über Handelsgesellschaften v. 23.11.1993, Narodne Novine Nr. 111/93, 34/99.

[1026] Vgl. den Überblick über die Auslandsrechte bei Scholz (Westermann), GmbHG-D, Einleitung S. 166 ff.; Suchanov, Zakon ob OOO, ChiP 1998, Nr. 5, S. 38 (47); Zalesskij (Avilov), Kommentarij k zakonu ob OOO, Art. 26 Rn. 2.

[1027] S.o. S. 49 ff.

[1028] Mit der hier vertretenen Auffassung weist *Avilov* (in: Zalesskij, Kommentarij k zakonu ob OOO, Art. 26 Rn. 2) darauf hin, der Gesetzgeber habe das Austrittsrecht „aus der Gesetzgebung der sowjetischen Periode" übernommen. Auf die historische Parallele nimmt auch *Glušeckij* (Vychod učastnika iz OOO, ĖiŽ 1995, Nr. 47, S. 38) Bezug.

[1029] Vgl. Art. 10 Nr. 5) GmbHG (GUS); s. dazu o. S. 79 ff.

interpretiert worden zu sein. Anders ist kaum nachzuvollziehen, daß mit der in Kraft getretenen Fassung des Art. 26 GmbHG nicht nur die durch Art. 94 ZGB eröffneten privatautonomen Spielräume hinsichtlich der Abfindung geschlossen, sondern weitere Details des Austrittsrechtes im Vergleich zur Fassung des Gesetzesentwurfes nach erster Lesung zusätzlich verschärft wurden. So sollte nach der Entwurfsfassung die Austrittsberechtigung erst mit vollständiger Erbringung der Stammeinlage entstehen, während nach geltendem Recht ein Austritt bereits vor diesem Zeitpunkt möglich und die Höhe der auf die Stammeinlage erbrachten Leistungen lediglich für die Berechnung des Abfindungsanspruches von Bedeutung ist. Auch die Wirkung der Austrittserklärung wurde restriktiver ausgestaltet, indem diese zunächst bis zur Entscheidung der Gesellschafterversammlung über die aufgrund des Ausscheidens notwendig werdenden Satzungsänderungen frei widerruflich sein sollte, nunmehr aber nach Zugang bei der Gesellschaft nicht mehr einseitig widerrufen, sondern nur gerichtlich angefochten werden kann.[1030]

2. Rechtsfolgen der Austrittserklärung

Die Erklärung des Austrittes ist eine einseitige empfangsbedürftige Willenserklärung gegenüber der Gesellschaft.

a. Übergang des Geschäftsanteils

Mit ihrer Abgabe geht der Geschäftsanteil des Erklärenden kraft Gesetzes auf die Gesellschaft über.[1031] Die Rechtsprechung hat klargestellt, daß die Austrittserklärung der Schriftform bedarf.[1032] Sobald der Gesellschafter eine wirksame Austrittserklärung abgegeben hat, scheidet er aus der Gesellschaft aus und geht sämtlicher Mitgliedschaftsrechte verlustig. Dies ist insbesondere bei Streitigkeiten über die Höhe

---

[1030] Vgl. Ziff. 16 lit. b) Abs. 3 der Leitentscheidung der Plenen des OG und des OWG Nr. 90/14 v. 09.12.1999, BVS RF 2000, Nr. 3, S. 1 (6).

[1031] Vgl. Art. 26 Ziff. 2 S. 1 GmbHG.

[1032] Vgl. Ziff. 16 lit. b) Abs. 1 S. 2 der Leitentscheidung der Plenen des OG und des OWG Nr. 90/14 v. 09.12.1999, BVS 2000, Nr. 3, S. 1 (6) i.V.m. Art. 160 ZGB. Die Nichtbeachtung der Schriftform führt nicht zur Nichtigkeit des Austrittes, soweit die Satzung nichts anderes bestimmt; vgl. Art. 162 ZGB. Der Zeitpunkt der „Abgabe" der Austrittserklärung bestimmt sich nach den in Ziff. 16 lit. b) Abs. 2 der Leitentscheidung (a.a.O.) genannten Kriterien.

des Abfindungsanspruches von Interesse, da der ausgeschiedene Gesellschafter die Bezifferung des tatsächlichen Wertes seines Anteils durch die Gesellschaft nicht mehr im Wege der Geltendmachung mitgliedschaftlicher Informations- und Einsichtsrechte kontrollieren kann. Im Abfindungsprozeß ist er daher auf eine Beweislastumkehr angewiesen, soweit er einen höheren tatsächlichen Wert behauptet.[1033]

Mit dem Verlust der Mitgliedschaft kann der ausgeschiedene Gesellschafter auch nicht mehr aus mitgliedschaftlichen Pflichten in Anspruch genommen werden. Hinzuweisen ist in diesem Zusammenhang insbesondere darauf, daß die vollständige Leistung der durch den ausscheidungswilligen Gesellschafter übernommenen Stammeinlage nicht als aufschiebende Bedingung für die Ausübung des Austrittsrechtes bzw. die Wirksamkeit der entsprechenden Erklärung qualifiziert werden kann. Die Austrittsberechtigung greift auch dann ein, wenn der Gesellschafter noch überhaupt keine oder Teilleistungen auf das Satzungskapital erbracht hat,[1034] was lediglich mit der Nichtentstehung bzw. entsprechenden Reduzierung des Abfindungsanspruches korrespondiert. Soweit *Petnikova* unter Berufung auf Art. 26 Ziff. 4 GmbHG eine Nachhaftung des ausgeschiedenen Gesellschafters für die Erbringung der Stammeinlage bejaht,[1035] ist dem nicht zu folgen. Der Gesetzgeber hat Nachhaftungsansprüche der Gesellschaft gegen den ausgeschiedenen Gesellschafter positiv in Art. 26 Ziff. 4 GmbHG normiert. Danach bleibt letzterer aus vor Abgabe der Austrittserklärung entstandenen Verpflichtungen zur Erbringung von Nachschüssen verpflichtet. Der Wortlaut der Norm erfaßt unmißverständlich ausschließlich Nachschüsse (russ.: vklady v imuščestvo obščestva)[1036] i.S.d. Art. 27 GmbHG, weshalb eine extensive Auslegung zugunsten der Einbeziehung von Stammeinlagen (russ.: vklady v ustavnyj kapital obščestva)[1037] unzulässig ist. Gegen eine Nachhaftung für

---

[1033] Zur Bedeutung des Problems in praxi vgl. Mogilevskij, OOO, S. 73. Der in Ziff. 16 lit. v) Abs. 3 der Leitentscheidung der Plenen des OG und des OWG Nr. 90/14 v. 09.12.1999 (BVS RF 2000, Nr. 3, S. 1 [6]) gegebene Hinweis auf die Möglichkeiten der Zivil- und Wirtschaftsprozeßordnungen, insbesondere die Beibringung eines Gegengutachtens durch den klagenden ausgeschiedenen Gesellschafter, führt hier nicht weiter, weil nicht klargestellt wird, auf welchem Wege die für die Erstellung des Bewertungsgutachtens erforderliche Informationsgrundlage beschafft werden kann.

[1034] Arg. e Art. 26 Ziff. 2 S. 2 2. Hs. GmbHG.

[1035] Vgl. dies., Osobennosti vychoda učastnika iz OOO, Pravo i Ékonomika 2000, Nr. 2, S. 11 (13).

[1036] Wörtlich: „Einlagen in das Gesellschaftsvermögen".

[1037] Wörtlich: „Einlagen in das Satzungskapital der Gesellschaft".

ausstehende Stammeinlagen streitet auch die Existenz der spezielleren Regelung des Art. 26 Ziff. 2 S. 2 GmbHG.

b. Abfindungsanspruch

aa. Berechnung

Mit einer wirksamen Austrittserklärung entsteht in der Person des Erklärenden ein Abfindungsanspruch gegen die Gesellschaft, der auf Auszahlung des „tatsächlichen" Wertes seines Geschäftsanteils gerichtet ist.[1038] Dieser terminus technicus bezeichnet denjenigen Teil des Wertes der Nettoaktiva der Gesellschaft, welcher der Höhe des Geschäftsanteils entspricht,[1039] und ist auf der Grundlage der Buchhaltung für dasjenige Finanzjahr zu ermitteln, in dem der Austritt erklärt wird. Der Abfindungsanspruch kann auch durch die Herausgabe von Vermögen in Natur in Höhe desselben Wertes erfüllt werden, sofern sich der ausgeschiedene Gesellschafter hiermit einverstanden erklärt.[1040]

Die Berechnung der in Zeile Nr. 185 des Eigenkapitalspiegels der GmbH auszuwerfenden[1041] Nettoaktiva erfolgte bislang nach dem in der Weisung des Finanzministeriums und der FKCB vom 05.08.1996 Nr. 71/149[1042] für Aktiengesellschaften festge-

---

[1038] Vgl. Art. 26 Ziff. 2 S. 2 GmbHG. Dieser Begriff fand bereits vor Inkrafttreten des GmbHG in Entscheidungen des OG (vgl. etwa BVS RF 1997, Nr. 10, S. 15) Verwendung, dessen Rechtsprechung der GmbHG-Gesetzgeber insoweit offenbar berücksichtigt hat. Hat der ausgetretene Gesellschafter seine Stammeinlage noch nicht vollständig geleistet, beschränkt sich der Abfindungsanspruch auf den tatsächlichen Wert desjenigen Teils des Geschäftsanteils, welcher der Teilleistung entspricht.

[1039] Art. 14 Ziff. 2 Abs. 2 GmbHG.

[1040] Ein Wahlrecht i.e.S. zwischen einer Abfindung in Geld oder in Natur sieht das Gesetz somit nicht vor. Während die Abfindung in Geld den gesetzlichen Regelfall darstellt, bedarf eine Abfindung in Natur einer Vereinbarung zwischen dem ausgeschiedenen Gesellschafter und der Gesellschaft. Ein Anspruch des ausgeschiedenen Gesellschafters auf eine Abfindung in Natur besteht ebensowenig wie ein Anspruch auf die Herausgabe konkreter Vermögensgegenstände. Das Austrittsrecht bietet daher jedenfalls keine Handhabe, bestimmte werthaltige Vermögensgegenstände gezielt aus dem Gesellschaftsvermögen herauszulösen. Etwas anderes kann für auf Zeit überlassene Sacheinlagen gelten, die im Eigentum des ausgeschiedenen Gesellschafters stehen, soweit der Gründungsvertrag eine Pflicht zur Herausgabe vor Ablauf der vereinbarten Nutzungsdauer vorsieht; vgl. Art. 15 Ziff. 4 GmbHG.

[1041] Vgl. Barz, Rechnungslegung und Buchführung in Rußland, S. 20 ff.

[1042] Abgedruckt in ĖiŽ 1996, Nr. 40.

legten Verfahren, das gemäß der Weisung des Finanzministeriums vom 12.11.1996 Nr. 97[1043] nach einhelliger Auffassung bis zum Inkrafttreten einer in Art. 20 Ziff. 3 Abs. 3 GmbHG avisierten bundesgesetzlichen Regelung auch auf die GmbH anzuwenden war. Nachdem die Weisung Nr. 97 mit Wirkung zum 01.01.2000 aufgehoben wurde und damit die Rechtsgrundlage für die Erstreckung des Anwendungsbereiches der Weisung vom 05.08.1996 Nr. 71/149 auf das GmbH-Recht entfallen ist,[1044] erfolgt die Bewertung der Nettoaktiva nach Ziff. 3 der Weisung des Finanzministeriums vom 28.07.1995 Nr. 81[1045] als der Vorgängerregelung der Weisung Nr. 97.[1046] Materielle Änderungen sind damit nicht verbunden;[1047] nach wie vor ergibt sich der Betrag der Nettoaktiva durch Subtraktion der Passiva von den Aktiva. Insoweit sind die in der Bilanz aktivierten Posten maßgeblich, wobei zu berücksichtigen ist, daß nicht alle bilanzierten Positionen in die Berechnung der Nettoaktiva einfließen, sondern lediglich die in Ziff. 3.4, 3.5. der Weisung Nr. 81 genannten. In die Bemessung des tatsächlichen Wertes fließen sonstige zum Gesellschaftsvermögen gehörenden, nicht aktivierten Wirtschaftsgüter nicht ein. Überträgt man den Begriff des tatsächlichen Wertes von Geschäftsanteilen an Gesellschaften mbH in Gestalt des entsprechenden Anteils an deren Nettoaktiva auf die im deutschen Recht bei der Bewertung von Unternehmensbeteiligungen übliche Terminologie,[1048] so entspricht er weder dem Substanz- noch dem Verkehrswert, sondern am ehesten dem Buchwert.

Durch die gesetzliche Orientierung des Abfindungsanspruches am tatsächlichen Wert des Geschäftsanteils des ausgeschiedenen Gesellschafters sind kapitalerhaltungsrechtliche Probleme impliziert. Das GmbHG kennt zwar kein ausdrückliches Verbot der Auszahlung des zur Erhaltung des Satzungskapitals erforderlichen Vermögens an die Gesellschafter. Die Gesellschaft ist jedoch zur Kapitalherabsetzung

[1043] Abgedruckt in Finansovaja Gazeta 1996, Nr. 50/51; Ékspress-Zakon 1998, Nr. 5.

[1044] Vgl. Fajzutdinov, Vychod učastnika iz OOO: sudebnaja praktika, ChiP 2000, Nr. 9, S. 113 (117) m.w.N; Vil'čur, Pravovye aspekty sniženija čistych aktivov, ChiP 2000, Nr. 9, S. 35 (36 f.).

[1045] Abgedruckt in ÉiŽ 1995, Nr. 37; mit Änderungen vom 12.11.1996 abgedruckt in Finansovaja Gazeta 1996, Nr. 50/51.

[1046] Ebenso die Praxis des OG; vgl. BVS RF 1997, Nr. 10, S. 16; Nr. 12, S. 3. S. ferner Zalesskij (Suchanov), Kommentarij k zakonu ob OOO, Art. 20 Rn. 2 (Fn. 1).

[1047] Vgl. Vil'čur, Pravovye aspekty sniženija stoimosti čistych aktivov, ChiP 2000, Nr. 9, S. 35 (37).

[1048] S. dazu statt vieler Lutter/Hommelhoff, GmbHG-D, § 14 Rn. 2 ff.; Müller, Das Austrittsrecht des GmbH-Gesellschafters, S. 107 ff.; ausführlich Priester/Mayer, MHdbGR 3: GmbH, § 23 Rn. 18 ff.

verpflichtet, soweit die Nettoaktiva nach Abschluß des Finanzjahres unter die Satzungskapitalziffer absinken.[1049] Decken die Nettoaktiva nicht einmal das gesetzliche Mindestkapital, unterliegt die Gesellschaft der Liquidation.[1050] Mithin könnte die Gesellschaft dem Abfindungsanspruch des ausgeschiedenen Gesellschafters grundsätzlich nicht entgegenhalten, daß eine Ausschüttung des tatsächlichen Wertes seines Anteils das zur Erhaltung des Satzungskapitals erforderliche Gesellschaftsvermögen angreifen würde, sondern wäre ungeachtet der Entstehung einer Unterbilanz verpflichtet, den Gesellschafter abzufinden und nachfolgend das Satzungskapital herabzusetzen. Diesbezüglich hat der Gesetzgeber mit Art. 26 Ziff. 3 Abs. 2 S. 1 GmbHG eine Ausnahmeregelung vorgesehen, welche das für die Aufbringung der Abfindung zur Verfügung stehende freie Gesellschaftsvermögen auf die Differenz zwischen dem Wert der Nettoaktiva und dem Satzungskapital beschränkt. Dennoch wird der gesetzlich verbürgten Garantiefunktion des Satzungskapitals dadurch nicht der Vorrang gegenüber dem Desinvestitionsinteresse des Gesellschafters eingeräumt, weil die Ausnahmeregelung aufgrund einer weiteren Einschränkung keinen unbedingten Schutz des Satzungskapitals gewährleistet. Ist nämlich der sich nach Abzug der Satzungskapitalziffer von den Nettoaktiva ergebende Betrag niedriger als der tatsächliche Wert des Anteils des ausgeschiedenen Gesellschafters, so bleibt die Gesellschaft verpflichtet, zunächst das Satzungskapital um den Fehlbetrag herabzusetzen und anschließend den Gesellschafter abzufinden.[1051] Kommt eine Kapitalherabsetzung nicht in Betracht, weil die Gesellschaft nur über das gesetzliche Mindestsatzungskapital verfügt, verbleibt es bei der gesetzlichen Liquidationsanordnung. Die in Art. 26 Ziff. 3 Abs. 2 GmbHG getroffene Regelung führt somit i.E. lediglich zu einer Umkehrung der zeitlichen Abfolge von Auszahlung und Kapitalherabsetzung, nicht aber zu einem (Mindest-) Ausgleich der widerstreitenden Interessen im Wege der Beschränkung der Ausschüttungsgrundlage auf das nicht zur Erhaltung des Satzungskapitals erforderliche Vermögen, wozu die ersatzlose Streichung des Art. 26 Ziff. 3 Abs. 2 S. 2 GmbHG erforderlich wäre.

[1049] Vgl. Art. 20 Ziff. 3 Abs. 1 GmbHG.

[1050] Vgl. Art. 20 Ziff. 3 Abs. 2 GmbHG.

[1051] Vgl. Art. 26 Ziff. 3 Abs. 2 S. 2 GmbHG.

Als positiv mag man vermerken, daß der Gesetzgeber des GmbHG die im Wortlaut des Art. 94 S. 2 ZGB begründeten Auslegungsschwierigkeiten bei der Bestimmung der Höhe des Abfindungsanspruches beseitigt hat.[1052] Danach war dem ausgeschiedenen Gesellschafter ein seinem Geschäftsanteil entsprechender Teil des Gesellschaftsvermögens auszuzahlen. Streitig war, ob das Gesetz damit den Buchwert, den Verkehrswert i.S.d. Art. 77 AktG oder nur den Nennbetrag des Anteils in Bezug nahm.[1053] Die Kehrseite dieser Entwicklung liegt indessen in einer negativ zu beurteilenden „Verböserung" des Austrittsrechtes, die Art. 26 GmbHG mit der Beseitigung jeden statutarischen Gestaltungsspielraums hinsichtlich der Abfindungsregelung mit sich gebracht hat. Vor Inkrafttreten des GmbHG handelte es sich bei dem Austrittsrecht zwar ebenfalls bereits um ein imperatives Mitgliedschaftsrecht. Die Rechtsfolgen des Austrittes konnten jedoch vollumfänglich privatautonom geregelt werden.[1054] Demgegenüber besteht seit Inkrafttreten des GmbHG keine Möglichkeit mehr, den Abfindungsanspruch ausgeschiedener Gesellschafter wirtschaftlich so unattraktiv auszugestalten, daß ein freiwilliges Ausscheiden ohne ernsthafte Folgen für die Gesellschaft bleibt.[1055]

Gegen die Abfindungsforderung kann die Gesellschaft mit Forderungen gegen den ausgeschiedenen Gesellschafter aus Rechtsgeschäften oder ausstehenden Nachschüssen aufrechnen, sofern die Satzung kein Aufrechnungsverbot enthält; vgl. Art.

[1052] So etwa die Wertung bei Sadovnikov, Novye položenija učreditel'nych dokumentov OOO, Ėkonomiko-pravovoj bjulleten' 1998, Nr. 6, S. 11 (22).

[1053] Vgl. Andreev, Spory učastnikov chozjastvennych obščestv, GiP 1998, Nr. 4, S. 26 (31 f.) m.w.N.; Arzinger/Galander, Russisches Wirtschaftsrecht, S. 64; Beljaev/Gorlov/Zacharov, OOO: pravovoje položenie, S. 146; Glušeckij, Vychod učastnika iz OOO, ĖiŽ 1995, Nr. 47, S. 38; Nikiforov, Opredelenie stoimosti doli, Juridičeskaja praktika 1997, Nr. 3 (10), S. 94 ff. m.w.N.; Sklovskij, Imuščestvennyj vydel iz OOO, Ross. Justicija 1997, Nr. 9, S. 12 (13 f.).

[1054] Vgl. Ziff. 30 der Leitentscheidung der Plenen des OG und des OWG Nr. 6/8 v. 01.07.1996, BVS RF 1996, Nr. 9, S. 1 (6) sowie die Rechtsprechung des OG: Dieses stand in dem Rechtsstreit Konvenskij ./. TOO „Torgovo-kommerčeskij centr", der eine Abfindungsklage zum Gegenstand hatte, auf dem Standpunkt, die in der Satzung des Beklagten enthaltenen, von der Weisung des Finanzministeriums v. 28.07.1995 Nr. 81 zum Nachteil des Klägers abweichenden Bestimmungen zur Anteilsbewertung seien wirksam (vgl. BVS RF 1997, Nr. 12, S. 4). Auch ein einer Kaduzierung gleichkommender statutarischer Ausschluß jeglicher Abfindungsansprüche dürfte zulässig gewesen sein; a. A. Timochov, OOO i ZAO, GiP 1996, Nr. 7, S. 69 (73).

[1055] Daher erscheint es kaum nachvollziehbar, wenn führende Kommentatoren die in Art. 26 GmbHG getroffene imperative Regelung mit der Behauptung begrüßen, sie mildere die negativen Folgen eines Austrittes für die Gesellschaft; so aber Zalesskij (Avilov), Kommentarij k zakonu ob OOO, Art. 26 Rn. 3. Die alte Rechtslage mag in Einzelfragen Unklarheiten aufgewiesen haben, führte aber gerade aufgrund der dispositiven Elemente der gesetzlichen Regelung nicht zu einem wesentlichen Rechtsformminus der GmbH gegenüber der gAG, wie es nunmehr de lege lata besteht.

411 ZGB.[1056] Soweit in der Literatur vereinzelt unter Berufung auf Art. 16 Ziff. 1 Abs. 2 GmbHG analog ein gesetzliches Aufrechnungsverbot angenommen wird,[1057] ist dies abzulehnen. Art. 16 Ziff. 1 Abs. 2 GmbHG verwehrt es dem Gesellschafter, sich von der Pflicht zur Leistung der Stammeinlage durch Aufrechnung mit Forderungen zu befreien, die ihm gegen die Gesellschaft zustehen. Dieses Aufrechnungsverbot dient der Gewährleistung der realen Kapitalaufbringung, während die Zulässigkeit, nicht aber die Unzulässigkeit der Aufrechnung gegen den Abfindungsanspruch des ausgeschiedenen Gesellschafters im Interesse der Kapitalerhaltung liegt. Sinn und Zweck des Art. 16 Ziff. 1 Abs. 2 GmbHG sprechen somit gerade gegen dessen analoge Anwendung auf die vorliegende Konstellation. Ferner fehlt es bereits an einer für eine Analogiebildung gemäß Art. 6 Ziff. 1 ZGB notwendigen Regelungslücke.

bb. Auszahlungsfristen

Gemäß Art. 26 Ziff. 3 Abs. 1 GmbHG ist die Gesellschaft verpflichtet, den ausgeschiedenen Gesellschafter innerhalb von sechs Monaten nach Abschluß desjenigen Finanzjahres, in welchem der Austritt erklärt wird, abzufinden, soweit die Satzung keine kürzere Frist bestimmt.[1058] Demgegenüber besteht nach Art. 94 S. 2 ZGB die Möglichkeit, die Auszahlungsfrist statutarisch beliebig zu strecken. In der Aufgabe dieses Satzungsvorbehaltes durch das GmbHG hat die Rechtsprechung jedoch nicht einen zum Ausschluß der zwingenden Fristenregelung des Einzelgesetzes führenden Widerspruch zur Rechtslage nach ZGB gesehen, sondern fristverlängernde Satzungsklauseln ausdrücklich für nichtig erklärt.[1059]

[1056] Vgl. Zalesskij (Braginskij), Kommentarij k zakonu ob OOO, Art. 27 Rn. 4.

[1057] So Petnikova, Osobennosti vychoda učastnika iz OOO, Pravo i Ékonomika 2000, Nr. 2, S. 11 (13).

[1058] Von eher theoretischem Interesse ist die Frage, wieweit die gesetzliche Frist von sechs Monaten statutarisch verkürzt werden kann. Hierzu wird vertreten, der frühestmögliche Zeitpunkt für den Frsitbeginn liege neunzig Tage nach Abschluß des Finanzjahres, da die Gesellschaft gemäß Art. 15 Ziff. 2 Abs. 1 BuchhaltungsG erst innerhalb dieser Frist ihren Jahresbericht zu erstatten habe, auf dessen Grundlage der tatsächliche Wert des Anteils bestimmt wird; vgl. Mogilevskij, OOO, S. 74 sowie Tichomirov (Solov`eva), Kommentarij k zakonu ob OOO, Art. 26 Rn. 3. Dies ist unzutreffend, weil es für den Beginn der Auszahlungsfrist allein auf die Bestimmbarkeit der Abfindung und damit auf das Vorliegen des Jahresberichtes ankommen kann. Dieser kann von der Gesellschafterversammlung aber früher, nämlich bereits zum 01.03. des Folgejahres bestätigt werden; vgl. Artt. 34 Abs. 2 S. 2, 33 Ziff. 2 Nr. 6) GmbHG. Richtig ist demnach allein, daß die Auszahlungsfrist in keinem Fall vor dem 01.03. des Folgejahres beginnen kann.

[1059] Vgl. Ziff. 16 lit. v) Abs. 2 S. 2 der Leitentscheidung der Plenen des OG und des OWG Nr. 90/14 v. 09.12.1999, BVS RF 2000, Nr. 3, S. 1 (6). Abzuwarten bleibt, ob dieses Detail der Leitentschei-

3. Gegenüberstellung des ordentlichen Austrittsrechtes mit Artt. 75 f. AktG

Das ordentliche Austrittsrecht aus Gesellschaften mbH findet im Recht der gAG keine Entsprechung. Dort hat ein Aktionär neben der rechtsgeschäftlichen Übereignung seiner Aktien grundsätzlich keine Möglichkeit, die Mitgliedschaft einseitig zu beenden; er selbst trägt das Risiko einer Unveräußerlichkeit seiner Aktien, die hier nicht satzungsmäßig, sondern allein faktisch bedingt sein kann. Eine Ausnahme zu diesem Grundsatz stellen die Aktionärsrechte aus Art. 75 AktG dar. Danach entsteht in Person des Aktionärs ein Anspruch gegen die Gesellschaft auf Erwerb der von ihm gehaltenen Aktien gegen die Gesellschaft, wenn die Aktionärsversammlung einen Reorganisationsbeschluß[1060] faßt, ein Großgeschäft der Gesellschaft i.S.d. Art. 79 Ziff. 2 AktG genehmigt oder Änderungen bzw. Ergänzungen der Satzung beschließt, welche die Rechte eines Aktionärs beeinträchtigen,[1061] sofern der ausscheidungswillige Aktionär gegen den Beschluß gestimmt oder nicht an der Abstimmung teilgenommen hat.[1062] Die Gesellschaft ist verpflichtet, die Aktien zu dem durch den Direktorenrat festgesetzten Preis abzunehmen. Der Preis darf nicht unter dem Verkehrswert der Aktien liegen, den ein unabhängiger Bewerter ohne Berücksichtigung der Auswirkungen der anspruchsbegründenden Beschlußfassung auf die Bewertung des Unternehmens ermittelt hat.[1063] Unterschiede zum ordentlichen Austrittsrecht aus Gesellschaften mbH bestehen neben der Beschränkung auf gesetzlich enumerativ aufgeführte Fälle auf der Rechtsfolgenseite ferner insofern, als die Geltendmachung von Ansprüchen aus Art. 75 AktG unter kapitalerhaltungsrechtlichen Gesichtspunkten für die Gesellschaft kaum problematisch werden kann. Der aufgrund eines anspruchsbegründenden Beschlusses der Aktionärsversammlung an die Gesamtheit derjenigen Aktionäre, die ihren Anspruch auf Übernahme ihrer Aktien gel-

---

dung als Indiz dafür herangezogen werden kann, daß die Rechtsprechung beginnt, sich von der bislang herrschenden Auslegung des Art. 3 Ziff. 2 Abs. 2 ZGB zu lösen und im Verhältnis ZGB - GmbHG die allgemeinen Kollisionsregeln zur Anwendung zu bringen; für ein entsprechendes Verständnis der Leitentscheidung wohl Fajzutdinov, Vychod učastnika iz OOO: sudebnaja praktika, ChiP 2000, Nr. 9, S. 113 (119).

1060 „Reorganisation“ steht hierbei als Oberbegriff für Verschmelzung, Eingliederung, Teilung, Abspaltung und Umwandlung; vgl. Art. 15 Ziff. 2 AktG.

1061 S. dazu die Fallbeispiele bei Šapkina (Rachmilovič), Kommentarij k zakonu ob AO, Art. 75 Rn. 1.

1062 Vgl. Art. 75 Ziff. 1 AktG.

tend machen, auszuzahlende Betrag ist ex lege auf 10 % der Nettoaktiva der Gesellschaft beschränkt, über die sie im Zeitpunkt der Beschlußfassung verfügt.[1064] Die beiden Rechtsinstitute sind somit weder funktionsidentisch noch in ihren Folgewirkungen für die Stabilität der jeweiligen Rechtsform vergleichbar.

4. Kritik

Das ordentliche Austrittsrecht aus Gesellschaften mbH stößt in der Lehre auf breite Kritik und wird verbreitet als wesentliches Rechtsformminus gegenüber der gAG betrachtet.[1065] Durchgängig wird auf die durch den Vermögensabzug begründeten Gefahren für den Fortbestand der Gesellschaft hingewiesen, was in der Tat angesichts der vielbeklagten unzureichenden Ausstattung russischer kleiner und mittlerer Unternehmen mit Eigenmitteln[1066] als reale Befürchtung nicht von der Hand zu weisen ist.

Erklärungsansätze für die Aufnahme eines ordentlichen Austrittsrechtes in das GmbH-Recht sucht man in der aktuellen Diskussion weitgehend vergeblich. *Knaul*[1067] meint, die gesetzgeberische Entscheidung für ein ordentliches Austrittsrecht entspreche einem Verständnis der GmbH als „Gesellschaft auf Zeit". Dem ist zweifelsohne zuzugeben, daß das Gesetz das Risiko der Unveräußerlichkeit eines

[1063] Vgl. Artt. 75 Ziff. 3, 77 AktG. Zu Unterschieden zwischen dem Aufkauf von Stamm- und Vorzugsaktien vgl. Šapkina (Avilov), Federal`nyj zakon ob AO, Zakonodatel`stvo i ékonomika 1996, Nr. 15-16, S. 12 (38 ff.).

[1064] Vgl. Art. 76 Ziff. 5 S. 2 AktG; dazu Glušeckij/Lipaev, Vykup akcii po trebovaniju akcionerov, Pravo i Ékonomika 1999, Nr. 12, S. 3 (5 f.); Fajzutdinov, Vykup po-akcionerskij, ÉiŽ 2000, Nr. 10, S. 31.

[1065] Vgl. Andreev, Spory učastnikov chozjajstvennych obščestv, GiP 1998, Nr. 4, S. 26 (30); Avilov, Chozjajstvennye tovariščestva i obščestva v GK Rossii, in: GS Chochlov, S. 176 (192 f.); Butler, Russian Law, S. 433; Christensen, New Law on Limited Liability Companies, East/West Executive Guide April 1998, S. 1 (4); Glušeckij, OOO: podvodnye kamni, ÉiŽ 1997, Nr. 19, S. 30; Mogilevskij, OOO, S. 74 f.; Sadovnikov, Novye položenija učreditel`nych dokumentov OOO, Ékonomiko-pravovoj bjulletjen` 1998, Nr. 6, S. 11 (22); Panteleev/Glušeckij, Vychod učastnika iz OOO, ÉiŽ-Jurist 1998, Nr. 19, S. 4; Schmitt/Gravenhorst, Mehr Rechtssicherheit mit neuem GmbH-Gesetz, Ost-West-Contact 1998, Nr. 4, S. 64 (65); Tichomirov (Solov`eva), Kommentarij k zakonu ob OOO, Art. 26 Rn. 2 a. E.; Timochov, OOO i ZAO, GiP 1996, Nr. 7, S. 69 (73 f.); Zalesskij (Avilov), Kommentarij k zakonu ob OOO, Art. 26 Rn. 2.

[1066] So geht etwa *Barz* (Rechnungslegung und Buchführung in Rußland, S. 20) davon aus, 90 % aller Unternehmen müßten geschlossen werden, wenn man allein das Bestehen einer Unterbilanz zugrunde legte.

[1067] Ders., GmbH-Recht, S. 70; ders./Heeg, Das neue russische GmbH-Gesetz, ROW 1998, Nr. 4, S. 147 (148).

Geschäftsanteiles nicht dessen Inhaber, sondern der Gesellschaft selbst aufbürdet und die Verweildauer in der Gesellschaft so in das freie Ermessen des Einzelnen stellt. Ob dem Gesetzgeber hingegen tatsächlich ein Verständnis der GmbH als Gesellschaft auf Zeit unterstellt werden kann, begegnet Bedenken, sobald man das Austrittsrecht aus Gesellschaften mbH einerseits sowie aus Vollgesellschaften und Kommanditgesellschaften andererseits gegenüberstellt. Werden letztere Wirtschaftspersonengesellschaften auf Zeit eingegangen, kommt den Gesellschaftern kein ordentliches, sondern lediglich ein Austrittsrecht aus wichtigem Grund zu.[1068] Handelte es sich bei der GmbH konzeptionell um eine Gesellschaft auf Zeit, müßte die Möglichkeit jederzeitigen Ausscheidens ebenfalls vom Vorliegen eines wichtigen Grundes abhängen.

Grundsätzlich näher liegt eine von Entwurfsverfassern des GmbHG[1069] und Kommentarstimmen[1070] angestellte Überlegung, das ordentliche Austrittsrecht stelle gewissermaßen eine Kompensation für die Beschränkung der Verkehrsfähigkeit von GmbH-Anteilen dar. Hier erscheint es im Ausgangspunkt zumindest rechtspolitisch vertretbar, den austrittswilligen Gesellschafter im Falle der satzungsmäßigen Unveräußerlichkeit seines Anteils nicht in der Gesellschaft festzuhalten.[1071] Insoweit hat der Gesetzgeber jedoch bereits außerhalb des Art. 26 GmbHG ausreichend Vorsorge getroffen: Soweit die Veräußerlichkeit von Anteilen an Dritte kraft Satzung ausgeschlossen ist und die Mitgesellschafter dessen Erwerb ablehnen, ist die Gesellschaft verpflichtet, den Anteil auf Verlangen des ausscheidungswilligen Gesellschafters zum tatsächlichen Wert zu übernehmen.[1072] Diese Regelungen werden durch Art. 26 GmbHG nicht nur schlicht überflüssig,[1073] sondern geradezu konterkariert, weil sie ersichtlich von dem Verbleib des ausscheidungswilligen Gesellschafters in der Gesellschaft als Grundtatbestand ausgehen und im Sinne einer Ausnahmevor-

---

[1068] Vgl. Artt. 77 Ziff. 1 Abs. 2 S. 2, 82 Ziff. 2 u. 5 ZGB.

[1069] Vgl. Andreeva/Kaliničenko, Žizn' v obščestve, Ėkspert 1998, Nr. 14, S. 14 (16).

[1070] Abova/Kabalkin/Mozolin (letzterer/Judenkov), Kommentarij GK I, Kommentierung zu Art. 94.

[1071] Zur hierzu im deutschen GmbH-Recht geführten Diskussion vgl. Müller, Das Austrittsrecht des GmbH-Gesellschafters, S. 47 m.w.N.

[1072] Vgl. Art. 93 Ziff. 3 ZGB i.V.m. Art. 23 Ziff. 2 S. 1 GmbHG.

[1073] Vgl. Beljaev/Gorlov/Zacharov, OOO: pravovoje položenie, S. 145: Timochov, OOO i ZAO, GiP 1996, Nr. 7, S. 69 (74).

schrift[1074] nur für bestimmte Fälle statutarisch ausgeschlossener Anteilsfungibilität eine Austrittsmöglichkeit eröffnen.

Außerhalb des Art. 26 GmbHG sind dem Gesellschafter darüber hinausgehend weitere Möglichkeiten eingeräumt, die Gesellschaft ohne Veräußerung seines Anteils zu verlassen, welche bereits für sich genommen erheblichen rechtspolitischen Bedenken begegnen. Entgegen der etwa im deutschen GmbH-Recht einhellig vertretenen Auffassung, ein Austritt könne als ultima ratio allenfalls dort in Betracht kommen, wo der Gesellschafter durch wiederholte und rechtsmißbräuchliche Verweigerung der erforderlichen Genehmigung in der GmbH eingemauert wird oder die Abtretbarkeit generell ausgeschlossen ist,[1075] hat der GmbHG-Gesetzgeber in Erweiterung des Art. 93 Ziff. 3 ZGB ein Ausscheiden schon dann ermöglicht, wenn das zuständige Gesellschaftsorgan die kraft Satzung erforderliche Genehmigung zu einer Anteilsveräußerung an Mitgesellschafter oder einer unentgeltlichen Übertragung auf Dritte verweigert.[1076] Dies gilt auch dann, wenn es sich um einen einmaligen Vorgang handelt und die Ablehnung nicht rechtsmißbräuchlich ist. Im Vergleich zu Art. 26 GmbHG liegt in diesen Fällen der wesentliche Unterschied darin, daß der Anteil nicht kraft Gesetzes auf die Gesellschaft übergeht, sondern der austrittswillige Gesellschafter einen schuldrechtlichen Anspruch gegen die Gesellschaft auf Abnahme seines Anteils zum tatsächlichen Wert erwirbt.[1077]

Jedes GmbH-rechtlich zulässige Vinkulierungsinstrument mit Ausnahme des gesetzlichen Vorkaufsrechtes bringt demnach eine unabdingbare Möglichkeit des ausscheidungswilligen Gesellschafters mit sich, die Gesellschaft zu verlassen, ohne daß der Anwendungsbereich des ordentlichen Austrittsrechtes nach Art. 26 GmbHG

[1074] Im Ansatz ebenso Beljaev/Gorlov/Zacharov, OOO: pravovoje položenie, S. 145.

[1075] Vgl. Müller, Das Austrittsrecht des GmbH-Gesellschafters, S. 47; Röhricht, Zum Austritt des Gesellschafters aus der GmbH, in: FS für Kellermann, S. 361 (377); Schmidt, Gesellschaftsrecht, § 35 IV 3 a).

[1076] Vgl. Art. 23 Ziff. 2 S. 1 2. Alt. GmbHG.

[1077] Im übrigen weicht die Regelung der Auszahlungsfrist von Art. 26 GmbHG ab: hier muß die Abfindung innerhalb eines Jahres ab dem Zeitpunkt des Überganges des Anteils auf die Gesellschaft ausgezahlt werden. Dies böte der Gesellschaft die Möglichkeit, durch eine Verzögerung der Abnahme des Anteils den Beginn der Auszahlungsfrist hinauszuschieben und auf diese Weise Zeit für die Aufbringung liquider Mittel zu gewinnen. Da der ausscheidungswillige Gesellschafter jedoch jederzeit durch die Ausübung des ordentlichen Austrittsrechtes die durch die Gesellschaft nicht beeinflußbare Auszahlungsfrist von sechs Monaten nach Abschluß des Finanzjahres in Lauf setzen kann, besteht diese Möglichkeit in praxi nicht, was einen weiteren Systembruch begründet.

betroffen wäre. Dieses kann somit nicht als Kompensation der weitgehend beschränkbaren Verkehrsfähigkeit von GmbH-Anteilen gerechtfertigt werden.

Die für das ordentliche Austrittsrecht verbleibende Funktion liegt in der Absicherung des Desinvestitionsinteresses des Einzelnen in Konstellationen, in denen die Gesellschafter keine über das gesetzliche Vorkaufsrecht hinausgehende erhöhte Bindung an die Gesellschaft vereinbart haben. Dies ist rechtspolitisch ebensowenig hinnehmbar, wie die in Art. 23 Ziff. 2 S. 1 2. Alt. GmbHG enthaltene Regelung. Eine Abwägung mit dem Interesse der Gesellschaft am Verbleib ihrer Mitglieder hat der Gesetzgeber offensichtlich nicht vorgenommen. De lege lata trägt ein GmbH-Gesellschafter in keinem Fall das Risiko einer statutarisch dauerhaft oder auch nur gegenwärtig bedingten Unveräußerlichkeit seines Anteils. Die gesetzlichen und statutarischen Vinkulierungsmechanismen hindern zwar das Eindringen unerwünschter Personen in die Gesellschaft, laufen aber aufgrund des ordentlichen Austrittsrechtes insofern leer, als dieses die Obliegenheit des ausscheidungswilligen Gesellschafters entfallen läßt, sich überhaupt um einen Erwerber zu bemühen, sofern er nicht auf dem Wege rechtsgeschäftlicher Transaktion einen höheren Preis zu erzielen vermag, weil der Verkehrswert den tatsächlichen Anteilswert im Einzelfall übersteigt. Vielmehr wird er direkt seinen Austritt erklären, was regelmäßig den schnelleren und einfacheren Weg darstellt, den tatsächlichen Anteilswert zu realisieren.

Damit liegt offen zutage, daß der Gesetzgeber die Funktionen des Instrumentes der Vinkulierung verkennt. Vinkulierungsklauseln beliebiger Gestalt dienen nicht nur der Geschlossenheit des Mitgliederkreises, sondern auch der Unternehmenserhaltung und Eigenkapitalsicherung. Sie sollen den Beteiligten die Möglichkeit geben, einander auf Dauer an die Gesellschaft zu binden. Die außerhalb des Art. 26 GmbHG normierten Lösungsmöglichkeiten sowie erst recht das ordentliche Austrittsrecht selbst höhlen diese Funktionen vollkommen aus. Minderheiten wird ein Erpressungsinstrument an die Hand gegeben, das ihnen nach den Beteiligungsverhältnissen nicht zukommt und auch zur Disziplinierung der Mehrheit nicht geboten ist. Der Grundsatz der Kapitalerhaltung wird dadurch negiert, daß sich die Grundlage des

Abfindungsanspruches nicht auf das freie Vermögen beschränkt.[1078] Damit besteht die Gefahr, daß die Gesellschaft insbesondere durch den Austritt eines Mehrheitsgesellschafters oder wiederholte Austritte den Kapitalentzug nicht verkraftet. Eine Herabsetzung des Satzungskapitals nach Art. 20 GmbHG kann wegen der damit verbundenen Publizität und Beteiligung der Gläubiger nicht ohne negative Folgen für Ansehen und Kreditwürdigkeit der Gesellschaft bleiben. Vielfach wird dieser Weg im übrigen schon deshalb verschlossen sein, weil das Satzungskapital ohnehin nur den gesetzlich vorgeschriebenen Mindestbetrag erreicht. Die uneingeschränkte Durchsetzbarkeit des Desinvestitionsinteresses des Einzelnen gefährdet die Stabilität der Gesellschaft, was letztlich auf Kosten der Allgemeinheit geht und zur Zerschlagung wirtschaftlicher Werte führt.

Indessen bedarf es nicht einmal des Rückgriffs auf die damit angedeutete rechtspolitische Problematik eines ordentlichen Austrittsrechtes aus Gesellschaften mbH, um die Systemwidrigkeit der Artt. 94 ZGB, 26 GmbHG sowie zumindest des Art. 23 Ziff. 2 S. 1 2. Alt. GmbHG zu begründen. Sie ergibt sich bereits unmittelbar aus dem Recht der Wirtschaftsgesellschaften. Zu bedenken ist, daß das Interesse der GmbH als Kapitalgesellschaft am Verbleib ihrer Mitglieder grundsätzlich höher als im Personengesellschaftsrecht zu veranschlagen ist. Im Recht der Vollgesellschaft und der Kommanditgesellschaft ist der Austritt der Gesellschafter zwar ebenfalls jederzeit möglich, ohne daß es eines rechtfertigenden Grundes bedürfte oder das Austrittsrecht im Gründungsvertrag abbedungen werden könnte.[1079] Er kann jedoch erst sechs Monate nach Erklärung des Austrittes vollzogen werden und zieht einen Abfindungsanspruch nur dann nach sich, soweit der Gründungsvertrag nichts anderes bestimmt.[1080] Eine über das Personengesellschaftsrecht hinausgreifende Lockerung der Gesellschafterbindung und eine Reduktion der der Gesellschaft zugänglichen

---

[1078] Hierauf zielt auch die Kritik von *Stepanov* ab (OOO: zakonodatel`stvo i praktika, ChiP 2000, Nr. 12, S. 54 [59]).

[1079] Vgl. Artt. 77 Ziff. 1 Abs. 1, 82 Ziff. 2 u. 5 ZGB.

[1080] Vgl. Art. 78 Ziff. 1 Abs. 1 S. 1 ZGB. Damit kann im Gründungsvertrag bspw. die Kaduzierung des Anteils am Einlagekapital des ausgetretenen Gesellschafters vorgesehen werden. Zu beachten ist, daß im Gegensatz zum deutschen Personengesellschaftsrecht keine automatische Anwachsung des Anteils eintritt, weil es sich bei der Voll- und Kommanditgesellschaft nicht um Gesamthandsgesellschaften ohne eigene Rechtspersönlichkeit, sondern um juristische Personen mit einem in Anteile zerlegten Einlagekapital handelt.

Mechanismen der Kapitalsicherung war dem Gesetzgeber des GmbHG bei systematischer Betrachtungsweise daher an sich verwehrt.

Insgesamt drängt sich der Eindruck auf, der Gesetzgeber habe im Rahmen der Implementierung zweier personalistischer Kapitalgesellschaftsformen nach Abgrenzungsmerkmalen zwischen der GmbH und der gAG gesucht, um die Duplizität der kapitalistischen Kapitalgesellschaft zu rechtfertigen, und ein solches in dem ordentlichen Austrittsrecht aus Gesellschaften mbH gesehen, zumal er sich dabei - vermeintlich - auf eigene GmbH-rechtliche Traditionen stützen konnte. Mit der massiver werdenden wissenschaftlichen Kritik und auch in der Gerichtspraxis zunehmenden Sensibilität für die Gründe der Instabilität von Gesellschaften mbH bleibt der Gesetzgeber zu Korrekturen aufgerufen. Erforderlich und ohne „Gesichtsverlust“ auf Seiten des Gesetzgebers möglich erscheint es vor allem, den Artt. 94 ZGB, 26 GmbHG durch die Beifügung von Öffnungsklauseln dispositiven Charakter zu verleihen. Förderlich wäre es m. E. ferner, die Schärfe der kapitalerhaltungsrechtlichen Problematik de lege ferenda durch eine Übernahme des Art. 76 Ziff. 5 S. 2 AktG[1081] in das GmbH-Recht zu mildern. Dies würde indessen umfangreiche Änderungen im GmbHG erfordern, ließe sich aber auf die Entscheidung des ZGB-Gesetzgebers stützen, die GmbH den Kapitalgesellschaften zuzuordnen. Ein rechtsformspezifisches Kriterium für die Ungleichbehandlung von GmbH und gAG hinsichtlich des für die Abfindung freiwillig ausscheidender Mitglieder zur Verfügung stehenden Vermögens durch das geltende Recht ist nicht ersichtlich.

5. Umgehungsmodelle

De lege lata kann das ordentliche Austrittsrecht weder abbedungen noch der Abfindungsanspruch reduziert werden. Entgegenstehende Bestimmungen der Gründungsdokumente sind nichtig. Gerichtsentscheidungen zu der Frage, ob ein vertraglicher Verzicht der Gründungsgesellschafter auf die Ausübung des Austrittsrechtes einschließlich entsprechender Vertragsstrafen außerhalb von Satzung und Gründungsvertrag zulässig ist, ist nicht ersichtlich. Es steht aber zu erwarten, daß die Gerichte den Rechtsgedanken der bisherigen höchstrichterlichen Rechtsprechung

---

[1081] S. Solotych, aaO.

auch auf solche Vereinbarungen anwenden werden, da Regelungsstandort des Austrittsrechtes als Ausfluß der Mitgliedschaft nach allgemeinen Grundsätzen allein die Gründungsdokumente sind. Zudem weist das Gesetz die Regelung der Rechtsfolgen des Austrittes zwingend der Satzung zu,[1082] die insoweit auch im Falle ihres Schweigens Vereinbarungen zwischen den Gesellschaftern vorgehen dürfte.

Auch ist bislang ungeklärt, ob jedenfalls bei Beteiligung ausländischer Investoren ein Ausübungsverzicht auf vertraglicher Grundlage zwischen den Gesellschaftern zulässig und durchsetzbar wäre. Denkbar wäre es, den Verzichtsvertrag einer ausländischen Rechtsordnung zu unterstellen und den Rechtsweg zu russischen Gerichten durch die Aufnahme einer Schiedsklausel zu verschließen. Ob dies ein gangbarer Weg ist, erscheint indes zweifelhaft. Denn es besteht ein Risiko, daß Nebenvereinbarungen über die Ausübung des Austrittsrechts zwingend dem Gesellschaftsstatut und damit russischem Recht unterliegen. Dies würde die Vereinbarung eines Sonderstatuts für den Verzichtsvertrag ausschließen. Hierfür dürfte auch Art. 1202 Ziff. 2 Nr. 7 ZGB sprechen, wonach sich die inneren Rechtsverhältnisse, unter anderem jene der juristischen Person zu ihren Gesellschaftern, nach dem Gesellschaftsstatut bestimmen. Das die Gesellschaft treffende Austrittsrisiko könnte nur beseitigt werden, indem die GmbH als solche Vertragspartei wird und der Verzicht auf das Austrittsrecht ihr gegenüber erklärt wird. Ein solcher Vertrag würde jedoch gem. Art. 1202 Ziff. 2 Nr. 7 russischem Recht unterliegen und wäre somit nichtig. Soweit entsprechende Abreden ausschließlich zwischen den Gesellschaftern ohne Einbeziehung der Gesellschaft (etwa in Gestalt einer Vertragsstrafe für den Fall der Ausübung des Austrittsrechts) getroffen werden, dürften überwiegende Gründe dafür sprechen, dass es sich gleichfalls um eine Regelung der „inneren Rechtsverhältnisse" der Gesellschaft i.S.d. Art. 1202 Ziff. 2 Nr. 7 ZGB handelt. Denn Bezugspunkt der Sanktion bleibt die Ausübung eines dem GmbH-Gesellschafter gegenüber der GmbH zwingend verliehenen Rechts.

In der Praxis wird ferner die Vereinbarung langfristiger Gesellschafterdarlehen als geeignetes Mittel diskutiert, um die langfristige kapitalmäßige Beteiligung aller Gesellschafter zu sichern.[1083] Diese Gestaltung mag einen Gesellschafter von einem

[1082] Vgl. Art. 12 Ziff. 2 Abs. 8 GmbHG.

[1083] Dafür Schmitt/Gravenhorst, Mehr Rechtssicherheit mit neuem GmbH-Gesetz, Ost-West-Contact 1998, Nr. 4, S. 64 (65).

Austritt abhalten, sofern die vermögensmäßigen Folgen eines Abzuges des tatsächlichen Wertes seines Anteils bei der Gesellschaft dazu führen würden, daß der Gesellschafter mit seinem Rückerstattungsanspruch voraussichtlich ausfällt. Dem stabilitätsfördernden Effekt eines solchen Finanzierungskonzeptes stünde angesichts des Fehlens einer § 32a GmbHG-D entsprechenden Bestimmung nicht entgegen, daß die Begebung von Gesellschafterdarlehen in erster Linie eigenkapitalersetzende Funktion haben wird. Die Schwäche dieses Ansatzes liegt darin, daß er keine Garantie gegen eine Auszehrung des Gesellschaftsvermögens bietet, soweit ein Gesellschafter ohne Rücksicht auf wirtschaftlich rationales Verhalten dennoch - etwa infolge eines Einsatzes des Austrittsrechtes als Drohmittel gegenüber der Mehrheit - von diesem Gebrauch macht.

Würde die Abfindung eines ausgeschiedenen Gesellschafters den Bestand der Gesellschaft gefährden oder sie zu einer Kapitalherabsetzung zwingen, wird als Vermeidungsstrategie verbreitet die Gründung einer gAG vorgeschlagen, welcher das Sach- und Geldvermögen der GmbHG als Einlage auf das Satzungskapital übertragen wird.[1084] Die GmbH wird zur reinen Holdinggesellschaft und kann den ausgeschiedenen Gesellschafter mangels liquider Mittel nur mit Aktien der gAG abfinden. Eine Reduktion der Höhe des Abfindungsanspruches ergäbe sich dadurch dann, wenn die von der GmbH gehaltenen Aktien als Surrogat ihrer vormaligen Aktiva in der Bilanz mit einem niedrigeren Ansatz aktiviert werden könnten, um die Nettoaktiva und damit den Abfindungsanspruch zu reduzieren. Dies dürfte i.d.R. bilanziell nicht zulässig sein. Erteilt der ausgeschiedene Gesellschafter seine Zustimmung zu einer Abfindung in Wertpapieren nicht, hat die GmbH deren Wert auszuzahlen und ist hierfür ggf. sogar gezwungen, die Aktien unter Wert zu veräußern, um liquide Mittel zu erhalten. Ein erhöhter Bestandsschutz für die GmbH selbst kann durch das „Holding-Modell" somit nicht erreicht werden. Sein Vorteil erschöpft sich darin, daß das Unternehmen als wirtschaftliche Einheit mit dem Rechtsträger gAG fortgesetzt werden kann, indem die GmbH dem indirekten Zwang zur Veräußerung von Betriebsmitteln zwecks Aufbringung des Abfindungsbetrages entgeht. Entgegen der Auffassung von *Solotych*[1085] ist das „Holding-Modell" mit Inkraftreten des GmbHG

[1084] Vgl. Solotych, Recht der Handelsgesellschaften, Rn. 54 sowie - hinsichtlich des Vorganges - das Fallbeispiel bei Mogilevskij, OOO, S. 75 f.

[1085] S. Fn. 1084.

nicht wegen der nunmehr nach Art. 46 Ziff. 3 GmbHG erforderlichen Zustimmung der Gesellschafter zu Transaktionen, die mehr als 25 % des Gesellschaftsvermögen ausmachen, obsolet geworden. Zum einen bedarf der Beschluß der Gesellschafterversammlung nicht der Einstimmigkeit, sondern es genügt einfache Mehrheit[1086] mit der Folge, daß das „Holding-Modell" nur beim Austritt eines Mehrheitsgesellschafters oder des Inhabers eines Mehrstimmrechtsanteils inpraktikabel wäre. Ferner kann die Erteilung der Zustimmung in die Kompetenz des Direktorenrates verwiesen werden, soweit die Transaktion nicht mehr als 50 % des Gesellschaftsvermögens betrifft.[1087] Schließlich bleibt es der Satzungsautonomie unbenommen, vom Erfordernis der Zustimmung der Gesellschafter abzusehen,[1088] wodurch die Umsetzung des „Holding-Modells" allein von der Geschäftsführung abhängt.

6. Auswirkungen auf die Rechtsformwahl

Das ordentliche Austrittsrecht aus Gesellschaften mbH wirkt sich nicht negativ auf die Attraktivität dieser Rechtsform aus, wenn die Errichtung einer Einmanngesellschaft beabsichtigt ist. In allen anderen Fällen sollte vor der Errichtung oder Beteiligung an einer GmbH sorgfältig geprüft werden, ob zwischen den Gesellschaftern ein besonderes persönliches Vertrauensverhältnis besteht und prognostisch auch erhalten bleiben wird, das einen freiwilligen - unverbindlichen - Verzicht auf die Ausübung des Austrittsrechtes, jedenfalls auf dessen Ausübung zur Unzeit oder in Krisensituationen mit hinreichender Wahrscheinlichkeit erwarten läßt. Besteht ein solches Vertrauensverhältnis nicht, bedarf es einer Abwägung, ob die im Recht der Mitgliedschaft begründeten Flexibilitätsvorteile der GmbH und die in der gAG nicht zuverlässig abzusichernde Geschlossenheit des Mitgliederkreises trotz der potentiellen Instabilität der GmbH den Ausschlag zu ihren Gunsten geben können.

[1086] Vgl. Artt. 37 Ziff. 8 Abs. 3, 33 Ziff. 2 Nr. 13) GmbHG.

[1087] Vgl. Art. 46 Ziff. 4 GmbHG.

[1088] Vgl. Art. 46 Ziff. 6 GmbHG.

II. Der Ausschluß aus der GmbH

Der Aktionär einer gAG kann seine Mitgliedschaft auch dann, wenn die Gesellschaft personalistisch strukturiert ist, ausschließlich im Wege der Veräußerung der von ihm gehaltenen Aktien beenden. Die Gesellschaft ihrerseits ist in bezug auf einen Aktionär, der seine mitgliedschaftlichen Pflichten verletzt, darauf verwiesen, etwaige Schadensersatz- oder Unterlassungsansprüche gerichtlich durchzusetzen. Dagegen verfügt die gAG über kein Instrument, die Mitgliedschaft eines Aktionärs gegen dessen Willen einseitig zu beenden.

Anders verhält es sich im GmbH-Recht. Gem. Art. 10 GmbHG sind Gesellschafter, die Anteile von mindestens 10% an der Gesellschaft halten,[1089] zur Erhebung einer Ausschließungsklage gegen einen Gesellschafter berechtigt, der seine Pflichten grob verletzt oder durch seine Handlungen (Unterlassungen) die Tätigkeit der Gesellschaft verunmöglicht oder wesentlich erschwert. Bei der Subsumtion eines konkreten Verhaltens unter diese Merkmale sind der Grad des Verschuldens sowie der Eintritt oder die Möglichkeit des Eintritts negativer Folgen für die Gesellschaft zu berücksichtigen.[1090] Kasuistik hierzu existiert bislang nur in Ansätzen. Als Unterlassung, die die Gesellschaftstätigkeit unmöglich macht, ist die systematische Nichtteilnahme an Gesellschafterversammlungen ohne rechtfertigenden Grund anerkannt, soweit die Gesellschaft dadurch an einer Beschlußfassung zu Fragen gehindert wird, die Einstimmigkeit aller Gesellschafter erfordern.[1091] Handlungen, durch welche ein Gesellschafter von Mitgliedschaftsrechten Gebrauch macht, stellen keine Pflichtverletzung i.S.d. Art. 10 GmbHG dar.[1092]

[1089] Höchstrichterlich wurde klargestellt, daß die Klagebefugnis nicht nur einer Gesellschaftergruppe, sondern auch einem einzelnen Gesellschafter zukommt, soweit dessen Geschäftsanteil den genannten Schwellenwert erreicht; vgl. Ziff. 17 lit. a) der Leitentscheidung der Plenen des OG und des OWG Nr. 90/14 v. 09.12.1999, BVS RF 2000, Nr. 3, S. 1 (6).

[1090] Vgl. Ziff. 17 lit. v) der Leitentscheidung der Plenen des OG und des OWG Nr. 90/14 v. 09.12.1999, BVS RF 2000, Nr. 3, S. 1 (6).

[1091] Vgl. Ziff. 17 lit. b) der Leitentscheidung der Plenen des OG und des OWG v. 09.12.1999, BVS RF 2000, Nr. 3, S. 1 (6).

[1092] Dies gilt etwa für die Einberufung außerordentlicher Gesellschafterversammlungen, den Vorschlag zur Bildung eines Direktorenrates oder die Anfechtung der Registrierung geänderter Gründungsdokumente; vgl. Beschluß des Föderalen Wirtschaftsgerichtes des nord-westlichen Bezirks v. 10.05.2000 Nr. A56-28398/99, abgedruckt in: Dolženko/Reznikov/Chochlova, Sudebnaja praktika po graždanskim delam, S. 177 ff.

In Konfliktsituationen wird der Gesellschafter, dessen Fehlverhalten in Rede steht, regelmäßig das Risiko einer Ausschließungsklage eingehen, da ihm insoweit mit Ausnahme der Prozeßkosten im Falle des Unterliegens kein wirtschaftliches Risiko entsteht. Mit Rechtskraft des Ausschließungsurteils geht der Geschäftsanteil des beklagten Gesellschafters auf die Gesellschaft über, die zur Schuldnerin einer Abfindung in Höhe des tatsächlichen Wertes des Anteils wird.[1093]

[1093] Vgl. Art. 23 Ziff. 4 GmbHG.

4. Kapitel: Unterschiede in der Finanzverfassung von GmbH und gAG

A. Kapitalaufbringung

I. Gesetzliches Mindestkapital

In der kapitalmarktorientierten oAG hält der Gesetzgeber ein gesetzliches Mindestkapital als Gläubigergarantie für erforderlich, das gegenüber der personalistischen Kapitalgesellschaft um das Zehnfache höher ist. Während das gesetzliche Mindestkapital der oAG das Tausendfache des monatlichen Mindestlohns[1094] (fortan: MROT) beträgt,[1095] beläuft es sich in der GmbH und der gAG auf lediglich das Hundertfache des MROT.[1096] Dieser Grundsatz wird lediglich im sachlichen Anwendungsbereich der Artt. 1 Ziff. 2 GmbHG, 1 Ziff. 3 AktG durchbrochen, d.h. soweit unter dem Rechtsträger einer GmbH oder gAG bspw. Banken oder Versicherungen betrieben werden sollen. In diesen Fällen müssen zur Bestimmung des Mindestkapitals die entsprechenden Sonderregelungen als gegenüber dem GmbHG und dem AktG spezielleres Recht herangezogen werden, woraus sich erheblich höhere Beträge ergeben können.[1097]

[1094] Russ.: „Mimimal`nyj razmer oplaty truda". Mit dieser Bezugsgröße, die regelmäßig neu festgesetzt wird, arbeitet der Gesetzgeber in diversen Rechtsakten. Seit dem 01.07.2001 beträgt 1 MROT 300 Rbl., vgl. Bundesgesetz v. 19.06.2000, SZ RF 2000, Nr. 26, Pos. 2729. Legt man den durchschnittlichen Wechselkurs im Jahr 2000 von 13,29 Rbl./DM zugrunde (Angaben nach FAZ Nr. 30 v. 05.03.2001, S. 20), so ergibt sich für die oAG ein Betrag i.H.v. DM 22.573,36.

[1095] Vgl. Art. 26 1. Alt. AktG i.V.m. Art. 99 Ziff. 1 Abs. 2 S. 2 ZGB.

[1096] Vgl. Art. 14 Ziff. 1 Abs. 2 GmbHG i.V.m. Art. 90 Ziff. 1 Abs. 2 S. 2 ZGB, Art. 26 2. Alt. AktG i.V.m. Art. 99 Ziff. 1 Abs. 2 S. 2 ZGB; d.h. im Jahresmittel 2000 ein Betrag i.H.v. DM 2.257,34. Diese wirtschaftlich nahezu bedeutungslose Mindestkapitalziffer kann ihrer gesetzlichen Funktion als Gläubigergarantie (vgl. Art. 90 Ziff. 1 Abs. 2 S. 1 ZGB i.V.m. Art. 14 Ziff. 1 Abs. 4 GmbHG; Art. 99 Ziff. 1 Abs. 2 S. 1 ZGB i.V.m. Art. 25 Ziff. 1 Abs. 3 AktG), die ein Gegengewicht zur grundsätzlich auf das Gesellschaftsvermögen beschränkten Haftung der Gesellschaft bildet, kaum gerecht werden und birgt zudem die Gefahr der Unterkapitalisierung in sich. Dies scheint in jüngster Zeit auch die föderale Exekutive erkannt zu haben. Auf eine drastische Erhöhung des Mindestkapitals von Kapitalgesellschaften abzielende Reformüberlegungen (vgl. dazu RegVO v. 30.11.1997, SZ RF 1997, Nr. 44 Pos. 5078) scheinen sich jedoch bislang nicht durchsetzen zu können. Zu den Funktionen des (Mindest-) Satzungskapitals s. Gubin, Akcionernoe pravo, S. 49 ff.

[1097] Das Satzungskapital von Banken muß mindestens den Gegenwert von EURO 1 Mio. aufweisen; vgl. Ziff. 1.1 der Weisung der Zentralbank v. 24.06.1999 Nr. 586-Y, VBR v. 30.06.1999, Nr. 38 (fortan: Weisung Nr. 586). Tochtergesellschaften ausländischer Banken müssen über ein Satzungskapital mindestens i.H.d. Gegenwertes von EURO 10 Mio. verfügen; vgl. Ziff. 1.3 Weisung Nr. 586. S. ferner (teilweise zum Altrecht) Kravcova, Specifika ustavnogo kapitala banka, GiP 1999, Nr. 11, S. 51 ff. m.w.N.; Šapkina (Zalesskij), Kommentarij k zakonu ob AO, Art. 9 Rn. 6;

Vor Inkrafttreten der kapitalgesellschaftlichen Einzelgesetze sowie des AIG n.F. stand außer Diskussion, daß sich der Mindestbetrag des Satzungskapitals einer GmbH oder gAG gem. Ziff. I.3 lit. g) Abs. 1 RegO auf das Tausendfache des MROT erhöht, sobald sich ein ausländischer Investor an der Errichtung der Gesellschaft beteiligt, deren Mitgliederkreis mithin nicht ausschließlich auf russische Gesellschafter beschränkt sein soll. Diese Kopplung des Mindestsatzungskapitals an die Zusammensetzung des Mitgliederkreises wurde streitig, als nach Inkrafttreten des AktG und des GmbHG die Fortgeltung der RegO in der Praxis angezweifelt wurde.[1098] M.E. spricht einiges dafür, daß diese Zweifel unbegründet waren. Zwar behalten sowohl das GmbHG als auch das AktG die Regelung der Besonderheiten der Gründung einer personalistischen Kapitalgesellschaft, an der ausländische Investoren beteiligt sind, nicht der Konkretisierung durch untergesetzliche Rechtsakte, sondern generell der Bundesgesetzgebung - und damit insbesondere dem AIG - vor.[1099] Ermächtigungsgrundlage für die 1994 erlassene RegO stellte Art. 16 AIG a.F. dar. Das AIG a.F. blieb bis zum Inkrafttreten der Novelle in Kraft; insbesondere wurde es zuvor, anders als das UntG, weder durch das ZGB noch durch die Einzelgesetze des Kapitalgesellschaftsrechts teilweise außer Kraft gesetzt. Die Annahme der Unverbindlichkeit der Anordnung eines erhöhten Mindestkapitals durch die RegO würde somit voraussetzen, daß die Gesetzesvorbehalte des AktG und des GmbHG tatsächlich als Ausschluß jeder untergesetzlichen Regelung zu verstehen sind und - eine solche Auslegung unterstellt - Vorrang gegenüber Art. 16 AIG a.F genossen. Das Vorliegen der zweiten Voraussetzung dürfte kaum einer eindeutigen Bewertung zugänglich sein, da insoweit das Rangverhältnis zwischen jüngeren Gesetzen und einem älteren, aber spezielleren Gesetz in Rede steht. Letztlich kann diese Frage jedoch offen bleiben, da die vormals bestehende Rechtsunsicherheit mit Inkrafttreten des AIG n.F. entfallen ist. Darin wird zwar nicht die RegO ausdrücklich außer Kraft gesetzt, wohl aber das Vorgängergesetz und damit die Ermächtigungsgrundlage für

---

Šapkina, in: aaO., Art. 1 Rn. 3 m.w.N.; Zalesskij (Suchanov), Kommentarij k zakonu ob OOO, Art. 14 Rn. 2 m.w.N.

[1098] Vgl. Müller, Neues GmbH-Recht am 1. März 1998 in Kraft getreten, vwd-Rußland 1998, Nr. 48, S. 2; Solotych, Recht der Handelgesellschaften, Rn. 69.

[1099] Vgl. Artt. 11 Ziff. 3 GmbHG, 9 Ziff. 6 AktG.

den Erlaß der RegO.[1100] Zu beachten ist zudem, daß Art. 20 Ziff. 1 AIG nunmehr für die Errichtung und Liquidation von Wirtschaftsgesellschaften mit ausländischer Kapitalbeteiligung den Grundsatz der Inländergleichbehandlung einführt und Ausnahmen hiervon nur in den Schranken des Art. 4 Ziff. 2 AIG zuläßt. Danach erfordern einschränkende Ausnahmebestimmungen zu Lasten ausländischer Investoren den Erlaß formeller Bundesgetze und sind nur zulässig, soweit Beschränkungen zum Schutz der verfassungsmäßigen Ordnung, der Sittlichkeit, der Gesundheit, der Rechte und gesetzlich geschützten Interessen Dritter oder zur Gewährleistung der Verteidigungsfähigkeit und Sicherheit des Staates erforderlich sind. Ein erhöhtes Mindestkapital für Gesellschaften mit einem internationalen Kreis von Gründungsgesellschaftern stellt eine einschränkende Ausnahmeregelung i.d.S. dar, die jedoch weder zum Schutz der genannten Rechtsgüter und Interessen erforderlich ist noch auf einem formellen Bundesgesetz beruht. Demnach bleibt festzuhalten, daß Ziff. I.3. lit. g) Abs. 1 RegO wegen Verstoßes gegen höherrangiges Recht spätestens seit Inkrafttreten des AIG n.F. nicht mehr anwendbar ist. Daraus sollte indessen nicht die Erwartung abgeleitet werden, diese normhierarchisch gebotene Betrachtungsweise werde sich auch bei den Registrierungsbehörden bundesweit einheitlich durchsetzen.[1101] Die Durchsetzung der nunmehr eindeutigen Rechtslage dürfte jedoch in praxi kaum je erforderlich werden, da ausländisches Kapital regelmäßig in Gesellschaften fließt, die mit einem wesentlich über den gesetzlichen Schwellenwerten liegenden Startkapital ausgestattet werden.

Eine permanente Anpassung des Satzungskapitals an gesetzliche Erhöhungen des MROT ist nicht erforderlich. Durch höchstrichterliche Rechtsprechung ist heute klargestellt, daß sich das Mindestkapital nach derjenigen MROT-Bezugsgröße bestimmt, die im Zeitpunkt der konstitutiven Registrierung der Gesellschaft gilt.[1102] Diese Kapitalziffer bleibt bis zur Beendigung der Gesellschaft konstant; registrierungspflichtige Änderungen der Gründungsdokumente können von den Registrierungsbehörden

---

[1100] Art. 25 AIG enthält einen Katalog derjenigen Rechtsakte, die mit Inkrafttreten des AIG n.F. außer Kraft getreten sind. Die RegO ist darin nicht aufgeführt.

[1101] Die Handhabung in den Föderationssubjekten ist unterschiedlich. Die Moskauer Registrierungsbehörden gehen zutreffenderweise von einem einheitlichen Mindestsatzungskapital i.H.d. Hundertfachen des MROT aus; vgl. Markova, LLC Law in Russia, ICCLR 1998, Vol. 9, S. 334 (335).

[1102] Vgl. Ziff. 5 S. 2 der Leitentscheidung der Plenen des OG und des OWG Nr. 4/8 v. 02.04.1997, EiŽ 1997, Nr. 17, S. 16, sowie Ziff. 6 S. 2 der Leitentscheidung der Plenen des OG und des OWG Nr. 90/14 v. 09.12.1999, BVS RF 2000, Nr. 3, S. 1 (2).

nicht wegen zwischenzeitlicher Anpassungen des MROT verweigert werden. Der dieser Rechtsprechung zugrundeliegende Rechtsgedanke der Konstanz des Mindestkapitals[1103] verdeutlicht - die Fortgeltung bzw. behördliche Anwendung der RegO unterstellt - zudem, daß der Eintritt eines Ausländers in einen bis dato rein russischen Mitgliederkreis einer existenten GmbH oder gAG nicht zu einer Kapitalerhöhung zwingt, soweit das Satzungskapital der Gesellschaft unter dem Tausendfachen des MROT liegt.

II. Übernahme der Einlage

Im GmbH-Recht ist der Gründungsvertrag zwingender Regelungsstandort für Art und Höhe der von den Gründern einzubringenden Einlagen sowie für Leistungsfristen und Sanktionen bei säumiger Einlagenleistung.[1104] Hieran sind die Gründer nach zutreffender Auffassung ungeachtet der gesetzlichen Ausgestaltung des Gründungsvertrages als Gründungsdokument der Gesellschaft ab dem Zeitpunkt des Vertragsschlusses gebunden. Die auf den Geschäftsanteil zu leistende Einlage wird somit durch Abschluß des Gründungsvertrages übernommen,[1105] weshalb separate Vereinbarungen zwischen dem jeweiligen Übernehmer und der durch Abschluß des Gründungsvertrages begründeten einfachen Gesellschaft zur Begründung der Einlageverpflichtung weder geboten noch zulässig sind.[1106]

Im Recht der gAG stellt sich die Rechtslage weniger eindeutig dar. Wie im GmbH-Recht schreibt das Gesetz zwar eine Simultangründung vor, indem alle Aktien unter

---

1103 Kritisch gegenüber dem Regelungskonzept eines im Gläubigerinteresse gesetzlich bestimmten Mindestkapitals äußern sich Silliman/Kayukov, New Company Formation in Russia, PSJEEL 1996, Vol. 3, S. 175 (186 f.). Die an sich bereits eher symbolische Größe von 100 MROT wird als immer noch zu hoch kritisiert bei Black/Kraakman/Tarassova, Russian Law on Joint Stock Companies, S. 218. In dieser Kritik spiegelt sich der differierende Regelungsansatz des angloamerikanischen Gesellschaftsrechts wider. So ist etwa nach englischem Recht ein festes Mindestkapital von £50.000 nur für die public company vorgeschrieben, während die Gründer einer private company von jeglichen Kapitalaufbringungspflichten freigestellt sind; vgl. Wörlen, Introduction to English Civil Law I, S. 94 f. Die Einführung des Mindestkapitals für die public company ist auf europäisches Richtlinienrecht zurückzuführen; vgl. Habersack, Europäisches Gesellschaftsrecht, Rn. 52.

1104 Vgl. Art. 12 Ziff. 1 GmbHG.

1105 Ebenso Beljaev/Gorlov/Zacharov, OOO: pravovoe položenie, S. 128.

1106 Hinsichtlich der zur Ausführung der Sacheinlageverpflichtung zu schließenden Verträge vgl. die Zusammenstellung bei Beljaev/Gorlov/Zacharov, OOO: pravovoe položenie, S. 128 ff.

den Gründern aufzuteilen sind.[1107] Fraglich ist jedoch, ob die auf die Aktien zu leistenden Einlagen[1108] durch Abschluß des Errichtungsvertrages oder durch eigenständige Erwerbsverträge übernommen werden. Verbreitet findet sich die Auffassung, die Leistungspflicht der Gründer ergebe sich nicht aus dem Errichtungsvertrag, sondern aus neben diesem einzugehenden Aktienkaufverträgen.[1109] Dieser im Rahmen des Gründungsrechtes befremdende Ansatz könnte aus im Wertpapierrecht enthaltenen Legaldefinitionen zum Begriff der „Unterbringung"[1110] zu erklären sein, die auf den ersten Blick inkonsistent erscheinen. Während in Art. 2 Abs. 14 WPMG eine Unterbringung von Emissionswertpapieren als deren „Weggabe durch den Emittenten an die ersten Inhaber im Wege des Abschlusses zivilrechtlicher Rechtsgeschäfte" definiert ist, versteht Ziff. 1.2 Abs. 8 Emissionsstandards[1111] unter einer Unterbringung von Wertpapieren zwar gleichlautend u.a. deren Weggabe durch den

---

[1107] Vgl. Art. 99 Ziff. 3 S. 2 ZGB i.V.m. Art. 25 Ziff. 2 Abs. 2, 36 Ziff. 1 Abs. 1 AktG. Der das Gründungsrecht der gAG kennzeichnende Umstand, daß Aktien nicht durch Dritte, d.h. durch Personen, die nicht Partei des Errichtungsvertrages sind, gezeichnet werden können, wird verkannt bei Bakšinskas, Sozdanie AO, Pravo i Ėkonomika 1997, Nr. 21-22, S. 9 (14).

[1108] Das Aktienrecht gebraucht nicht den Begriff „Einlage", sondern spricht von der „Verpflichtung zur Bezahlung der Aktien"; vgl. Art. 99 Ziff. 2 ZGB i.V.m. Art. 34 AktG. Da dieser Sprachgebrauch keine materiellrechtlichen Abweichungen gegenüber dem GmbH-Recht erkennen läßt, wird hier fortan einheitlich von „Einlagen" gesprochen. Abzulehnen ist insbesondere die Auffassung *Zalesskijs* (OOO v sisteme chozjajstvennych obščestv, Pravo i Ėkonomika 1998, Nr. 3, S. 13 [17]), hinter der terminologischen Unterscheidung verberge sich ein wesentlicher Unterschied in den inneren und äußeren Rechtsverhältnissen einer AG oder GmbH: während die „Bezahlung" einer Aktie den Kauf eines „entpersonalisierten" Rechts bedeute, weise die Einbringung der Einlage auf ein höheres persönliches Engagement in den Gesellschaftsangelegenheiten sowie auf ein Interesse der GmbH an der Erhaltung der Einlage innerhalb des Gesellschaftsvermögens hin. Allein die fehlende wertpapiermäßige Verbriefung von GmbH-Anteilen vermag eine solche Differenzierung jedoch nicht zu begründen. Zudem verkennt Zalesskij, daß in jeder Kapitalgesellschaft vorrangig die wertmäßige Aufbringung des Stammkapitals, nicht aber die konkrete Zusammensetzung des Gesellschaftsvermögens von Interesse ist.

[1109] Dafür etwa Bakšinskas, Sozdanie AO, Pravo i Ėkonomika 1997, Nr. 21-22, S. 9 (11f., 14); ders., Formirovanie ustavnogo kapitala chozjajstvennych obščestv nedenežnymu vkladami, Zakonodatel'stvo 1998, Nr. 8, S. 11 (16); Ivanova/Tolmačeva, Ėmissija akcii pri sozdanii AO, Zakon 2001, Nr. 8, S. 86 (88); Šapkina (Braginskij), Kommentarij k zakonu ob AO, Art. 34 Rn. 4.

[1110] Russ.: „Razmeščenie".

[1111] „Standards für die Emission von Aktien bei der Gründung von Aktiengesellschaften, von zusätzlichen Aktien, Obligationen und deren Emissionsprospekten", bestätigt durch VO der FKCB Nr. 19 v. 17.09.1996, VFKCB 1996, Nr. 4, S. 1 ff. i.d.F. der VO der FKCB Nr. 47 v. 11.11. 1998, VFKCB 1998, Nr. 10, S. 1 ff. (fortan: Emissionsstandards). Nach einer Entscheidung des OG findet Ziff. 8.1. Emissionsstandards a.F. (= Ziff. 4.3 Abs. 1 Emissionsstandards n.F.) wegen Verstosses gegen das AktG teilweise keine Anwendung; vgl. BVS RF 1999, Nr. 12, S. 1 f. Ferner hat das OG durch Beschluß v. 04.07.2000 die Absätze 2 bis 4 der Ziff. 4.4 Emissionsstandards ebenfalls wegen Unvereinbarkeit mit dem AktG für unwirksam erklärt; vgl. Lomakin, Krupnye sdelki v graždanskom oborote, Zakonodatel'stvo 2001, Nr. 3, S. 18 (23 f.) m.w.N. Zu den Emissionsstandards s. die Einführung samt deutscher Übersetzung (a.F.) bei Schwartz/Jetter, RF: Neue Bestimmungen über die Ausgabe von Aktien und Wertpapieren, WiRO 1997, Nr. 4, S. 140 ff.

Emittenten an die ersten Inhaber, enthält aber keinen Hinweis auf einen rechtsgeschäftlichen Charakter der Unterbringung. Es wäre indessen voreilig, hieraus einen materiellrechtlichen Widerspruch zwischen beiden Rechtsakten abzuleiten. Ziff. 1.2. Abs. 9 Emissionsstandards führt nämlich den Begriff der „Zeichnung" ein und definiert diese als „Unterbringung von Wertpapieren auf der Grundlage von Verträgen (z.B. Kauf- und Tauschverträge)", woraus sich ergibt, daß in den Emissionsstandards der Begriff der Unterbringung von Aktien i.S.d. WPMG durch den Begriff der Zeichnung substituiert wird. Mit dieser begrifflichen Differenzierung zwischen Unterbringung und Zeichnung hat die FKCB in ihrer Funktion als Regulierungsbehörde für den Wertpapiermarkt und Verordnungsgeberin der Emissionsstandards dem Umstand Rechnung getragen, daß im Gründungsrecht des AktG im Gegensatz zu einer späteren Ausgabe zusätzlicher Aktien[1112] gerade keine Zeichnung der Aktien durch die Gründer vorgeschrieben ist. Ein rechtsgeschäftlicher Aktienerwerb findet im Gründungsvorgang nicht statt, die Aktien werden den Gründern vielmehr entsprechend der im Errichtungsvertrag getroffenen Vereinbarung zugeteilt.[1113]

Gegen die Zulässigkeit von Aktienkaufverträgen zwischen dem jeweiligen Gründer und der noch inexistenten gAG in Gestalt der einfachen Gesellschaft[1114] spricht ferner, daß Ziff. 10.6 Emissionsstandards den Abschluß von Rechtsgeschäften mit Wertpapieren vor der staatlichen Registrierung der Ausgabe dieser Wertpapiere verbietet. Zudem finden das Verbot der Unterbringung von Aktien vor Registrierung des Ausgabebeschlusses sowie das Verbot der Registrierung des Ausgabebeschlusses vor vollständiger Aufbringung des Satzungskapitals im Gründungsrecht der gAG ebensowenig Anwendung[1115] wie das Aktienrecht einen Hinweis enthält, wonach die Gründer Aktien erst nach erfolgter Registrierung des Ausgabebeschlus-

---

[1112] Russ.: „Dopolnitel`nye akcii". In der deutschen Literatur wird verbreitet auch der korrespondierende Begriff „junge" Aktien verwendet.

[1113] Deutlich wird dies nunmehr auch aus Ziff. 2.1 Abs. 1 Emissionsstandards, wonach bei Gründung einer AG alle Aktien gemäß dem Errichtungsvertrag auf die Gründer zu „verteilen" sind. Die Zeichung als rechtsgeschäftliche Weggabe von Aktien und der Gründungsbeschluß stellen Unterfälle des Oberbegriffes „Unterbringung" dar, die sich gegenseitig ausschließen; vgl. Ziff. 1.3. lit. a) u. v) Emissionsstandards.

[1114] So die Definition der Vertragsparteien bei Bakšinskas, Sozdanie AO, Pravo i Ékonomika 1997, Nr. 21-22, S. 9 (13).

[1115] Ziff. 10.1, 10.2 Abs. 2 Emissionsstandards.

ses[1116] übernehmen könnten. Daher dürfte die Übernahme der Einlageverpflichtung ohnehin kein wertpapierrechtlich zulässiger Gegenstand solcher Verträge sein. Die dogmatischen Schwierigkeiten, die das Gründungsrecht weiten Teilen der Lehre bereitet, dürften nicht zuletzt auf der fehlenden Akzeptanz des Institutes einer mit der fertigen Kapitalgesellschaft im Grundsatz bereits identischen Vor-AG beruhen. Lehnt man eine Kontinuität zwischen der im Gründungsstadium bestehenden einfachen Gesellschaft und der fertigen gAG ab, kommt die einfache Gesellschaft nicht als tauglicher Emittent in Betracht. *Ivanova/Tolmačeva*[1117] wollen die Verteilung der Aktien unter den Gründungsaktionären als Vorvertrag zwischen denselben qualifizieren, durch welchen sich die Gründer verpflichteten, nach Enstehung der gAG einen Unterbringungsbeschluß zu fassen. Wie die juristische Person ohne Anteilseigner entstehen soll bleibt dabei ebenso offen wie die Frage, wie die gAG im Stadium zwischen Registrierung und der Beschlußfassung geleitet werden soll. Ferner bleibt bei *Ivanova/Tolmačeva* ungeklärt, woraus sich das Stimmrecht der Gründer, die noch keine Aktien halten, in der fertigen Gesellschaft ergeben soll.

Nach zutreffender Auffassung übernehmen die Gründer die Verpflichtung zur Erbringung der Einlagen, indem sie den Errichtungsvertrag schließen,[1118] in welchem zwingend der Ausgabebetrag der Aktien und die einzubringenden Vermögensgegenstände zu bezeichnen sind.[1119] Die Aktien als solche sowie die Stellung als Aktionär entstehen im Zeitpunkt der Entstehung der gAG als juristische Person. Die Ausgabe muß innerhalb eines Monats nach Entstehung der Gesellschaft durch die FKCB registriert werden lassen.[1120]

[1116] Die entsprechenden Unterlagen sind spätestens innerhalb eines Monats nach Registrierung der gAG einzureichen; vgl. Ziff. 10.8 Abs. 1 Emissionsstandards. Arg. e Ziff. 9.4 Emissionsstandards, wonach zur Registrierung der Erstausgabe lediglich der Errichtungsvertrag und der Bericht über die Ergebnisse der Ausgabe einzureichen sind, d.h. nicht die im Katalog der Ziff. 9.1 Emissionsstandards aufgelisteten Unterlagen, die wiederum einen Registrierungsnachweis des Emittenten umfassen, ergibt sich, daß der Verordnungsgeber vom Regelfall der Registrierung der Ausgabe vor Registrierung des Emittenten als juristischer Person ausgeht; a.A. Schramm, Kapitalmarktrecht der RF, S. 183.

[1117] Émissija akcij pri sozdanii AO, Zakon 2001, Nr. 8, S. 86 (88).

[1118] Ebenso Ioncev, Akcionernye obščestva 1, S. 33.

[1119] Vgl. Artt. 9 Ziff. 5 Abs. 1 S. 1, 34 Ziff. 2 Abs. 1 S. 2 AktG.

[1120] Vgl. Ziff. 10.8. Emissionsstandards. Im Interesse des Verkehrsschutzes lehnt es die Rechtsprechung im Falle einer Fristüberschreitung ab, die Ausgabe auf entsprechende Anfechtungsklage hin aufzuheben; vgl. Ziff. 2 des Informationsbriefs des Präsidiums des OWG Nr. 63 V. 23.04.2001, ÉiŽ-Jurist Mai 2001, S. 8.

I.E. ist die Übernahme der auf das Satzungskapital einer GmbH oder gAG zu erbringenden Leistungen durch die Gründer parallel ausgestaltet; die Unterzeichner sowohl des GmbH-Gründungsvertrages als auch des gAG-Errichtungsvertrages werden insoweit unmittelbar verpflichtet.

III. Gegenstand der Leistung

1. Bareinlagen

Werden bei Gründung der gAG Aktien gegen Bareinlagen zugeteilt, so müssen die Bareinlagen mindestens die Summe der Nennbeträge der von dem einzelnen Gründer gehaltenen Aktien erreichen.[1121] Gleiches gilt im GmbH-Recht, wo der Wert der Einlage jedes Gründers mindestens den Nennbetrag seines Anteils erreichen muß;[1122] die Vereinbarung eines Agios ist zulässig.

Die Fristen zur Leistung von Bareinlagen waren nach der vor dem 01.01.2002[1123] geltenden Rechtslage rechtsformidentisch ausgestaltet, unterscheiden sich aber nunmehr erheblich. Der GmbH muß die Einlage spätestens ein Jahr nach ihrer Re-

---

[1121] Vgl. Art. 36 Ziff. 1 Abs. 1 AktG. Hier hat die Novelle des AktG v. 07.08.2001 insoweit eine erhebliche Klarstellung gebracht, als gem. Art. 36 Ziff. 1 Abs. 2 AktG a.F. der Ausgabebetrag der auf die Gründer aufzuteilenden Aktien zwingend auf deren Nennbetrag festgesetzt war. Soweit man den Gesetzgeber beim Wort nahm, war damit eine Ausgabe nicht nur unter-, sondern auch überpari ausgeschlossen. Dies dürfte jedoch kaum auf einer bewußten Entscheidung des Gesetzgebers gegen eine über den Nennbetrag hinausgehende privatautonome Festsetzung des Ausgabebetrages im Errichtungsvertrag beruht haben. Da zudem ein Verbot der Überpariemission dem Sinn und Zweck des Kapitalaufbringungsrechts widersprochen hätte, war es m.E. bereits nach Altrecht zulässig, auf den Nennbetrag ein Agio aufzuschlagen.

[1122] Dieser in Art. 16 Ziff. 1 Abs. 1 S. 2 GmbHG ausgedrückte Grundsatz bezieht sich auf Bar- und Sacheinlagen. Daneben stellt Art. 15 Ziff. 2 Abs. 2 S. 2 GmbHG klar, daß der Nennbetrag eines Anteils, für den eine Sacheinlage übernommen wird, den durch den Bewerter bestimmten Betrag nicht übersteigen darf. Entgegen der Auffassung *Sipakovas* (The Russian ZAO and OOO: A Comparison, Sudebnik 1998, Vol. III, S. 597 [602]) kann aus dieser - unglücklichen - Formulierung des Gesetzes nicht gefolgert werden, die Festsetzung des Nennbetrages eines Anteils, für den eine Sacheinlage übernommen wird, folge der Bewertung der Sacheinlage zeitlich nach. Dem steht bereits entgegen, daß der Nennbetrag der Anteile in den Gründungsdokumenten anzugeben ist. Die externe Wertprüfung stellt eine ex-post-Kontrolle dar, ob die Leistung der übernommenen Einlage tatsächlich entspricht. Art. 15 Ziff. 2 Abs. 2 S. 2 GmbHG konkretisiert daher lediglich für Sacheinlagen das in Art. 16 Ziff. 1 Abs. 1S. 2 GmbHG enthaltene allgemeine Verbot der Übernahme einer Einlage unterpari.

[1123] Zu diesem Zeitpunkt sind die Änderungen der letzten Novellierung des AktG in Kraft getreten; vgl. Art. 2 Abs. 1 des Änderungungsgesetzes v. 07.08.2001, RG Nr. 151-152 v. 09.08.2001, S. 7 (10).

gistrierung zur Verfügung stehen, wobei im Gründungsvertrag[1124] kürzere Fristen vorgesehen werden können. Gesetzliche Bedingung für die Vornahme der Registrierung ist, daß in diesem Zeitpunkt 50% des Satzungskapitals eingezahlt sind.[1125] Im Aktienrecht sind diese strengen Vorgaben aufgegeben worden. Der Gesetzgeber hat die Leistung der Einlagen auf den Zeitraum nach Entstehung der Gesellschaft verlagert, indem Art. 34 Ziff. 1 Abs. 1 u. 2 AktG bestimmt, daß mindestens 50 % der den Gründern zugeteilten Aktien innerhalb von drei Monaten nach Registrierung der AG zu bezahlen sind; im übrigen verbleibt es bei der Ausschlußfrist von einem Jahr nach Registrierung. Damit ist eine gAG selbst dann registrierungsfähig, wenn bis dato keiner der Gründer seiner Einlageverpflichtung nachgekommen ist. In derartigen Fällen berechtigt die Entstehung der juristischen Person jedoch nicht dazu, im Namen der Gesellschaft die Geschäftstätigkeit aufzunehmen. Gem. Art. 2 Ziff. 3 Abs. 2 AktG ist es der Gesellschaft verboten, andere als gründungsnotwendige Geschäfte vorzunehmen, bevor 50% des Satzungskapitals aufgebracht wurden. Es bleibt abzuwarten, wie die Rechtsprechung auf Situationen reagieren wird, in denen Gründungsaktionäre unter Verstoß gegen das Verbot, aber unter Inanspruchnahme der Haftungsbeschränkung im Namen der Gesellschaft am Rechtsverkehr teilnehmen werden, ohne ihren Kontrahenten eine feste Haftsumme zur Verfügung zu stellen. In diesem Punkt liegt die wesentliche Schwäche der gesetzlichen Neuregelung, da Vertragspartnern der Gesellschaft nach geltendem Registrierungsrecht kein publizitätswirksames Register zugänglich ist, welches die fehlende Aufbringung des Satzungskapitals offenlegte. Bedenklich erscheint auch die nunmehr gegebene Möglichkeit, in der Satzung vorzusehen, daß den von den Gründern gehaltenen Aktien unabhängig von jeder Kapitalaufbringung bereits mit Entstehung der Gesellschaft volle Stimmkraft zukommt.[1126] Über die Gründe, die den Gesetzgeber zu dieser einschneidenden Aufweichung des Kapitalaufbringungsrechts der AG bewogen haben, kann nur spekuliert werden. Von Gewicht dürfte der Umstand gewesen sein, daß die russische Zivilistik bislang nahezu einmütig eine Rezeption des Institutes der Vorgesellschaft ablehnt und aus diesem Grunde dogmatische Schwierigkeiten hat, den Empfänger von Einlagen, die vor Registrierung der Gesellschaft geleistet

---

[1124] Vgl. Art. 16 Ziff. 1 Abs. 1 S. 1 GmbHG.

[1125] Vgl. Art. 16 Ziff. 2 GmbHG.

[1126] Vgl. Art. 34 Ziff. 1 Abs. 3 AktG.

werden, zu identifizieren. Dieser Rückschritt führt allerdings nicht zu einem Rückfall hinter den acquis communautaire des EU-Rechts.[1127]

Ausländische Gründungsgesellschafter können Bareinlagen auf das in Rubel auszuweisende Satzungskapital[1128] sowohl in Rubel[1129] als auch in Fremdwährung[1130] leisten.

2. Sacheinlagen

a. Sacheinlagefähige Vermögensgegenstände

Aufgrund der in Art. 66 Ziff. 6 ZGB für alle Wirtschaftsgesellschaften einheitlich getroffenen Regelung der Sacheinlagefähigkeit unterscheiden sich die Anforderungen an die bei qualifizierten Gründungen einer GmbH oder gAG einzubringenden Vermögensgegenstände nicht. Sacheinlagefähig sind danach Wertpapiere, andere Sa-

---

[1127] Gem. Art. 9 Abs. 1 der „Zweite[n] Richtlinie 77/91/EWG zur Koordinierung der Schutzbestimmungen, die in den Mitgliedstaaten den Gesellschaften im Sinne des Art. 58 Abs. 2 des Vertrages im Interesse der Gesellschafter sowie Dritter für die Gründung der Aktiengesellschaft sowie für die Erhaltung und Änderung ihres Kapitals vorgeschrieben sind, um diese Bestimmungen gleichwertig zu gestalten" v. 13.12.1976 i.d.F. v. 01.01.1995, ABl. EG Nr. L 1/142 (fortan: KapitalRL), müssen Einlagen auf ausgegebene Aktien im Zeitpunkt der Gründung einer AG oder der Erteilung der Genehmigung zur Aufnahme ihrer Geschäftstätigkeit in Höhe von mindestens 25% des Nennbetrags der Aktien geleistet werden. An der zweiten Alternative scheint sich der Reformgesetzgeber orientiert zu haben.

[1128] Dieser Grundsatz hat nunmehr in Art. 14 Ziff. 1 Abs. 3 GmbH eine gesetzliche Positivierung erfahren.

[1129] Nach wie vor müssen ausländische Investoren nach dem durch die Weisung der Zentralbank Nr. 482 v. 07.07.1997 (EiŽ 1997, Nr. 31) festgelegten Verfahren ein Devisen- sowie ein sog. I-Konto (Investitionsrubelkonto) eröffnen. Der ausländische Gründungsgesellschafter hat den für die Erbringung der Einlage erforderlichen Betrag in Fremdwährung auf das Devisenkonto zu überweisen, von welchem der Betrag durch die kontoführende Bank gegen Rubel verkauft wird. Die Bank schreibt den so erzielten Rubelbetrag dem I-Konto gut und übersendet innerhalb von zwei Tagen eine Kopie des Kontoeröffnungsantrages und eine Reihe weiterer Unterlagen an die zuständige Gebietsverwaltung der Zentralbank, welche diese Unterlagen prüft und innerhalb von zehn Tagen ein „Zeugnis über die Registrierung einer Investitionsoperation" ausstellt. Erst nach Erhalt dieses Zeugnisses darf die kontoführende Bank den Rubelbetrag von dem I-Konto auf das Rubelkonto der Kapitalgesellschaft weiterleiten; vgl. Bakšinskas, Formirovanie ustavnogo kapitala chozjajstvennych obščestv nedežnymu vkladami, Zakonodatel'stvo 1998, Nr. 8, S. 11 (14); Ioncev, Akcionernye obščestva 1, S. 34 m.w.N.

[1130] Hierfür muß die Gesellschaft, in deren Satzungskapital ein Fremdwährungsbetrag geleistet werden soll, nach Ansicht der Zentralbank eine devisenrechtliche Lizenz beantragen, was insbesondere deshalb problematisch ist, weil die Gesellschaft im Zeitpunkt der Abtragstellung noch nicht rechtsfähig und damit auch nicht kontofähig ist; vgl. Schmitt, Unternehmens- und Gesellschaftsrecht der RF, S. 19.

chen oder Vermögensrechte oder andere Rechte, die einen *Geldwert* haben.[1131] Maßgebliches Kriterium der Sacheinlagefähigkeit ist somit letztlich, ob dem betreffenden Vermögensgegenstand ein in Geld zu bemessender Wert zukommt. Die Geeignetheit dieses Kriteriums für die Sicherstellung eines realen Kapital- bzw. Vermögenszuflusses erscheint zweifelhaft, weil ein in Geld zu bemessender Wert u.U. auch dann gegeben sein kann, wenn es für den einzubringenden Vermögensgegenstand keinen Markt gibt. Bedenklich ist, daß das Risiko fehlender wirtschaftlicher Werthaltigkeit einer Sacheinlage die Gesellschaft selbst sowie insbesondere deren Gläubiger treffen kann, weshalb das Sachgründungsrecht hinter dem im sekundären Gemeinschaftsrecht der EU erreichten Standard zurückbleibt.[1132] Die Problematik des Begriffes des „Geldwertes"[1133] spiegelt sich in der im Fluß befindlichen Diskussion über die Sacheinlagefähigkeit von Immaterialgütern, insbesondere Know-how,[1134]

[1131] Art. 66 Ziff. 6 ZGB spricht hier von der Einlagefähigkeit in das „Gesellschaftsvermögen". Hierzu steht nunmehr Art. 27 GmbHG in Widerspruch, worin der Begriff der „Einlage in das Gesellschaftsvermögen" i.S. von Nachschüssen der Gesellschafter verwendet wird und von dem Begriff der „Einlage in das Satzungskapital", d.h. der Stammeinlage i.S.d. Art. 15 GmbHG, abgegrenzt wird. Weder in der Literatur noch in der Rechtsprechung wird aber bezweifelt, daß der frühere ZGB-Gesetzgeber mit der Bezugnahme auf das Gesellschaftsvermögen auch die Einlage in das Satzungskapital einer GmbH (Art. 90 Ziff. 2 ZGB) bzw. die „Bezahlung der Aktien" einer AG (Art. 99 Ziff. 2 ZGB), d.h. die Stammeinlagen bei einer Kapitalgesellschaftsgründung, im Blick hatte. Ungeachtet des abweichenden Wortlautes weisen die Artt. 66 Ziff. 6 ZGB, 15 Ziff. 1 GmbHG, 34 AktG denselben Regelungsgehalt auf.

[1132] Danach darf das gezeichnete Kapital einer Aktiengesellschaft nur aus Vermögensgegenständen bestehen, deren wirtschaftlicher Wert feststellbar ist; vgl. Art. 7 S. 1 KapitalRL. Gem. Art. 7 S. 2 KapitalRL scheiden Verpflichtungen zu Arbeits- oder Dienstleistungen als Gegenstand einer Sacheinlage per se aus. Gleichlautend § 27 Abs. 2 AktG-D. Der Anwendungsbereich der KapitalRL beschränkt sich bislang auf das Aktienrecht; es bleibt abzuwarten, ob er durch eine in Vorbereitung befindliche Kapital- und Fusionsrichtlinie auf Gesellschaften mbH erweitert werden wird; vgl. Gromotke, GmbH-Recht in den ostmitteleuropäischen Staaten vor dem Hintergrund ihrer EU-Integration, S. 45 m.w.N. In den meisten Mitgliedstaaten, so auch in Deutschland, bemißt sich die Sacheinlagefähigkeit eines Vermögensgegenstandes im gesamten Kapitalgesellschaftsrecht nach dessen wirtschaftlicher Werthaltigkeit.

[1133] *Beljaev/Gorlov/Zacharov* (OOO: pravovoe položenie, S. 124 f.) haben den - soweit ersichtlich - bislang einzigen Versuch einer Definition unternommen. Danach soll einem Vermögensgegenstand dann ein Geldwert zukommen, wenn er verkehrsfähig und taugliches Objekt der Zwangsvollstreckung ist.

[1134] Gem. Ziff. 17 Abs. 2 der Leitentscheidung der Plenen des OG und des OWG Nr. 6/8 v. 01.07.1996 (BVS 1996, Nr. 9, S. 1 [4]) sollen Immaterialgüter wie Patente, Urheberrechte oder Know-how nicht als solche, wohl aber Nutzungsrechte hieran im Wege des Abschlusses eines Lizenzvertrages mit der Gesellschaft sacheinlagefähig sein (kritisch hierzu Sadikov [Avilov] II, Kommentarij GK I, Art. 66 Rn. 4, mit zutreffendem Hinweis darauf, daß nicht einsichtig sei, warum Nutzungsrechten an Immaterialgütern, die als solche keinen Geldwert haben, ein Geldwert zukommen soll). Diese Rechtsprechung ist m.E. zumindest hinsichtlich der Sacheinlagefähigkeit von Know-how i.S.d. Art. 139 ZGB insoweit einschränkungsbedürftig, als diese allenfalls unter der Voraussetzung bejaht werden kann, daß das einzubringende Know-how nach geltendem Recht durch Patente oder Muster schutzfähig ist; vgl. Micheler, Sacheinlagen bei der Gründung von AG und GmbH, WiRO 1996, Nr. 4, S. 121 f. Die Sacheinlagefähigkeit von Know-how wird generell verneint bei Black/Kraakman/Tarassova, Russian Law on Joint Stock Companies, S. 251. Zu begrüsowie in dem Umstand wider, daß in untergesetzlichen Rechtsakten einzelner Föderationssubjekte bereits weitere Voraussetzung für die Anerkennung von Sacheinlagen aufgestellt wurden.[1135]

Bei Einbringung von Nutzungsrechten (Mietrechten etc.) stellt das GmbH-Recht einen im Aktienrecht nicht enthaltenen Mechanismus zur Sicherung der Kapitalaufbringung für den Fall zur Verfügung, daß das Nutzungsrecht von der Gesellschaft nicht für den gesamten, mit dem Gesellschafter als dem Zedenten des Rechts vereinbarten Zeitraum ausgeübt werden kann.[1136] Gem. Art. 15 Ziff. 3 Abs. 1 S. 1 GmbHG hat die Gesellschaft gegen den Gesellschafter einen Ausgleichsanspruch in Höhe des Betrages, den sie für die Nutzung solchen Vermögens zu gleichen Bedingungen für den verbleibenden Zeitraum am Markt aufbringen muß.[1137] Damit weist das Gesetz das Risiko einer zwischenzeitlichen Verteuerung des Erwerbs von Nutzungsrechten an einem vergleichbaren Vermögensgegenstand dem jeweiligen Gesellschafter zu.

---

ssen ist deshalb, daß bereits Forderungen nach einem gesetzlichen Verbot der Verwendung von Know-how als Sacheinlage erhoben werden; so etwa Bakšinskas, Formirovanie ustavnogo kapitala chozjajstvennych obščestv nedežnymu vkladami, Zakonodatel`stvo 1998, Nr. 8, S. 11 (17). Auch die Sacheinlagefähigkeit von Arbeits- und Dienstleistungen ist bis heute streitig geblieben, nach zutreffender Auffassung aber zu verneinen; vgl. Beljaev/Gorlov/Zacharov, OOO: pravovoe položenie, S. 132 f.; Black/Kraakman/Tarassova, aaO., S. 251; Gubin, Akcionernoe pravo, S. 48 f.; Suchanov, Zakon ob OOO, ChiP 1998, Nr. 5, S. 38 (44). Die Auswirkungen der gefährlichen Weite des Begriffes des „Geldwertes" sowie des Fehlens von Vorschriften, die sicherstellen, daß die Einlage der Gesellschaft tatsächlich zur Verfügung steht, zeigt sich ferner daran, daß selbst der die Gründer treffende Gründungsaufwand verbreitet als taugliche Sacheinlage betrachtet wird (so etwa Krapivin/Vlasov, Kommentarij k zakonu ob AO, S. 51; Pantjuchina, Ustavnyj kapital i organizacionnye razchody, ChiP 1995, Nr. 12, S. 88 [90]), obwohl der Gesellschaft allein durch ihre Gründung kein Vermögen zufließt. Zur Bewertung von Immaterialgütern s. eingehend Novosel`cev, Ocenka intellektual`noj sobstvennosti, ChiP 1998, Nr. 6, S. 119 ff.

[1135] Soweit für Gesellschaftsgründungen etwa die Moskauer Registrierungskammer zuständig ist, ist zu beachten, daß derjenige Gründungsgesellschafter, der eine Sacheinlage übernommen hat, gegenüber der Behörde bestimmte Vermögensgegenstände bezeichnen und bestätigen muß, daß die Einlage „real" ist, nicht in das Satzungskapital anderer juristischer Personen eingebracht wurde und nicht mit Rechten Dritter belastet ist; vgl. Verfügung des Moskauer Bürgermeisters v. 16.10.1998 Nr. 1044-PM „Über die Verstärkung der Kontrolle über die Formierung des Satzungskapitals juristischer Personen", EiŽ-Moskovskij Vypusk v. 20.11.1998, Nr. 28.

[1136] Entgegen der Auffassung *Suchanovs* (in: Zalesskij, Kommentarij k zakonu ob OOO, Art. 16 Rn. 3) entfallen Nutzungsrechte der Gesellschaft nicht, wenn der Gesellschafter, der diese Rechte der Gesellschaft als Sacheinlage übertragen hat, aus der Gesellschaft austritt oder aus ihr ausgeschlossen wird. Denn Art. 15 Ziff. 4 GmbHG stellt nunmehr klar, daß weder Austritt noch Ausschluß eines Gesellschafters Auswirkungen auf den Verbleib der von diesem als Sacheinlage eingebrachten Nutzungsrechte bei der Gesellschaft haben, sofern im Gründungsvertrag nichts anderes bestimmt ist.

[1137] Diese Regelung ist dispositiv; vgl. Art. 15 Ziff. 3 Abs. 2 GmbHG. Im Gründungsvertrag können bspw. auch pauschale Vertragsstrafen für den Fall festgelegt werden, daß Sacheinlagen der Gesellschaft vorfristig entzogen werden.

Eine gAG hat in der entsprechenden Situation keinen gesetzlichen Ausgleichsanspruch gegen einen Aktionär, der Aktien gegen Übertragung von Nutzungsrechten auf die Gesellschaft erhalten hat. Jedoch kann eine dem GmbH-Recht vergleichbare Sicherung erreicht werden, indem die Gründer von den Möglichkeiten des Art. 34 Ziff. 1 Abs. 4 S. 2 AktG Gebrauch machen. Danach kann die Nichterfüllung der Pflicht zur Bezahlung der Aktien, d.h. zur Leistung der Einlage, im Errichtungsvertrag sanktioniert werden. Bringt ein Gründer Nutzungsrechte ein, tritt die Erfüllungswirkung erst ein, wenn die Rechte der Gesellschaft für den gesamten vorgesehenen Zeitraum zur Verfügung standen.

Ausländische Gründer, die Sacheinlagen übernehmen, sollten beachten, daß sich die insoweit geltenden einfuhrsteuerrechtlichen Vergünstigungen auf denjenigen Wert der Einlage beschränken, der dem Nennbetrag der übernommenen Aktien bzw. des Anteils entspricht. Übersteigt der Wert einer Sacheinlage den Nennbetrag, wird das Agio nach den allgemeinen Bestimmungen verzollt.[1138]

Beide personalistischen Kapitalgesellschaftsfromen sind von dem grundsätzlichen Defizit der gesetzlichen Regelung hinsichtlich der Sicherstellung der Werthaltigkeit von Sacheinlagen gleichermaßen betroffen. Im übrigen ist die Regelungsdichte für qualifizierte Gründungen einer GmbH oder gAG jedoch insbesondere hinsichtlich der Haftung bei Überbewertung von Sacheinlagen durchaus unterschiedlich.

[1138] Vgl. Rybalkin, Tamožennye l'goty pri vvoze imuščestva, vnosimogo v ustavnyj kapital OOO, ChiP 2000, Nr. 10, S. 80 (84). Zur Rechtslage nach Art. 24 AIG a.F. vgl. Boguslawskij, Handels- und Unternehmensrecht in Rußland, S. 61; Filatov/Filatova, L'goty pri vvoze tovarov v ustavnyj kapital sovmestnych predprijatij, Inostrannyj kapital v Rossii 1998, Nr. 6, S. 16 ff. Picot, Unternehmenskauf und Restrukturisierung, Teil IX.II. Rn. 75; Schmitt, Unternehmens- und Gesellschaftsrecht in der RF, S. 20. Gem. Art. 16 AIG n.F. finden diese Vergünstigungen nunmehr nur noch dann Anwendung, wenn es sich um ein sog. „vorrangiges Investitionsprojekt" handelt. Im Rahmen der Gründung einer Kapitalgesellschaft ist dies der Fall, soweit die Einlage des ausländischen Investors in das Satzungskapital mindestens Rbl. 100 Mio. beträgt und das Projekt in einer von der Regierung der RF geführten „Liste der vorrangigen Investitionsprojekte" geführt wird. Das Staatliche Zollkomittee hat nach Inkrafttreten des AIG n.F. mitgeteilt, es werde die vormals geltenden Vergünstigungen weiterhin jedenfalls solange gewähren, bis die Steuer- und Zollgesetzgebung an die Novelle angepaßt worden ist; vgl. Marinich/Zafft, Russia's new Foreign Investment Law, RCEEL 1999, Nr. 3, S. 435 (441 f.) m.w.N.; Rybalkin, aaO., S. 80 m.w.N. *Solotych* (Unternehmensgründung in der RF, Rn. 35) weist zu Recht darauf hin, auf eine begünstigte Einfuhr von Sacheinlagen sei in Rußland kein Verlaß. Der gültige Stand der Importbesteuerung muß für den jeweiligen Einzelfall festgestellt werden.

b. Bewertungsgrundsätze

Grundsätzlich erfolgt die Bewertung von Sacheinlagen sowohl im GmbH- als auch im Aktienrecht durch einstimmigen Gesellschafterbeschluß.[1139] Die Bestimmungen sind jedoch nicht vollkommen deckungsgleich. Anders als im Aktienrecht sind im GmbH-Recht Zweifel angebracht, ob die Gründungsgesellschafter die Bewertung von Sacheinlagen bereits vor Registrierung der Gesellschaft vornehmen können. Während die Bewertung durch Vereinbarung zwischen den Gründern im Aktienrecht den gesetzlichen Regelfall darstellt, hat der GmbHG-Gesetzgeber die Bewertung von Sacheinlagen ausdrücklich der Gesellschafterversammlung, also einem Organ der registrierten Gesellschaft zugewiesen. Ungeachtet des Gesetzeswortlautes hält *Suchanov* insoweit ohne weitere Begründung eine Substitution des Beschlusses der Gesellschafterversammlung durch eine Vereinbarung zwischen den Gründern für zulässig.[1140] Dem dürfte zwar nicht in einer - sich generell verbietenden - Analogie zum Aktienrecht, wohl aber unter dem Aspekt zu folgen sein, daß die Terminologie der die Aufbringung des Satzungskapitals regelnden Artt. 14 ff. GmbHG keine einheitliche Verwendung der Begriffe „Gesellschafter" und „Gründer" erkennen läßt. So ist bspw. in Art. 15 Ziff. 2 Abs. 1 GmbHG von der Sacheinlageneinbringung durch die „Gesellschafter" die Rede, obwohl Sacheinlagen grundsätzlich bereits vor Registrierung der Gesellschaft eingebracht werden können und in diesem Stadium weder die juristische Person noch „Gesellschafter" existieren. Eine formaljuristisch begründete Ablehnung der Zulässigkeit der Vornahme der Sacheinlagenbewertung vor Registrierung der GmbH verbietet sich daher. Vor diesem Hintergrund ist zu begrüßen, daß die Rechtsprechung eine Bewertung durch die Gründer inzwischen akzeptiert.[1141] Allerdings bleibt abzuwarten, ob in einer vertieften wissenschaftlichen Auseinandersetzung mit dem GmbH-Recht in den nächsten Jahren eine Beschäftigung mit der Frage erfolgen wird, ob in dem Erfordernis eines Bewertungsbeschlusses der Gesellschafterversammlung eine bewußte Reaktion des GmbHG-Gesetzgebers auf die Schwierigkeiten zu sehen sein könnte, die mit der Leistung von Sacheinlagen vor Registrierung der Gesellschaft verbunden sind.

[1139] Vgl. Art. 15 Ziff. 2 Abs. 1 GmbHG; Artt. 9 Ziff. 3, 34 Ziff. 3 Abs. 1 AktG.

[1140] Vgl. Zalesskij (Suchanov), Kommentarij k zakonu ob OOO, Art. 15 Rn. 2.

[1141] Vgl. Ziff. 7 lit. a) der Leitentscheidung der Plenen des OG und des OWG Nr. 90/14 v. 09.12.1999, BVS RF 2000, Nr. 3, S. 1 (3).

Von als GmbH verfaßten Kleinunternehmen abgesehen, wird eine Bewertung von Sacheinlagen durch Vereinbarung zwischen den Gründern bzw. durch Beschluß der Gesellschafterversammlung den gesetzlichen Anforderungen des GmbH-Rechts regelmäßig nicht genügen. Soweit der Nennbetrag eines Anteils, auf den Sacheinlagen übernommen werden, mehr als 200 MROT[1142] beträgt, muß der Wert des einzubringenden Vermögensgegenstandes durch einen unabhängigen Bewerter bewertet werden,[1143] welcher über eine Lizenz nach Art. 23 BewertungsG[1144] verfügen muß. Demgegenüber stellt das Aktienrecht Sacheinlagen, die für Aktien im Nennbetrag von weniger als 200 MROT übernommen werden, nicht von der externen Wertprüfung frei, sondern unterwirft betragsunabhängig jede Sacheinlage diesem Erfordernis. [1145] Die Bewertung erfolgt in beiden Rechtsformen zum Marktpreis;[1146] die nach

---

[1142] Im Jahresmittel 2000 umgerechnet ca. DM 4.514,67.

[1143] Vgl. Art. 15 Ziff. 2 Abs. 2 S. 1 GmbHG.

[1144] „Gesetz über die Bewertungstätigkeit in der Russischen Föderation" v. 29.07.1998, SZ RF 1998, Nr. 31, Pos. 3813 (fortan: BewertungsG). Lizenzgeber und zuständige Regulierungsbehörde ist das Ministerium für Staatsvermögen; vgl. RegVO Nr. 932 v. 20.12.1999, SZ RF 1999, Nr. 34, Pos. 4283. Im Gegensatz zum Aktienrecht werden Wirtschaftsprüfer im GmbHG nicht (mehr) ausdrücklich als Bewerter zugelassen. Nach Inkrafttreten des BewertungsG sollten somit nur noch solche Wirtschaftsprüfungsgesellschaften mit der Bewertung von Sacheinlagen beauftragt werden, die über eine Lizenz nach dem BewertungsG verfügen. Die Lizenznummer und das Ausgabedatum sind gem. Art. 10 Abs. 3 BewertungsG zwingende Bestandteile des mit dem Bewerter zu schliessenden Vertrages. Ferner können gem. Art. 1 Abs. 1 BewertungsG auf Ebene der Föderationssubjekte ergangene Rechtsakte zu beachten sein; vgl. z.B. das BewertungsG der Stadt Moskau v. 11.03.1998, EiŽ-Moskovskij Vypusk Nr. 12 v. 27.03.1998, S. 14 f.; s. dazu Filatov/Filatova, L`goty pri vvoze tovarov v ustavnyj kapital sovmestnych predprijatij, Inostrannyj kapital v Rossii 1998, Nr. 6, S. 16 (20 f.).

[1145] Vgl. Art. 34 Ziff. 3 Abs. 3 AktG. Die Rechtslage nach Art. 34 Ziff. 3 Abs. 3 S. 1 AktG a.F. entsprach dem geltenden GmbH-Recht. Soweit danach eine Bewertung auch solcher Sacheinlagen, die für Aktien im Nennwert von mehr als 200 MROT übernommen wurden, allein durch die Gründer für ausreichend gehalten und das Erfordernis der Zuziehung eines Bewerters verneint wurde (so etwa Frenkel, Overview of the new Russian Corporation Law, PSJEEL 1996, Vol. 3, S. 101 [103]; Hammond/Kozyrenko, Joint Ventures, IFLR, Supplement October 1997, S. 21 [23]; Šapkina [Braginskij], Kommentarij k zakonu ob AO, Art. 34 Rn. 7; zweifelnd Bakšinskas, Formirovanie ustavnogo kapitala chozjajstvennych obščestv nedežnymi vkladami, Zakonodatel`stvo 1998, Nr. 8, S. 11 [18]; Zinčenko et al., Akcionernoe zakonodatel`stvo: ispytanie praktikoj, ChiP 1998, Nr. 10, S. 52 [54 f.]), war dem nicht zu folgen. Art. 34 Ziff. 3 Abs. 3 S. 1 AktG a.F. bezog sich aufgrund seiner systematischen Stellung als letzter Absatz von Ziff. 3 dieser Norm m.E. nicht nur auf Sacheinlagen bei Kapitalerhöhungen durch Ausgabe zusätzlicher Aktien nach Art. 34 Ziff. 3 Abs. 2 AktG a.F., sondern auch auf solche, die gem. Art. 34 Ziff. 3 Abs. 1 AktG a.F. bei Gründung einer AG eingebracht werden. Entgegen der Auffassung *Zinčenkos* et al., aaO., ergab sich ein ausschließlicher Bezug auf Art. 34 Ziff. 3 Abs. 2 AktG a.F. auch nicht aus der Formulierung *„auf diese Weise* erworbene Aktien" in Abs. 3. I.E. mit der hier zum Altrecht vertretenen Auffassung übereinstimmend Black/Kraakman/Tarassova, Russian Law on Joint Stock Companies, S. 252; Filatov/Filatova, L´goty pri vvoze tovarov v ustavnyj kapital sovmestnych predprijatij, Insostrannyj kapital v Rossii 1998, Nr. 6, S. 16 (18); Zinčenko et al., Akcionernoe zakonodatel`stvo: ispytanie praktikoj, ChiP 1998, Nr. 10, S. 52 (54). Dies schien auch der Standpunkt der Behörden zu sein: aus der Praxis sind Fälle bekannt, in denen die FKCB (auch) im Rahmen der Gründung eine un-

Art. 15 Abs. 2 S. 1 AIG a.F. zwingend vorgeschriebene Bewertung zu Weltmarktpreisen von Sacheinlagen, die durch ausländische Investoren eingebracht werden, ist im AIG n.F. aufgegeben worden.

c. Haftung bei Überbewertung (Differenzhaftung)

Wird der Wert einer Sacheinlage überbewertet, haften die Gesellschafter einer GmbH und der mit der Bewertung beauftragte Bewerter den Gesellschaftsgläubigern gesamtschuldnerisch für Verbindlichkeiten der Gesellschaft in Höhe der Überbewertung, d.h. in Höhe der Differenz zwischen dem geschätzten und dem tatsächlichen Marktwert der Sacheinlage.[1147] Diese persönliche Haftung endet drei Jahre nach Registrierung der Gesellschaft bzw. - im Falle einer Kapitalerhöhung - der jeweiligen Satzungsänderungen, begründet keine Ansprüche der Gesellschaft im Innenverhältnis zu den Gesellschaftern und ist gesetzlich als subsidiäre Haftung ausgestaltet, da Gesellschaftsgläubiger die Gesellschafter und den Bewerter nur in Anspruch nehmen können, soweit sie sich nicht aus dem Gesellschaftsvermögen befriedigen können. Der Eintritt dieser Bedingung, d.h. die Zahlungsunfähigkeit der Gesellschaft, wird regelmäßig erst feststehen, nachdem die Ausbringung von Maßnahmen der Zwangsvollstreckung in das Gesellschaftsvermögen fruchtlos geblieben ist. Da dies zunächst die Erlangung eines Titels voraussetzt, wird für die Gesellschafter ein reales Risiko persönlicher Haftung durch die gesetzliche Differenzhaftung bei überbewerteten Sacheinlagen nur begründet, wenn die Gesellschaft bereits in der Startphase in die Krise gerät. Die persönliche Haftung tritt unabhängig davon ein, ob ein Gläubiger mit seiner Forderung gegen die Gesellschaft aufgrund deren Überschuldung oder deren Zahlungsunfähigkeit ausgefallen ist, wobei es ebenfalls unerheblich ist, ob die Überschuldung bzw. Zahlungsunfähigkeit kausal auf dem aus der Überbewertung resultierenden Fehlbetrag beruht.

---

abhängige Sacheinlagenbewertung für erforderlich hielt; vgl. Kondrat`ev, Zakon ob AO: Problemy Soveršenstvovanija, ChiP 1999, Nr. 10, S. 66 (69 f.).

[1146] Vgl. Artt. 7 Abs. 1, 3 S. 2 BewertungsG.

[1147] Vgl. Art. 16 Ziff. 2 Abs. 3 GmbHG.

Die Einführung dieser Regelung durch das GmbHG ist zwar bereits deshalb zu begrüßen,[1148] weil sie die persönliche Haftung nicht auf denjenigen Gesellschafter beschränkt, der die überbewertete Sacheinlage übernommen hat, wodurch ein persönliches wirtschaftliches Interesse aller Gesellschafter daran begründet wird, daß der Wert von Sacheinlagen tatsächlich den Nennbetrag des entsprechenden Geschäftsanteils erreicht. Die Regelung bleibt aber hinter den Anforderungen, die an eine der realen Kapitalaufbringung verpflichtete gesetzliche Regelung zu stellen sind, zurück. Es mag im Interesse der Gesellschafter liegen, daß der Eintritt der persönlichen Haftung im Außenverhältnis durch die Konkursreife der Gesellschaft bedingt ist. Indem der Gesellschaft aber im Innenverhältnis nicht die Möglichkeit gegeben ist, den Fehlbetrag von sämtlichen Gesellschaftern beizutreiben und so über den gesamten Betrag des Satzungskapitals verfügen und potentiell wirtschaftlich arbeiten zu können, vernachläßigt die Regelung das Bestandsschutzinteresse der Gesellschaft. Ernstgemeinter Gläubigerschutz durch den Gesetzgeber darf sich nicht auf eine Verbreiterung der Schuldnerbasis in der Krise beschränken, sondern muß präventiv eine reale Aufbringung des Satzungskapitals sicherstellen. Wie bei der Festschreibung eines ordentlichen Austrittsrechtes von GmbH-Gesellschaftern hat der Gesetzgeber auch hier die Sicherung der Stabilität der Gesellschaft nicht ausreichend berücksichtigt. Er bleibt aufgerufen, zumindest die Subsidiarität der persönlichen Differenzhaftung aufzugeben, um die Wahrscheinlichkeit des Eintrittes des Haftungsfalls für sämtliche Gesellschafter zu erhöhen, was indirekt einer realen Kapitalaufbringung förderlich wäre.

Alternativ läßt sich eine Absicherung der Gesellschaft erreichen, indem der Bewerter erst nach Registrierung der Gesellschaft von dieser selbst mit der Bewertung der Sacheinlage beauftragt wird, was im Falle einer Überbewertung Ansprüche der Gesellschaft gegen die Berufshaftpflichtversicherung des Bewerters[1149] begründet.

[1148] So grundsätzlich Suchanov, Zakon ob OOO, ChiP 1998, Nr. 5, S. 38 (44), unter Verweis auf eine Anlehnung des GmbHG-Gesetzgebers an französisches Gesellschaftsrecht.

[1149] Es handelt sich insoweit um eine Pflichtversicherung, die Bedingung für die Wirksamkeit des Bewertungsvertrages ist und zwingend in diesem angegeben werden muß; vgl. Artt. 10 Abs. 2, 17 Abs. 3 u. 4 BewertungsG.

Das auf die gAG Anwendung findende Sachgründungsrecht bleibt hinter dem Standard des GmbH-Rechts zurück. Eine persönliche Haftung der Aktionäre und des Bewerters ist weder im Innen- noch im Außenverhältnis vorgesehen.

d. Leistungsfristen

Im GmbH-Recht können Sacheinlagen vor oder nach Registrierung der Gesellschaft geleistet werden. Die gesetzliche Verpflichtung der Gründer, 50% des Satzungskapitals vor Registrierung der GmbH aufzubringen, bezieht sich nicht isoliert auf die jeweilige Einlage, sondern auf den Gesamtbetrag des Satzungskapitals. Deshalb ist eine Sacheinlagenleistung erst nach Registrierung möglich, soweit der Nennbetrag des Geschäftsanteils, für den die Sacheinlage übernommen wurde, weniger als 50% des Satzungskapitals ausmacht und dieses bis zur Registrierung zur Hälfte aufgebracht wurde. Die Festsetzung der Leistungsfristen für Sacheinlagen innerhalb der gesetzlichen Schranken ist Gegenstand des Gründungsvertrages.[1150] Demgegenüber ging das bis zum 01.01.2002 geltende Aktienrecht von dem Regelfall aus, daß Sacheinlagen bei Übernahme der Aktien sofort vollständig zu leisten sind, was jedoch im Errichtungsvertrag abbedungen und anders geregelt werden konnte.[1151] De lege lata ist die Sacheinlagenleistung nicht Gegenstand spezieller Fristen, sondern unterfällt dem allgemeinen Gebot, 50% des Satzungskapitals innerhalb von drei Monaten nach Registrierung der AG einzuzahlen.[1152] Damit ist noch keine Aussage getroffen, ob eine Leistung der Sacheinlage vor Registrierung zulässig bleibt. Dies dürfte mit der Novelle zweifelhaft geworden sein, da das Gesetz zwar kein ausdrückliches Verbot hierzu enthält, der Reformgesetzgeber aber bewußt vom Erfordernis einer Teilaufbringung des Satzungskapitals vor Registrierung und Entstehung der Gesellschaft abgerückt ist. Wie im Fall von Bareinlagen findet die Privatautonomie in beiden Rechtsformen ihre Schranke in der gesetzlichen Ausschlußfrist von einem Jahr nach Registrierung der Gesellschaft.

[1150] Vgl. Artt. 16, 12 Ziff. 1 GmbHG.

[1151] Vgl. Art. 34 Ziff. 2 Abs. 3 AktG a.F.

[1152] Vgl. Art. 34 Ziff. 1 Abs. 2 AktG.

IV. Empfänger der Einlage

Werden Einlagen geleistet, nachdem die Gesellschaft registriert wurde, ergeben sich weder im Aktien- noch im GmbH-Recht rechtliche Probleme. Die Leistung erfolgt durch Einzahlung auf ein Konto der Gesellschaft oder im Wege der Übereignung bzw. Abtretung von Vermögensgegenständen an die Gesellschaft.

Schwieriger ist die Frage zu beantworten, durch welche rechtliche Konstruktion die im GmbH-Recht gesetzlich vorgeschriebene Aufbringung von 50% des Satzungskapitals vor Registrierung der Gesellschaft gewährleistet werden kann. Die GmbH besteht zu diesem Zeitpunkt als solche nicht und ist folglich weder rechts- noch kontofähig, noch kann sie Vermögensgegenstände entgegennehmen. Zudem verbietet Art. 34 Ziff. 1 Abs. 3 S. 1 UntG generell die *Tätigkeit* eines nicht registrierten Unternehmens, womit den Gründern vor deren Registrierung der GmbH zumindest jedes Handeln im Namen der Gesellschaft in Gründung, das nicht zur Errichtung derselben erforderlich ist, untersagt ist.[1153]

Die Praxis hat sich bislang beholfen, indem die Registrierungsbehörden nach Einreichung aller erforderlichen Unterlagen und Einzahlung der Registrierungsgebühren eine *vorläufige* Registrierungsbescheinigung[1154] ausstellten, die dreißig Tage Gültigkeit hat und die Gesellschaft nach ihrer Anmeldung beim Staatlichen Komitee für Statistik, der Steuerinspektion und dem Rentenfonds sowie der Anfertigung eines runden Firmenstempels berechtigte, als solche ein Firmenkonto zu eröffnen, auf welches innerhalb eines Monats 50% des Satzungskapitals eingezahlt wurden, woraufhin die Gesellschaft endgültig registriert wurde.[1155] Rechtlich waren derartige vorläufige Registrierungsbescheinigungen nicht geeignet, eine Rechts- und Kontofähigkeit der angemeldeten Gesellschaft zu begründen, wurden aber von Banken faktisch für eine Kontoeröffnung durch die Gesellschaft als solche akzeptiert. In jüngster Zeit scheinen die Registrierungsbehörden diese Praxis zunehmend aufzugeben und keine vorläufigen Registrierungsbescheinigungen mehr auszustellen.[1156]

1153 Ebenso i.E. Krapivin/Vlasov, Kommentarij k zakonu ob AO, S. 50.

1154 Russ.: „Vremennoe svidetel`stvo o registracii".

1155 Vgl. die Darstellung der Verfahrensschritte am Beispiel der Moskauer Registrierungskammer bei Solotych, Unternehmensgründung in der RF, Rn. 78 ff.

1156 Hierauf weist *Ioncev* (Akcionernye obščestva 1, S. 13) jedenfalls für Moskau hin.

Damit stellt sich die Frage, ob die in diesem Stadium bestehende einfache Gesellschaft Empfängerin solcher Bar- und Sacheinlagen sein kann, die vor Registrierung der GmbH aufzubringen sind. Soweit in deutschsprachiger Literatur betont wird, das Institut einer Vorgesellschaft i.S.d. der zum deutschen Aktien- und GmbH-Recht entwickelten Grundsätze sei in Wortlaut und Systematik des Art. 11 Ziff. 2 GmbHG nicht angelegt[1157] und in Rußland nicht bekannt,[1158] so ist zunächst darauf hinzuweisen, daß die Vorgesellschaft auch im deutschen Kapitalgesellschaftsrecht kein positiv geregeltes Rechtsinstitut ist[1159] und es zu ihrer Herausbildung jahrzehntelanger Auseinandersetzungen in Wissenschaft und Rechtsprechung bedurfte, die hinsichtlich der Haftungsverfassung noch immer im Fluß sind. Danach handelt es sich bei der Vorgesellschaft um eine Organisationsform sui generis, die mit der später entstehenden juristischen Person identisch ist und auf welche die Vorschriften des Aktien- bzw. GmbH-Rechts Anwendung finden, soweit diese nicht die Eintragung, d.h. Rechtsfähigkeit voraussetzen; mit Erlangung der Rechtsfähigkeit wandelt sich die Vorgesellschaft mit allen Aktiva und Passiva in die Kapitalgesellschaft um, ohne daß es einer besonderen Übernahme bedürfte.[1160] Eine ausdrückliche Regelung der Vorgesellschaft in diesem Sinne findet sich im russischen Kapitalgesellschaftsrecht nicht und wird auch in der Lehre bislang nicht in Erwägung gezogen.[1161]

Die zutreffende Identifizierung des Einlagenempfängers vor Entstehung der juristischen Person wird kontrovers diskutiert. Für Bareinlagen wird verbreitet vertreten,

[1157] Knaul, GmbH-Recht, S. 39; ders./Heeg, Das neue russische GmbH-Gesetz, ROW 1998, Nr. 4, S. 147 (148).

[1158] Picot, Unternehmenskauf und Restrukturisierung, Teil IX.II.1.c) Rn. 71. Dort wird fehlerhafterweise auf die Vorgründungsgesellschaft deutschen Rechts als Vergleichsmaßstab abgestellt. Um diese geht es in diesem Zusammenhang jedoch nicht, da die Vorgründungsgesellschaft die vor Abschluß des Gesellschaftsvertrages zwischen den Gründern bestehenden Rechtsbeziehungen erfaßt, nicht aber das Stadium zwischen Errichtung und Eintragung der Gesellschaft; vgl. statt vieler Schmidt, Gesellschaftsrecht, § 34 III 2.

[1159] Beachte aber hinsichtlich der Einlagenleistung insbesondere §§ 27, 29 ff., 36a, 37 Abs. 1 S. 2, 54 Abs. 3 S. 1 AktG-D sowie §§ 7 Abs. 3, 8 GmbHG-D. Die Leistung von Einlagen an die vor der Eintragung als solche nicht bestehende Gesellschaft (vgl. §§ 41 Abs. 1 S. 1 AktG-D, 11 Abs. 2 GmbHG-D) erfolgt durch Zahlung auf ein Konto „der Gesellschaft" oder Übereignung an „die Gesellschaft". Insofern weist der Gesetzeswortlaut im Gegensatz zum russischen Kapitalgesellschaftsrecht bereits auf die Existenz einer rechtsfähigen Vorgesellschaft hin.

[1160] Vgl. statt vieler Lutter/Hommelhoff, GmbHG-D, § 11 Rn. 3 ff; Schmidt, Gesellschaftsrecht, § 11 IV 2-4, § 27 II 4, § 34 III 3-5; sowie die Grundsatzentscheidungen BGHZ 80, 129 ff. und BGHZ 134, 333 ff.

[1161] Vgl. Zalesskij (Suchanov), Kommentarij k zakonu ob OOO, Art. 16 Rn. 3.

vor Registrierung aufzubringende Beträge seien auf ein Bankkonto einzuzahlen, das treuhänderisch durch einen der Gründer auf eigenen Namen eröffnet wird.[1162] Im Gegensatz dazu wird indessen auch die Möglichkeit einer Kontoeröffnung durch die zu errichtende Gesellschaft bejaht.[1163] *Bakšinskas* will zwischen den Einlagen der Gründer in die „gemeinsame Angelegenheit" i.S.d. Artt. 1042 Ziff. 1, 1043 Ziff. 1 Abs. 1 ZGB, d.h. in das im Bruchteilseigentum der Gründer stehende Vermögen der einfachen Gesellschaft, und Einlagen in das Satzungskapital der zu errichtenden Kapitalgesellschaft differenzieren, weil andernfalls die Unversehrtheit und Absonderung letzterer Einlagen im Zeitpunkt der Registrierung nicht gewährleistet sei.[1164] Er vertrat zum AktG a.F., Einlagen in das Satzungskapital könnten nicht Gegenstand des Errichtungsvertrages sein, da sie andernfalls von den Gründern zur Deckung des Gründungsaufwands verwendet werden könnten. Beiden Auffassungen liegt das Verständnis zugrunde, die einfache Gesellschaft ende mit Zweckerreichung, also mit Registrierung der Kapitalgesellschaft[1165] und müsse somit abgewickelt werden, weshalb sie als Empfängerin von Einlagen nicht in Betracht komme. Allerdings wurde zur Rechtslage nach dem AktG a.F., die weitgehend dem geltenden GmbH-Recht entsprach, auch darauf verwiesen,[1166] in Theorie und Praxis werde das Vermögen der einfachen Gesellschaft[1167] mit dem Satzungskapital der zu errichtenden AG gleichgesetzt. *Suchanov* hält eine Bilanzierung von Einlagen bei demjenigen Gesellschafter, der auch über das Vermögen der einfachen Gesellschaft getrennt Buch führt, für ausreichend.[1168]

[1162] So Arzinger/Galander, Russisches Wirtschaftsrecht, S. 61; Tichomirov (ders.), Kommentarij k zakonu ob AO, Art. 34 Rn. 1; Zalesskij (Solov`eva), Kommentarij k zakonu ob OOO, Art. 11 Rn. 1 a.E.; Zalesskij (Suchanov), Kommentarij k zakonu ob OOO, Art. 16 Rn. 3. Dieser Ansatz steht mit Art. 17 Ziff. 2 GmbHG (GUS) in Einklang, wonach einer der Gründer auf eigenen Namen ein Einlagenkonto zu eröffnen und die eingegangenen Beträge nach Registrierung der Gesellschaft auf ein Firmenkonto zu überweisen hat.

[1163] Tichomirov (Solov`eva), Kommentarij k zakonu ob OOO, Art. 16 Rn. 2.

[1164] Vgl. Bakšinskas, Formirovanie ustavnogo kapitala v processe učreždenija AO, Zakonodatel`stvo 1998, Nr. 1; ders., Formirovanie ustavnogo kapitala chozjajstvennych obščestv nedežnymi vkladami, Zakonodatel`stvo 1998, Nr. 8, S. 11 (12).

[1165] So auch die herrschende Meinung; s.o. Fn. 625. A.A. Doronina, Obzor zakonodatel`stva ob inostranych investicijach za 1996 god, Pravo i Ékonomika 1997, Nr. 4, S. 39 (45).

[1166] Vgl. Bakšinskas, Formirovanie ustavnogo kapitala v processe učreždenija AO, Zakonodatel`stvo 1998, Nr. 1, S

[1167] S. dazu o. S. 101 ff.

[1168] Vgl. Zalesskij (Suchanov), Kommentarij k zakonu ob OOO, Art. 16 Rn. 3.

Eine treuhänderische Entgegennahme der Einlagen durch einen der Gründer birgt Risiken in sich, da die (Eigentums-, Nutzungs- etc.) Rechte an den Einlagen nach Entstehung der Gesellschaft auf diese übertragen werden müssen und davor dem Zugriff privater Gläubiger des Treuhänders sowie der Gefahr veruntreuender Handlungen ausgesetzt sein können.[1169] Zudem kann so eine reale Absonderung der von dem Treuhänder selbst zu erbringenden Einlage schwerlich erreichbar sein, da es sich insoweit um ein Insichgeschäft handeln würde. Ferner setzt eine unbedingte Kapitalaufbringung einen Vermögenszufluß bei der Gesellschaft oder zumindest - soweit man unterstellt, daß vor Registrierung keine wenigstens teilrechtsfähige Vorstufe der Kapitalgesellschaft existiert - ein Verfahren voraus, das sicherstellt, daß die Einlagen der Gesellschaft tatsächlich zur freien Verfügung stehen werden. Eine Leistung an einen Treuhänder genügt diesen Anforderungen nicht, weil hinsichtlich des zukünftigen Gesellschaftsvermögens lediglich eine Umverteilung der Eigentumsverhältnisse zwischen den Gründern erfolgt, die als solche keine Verfügungsbefugnisse der (später) entstehenden Gesellschaft begründet. Werden etwa Bareinlagen durch den kontoführenden Gesellschafter nicht unverzüglich an die registrierte Gesellschaft weitergeleitet, entstünde diese als juristische Person, ohne zumindest über einen Teil ihres ausgewiesenes Satzungskapitals zu verfügen. Bereits aus diesen Zusammenhängen folgt, daß der GmbH-Gesetzgeber eine solche Lösung kaum intendiert haben dürfte.

Schließlich spricht gegen dieses Konzept und für eine Einlagenleistung an die einfache Gesellschaft entscheidend ein Gedanke, der für die Herausbildung des Instituts der Vorgesellschaft in verschiedenen Rechtsordnungen maßgeblich war und in der Erkenntnis besteht, daß das vor Erlangung der Rechtsfähigkeit bestehende Gebilde keine von der fertigen Gesellschaft verschiedene Organisation, sondern nach Zweck und Struktur mit dieser identisch ist. Hiernach soll die in Gründung begriffene juristische Person schon mit Abschluß bzw. Feststellung der Gründungsurkunden vorhanden sein und durch die Erlangung der Rechtsfähigkeit lediglich ihren Status wechseln. Obwohl über zukünftige Rechtsentwicklungen angesichts der erst unlängst erfolgten Definition der „Vor-AG“ als einfache Gesellschaft durch die Plenen des OG und des OWG nur spekuliert werden kann, sei angemerkt, daß das russische Kapi-

[1169] Dem Grunde nach werden diese Bedenken geteilt bei Gubin, Akcionernoe pravo, S. 63.

talgesellschaftsrecht durchaus Elemente enthält, die den Schluß auf eine Identität zwischen der einfachen Gesellschaft und der registrierten AG oder GmbH zulassen.

Zunächst ist offenbar, daß das Recht der einfachen Gesellschaft bereits durch Vorschriften der kapitalgesellschaftsrechtlichen Einzelgesetze geprägt wird. So bestimmt sich die Haftungsverfassung nicht nach Art. 1047 Ziff. 1 Abs. 1 ZGB, sondern nach Artt. 10 Ziff. 3 Abs. 1 AktG, 11 Ziff. 2 S. 1 GmbHG,[1170] wonach die Gründer für eingegangene Verbindlichkeiten nicht lediglich anteilsmäßig, sondern gesamtschuldnerisch haften. Zweifeln muß auch die verbreitete Auffassung begegnen, die einfache Gesellschaft könne vor Registrierung der AG oder GmbH gem. Art. 1044 Ziff. 1 Abs. 1 ZGB durch jeden Gründer berechtigt und verpflichtet werden. Dem könnte entgegenstehen, daß (auch) die vertretungsberechtigten Organe einer Kapitalgesellschaft bereits vor deren Registrierung durch die Gründer bestellt werden,[1171] was den Schluß nahelegt, daß die einfache Gesellschaft nicht durch jeden Gründer, sondern ausschließlich durch den Generaldirektor der zu errichtenden Kapitalgesellschaft vertreten wird[1172] und bereits körperschaftlich verfaßt ist. Grundsätzlich muß das Vorhandensein eines Rechtsträgers vor Registrierung auch unter dem Aspekt bejaht werden, daß nach Art. 16 Ziff. 2 GmbHG 50% des Satzungskapitals vor Registrierung geleistet sein müssen und die einfache Gesellschaft bereits deshalb zum Erwerb von Rechten fähig und mit der fertigen GmbH identisch sein muß. Eine Einlagenleistung an Dritte, die eine spätere Rechtsübertragung auf die Gesellschaft erfordert, kann bereits wegen dieses Zwischenschrittes nicht als Einlagenleistung, die ihrem Wesen nach bedingungsfeindlich ist, angesehen werden.

Entgegen der Auffassung *Knauls* schließt die Systematik des Art. 11 Ziff. 2 GmbHG eine zukünftige Implementierung der Identitätsthese in die russische Kapitalgesellschaftsrechtsdoktrin nicht aus. Danach haften die Gründer gesamtschuldnerisch für Verbindlichkeiten aus Gründungsgeschäften, die vor der Registrierung entstanden

1170 S. dazu auch o. S. 126 ff.

1171 Vgl. Art. 11 Ziff. 1 Abs. 3 GmbHG, Art. 9 Ziff. 2 AktG.

1172 Daraus folgt zugleich, daß die Vorschrift des Art. 40 Ziff. 1 Abs. 2 GmbHG über ihren Wortlaut hinaus auf die einfache Gesellschaft Anwendung findet. Danach wird der Anstellungsvertrag mit dem Generaldirektor seitens der Gesellschaft von dem Vorsitzenden derjenigen *Gesellschafterversammlung* unterzeichnet, auf welcher der Generaldirektor bestellt wurde. Bestünde man darauf, daß es sich bei der Gründerversammlung, die zwingend den ersten Generaldirektor zu bestellen hat, und der Gesellschafterversammlung der fertigen GmbH um ein aliud handelt, bliebe gesetzlich nicht geregelt, wer insoweit im Namen der Gesellschaft unterschriftsberechtigt ist.

sind; eine Enthaftung der Gründer setzt voraus, daß die Gesellschaft die Geschäfte genehmigt. Dem mag ein allgemeines Vorbelastungsverbot sowie eine gesetzliche Beschränkung des Gegenstandes der einfachen Gesellschaft auf gründungsnotwendige Geschäfte zu entnehmen sein, eine automatische Fortsetzung der Rechte an empfangenen Einlagen durch die fertige Gesellschaft schließt die Bestimmung konstruktiv jedoch nicht aus. Ferner erforderte eine Anerkennung der Kontinuität zwischen einfacher Gesellschaft und fertiger Kapitalgesellschaft eine Abkehr von der Annahme, die einfache Gesellschaft müsse nach Zweckerreichung abgewickelt, also das im Bruchteilseigentum der Gesellschafter stehende Vermögen nach Art. 1050 Ziff. 2 ZGB auseinandergesetzt werden. Nach dieser Norm ist eine Vermögensauseinandersetzung in allen Fällen der Beendigung der einfachen Gesellschaft vorgeschrieben. Ginge man von einer Beendigung der einfachen Gesellschaft i.d.S. durch Registrierung der Kapitalgesellschaft aus, müßten an die einfache Gesellschaft geleistete Sacheinlagen u.U. gem. Art. 1050 Ziff. 2 Abs. 4 ZGB auf die Gründer rückübertragen werden. Diese sinnwidrige Konsequenz entfiele, wenn man akzeptierte, daß die Zweckerreichung nicht zu einer Beendigung der einfachen Gesellschaft mit der Folge ihrer Abwicklung, sondern zu einem bloßen Statuswechsel in die Kapitalgesellschaft führt. Ob sich solche Ansätze de lege ferenda durchsetzen können, wird nicht zuletzt von einem zeitnahen Außerkrafttreten des Art. 34 UntG abhängen. Diese Vorschrift dürfte ohnehin restriktiv auszulegen sein und lediglich die Verhinderung eines unternehmerischen Tätigwerdens im Namen der Kapitalgesellschaft vor deren Entstehung bezwecken, nicht aber ein Verbot der Vornahme notwendiger Gründungsgeschäfte einschließlich der Entgegennahme von Einlagen. Ein solches Verständnis könnte schließlich sogar an Regelungsvorbilder des russischen Kapitalgesellschaftsrechts selbst anknüpfen. So waren etwa die Gründer einer AG gem. Art. 339 S. 1 ZGB 1922 berechtigt, bis zur Bekanntmachung der Registrierung der Gesellschaft alle notwendigen Geschäfte und Verträge *im Namen der AG* zu schließen.

Ob sich eine Tendenz zur „Vorgesellschaft" in Gestalt einer modifizierten einfachen Gesellschaft abzeichnen wird, bleibt abzuwarten. Sie würde für das GmbH-Recht die geschilderten Probleme auflösen und das Kapitalaufbringungsrecht stärken. Eine solche Entwicklung könnte sich am Vorbild anderer osteuropäischer Staaten. So nomierte der ungarische Gesetzgeber 1998 das Institut der Vorgesellschaft ausdrücklich im Kapitalgesellschaftsrecht, nachdem die negativen wirtschaftlichen Folgen seines Fehlens erkannt worden waren.[1173] In Rußland dürfte eine solche Rechtsfortbildung jedoch vor dem Hintergrund der Kehrtwende, die der Gesetzgeber mit der Novellierung des AktG vollzogen hat, in noch weitere Ferne gerückt sein.

V. Sanktionen bei Säumnis

1. Kaduzierung

In beiden Rechtsformen ist die Aufrechnung mit gegen die Gesellschaft bestehenden Forderungen gegen den Anspruch der Gesellschaft auf Leistung der übernommenen Einlage sowie generell die Befreiung von der Einlageverpflichtung verboten.[1174] Ein gesetzliches Verbot der Einbringung verdeckter Sacheinlagen, d.h. einer zeitlichen Koppelung der Einbringung einer Bareinlage und eines Verkehrsgeschäftes zwischen der Gesellschaft und dem betreffenden Gesellschafter dergestalt, daß wirtschaftlich der Erfolg einer Sacheinlage erreicht wird,[1175] enthält weder das Aktien- noch das GmbH-Recht. Eine wissenschaftliche Auseinandersetzung mit derartigen Umgehungstatbeständen hat bisher nicht stattgefunden.

GmbH und gAG unterscheiden sich in den Rechtsfolgen, die eine Säumnis der Gründer in bezug auf die übernommene Pflicht zur Leistung der Einlage nach sich zieht. Werden Einlagen nicht innerhalb eines Jahres nach Registrierung der Gesellschaft bzw. innerhalb kürzerer, im Gründungs- bzw. Errichtungsvertrag vereinbarter Fristen geleistet, so ist beiden Rechtsformen zunächst gemeinsam, daß die Aktien bzw. der Geschäftsanteil des Säumigen kraft Gesetzes[1176] auf die Gesellschaft

---

[1173] Vgl. Kisfaludi, Die wichtigsten Neuigkeiten des neuen ungarischen Gesellschaftsgesetzes, Mitteilungen des Ungarisch-Deutschen Juristenvereins 1998, Nr. 1, S. 1 (3 f.).

[1174] Art. 90 Ziff. 2 ZGB i.V.m. Art. 16 Ziff. 1 Abs. 2 GmbHG, Art. 99 Ziff. 2 ZGB. Es handelt sich um ein gesetzliches Aufrechnungsverbot i.S.d. Art. 411 Abs. 6 1. Alt. ZGB. Das Verbot erfaßt auch andere Erlöschensgründe wie Abfindung (Art. 409 ZGB), Novation (Art. 414 ZGB) und Erlaß (Art. 415 ZGB); vgl. Beljaev/Gorlov/Zacharov, OOO: pravovoe položenie, S. 134.

[1175] Vgl. dazu aus der Sicht des deutschen Kapitalgesellschaftsrechts Lutter/Hommelhoff, GmbHG-D, § 5 Rn. 36 ff.; Schmidt, Gesellschaftsrecht, §§ 29 II c), 37 II 4.

[1176] Soweit in höchstrichterlicher Rechtsprechung (vgl. Ziff. 13 Abs. 1 der Leitentscheidung der Plenen des OG und des OWG Nr. 90/14 v. 09.12.1999, BVS RF 2000, Nr. 3, S. 1 [4]) davon die Rede ist,

übergehen, ohne daß es einer Nachfristsetzung seitens der Gesellschaft bedürfte.[1177] Dagegen tritt der Rechtsverlust in Person von gAG-Gründern, die nach der im Errichtungsvertrag getroffenen Vereinbarung die Aufbringung von 50% des Satzungskapitals innerhalb von drei Monaten nach Registrierung der Gesellschaft sicherstellen sollen, nicht bereits mit Ablauf dieser Frist ein.[1178]

Allerdings weichen GmbH- und Aktienrecht in der Behandlung von auf die übernommene Einlage geleisteten Teilleistungen erheblich voneinander ab. Während die Erbringung eines Teils der auf einen Geschäftsanteil übernommenen Einlage mit Fristablauf nicht dessen kraft Gesetzes eintretende Einziehung hindert, tritt im Aktienrecht der Eigentumsübergang auf die Gesellschaft nur hinsichtlich derjenigen Aktien ein, deren Ausgabebetrag dem rückständigen Einlagebetrag entspricht. Erreicht der Betrag, mit dem der Gründer in Verzug ist, nicht den vollen Ausgabebetrag einer Aktie, verbleibt diese folglich trotz der Säumnis in seinem Eigentum.[1179] Da ein säumiger Aktionär somit in keinem Fall bereits erbrachter Teilleistungen verlustig gehen kann, ist die Entstehung von Abfindungsansprüchen aus der Einziehung von Aktien ausgeschlossen. Anders verhält es sich im GmbH-Recht. Dort erwirbt ein mit einem Teil der übernommenen Einlage säumiger GmbH-Gesellschafter, dessen Ge-

die GmbH sei „zum Ankauf verpflichtet", widerspricht dies dem eindeutigen Gesetzeswortlaut. Offenbar scheint es sich um ein Redaktionsversehen zu handeln, da die Formulierung auch auf die Verpflichtung der GmbH zur Auszahlung des tatsächlichen Wertes des auf sie übergegangenen Anteils bezogen und insoweit an den Gesetzeswortlaut angelehnt ist.

[1177] Vgl. Art. 23 Ziff. 3 Abs. 1 S. 1, Ziff. 7 2. Alt. GmbHG; Art. 34 Ziff. 1 Abs. 4 S. 1 AktG. Dies wird übersehen von *Solotych* (Recht der Handelsgesellschaften, Rn. 41), die meint, die eigentliche Kaduzierung von Geschäftsanteilen säumiger Gesellschafter fehle im GmbHG. Fehlgehend ist ebenfalls der Hinweis in WiRO 1998, Nr. 5, S. 196, die Möglichkeit einer Kaduzierung wegen verzögerter Einlageleistung sei im GmbHG nach wie vor nicht gegeben. Derartige Schlüsse rechtfertigen sich nicht allein aus dem Umstand, daß der Gesetzgeber offenbar weder in Voraussetzungen noch in Rechtsfolgen dem Modell des in § 21 GmbHG-D geregelten Kaduzierungsverfahrens gefolgt ist.

[1178] Arg. e Art. 34 Ziff. 1 Abs. 4 S. 1 AktG, welcher nur auf Abs. 1 der Ziff. 1 der Norm, nicht aber Abs. 2 der Ziff. 1, welcher die Dreimonatsfrist statuiert, verweist.

[1179] Anders noch die Rechtslage nach Art. 34 Ziff. 4 Abs. 2 S. 2 a.F. Danach unterlag jede bei Fristablauf nicht vollständig einbezahlte Aktie der Einziehung. Nach dem eindeutigen Wortlaut der Norm verfielen auch solche Beträge, die innerhalb der Leistungsfrist bezahlt wurden. Deutsche Übersetzungen, nach denen nur solche Teilbeträge dem Verfall unterlagen, die nach Ablauf der Leistungsfrist eingezahlt wurden, waren unzutreffend (dies gilt etwa für die Übersetzungen der Norm von *Göckeritz* in Brunner/Schmidt/Westen, WOS II 1, AktG - III 3 a, sowie von *Lenga/Wipplinger* in Breidenbach, WiRO-Handbuch Band 3, Länderteil Rußland, AktG - RUS 350). Auch in russischer Fachliteratur wurde unzutreffenderweise vereinzelt davon ausgegangen, das AktG habe eine Regelungslücke hinsichtlich der Frage aufgewiesen, ob innerhalb der Frist erbrachte Teilleistungen auf Aktien, die wegen Säumnis bei Fristablauf kraft Gesetzes kaduziert wurden, der Rückzahlung durch die Gesellschaft unterlagen (so etwa Gubin, Akcionernoe pravo, S. 59).

schäftsanteil eingezogen wird, einen gesetzlichen Abfindungsanspruch gegen die Gesellschaft. Die Höhe des Abfindungsanspruches berechnet sich nach dem tatsächlichen Wert[1180] desjenigen Teils des eingezogenen Geschäftsanteils, welcher der erbrachten Teileinlagenleistung entspricht.[1181] Die Gesellschaft hat den Abfindungsbetrag spätestens ein Jahr nach dem Erwerb des eigenen Anteils an den säumigen Gesellschafter auszuzahlen.[1182] Die potentielle Belastung der Gesellschaft mit Abfindungsansprüchen säumiger Gesellschafter kann vermieden werden, indem gem. Art. 23 Ziff. 3 Abs. 2 GmbHG in der Satzung vorgesehen wird, daß nicht der gesamte Geschäftsanteil auf die Gesellschaft übergeht, sondern nur ein Teilgeschäftsanteil, welcher der nichterfüllten Einlageverpflichtung entspricht.

Zu kritisieren ist, daß der GmbHG-Gesetzgeber hinter die Strenge des vor dem 01.01.2002 geltenden aktienrechtlichen Kaduzierungsverfahrens zurückgefallen ist und - einmal mehr - einer Minderung des wirtschaftlichen Risikos der Beteiligung an Gesellschaften mbH stärkeres Gewicht als den Vermögensinteressen der Gesellschaft beigemessen hat.[1183] Die Sanktion der Einziehung der Geschäftsanteile säumiger Gesellschafter bleibt stumpf, solange sie nicht mit dem Risiko des Verlustes erbrachter Teilleistungen verbunden ist. Derselben Kritik ist nunmehr de lege lata auch das Aktienrecht ausgesetzt. Eine Säumnis kann für den Gesellschafter sogar wirtschaftlich vorteilhaft sein, wenn sein Geschäftsanteil bereits im Wert gestiegen ist, da die Gesellschaft nicht die erbrachte Teileinlage, sondern den tatsächlichen Wert des entsprechenden Teilgeschäftsanteils auszuzahlen hat. Dieser wird insbesondere gegen Ende der Einbringungsfrist von einem Jahr nach Registrierung regelmäßig wesentlich über dem Betrag der Teileinlage liegen. Ist die Entstehung von Abfindungsansprüchen statutarisch ausgeschlossen, beschränkt sich das Risiko der Säumnis auf eine Herabsetzung der Beteiligung. Angesichts dessen würde es bereits einen Fortschritt bedeuten, wenn der Übergang des Geschäftsanteils nicht kraft

---

[1180] Zur Bestimmung dieses Begriffes s.o. S. 226 ff.

[1181] Vgl. Art. 23 Ziff. 3 Abs. 1 S. 2 u. 3. Mit Zustimmung des ausgeschlossenen Gesellschafters kann ihm auch Vermögen in Natur desselben Wertes herausgegeben werden.

[1182] Art. 23 Ziff. 8 Abs. 1 GmbHG.

[1183] Reichen die Nettoaktiva der GmbH nicht aus, um den infolge der Säumnis ausgeschiedenen Gesellschafter abzufinden, hat die Gesellschaft gem. Art. 23 Ziff. 8 Abs. 2 S. 2 GmbHG eine Kapitalherabsetzung zu beschließen. Damit zeitigt eine Säumnis nicht nur keine wirtschaftlichen Risiken für den betreffenden Gesellschafter, sondern gibt ihm indirekt bei geringer Liquidität der Gesellschaft ein Druckmittel gegen dieselbe an die Hand.

Gesetzes eintreten würde, sondern die Gesellschaft selbst über die Einziehung entscheiden könnte.

Angesichts der zweckwidrigen gesetzlichen Risikoallokation im Kaduzierungsverfahren ist Gründern einer GmbH dringend anzuraten, zum einen von den Gestaltungsmöglichkeiten aus Art. 23 Ziff. 3 Abs. 2 GmbHG Gebrauch zu machen und zum anderen eine Säumnis bei der Kapitalaufbringung durch fühlbare Vertragsstrafen in den Gründungsdokumenten zu sanktionieren.[1184]

In beiden Rechtsformen gewähren eigene Aktien bzw. Geschäftsanteile, die kraft Gesetzes auf die Gesellschaft übergegangen sind, weder Stimmrechte noch Dividendenansprüche.[1185] Da im Falle der Kaduzierung auf eigene Aktien und Geschäftsanteile noch Einlagen rückständig sind, ist von Bedeutung, ob und inwieweit das Gesetz eine reale Kapitalaufbringung nach dem Rechtsübergang auf die Gesellschaft gewährleistet. Eine gAG hat eigene Aktien innerhalb eines Jahres nach dem Rechtsübergang mindestens zum Nennbetrag zu „realisieren" oder, soweit dies nicht gelingt, ihr Satzungskapital herabzusetzen.[1186] Bedenklich ist weiterhin, daß die Gesellschaft nicht verpflichtet ist, eigene Aktien vorrangig den Gründern anzubieten.

1184 Im Aktienrecht ist diese Gestaltungsmöglichkeit in Art. 34 Ziff. 1 Abs. 4 S. 2 AktG positiviert. Eine solche Bestimmung fehlt im GmbHG. Auf der Grundlage des Art. 12 Ziff. 2 S. 2 GmbHG sind statutarische Vertragsstrafen aber auch dort zweifellos zulässig.

1185 Vgl. Art. 34 Ziff. 1 Abs. 5 S. 1 AktG, Art. 24 Abs. 1 GmbHG. Artt. 72 f. AktG finden hier keine Anwendung, weil ihr Anwendungsbereich auf den rechtsgeschäftlichen Erwerb eigener Aktien durch die Gesellschaft beschränkt ist.

1186 Art. 34 Ziff. 1 Abs. 5 S. 2 AktG. Die Novelle hat verdeutlicht, daß unter dem Begriff der „Realisierung" allein eine entgeltliche Veräußerung zu verstehen ist. Dies war vormals unklar. Die Vorgängerregelung des Art. 34 Ziff. 4 Abs. 3 S. 2 AktG a.F. ließ keine Aussage zu der Frage zu, ob die Berechtigung der Gesellschaft zur Übertragung eigener Aktien dadurch bedingt war, daß diese Aktien von Dritten gegen Leistung der auf sie rückständigen Einlagen erworben wurden, oder ob auch eine Übertragung ohne Gegenleistung eine Realisierung darstellte. Eine Auslegung des Begriffes „Realisierung" als Übertragung, die zwingend die Leistung der ausstehenden Einlagen voraussetzt, konnte nach Altrecht allein auf den Sinnzusammenhang mit der Alternative der Kapitalherabsetzung und Aktienlöschung gestützt werden. Denn Folge einer unentgeltlichen Übertragung eigener Aktien wäre eine im Ergebnis nur unvollständige Aufbringung des Satzungskapitals gewesen, was die gAG gleichwohl nicht zur Herabsetzung ihres Satzungskapitals gezwungen hätte. Vor dem Hintergrund des Fehlens einer allgemeinen Ausfallhaftung der Gründer einer Kapitalgesellschaft konnte der Gesetzgeber kaum ein zulässiges Auseinanderklaffen von Satzungskapitalziffer und Einlagekapital intendiert haben. Danach konnte der Begriff der „Realisierung" bereits vor dem 01.01.2002 nach hier vertretener Auffassung nicht als unentgeltliche Übertragung eigener Aktien interpretiert werden.

Im GmbH-Recht müssen eigene Anteile der Gesellschaft auf Beschluß der Gesellschafterversammlung grundsätzlich innerhalb eines Jahres nach Rechtsübergang auf die Gesellschaft entweder entsprechend den Beteiligungsverhältnissen auf alle Gesellschafter aufgeteilt oder an alle oder bestimmte Gesellschafter sowie, soweit die Satzung dies nicht verbietet, an Dritte verkauft und vollständig bezahlt worden sein; andernfalls sind eigene Anteile zu löschen und eine Kapitalherabsetzung zu beschließen.[1187] Daraus ergibt sich indessen keinesfalls, daß rückständige Einlagen auf Geschäftsanteile, die mit fruchtlosem Ablauf der gesetzlichen Leistungsfrist von einem Jahr nach staatlicher Registrierung der GmbH kaduziert wurden, frühestens nach Ablauf eines weiteren Jahres zu einer Kapitalherabsetzung zwingen können. Denn nach Gründungsrecht ist die Gesellschaft verpflichtet, bereits unmittelbar mit Fristablauf und dadurch bewirkter Kaduzierung ihr Satzungskapital auf den Wert der tatsächlich geleisteten Einlagen herabzusetzen oder ihre Auflösung zu beschließen.[1188] Daraus sowie aus einer Gegenüberstellung der Alternative des entgeltlichen Verkaufes eigener Anteile mit deren Aufteilung auf die Gesellschafter wird deutlich, daß jedenfalls die Gründungsgesellschafter in der Tat nicht zu einer Aufbringung der auf kaduzierte Geschäftsanteile rückständigen Einlagen verpflichtet sind, soweit die Gesellschaft den eigenen Geschäftsanteil unter ihnen aufteilt. Da das Aktienrecht eine bereits im Zeitpunkt des fruchtlosen Ablaufs der gesetzlichen Leistungsfrist eintretende Kapitalherabsetzungspflicht nicht kennt, kann dort der Begriff der Realisierung eigener Aktien nicht materiell mit dem GmbH-rechtlichen Begriff der Aufteilung eigener Geschäftsanteile gleichgesetzt werden.

2. Haftungsfolgen der Säumnis

Das Kapitalgesellschaftsrecht kennt keine Vorschriften, nach denen ein Gründer, der kraft gesetzlicher Kaduzierung seines Anteils aus einer gAG oder GmbH ausgeschieden ist, in Höhe der säumigen Einlageleistung der Gesellschaft weiterhin haftet. Ebensowenig haftet ein Gründer im Innenverhältnis bei Säumnis eines anderen

---

[1187] Art. 24 Abs. 2 GmbHG.

[1188] Vgl. Art. 20 Ziff. 2 GmbHG.

Gründers und riskiert somit nicht, über den Betrag der übernommenen Einlage hinaus von der Gesellschaft in Anspruch genommen zu werden.

Obwohl im Kapitalaufbringungsrecht das Innenverhältnis betreffende Ausfallhaftungstatbestände für fremde Fehlbeträge sowie Nachhaftungstatbestände zu Lasten eines kraft gesetzlicher Kaduzierung mit Ablauf der Leistungsfrist, d.h. spätestens ein Jahr nach Registrierung der Gesellschaft, ausgeschiedenen Gesellschafters fehlen, bleibt die Säumnis nicht ohne haftungsrechtliche Sanktion. Das Gesetz sieht insoweit eine Durchbrechung der Haftungsbeschränkung auf das Gesellschaftsvermögen[1189] im Außenverhältnis vor, indem der Säumige für Verbindlichkeiten der Gesellschaft unmittelbar gegenüber den Gesellschaftsgläubigern haftet. Der Umfang dieser Außennachhaftung ist im einzelnen weitgehend streitig, was insbesondere mit dem differierenden Wortlaut des Art. 87 Ziff. 1 Abs. 2 ZGB i.V.m. Art. 2 Ziff. 1 Abs. 2 GmbHG[1190] einerseits sowie des Art. 96 Ziff. 1 Abs. 2 ZGB i.V.m. Art. 2 Ziff. 1 Abs. 3 AktG [1191] andererseits zusammenhängt.

Aus dem Gesetz geht nicht eindeutig hervor, ob sich das Haftungsrisiko des Säumigen auf den Betrag beschränkt, der auf die von ihm übernommene Einlage rückständig ist, oder ob sich die persönliche Haftung für den Fall, daß Einlagen auch von anderen Mitgesellschaftern nicht rechtzeitig geleistet werden, nach der Summe aus sämtlichen Fehlbeträgen bestimmt. Die im Aktienrecht herrschende Meinung unterstützt die restriktivere Auslegung und will die Haftung des Säumigen auf den auf ihn entfallenden Fehlbetrag beschränken.[1192] Auch im GmbH-Recht verneint die herrschende Meinung eine auf das Außenverhältnis übertragene Ausfallhaftung des Säumigen für säumige Mitgesellschafter,[1193] stößt dort aber auf Widerspruch. So

[1189] Der Grundsatz der Haftungsbeschränkung auf das Gesellschaftsvermögen ergibt sich aus Art. 87 Ziff. 1 Abs. 1 2. Hs. ZGB i.V.m. Art. 2 Ziff. 1 Abs. 1 2. Hs. GmbHG bzw. aus Art. 96 Ziff. 1 Abs. 1 2. Hs. ZGB i.V.m. Art. 2 Ziff. 1 Abs. 2 AktG.

[1190] Um die Auslegungsproblematik zu verdeutlichen, sei der - gleichlautende - Wortlaut dieser Bestimmungen hier wiedergegeben: „Gesellschafter, die Einlagen in das Satzungskapital nicht vollständig eingebracht haben, haften solidarisch für Verbindlichkeiten der Gesellschaft in Höhe des nicht einbezahlten Teils der Einlage eines jeden Gesellschafters."

[1191] Wörtlich: „Aktionäre, die Aktien nicht vollständig bezahlt haben, haften solidarisch für Verbindlichkeiten der Aktiengesellschaft in Höhe des nicht einbezahlten Teils des Wertes der ihnen gehörenden Aktien."

[1192] Vgl. Abova/Kabalkin/Mozolin (letzterer/Judenkov), Kommentarij GK I, Art. 96 Rn. 1 a.E.; Šapkina (Braginskij), Kommentarij k zakonu ob AO, Art. 34 Rn. 10.

[1193] Vgl. Abova/Kabalkin/Mozolin (letzterer/Judenkov), Kommentarij GK I, Art. 87 Rn. 2 a.E.; Micheler, Das neue russische GmbH-Gesetz im Überblick, WiRO 1998, Nr. 5, S. 161 (166); Sadikov

vertreten *Arzinger/Galander*, ein säumiger Gründungsgesellschafter hafte den Gesellschaftsgläubigern nicht nur in Höhe des im Innenverhältnis auf ihn entfallenden Fehlbetrages, sondern auf den Gesamtbetrag aller ausstehenden Einlagen.[1194]

Die Bestimmung des zutreffenden Haftungsumfangs ist ausgehend vom Wortlaut der oben angeführten Vorschriften vorzunehmen. Auffallend ist danach zunächst, daß zwischen Aktien- und GmbH-Recht insoweit eine sprachliche Abweichung besteht, als „Aktionäre (...) in Höhe des nicht einbezahlten Teils des Wertes der ihnen gehörenden Aktien", GmbH-Gesellschafter hingegen für Fehlbeträge „eines jeden Gesellschafters" haften. Letzteres legt in der Tat nahe, im GmbH-Recht im Gegensatz zum Aktienrecht, wo die herrschende Auffassung eine Stütze im Gesetzeswortlaut findet, mit *Arzinger/Galander* eine Haftung des Säumigen in Höhe der Summe der auf die Gesamtheit der Säumigen entfallenden Fehlbeträge anzunehmen. Diese dem Gesetzeswortlaut verpflichtete Lösung wird von *Knaul*[1195] mit der Begründung abgelehnt, eine solidarische Haftung für alle nicht erbrachten Einlagen bedeute eine zu harte, systemwidrige Sanktion für den Gesellschafter. Gerade aus der Perspektive des deutschen GmbH-Rechtes kann dieser Wertung jedoch nicht gefolgt werden. Denn dieses enthält Vorschriften, wonach die Beitrittsentscheidung zu einer GmbH im Extremfall das Risiko birgt, das ganze Stammkapital aufbringen zu müssen, wenn alle Mitgesellschafter ausfallen.[1196] Auch wenn das russische Recht eine Ausfallhaftung im Innenverhältnis nicht kennt, kann es somit im Interesse einer realen Kapitalaufbringung keinesfalls systemwidrig, sondern im Gegenteil nur zu begrüßen sein, wenn jeder Gesellschafter einer GmbH russischen Rechts damit rechnen muß, im Falle seiner Säumnis den Gesellschaftsgläubigern persönlich in Höhe des gesamten auf das Satzungskapital ausstehenden Betrages zu haften, zumal es sich hierbei anders als im deutschen Recht nicht um eine unmittelbare Folge der Beitrittsentscheidung, sondern um eine Sanktion für die nicht rechtzeitige Leistung der Einlage handelt.

(Avilov) II, Kommentarij GK I, Art. 87 Rn. 2; Tichomirov (ders.), Kommentarij k zakonu ob OOO, Art. 2 Rn. 1 a.E.; Zalesskij (Šapkina), Kommentarij k zakonu ob OOO, Art. 2 Rn. 1 5) a.E.; hingegen wegen unrichtiger Wiedergabe des Gesetzeswortlautes unklar Sadovnikov, Novye položenija učreditel`nych dokumentov OOO, Ėkonomiko-pravovoj bjulleten` 1998, Nr. 6, S. 11 (14).

[1194] Vgl. Arzinger/Galander, Russisches Wirtschaftsrecht, S. 31 f. u. 61 f.

[1195] Knaul, GmbH-Recht, S. 14.

[1196] Vgl. § 24 S. 1 GmbHG-D; dazu Lutter/Hommelhoff, § 24 Rn. 1 ff.; Schmidt, Gesellschaftsrecht, § 37 II 5 d).

Die Rechtsunsicherheit hinsichtlich des Leistungsumfangs wird noch dadurch verstärkt, daß der Bezugspunkt der gesetzlich angeordneten solidarischen, d.h. gesamtschuldnerischen,[1197] Haftung des Säumigen in beiden Rechtsformen durchaus für unterschiedliche Interpretationen offen ist. Da der Säumige für Verbindlichkeiten der Gesellschaft und damit nicht für eigene, sondern für fremde Schuld den Gesellschaftsgläubigern haftet, haftet er zunächst in beiden Rechtsformen gesamtschuldnerisch mit der Gesellschaft als der eigentlichen Primärschuldnerin, obwohl diese nicht expressis verbis als Gesamtschuldnerin im Gesetz bezeichnet wird. Zweifelhaft und im Rahmen des Kapitalaufbringungsrechts entscheidend ist aber, ob ein Gesamtschuldverhältnis auch zwischen mehreren säumigen Gesellschaftern besteht.[1198] Dies dürfte zu bejahen sein, da dem Gesetzeswortlaut zufolge - verkürzt formuliert - „säumige Gesellschafter gesamtschuldnerisch haften". Die Verwendung der Pluralform spricht insoweit gegen die in beiden Rechtsformen hinsichtlich des Haftungsumfangs des Säumigen herrschende Meinung, denn ein Gesamtschuldverhältnis zwischen zwei oder mehreren Säumigen bestünde gerade nicht, wenn jeder Säumige im Außenverhältnis nur in Höhe des auf ihn entfallenden Fehlbetrages haftete.

Sowohl dem Wortlaut als auch der Ratio des GmbH-Rechtes am nächsten kommt eine Auslegung, wonach jeder Säumige gesamtschuldnerisch mit der Gesellschaft und - soweit vorhanden - säumigen Mitgesellschaftern den Gesellschaftsgläubigern unmittelbar in Höhe der Summe sämtlicher auf Einlagen rückständiger Beträge haftet und lediglich im Innenverhältnis über Art. 325 Ziff. 2 Nr. 1) ZGB Regreß nehmen kann, soweit er im Außenverhältnis über den auf ihn entfallenden Fehlbetrag hinaus in Anspruch genommen wird. Ob sich ein solches, dem personalistischen Charakter der GmbH entsprechendes Verständnis in Zukunft durchsetzen wird, bleibt abzuwarten. Demgegenüber dürfte im Recht der gAG eine Abkehr von der herrschenden Meinung kaum zu erwarten sein. Denn der Anwendungsbereich des Art. 96 Ziff. 1 Abs. 2 ZGB erfaßt sowohl die gAG als auch die kapitalmarktfähige oAG, welche zwar nicht im Gründungsprozeß, wohl aber bei späteren Kapitalerhöhungen zur Ausgabe von Aktien im Wege offener Zeichnung berechtigt ist. Mit dem Charakter

[1197] Vgl. Artt. 322 ff. ZGB.

[1198] Ablehnend wohl Schmitt, Unternehmens- und Gesellschaftsrecht der RF, S. 44.

einer öffentlichen Emission, die sich an einen zahlenmäßig unbeschränkten Personenkreis richtet,[1199] ist eine auf den vollen Betrag aller ausstehenden Einlagen gerichtete Haftung des einzelnen Erwerbers unvereinbar, da die Erwerber im Gegensatz zu einer GmbH oder gAG nicht durch ein personalistisches Element verbunden sind. Eine gespaltene, d.h. zwischen der Haftung von Aktionären einer gAG und einer oAG differenzierende Auslegung der Artt. 96 Ziff. 1 Abs. 2 ZGB, 2 Ziff. 1 Abs. 3 AktG verbietet sich jedoch, weil es sich bei diesen Normen nicht um typenspezifische, sondern um allgemeine aktienrechtliche Bestimmungen handelt.

Ein beide Rechtsformen gleichermaßen betreffender Kritikpunkt liegt im Kapitalaufbringungsrecht somit darin, daß das Gesetz nicht ausdrücklich bestimmt, daß der Säumige der Gesellschaft trotz Kaduzierung seines Anteils für den Fehlbetrag verhaftet bleibt. Diese Lücke ließe sich allenfalls durch eine analoge Anwendung des Art. 23 Ziff. 4 GmbHG schließen. Danach verliert die Gesellschaft einen Nachschußanspruch gegen einen Gesellschafter, der aus der Gesellschaft austritt, nicht, sofern der Anspruch vor rechtswirksamer Ausübung des Austrittsrechtes entstanden ist. Hier könnte man erwägen, ob der freiwillig Ausgeschiedene, der der Gesellschaft weiterhin auf den Nachschuß persönlich haftet, nicht erst recht für Einlagen haften muß, die auf seinen auf die Gesellschaft übergegangenen Geschäftsanteil rückständig sind. Zudem spräche für eine Ausdehnung der gesetzlichen Nachhaftung über Nachschüsse hinaus auf rückständige Einlagen, daß es sich im Falle der Kaduzierung ex lege um einen Ausscheidenstatbestand handelt, der nicht - wie das Austrittsrecht - auf der Ausübung eines Rechtes, sondern auf einer Pflichtverletzung beruht. Dennoch dürfte kaum damit zu rechnen sein, daß sich eine Nachhaftung für rückständige Einlagen analog Art. 23 Ziff. 4 GmbHG in absehbarer Zeit durchsetzt, da sich der Gesetzgeber dafür entschieden hat, die Säumnis im Innenverhältnis nicht zu sanktionieren, sondern durch die Gewährung von Abfindungsansprüchen geradezu attraktiv zu machen.

[1199] Vgl. Ziff. 1.2 Abs. 10 Emissionsstandards.

VI. Prospektpflichten

Aus dem Umstand, daß von einer gAG ausgegebene Aktien im Gegensatz zu den nicht verbrieften Geschäftsanteilen an einer GmbH Gegenstand der Wertpapiergesetzgebung sind, kann sich bereits im Gründungsverfahren ein im Vergleich zur GmbH höherer Gründungsaufwand ergeben. Neben dem Erfordernis der Registrierung der Emission muß nicht nur bei Kapitalerhöhungen, sondern auch bereits bei Aufteilung der Aktien auf die Gründer ein Emissionsprospekt[1200] erstellt und staatlich registriert werden, sofern der Nominalwert der Erstemission 50.000 MROT übersteigt.[1201] Entgegen der Rechtslage in anderen Rechtsordnungen, die Privatplazierungen sowie die Aktienausgabe bei Gründung gewöhnlich von Prospektpflichten freistellen, entfällt die Prospektpflicht sowohl bei Gründung einer gAG als auch bei späteren Kapitalerhöhungen nur unter der Bedingung, daß die Emission nominal unter dem genannten Schwellenwert liegt.

B. Kapitalerhaltung: Umfang der Vermögensbindung

Die gesetzlichen Mechanismen zur Erhaltung des Satzungskapitals von GmbH und gAG unterscheiden sich aufgrund der verschiedenen Rechtsnatur von Geschäftsanteil und Aktie zwar verfahrenstechnisch, nicht aber materiell. Im Ausgangspunkt ist zu beachten, daß das russische im Gegensatz zum deutschen Kapitalgesellschaftsrecht keine Differenzierung enthält, wonach in der AG das gesamte Gesellschaftsvermögen mit Ausnahme des ordnungsgemäß festgestellten Bilanzgewinns, in der GmbH hingegen lediglich das zur Erhaltung des Stammkapitals erforderliche Vermögen gebunden ist.[1202] In beiden Rechtsformen sind Ausschüttungen an die Mit-

---

[1200] Dieser muß dem in Anlage 4 der Emissionsstandards entsprechen; vgl. Ziff. 8.2 Emissionsstandards.

[1201] Vgl. Ziff. 8.1.1 Emissionsstandards.

[1202] Gem. § 30 GmbHG-D unterfällt nur das zur Erhaltung des Stammkapitals erforderliche Vermögen dem Ausschüttungsverbot, während § 57 ff. AktG-D das gesamte Gesellschaftsvermögen mit Ausnahme des ordnungsgemäß festgestellten Bilanzgewinns bindet. Dementsprechend darf gem. § 57 Abs. 3 AktG-D vor Auflösung der Gesellschaft ausschließlich der Bilanzgewinn an die Aktionäre verteilt werden, während § 29 ff. GmbHG-D auch weitergehende Ausschüttungen und sonstige Leistungen an die Gesellschafter nicht a priori ausschließt. Zum gebundenen Vermögen der AG gehört auch die gesetzliche Rücklage (vgl. § 150 AktG-D), deren Bildung in der GmbH nicht vorgeschrieben ist. Vgl. hierzu statt vieler Baumbach/Hueck, GmbHG-D, § 29 Rn. 4; Hoffmann-Becking (ders.), MHdGR - Aktiengesellschaft, § 46 Rn. 1 ff.; Lutter/Hommelhoff, GmbHG-D, § 30 Rn. 3; Priester/Mayer (letzterer/Vollrath), MHdGR - GmbHG, § 52 Rn. 5.

glieder grundsätzlich in Erfüllung des mitgliedschaftlichen Gewinnbezugsrechtes möglich, aber auf den Reingewinn begrenzt.[1203] Dennoch verläuft die Vermögensbindung nicht vollkommen parallel, sondern ist in der GmbH gegenüber dem Aktienrecht insofern herabgesetzt, als die GmbH zur Ausschüttung thesaurierter Gewinne berechtigt ist, was der gAG verwehrt ist. GmbH-Gesellschaftern steht es somit offen, Rückstellungen aus der Gesellschaft abzuziehen, soweit dadurch das zur Erhaltung des Satzungskapitals erforderliche Vermögen nicht angegriffen wird.

Dieser gesetzliche Rahmen läßt die beide Rechtsformen gleichermaßen betreffende Frage, ob die Vermögensbindung letztlich nur das zur Erhaltung des Satzungskapitals notwendige oder aber das gesamte Gesellschaftsvermögen mit Ausnahme des festgestellten Bilanzgewinns betrifft, unbeantwortet. Diese Frage ist gerade in der personalistischen Kapitalgesellschaft insofern von großer Bedeutung, als hiervon die Wirksamkeit der zahlreichen und vielgestaltigen Tatbestände verdeckter Gewinnausschüttungen abhängt. Eine solche liegt vor, wenn die Gesellschaft einzelnen oder auch allen Gesellschaftern außerhalb der förmlichen Gewinnverteilung Leistungen aus dem Gesellschaftsvermögen ohne äquivalente Gegenleistung gewährt.[1204] Die bislang nicht geführte Diskussion zu diesem Thema wird sich zwischen zwei konträren Ansätzen zu entscheiden haben: einerseits könnte man in den oben[1205] angeführten Bestimmungen eine abschließende Regelung und somit ein generelles Auszahlungsverbot außerhalb förmlicher Gewinnfeststellung und -verteilung sehen, woraus sich eine grundsätzliche Bindung des gesamten Gesellschaftsvermögens ergäbe. Andererseits sollte Beachtung finden, daß sowohl gAG als auch GmbH nach diesen Bestimmungen zur Fassung von Gewinnausschüttungsbeschlüssen *berechtigt* sind. Hierauf könnte sich eine Betrachtungsweise stützen, welche die förmliche Gewinnausschüttung nicht als abschließende Regelung

---

[1203] Vgl. Art. 28 Ziff. 1 GmbHG, Art. 42 Ziff. 2 AktG.

[1204] Beispielhaft seien hier nur einige Fallgruppen genannt: Warenlieferungen oder sonstige Leistungen an Gesellschafter unter Marktpreis bzw. zu Vorzugspreisen oder deren Bezug von Gesellschaftern zu erhöhten Preisen, z.B. in Gestalt unentgeltlicher Überlassung von Gesellschaftseigentum oder eines überhöhten Entgeltes für Dienstleistungen eines Gesellschafters, insbesondere ungewöhnliche Bezüge eines Gesellschaftergeschäftsführers; überhöhte Verzinsung von Gesellschafterdarlehen oder andererseits gering- oder unverzinsliche Darlehensgewährung an Gesellschafter; Verzicht oder unterlassene Durchsetzung von Ansprüchen gegen Gesellschafter. Zur Kasuistik vgl. ferner Baumbach/Hueck, GmbHG-D, § 29 Rn. 69, § 30 Rn. 14 ff.

[1205] S.o. Fn. 1203.

begreift, verdeckte Gewinnausschüttungen somit nicht als generell gem. Art. 168 ZGB nichtig ansieht und diese zuläßt, soweit die Abflüsse nicht das zur Erhaltung des Satzungskapitals erforderliche Gesellschaftsvermögen angreifen oder andere Kriterien erfüllen, die auch eine förmliche Gewinnausschüttung verbieten würden. Hier bleibt die weitere Rechtsentwicklung abzuwarten. Einstweilen sollte die Zulässigkeit und Rechtswirksamkeit von Tatbeständen verdeckter Gewinnausschüttung zumindest im GmbH-Recht abgesichert werden können, indem die jeweilige Gestaltung als individuelles Sonderrecht einzelner Gesellschafter in der Satzung festgeschrieben wird.

Im übrigen verlaufen die gesetzlichen Zulässigkeitsgrenzen, die Ausschüttungen an Mitglieder gezogen sind, in beiden Rechtsformen weitgehend parallel. Auszahlungen dürfen nicht beschlossen werden, soweit das Satzungskapital noch nicht vollständig aufgebracht wurde, die Gesellschaft insolvent[1206] ist oder infolge des Beschlusses die Insolvenzreife eintreten würde, oder die Nettoaktiva der Gesellschaft unter der Summe aus Satzungskapitalziffer und Reservefonds liegen oder infolge des Beschlusses liegen würden.[1207] Unterschiede in den gesetzlichen Ausschüttungsverboten ergeben sich allein daraus, daß im GmbH-Recht verschiedene Möglichkeiten der Beendigung der Mitgliedschaft bestehen, die das Aktienrecht nicht kennt, woraus sich rechtsformspezifische Folgen für die Vermögensbindung ergeben. So ist in der GmbH jede Gewinnausschüttung untersagt, solange die Ansprüche ausgeschiedener Gesellschafter auf Auszahlung des tatsächlichen Wertes ihrer Geschäftsanteile in den gesetzlich bestimmten Fällen noch nicht befriedigt wurden.[1208] Derartige Ansprüche entstehen bei Austritt und Ausschluß von Gesellschaftern sowie aufgrund kraft Gesetzes eintretender Kaduzierung der Anteile säumiger Gesellschafter. Letzteres verdeutlicht abermals die im Rahmen des Kapitalaufbringungsrechts zweck-

---

[1206] Eröffnungsgrund für die Einleitung eines Insolvenzverfahrens ist bei juristischen Personen allein die Zahlungsunfähigkeit; vgl. Art. 3 Ziff. 2 des Gesetzes v. 08.01.1998 „Über die Insolvenz (dem Bankrott)" (fortan: InsolvenzG), SZ RF 1998, Nr. 2, Pos. 222. Mit der Reform des Insolvenzrechts wurde die Überschuldung als Eröffnungsgrund aufgegeben, was insbesondere in der oftmals unzureichenden bilanzrechtlichen Kompetenz der Wirtschaftsgerichte, der dadurch bedingten überlangen Verfahrensdauer und der Unzuverlässigkeit der beigebrachten Unterlagen begründet war. Vgl. hierzu Teljukina, Kommentarij k zakonu „O nesostojatel`nosti", S. 13 ff.

[1207] Vgl. Art. 29 Ziff. 1 GmbHG, Art. 43 Ziff. 1 AktG. Das ausdrückliche Ausschüttungsverbot bei bestehender oder eintretender Unterbilanz spiegelt die Aufgabe des Eröffnungsgrundes der Überschuldung im Insolvenzrecht wider.

[1208] Vgl. Art. 29 Ziff. 1 Abs. 3 GmbHG.

widrige Interessenwertung des Gesetzgebers, als eine Verletzung im Gründungsvertrag eingegangener Verpflichtungen durch einen Gesellschafter die Gewinnbezugsrechte der übrigen vertragstreuen Gesellschafter beeinträchtigen kann. Demgegenüber kennt das Aktienrecht keine Konstellationen, in denen die Gesellschaft zur Schuldnerin von Abfindungsansprüchen ausgeschiedener Aktionäre wird. Allerdings greift hier ein Dividendenverbot ein, solange die Gesellschaft nicht sämtliche Aktien aufgekauft hat, zu deren Aufkauf sie nach Art. 76 AktG verpflichtet ist. Gem. Art. 75 Ziff. 1 AktG entsteht eine solche Verpflichtung im Verhältnis zu Aktionären, die auf einer Aktionärsversammlung, welche die Reorganisation der Gesellschaft oder den Abschluß eines Großgeschäftes i.S.d. Artt. 78 ff. AktG beschließt, gegen die Reorganisation oder den Vertragsschluß gestimmt oder sich nicht an der Abstimmung zu dem betreffenden Tagesordnungspunkt beteiligt haben.[1209] Diese dem Minderheitenschutz verpflichteten Bestimmungen, die das GmbH-Recht nicht kennt, sind weit weniger als Abfindungsansprüche ausgeschiedener GmbH-Gesellschafter geeignet, ein Dividenverbot herbeizuführen, da die Gesellschaft zur Erfüllung ihrer gesetzlichen Erwerbsverpflichtung maximal 10% ihrer Nettoaktiva einsetzen darf; reichen diese Mittel nicht zum Erwerb aller Aktien aus, deren Aufkauf verlangt wird, findet aus diesen lediglich ein anteiliger Erwerb statt, welcher die Gesellschaft in jedem Fall von weiteren Erwerbspflichten hinsichtlich der nicht aufgekauften Aktien befreit.[1210]

Hinsichtlich der Rechtsfolgen unzulässiger Ausschüttungen sind weder im GmbH- noch im Aktienrecht eigenständige gesellschaftsrechtliche Erstattungsansprüche der Gesellschaft in der Art des § 31 GmbHG-D normiert. Da das Gesetz nicht ausdrücklich bestimmt, daß rechtswidrige Gewinnverwendungsbeschlüsse der Anfechtung unterliegen, verbleibt es gem. Art. 168 ZGB bei dem Grundsatz der Nichtigkeit sol-

---

[1209] Dagegen bezieht sich die Aufkaufverpflichtung der Gesellschaft nicht auf Fälle des Art. 72 AktG. Dies könnte zwar zunächst unter dem Aspekt in Erwägung gezogen werden, die Gesellschaft sei gem. Art. 72 Ziff. 4 Abs. 3 S. 1 AktG auf Verlangen zum Erwerb eigener Aktien „verpflichtet", was noch unter die amtliche Überschrift des Art. 76 AktG („Verfahren der Ausübung des Rechtes, von der Gesellschaft den Aufkauf von Aktien zu verlangen, die Aktionären gehören") subsumtionsfähig wäre. Im Gegensatz zu Art. 75 AktG folgt die Verpflichtung der Gesellschaft in allen Fällen des Art. 72 AktG aus einer lediglich *fakultativen* Entscheidung der Aktionärsversammlung oder des Direktorenrates. Dieses Ergebnis wird zudem dadurch gestützt, daß Art. 76 AktG offenbar ausschließlich auf die teilidentische Überschrift des Art. 75 Bezug nimmt.

[1210] Vgl. Art. 76 Ziff. 5 AktG.

cher Beschlüsse.[1211] Der Erstattungsanspruch der Gesellschaft gegen den begünstigten Gesellschafter folgt unmittelbar aus Art. 167 Ziff. 2 ZGB, ergibt sich aber auch aus Bereicherungsrecht über Art. 1102 Ziff. 2 ZGB.[1212] Die Nichtigkeitsfolge ergreift auch diejenigen Rechtsgeschäfte, die den verschiedenen Fallgestaltungen verdeckter Gewinnausschüttungen zugrunde liegen. Denn diese sind jedenfalls unter denselben Voraussetzungen wie förmliche Gewinnausschüttungen unzulässig. Soweit sie nach vollständiger Aufbringung des Satzungskapitals geleistet werden, das Satzungskapital nicht angreifen und nicht zur Insolvenzreife der Gesellschaft führen, hängt ihre Zulässigkeit und damit die Frage der Entstehung von Erstattungsansprüchen der Gesellschaft somit davon ab, wie man die Zulässigkeit verdeckter Gewinnausschüttungen außerhalb des förmlichen Ergebnisverwendungverfahrens behandelt.

C. Maßnahmen der Kapitalbeschaffung und -herabsetzung

Maßnahmen der Kapitalbeschaffung können als einer derjenigen Punkte gelten, in denen das Gefälle im Rechtsformaufwand zwischen gAG und GmbH besonders signifikant ist. Obwohl die einschlägigen Bestimmungen des Aktien- und Wertpapierrechtes auf die oAG zugeschnitten sind, finden sie ohne Erleichterungen auch auf die gAG Anwendung. So wurde bereits erwähnt, daß die gAG zur Erstellung eines Emissionsprospektes ungeachtet des Umstandes verpflichtet sein kann, daß ihr die Unterbringung von Aktien im Wege offener Zeichnung untersagt ist.[1213] Während Kapitalbeschaffungsmaßnahmen der GmbH lediglich Registrierungspflichten hinsichtlich der notwendigen Satzungsänderungen nach sich ziehen, sind sie im Recht der gAG Gegenstand der Regulierung nicht nur durch die zuständige Registrierungsbehörde, sondern auch durch die FKCB.[1214]

[1211] Ebenso i.E. Zalesskij (Kozyr'), Kommentarij k zakonu ob OOO, Art. 29 Rn. 1 a. E.

[1212] Im Gegensatz zu § 31 Abs. 2 GmbHG-D schützt das Gesetz den guten Glauben des Empfängers an das Nichtvorliegen eines Ausschüttungshindernisses nicht. Der Empfänger kann jedoch die Einwendung erheben, die Gesellschaft habe Kenntnis von der fehlenden Auszahlungsverpflichtung gehabt, wofür er gem. Art. 1109 Nr. 4) ZGB beweisbelastet ist. Diese Einwendung dürfte auch auf Art. 167 Ziff. 2 ZGB durchschlagen.

[1213] Vgl. Art. 39 Ziff. 2 Abs. 2 AktG i.V.m. Ziff. 8.1.1 - 8.1.3, 8.1.5 Emissionsstandards.

[1214] Zum Aufbau der von der FKCB zu bestimmenden Registrierungsbehörden s. Schramm, Kapitalmarktrecht in der RF, S. 181 m.w.N.

I. Eigenkapitalbeschaffung

1. Kapitalerhöhung

Das Aktienrecht kennt die im deutschen Recht unzulässige[1215] Kapitalerhöhung durch Erhöhung des Nennbetrages der bereits untergebrachten Aktien („Konvertierung") sowie die Kapitalerhöhung durch Unterbringung zusätzlicher[1216] Aktien.[1217] Wie im folgenden zu zeigen sein wird, stellt letzteres Verfahren einen Oberbegriff dar und kann sowohl für nominelle als auch für effektive Kapitalerhöhungen eingesetzt werden, während die Konvertierung nur nominellen Kapitalerhöhungen zugrunde gelegt werden kann. Demgegenüber unterscheidet das GmbH-Recht zwischen drei Verfahrensarten, das Satzungskapital heraufzusetzen: Kapitalerhöhung aus Gesellschaftsmitteln, gegen Einlagen der Gesellschafter und, soweit die Satzung dies nicht ausschließt, gegen Einlagen in die Gesellschaft aufzunehmender Dritter.[1218]

Auf dieser Grundlage ergeben sich bereits im Ausgangspunkt erhebliche Rechtsformunterschiede. Während das Aktienrecht die Gesellschaft auf die Anwendung einer der lediglich alternativ eröffneten Verfahrensarten festlegt, steht es der GmbH frei, eine Kapitalerhöhung auf der Grundlage einer frei wählbaren Kombination der gesetzlichen Verfahrensarten durchzuführen.[1219] Ein weiterer Rechtsformunterschied ergibt sich aus dem Umstand, daß weder die GmbH-rechtlichen Ausgangsbestimmungen des ZGB noch das GmbHG selbst eine mit Art. 100 Ziff. 2 S. 2 ZGB vergleichbare Regelung enthalten, wonach eine Kapitalerhöhung zur Deckung von

---

1215 Vgl. § 182 Abs. 1 S. 4 AktG-D.

1216 Russ.: „Dopolnitel`nye akcii". Synonym wird in deutschen Übersetzungen auch der Begriff „neue" oder „junge" Aktien verwendet.

1217 Vgl. Art. 100 Ziff. 1 ZGB i.V.m. Art. 28 Ziff. 1 AktG.

1218 Vgl. Art. 17 Ziff. 2 GmbHG.

1219 Dies folgt aus einer Gegenüberstellung des Wortlautes von Art. 28 Ziff. 1 AktG und Art. 17 Ziff. 2 GmbHG (ebenso Zalesskij [Suchanov], Kommentarij k zakonu ob OOO, Art. 17 Rn. 2 a.E.) und war bislang ferner aus Ziff. VI.16 Emissionsstandards a.F. begründbar, wonach bei einer Konvertierung keinerlei zusätzliche Zahlungen der Aktionäre für diejenigen Aktien, in die die Umwandlung der Altaktien erfolgt, oder Einlagen und andere Zahlungen vorgesehen werden durften, die in irgendeiner Form mit der Umwandlung der Aktien zusammenhängen. Letztere Bestimmung ist ersatzlos gestrichen worden, was jedoch nicht zu einer materiellen Rechtsänderung geführt hat, da Konvertierungen und damit nominelle Kapitalerhöhungen auch weiterhin ausschließlich aus Eigenmitteln vorgenommen werden dürfen; vgl. Ziff. 6.7 Emissionsstandards.

Verlusten der AG unzulässig ist. Über die Ratio dieses absoluten Verbotes kann im Aktienrecht angesichts der Tatsache, daß Kapitalerhöhungen eine unverzichtbare Sanierungsmaßnahme darstellen können,[1220] nur spekuliert werden. Es verwundert daher nicht, daß die Literatur um eine möglichst enge Auslegung dieser Norm bemüht ist, wobei weitergehend auch gerade für die gAG ihre völlige Streichung gefordert wird.[1221] Ungeklärt ist insbesondere, ob das Kapitalerhöhungsverbot voraussetzt, daß die Nettoaktiva das zur Erhaltung des Satzungskapitals erforderliche Vermögen nicht decken, oder ob das Verbot generell bereits dann eingreift, wenn die Gesellschaft Verluste macht, ohne dabei in die Situation des Art. 35 Ziff. 4 AktG zu geraten.[1222] Einstweilen ist festzustellen, daß einer in die Krise geratenen gAG die Kapitalerhöhung als Sanierungsalternative im Gegensatz zur GmbH nicht zur Verfügung steht und sie somit bei schleppendem Geschäftsgang und insbesondere in der Anlaufphase eher als die GmbH in die Insolvenz gedrängt werden kann.

Rechtsformidentisch ist dagegen das Verbot, Kapitalerhöhungen vorzunehmen, bevor das Satzungskapital vollständig aufgebracht wurde.[1223]

a. Allgemeine Systematik der gesetzlichen Kapitalerhöhungsverfahren

Die im AktG geregelten Verfahrensarten greifen die Unterscheidung zwischen einer effektiven Kapitalerhöhung, die den Zweck verfolgt, der Gesellschaft neues Eigenkapital zuzuführen, und einer nominellen Kapitalerhöhung, mit der lediglich vorhandene Rücklagen in Satzungskapital umgewandelt werden und so das Ist-Kapital dem Soll-Kapital angepaßt wird, nicht ausdrücklich auf. Sie können dieser Unterscheidung jedoch wie folgt zugeordnet werden.

Für die Kapitalerhöhung durch Erhöhung des Nennbetrages der bereits untergebrachten Aktien steht das wertpapierrechtliche Verfahren der Konvertierung in die-

---

[1220] Die Sanierung in die Krise geratener Unternehmen kann insbesondere durch Vornahme eines sog. Kapitalschnitts erfolgen, indem eine nominelle Kapitalherabsetzung mit einer effektiven Kapitalerhöhung kombiniert wird; vgl. dazu Schmidt, Gesellschaftsrecht, § 29 III 1.

[1221] Dafür Abova/Kabalkin/Mozolin (letzterer/Judenkov), Kommentarij GK I, Art. 100 Rn. 2; Black/Kraakman/Tarrasova, Russian Law on Joint Stock Companies, S. 228.

[1222] Vgl. Black/Kraakman/Tarassova, Russian Law on Joint Stock Companies, S. 227 f.

[1223] Vgl. Art. 90 Ziff. 6 ZGB i.V.m. Art. 17 Ziff. 1 GmbHG bzw. Art. 100 Ziff. 2 S. 1 ZGB i.V.m. Ziff. 10.2 Abs. 2 Emissionsstandards.

selbe Zahl und Gattung junger Aktien mit höherem Nennbetrag unter Annulierung der Altaktien zur Verfügung.[1224] Daß es sich hierbei um eine nominelle Kapitalerhöhung handelt, ergibt sich aus Art. 28 Ziff. 5 Abs. 1 S. 2 AktG i.V.m. Ziff. 6.7 Emissionsstandards, wo ein abschließender Katalog der für eine Konvertierung zulässigerweise einsetzbaren Mittel normiert ist. Dieser Katalog schließt eine Attrahierung von Fremdmitteln mit der Folge aus, daß eine Konvertierung nicht als effektive Kapitalerhöhung ausgestaltet werden kann. Die Konvertierung muß aus Emissionsgewinnen der Gesellschaft aus früheren Überpari-emissionen, Rücklagen in zweckgebundenen Gesellschaftsfonds nach dem Vorjahresergebnis, thesaurierten Gewinnen[1225] oder aus Eigenmitteln, die sich aus einer Neubewertung des Anlagevermögens ergeben haben, finanzierbar sein.[1226]

Demgegenüber hängt die Zuordnung der Kapitalerhöhung durch Unterbringung zusätzlicher Aktien davon ab, welches der beiden hierfür untergesetzlich eröffneten Verfahren gewählt wird. Zusätzliche Aktien können von einer gAG entweder im Wege einer geschlossenen Zeichung[1227] oder durch Verteilung unter den Aktionären untergebracht werden.[1228] Letzteres Verfahren muß die Gesellschaft ausschließlich aus Eigenkapital bestreiten, wobei die einsetzbaren Mittel mit denjenigen des Konvertierungsverfahrens identisch sind.[1229] Es steht unter der Wirksamkeitsbedingung, daß die Verteilung unter sämtlichen Aktionären nach Maßgabe der bisherigen Betei-

---

[1224] Vgl. Ziff. 6.1.3, 6.6 - 6.9, 11.16 Emissionsstandards.

[1225] Die aktuelle Rechtslage gestaltet sich gegenüber Ziff. VI.17 lit. v) Emissionsstandards a.F. insoweit flexibler, als nunmehr nicht nur Vorjahresgewinne, sondern auch Gewinne aus früheren Geschäftsjahren verwendet werden dürfen.

[1226] Aus dem Eigenmittelkatalog ersatzlos gestrichen wurde Ziff. VI.17 lit. g) Emissionsstandards a.F., wonach auch beschlossene aber nicht ausgeschüttete Dividenden aus dem Vorjahr für Konvertierungen einsetzbar waren. Eine materielle Rechtsänderung ist hiermit nicht verbunden, da Dividenden aus dem Reingewinn zu zahlen sind und die beschriebene Situation daher der im Katalog enthaltenen Fallgruppe thesaurierter Gewinne zuzuordnen ist. Eine Klarstellung bietet nunmehr Ziff. 11.1 Abs. 3 S. 2 Emissionsstandards, wonach eine nominelle Kapitalerhöhung aus thesaurierten Vorjahresgewinnen, die auf eine Dividendenauszahlung gerichtet ist, unabhängig von der gewählten Verfahrensart denjenigen Aktionären zugute kommen muß, die in der Liste der dividendenberechtigten Personen aufgeführt sind.

[1227] Diese ist in Ziff. 1.2 Abs. 11 Emissionsstandards legaldefiniert als Unterbringung innerhalb eines von vornherein feststehenden Personenkreises. Gem. Ziff. 4.2 Abs. 6 Emissionsstandards müssen im Unterbringungsbeschluß Name, Firma und/oder die Kategorie der zeichnungsberechtigten Personen angegeben werden, wobei beispielhaft die Belegschaft oder die Aktionäre des Emittenten oder Kreditorganisationen genannt werden.

[1228] Wie auch bei der Konvertierung handelt es sich bei beiden Verfahren um Ausprägungen des Oberbegriffes der „Unterbringung"; vgl. Ziff. 1.3 Emissionsstandards.

[1229] Vgl. Art. 28 Ziff. 5 Abs. 3 S. 1 AktG i.V.m. Ziff. 3.1 Emissionsstandards.

ligungsverhältnisse erfolgt und das zahlenmäßige Verhältnis zwischen den Gattungen der zusätzlichen Aktien demjenigen zwischen den Gattungen der bereits in Umlauf befindlichen Aktien entspricht.[1230] Somit handelt es sich bei der Verteilung zusätzlicher Aktien unter den Aktionären neben der Konvertierung um ein weiteres Verfahren einer nominellen Kapitalerhöhung. Hingegen erfolgt eine geschlossene Zeichnung zusätzlicher Aktien gegen Einlagen,[1231] so daß es sich hierbei um die einzige[1232] Möglichkeit handelt, in der gAG eine effektive Kapitalerhöhung durchzuführen.

Die Konvertierung sowie die Verteilung zusätzlicher Aktien unter den Aktionären finden im GmbH-Recht ihre materielle Enstprechung in der Kapitalerhöhung aus Gesellschaftsmitteln, während die Zuführung neuen Eigenkapitals durch geschlossene Zeichnung zusätzlicher Aktien ihr GmbH-rechtliches Pendant in der Kapitalerhöhung gegen Einlagen der Gesellschafter oder Dritter findet.

b. Nominelle Kapitalerhöhung

aa. Rechtsformaufwand

In der gAG ist der administrative Aufwand für die im einzelnen festgelegten Verfahrensschritte einer nominellen Kapitalerhöhung erheblich und umfaßt regelmäßig zumindest die Registrierung der Ausgabe der jungen Aktien, in die die Konvertierung erfolgt bzw. die unter den Aktionären verteilt werden, und der Ergebnisse dieser Ausgabe durch die FKCB sowie die Registrierung der abschließenden Satzungsänderungen durch die zuständige Registrierungsbehörde.[1233] Verglichen mit diesen

---

[1230] Vgl. Art. 28 Ziff. 5 Abs. 3 S. 2 AktG i.V.m. Ziff. 3.2 Emissionsstandards.

[1231] Vgl. Art. 28 Ziff. 4 AktG i.V.m. Ziff. 4.2 Abs. 1 Emissionsstandards.

[1232] Dies verkennt *Solotych* (Recht der Handelsgesellschaften, Rn. 78), welche meint, auch das Verfahren der Verteilung unter den bisherigen Aktionären komme für eine effektive Kapitalerhöhung in Betracht.

[1233] Im Konvertierungsverfahren ist gem. Ziff. 6.6, 6.9 Emissionsstandards folgender Ablauf einzuhalten (die mit „ggf." gekennzeichneten Schritte sind nur beachtlich, soweit die Erstellung eines Emissionsprospektes vorgeschrieben ist): 1. Beschlußfassung über die Ausgabe von Aktien mit höherem Nennbetrag; 2. ggf. Fertigung eines Emissionsprospektes; 3. staatliche Registrierung der Ausgabe der Aktien, in die die Konvertierung erfolgt, und ggf. staatliche Registrierung ihres Emissionsprospektes; 4. Fertigung der Aktienzertifikate und ggf. Aufdeckung der im Emissionsprospekt enthaltenen Informationen; 5. Konvertierung; 6. staatliche Registrierung der Ergebnisse der Aus-

Anforderungen reduziert sich der Rechtsformaufwand für eine Kapitalerhöhung aus Gesellschaftsmitteln in der GmbH deutlich. Hier entfällt ein Konvertierungs- bzw. Verteilungsverfahren samt des Registrierungsverkehrs mit der FKCB aufgrund der fehlenden wertpapiermäßigen Verbriefung von Geschäftsanteilen vollständig. Es werden keine neuen Geschäftsanteile geschaffen, sondern die vorhandenen Geschäftsanteile entstehen mit erhöhtem Nennbetrag mit staatlicher Registrierung der entsprechenden Satzungsänderungen.[1234]

bb. Quellen und genehmigtes Kapital

Unterschiede bestehen im Detail ferner im Umfang der für nominelle Kapitalerhöhungen zur Verfügung stehenden Gesellschaftsmittel. Während beiden Rechtsformen gemeinsam ist, daß grundsätzlich das gesamte freie Gesellschaftsvermögen eingesetzt werden kann, das sich als Differenz zwischen den Nettoaktiva und der Summe aus Satzungskapitalziffer und Reservefonds definiert,[1235] sind in der gAG innerhalb des so gesteckten Rahmens die oben beschriebenen enumerativen Kataloge der jeweiligen Verfahrensart zu beachten. Zudem ist der Spielraum für nominelle Kapitalerhöhungen in der gAG jedenfalls dann enger als in der GmbH, soweit nicht das Konvertierungsverfahren, sondern die Verteilung zusätzlicher Aktien gewählt wird. Denn zusätzliche Aktien dürfen gem. Art. 28 Ziff. 3 Abs. 1 AktG nur untergebracht werden, soweit die Satzung eine ausreichende Anzahl sog. angekündigter Aktien[1236] enthält. Soweit diese Art genehmigten Kapitals[1237] nicht oder in unzu-

---

gabe innerhalb von 30 Tagen nach dem Konvertierungsstichtag; 7. ggf. Aufdeckung der im Ergebnisbericht enthaltenen Informationen; 8. Vornahme und staatliche Registrierung der entsprechenden Satzungsänderungen auf der Grundlage des Ausgabebeschlusses und des staatlich registrierten Ergebnisberichts. Die gesetzlichen Anforderungen an den Erhöhungsbeschluß, den Emissionsprospekt und die zur Registrierung der Ausgabe und des Ergebnisberichtes beizubringenden Dokumente ergeben sich aus Artt. 17, 19 ff. WPMG i.V.m. Ziff. 7 - 10, 12 Emissionsstandards. Zu beachten ist insbesondere, daß sich in allen aktienrechtlichen Kapitalerhöhungsverfahren der Erhöhungsbeschluß des zuständigen Gesellschaftsorgans auf den Inhalt des Dokuments beziehen muß, das als Ausgabebeschluß zur Registrierung einzureichen ist und in der Form der Anlage 3 Emissionsstandards zu genügen hat; vgl. Schramm, Kapitalmarktrecht in der RF, S. 177 f. m.w.N.

Ein sinngemäßer Ablauf gilt bei Verteilung zusätzlicher Aktien an die Aktionäre; vgl. Ziff. 3.3, 3.4 Emissionsstandards.

[1234] Vgl. Art. 18 Ziff. 3 GmbHG sowie Zalesskij (Suchanov), Kommentarij k zakonu ob OOO, Art. 19 Rn. 5 a. E.

[1235] Vgl. Artt. 18 Ziff. 2 GmbHG, 28 Ziff. 5 Abs. 2 AktG.

[1236] Russ.: „Ob``javlennye akcii“.

reichendem Maße vorhanden ist, bleibt die Ausgabe neuer Aktien unzulässig, bis durch Beschluß der Aktionärsversammlung, der einer 3/4-Mehrheit bedarf,[1238] angekündigte Aktien geschaffen und durch satzungsändernden Beschluß in die Satzung der gAG aufgenommen werden.[1239] Dieser Beschluß kann gleichzeitig mit dem Emissionsbeschluß gefaßt werden.[1240]

Fraglich ist, ob diese Beschränkung auch im Konvertierungsverfahren zur Anwendung gelangt. Dies dürfte m.E. zu verneinen sein. Für das hier vertrene Ergebnis läßt sich anführen, daß sich Art. 28 Ziff. 3 Abs. 1 AktG ausdrücklich auf die Unterbringung *zusätzlicher* Aktien bezieht, während ein Vergleich der amtlichen Überschriften zu Ziff. 3, 4 und 6 Emissionsstandards verdeutlicht, daß es sich bei den im Rahmen einer Konvertierung ausgegebenen Aktien mit höherem Nennbetrag nicht um *zusätzliche* Aktien handelt. Damit ist die FKCB der in Artt. 100 Ziff. 1 ZGB, 28 Ziff. 1 AktG zum Ausdruck kommenden Systembildung gefolgt, wonach klar zwischen einer Kapitalerhöhung durch Erhöhung des Nennbetrages der bereits untergebrachten Aktien und einer solchen durch Ausgabe zusätzlicher Aktien zu trennen ist. Diese Systembildung wird in Art. 12 Ziff. 2 S. 2 AktG weiter ausgestaltet, wo angekündigte Aktien im Zusammenhang mit zusätzlichen Aktien behandelt werden, und kam vor dem 01.01.2002 auch in Art. 12 Ziff. 2 AktG a.F. zum Ausdruck, wo eine Delegierbarkeit der Satzungsänderungskompetenz an den Direktorenrat nur bei Kapitalerhöhungen durch Ausgabe zusätzlicher Aktien, nicht aber bei solchen durch Erhöhung des Nennbetrages der untergebrachten Aktien vorgesehen war. Ein Beleg dafür, daß der Wille des Gesetzgebers nicht darauf gerichtet war, das Konvertierungsverfahren durch das Erfordernis angekündigter Aktien zu limitieren, findet sich auch darin, daß es die präsidiale Rechtsetzungsgewalt nach Inkrafttreten des AktG am 01.01.1996 für erforderlich erachtete, als Obergrenze für Kapitalerhöhungen im Wege der Erhöhung des Nennbetrages der Aktien die im letzten Jahresabschluß

[1237] Da die Ermächtigung unbefristet erteilt werden kann, bleibt das russische Recht insoweit hinter dem für genehmigtes Kapital nach Art. 25 Abs. 2 KapitalRL geltenden Mindeststandard zurück, wonach die auf einen Höchstbetrag beschränkte Ermächtigung nur für eine Höchstdauer von jeweils fünf Jahren erteilt werden kann, um eine Selbstentmündigung der Hauptversammlung zu vermeiden; vgl. Habersack, Europäisches Gesellschaftsrecht, Rn. 192.

[1238] Vgl. Artt. 48 Ziff. 1 Nr. 5), 49 Ziff. 4, 27 Ziff. 2 Abs. 1 AktG.

[1239] Vgl. Šapkina (Braginskij), Kommentarij k zakonu ob AO, Art. 27 Rn. 3.

[1240] Vgl. Art. 28 Ziff. 3 Abs. 2 AktG.

ausgewiesenen Nettoaktiva ausdrücklich festzulegen.[1241] Diese Regelung wurde erst mit der Novellierung des AktG zum 01.01.2002 durch den neuen Art. 28 Ziff. 5 Abs. 2 AktG abgelöst. Diesem Auslegungsergebnis läßt sich auch Ziff. 6.9 S. 1 Var. 3 Emissionsstandards nicht entgegenhalten. Danach finden die verschiedenen Konvertierungsverfahren i.S.d. Ziff. 6.1.3 - 6.1.7 Emissionsstandards ihren Abschluß mit der Vornahme derjenigen Satzungsänderungen, die „mit der Änderung der Anzahl und (oder) des Nennbetrages der angekündigten Aktien (unter der Bedingung, daß solche in der Satzung vorhanden sind) [verbunden sind]". Diese Bestimmung bezieht sich nicht auf Kapitalerhöhungen, sondern lediglich auf andere Konvertierungsformen wie Konsolidierung und Stückelung von Aktien i.S.d. Ziff. 6.9 S. 1 Var. 2 Emissionsstandards i.V.m. Art. 74 AktG. Dies ergibt sich sowohl aus einer Wortlautauslegung als auch aus der Gesamtsystematik der Emissionsstandards. Denn soweit diejenigen Aktien mit höherem Nennbetrag, in die die annulierten Altaktien konvertiert werden, als angekündigte Aktien in der Satzung vorhanden sein müßten, wäre nach Durchführung einer Konvertierung die Anzahl der in der Satzung angekündigten Aktien immer und nicht lediglich unter der Bedingung, daß letztere überhaupt vorhanden sind, herabzusetzen, da die Kapitalerhöhung im Falle des Fehlens angekündigter Aktien bereits als solche unzulässig wäre. Ferner fehlt in Ziff. 6.9 Emissionsstandards die für die übrigen Kapitalerhöhungsverfahren in den Emissionsstandards enthaltene Klarstellung,[1242] daß die abschließende Satzungsänderung mit einer Verringerung der angekündigten Aktien um die Zahl der untergebrachten jungen Aktien verbunden ist.

Die gesetzliche Ungleichbehandlung[1243] der beiden im Recht der gAG für eine nominelle Kapitalerhöhung zur Verfügung stehenden Verfahrensarten hinsichtlich des

---

[1241] Vgl. Ziff. 9 Abs. 1 des Präsidialerlasses „Über Maßnahmen zum Schutz von Aktionärsrechten und zur Sicherstellung der Interessen des Staates als Eigentümer und Aktionär" v. 18.08.1996 Nr. 1210, SZ RF 1996, Nr. 35, Pos. 4142, geändert durch Präsidialerlaß v. 09.08.1999 Nr. 1022, SZ RF 1999, Nr. 32, Pos. 4051.

[1242] Vgl. Ziff. 3.4 S. 1, 4.8 S. 1 Emissionsstandards.

[1243] Es bleibt abzuwarten, ob sich mit einer Anpassung der Emissionsstandards an die Novelle des AktG etwas anderes ergeben wird. Fraglich ist insoweit, ob Art. 39 Ziff. 1 S. 1 2. Alt. AktG insoweit eine Systemverschiebung gebracht hat, als er sowohl die Zeichnung als auch die Konvertierung als Unterfälle der Unterbringung zusätzlicher Aktien definiert. Damit könnte die Konvertierung nicht mehr als Durchführungsverfahren einer Kapitalerhöhung durch Erhöhung der Nennbeträge der bereits untergebrachten Aktien nach Art. 28 Ziff. 1 AktG zur Verfügung stehen. M.E. hat die Novelle keine solche Systemverschiebung mit sich gebracht, denn Art. 39 Ziff. 1 S. 1 2. Alt. AktG dürfte sich nur auf konvertible Wertpapiere wie etwa Wandelschuldverschreibungen beziehen; arg. e Art. 37 Ziff. 1 Abs. 4 AktG.

Erfordernisses angekündigter Aktien ist indessen unter dem Gesichtspunkt nur schwer zu rechtfertigen, daß beide Verfahren nicht zu einer Verschiebung der Beteiligungsverhältnisse zu Ungunsten der Minderheit[1244] instrumentalisiert werden können.[1245]

cc. Organzuständigkeit

Schließlich unterscheidet sich die nominelle Kapitalerhöhung in gAG und GmbH in bezug auf die Organzuständigkeit. Während in der GmbH sowohl für den Erhöhungs- als auch für den satzungsändernden Beschluß die Gesellschafterversammlung ausschließlich zuständig ist,[1246] bietet das Aktienrecht verschiedene Möglichkeiten. Hier ist zwischen der Zuständigkeit für die Schaffung angekündigter Aktien, den Erhöhungsbeschluß und die Anpassung der Satzung zu differenzieren. Die Schaffung angekündigter Aktien, die für eine Verteilung zusätzlicher Aktien unter den Aktionären erforderlich sind, obliegt ausschließlich der Aktionärsversammlung und bedarf einer 3/4-Mehrheit des vertretenen Kapitals.[1247] Der Erhöhungsbeschluß fällt in

---

[1244] Zu diesem Phänomen („Dilution of Stock") und möglichen Abwehrstrategien der Minderheit vor Einführung eines Bezugsrechtes auch für gAG-Aktionäre durch die Novelle v. 07.08.2001 s. Gorchakov, Dilution of Stock, PSJEEL 2000, Vol. 7 No. 1, S. 83 ff. Die Einführung des Bezugsrechtes kann als direkte Reaktion des Gesetzgebers auf derartige Praktiken gewertet werden; vgl. Nosov, Soveršenstvovanie akcionernogo zakonodatel`stva, Žurnal Ross. Prava 2001, Nr. 1, S. 74 (76).

[1245] Vgl. Ziff. 3.2, 11.16 Abs. 2 Emissionsstandards.

[1246] Vgl. Art. 91 Ziff. 3 S. 1 Nr. 1, S. 3 ZGB i.V.m. Artt. 18 Ziff. 1 Abs. 1, 33 Ziff. 2 S. 1 Nr. 2 u. 13 GmbHG. Beide Beschlüsse bedürfen einer Mehrheit von 2/3 der Gesamtstimmenzahl. Die Zuständigkeit kann weder auf das Exekutivorgan noch auf einen fakultativ einzurichtenden Direktorenrat übertragen werden, da Art. 18 Ziff. 1 Abs. 1 GmbHG keine Öffnungsklausel i.S.d. Art. 33 Ziff. 2 S. 2 GmbHG enthält; i.E. übereinstimmend Golubkov, Uveličenie ustavnogo kapitala OOO, ĖiŽ 1998, Nr. 28, S. 20.

[1247] Vgl. Artt. 27 Ziff. 2 Abs. 1, 48 Ziff. 1 Nr. 5, 49 Ziff. 4 AktG. Dabei besteht entgegen *Black/Kraakman/Tarassova* (Russian Law on Joint Stock Companies, S. 223) keine Auslegungsproblematik, ob Art. 27 Ziff. 2 Abs. 1 AktG gegen aktienrechtliche Bestimmungen verstößt, die eine Delegierung des Erhöhungsbeschlusses an den Direktorenrat ermöglichen. Wie gezeigt ist der Erhöhungsbeschluß von der Schaffung angekündigter Aktien zu trennen und folgt dieser zeitlich und logisch nach. Etwas anderes würde zudem zu einer mit dem Konzept der angekündigten Aktien unvereinbaren Selbstermächtigung des Direktorenrates führen. Bereits nach Altrecht konnte sich die o.g. Literaturmeinung nicht auf Art. 48 Ziff. 2 Abs. 2 AktG a.F. stützen, wonach ausnahmsweise ausschließliche Zuständigkeiten der Aktionärsversammlung, die „Änderungen und Ergänzungen der Satzung im Zusammenhang mit einer Kapitalerhöhung nach Artt. 12 und 27 AktG" betrafen, auf den Direktorenrat übertragen werden konnten. Denn der Verweis auf Art. 27 AktG und damit auf die Schaffung angekündigter Aktien wurde allgemein und auch von der hier kritisierten Literaturmeinung als Redaktionsfehler angesehen und als Verweis auf Art. 28 AktG interpretiert; vgl. Black/Kraakman/Tarassova, Russian Law on Joint Stock Companies, S. 221 (Fn. 310); Šapkina (Bykov), Kommentarij k zakonu ob AO, Fn. 1 zum Normtext des Art. 48 Ziff. 2

beiden Verfahrensarten in die Zuständigkeit der Aktionärsversammlung.[1248] Hinsichtlich der Kapitalerhöhung durch Erhöhung des Nennbetrages der untergebrachten Aktien ist diese Zuständigkeit nicht delegierbar.[1249] Hingegen kann die Zuständigkeit für eine Kapitalerhöhung im Wege der Unterbringung zusätzlicher Aktien durch die Satzung oder Beschluß der Aktionärsversammlung dem Direktorenrat zugewiesen werden.[1250] Eine an sich näherliegende Zuweisung an das geschäftsführende Organ war dem Gesetzgeber des AktG durch Art. 103 Ziff. 1 S. 4 ZGB verwehrt, worin eine Übertragbarkeit ausschließlicher Beschlußgegenstände der Aktionärsversammlung auf die Exekutivorgane, nicht aber auf den Direktorenrat ausgeschlossen wird.[1251] Soweit die Satzung nichts anderes bestimmt, ist die Befassung der Aktionärsversammlung mit einer Kapitalerhöhung nur auf Vorschlag des Direktorenrates zulässig,[1252] wobei der Erhöhungsbeschluß mit einer einfachen Mehrheit des vertretenen Kapitals zustande kommt. Ist der Direktorenrat ermächtigt, zusätzliche Aktien unterzubringen, so erfordert der Beschluß Einstimmigkeit sämtlicher, d.h. nicht lediglich der anwesenden, Direktorenratsmitglieder.[1253]

Abs. 2. Die Richtigkeit dieser Annahme folgte zudem daraus, daß der Schaffung angekündigter Aktien und Kapitalerhöhungen in Art. 48 Ziff. 1 Nr. 5 und 6 AktG separate Zuständigkeitstitel gewidmet sind, wobei der Wortlaut des Art. 48 Ziff. 2 Abs. 2 AktG a.F. offensichtlich nur auf Kapitalerhöhungen Bezug nahm.

[1248] Vgl. Artt. 28 Ziff. 2 Abs. 1 u. 2, 48 Ziff. 1 Nr. 6) AktG.

[1249] Dies war nach der bis zum 01.01.2002 geltenden Rechtslage nicht der Fall; vgl. Artt. 28 Ziff. 2, Ziff. 3 Abs. 3; 48 Ziff. 2 Abs. 2; 65 S. 2 Nr. 6) AktG a.F.

[1250] Vgl. Artt. 28 Ziff. 2 Abs. 2, 48 Ziff. 1 Nr. 6), 65 Ziff. 1 Abs. 2 Nr. 5) AktG.

[1251] Die Nichteinbeziehung des Direktorenrates in diesen Übertragungsausschluß dürfte ursprünglich ebenfalls als Redaktionsversehen des ZGB-Gesetzgebers zu werten sein; vgl. Black/Kraakman/Tarassova, Russian Law on Joint Stock Companies, S. 220.

[1252] Vgl. Artt. 48 Ziff. 1 Nr. 6), 49 Ziff. 3 AktG.

[1253] Vgl. Art. 28 Ziff. 2 Abs. 3 AktG. Regelungstechnisch überflüssig erscheint der darüber hinaus in der Norm enthaltene Hinweis, die Stimmen ausgeschiedener Direktorenratsmitglieder seien bei der Abstimmung nicht zu berücksichtigen.

Vor der Novelle v. 07.08.2001 war die im Direktorenrat erforderliche Mehrheit streitig. Zum Teil wurde vertreten, arg. e Art. 12 Ziff. 2 2. Hs. AktG a.F., wonach die Satzungsänderung durch den Direktorenrat, soweit er hierzu ermächtigt war, einstimmig zu beschließen war, habe sich ein Einstimmigkeitserfordernisimplizit auch bereits für den Erhöhungsbeschluß durch den Direktorenrat ergeben; so etwa Black/Kraakman/Tarassova, Russian Law on Joint Stock Companies, S. 221. Dem war entgegen zu halten, daß eine derartige analoge Anwendung eine Regelungslücke vorausgesetzt hätte, die hier angesichts Art. 68 Ziff. 3 Abs. 1 AktG a.F. nicht gegeben war. Danach kommen Beschlüsse des Direktorenrates grundsätzlich mit einfacher Mehrheit der anwesenden Direktorenratsmitglieder zustande, sofern das AktG oder die Satzung nichts anderes bestimmen. Somit verblieb es nach hier vertretener Auffassung bereits nach Altrecht dabei, daß Erhöhungsbeschlüsse durch den Direktorenrat mit einfacher Mehrheit beschlossen werden konnten, soweit Gesetz oder Satzung keine qualifizierte Mehrheit vorsahen; ebenso Schmitt, Unternehmens- und Gesellschaftsrecht der RF, S. 61.

Mit der Novelle v. 07.08.2001 hat der Gesetzgeber den Grundsatz aufgegeben, daß es zur Anpassung der Satzung eines weiteren - satzungsändernden - Beschlusses bedarf.[1254] De lege lata erfolgt die Anpassung der Satzung an die Ergebnisse der Unterbringung von Aktien im Rahmen einer Kapitalerhöhung auf der Grundlage des Erhöhungsbeschlusses der Aktionärsversammlung bzw. - soweit er hierzu ermächtigt war - des Direktorenrates sowie des registrierten Berichtes zu den Ergebnissen der Ausgabe.[1255] Unbehandelt läßt das Gesetz die Frage, welches Gesellschaftsorgan die Anpassung der Satzung faktisch vorzunehmen hat. M.E. dürfte insoweit eine Annexkompetenz des Direktorenrates gegeben sein. Soweit in der gAG kein Direktorenrat gebildet wird, dürfte es zulässig sein, die Anpassung statutarisch in die Zuständigkeit des Exekutivorgans zu verweisen, zumal diesem gem. Art. 69 Ziff. 2 Abs. 2 AktG die Umsetzung von Beschlüssen der Aktionärsversammlung un des Direktorenrates obliegt.

c. Effektive Kapitalerhöhung

Bei einer Kapitalerhöhung gegen Einlagen verfolgen Aktien- und GmbH-Recht insoweit unterschiedliche Regelungsansätze, als der rechtliche Rahmen in der gAG von dem Begriff der geschlossenen Zeichnung bestimmt ist, wobei es der Gesellschaft überlassen bleibt, den zeichnungsberechtigten Personenkreis im Ausgabebeschluß festzulegen, während das GmbH-Recht spezielle Verfahrensregeln in Abhängigkeit davon aufstellt, ob die Kapitalerhöhung unter gemeinschaftlicher Beteiligung aller Gesellschafter oder aber auf Antrag eines Gesellschafters oder Dritten erfolgt.

[1254] Dies vertrat *Schramm* (Kapitalmarktrecht in der RF, S. 188) unter Verweis auf Ziff. 3.4 S. 2, 4.8 S. 2, 6.9 S. 2 Emissionsstandards (= Ziff. 7, 9, 18 Emissionsstandards a.F.) bereits zum Altrecht (zum Streitstand s. Glušeckij, Organy upravlenija akcionernym obščestvom, S. 32 f.). Für die Anpassung der Satzung sei kein erneuter Gesellschafterbeschluß erforderlich, diese erfolge vielmehr auf der Grundlage des Erhöhungsbeschlusses und des registrierten Berichts zu den Ergebnissen der Unterbringung. Obwohl der Wortlaut dieser untergesetzlichen Vorschriften, die Art. 12 Ziff. 1 Abs. 2 AktG a.F. fortführten, ein solches Verständnis zu tragen schien, war es unzutreffend. Denn. gem. Art. 48 Ziff. 2 Abs. 2 AktG a.F. konnten „Satzungsänderungen im Zusammenhang mit einer Kapitalerhöhung" ausnahmsweise aus der ausschließlichen Zuständigkeit der Aktionärsversammlung an den Direktorenrat delegiert werden, woraus folgte, daß der Gesetzgeber vom Erfordernis eines Anpassungsbeschlusses ausging und der Erhöhungsbeschluß sowie der Ergebnisbericht lediglich zwingende Voraussetzung der Beschlußfassung waren. I.E. mit der hier vertretenen Auffassung übereinstimmend Solotych, Recht der Handelsgesellschaften, Rn. 78.

[1255] Vgl. Art. 12 Ziff. 2 S. 1 AktG. Der Anwendungsbereich der Norm erfaßt beide Arten der nominellen Kapitalerhöhung, da es sich auch bei der Konvertierung um einen Unterfall einer Unterbringung von Aktien handelt; vgl. Ziff. 1.3 lit. g) Emissionsstandards.

aa. Modifikationen des allgemeinen Kapitalaufbringungsrechts

Im Rahmen effektiver Kapitalerhöhungen ist in beiden Rechtsformen grundsätzlich das allgemeine Kapitalaufbringungsrecht zu beachten, das indessen gewissen Modifizierungen hinsichtlich der Leistungsfristen und der Wertprüfung von Sacheinlagen unterliegt. Im GmbH-Recht sind die zusätzlichen Einlagen bei einer Kapitalerhöhung unter gemeinschaftlicher Beteiligung aller Gesellschafter innerhalb von zwei Monaten nach dem Erhöhungsbeschluß zu leisten.[1256] Bei Kapitalerhöhungen auf Antrag einzelner Gesellschafter oder Dritter ist die durch den Antragsteller autonom festzusetzende Leistungsfrist lediglich faktisch dadurch beschränkt, daß die Registrierungsunterlagen einschließlich die tatsächliche Einlagenleistung bestätigender Dokumente spätestens sechs Monate nach dem Erhöhungsbeschluß eingereicht werden müssen, da die Kapitalerhöhung bei Fristüberschreitung als fehlgeschlagen gilt.[1257] Im Aktienrecht ist die Unterbringung zusätzlicher Aktien dadurch aufschiebend bedingt, daß sowohl Bar- als auch Sacheinlagen vollständig geleistet wurden.[1258] Hier kommt es ferner zu einem Wechsel in der Organzuständigkeit für die Wertprüfung von Sacheinlagen, die im Kapitalerhöhungsrecht beim Direktorenrat liegt.[1259] Der nach allgemeinen Bestimmungen ggf. hinzuzuziehende Bewerter ist bereits im Ausgabeschluß namentlich zu bezeichnen.[1260]

bb. Organzuständigkeit

Die Novelle des AktG v. 07.08.2001 hat in der Frage der Organzuständigkeit für effektive Kapitalerhöhungen einen Schlußstrich unter eine wechselvolle Rechtsentwicklung gezogen und klargestellt, daß der Direktorenrat zu Beschließung und

---

[1256] Vgl. Art. 19 Ziff. 1 Abs. 2 S. 2 GmbHG.

[1257] Vgl. Art. 19 Ziff. 2 Abs. 5 S. 1 u. Abs. 6 GmbHG.

[1258] Vgl. Art. 34 Ziff. 3 Abs. 1 AktG. Hiervon unterschied sich das bis zum 01.01.2002 geltende Rechts stark. Gem. Art. 34 Ziff. 2 Abs. 2 AktG a.F. wurde bei Barkapitalerhöhungen auf den Ausgabebetrag der zusätzlichen Aktien eine Abschlagszahlung i.H.v. 25% des Nennbetrages mit deren Zeichnung sofort fällig. Für Sacheinlagen verblieb es dagegen gem. Art. 34 Ziff. 1 Abs. 3 2. Alt. AktG a.F. bei dem Grundsatz, daß die Fälligkeit der Gesamtleistung auf den Zeitpunkt des Abschlusses des Zeichnungsvertrages vorgezogen war, soweit im Ausgabebeschluß nichts anderes bestimmt wurde.

[1259] Vgl. Art. 34 Ziff. 3 Abs. 2 AktG.

[1260] Vgl. Ziff. 4.2 Abs. 3 Emissionsstandards.

Durchführung der Unterbringung zusätzlicher Aktien unabhängig davon ermächtigt werden kann, wie der zeichnungsberechtigte Personenkreis im Ausgabebeschluß definiert wird.

Zu den Mehrheitserfordernissen an den Direktorenratsbeschluß ergeben sich gegenüber der nominellen Kapitalerhöhung keine Abweichungen. Allerdings reicht auf der Aktionärsversammlung nicht die einfache, sondern nur eine Mehrheit von 3/4 des vertretenen Kapitals aus, soweit die Satzung keine größere Mehrheit vorsieht.[1261]

Vor dem 01.01.2002 brachte zunächst das in Ziff. 4.3 Abs. 1 Emissionsstandards enthaltene Novum Unklarheiten mit sich, wonach die Unterbringung zusätzlicher Aktien im Wege geschlossener Zeichnung ausschließlich durch die Aktionärsversammlung beschlossen werden konnte. Diese Bestimmung erklärte das OG in einer im Dezember 1999 veröffentlichten Entscheidung wegen Verstoßes gegen diejenigen Normen des AktG, die eine Delegation des Ausgabebeschlusses an den Direktorenrat zuließen, unter Bezugnahme auf die Kollisionsnorm des Art. 3 Ziff. 7 ZGB für unwirksam.[1262] Dennoch konnte der Direktorenrat nicht in allen Fallgestaltungen einer geschlossenen Zeichung eine Kapitalerhöhung beschließen. Denn der Gesetzgeber wiederholte in Art. 5 Ziff. 4 Abs. 1 InvSchutzG[1263] den Grundsatz der Ziff. 4.3 Abs. 1 Emissionsstandards und bestimmte, daß der Unterbringungsbeschluß bei geschlossener Zeichnung ausschließlich durch die Aktionärsversammlung mit einer 2/3-Mehrheit gefaßt werden kann. Die Normkonkurrenz zu den entgegenstehenden Vorschriften des AktG wurde durch Art. 20 Ziff. 3 InvSchutzG aufgelöst, wonach die Geltungsdauer des Art. 5 Ziff. 4 InvSchutzG auf den Zeitraum bis zum Inkrafttreten entsprechender Änderungen im AktG, d.h. bis zur Novelle v. 07.08.2001, beschränkt war. Allerdings waren von der Konzentration der Beschlußkompetenz bei der Aktionärsversammlung gem. Art. 5 Ziff. 4 Abs. 3 InvSchutzG solche geschlossenen Zeichnungen ausgenommen, bei denen das Zeichnungsrecht nicht Dritten, sondern den Aktionären zukam und jeder Aktionär die Möglichkeit hatte, proportional zur Anzahl der von ihm bereits gehaltenen Aktien zusätzliche Aktien zu zeichnen. In die-

---

[1261] Art. 39 Ziff. 3 AktG.

[1262] Vgl. BVS RF 1999, Nr. 12, S. 1 f.

[1263] S. Fn. 959.

sem Fall bestand keine Gefahr einer Verschiebung der Beteiligungsstruktur und einer Verwässerung der Teilhaberechte der Minderheit,[1264] weshalb der Gesetzgeber es als vertretbar erachtete, den Direktorenrat in den Grenzen der von den Aktionären genehmigten angekündigten Aktien über die Kapitalerhöhung beschließen zu lassen.

Ohne jede Beteiligung des Direktorenrates kann eine effektive Kapitalerhöhung jedoch auch auf der Aktionärsversammlung nicht beschlossen werden. Zwar ist das Initiativrecht des Direktorenrates gem. Art. 49 Ziff. 3 AktG statutarisch abdingbar. Jedoch ist im Ausgabebeschluß der Ausgabebetrag der zusätzlichen Aktien anzugeben, der deren Marktwert entsprechen muß, welcher wiederum nur durch Direktorenratsbeschluß festgesetzt werden kann.[1265] Wird das Zeichnungsrecht nicht nur den Aktionären, sondern auch Dritten eingeräumt, so steht Aktionären, die gegen eine Kapitalerhöhung gestimmt oder sich der Stimmabgabe enthalten haben, gem. Art. 40 Ziff. 1 Abs. 2 AktG seit dem 01.01.2002 ein Vorerwerbsrecht nach dem Verhältnis ihrer bisherigen Beteiligung zu. Bezugsberechtigten Aktionären kann ein Nachlaß i.H.v. 10% auf den Ausgabebetrag gewährt werden, soweit dadurch keine Ausgabe unter pari entsteht; ein Anspruch auf Gewährung des Nachlasses besteht nicht.[1266]

Demgegenüber ist in der GmbH unabhängig davon, ob das Satzungskapital gegen Einlagen Dritter oder nur gegen solche der Gesellschafter erhöht werden soll, aus-

---

[1264] Zu diesem Phänomen („Dilution of Stock") und möglichen Abwehrstrategien der Minderheit vgl. Gorchakov, Dilution of Stock, PSJEEL 2000, Vol. 7 No. 1, S. 83 ff. Präventiv steht es den Gründern bzw. einer satzungsändernden Mehrheit insbesondere frei, in der Satzung die für den Ausgabebeschluß erforderliche 2/3-Mehrheit zu erhöhen oder sogar Einstimmigkeit festzuschreiben.

[1265] Vgl. Artt. 77 Ziff. 1 Abs. 1, 38 Ziff. 1, 36 Ziff. 1 Abs. 2, 28 Ziff. 4 AktG i.V.m. Ziff. 4.2 Abs. 1 u. 4 Emissionsstandards. Nach Art. 77 Ziff. 1, Ziff. 3 Abs. 5 AktG a.F. hatte der Direktorenrat im Rahmen der Festsetzung ex lege bestimmte Kriterien wie die Höhe der Nettoaktiva der Gesellschaft, den Preis, zu dem ein Käufer sämtliche Stammaktien erwerben würde, sowie die Legaldefinition des Marktwertes als den Preis zu berücksichtigen, auf welchen sich Vertragspartner, die nicht zum Verkauf bzw. Erwerb verpflichtet sind und die über alle wesentlichen Informationen zum Wert der Aktien verfügen, einigen würden. Der Reformgesetzgeber hat diese Kriterien mit der Novelle vom 07.08.2001 aufgegeben. Außer Betracht bleiben ferner Kriterien für die Wertermittlung der Aktien börsennotierter AG wie die Mitteilung der FKCB „Über das Verfahren der Bestimmung des Marktpreises von Emissionswertpapieren" v. 20.04.1999, VFKCB 1999, Nr. 4 (29).

[1266] Vgl. Art. 36 Ziff. 2 Abs. 1 AktG. Mit dem Inkrafttreten der Novelle v. 07.08.2001 zum 01.01.2002 kollidiert diese Rechtslage nunmehr mit Ziff. 7.9. Emissionsstandards.Danach war ein Nachlaß für bezugsberechtigte Inhaber von Stammaktien i.H.v. 10% auf den Ausgabebetrag nur bei offenen Zeichnungen zulässig. Gem. Art. 2 Abs. 2 des Änderungsgesetzes findet Art. 7.9. Emissionsstandards insoweit keine Anwendung mehr.

schließlich die Gesellschafterversammlung sowohl für den Erhöhungs- als auch den satzungsändernden Beschluß zuständig.

cc. Durchführung

aaa. gAG

In der gAG hängt der formalisierte Verfahrensablauf[1267] nicht von der Ausgestaltung des zeichnungsberechtigten Personenkreises ab. Soweit dieser nach den Bedingungen des Ausgabebeschlusses nicht auf die Aktionäre beschränkt ist, sondern gesellschaftsfremde Dritte einbezieht oder ausschließlich aus solchen besteht, kommt den Aktionären ein Bezugsrecht[1268] auf die neuen Aktien nach dem Verhältnis ihrer bisherigen Beteiligung unter der Bedingung zu, daß sie gegen die Kapitalerhöhung gestimmt oder nicht an der Abstimmung teilgenommen haben.[1269] Die überstimmte Minderheit hat auch die Möglichkeit, ihre Beteiligungsquote zu wahren, soweit nach den Bedingungen des Ausgabebeschlusses zwar ausschließlich die Aktionäre zeichnungsberechtigt sind, dies aber nicht nach dem Verhältnis der bisherigen Beteiligung.[1270]

Mit dem Inkrafttreten der Novelle zum 01.01.2002 dürfte der Minderheit, die gegen die effektive Kapitalerhöhung gestimmt oder nicht an der Abstimmung teilgenommen

---

[1267] Vgl. Ziff. 4.1.1 - 4.1.7, 4.8 Emissionsstandards. Von der Zeichnung abgesehen entsprechen die einzelnen Schritte sinngemäß denjenigen einer nominellen Kapitalerhöhung; s. dazu Klimov/Kulikov, Uveličenie ustavnogo kapitala AO, ÉiŽ 1997, Nr. 16, S. 21.

[1268] Anders die Rechtslage vor dem 01.01.2002; arg. e Art. 40 Ziff. 1 AktG a.F. Danach konnte in der Satzung ein vorrangiges Zeichnungsrecht der Aktionäre bei Kapitalerhöhungen gegen Bareinlagen im Wege offener Zeichnung vorgesehen werden. Da der gAG die Unterbringung von Aktien beim Publikum untersagt ist, kam ihren Aktionären kein Bezugsrecht zu; ein solches dürfte auch nicht statutarisch begründbar gewesen sein. Die o.g. Norm genügte bereits hinsichtlich der oAG nicht den Anforderungen des Art. 29 KapitalRL, da das Bezugsrecht nicht zwingend war und kein Begründungszwang für einen Bezugsrechtsausschluß bestand. Hinsichtlich der gAG ist das geltende Recht nunmehr europarechtskonform.

[1269] Vgl. Art. 40 Ziff. 1 Abs. 2 S. 1 AktG. Die Gesellschaft ist verpflichtet, nach der Aktionärsversammlung die bezugsberechtigten Aktionäre in der für die Einberufung von Aktionärsversammlungen vorgeschriebenen Form von ihrem Bezugsrecht in Kenntnis zu setzen; vgl. Art. 41 Ziff. 1 Abs. 1 AktG. Sieht der Ausgabebeschluß eine Kapitalerhöhung gegen Sacheinlagen vor, so hindert dies die Ausübung des Bezugsrechts gegen Leistung von Geld nicht; vgl. Art. 41 Ziff. 2 Abs. 2 AktG. Zum rechtspolitischen Hintergrund der Vorschrift vgl. Bruder/DuCharme, Corporate Governance in Russland, WiRO 2001, Nr. 8, S. 225 (227).

[1270] Vgl. Art. 40 Ziff. 1 Abs. 2 S. 2 AktG.

hat, kein Anspruch gegen die Gesellschaft auf Ankauf ihrer Aktien aus Artt. 75 Ziff. 1 Abs. 3, 76 AktG mehr zukommen. Denn jeder Aktionär hat das Recht, eine prozentuale Verringerung seiner Beteiligung infolge der Kapitalerhöhung zu verhindern, indem er von seinem Bezugsrecht Gebrauch macht.[1271] Der Gesellschaft steht es frei, im Ausgabebeschluß und - ggf. - im Emissionsprospekt denjenigen Anteil der angebotenen Aktien festzulegen, der, soweit diese Aktien nicht gezeichnet werden, zum Fehlschlagen der Kapitalerhöhung führt, wobei dieser Anteil mindestens 75% der Aktien der Emission umfassen muß. Wird ein solches Quorum festgelegt, muß an den genannten Standorten auch ein Rückabwicklungsverfahren hinsichtlich geleisteter Einlagen aufgenommen werden.[1272]

bbb. GmbH

Soll das Satzungskapital einer GmbH gegen Einlagen ihrer Gesellschafter erhöht werden, so sind im Erhöhungsbeschluß der Gesamtbetrag der Einlagen sowie ein für jeden Gesellschafter gleiches Verhältnis zwischen dem Wert der von ihm zu erbringenden Einlage und dem Betrag, um den sich der Nennbetrag seines Geschäftsanteils erhöht, festzulegen.[1273] Dabei darf der Erhöhungsbetrag unter, nicht aber über dem Wert der Einlage liegen.[1274] Jeder Gesellschafter ist danach berechtigt - keinesfalls verpflichtet -, eine Einlage zu leisten, die wertmäßig einem seiner bisherigen Beteiligungshöhe proportionalen Teil am Einlagengesamtbetrag entspricht.[1275] Innerhalb eines Monats nach Ablauf der Leistungsfrist stellt die Gesellschafterversammlung die Ergebnisse der Eigenkapitalaufnahme fest und beschließt die entsprechenden Änderungen der Gründungsdokumente, die auch die ggf. ver-

---

[1271] Anders noch die Rechtslage vor dem 01.01.2002. Da Aktionären einer gAG kein Bezugsrecht zukam, wirkte die Ablehnung der Kapitalerhöhung anspruchsbegründend; vgl. Šapkina (Rachmilovič), Kommentarij k zakonu ob AO, Art. 75 Rn. 1. Nach Altrecht blieb ungeklärt, ob die Anspruchsgrundlage der Artt. 75 Ziff. 1 Abs. 3, 76 AktG a.F. einer analogen Anwendung zugänglich war, soweit die Kapitalerhöhung durch den Direktorenrat beschlossen wurde (verneinend Zinčenko et al., Akcionernoe zakonodatel'stvo: ispytanie praktikoj, ChiP 1998, Nr. 10, S. 52 [53]).

[1272] Vgl. Ziff. 4.7 Emissionsstandards. Für das Rückabwicklungsverfahren enthält Art. 24 Abs. 4 WPMG einen Regelungsvorbehalt zugunsten der FKCB.

[1273] Art. 19 Ziff. 1 Abs. 1 S. 2 GmbHG. S. dazu Beljaev/Gorlov/Zacharov, OOO: Pravovoje položenie, S. 136 ff.

[1274] Vgl. Art. 19 Ziff. 1 Abs. 1 S. 3 GmbHG.

[1275] Art. 19 Ziff. 1 Abs. 2 S. 1 GmbHG.

änderte Beteiligungsstruktur widerspiegeln müssen.[1276] Hier ist folglich zwischen drei Beschlüssen zu unterscheiden: der Ergebnisfeststellung, der Satzungsänderung und der Änderung des Gründungsvertrages. Dabei kommt der satzungsändernde Beschluß mit einer Mehrheit von ¾ der Gesamtstimmenzahl zustande, soweit eine größere Mehrheit nicht nach der Satzung erforderlich ist.[1277] Aus der Duplizität der Gründungsdokumente ergibt sich das Folgeproblem, ob die Registrierung der Kapitalerhöhung durch die nur einstimmig mögliche Änderung des Gründungsvertrages[1278] bedingt ist. Dies hat das Föderale Wirtschaftsgericht des nord-westlichen Gebietes, welches die Berufungsinstanz für Urteile der Wirtschaftsgerichte im Raum St. Petersburg ist, bejaht.[1279] Der Entscheidung lag folgender Sachverhalt zugrunde.

Die klagende GmbH hatte Anfechtungs- und Verpflichtungsklage gegen die St. Petersburger Registrierungskammer erhoben, welche die Registrierung der infolge einer effektiven Kapitalerhöhung geänderten Satzung abgelehnt hatte. Drei der insgesamt vier GmbH-Gesellschafter, die zusammen über ¾ der Gesamtstimmen verfügten, hatten mit ihren Stimmen den Erhöhungsbeschluß, den Ergebnisfeststellungsbeschluß und die Satzungsänderung beschlossen. Die Registrierungskammer lehnte die Registrierung der geänderten Satzung mit der Begründung ab, Art. 19 Ziff. 1 GmbHG verlange die Änderung der Gründungsdokumente, also sowohl der Satzung als auch des Gründungsvertrages; es fehle daher an einem Änderungsbeschluß in bezug auf den Gründungsvertrag. Dieser Auffassung schloß sich das Gericht an und führte im Wege eines obiter dictum ferner aus, neben der Änderung des Gründungsvertrages bedürfe auch die Feststellung der Ergebnisse der Kapitalerhöhung

[1276] Vgl. Art. 19 Ziff. 1 Abs. 3 S. 1 GmbHG. Soweit sich das Verhältnis der Geschäftsanteile infolge der Kapitalerhöhung verändert, ist eine Anpassung der Satzung nach den Ergebnissen der Einlagenleistung dann nicht vollständig möglich, wenn die sich daraus ergebende Beteiligungsstruktur gegen Beschränkungen i.S.d. Art. 14 Ziff. 3 GmbHG verstoßen würde, die vor dem Erhöhungsbeschluß in der Satzung niedergelegt wurden. Danach können bei Gründung oder nachträglich durch einstimmigen Gesellschafterbeschluß Obergrenzen für die Höhe der Geschäftsanteile sowie Beschränkungen für die Möglichkeit einer Änderung des Verhältnisses der Geschäftsanteile festgeschrieben werden. Die Änderung oder Streichung derartiger Klauseln setzt wiederum einen einstimmigen Gesellschafterbeschluß voraus.

[1277] Vgl. Artt. 33 Ziff. 2 Nr. 2), 37 Ziff. 8 Abs. 1 GmbHG.

[1278] Vgl. Artt. 33 Ziff. 2 Nr. 3), 37 Ziff. 8 Abs. 2 GmbHG.

[1279] Beschluß des Föderalen Wirtschaftsgerichtes des nord-westlichen Gebietes v. 03.07.2000 in der Sache Nr. A56-7253/2000, abgedruckt in Dolženko/Reznikov/Chochlova, Sudebnaja praktika po graždanskim delam, S. 59 ff.

eines einstimmigen Gesellschafterbeschlusses. Letzteres folge aus Artt. 33 Ziff. 2 Nr. 2) u. 3), 37 Ziff. 8 GmbHG.

M.E. verstößt die Entscheidung gegen geltendes Recht. Dieses ergibt sich hinsichtlich der für die Ergebnisfeststellung erforderlichen Mehrheit unmittelbar aus dem Gesetz. Hier stützt sich das Gericht auf diejenigen Normen, welche die für Änderungen der Satzung (2/3) und des Gründungsvertrages (Einstimmigkeit) erforderlichen Mehrheiten festlegen. Eine Analogie zum Einstimmigkeitserfordernis in bezug auf den Gründungsvertrag ist jedoch unzulässig, weil die zur Feststellung der Ergebnisse erforderliche Mehrheit gesetzlich geregelt ist. Art. 37 Ziff. 8 Abs. 3 GmbHG bestimmt eindeutig, daß die Gesellschafterversammlung in allen Fragen, die nicht die Änderung der Gründungsdokumente, Reorganisation oder Liquidation betreffen, mit einfacher Mehrheit der Gesamtstimmenzahl beschließt, soweit durch das GmbHG oder die Satzung keine größere Mehrheit vorgesehen ist. Die Ergebnisfeststellung ist nicht mit der Änderung der Gründungsdokumente identisch und hinsichtlich der erforderlichen Mehrheit nicht im Kompetenzkatalog des Art. 33 Ziff. 2 GmbHG geregelt. Die Ergebnisse effektiver Kapitalerhöhungen können demnach mit einfacher Mehrheit der Gesamtstimmenzahl der Gesellschafter festgestellt werden.

Weiterhin ist die rein formalistische Auffassung abzulehnen, die Änderung des Gründungsvertrages sei Wirksamkeitsbedingung einer effektiven Kapitalerhöhung. Dem steht bereits die Kollisionsnorm des Art. 12 Ziff. 5 GmbHG entgegen, wonach die Satzung für Dritte und die Gesellschafter verbindlich ist, soweit der Gründungsvertrag einen anderen Inhalt als die Satzung aufweist. Die Auffassung des Gerichts hätte ferner zur Folge, daß die im Rahmen der Beschlußfassung über die Kapitalerhöhung überstimmte Minderheit spätestens bei der Feststellung der Ergebnisse der Einlagenleistung das gesamte Verfahren scheitern lassen kann, indem sie gegen die Feststellung stimmt, sich enthält oder nicht an der Gesellschafterversammlung teilnimmt. Daß der Gesetzgeber der Minderheit ein solches Vetorecht nicht einräumen wollte, ergibt sich offensichtlich bereits aus dem Umstand, daß für den Erhöhungsbeschluß eine 2/3-Mehrheit ausreichen soll. In unzulässiger Rechtsfortbildung stellt die Rechtsprechung das Verfahren der effektiven Kapitalerhöhung unter einen faktischen Einstimmigkeitszwang. Chancen, in Zukunft abweichende, gesetzeskonforme Entscheidungen zu erwirken, sind damit zwar gegeben, was aber nichts an der Tatsache ändert, daß effektive Kapitalerhöhungen, die nicht im Konsens zwischen allen Gesellschaftern durchgeführt werden, einstweilig mit einem erheblichen Registrierungs- und späteren Anfechtungsrisiko belastet sind.

Innerhalb eines weiteren Monats nach Vornahme der Ergebnisfeststellungs- und Änderungsbeschlüsse sind die Registrierungsunterlagen sowie die die tatsächliche Leistung der festgestellten Einlagen bestätigenden Dokumente einzureichen, mit deren Registrierung die Änderungen der Gründungsdokumente für die Gesellschafter und Dritte verbindlich werden.[1280] Alle genannten Fristen mit Ausnahme der Leistungsfrist stellen Ausschlußfristen dar, deren Nichteinhaltung dazu führt, daß die Kapitalerhöhung als fehlgeschlagen gilt.[1281] Die in diesem Fall erforderliche Rückabwicklung ist in Art. 19 Ziff. 3 GmbHG gesetzlich geregelt worden: Bar- und Sacheinlagen sind innerhalb einer „vernünftigen Frist“[1282] zurückzugewähren, wobei die Gesellschaft ab Fristablauf zusätzlich Zinsen auf Bareinlagen gem. Art. 395 ZGB sowie entgangenen Gewinn i.S.d. Art. 15 Ziff. 2 Abs. 1 2. Alt. ZGB schuldet, welcher dem Sacheinleger durch die verunmöglichte Nutzung des eingebrachten Vermögensgegenstandes entstanden ist. Insgesamt stellt der Gesetzgeber ein zeitlich kompaktes und administrativ relativ unaufwendiges Verfahren zur Verfügung, das jedoch nicht dazu geeignet ist, von bestimmten Gesellschaftern weitergehende Investitionen zu attrahieren.

Letzteres Ziel kann eine GmbH im Wege einer effektiven Kapitalerhöhung auf Antrag eines bestimmten Gesellschafters oder Dritten erreichen. Dieses Verfahren kommt zur Anwendung, soweit sich nicht sämtliche Gesellschafter proportional an der Kapitalerhöhung beteiligen wollen und die Satzung eine Aufnahme Dritter in den

---

[1280] Vgl. Art. 19 Ziff. 1 Abs. 4 GmbHG. Zu Möglichkeiten ausländischer Investoren, trotz dieses gesetzlich vorgeschriebenen Zeitablaufs Einfuhrsteuervergünstigungen auf Sacheinlagen bei den Zollorganen durchzusetzen, s. Rybalkin, L´goty pri vvoze imuščestva, vnosimogo v ustavnyj kapital OOO, ChiP 2000, Nr. 10, S. 80 (83 f.).

[1281] Vgl. Art. 19 Ziff. 1 Abs. 5 GmbHG.

[1282] Als Anhaltspunkt für die Fristbestimmung wird verbreitet auf Art. 314 Ziff. 2 Abs. 2 ZGB abgestellt und eine Frist von sieben Tagen nach Erfüllungsaufforderung durch den Gläubiger angenommen; vgl. Zalesskij (Suchanov), Kommentarij k zakonu ob OOO, Art. 19 Rn. 6; Abova/Kabalkin/Mozolin (Otnjukova), Kommentarij GK I, Art. 314 Rn. 3. Dies ist insoweit klarstellungsbedürftig, als gem. Art. 314 Ziff. 2 Abs. 1 ZGB die „vernünftige Frist“ nur dann zur Anwendung kommt, soweit die Parteien nichts anderes vereinbart haben oder sich eine Frist nicht aus den Bedingungen des Schuldverhältnisses ergibt. Auch wenn dies nicht der Fall ist, beginnt die Siebentagesfrist gem. Art. 314 Ziff. 2 Abs. 2 ZGB erst nach Ablauf der „vernünftigen Frist“, so daß letztere nicht aus ersterer bestimmbar ist.

Gesellschafterkreis nicht untersagt.[1283] Zunächst hat der Gesellschafter oder Dritte bei der Gesellschaft einen Antrag einzureichen, in dem mindestens Höhe und Zusammensetzung der Einlage, Verfahren und Frist ihrer Leistung sowie die Höhe des Geschäftsanteils zu bezeichnen sind, welchen der Antragsteller zu erwerben wünscht.[1284] Auf der Grundlage dieses Antrags kann die Gesellschafterversammlung einstimmig eine Kapitalerhöhung beschließen. Soweit Einstimmigkeit erzielt wird, sind gleichzeitig die entsprechenden Satzungsänderungen zu beschließen, wobei die Vorgaben des Antrags nicht modifiziert werden können.[1285] Die an sich bedenkliche Vornahme der Satzungsänderungen vor einer realen Aufbringung des zusätzlichen Satzungskapitals kompensiert der Gesetzgeber, indem die Satzungsänderungen nur unter der Bedingung registriert werden, daß gleichzeitg Unterlagen eingereicht werden, die die vollständige Einbringung der in den Anträgen angekündigten Einlagen durch sämtliche Antragsteller belegen.[1286]

Das Einstimmigkeitserfordernis in der Gesellschafterversammlung bringt den in der GmbH gegenüber der gAG allgemein höheren Minderheitenschutz zum Ausdruck, da der Minderheit keine Kapitalerhöhung aufgezwängt werden kann, die ihre Teilhaberechte beeinträchtigt.

[1283] Vgl. Art. 19 Ziff. 2 Abs. 1 S. 1 GmbHG.

[1284] Art. 19 Ziff. 2 Abs. 2 GmbHG.

[1285] Vgl. Art. 19 Ziff. 2 Abs. 1 S. 2, Ziff. 2 Abs. 3 u. 4 GmbHG.

[1286] Vgl. Art. 19 Ziff. 2 Abs. 5 S. 1 GmbHG. *Drozdova* (Priëm v OOO novych učastnikov, ChiP 1999, Nr. 5, S. 95 ff.) wirft hierzu die Frage auf, ob ein Dritter, der die angekündigte Einlage nicht oder unvollständig geleistet hat, aber trotzdem in den umregistrierten Gründungsdokumenten als Gesellschafter aufgeführt ist, Gesellschafter sei oder nicht. Sie bejaht dies und schlägt eine analoge Anwendung der Rechtsfolgen des Art. 23 Ziff. 3 GmbHG vor (aaO., S. 98). Dem kann nicht gefolgt werden. In der Tat kann die von *Drozdova* skizzierte Situation eintreten, wenn die Geschäftsführung der Gesellschaft in kollusivem Zusammenwirken mit dem Dritten das Registrierungsorgan bewußt täuscht. Bei wörtlicher Anwendung des Art. 19 Ziff. 2 Abs. 6 GmbHG wäre die Kapitalerhöhung hier nicht fehlgeschlagen, und man könnte allenfalls über eine Nichtigkeit des staatlichen Registrierungsaktes spekulieren. Jedoch wurde die Regelungslücke inzwischen höchstrichterlich geschlossen, da nunmehr auch die Überschreitung sowohl der gesetzlichen zweimonatigen Leistungsfrist bei Kapitalerhöhungen unter gemeinschaftlicher Beteiligung aller Gesellschafter als auch der durch den Antragsteller autonom bestimmten Leistungsfrist bei asymmetrischen Kapitalerhöhungen zur Folge haben soll, daß die Kapitalerhöhung als fehlgeschlagen gilt, womit die Rechtsprechung eine extensive Anwendung des Art. 19 Ziff. 1 Abs. 5, Ziff. 2 Abs. 6 GmbHG bejaht; vgl. Ziff. 10 S. 3 1. Alt. der Leitentscheidung der Plenen des OG und des OWG Nr. 90/14 v. 09.12.1999, BVS RF 2000, Nr. 3, S. 1 (3 f.). Damit ist die Kapitalerhöhung in der oben beschriebenen Situation im Registrierungszeitpunkt bereits fehlgeschlagen, weshalb die Erlangung des Gesellschafterstatus zu verneinen ist.

2. Nachschüsse

Außer im Wege einer Kapitalerhöhung kann einer GmbH Eigenkapital zugeführt werden, indem von den Gesellschaftern gem. Art. 27 GmbHG Nachschüsse[1287] eingefordert werden. Dieses im russischen Kapitalgesellschaftsrecht erstmals geregelte[1288] Finanzierungsinstrument setzt eine satzungsmäßige Grundlage und einen Gesellschafterbeschluß voraus.[1289] Nachschüsse verändern nicht Verhältnis und Nennbetrag der Geschäftsanteile[1290] und können zu jedem beliebigen Zweck eingefordert werden; insbesondere enthält das Gesetz keine Vorschriften, die eine Einforderung lediglich zur Deckung von Verlusten zuließen. Die Aufbringung von Nachschüssen ist besonders gesichert, wobei diese Absicherung schwächer als etwa im deutschen Recht[1291] ausfällt und insbesondere nicht in einer entsprechenden Anwendung des allgemeinen Kapitalaufbringungsrechts besteht.[1292] Sie beschränkt sich darauf, daß sich die Gesellschafter der Leistungspflicht nicht durch Ausübung des Austrittsrechtes entziehen können, d.h. auch der freiwillig Ausgeschiedene haftet persönlich, soweit Nachschüsse eingefordert wurden, bevor er seinen Austritt erklärt hat.[1293] Diese gesetzliche Nachhaftung wurde inzwischen im Wege höchstrichterlicher Rechtsfortbildung zu Recht auf Fälle des Ausschlusses von Gesellschaftern nach Art. 10

[1287] Russ.: „Vklady v imuščestvo obščestva" (wörtlich: Einlagen in das Gesellschaftsvermögen", fortan: Nachschüsse).

[1288] Vgl. Müller, Neues GmbH-Recht am 1. März 1998 in Kraft getreten, vwd-Rußland v. 10.03.1998, Nr. 48, S. 2 (3). Vor diesem Hintegrund relativieren sich Literaturstimmen wie *Solov'eva* (in: Tichomirov, Kommentarij k zakonu ob OOO, Art. 27 Rn. 1), die die Idee der Übertragung von Vermögen auf die Gesellschaft ohne Erhöhung der Geschäftsanteile als mit der Konstruktion einer Wirtschaftsgesellschaft unvereinbar betrachtet. Worin die Unvereinbarkeit begründet sein soll, führt *Solov'eva* nicht aus.

[1289] Vgl. Art. 27 Ziff. 1 Abs. 1 S. 1 GmbHG. Sofern eine entsprechende Klausel nicht bereits seit Gründung der Gesellschaft in der Satzung enthalten ist, kann sie nachträglich nur durch einstimmigen Gesellschafterbeschluß aufgenommen werden; Art. 27 Ziff. 1 Abs. 1 S. 2 GmbHG. Der Einforderungsbeschluß kommt mit einer 2/3-Mehrheit zustande, soweit die Satzung keine höhere Mehrheit bestimmt; Art. 27 Ziff. 1 Abs. 2 GmbHG.

[1290] Art. 27 Ziff. 4 GmbHG.

[1291] Vgl. §§ 26 ff. GmbHG-D.

[1292] Daraus folgt zugleich, daß das allgemeine, für Einlagen in das Satzungskapital geltende Befreiungs- und Aufrechnungsverbot aus Art. 90 Ziff. 2 ZGB i.V.m. Art. 16 Ziff. 1 Abs. 2 GmbHG hinsichtlich auf den Geschäftsanteil eingeforderter Nachschüsse keine Anwendung findet; i.E. ebenso Zalesskij (Braginskij), Kommentarij k zakonu ob OOO, Art. 27 Rn. 4. Aus dem genannten gesetzlichen Verbot ergibt sich zudem, daß die Annahme *Braginskijs* (aaO., Art. 27 Rn. 3), die Gesellschaft könne geleistete Nachschüsse auf rückständige Einlagen verrechnen, denn dies käme gerade einer Befreiung von der Pflicht zur Leistung der Einlage gleich.

[1293] Vgl. Artt. 26 Ziff. 4 GmbHG.

GmbHG ausgedehnt.[1294] Nachschüsse können grundsätzlich nur nach dem Verhältnis der Geschäftsanteile eingefordert werden, soweit die Satzung kein anderes Verfahren zur Festsetzung der einzufordernden Beträge enthält und so vom Gleichbehandlungsgrundsatz abweicht.[1295]

Hinsichtlich der Grundlage der Nachschußpflicht in der Satzung differenziert das Gesetz zwischen grundsätzlich unbeschränkter und fakultativ beschränkter Nachschußpflicht. Abweichend vom deutschen Recht, wonach der Gleichbehandlungsgrundsatz auch bei Beschränkungen der Nachschußpflicht gilt,[1296] kann der einforderbare Betrag für alle oder einzelne Gesellschafter beschränkt werden. Eine nur bestimmte Gesellschafter betreffende Beschränkung ist nicht mit dem Geschäftsanteil verbunden und gilt daher bei dessen Veräußerung nicht für und gegen den Erwerber,[1297] weshalb sie als Sonderrecht zu qualifizieren ist. Satzungsklauseln, die das Verfahren zur Festsetzung der Nachschüsse unter Ungleichbehandlung der Gesellschafter regeln, sowie Klauseln, die die Nachschußpflicht für alle Gesellschafter nach dem Verhältnis der Geschäftsanteile betragsmäßig beschränken, können nur durch einstimmigen Gesellschafterbeschluß in die Satzung aufgenommen, geändert oder aufgehoben werden.[1298] Das Einstimmigkeitserfordernis gilt ferner für die Aufnahme, nicht aber die Änderung oder Aufhebung von Klauseln, welche die Nachschußpflicht bestimmter Gesellschafter beschränken. In letzteren Fällen genügt bereits eine satzungsändernde 2/3-Mehrheit unter der Bedingung, daß der betroffene Gesellschafter für den Beschluß stimmt oder schriftlich sein Einverständnis erklärt.[1299]

Ein Schwachpunkt der gesetzlichen Regelung besteht im Fehlen eines Preisgaberechts („Abandon") für den Fall einer unbeschränkten Nachschußpflicht. Als Korrelat

---

[1294] Vgl. Ziff. 14 lit. je) S. 2 der Leitentscheidung der Plenen des OG und des OWG Nr. 90/14 v. 09.12.1999, BVS RF 2000, Nr. 3, S. 1 (5).

[1295] Vgl. Art. 27 Ziff. 2 Abs. 1 GmbHG.

[1296] Vgl. § 26 Abs. 3 GmbHG-D.

[1297] Vgl. Art. 27 Ziff. 2 Abs. 2 S. 2 GmbHG.

[1298] Art. 27 Ziff. 2 Abs. 3 u. 4 S. 1 GmbHG.

[1299] Vgl. Art. 27 Ziff. 2 Abs. 4 S. 2 GmbHG. Entgegen *Braginskij* (in: Zalesskij, Kommentarij k zakonu ob OOO, Art. 27 Rn. 8) kann aus dem Umstand, daß der Betroffene nicht an der Abstimmung teilnimmt, nicht eine konkludent erteilte Zustimmung abgeleitet werden. Denn das Gesetz verlangt eine ausdrückliche Willenserklärung und knüpft im übrigen durchgehend nur dann Rechtsfolgen an das Fernbleiben von Abstimmungen, wenn es dies ausdrücklich bestimmt.

zu der für die GmbH wesentlichen beschränkten Haftung wäre dessen Regelung m.E. dringend erforderlich gewesen, da jeder Gesellschafter für Nachschüsse mit seinem ganzen Vermögen haftet und bei unbeschränkter Nachschußpflicht ggf. einer nicht überschaubaren Inanspruchnahme ausgesetzt sein kann.[1300] Das Austrittsrecht kann das Fehlen eines Preisgaberechtes nur bedingt kompensieren, da es den Gesellschafter - wie gezeigt - keinesfalls von der Zahlung des Nachschusses befreit. Ob die Gerichte die satzungsmäßige Regelung von Preisgaberechten zulassen werden, dürfte aufgrund der relativ detaillierten Regelung des Rechtsinstitutes als solchem in Art. 27 GmbHG eher zweifelhaft sein.

Das Aktienrecht enthält demgegenüber keine mit Art. 27 GmbHG vergleichbare Regelung.[1301] Mit dem gesetzlichen Gebot der Identität der durch Stammaktien verbürgten Rechtsposition,[1302] das auch statutarisch begründete Mitgliedschaftsrechte erfaßt, wäre die Aufnahme eines Verfahrens zur Leistung von Nachschüssen wohl allenfalls unter der Bedingung vereinbar, daß bei dessen Ausgestaltung der Gleichbehandlungsgrundsatz vollständig gewahrt bleibt. Dem stünde nicht entgegen, daß es nach herrschender Auffassung zwischen den Aktionären einer gAG keinerlei rechtliche Beziehungen, d.h. keine Individual- und Drittpflichten,[1303] geben kann.[1304] Denn bei Nachschüssen stünden Pflichten des Mitglieds gegenüber der Gesellschaft in Rede. Statutarische Pflichten zur Zahlung von Nachschüssen dürften in der gAG jedoch zumindest dann zweifelsohne unzulässig sein, soweit der Gleichbehandlungsgrundsatz in irgendeiner Form durchbrochen wird. Dies würde das gesetzliche Identitätsgebot verletzen, da im Umfang divergierende Zahlungspflichten zwanglos so verstanden werden können, daß das Recht eines Aktionärs, über einen beschränkten Nachschuß hinausgehende Zahlungen verweigern zu können, bei anderen nicht gegeben ist.

[1300] Zum zwingenden Wesen des Preisgaberechts nach § 27 GmbHG-D vgl. Baumbach/Hueck (letzterer/Fastrich), GmbH-Gesetz, § 27 Rn. 2; Lutter/Hommelhoff, GmbH-Gesetz, § 27 Rn. 4.

[1301] Auch die Nebenleistungs-AG kennt das russische Recht nicht. Vgl. demgegenüber § 55 AktG-D, wonach die Satzung den Aktionären die Verpflichtung auferlegen kann, neben den Einlagen auf das Grundkapital wiederkehrende, nicht in Geld zu erbringende Leistungen zu erbringen, soweit die Übertragung der Aktien an die Zustimmung der Gesellschaft gebunden ist.

[1302] S.o. S. 180 ff.

[1303] S. zu dieser Terminologie Schmidt, Gesellschaftsrecht, § 19 III 2 b.

[1304] Vgl. Suchanov, Aktuelle Probleme des russischen GmbH-Rechts, JBfOR 2000, Bd. 2, S. 283 (286).

3. Ausgabe von Obligationen

Beide Rechtsformen der personalistischen Kapitalgesellschaft können nach vollständiger Aufbringung des Satzungskapitals die Ausgabe von Obligationen beschließen, wobei die Summe der Nennbeträge durch die Satzungskapitalziffer oder - darüber hinausgehend - durch die Höhe von Sicherheiten beschränkt ist, durch die Dritte ggf. die Verbindlichkeiten der Gesellschaft gegenüber den Inhabern besichern.[1305] Gem. Art. 2 S. 3 WPMG handelt es sich bei einer Obligation um ein Emissionswertpapier, das das Recht seines Halters auf Erhalt des Nennbetrages und der darauf entfallenden, im Papier bestimmten Zinsen oder eines anderen vermögenswerten Äquivalents vom Emittenten verbrieft.[1306] Darüber hinaus regelt das AktG die Ausgabe sog. Diskontobligationen, die unter ihrem Nennbetrag verkauft und zum Nennbetrag zurückgenommen werden. Diese werden im GmbHG nicht angesprochen, weshalb die GmbH lediglich als Emittent zum Nennbetrag auszugebender verzinslicher Obligationen in Betracht kommen dürfte.

Neben diesen Ausgangsbestimmungen regelt das GmbHG lediglich, daß die Unterbringung nicht durch Dritte besicherter Obligationen frühestens im dritten Geschäftsjahr unter der Bedingung zulässig ist, daß zu diesem Zeitpunkt zwei Jahresabschlüsse der Gesellschaft ordnungsgemäß bestätigt wurden.[1307] Die Ausgabe sowohl unbesicherter als auch durch Gesellschaftsvermögen besicherter Obligationen steht der GmbH somit erst im dritten Geschäftsjahr offen. Während die Ausgabe unbesicherter Obligationen durch eine gAG denselben zeitlichen und materiellen Voraussetzungen unterliegt, erlaubt es das Aktien- im Gegensatz zum GmbH-Recht, durch Gesellschaftsvermögen besicherte Obligationen auszugeben, sobald das Satzungskapital vollständig einbezahlt ist.[1308]

Im GmbH-Recht hat es der Gesetzgeber bei der geschilderten, recht rudimentären Regelung bewenden lassen, während Art. 33 AktG weitere Einzelfragen behandelt. Diese Gestaltungsmöglichkeiten gelangen im GmbH-Recht zwar nicht im Wege ei-

---

[1305] Vgl. Art. 102 Ziff. 2 S. 1 ZGB i.V.m. Art. 33 Ziff. 1 u. 2 AktG; Art. 31 Ziff. 1 u. 2 GmbHG.

[1306] Zum Verhältnis dieser Definition zu Art. 816 ZGB, zur Ausgestaltung der Obligation als Inhaberpapier oder Namensschuldverschreibung sowie zu ihrer Vergleichbarkeit mit Schuldverschreibungen i.S.d. §§ 793 ff. BGB-D s. Schramm, Kapitalmarktrecht in der RF, S. 95 ff.

[1307] Vgl. Art. 31 Ziff. 3 GmbHG.

[1308] Arg. e Art. 33 Ziff. 3 Abs. 6 u. 7 AktG.

ner Analogie, wohl aber fakultativ durch Ausnutzung der Satzungsautonomie zur Anwendung. Soweit Obligationen gezeichnet werden sollen,[1309] steht beiden Rechtsformen eine Unterbringung beim Publikum offen, da der gAG eine offene Zeichung lediglich im Rahmen der Ausgabe von Aktien verwehrt[1310] und auch im GmbH-Recht keine entgegenstehende Norm ersichtlich ist. Eine Ausnahme gilt für die Ausgabe von Wandelschuldverschreibungen (d.h. in Aktien konvertiblen Obligationen), die der gAG verwehrt ist.[1311]

II. Kapitalherabsetzung

Im Aktienrecht kann eine Kapitalherabsetzung nur durch die Aktionärsversammlung beschlossen und nicht an andere Organe delegiert werden.[1312] Demgegenüber ist im GmbH-Recht keine ausschließliche Zuständigkeit der Gesellschafterversammlung ausdrücklich normiert. [1313] Insbesondere dürfte der Kapitalherabsetzungsbeschluß nicht unter den Zuständigkeitstitel „Bestimmung der Grundrichtungen der Gesellschaftstätigkeit“[1314] der Gesellschafterversammlung fallen, welcher eher die Ausrichtung des operativen Geschäfts erfassen dürfte. Dennoch dürfte zweifelhaft sein, ob die Kapitalherabsetzung statutarisch in die Zuständigkeit des Direktorenrates oder des Exekutivorgans verwiesen werden kann, da die zulässigen Direktorenratskompetenzen im Katalog des Art. 33 Ziff. 2 Abs. 2 S. 1 GmbHG abschließend geregelt[1315] sind und das Exekutivorgan primär für die Leitung der laufenden Tätigkeit der

[1309] Zum wertpapierrechtlichen Verfahren s. Ziff. 5 Emissionsstandards.

[1310] Zudem geht das Gesetz in Art. 92 Ziff. 2 AktG ausdrücklich von der Möglichkeit einer öffentlichen Unterbringung von Obligationen auch durch eine gAG aus.

[1311] Vgl. Art. 39 Ziff. 2 Abs. 2 AktG.

[1312] Vgl. Artt. 29 Ziff. 2, 72 Ziff. 1 Abs. 1 AktG.

[1313] Zu betonen ist, daß das europäische Gesellschaftsrecht dem nationalen GmbH-Gesetzgeber keine Vorgaben macht, den Herabsetzungsbeschluß in die ausschließliche Zuständigkeit der Gesellschafterversammlung einzustellen. Das GmbH-Recht ist vom sachlichen Anwendungsbereich der KapitalRL ausgenommen, deren Art. 30 Abs. 1 für die nationalen Aktienrechte bestimmt, daß jede Herabsetzung des gezeichneten Kapitals zumindest von der Hauptversammlung beschlossen werden muß.

[1314] Art. 33 Ziff. 2 Nr. 1) GmbHG.

[1315] Str.; zum Meinungsstand s.u. S. 327 ff.

Gesellschaft zuständig ist,[1316] wozu Kapitalerhöhungen angesichts ihrer einschneidenden Rechtsfolgen für die Gesellschaft nicht zu zählen sind.

Hinsichtlich der Anpassung der Satzung weichen Aktien- und GmbH-Recht insofern voneinander ab, als mit der Novellierung des AktG zum 01.01.2002 in Parallele zum Kapitalerhöhungsrecht das Erfordernis eines weiteren - satzungsändernden - Beschlusses aufgegeben wurde, soweit die Kapitalherabsetzung im Wege des Erwerbs eigener Aktien zum Zweck ihrer Löschung erfolgt.[1317] In diesem Fall wird die Satzungsänderung auf der Grundlage des Herabsetzungsbeschlusses der Aktionärsversammlung sowie des durch den Direktorenrat bestätigten Berichtes zu den Ergebnissen des Erwerbs eigener Aktien vorgenommen. Zur nicht geregelten Zuständigkeit für die Anpassung der Satzung gilt das zur Kapitalerhöhung Ausgeführte entsprechend. Soweit die Kapitalherabsetzung im Wege einer Herabsetzung des Nennbetrages der untergebrachten Aktien erfolgt, verbleibt es hingegen beim Erfordernis eines satzungsändernden Beschlusses der Aktionärsversammlung.[1318] Demgegenüber bleibt im GmbH-Recht unabhängig von der Verfahrensart ein satzungsändernder Beschluß erforderlich, für welchen die Gesellschafterversammlung ausschließlich zuständig ist.[1319]

Rechtsformunterschiede ergeben sich ferner in bezug auf die gesetzlich eröffneten Verfahren einer Kapitalherabsetzung. Der gAG steht es grundsätzlich frei, entweder den Nennbetrag der untergebrachten Aktien herabzusetzen[1320] oder eigene Aktien zu erwerben. Letzterenfalls sind in den Beschluß die Gattungen, Typen sowie die Stückzahl der von der Gesellschaft zu erwerbenden Aktien, der Preis des Erwerbsangebotes sowie die Zahlungsmodalitäten festzusetzen.[1321] Die Inhaber solcher Aktien sind spätestens dreißig Tage vor Beginn der ihrerseits mindestens dreis-

---

[1316] Vgl. Art. 32 Ziff. 4 S. 1 GmbHG.

[1317] Vgl. Artt. 12 Ziff. 3 S. 1, 29 Ziff. 1 Abs. 2 AktG. Gem. Art. 29 Ziff. 1 Abs. 3 AktG ist dieses Verfahren nur zulässig, soweit es in der Satzung vorgesehen ist.

[1318] Vgl. Artt. 12 Ziff. 1, 29 Ziff. 1 Abs. 2 AktG.

[1319] Vgl. Art. 33 Ziff. 1 Nr. 2) GmbHG.

[1320] Regelungstechnisch handelt es sich bei der Kapitalherabsetzung durch Herabsetzung des Nennbetrages der Aktien um einen Unterbringungsbeschluß, an den sich ein Konvertierungsverfahren nach Ziff. 6.1.4, 6.6, 6.9 Emissionsstandards anschließt.

[1321] Vgl. Art. 72 Ziff. 4 Abs. 1 AktG.

sigtägigen Frist, in welcher der Ankauf erfolgt, entsprechend zu benachrichtigen.[1322] Übersteigt die Stückzahl der Aktien, die der Gesellschaft zum Rückerwerb angeboten werden, die Vorgaben des Herabsetzungsbeschlusses, so findet ein anteiliger Erwerb statt.[1323] Dieses Verfahren unterliegt jedoch Beschränkungen, die seine Anwendbarkeit in einer in die Krise geratenen gAG in aller Regel ausschließen werden. Eher selbstverständlicher Natur ist noch die gesetzliche Klarstellung, daß eine Kapitalherabsetzung nicht beschlossen werden darf, soweit die Summe der Nennbeträge derjenigen Aktien, die nach dem Rückerwerb durch die Gesellschaft im Umlauf verblieben, unter das gesetzliche Mindestsatzungskapital absinken würden.[1324] Darüber hinaus unterliegt das Verfahren den allgemeinen Beschränkungen nach Art. 73 Ziff. 1 AktG, die dem Erwerb eigener Aktien gesetzt sind. Dieser ist unzulässig, soweit das Satzungskapital nicht vollständig aufgebracht ist, die Gesellschaft im Zeitpunkt des Erwerbs insolvenzreif ist oder infolge des Erwerbs werden würde, sowie dann, wenn im Zeitpunkt des Erwerbs die Nettoaktiva der Gesellschaft unter der Summe aus Satzungskapitalziffer, Reservefonds und den auf Vorzugsaktien im Falle der Liquidation der Gesellschaft vorrangig auszuzahlenden Beträgen liegen oder darunter infolge des Erwerbs absinken würden. Somit ist das Verfahren mangels Finanzierbarkeit aus Eigenmitteln nicht eröffnet, soweit die Gesellschaft aufgrund einer zum Ende des Finanzjahres bestehenden Unterbilanz verpflichtet ist, ihr Satzungskapital herabzusetzen. Hier bleibt nur die Herabsetzung der Nennbeträge der untergebrachten Aktien die Löschung solcher Aktien, die kraft Gesetzes auf die Gesellschaft übergegangen sind.[1325]

[1322] Vgl. Art. 72 Ziff. 4 Abs. 2 S. 2, Ziff. 5 AktG.

[1323] Vgl. Art. 74 Ziff. 4 Abs. 3 S. 2 AktG. Daher hat die Rechtsprechung Kaufverträge, in welchen sich die Gesellschaft in der beschriebenen Situation unter Verletzung des Gleichbehandlungsgrundsatzes zum Erwerb sämtlicher von einem bestimmten Aktionär angebotenen Aktien verpflichtet, für nichtig erklärt; vgl. Ziff. 13 des Informationsbriefes des OWG v. 21.04.1998 Nr. 13, VVAS 1998, Nr. 6, S. 91 (92).

[1324] Vgl. Artt. 72 Ziff. 1 Abs. 2, 29 Ziff. 1 Abs. 4 1. Alt. AktG. Maßgeblich ist das im Zeitpunkt der Einreichung des Antrages auf Registrierung der Satzungsänderung geltende Mindestsatzungskapital.

[1325] Die Löschung ex lege kaduzierter Aktien war noch in Art. 48 Ziff. 1 Nr. 7) AktG a.F. ausdrücklich als Möglichkeit, das Satzungskapital herabzusetzen, genannt. Der neugefaßte Zuständigkeitstitel wiederholt nunmehr nur noch den Wortlaut des Art. 29 Ziff. 1 Abs. 2 AktG. Da dort der Erwerb eigener Aktien zwecks Löschung jedoch als Unterfall der Kapitalherabsetzung durch Senkung der Stückzahl aller untergebrachten Aktien ausgestaltet ist, haben die Streichungen im Zuständigkeitstitel durch die Novelle v. 07.08.2001 keine materielle Rechtsänderung mit sich gebracht.

Die Situation im GmbH-Recht ist mit letzteren beiden Verfahren vergleichbar. Das Gesetz gestattet die Herabsetzung der Nennbeträge der Geschäftsanteile der Gesellschafter unter Beachtung des Gleichbehandlungsgrundsatzes[1326] sowie die Löschung eigener Anteile. Ein Anteilserwerb durch die Gesellschaft zum Zweck der Löschung ist nicht statthaft.

Die Situationen, in denen gAG und GmbH gesetzlich zur Durchführung einer Kapitalherabsetzung verpflichtet sind, sind nur teilweise deckungsgleich. Unterschiede ergeben sich etwa im Kapitalaufbringungsrecht. Hier führt die unvollständige Aufbringung des Satzungskapitals innerhalb eines Jahres nach der staatlichen Registrierung der Gesellschaft dazu, daß die GmbH unmittelbar eine Kapitalherabsetzung auf den tatsächlich eingezahlten Betrag beschließen muß,[1327] während in der gAG eine Kapitalherabsetzung nur erforderlich wird, soweit es ihr nicht gelingt, die von dem Säumigen kraft Gesetzes auf sie übergegangenen Aktien innerhalb eines weiteren Jahres zu realisieren.[1328] Abweichungen können sich im einzelnen ferner daraus ergeben, daß die Rechtsgründe für einen Erwerb eigener Anteile nicht rechtsformidentisch sind. Dagegen sind beide Rechtsformen gleichermaßen von der Kapitalherabsetzungspflicht betroffen, soweit nach Ablauf des zweiten oder eines folgenden Finanzjahres die Nettoaktiva unter die Satzungskapitalziffer absinken.[1329] In bezug auf das GmbH-Recht ist diese Rechtslage mit Rücksicht auf die weitreichenden Folgen einer Kapitalherabsetzung bereits zu Recht dafür kritisiert worden, sie verwehre es der Gesellschaft, die Unterbilanz durch Einforderung von Nach-

---

[1326] Gem. Art. 20 Ziff. 1 Abs. 4 GmbHG muß das Verhältnis der Geschäftsanteile infolge der Kapitalherabsetzung gewahrt bleiben.

[1327] Vgl. Art. 20 Ziff. 2 GmbHG. Der imperative Charakter der Kapitalherabsetzungspflicht wird betont in Ziff. 11 S. 3 lit. a) der Leitentscheidung der Plenen des OG und des OWG Nr. 90/14 v. 09.12.1999, BVS RF 2000, Nr. 3, S. 1 (4). *Aušev* (Ross. Justicija 2001, Nr. 1, S. 46) sieht hinsichtlich des Zeitpunktes der Pflichtentstehung einen Widerspruch zwischen Art. 20 Ziff. 2 und Art. 24 [Abs. 2 S. 2] GmbHG, wonach - erst - solche eigenen Anteile, die nicht innerhalb eines Jahres nach dem Rechtsübergang auf die Gesellschaft auf die Gesellschafter aufgeteilt oder verkauft werden, zu löschen sind und das Satzungskapital entsprechend herabzusetzen ist. M. E. kann die Kollision auch ohne die von *Aušev* vorgeschlagene Anpassung des Art. 20 Ziff. 2 GmbHG an Art. 24 GmbHG, d.h. ohne Aufgabe der gegenüber dem Aktienrecht um ein Jahr vorgezogenen Kapitalherabsetzungspflicht, bereits de lege lata aufgelöst werden, indem Art. 24 GmbHG auf alle Fälle des Erwerbs eigener Aktien kraft Gesetzes durch die Gesellschaft mit Ausnahme des Art. 23 Ziff. 3 Abs. 1 S. 1 1. Alt. GmbHG (Kaduzierung ex lege) Anwendung findet.

[1328] Vgl. Art. 34 Ziff. 1 Abs. 5 S. 2 AktG.

[1329] Vgl. Art. 90 Ziff. 4 S. 1 ZGB i.V.m. Art. 20 Ziff. 3 Abs. 1 GmbHG; Art. 99 Ziff. 4 S. 1 ZGB i.V.m. Art. 35 Ziff. 4 AktG.

schüssen auszugleichen.[1330] Sinken die Nettoaktiva nach Ablauf des zweiten oder eines folgenden Finanzjahres unter das gesetzliche Mindestsatzungskapital ab, ist in beiden Rechtsformen ein Auflösungsbeschluß zu fassen.[1331] Weitgehend identisch ist auch das Verbot einer Herabsetzung des Satzungskapitals unter das gesetzliche Mindestkapital,[1332] zu dessen Bestimmung seit der Novellierung des AktG zum 01.01.2002 auf dieselben Zeitpunkte abzustellen ist: im Falle einer Kapitalherabsetzungspflicht ist auf den bei Registrierung der Gesellschaft geltenden Betrag abzustellen, andernfalls, d.h. bei fakultativer Herabsetzung, auf den im Zeitpunkt der Antragstellung auf Registrierung der Satzungsänderung geltenden Betrag.[1333] Eine Herabsetzung unter das gesetzliche Mindestsatzungskapital bleibt auch dann unzulässig, soweit dieses durch eine Kapitalerhöhung wieder erreicht wird, die zugleich mit der Kapitalherabsetzung beschlossen wird und bei der Sacheinlagen nicht festgesetzt sind.[1334] Dies verwundert angesichts des aktienrechtlichen Verbotes, das Satzungskapital zwecks Verlustdeckung zu erhöhen, zwar nicht mehr. Es bleibt abzuwarten, ob die Europarechtswidrigkeit dieses Verbotes[1335] den Gesetzgeber zu dessen Aufgabe und einer Flexibilisierung des rechtlichen Rahmens bewegen wird. Auf absehbare Zeit dürfte es dabei bleiben, daß die bei der Sanierung einer gAG oder GmbH oftmals zum Ausgleich einer Unterbilanz erforderliche Kapitalherabsetzung nicht ohne die dafür unnötigen Kautelen des Gläubigerschutzes als vereinfachte Kapitalherabsetzung[1336] erfolgen kann.

Vor dem 01.01.2002 bestanden Unterschiede in der Ausgestaltung der Gläubigerbenachrichtigungspflichten. Auffallend war zunächst, daß die gAG keine Bekanntmachungspflichten in einem öffentlich zugänglichen Publikationsorgan trafen,[1337]

[1330] So etwa Vil'čur, Sniženie čistych aktivov, ChiP 2000, Nr. 9, S. 35 (38 f.).

[1331] Vgl. Art. 99 Ziff. 4 S. 2 ZGB i.V.m. Art. 35 Ziff. 5 AktG; Art. 90 Ziff. 4 S. 2 ZGB i.V.m. Art. 20 Ziff. 3 Abs. 2 GmbHG.

[1332] Vgl. Art. 29 Ziff. 1 Abs. 4 AktG; Art. 20 Ziff. 1 Abs. 3 GmbHG.

[1333] Anders noch Art. 29 Ziff. 1 Abs. 3 AktG a.F., wonach stets der im Zeitpunkt der staatlichen Registrierung der geänderten Satzung geltende Mindestbetrag maßgeblich war.

[1334] Diese Möglichkeit stellen dagegen §§ 228 AktG-D, 58a Abs. 4 S. 1 GmbHG zur Verfügung. Europarechtlich ist dies jedoch nicht geboten; vgl. Art. 34 S. 2 KapitalRL.

[1335] Diese ergibt sich aus Art. 33 f. KapitalRL.

[1336] Zur Funktion dieses Instituts im deutschen Kapitalgesellschaftsrecht vgl. Baumbach/Hueck (Zöllner), GmbHG-D, §§ 58 Rn. 4 ff., 58a Rn. 1 ff., 58f Rn. 1.

[1337] Damit blieb das Aktienrecht insoweit hinter dem Standard des europäischen Gesellschaftsrechtes zurück, wonach zumindest der Herabsetzungsbeschluß offen zu legen ist; vgl. Art. 30 Abs. 1 S. 2

während die GmbH innerhalb von dreißig Tagen nach dem Kapitalherabsetzungsbeschluß eine entsprechende Mitteilung in dem Publikationsorgan, in welchem die Angaben über die staatliche Registrierung juristischer Personen veröffentlicht werden,[1338] zu plazieren hat.[1339] Nunmehr hat der Reformgesetzgeber das Aktienrecht insoweit an die im GmbH-Recht bestehende Rechtslage angepaßt.

Durch die Novelle nicht beseitigt wurde dagegen der Umstand, daß die gAG *alle* Gesellschaftsgläubiger, die GmbH unmittelbar dagegen nur die *ihr bekannten* Gesellschaftsgläubiger[1340] schriftlich über die Kapitalherabsetzung und die neue Satzungskapitalziffer in Kenntnis zu setzen hat. Ob die öffentliche Bekanntmachung des Herabsetzungsbeschlusses durch die gAG eine Benachrichtigungsfiktion in bezug auf diejenigen Gläubiger auslöst, die der Gesellschaft nicht bekannt sind und deshalb nicht persönlich benachrichtigt werden können, ist offen. Daher wird das Risiko einer Anfechtung des Herabsetzungsbeschlusses durch nicht benachrichtigte, der Gesellschaft unbekannte Gläubiger in der gAG einstweilen höher bleiben als in der GmbH.

Hingewiesen sei schließlich darauf, daß der Gesetzgeber die Gläubigerinteressen, welche naturgemäß nicht auf ein Freiwerden vormals gebundenen Gesellschaftsvermögens und ein Absinken des Haftungsstocks gerichtet sind, rechtsformidentisch berücksichtigt. Gesellschaftsgläubigern räumt das Gesetz einen Anspruch auf vor-

---

KapitalRL i.V.m. Art. 3 der „Ersten Richtlinie 68/151/EWG zur Koordinierung der Schutzbestimmungen, die in den Mitgliedstaaten den Gesellschaften im Sinne des Artikels 58 Absatz 2 des Vertrages im Interesse der Gesellschafter sowie Dritter vorgeschrieben sind, um diese Bestimmungen gleichwertig zu gestalten" (fortan: PublizitätsRL) v. 09.03.1968, ABl.EG Nr. L 65/8 i.d.F. v. 01.01.1995, ABl.EG Nr. L 1/142.

[1338] Im geltenden Registrierungsrecht ist nicht normiert, um welches Presseerzeugnis es sich dabei handeln soll.

[1339] Vgl. Art. 20 Ziff. 4 Abs. 1 S. 1 GmbHG.

[1340] Zweifelhaft ist indessen, ob diese in Art. 20 Ziff. 4 Abs. 1 S. 1 GmbHG enthaltene Regelung mit Art. 90 Ziff. 5 ZGB vereinbar ist, wonach die GmbH - wie die gAG - *alle* Gläubiger zu benachrichtigen hat. Gegen eine Vereinbarkeit und damit für den Vorrang des ZGB spricht ferner, daß Art. 90 Ziff. 5 ZGB im Gegensatz zu Art. 101 Ziff. 1 Abs. 2 ZGB, welcher dessen aktienrechtliches Pendant enthält, keinen Vorbehalt zugunsten einer abweichenden Regelung im späteren Einzelgesetz enthält. Die höchstrichterliche Rechtsprechung scheint hier in der Abschwächung des ZGB durch das GmbHG jedoch keine Überschreitung der Grenzen zulässiger Konkretisierung des ZGB durch ein Einzelgesetz zu sehen. Jedenfalls verhält sich die Leitentscheidung der Plenen des OG und des OWG zum GmbH-Recht hierzu nicht. Die Lösung des späteren GmbH-Gesetzgebers dürfte rein praktische Gründe haben; vgl. dazu Zalesskij (Suchanov), Kommentarij k zakonu ob OOO, Art. 20 Rn. 3.

zeitige Erfüllung ihrer Ansprüche gegen die Gesellschaft[1341] sowie auf Schadensersatz[1342] ein, welcher innerhalb von dreißig Tagen nach Erhalt der Benachrichtigung über diese Rechte bzw. nach Bekanntmachung des Kapitalherabsetzungsbeschlusses schriftlich bei der Gesellschaft geltend zu machen ist. Das GmbH-Recht geht über diese auffällige Betonung der Gläubigerposition noch hinaus und gewährt die genannten Ansprüche bereits dann, wenn die Gesellschaft in Situationen, in denen sie zu einer Herabsetzung ihres Satzungskapitals verpflichtet ist, innerhalb einer vernünftigen Frist keinen Herabsetzungsbeschluß faßt.[1343] Seit dem 01.01.2002 gewährt auch das Aktienrecht diesen Anspruch.[1344] Entgegen deutschem GmbH-Recht[1345] handelt es sich bei der Erfüllung von - auch nicht fälligen - Forderungen nicht um eine bloß registerverfahrensrechtliche Obliegenheit der Gesellschaft.[1346] Dieses Schutzniveau geht weit über den Mindeststandard nach Art. 32 Abs. 1 KapitalRL hinaus, wonach im Falle einer Kapitalherabsetzung zumindest diejenigen Gläubiger, deren Forderungen vor der Bekanntmachung der Entscheidung über die

---

[1341] Das Gesetz spricht hier vom vorfristigen Erlöschen (russ.: „dosročnoe prekraščenie") und vorfristiger Erfüllung (russ.: „dosročnoe ispolnenie") der Gesellschaftsschulden. Letzteres füllt den Vorbehalt des Art. 315 S. 2 ZGB aus, wonach im unternehmerischen Rechtsverkehr die Erfüllung von Forderungen vor Eintritt der Fälligkeit nur dann statthaft ist, wenn dies gesetzlich vorgesehen ist. Die Kapitalherabsetzung führt auf Seiten der Gesellschaft somit zu einem Verlust der Einrede fehlender Fälligkeit.

Schwierigkeiten bereitet dagegen die Bestimmung des Inhaltes des Gläubigeranspruches auf vorfristiges Erlöschen einer Forderung gegen die Gesellschaft. Die Gründe für das Erlöschen von Schuldverhältnissen regeln Artt. 407 ff. ZGB, die insbesondere Erfüllung und Aufrechnung umfassen. Eine Aufrechnungserklärung führt gem. Art. 410 S. 1 ZGB nur dann zum Erlöschen der Forderung, wenn die Gegenforderung, mit der aufgerechnet wird, gleichartig und fällig ist. Die Einräumung eines Anspruchs auf vorfristiges Erlöschen von Gesellschaftsverbindlichkeiten sollte es einem Gesellschaftsgläubiger daher m.E. ermöglichen, auch mit einer nicht fälligen Forderung gegen die Gesellschaft aufzurechnen und sich so von eigenen Verbindlichkeiten gegenüber der Gesellschaft zu befreien. Andernfalls wäre für die Alternative des vorfristigen Erlöschens kein eigenständiger Anwendungsbereich gegenüber der Alternative der vorfristigen Erfüllung erkennbar.

[1342] *Black/Kraakman/Tarassova* (Russian Law on Joint Stock Companies, S. 231) halten den Anspruchsinhalt insofern für irreführend, als der Schaden eines Gläubigers regelmäßig in der nicht erfüllten Gesellschaftsschuld bestehe und darüber hinaus lediglich Kosten der Rechtsverfolgung umfassen könne. Dieses Verständnis ist nach hier vertretener Auffassung zu eng und übersieht, daß der Schaden auch etwa in entgangenem Gewinn bestehen kann.

[1343] Vgl. Art. 20 Ziff. 5 S. 1 GmbHG.

[1344] Vgl. Art. 35 Ziff. 6 AktG.

[1345] Vgl. § 58 Abs. 1 Nr. 2, 4 GmbHG-D. S. dazu Baumbach/Hueck (Zöllner), GmbHG-D, § 58 Rn. 18; Lutter/Hommelhoff, GmbHG-D, § 58 Rn. 20.

[1346] Arg. e Art. 20 Ziff. 4 Abs. 2 GmbHG. Danach erfolgt die staatliche Registrierung der Kapitalherabsetzung erst, nachdem die Gesellschaft nachgewiesen hat, daß die Gläubiger in der vorgeschriebenen Weise benachrichtigt wurden. Die Wirksamkeit der Kapitalherabsetzung ist demnach nicht von der Befriedigung der Gläubiger abhängig, weshalb sich um eine unmittelbare Anspruchsgewährung kraft Gesetzes handelt.

Herabsetzung entstanden sind, mindestens das Recht haben, eine Sicherheit für die im Zeitpunkt dieser Bekanntmachung noch nicht fälligen Forderungen zu erhalten. Im Interesse größerer Unternehmensstabilität wäre eine Beschränkung auf die Verpflichtung zur Sicherheitsleistung sicherlich zu begrüßen gewesen. An diesem Punkt kommt einmal mehr das weitgehend fehlende Verständnis des Gesetzgebers für einen Ausgleich zwischen Gläubigerinteressen und Stabilitätsinteressen der Unternehmen zum Ausdruck. Denn der Zwang, auch nicht fällige Verbindlichkeiten zu befriedigen, ist grundsätzlich geeignet, selbst zahlungsfähige Unternehmen in den Konkurs zu treiben.[1347]

D. Zwischenergebnis

Für eine Bewertung der Vor- und Nachteile des Kapitalaufbringungsrechts der jeweiligen Rechtsform muß berücksichtigt werden, daß eine weniger strenge gesetzliche Regelung mit geringen Haftungsrisiken aus der Perspektive von Investoren bzw. Gründern vorteilhaft erscheinen mag, vom Rechtsverkehr aber nicht honoriert werden wird. Die Kapitalaufbringung in der GmbH ist insoweit strenger, als das Gesetz Haftungsrisiken der Gründer für den Fall statuiert, daß Sacheinlagen überbewertet werden. Ein Plus der GmbH gegenüber der gAG besteht ferner in dem gesetzlichen Ausgleichsanspruch der Gesellschaft gegen einen Gesellschafter, der Nutzungsrechte als Sacheinlage einbringt, über welche die Gesellschaft nicht für den vereinbarten Zeitraum verfügen kann. Die vom Rechtsverkehr wahrgenommene höhere Stabilität der gAG gegenüber der GmbH wird sich in Zukunft durch die Aufweichung der Leistungsfristen im Aktienrecht, insbesondere in Gestalt des Verzichts des Gesetzgebers auf eine Aufbringung des Haftkapitals vor Entstehung der juristischen Person, relativieren, aber nicht umkehren. Die Problematik um die „Vorgesellschaft" hat sich damit im Recht der gAG erledigt. Im GmbH-Recht bleibt die Aufbringung der Hälfte des Satzungskapitals vor Registrierung der Gesellschaft mit dogmatischen Schwierigkeiten behaftet, was insbesondere für Sachgründungen gilt. Der administrative und finanzielle Gründungsaufwand ist im Recht der gAG in jedem Fall höher. Dies beruht auf Prospektpflichten, die das russische Recht auch für Privatplazierun-

---

[1347] Vgl. hierzu auch Black/Kraakman/Tarassova, Russian Law on Joint Stock Companies, S. 231.

gen vorsieht, und dem Erfordernis der Registrierung der Erstemission. Rechtsformidentischer Hauptkritikpunkt ist die fehlende Nachhaftung säumiger Gesellschafter im Innenverhältnis zur Gesellschaft.

Kapitalmaßnahmen sind im GmbH-Recht generell schneller und kostengünstiger durchführbar als im Recht der gAG. Der Zeitfaktor ergibt sich in erster Linie aus der im Recht der gAG zwingenden Beteiligung des Direktorenrates bei Kapitalerhöhungen, was nur in direktorenratsfreien gAG vermieden werden kann und im GmbH-Recht fehlt, sowie aus im GmbH-Recht in ihrer Gesamtheit kürzeren Fristen. Der Kostenfaktor beruht wie im Kapitalaufbringungsrecht auf dem Registrierungsverkehr, der im Recht der gAG mit der FKCB erforderlich wird. Im Kapitalerhöhungsrecht führen jüngere Gerichtsentscheidungen allerdings dazu, daß effektive Kapitalerhöhungen de facto nur im Konsens aller Gesellschafter realisierbar sind, solange die Rechtsprechung diese zweck- und rechtswidrige Konsequenz aus der Duplizität der Gründungsdokumente nicht aufgibt. Schließlich ist bei der Rechtsformwahl die in der GmbH höhere Finanzierungsflexibilität zu berücksichtigen, die durch die Möglichkeit gegeben ist, von den Gesellschaftern Nachschüsse einzufordern.

5. Kapitel: Unterschiede in der Organisationsverfassung von GmbH und gAG

A. Überblick über die Organstruktur

Die Organstruktur der GmbH weist zwei notwendige Organe auf: die Gesellschafterversammlung[1348] als Willensbildungsorgan und ein Exekutivorgan[1349] als Handlungsorgan. Hat die Gesellschaft mehr als fünfzehn Gesellschafter, ist als internes Prüfungsorgan eine Revisionskommission zu bilden, die Kollegial- oder Einzelorgan sein kann.[1350] Diese Struktur kann fakultativ um einen Direktorenrat erweitert werden.[1351]

Demgegenüber ist die Organstruktur der gAG grundsätzlich mit derjenigen der Publikums-AG (oAG) identisch und kann lediglich insoweit vereinfacht werden, als auf den im Recht der oAG notwendigen Direktorenrat verzichtet und dessen gesetzliche Kompetenzen der Aktionärsversammlung[1352] zugewiesen werden können.[1353] Notwendige Organe einer gAG sind danach die Aktionärsversammlung,[1354] das Exekutivorgan[1355] und die Revisionskommission.[1356]

[1348] Vgl. Art. 91 Ziff. 1 Abs. 1 ZGB i.V.m. Art. 32 Ziff. 1 Abs. 1 GmbHG. Russ.: „Obščee sobranie učastnikov obščestva" (wörtlich: „Allgemeine Versammlung der Gesellschafter der Gesellschaft").

[1349] Vgl. Art. 91 Ziff. 1 Abs. 2 ZGB i.V.m. Art. 32 Ziff. 4 GmbHG. Russ.: „Ispolnitel`nyj organ".

[1350] Vgl. Art. 91 Ziff. 3 Abs. 1 Nr. 5) ZGB i.V.m. Art. 32 Ziff. 6 GmbHG.

[1351] Vgl. Art. 32 Ziff. 2 GmbHG. Die Bildung eines Direktorenrates findet im ZGB keine Stützung und wurde erst in zweiter Lesung in den GmbHG-E aufgenommen; vgl. Knaul, GmbH-Recht, S. 111. Die Zulässigkeit der Erweiterung der nach ZGB zweigliedrigen Organstruktur um einen Direktorenrat wird heute nur noch zurückhaltend bezweifelt (so etwa Zalesskij [Gajdenko], Kommentarij k zakonu ob OOO, Art. 32 Rn. 1) und ist in der höchstrichterlichen Leitentscheidung zum GmbHG nicht mehr problematisiert worden.

[1352] Russ.: „Obščee sobranie akcionerov obščestva (wörtlich: „Allgemeine Versammlung der Aktionäre der Gesellschaft").

[1353] Vgl. Art. 103 Ziff. 2 Abs. 1 ZGB i.V.m. Art. 64 Ziff. 1 Abs. 2 AktG. Ein regelungstechnisches Defizit kommt in dem Widerspruch zum Ausdruck, daß nach ZGB in einer Gesellschaft mit *mehr als* fünfzig Aktionären ein Direktorenrat zu bilden ist, während nach AktG in Gesellschaften mit *weniger als* fünfzig Aktionären die Funktionen des Direktorenrates durch die Aktionärsversammlung ausgeübt werden können. Hat die gAG fünfzig Aktionäre, bleibt die Rechtslage unklar. Angesichts der vorrangigen Regelung im ZGB dürfte entgegen *Ioncev* (Akcionernye obščestva 2, S. 7 f.) nicht ohne weiteres davon auszugehen sein, in gAG mit fünfzig Aktionären sei der Direktorenrat notwendiges Gesellschaftsorgan.

[1354] Vgl. Art. 103 Ziff. 1 ZGB i.V.m. Art. 47 Ziff. 1 AktG.

[1355] Vgl. Art. 103 Ziff. 3 ZGB i.V.m. Art. 69 Ziff. 1 Abs. 1 u. 2 AktG.

[1356] Vgl. Art. 103 Ziff. 1 Abs. 2 Nr. 2) ZGB i.V.m. Art. 85 Ziff. 1 AktG.

B. Die Stellung der Aktionärs- bzw. Gesellschafterversammlung

I. Kompetenzen

Das Gesetz bezeichnet sowohl die Aktionärs- als auch die Gesellschafterversammlung als das *höchste* Gesellschaftsorgan.[1357] Bei näherer Betrachtung zeigt sich jedoch, dass aus dem Gesetzeswortlaut weder für die GmbH noch für die gAG ein Grundsatz der Allzuständigkeit der Anteilseigner ableitbar ist.

Die Zuständigkeiten der Aktionärsversammlung sind im Katalog des Art. 48 Ziff. 1 AktG abschließend geregelt und statutarischen Weiterungen nicht zugänglich. Dies ergibt sich eindeutig arg. e Art. 48 Ziff. 3 AktG, wonach die Aktionärsversammlung auf die Beschlußfassung in Fragen beschränkt ist, die ihr unmittelbar durch das AktG zugewiesen sind. Entgegen *Dolinskaja*[1358] ergibt sich etwas anderes nicht aus Art. 48 Ziff. 1 Nr. 20) AktG, wonach in die grundsätzlich nicht delegierbare Zuständigkeit der Aktionärsversammlung auch „andere Fragen [fallen], die durch dieses Bundesgesetz vorgesehen sind". Die absolut herrschende Meinung sieht darin kein Einfallstor für die Satzungsautonomie, sondern einen Verweis auf weitere, im Katalog des Art. 48 Ziff. 1 AktG nicht ausdrücklich aufgeführte Zuständigkeiten, die das AktG der Aktionärsversammlung zuweist.[1359]

Aufgrund der Ausrichtung der Organstruktur am Leitbild der oAG kann die Aktionärsversammlung der gAG für den in der personalistischen Kapitalgesellschaft typischen Zweck der unmittelbaren Unternehmensleitung jedenfalls nicht nutzbar gemacht werden, soweit ein Direktorenrat gebildet wird. Denn im Gegensatz zum GmbH-Recht ist die Bestimmung der allgemeinen Unternehmenspolitik nicht Sache der Anteilseigner, sondern des Direktorenrates.[1360] Die Funktion der Aktionärsversammlung als Willensbildungsorgan beschränkt sich auf Satzungsänderungen, be-

---

[1357] Vgl. Art. 91 Ziff. 1 Abs. 1 ZGB i.V.m. Art. 32 Ziff. 1 Abs. 1 S. 1 GmbHG; Art. 103 Ziff. 1 Abs. 1 ZGB i.V.m. Art. 47 Ziff. 1 Abs. 1 AktG.

[1358] Dolinskaja, Zakon ob AO: Organy juridičeskogo lica, GiP 1996, Nr. 7, S. 59 (66).

[1359] Vgl. statt vieler Black/Kraakman/Tarassova, Russian Law on Joint Stock Companies, S. 309; Glušeckij, Obščee sobranie akcionerov, S. 9; Gubin, Akcionernoe pravo, S. 171; Šapkina (Bykov), Kommentarij k zakonu ob AO, Art. 48 Rn. 1.

[1360] Vgl. Art. 65 Ziff. 1 Abs. 2 Nr. 1) AktG, welcher die Bestimmung der „vorrangigen Ausrichtungen der Gesellschaftstätigkeit" dem Direktorenrat zuweist.

stimmte Grundlagenentscheidungen wie Reorganisation, Liquidation und Kapitalmaßnahmen, die Bestellung der Organe,[1361] die Feststellung des Jahresabschlusses und die Genehmigung sog. Großgeschäfte sowie von Geschäften, bei denen ein Interessenkonflikt besteht. Dabei kann die Aktionärsversammlung über eine Reihe von Beschlußgegenständen nur auf Vorschlag des Direktorenrates entscheiden,[1362] soweit dessen Initiativrecht nicht durch die Satzung abbedungen wird. Ferner darf die Höhe der Jahresdividende die Empfehlung des Direktorenrates nicht übersteigen.[1363] Die Stellung der Aktionärsversammlung kann somit nur dadurch gestärkt und als Sitz der Bestimmung der allgemeinen Unternehmenspolitik ausgestaltet werden, indem auf die Bildung eines Direktorenrates verzichtet wird.[1364] In diesem Fall *kann* die Satzung vorsehen, daß die gesetzlichen Funktionen des Direktorenrates durch die Aktionärsversammlung ausgeübt werden. Die Möglichkeit einer Verweisung an das Exekutivorgan bleibt somit unberührt.[1365] Die Bedeutung eines Zuständigkeitstransfers an die Aktionärsversammlung einer direktorenratsfreien gAG erhellt sich aus den umfangreichen Zuständigkeiten, die Art. 65 Ziff. 1 Abs. 2 AktG dem Direktorenrat zuweist. Weitere Zuständigkeiten des Direktorenrates - auch Maßnahmen der Geschäftsführung - können statutarisch begründet werden.[1366] Letzteres führt in der direktorenratsfreien gAG jedoch nicht etwa indirekt dazu, daß die Satzung die abschließenden Zuständigkeiten der Aktionärsversammlung erwei-

[1361] Die Bestellung und Abberufung des Exekutivorgans kann kraft Satzung auch dem Direktorenrat zugewiesen werden; vgl. Artt. 48 Ziff. 1 Nr. 8), 65 Ziff. 1 Nr. 9) AktG.

[1362] Gem. Art. 49 Ziff. 3 AktG handelt es sich um die Fälle des Art. 48 Ziff. 1 Nr. 2), 6), 14)-19) AktG: Reorganisation; Kapitalerhöhung; Spaltung und Konsolidierung von Aktien; Genehmigung von Geschäften i.S.d. Artt. 79 u. 83; Erwerb eigener Aktien; Beteiligung an Holdings, FIG, Assoziationen und anderen Vereinigungen von Wirtschaftsorganisationen; Bestätigung sog. innerer Dokumente (d.h. Geschäftsordnungen etc.).

[1363] Vgl. Art. 42 Ziff. 3 S. 2 AktG.

[1364] Gem. Art. 64 Ziff. 1 Abs. 2 AktG setzt dies eine ausdrückliche Abbedingung des Direktorenrates in der Satzung und die Verweisung seiner Zuständigkeiten an die Aktionärsversammlung voraus. Ferner müssen die gesetzlichen Aufgaben des Direktorenrates bei der Einberufung und Durchführung von Aktionärsversammlungen einem anderen Organ - regelmäßig dem Exekutivorgan - zugewiesen werden. Zu Einzelfragen der Satzungsgestaltung s. eingehend Black/Kraakman/Tarassova, Russian Law on Joint Stock Companies, S. 365 ff.

[1365] Dies wird übersehen bei Black/Kraakman/Tarassova, Russian Law on Joint Stock Companies, S. 367 f., die eine entsprechende Rechtsfortbildung de lege ferenda fordern.

[1366] Vgl. Art. 65 Ziff. 1 Abs. 2 Nr. 18) AktG.

tern könnte. Denn die Aktionärsversammlung kann gem. Art. 48 Ziff. 3 AktG nicht in Fragen beschließen, die nicht *durch das AktG* ihrer Kompetenz zugewiesen sind.[1367]

Das GmbH-Recht verfolgt einen anderen Regelungsansatz. Das Gesetz statuiert in bezug auf die Gesellschafterversammlung einen abschließenden Katalog ausschließlicher[1368] Zuständigkeiten, der die Bestimmung der „Grundausrichtungen der Gesellschaftstätigkeit", d.h. die Festlegung der allgemeinen Unternehmenspolitik, umfaßt,[1369] welche hier nicht in die Zuständigkeit des fakultativen Direktorenrates fällt. Neben diesem Katalog ausschließlicher Kompetenzen bestimmt Art. 33 Ziff. 1 GmbHG, daß sich die Zuständigkeiten der Gesellschafterversammlung "nach der Satzung der Gesellschaft in Übereinstimmung mit dem GmbHG [bestimmen]".[1370] Diese Formulierung wird vereinzelt in Parallele zum Aktienrecht dahingehend interpretiert, die Kompetenzen der Gesellschafterversammlung beschränkten sich auf Fragen, die ihr das Gesetz ausdrücklich zuweise. So ist etwa *Markova* der Auffassung, wie in der gAG sei die Zuständigkeit der Gesellschafterversammlung gesetzlich beschränkt und könne nicht durch die Gesellschafter erweitert werden.[1371] Diese Mindermeinung ist mit der Gesetzessystematik abzulehnen. Der GmbH-Gesetzgeber hat das aktienrechtliche Verbot statutarischer Kompetenzbegründung bewußt nicht übernommen und es durch das Gegenmodell des Art. 33 Ziff. 1 GmbHG substituiert. Soweit das GmbHG außerhalb des Katalogs ausschließlicher Kompetenzen die Gesellschafterversammlung für zuständig erklärt,[1372] kann daraus keine Kompetenzbeschränkung folgen, denn es handelt sich insoweit um weitere ausschließliche Kom-

---

[1367] A.A. Dolinskaja, Zakon ob AO: Organy juridičeskogo lica, GiP 1996, Nr. 7, S. 59 (66). Zur h.M. s. o. Fn. 1359.

[1368] Hinsichtlich der Terminologie des GmbHG und des AktG ist zu beachten, daß die Novelle des AktG v. 07.08.2001 die Differenzierung zwischen ausschließlichen und anderen Organzuständigkeiten aufgegeben hat. Dies dürfte darauf beruhen, daß nach Altrecht „ausschließliche" Zuständigkeiten zum Teil entgegen ihrer Bezeichnung an andere Organe delegiert werden konnten und die Bezeichnung daher obsolet war; vgl. Ioncev, Akcionernye obščestva 2, S. 11. Im GmbH-Recht ist die „ausschließliche" Zuständigkeit aufgrund der Konstruktion des Art. 33 S. 2 GmbHG nach wie vor eine bedingt delegierbare.

[1369] Vgl. Art. 33 Ziff. 2 S. 2 Nr. 1) GmbHG.

[1370] Vgl. Art. 33 Ziff. 1 GmbHG.

[1371] Markova, LLC Law in Russia, ICCLR 1998, Issue 11, S. 334 (336); i.E. ebenso Kopylov/Durnojan, Praktičeskij kommentarij k primeneniju zakona ob OOO, S. 36 f.

[1372] Dies gilt etwa für die Gründung von Niederlassungen (Art. 5 GmbHG), die nachträgliche Begründung zusätzlicher nichtmitgliedschaftlicher Rechte und Pflichten der Gesellschafter (Artt. 8 Ziff. 2 Abs. 1 S. 2, 9 Ziff. 2 Abs. 1 S. 2 GmbHG) und die Bewertung von Sacheinlagen (Art. 15 Ziff. 2 Abs. 1 GmbHG).

petenzen, die gem. Art. 33 Ziff. 2 S. 1 Nr. 13) GmbHG[1373] Bestandteil des Katalogs sind. Ein eigenständiger Anwendungsbereich verbleibt für Art. 33 Ziff. 1 GmbHG somit nur unter der Voraussetzung, daß der Gesellschafterversammlung weitere, gesetzlich nicht vorgesehene Kompetenzen durch die Satzung zugewiesen werden können. Ungenau ist im übrigen die Ausführung bei *Solotych*,[1374] der gesetzliche Mindestkatalog nicht delegierbarer Zuständigkeiten der Gesellschafterversammlung könne durch die Satzung selbst erweitert werden. Denn ausschließliche Zuständigkeiten der Gesellschafterversammlung i.S.d. Art. 33 Ziff. 2 S. 2 GmbHG sind nicht statutarisch begründbar, weil entsprechende Klauseln jederzeit geändert oder gestrichen werden können.

Bei zutreffender Betrachtung ist dem Gesetzeswortlaut demnach mit der h.M. zu entnehmen, daß kraft Satzung beliebige Fragen in die Zuständigkeit der Gesellschafterversammlung eingestellt werden können, soweit dies nicht der im GmbHG vorgegebenen zwingenden Gewaltentrennung zwischen den Organen widerspricht.[1375] Letztere beschränkt sich auf zwei Richtungen: zum einen können der Gesellschafterversammlung bestimmte Kompetenzen nicht entzogen werden, zum anderen ist das Exekutivorgan Sitz der „Leitung der laufenden Gesellschaftstätigkeit" und das notwendige Einzelexekutivorgan als Handlungsorgan ausgestaltet.[1376] Dies impliziert nach herrschender Auffassung ein die Gesellschafterversammlung treffendes Verbot, über Maßnahmen der laufenden Geschäftsführung zu entscheiden.[1377] Außerhalb des dem Exekutivorgan zugewiesenen Kernbereichs[1378] sind die Kompetenzen der Gesellschafterversammlung statutarisch flexibel ausgestaltbar.

1373 Danach fallen in die ausschließliche Kompetenz der Gesellschafterversammlung auch „andere Fragen, die durch das GmbHG vorgesehen sind."

1374 Vgl. Solotych, Recht der Handelsgesellschaften, Rn. 51.

1375 So auch Andreeva/Kaliničenko, Žisn` v obščestve, Ékspert 1998, Nr. 14, S. 14 (17); Christiansen, New Law on Limited Liability Companies, EWEG 1998, April, S. 3 (29); Sadovnikov, Novye položenija učreditel`nych dokumentov OOO, Ékonomiko-pravovoj bjulletjen` 1998, Nr. 6, S. 11 (25); Tichomirov, OOO: Organy i struktura upravlenija, S. 120; Zalesskij (Gajdenko), Kommentarij k zakonu ob OOO, Art. 33 Rn. 1; Zalesskij (ders.), aaO., Einführung S. XX.

1376 Vgl. Artt. 32 Ziff. 4 S. 1, 40 Ziff. 3 Nr. 1) GmbHG.

1377 Ähnlich Sadovnikov, Novye položenija učreditel`nych dokumentov OOO, Ékono-miko-pravovoj bjulletjen` 1998, Nr. 6, S. 11 (25); Zalesskij (Gajdenko), Kommentarij k zakonu ob OOO, Art. 32 Rn. 5; Zalesskij (ders.), aaO., Einführung S. XX. A.A. Tichomirov, OOO: Organy i struktura upravlenija, S. 123.

1378 Wo der dem Exekutivorgan nicht entziehbare Kernbereich von Geschäftsführungs-maßnahmen endet, wird bislang - soweit ersichtlich - in der Literatur nicht diskutiert. *Tichomirov* (OOO: Organy i struktura upravlenija, S. 122 f.) hält eine Verweisung von Geschäftsführungsmaßnahmen in die

Mit dieser Absetzung vom Recht der gAG hat der GmbH-Gesetzgeber zwar begrüssenswerterweise die sich noch aus der Systematik der AGGmbHO ergebende strikte Beschränkung der Gesellschafterversammlung auf ihre gesetzlich begründeten ausschließlichen Kompetenzen[1379] aufgegeben. Andererseits hat der GmbH-Gesetzgeber mit der gewählten Lösung auch dem Strukturprinzip der Allzuständigkeit der Gesellschafter eine Absage erteilt, das ihm durch den GUS-Modellgesetzgeber zur Umsetzung in nationales Recht empfohlen war.[1380]

Die Frage, was zur „laufenden Gesellschaftstätigkeit" gehört, ist unternehmensspezifisch und somit einer näheren Ausgestaltung in der Satzung zugänglich. Damit dürfte es im GmbH-Recht zulässig sein, den Abschluß bestimmter Rechtsgeschäfte durch das Einzelexekutivorgan an die Zustimmung der Gesellschafterversammlung zu binden, indem etwa bestimmte Schwellenwerte festgelegt werden oder ein Katalog zustimmungsbedürftiger Geschäfte - z.B. Immobilientransaktionen - definiert wird. Für die Führung einer russischen Tochtergesellschaft durch ausländische Gesellschafter kann dieses Instrument von hoher Bedeutung sein. Im Recht der gAG steht es nicht zur Verfügung. Dort ist der Kreis zustimmungsbedürftiger Rechtsgeschäfte gesetzlich abschließend geregelt.[1381] Insgesamt betrachtet liegt die den Idealtypus des „GmbH"-Unternehmens" kennzeichnende Annäherung von Mitgliedschaft und Unternehmensleitung durchaus dem GmbHG, nicht aber dem Recht der gAG zugrunde.[1382]

Kompetenz der Gesellschafterversammlung für u.U. zulässig, soweit dem Exekutivorgan der Kompetenzkatalog nach Art. 40 Ziff. 3 Nr. 1)-3) GmbHG verbleibe. Dies führt m.E. insoweit nicht weiter, als die Leitung der laufenden Gesellschaftstätigkeit i.S.d. Art. 32 Ziff. 4 S. 1 GmbHG im Kontext mit der organschaftlichen Vertretungsmacht des Exekutivorgans gem. Art. 40 Ziff. 3 Nr. 1) GmbHG zu sehen und in den Kompetenzkatalog zu inkorporieren ist. Eine Definition des Begriffes der „laufenden Gesellschaftstätigkeit" ist daher unerläßlich. Hierzu dürfte kein allgemeingültiger Maßstab existieren, da sich die Frage, was zu den laufenden Geschäften einer Gesellschaft gehört, nur nach dem jeweiligen Unternehmensgegenstand und dem durchschnittlichen deal flow beantworten läßt.

[1379] Vgl. Ziff. 75, 78 Abs. 2 S. 1 AGGmbHO.

[1380] Vgl. Art. 38 Ziff. 4 GmbHG (GUS). Danach ist es der Gesellschafterversammlung gestattet, unabhängig von der statutarischen Ausgestaltung ihres Zuständigkeitsbereiches in jeder die Gesellschaftstätigkeit betreffenden Frage zu beschließen.

[1381] *Black/Kraakman/Tarassova* (Russian Law on Joint Stock Companies, S. 310) betonen gerade im Hinblick auf gAG mit wenigen Aktionären zu Recht, dies sei eine der größten Schwächen des AktG.

[1382] Ebenso Andreeva/Kaliničenko, Žisn' v obščestve, Ėkspert 1998, Nr. 14, S. 14 (17).

II. Einberufung und Durchführung

1. Einberufungsverfahren und Versammlungsturnus

In bezug auf die Einberufung und Durchführung der Aktionärsversammlung ist die Regelungsdichte im Recht der gAG im Vergleich zur oAG in keiner Weise herabgesetzt. Die gAG ist verpflichtet, in jedem Finanzjahr einmalig eine Jahresaktionärsversammlung durchzuführen, die für einen Termin zwischen dem 1. März und dem 30. Juni einzuberufen ist.[1383] Alle übrigen Aktionärsversammlungen sind außerordentliche.[1384] Zwingende Beschlußgegenstände der Jahresaktionärsversammlung sind die Bestellung der Mitglieder des Direktorenrates und der Revisionskommission, die Bestätigung des Jahresabschlusses und die Entscheidung über die Verwendung des Gewinns.[1385]

Im GmbH-Recht kann demgegenüber ein beliebiger Turnus ordentlicher Gesellschafterversammlungen in der Satzung festgelegt werden. Gesetzlich vorgegeben ist lediglich die Durchführung einer ordentlichen Gesellschafterversammlung zwischen dem 1. März und dem 30. April, auf welcher die Jahresergebnisse der Gesellschaftstätigkeit zu bestätigen sind.[1386] Alles weitere unterliegt der Satzungsautonomie. Außerordentliche Gesellschafterversammlungen sind nur diejenigen, die nicht nach der Satzung als ordentliche im Vorhinein bestimmt sind.[1387]

Einberufungsorgan ordentlicher Gesellschafterversammlungen ist das Exekutivorgan.[1388] In der direktorenratsfreien gAG ist in der Satzung eine Person oder das Gesellschaftsorgan zu bestimmen, dem die Einberufung der Jahresaktionärsversamm-

---

[1383] Vgl. Art. 47 Ziff. 1 Abs. 2 u. 3 S. 1 AktG.

[1384] Art. 47 Ziff. 1 Abs. 3 S. 3 AktG.

[1385] Vgl. Artt. 47 Ziff. 1 Abs. 3 S. 2, 48 Ziff. 1 Nr. 11) AktG.

[1386] Vgl. Art. 34 Abs. 2 S. 1 GmbHG.

[1387] Vgl. Art. 35 Ziff. 1 GmbHG.

[1388] Vgl. Art. 34 Abs. 1 S. 2 GmbHG. Obwohl diese Norm nicht unter Satzungsvorbehalt steht, sieht Art. 32 Ziff. 2 Abs. 2 S. 1 GmbHG die Möglichkeit vor, Vorbereitung, Einberufung und Durchführung der Gesellschafterversammlung dem fakultativen Direktorenrat zuzuweisen. Aufgrund dieses Normwiderspruches mutmaßt *Gajdenko* (in: Zalesskij, Kommentarij k zakonu ob OOO, Art. 34 Rn. 3), in praxi werde von letzterer Möglichkeit kein Gebrauch gemacht, um Schwierigkeiten bei der Registrierung der Gesellschaft zu vermeiden.

lung sowie die Festsetzung der Tagesordnung obliegt.[1389] Besteht ein Direktorenrat, so ist dieser insoweit zuständig.[1390] Die Ausgestaltung der Einberufungsfristen ist im GmbH-Recht Gegenstand der Satzungsautonomie,[1391] während die Durchführung einer Aktionärsversammlung den in der „Liste der teilnahmeberechtigten Personen“[1392] aufgeführten Personen spätestens zwanzig Tage vor dem Sitzungstermin mitzuteilen ist.[1393] Die Nichteinhaltung des statutarisch und gesetzlich ausgestalteten Einberufungsverfahrens führt in der gAG stets zur Anfechtbarkeit der durch die Aktionärsversammlung gefaßten Beschlüsse, während in der GmbH eine Heilung eintritt, soweit alle Gesellschafter an der Versammlung teilnehmen.[1394] Bei Präsenz aller Gesellschafter gestattet das GmbH-Recht auch ad-hoc-Beschlüsse außerhalb der bekanntgemachten Tagesordnung,[1395] was in der gAG nicht möglich ist.[1396]

2. Quorum

Ein konstruktiver Unterschied zwischen beiden Rechtsformen ergibt sich ferner in der Frage des Quorums. Soweit Beschlüsse der Anteilseigner mit einfacher Mehrheit zustande kommen, bezieht sich diese im Aktienrecht stets auf die Mehrheit des vertretenen Kapitals,[1397] während im GmbH-Recht präsenzunabhängig die Mehrheit der

---

[1389] Art. 64 Ziff. 1 Abs. 2 S. 2 AktG.

[1390] Vgl. Artt. 47 Ziff. 2, 54, 65 Ziff. 1 Abs. 2 Nr. 2) AktG.

[1391] Vgl. Art. 36 Ziff. 4 GmbHG. Soweit die Satzung nichts anderes bestimmt, gibt Art. 36 Ziff. 1)-3) GmbHG eine Einberufungsfrist von dreißig Tagen und das Erfordernis vor, bestimmte für die Willensbildung relevante Unterlagen wie den Jahresabschluß, Nachweise zu Kandidaten zur Wahl des Direktorenrates, des Exekutivorgans und der Revisionskommission sowie einen Entwurf der geänderten Gründungsdokumente einen Monat vor dem Sitzungstermin allen Gesellschaftern zur Einsichtnahme im Gebäude des Exekutivorgans offenzulegen. De facto können diese Fristen ungeachtet des Satzungsvorbehalts in Art. 36 Ziff. 4 GmbHG nicht beliebig verkürzt werden, da den Gesellschaftern zwingend die Möglichkeit erhalten bleiben muß, Ergänzungen der mit der Einberufung bekanntgemachten Tagesordnung zu beantragen und deren endgültige Fassung abermals vor dem Sitzungstermin bekannt zu machen ist.

[1392] Gem. Art. 51 Ziff. 1 Abs. 1 S. 1 u. Abs. 2 AktG ist diese Liste durch das Einbe-rufungsorgan auf der Grundlage des Aktionärsregisters zu erstellen. Die Liste darf frühestens mit Fassung des Einberufungsbeschlusses und keinesfalls früher als fünfzig Tage vor dem Sitzungstermin erstellt werden. Vgl. dazu Glušeckij, Kto imeet pravo učastvovat` v obščem sobranij akcionerov, Pravo i Ékonomika 1997, Nr. 15-16, S. 7 (11 f.).

[1393] Art. 52 Ziff. 1 Abs. 1 AktG.

[1394] Vgl. Art. 36 Ziff. 5 GmbHG.

[1395] Vgl. Art. 37 Ziff. 7 GmbHG.

[1396] Vgl. Art. 49 Ziff. 6 AktG.

[1397] Vgl. dazu Glušeckij, Kvorum obščego sobranija, Pravo i Ékonomika 1997, Nr. 21-22, S. 16 ff.

Gesamtstimmenzahl sämtlicher Gesellschafter maßgeblich ist.[1398] Dementsprechend war eine ausdrückliche Regelung der Beschlußfähigkeit der Gesellschafterversammlung im GmbHG entbehrlich. Die Beschlußfähigkeit ist gegeben, soweit auf die vor Versammlungsbeginn als anwesend registrierten Gesellschafter bzw. deren Vertreter mehr als die Hälfte der Gesamtstimmenzahl entfällt. Setzen einzelne Tagesordnungspunkte eine qualifizierte Mehrheit voraus, ist die Beschlußfähigkeit gesondert festzustellen. Dagegen ist die Beschlußfähigkeit der Aktionärsversammlung legaldefiniert als Teilnahme von Aktionären, die in ihrer Gesamtheit über mehr als die Hälfte der auf die untergebrachten stimmberechtigten Aktien entfallenden Stimmen verfügen.[1399] Als teilnehmend gelten solche Aktionäre, die vor Versammlungsbeginn entsprechend registriert wurden oder deren Stimmzettel im Falle einer gemischten Präsenz- und Fernabstimmung[1400] spätestens zwei Tage vor dem Sitzungstermin bei der Gesellschaft eingegangen sind.[1401] Ist zu bestimmten Tagesordnungspunkten eine qualifizierte Mehrheit erforderlich, so ist das Quorum hierzu gesondert festzustellen. Wird es nicht erreicht, bleibt die Beschlußfähigkeit der Aktionärsversammlung im übrigen unberührt.[1402] Das Aktienrecht positiviert nunmehr die Selbstverständlichkeit, daß das Nichterreichen des Quorums auf der Jahresaktionärsversammlung zur Durchführung einer weiteren Aktionärsversammlung zwingt, die mit identischer Tagesordnung einzuberufen ist.[1403] Die wiederholte Aktionärsversammlung ist beschlußfähig, soweit mindestens 30% der stimmberechtigten Aktien vertreten sind.[1404] Im Unterschied dazu enthält das GmbH-Recht keine Normen, welche die Rechtsfolgen einer Beschlußunfähigkeit derjenigen ordentlichen Gesellschafterversammlung regelten, die zwecks Feststellung der Jahresergebnisse der Gesellschaftstätigkeit zwischen dem 1. März und dem 30. April einzuberufen ist. Nach allgemeinen Grundsätzen ist in diesem Fall - soweit noch möglich - innerhalb der Frist eine weite-

[1398] S. dazu bereits o. S. 188 ff.

[1399] Art. 58 Ziff. 1 Abs. 1 AktG.

[1400] Diese Mischform ist zulässig; vgl. Kondratov, Primenenie zakona ob AO, ChiP 1998, Nr. 9, S. 94 (96 f.) m.w.N.

[1401] Art. 58 Ziff. 1 Abs. 2 S. 1 AktG.

[1402] Art. 58 Ziff. 2 AktG.

[1403] Vgl. Art. 58 Ziff. 3 Abs. 1 S. 1 AktG.

[1404] Art. 58 Ziff. 3 Abs. 2 S. 1 AktG. Teilnahmeberechtigt sind die zu der nicht zustande gekommenen Aktionärsversammlung zugelassenen Personen, soweit die Versammlung innerhalb von vierzig

re Gesellschafterversammlung abzuhalten, deren Quorum aber nicht herabgesetzt ist und deren Tagesordnung außerhalb der zwingenden Beschlußgegenstände von der beschlußunfähigen Vorversammlung abweichen kann.

Angesichts der in praxi virulenten Versuche, mißliebige Anteilseigner an der Teilnahme an Aktionärs- bzw. Gesellschafterversammlungen zu hindern,[1405] gewährleistet die GmbH-rechtliche Konstruktion des Quorums einen gegenüber der gAG verläßlicheren Minderheitenschutz in bezug auf die Ausübung der mitgliedschaftlichen Teilhaberechte.

3. Durchführung per Fernabstimmung

In beiden Rechtsformen können Beschlüsse auch ohne eine tatsächliche Zusammenkunft der Aktionäre im Wege der Fernabstimmung[1406] gefaßt werden. Die Ausgestaltung dieses Verfahrens durch Aktien- und GmbH-Recht unterscheidet sich stark, wobei lediglich das GmbH-Recht den Erfordernissen einer zügigen und quantitativ flexiblen Beschlußmöglichkeit genügt.

Auf die Durchführung einer Gesellschafterversammlung im Wege der Fernabstimmung finden gem. Art. 38 Ziff. 2 GmbHG die zwingenden Vorschriften des Art. 37 Ziff. 2-5, 7 GmbHG zum Sitzungsablauf keine Anwendung.[1407] Die wesentliche Modifikation gegenüber einer tatsächlichen Zusammenkunft der Gesellschafter besteht darin, daß im Rahmen der Fernabstimmung eine Beschlußfassung außerhalb der festgestellten und bekanntgemachten Tagesordnung auch dann zulässig ist, wenn nicht sämtliche Gesellschafter an der Abstimmung teilnehmen. In der Benachrichtigung über die Durchführung einer Gesellschafterversammlung im Wege der Fern-

---

Tagen nach dem ursprünglichen Sitzungstermin einberufen wird; andernfalls ist auf der Grundlage des Aktionärsregisters eine neue „Liste der teilnahmeberechtigten Personen" zu erstellen.

[1405] Zu Fällen aus der Praxis s. Bruder/DuCharme, Corporate Governance in Russland, WiRO 2001, Nr. 8, S. 225 (227 f.).

[1406] Russ.: „Zaočnoe golosovanie" (wörtlich: „Abstimmung in Abwesenheit").

[1407] Soweit Art. 38 Ziff. 2 GmbHG auch die in Art. 36 Ziff. 1-3 GmbHG enthaltenen Fristen hinsichtlich des Einberufungsverfahrens für nicht anwendbar erklärt, ist nicht ersichtlich, worin sich der Regelungsgehalt der Norm von Art. 36 Ziff. 4 GmbHG unterscheiden soll, wonach diese Fristen generell dispositiv sind. Eine weitere - nach hier vertretener Auffassung weitgehend überflüssige - Dopplung stellt Art. 38 Ziff. 3 GmbHG dar. Der dort geregelte zwingende Kernbereich von Einberufungsformalitäten ergibt sich bereits aus einer entsprechenden Anwendung des Art. 36 Ziff. 1-3 GmbHG.

abstimmung sind Beginn und Ende der Stimmabgabe anzugeben. Die Bandbreite der Durchführungsmöglichkeiten der Abstimmung reicht von der Versendung von Beschlußentwürfen, zu denen innerhalb einer bestimmten Frist schriftlich das Einverständnis erklärt werden kann,[1408] über den Rundlauf eines Zirkulars bis zur Schaltung von Telefonkonferenzen zu einem bestimmten Zeitpunkt.[1409] Die Feststellung des Jahresabschlusses[1410] und des Lageberichtes kann nicht im Wege der Fernabstimmung erfolgen.[1411]

Im Recht der gAG ist die Verwendbarkeit des Fernabstimmungsverfahrens demgegenüber inhaltlich und prozessual weitergehend beschränkt. Ferner ist die Regelungsdichte aufgrund untergesetzlicher Durchführungsvorschriften[1412] relativ engmaschig. Die der Jahresaktionärsversammlung vorbehaltenen Beschlußgegenstände sind der Fernabstimmung nicht zugänglich und setzen eine Präsenzversammlung voraus.[1413] Die Durchführung von Fernabstimmungen ist gesetzlich zwingend geregelt und ausschließlich als schriftliche Fernabstimmung möglich.[1414] Hierzu sind den Aktionären Stimmzettel zur Unterschrift auszuhändigen, die zu jedem Tagesordnungspunkt die Stimmvarianten „angenommen", „abgelehnt" und „Enthaltung" angeben müssen.[1415] Der Endtermin für den Zugang der Stimmzettel bei der Gesellschaft ist auf den Stimmzetteln zu bezeichnen; zwischen der Versendung der Stimzettel

---

[1408] Vgl. dazu Solotych, Recht der Handelsgesellschaften, Rn. 50; Zalesskij (Pavlodskij), Kommentarij k zakonu ob OOO, Art. 38 Rn. 4.

[1409] Diesbezüglich erscheint die gesetzliche Regelung allerdings m.E. nicht als vollkom-men durchdacht. Gem. Art. 38 Ziff. 1 Abs. 1 S. 2 GmbHG kann die Abstimmung im Wege des Austausches von Dokumenten durch solche Kommunikationsmittel durchgeführt werden, „die die Authentizität der zu übertragenden Erklärungen und deren dokumentarische Bestätigung gewährleisten." Der Begriff „dokumentarische Bestätigung" legt nahe, daß die Willenserklärungen der Gesellschafter zumindest in irgendeiner Weise stofflich verkörpert sein müssen. Dieser Voraussetzung wird die rein telefonische Stimmabgabe nicht gerecht. Dennoch ist sie in dem nicht abschließenden gesetzlichen Katalog zulässiger Kommunikationsmittel in Art. 38 Ziff. 1 Abs. 1 S. 2 GmbHG genannt.

[1410] Zu den Bestandteilen des Jahresabschlusses s.o. Fn. 916.

[1411] Vgl. Artt. 38 Ziff. 1 Abs. 2, 33 Ziff. 2 Abs. 1 Nr. 6) GmbHG.

[1412] „Verordnung über das Verfahren der Durchführung der Aktionärsversammlung im Wege der Fernabstimmung", bestätigt durch VO der FKCB v. 20.04.1998 Nr. 8, ÉiŽ 1998, Nr. 22, S. 13 (fortan: FA-DurchführungsVO). Gem. Art. 2 Abs. 2 des Änderungsgesetzes zum AktG v. 07.08.2001 (RG v. 09.08.2001, S. 8 ff.) ist die FA-DurchführungsVO ab dem 01.01.2002 insoweit anzuwenden, als sie dem AktG n.F. nicht widerspricht.

[1413] Vgl. Art. 50 Ziff. 2 AktG.

[1414] Vgl. Art. 60 Ziff. 1 Abs. 2 2. Alt. AktG. Dies gilt gem. Ziff. 2 S. 2 FA-DurchführungsVO auch für die Wiederholung einer Jahresaktionärsversammlung, auf der das Quorum nicht erreicht wurde.

[1415] Vgl. Art. 60 Ziff. 2 Abs. 2, Ziff. 4 AktG.

durch die Gesellschaft und dem Endtermin müssen mindestens dreißig Tage liegen.[1416] Die Beschlußfähigkeit einer per Fernabstimmung durchgeführten Aktionärsversammlung bestimmt sich nach dem Stimmzettelrücklauf bei Fristablauf.[1417]

C. Die Stellung des Direktorenrates

I. Allgemeines

Die kapitalgesellschaftsrechtlichen Einzelgesetze räumen den Gesellschaftern die Möglichkeit ein, dieses Organ alternativ als „Direktorenrat" (russ.: „Sovet direktorov") oder synonym als „Aufsichtsrat" („russ.: Nabljudatel`nyj sovet") zu bezeichnen. Da letzterer Begriff im Gesetz indessen regelmäßig nur in Klammerzusätzen begegnet,[1418] wird hier die Bezeichnung als „Direktorenrat" bevorzugt. Von diesem Organ strikt zu trennen ist das Kollegialexekutivorgan, das fakultativ nicht nur als „Vorstand", sondern auch als „Direktion" betitelt werden kann.[1419]

Neben der schwächeren Stellung der Aktionärsversammlung kommt die geringere Flexibilität der Organisationsverfassung der gAG gegenüber der GmbH primär in der Stellung des Direktorenrates zum Ausdruck, der in beiden Rechtsformen ein fakultatives Organ ist. Im Ausgangspunkt ist darauf hinzuweisen, daß die Funktionen des Direktorenrates kaum Überschneidungen zu denjenigen des Aufsichtsrates im deutschen Aktienrecht[1420] aufweist. Weder ist die Überwachung der Geschäftsführung

[1416] Vgl. Artt. 52 Ziff. 2 Abs. 4 2. Hs., 60 Ziff. 2 Abs. 2 AktG. Wie bereits nach Art. 50 Ziff. 3 S. 2 AktG a.F. (zur Kritik daran vgl. Dolinskaja, Zakon ob AO: Organy juridičeskogo lica, GiP 1996, Nr. 7, S. 59 [64]; Kondratov, Primenenie zakona ob AO, ChiP 1998, Nr. 9, S. 94 [96]; Nosov, Soveršenstvovanie akcionernogo zakonodatel`stva, Žurnal Ross. Prava 2001, Nr. 1, S. 74 [77]) ist der Frsitlauf nicht eindeutig geregelt. Das Gesetz bestimmt, daß die Stimmzettel jedem, der in der „Liste der teilnahmeberechtigten Personen" der per Fernabstimmung durchzuführenden Aktionärsversammlung aufgeführt ist, spätestens zwanzig Tage vor der „Durchführung der Aktionärsversammlung" zugesandt oder unter Geegenzeichnung ausgehändigt werden müssen. Soweit man unter „Durchführung der Aktionärsversammlung" das Ende der für den Rücklauf der Stimmzettel gesetzten Frist versteht, bleibt immer noch offen, ob diese Frist mit Versendung der Stimmzettel oder mit deren Zugang bei den Aktionären beginnt. M.E. sollte die Frist mit der Versendung beginnen, weil alles andere einen einheitlichen Fristablauf verunmöglichen würde. Das Risko einer längeren Postlaufzeit trifft somit die Aktionäre.

[1417] Vgl. Art. 58 Ziff. 1 Abs. 2 S. 2 AktG.

[1418] „Direktorenrat (Aufsichtsrat)"; vgl. Artt. 32 Ziff. 2 Abs. 1 GmbHG, 64 AktG.

[1419] Vgl. Artt. 41 Ziff. 1 GmbHG, 70 Ziff. 1 AktG.

[1420] S. insbesondere § 111 AktG-D; dazu Schmidt, Gesellschaftsrecht, § 28 III.

als Hauptaufgabe des Direktorenrates im russischen Aktien- und GmbH-Recht ausdrücklich vorgesehen noch trifft den Direktorenrat ein Geschäftsführungsverbot. Ebenso sucht man vergeblich nach gesetzlich ausdrücklich eingeräumten Einsichts- und Auskunfsrechten des Direktorenrates gegenüber dem Exekutivorgan. Hieran verdeutlicht sich, daß deutsche Einflüsse auf die Organisationsverfassung der AG nur schwach ausgeprägt sind. Bereits die Terminologie des russischen Rechts („Direktorenrat") verweist vielmehr auf Parallelen zum amerikanischen Recht der *corporation*, welches als eigentlichen Träger der Entscheidungsgewalt und damit als primäres Leitungsorgan das *board of directors* zur Verfügung stellt, das die Unternehmenspolitik formuliert und an Weisungen der Gesellschafterversammlung nicht gebunden ist.[1421]

II. Kompetenzen

Im Recht der gAG ist der Direktorenrat gem. Art. 65 Ziff. 1 Abs. 1 AktG primär Sitz der strategischen Unternehmensleitung. Dies konkretisiert sich in dem Kompetenzkatalog des Art. 65 Ziff. 1 S. 2 AktG, der weder statutarisch abdingbar (wohl aber erweiterungsfähig) ist noch an das Exekutivorgan delegierbare Kompetenzen enthält. Kontrollaufgaben klingen hier lediglich insoweit an, als der Direktorenrat durch die Satzung zu Bestellung und Abberufung des Exekutivorgans ermächtigt werden kann,[1422] welches seinerseits dem Direktorenrat und der Aktionärsversammlung rechenschaftspflichtig[1423] ist.[1424] Die Reichweite dieser Rechenschaftspflicht ist nicht

[1421] Vgl. dazu Merkt, US-amerikanisches Gesellschaftsrecht, Rn. 488, 511.

[1422] Folgende Kompetenzen sind dem gAG-Direktorenrat unentziehbar zugewiesen: Vorgabe der allgemeinen Geschäftspolitik; Einberufung, Vorbereitung und Durchführung von Jahres- und außerordentlichen Aktionärsversammlungen, insbesondere Festsetzung der Tagesordnung und Bestimmung des Stichtags, zu dem die „Liste der teilnahmeberechtigten Personen" erstellt wird; die Preis- und Wertfestsetzungen nach Artt. 77, 78 Ziff. 2 AktG; Empfehlungen zur Höhe der Aufwandsentschädigung für Mitglieder der Revisionskommssion und Festsetzung der Vergütung des (externen) Wirtschaftsprüfers; Empfehlungen zur Höhe der Dividende und zum Verfahren ihrer Ausschüttung; Verwendung des Reservefonds (der gesetzlichen Rücklage) und anderer Fonds der Gesellschaft; Errichtung von Niederlassungen und Repräsentanzen der Gesellschaft; Erteilung der Zustimmung bzw. Genehmigung zu bestimmten Großgeschäften und bestimmten Geschäften, bei denen ein Interessenkonflikt besteht, nach Artt. 79, 83 AktG.

[1423] Russ.: „Podotčëtnyj". Die Übersetzung als „rechenschaftspflichtig" dürfte dem Willen des Gesetzgebers am nächsten kommen. Die daneben in deutschen Übersetzungen anzutreffende Übersetzung als „untergeordnet" dürfte m.E. zu weit sein, da der Gesetzgeber den unmittelbar korrespondierenden Ausdruck „podčinënnyj" gerade nicht verwendet hat.

[1424] Vgl. Art. 103 Ziff. 3 Abs. 1 S. 2 ZGB i.V.m. Art. 69 Ziff. 1 Abs. 1 S. 2 AktG.

gesetzlich geregelt und wurde bislang nicht höchstrichterlich konkretisiert. Soweit in der gAG ein Direktorenrat bestellt werden soll, empfiehlt es sich daher dringend, vom Satzungsvorbehalt des Art. 65 Ziff. 1 Abs. 2 Nr. 18) AktG Gebrauch zu machen und die Befugnisse des Direktorenrates in bezug auf die Kontrolle des Exekutivorgans detailliert zu regeln,[1425] zumal die Aktionärsversammlung aufgrund ihres beschränkten Kompetenzbereiches als Kontrollinstanz untauglich ist und aufgrund des hohen Einberufungsaufwands ohnehin nicht als permanentes Arbeitsorgan zur Verfügung steht.[1426]

Ein weiteres Problem besteht in der weitgehend ungeklärten Frage, nach welchen Kriterien die Geschäftsführungskompetenzen des Direktorenrates und des Exekutivorgans voneinander abzugrenzen sind. Derzeit geht die noch h.M. davon aus, der Direktorenrat könne grundsätzlich jede Geschäftsführungsmaßnahme an sich ziehen und so als kollektives Geschäftsführungsorgan ausgestaltet werden.[1427] Dagegen ist es nicht möglich, den Direktorenrat als reines Kontrollorgan auszugestalten, da eine partielle Verweisung seiner gesetzlichen Kompetenzen in Geschäftsführung und Grundlagenentscheidungen an die Aktionärsversammlung ausscheidet.

Der GmbH-Gesetzgeber hat sich von der Vorstellung eines auch in der kleinen Kapitalgesellschaft notwendigerweise starken Direktorenrates gelöst und überläßt die Bestimmung der Kompetenzen des fakultativen Direktorenrates der Satzung *in Übereinstimmung mit dem GmbHG.*[1428] Unklarheiten über die Reichweite der Satzungsautonomie hat vor diesem Hintergrund die vom Gesetzgeber gewählte Regelungstechnik zur Folge, beispielhaft eine Reihe von Kompetenzen zu normieren, die

---

[1425] Ähnlich Ioncev, Akcionernye obščestva 2, S. 52 f.; Krapivin/Vlasov, Kommentarij k zakonu ob AO, S. 164 f.; Osipenko, Rol' soveta direktorov vozrastaet, ĖiŽ 1996, Nr. 6, S. 31.

[1426] *Gluščeckij* (Organy upravlenija akcionernym obščestvom, Praktikum akcionirovanija 1997, Vypusk 5, S. 64) leitet hieraus die Empfehlung ab, in der gAG regelmäßig einen Direktorenrat zu bilden. Dies kollidiert aufgrund der damit verbundenen Schwächung der Aktionärsversammlung jedoch mit dem Leitbild der personalistischen Mitunternehmergesellschaft mit kleinem Gesellschafterkreis, die eine Annäherung von Mitgliedschaft und Unternehmensleitung bezweckt.

[1427] Vgl. Black/Kraakman/Tarassova, Russian Law on Joint Stock Companies, S. 370; Gluščeckij, Organy upravlenija AO, ĖiŽ 1996, Nr. 9, S. 38 f.; ders., Organy upravlenija akcionernym obščestvom, Praktikum akcionirovanija 1997, Vypusk 5, S. 68; Krapivin/Vlasov, Kommentarij k zakonu ob AO, S. 161; Osipenko, Rol' soveta direktorov vozrastaet, ĖiŽ 1996, Nr. 6, S. 31; Solotych, Recht der Handelsgesellschaften, Rn. 89. A.A. Ioncev, Akcionernye obščestva 2, S. 52; Kovalëv/Kopylov, AO v svete novogo zakonodatel'stva, S. 82.

[1428] Vgl. Art. 32 Ziff. 2 Abs. 2 GmbHG.

durch die Satzung dem Direktorenrat zugewiesen werden können,[1429] und diese Möglichkeit auch für *weitere durch das GmbHG vorgesehene Fragen* zu eröffnen.[1430] Allerdings sieht das Gesetz an keiner Stelle fakultative Kompetenzen des Direktorenrates vor, die nicht bereits in dem Beispielkatalog enthalten wären.[1431]

In dem Meinungsstreit zu der Frage, ob bzw. welche Kompetenzen dem Direktorenrat außerhalb des gesetzlichen Beispielkatalogs zugewiesen werden können, werden sich konträr gegenüberstehende Lösungen vertreten. Eine stark vertretene Auffassung meint, jede statutarische Begründung von Direktorenratskompetenzen außerhalb des gesetzlichen Beispielkatalogs sei nichtig.[1432] Dem hält *Gajdenko*[1433] entgegen, dem Direktorenrat könnten alle Aufgaben zugewiesen werden, die nicht in die unentziehbare Kompetenz der Gesellschafterversammlung fielen. Die höchstrichterliche Rechtsprechung hat mit dem Hinweis, der Direktorenrat könne nur in den Grenzen der ihm durch die Gründungsdokumente in dem durch das GmbHG vorgesehenen Rahmen zugewiesenen Kompetenzen beschließen,[1434] nichts zur Klärung beigetragen, da der gesetzliche Rahmen nicht näher definiert wird.

In Fortführung des Ansatzes von *Gajdenko* erschließt sich der gem. Art. 32 Ziff. 2 Abs. 2 GmbHG *durch die Satzung in Übereinstimmung mit dem GmbHG* begründbare Kompetenzbereich des Direktorenrates nach hier vertretener Auffassung aus einer Übertragung der zu Art. 33 Ziff. 1 GmbHG entwickelten Grundsätze. Diese Norm

---

[1429] Das Gesetz nennt die Bestellung und Abberufung des Exekutivorgans; den Abschluß bestimmter Großgeschäfte und bestimmter Geschäfte, bei denen ein Interessenkonflikt besteht (Artt. 46 Ziff. 4, 45 Ziff. 7 GmbHG); sowie die Vorbereitung, Einberufung und Durchführung von Gesellschafterversammlungen.

[1430] Vgl. Art. 32 Ziff. 2 Abs. 3 S. 1 GmbHG.

[1431] Problematisch ist insoweit, wie Art. 57 Ziff. 2 Abs. 1 GmbHG einzuordnen ist, wonach dem Direktorenrat (neben dem Exekutivorgan und den Gesellschaftern) ein Initiativrecht zukommt, die Gesellschafterversammlung mit der Beschlußfassung über eine freiwillige Liquidation und der Ernennung einer Liquidationskommission zu befassen. Nach dem Wortlaut der Norm handelt es sich um eine zwingende Kompetenz des Direktorenrates, obwohl Kompetenzen des Direktorenrates nach der Systematik des Art. 32 GmbHG nur statutarisch begründet werden können.

[1432] Vgl. Andreeva/Kaliničenko, Žisn` v obščestve, Ékspert 1998, Nr. 14, S. 14 (18); Kopylov/Durnojan, Praktičeskij kommentarij k primeneniju zakona ob OOO, S. 45; Sadovnikov, Novye položenija učreditel`nych dokumentov OOO, Ékonomiko-pravovoj bjulletjen` 1998, Nr. 6, S. 11 (25).

[1433] In: Zalesskij, Kommentarij k zakonu ob OOO, Art. 32 Rn. 4; ähnlich Tichomirov (Ajzin), Kommentarij k zakonu ob OOO, Art. 32 Rn. 2 a.E. Noch liberaler - ohne jede Einschränkung - Beljaev/Gorlov/Zacharov, OOO: Pravovoe položenie, S. 157.

[1434] Vgl. Ziff. 20 Abs. 1 a.E. der Leitentscheidung der Plenen des OG und des OWG Nr. 90/14 v. 09.12.1999, BVS RF 2000, Nr. 3, S. 1 (7).

regelt die Reichweite des Satzungsvorbehalts in bezug auf die Kompetenzen der Gesellschafterversammlung[1435] und ist konstruktiv identisch zu Art. 32 Ziff. 2 Abs. 2 GmbHG. Hinsichtlich des Direktorenrates verbleibt für den Satzungsvorbehalt ein eigenständiger Anwendungsbereich neben dem Beispielkatalog des Art. 32 Ziff. 2 Abs. 3 S. 1 GmbHG, von welchem der Satzungsgeber selektiv oder vollständig Gebrauch machen kann, nur unter der Voraussetzung, daß statutarisch weitere Kompetenzen begründbar sind. Daß es sich dabei nicht um an anderen Stellen im Gesetz ausdrücklich vorgesehene Kompetenzen handeln kann, ergibt sich aus dem Umstand, daß solche nicht existieren. Durch die Einschränkung *„in Übereinstimmung mit dem GmbHG"* bringt der Gesetzgeber lediglich die Bindung des Satzungsgebers an die gesetzliche Gewaltentrennung zum Ausdruck, soweit sie zwingend vorgegeben ist. Wird in einer GmbH etwa eine Revisionskommission gebildet, stehen dieser zwecks Überprüfung der finanz-wirtschaftlichen Tätigkeit der Gesellschaft unentziehbar umfangreiche Einsichts- und Auskunftsrechte zu,[1436] die nicht einem fakultativen Direktorenrat übertragen werden können.[1437] Als reines Kontrollorgan kann der Direktorenrat somit nur in Gesellschaften ohne Revisionskommission installiert werden. Im übrigen sind die Aufgaben des Direktorenrates weitgehend frei ausgestaltbar und nicht a priori mit denjenigen eines gAG-Direktorenrates identisch.[1438]

III. Bestellung und Abberufung der Direktorenratsmitglieder

Bei der Bestellung der Direktorenratsmitglieder ergeben sich keine grundsätzlichen Rechtsformunterschiede. Die Bestellung erfolgt durch Wahl auf der Gesellschafter-

---

[1435] S. dazu o. S. 314 ff.

[1436] Vgl. Art. 47 Ziff. 2 GmbHG. Gem. Art. 47 Ziff. 5 GmbHG gilt dies unabhängig davon, ob die Revisionskommission im Einzelfall notwendiges oder fakultativ gebildetes Organ ist.

[1437] Hierin liegt einer der Hauptgründe dafür, daß die Bildung eines Direktorenrates auch in GmbH mit größerem Gesellschafterkreis eher eine Randerscheinung bleiben dürfte. Denn von der statutarisch begründbaren Überwachungsfunktion des Direktorenrates in bezug auf die Unternehmensleitung bleiben die Kompetenzen der Revisionskommission ausgenommen. Insoweit dürfte auch zweifelhaft sein, ob entsprechende Berichtspflichten der Revisionskommission gegenüber dem Direktorenrat zulässig sind, denn in seinem Kompetenzbereich ist die Revisionskommission dem Direktorenrat übergeordnet; arg. e Art. 47 Ziff. 2 S. 2 GmbHG.

[1438] Unzutreffend daher *Burger/Danilov/Paliashvili* (New Law on LLC, BNA's Eastern Europe Reporter 1998 - Special Supplement, S. 4), die insoweit Funktionsidentität annehmen.

bzw. Aktionärsversammlung.[1439] Im GmbH-Recht entfällt eine Bestellung durch Wahl, soweit ein Gesellschafter über ein Entsenderecht als asymmetrisches Sonderrecht verfügt. Im Recht der gAG sind statutarische Entsenderechte unzulässig. Zwischen Direktorenratsmitgliedern und der Gesellschaft besteht kein Arbeitsverhältnis.[1440] Direktorenratsmitglieder einer gAG sind für die Dauer bis zur folgenden Jahresaktionärsversammlung zu bestellen, wobei unbeschränkte Wiederwahl zulässig ist.[1441] Ist die Jahreshauptversammlung nicht bis zum 30. Juni des Folgejahres durchgeführt worden, erlischt das Direktorenratsmandat kraft Gesetzes mit Ausnahme der Kompetenzen zur Vorbereitung, Einberufung und Durchführung der anstehenden Versammlung.[1442] Demgegenüber ist die Amtszeit von GmbH-Direktorenratsmitgliedern nicht gesetzlich geregelt und somit Gegenstand der Satzungsautonomie. Mitglieder des gAG-Direktorenrats können durch eine einfache Mehrheit des auf der Aktionärsversammlung vertretenen Kapitals jederzeit vorzeitig abberufen werden.[1443] Wurde der Direktorenrat im Wege „kumulativer Abstimmung" bestellt,[1444] kann er vorzeitig nur in seiner Gesamtheit abberufen werden.[1445] Eine ggf. vereinbarte Vergütung oder Aufwandsentschädigung wird in diesen Fällen nicht

---

[1439] Vgl. Artt. 48 Ziff. 1 Nr. 4), 66 Ziff. 1 Abs. 1 S. 1 AktG. Dagegen ist ein ent-sprechender Zuständigkeitstitel im zwingenden Kompetenzkatalog der Gesellschafterversammlung (Art. 33 Ziff. 2 GmbHG) nicht enthalten. Wie sich aus den Einberufungs- und Durchführungsvorschriften der Artt. 36 Ziff. 3 Abs. 1, 37 Ziff. 9 Abs. 1 GmbHG ergibt, hat der Gesetzgeber aber auch hier die Gesellschafterversammlung als Kreationsorgan im Blick. Die Vertretung der Minderheit im Direktorenrat kann gewährleistet werden, indem in der Satzung eine „kumulative Stimmabgabe" für einen Kandidaten zugelassen wird; vgl. Artt. 66 Ziff. 4 Abs. 1 S. 2 AktG; 37 Ziff. 9 GmbHG. Dies ermöglicht eine Stimmenhäufung, wobei sich die Stimmkraft jedes Aktionärs bzw. Gesellschafters aus einer Multiplikation der auf die von ihm gehaltenen Aktien bzw. der auf seinen Geschäftsanteil entfallenden Stimmen mit der Zahl der zu besetzenden Direktorenratsmandate ergibt.

[1440] Soweit die Begründung eines begleitenden vertraglichen Rechtsverhältnisses für zulässig erachtet wird (dafür Osipenko, Rol' soveta direktorov vozrastaet, ÉiŽ 1996, Nr. 6, S. 31), so mag dem zu folgen sein. Es ist allerdings regelmäßig nicht erforderlich, da alle wesentlichen Regelungen durch Satzung und Beschluß der Aktionärsversammlung erfolgen können und ferner bei Direktorenratsmitgliedern jedes Erfordernis einer sozialen Absicherung fehlt (vgl. zum deutschen GmbH-Recht insoweit Baumbach/Hueck [Zoellner], GmbHG-D, § 52 Rn. 35 ff.). Zudem erschwert die Anwendbarkeit russischen Arbeitsrechts regelmäßig die vorzeitige Abberufung von Organmitgliedern und sollte daher nicht ohne Zwang eröffnet werden.

[1441] Vgl. Art. 66 Ziff. 1 Abs. 2 AktG.

[1442] Vgl. 66 Ziff. 1 Abs. 1 AktG. Anders zum Altrecht noch Glušeckij, Organy upravlenija AO, ÉiŽ 1996, Nr. 9, S. 38 (39).

[1443] Vgl. Artt. 48 Ziff. 1 Nr. 4), 49 Ziff. 2 Abs. 1, 66 Ziff. 1 Abs. 3 AktG.

[1444] Dazu s. Glušeckij, Sovet direktorov: vybory i členstvo, ÉiŽ 1996, Nr. 37, S. 42.

[1445] Art. 66 Ziff. 1 Abs. 4 AktG.

fortgezahlt.[1446] Im GmbH-Recht ist der Fragenkomplex der Abberufung in der Satzung zu regeln.[1447] Die Bestellung des Aufsichtsrates im Wege kumulativer Abstimmung ist hier nicht mit einem Ausschluß der vorzeitigen Abberufbarkeit einzelner Direktorenratsmitglieder verbunden.

IV. Zusammensetzung und innere Organisation

Die Direktorenräte russischer Kapitalgesellschaften sind mitbestimmungsfrei.[1448] Die Mitgliederzahl des Direktorenrates ist weder im Recht der gAG noch im GmbH-Recht gesetzlich bestimmt. Mit der Novellierung des AktG zum 01.01.2002 wurde klargestellt, daß nur natürliche Personen Mitglieder des Direktorenrates sein können und Fremdorganschaft zulässig ist.[1449] Trotz fehlender Regelung dürfte dies auch im GmbH-Recht gelten.[1450] Die persönlichen Voraussetzungen sind weitgehend rechtsformidentisch. Zu betonen ist zunächst, daß die Zahl der Direktorenratsmandate, die von einer Person ausgeübt werden dürfen, nicht unmittelbar gesetzlich beschränkt ist.[1451] Für Richter, Staatsanwälte und andere Angehörige des öffentlichen

---

[1446] Arg. e Artt. 64 Ziff. 2 AktG, 32 Ziff. 2 Abs. 5 S. 1 GmbHG. Danach können die Anteilseigner Direktorenratsmitgliedern entsprechende Ansprüche *für die Dauer der Erfüllung ihrer Pflichten* gewähren. Somit entfallen diese Ansprüche mit dem Verlust der Organstellung. Eine freiwillige Fortzahlung durch die Gesellschaft dürfte sogar rechtswidrig sein.

[1447] Soweit sich die Satzung hierzu nicht verhält, dürfte analog Art. 33 Ziff. 2 Abs. 1 Nr. 4) u. 5) GmbHG eine Vermutung für die jederzeitige vorzeitige Abberufbarkeit von GmbH-Aufsichtsräten bestehen. Angesichts des Grundsatzes der vorzeitigen Abberufbarkeit des Exekutivorgans und der Mitglieder der Revisionskommission ist m.E. ohnehin zweifelhaft, ob die Satzung in bezug auf den Direktorenrat etwas anderes bestimmen kann.

[1448] *Brunner* hält das Fehlen einer Mitbestimmung der Arbeitnehmer auf Unternehmens-ebene jedenfalls außerhalb von Ostmitteleuropa zu Recht für sachgerecht, weil die psychologisch-mentalen Voraussetzungen für eine verantwortungsbewußte Mitbestimmung nicht gegeben seien; Brunner, Die Entstehung eines neuen Gesellschaftsrechts in Osteuropa, in: FS Włodyka, S. 44 (64); i.E. ebenso Tichomirov, OOO: Organy i struktura upravlenija, S. 106.

[1449] Vgl. Art. 66 Ziff. 2 Abs. 1 AktG. Vormals wurde die Fremdorganschaft zum Teil für unzulässig gehalten; so etwa Tichomirov (Zalesskij), Kommentarij k zakonu ob AO, Art. 66 Rn. 1. Streitig war, ob juristische Personen als taugliche Direktorenratsmitglieder zu qualifizieren waren; bejahend etwa Glušeckij, Organy upravlenija AO, ĖiŽ 1996, Nr. 9, S. 38 (39); ders., Vydviženie kandidatov v sovet direktorov AO, Pravo i Ėkonomika 1997, Nr. 13-14, S. 9 (10); verneinend Kondratov, Primenenie zakona ob AO, ChiP 1998, Nr. 10, S. 88 (89 f.).

[1450] Wie hier Tichomirov, OOO: Organy i struktura upravlenija, S. 157; Zalesskij (Gajdenko), Kommentarij k zakonu ob OOO, Art. 32 Rn. 4.

[1451] Allerdings lösen Doppelmandate Notifizierungspflichten gegenüber dem GKAP nach Art. 18 Ziff. 5 Abs. 2 WbG aus: Sobald eine natürliche Person den Aufsichtsräten von mindestens zwei Wirtschaftssubjekten angehört, deren Gesamtbilanzsumme der Aktiva 50.000 MROT übersteigt oder die bestimmte andere Kriterien erfüllen, ist dies dem GKAP innerhalb von fünfzehn Tagen nach der Organbestellung anzuzeigen (vgl. dazu Dillenz, Das russische Wettbewerbsrecht, S. 103 f.).

Dienstes bestehen verschiedene Unvereinbarkeitsbestimmungen.[1452] In der Vereinbarkeit der Stellung als Einzelexekutivorgan bzw. der Mitgliedschaft im Kollegialexekutivorgan mit einem Direktorenratsmandat kommt zum Ausdruck, daß Macht und Kontrolle in der Organisationsverfassung russischer Kapitalgesellschaften generell nicht strikt getrennt sind. Die Abgrenzung beschränkt sich darauf, daß eine Personalunion zwischen Einzelexekutivorgan und Direktorenratsvorsitzendem unzulässig ist und der Direktorenrat höchstens zu einem Viertel mit Mitgliedern des Kollegialexekutivorgans besetzt werden darf.[1453] Im GmbH-Recht können andere persönliche Voraussetzungen positiver oder negativer Art durch die Satzung aufgestellt werden, z.B. Gesellschaftereigenschaft, Familienzugehörigkeit, bestimmte Fachkenntnisse. Im Aktienrecht ist die Zulässigkeit einer statutarischen Definition des Anforderungsprofils aufgrund der Neufassung des Art. 66 Ziff. 2 AktG zum 01.01.2002 zweifelhaft geworden.[1454]

Die innere Verfassung des GmbH-Direktorenrates ist nicht gesetzlich geregelt. Die Festlegung einer Geschäftsordnung ist ausschließlich Sache der Gesellschafterversammlung.[1455] Im Recht der gAG ist ein gewisser Rahmen durch Artt. 67 f. AktG vorgegeben, der insbesondere hinsichtlich der Beschlußfähigkeit ein Präsenzquorum der Hälfte aller Direktorenratsmitglieder festlegt und bestimmt, daß Beschlüsse

Die Anzeigepflicht greift ebenfalls bei jedem weiteren Mandat ein und erfaßt nach ihrem eindeutigen Wortlaut auch die Personalunion in Aufsichtsräten und geschäftsführenden Exekutivorganen (a.A. *Dillenz* [aaO., S. 104], der ohne weitere Begründung das gleichzeitige Halten eines Sitzes im Direktorenrat und im Exekutivorgan zweier verschiedener juristischer Personen von der Anzeigepflicht freistellen will). Trotz der Ausgestaltung als Anzeigeverfahren ist die Doppelmandatierung genehmigungsbedürftig; vgl. Art. 18 Ziff. 5 Abs. 3 i.V.m. Art. 18 Ziff. 3 WbG. Unklar bleibt, unter welchen kartellrechtlichen Kriterien das GKAP Doppelmandate untersagen kann. M.E. ist insoweit Art. 17 Ziff. 3 WbG anzuwenden, d.h. das GKAP kann die Genehmigung versagen, soweit die Personalunion zur Entstehung oder Verstärkung einer beherrschenden Stellung der beteiligten juristischen Personen und/oder zu einer Wettbewerbsbeschränkung führen kann.

1452 Vgl. dazu die Übersichten bei Dillenz, Das russische Wettbewerbsrecht, S. 111 f.; Glušeckij, Vydviženie kandidatov v sovet direktorov AO, Pravo i Ékonomika 1997, Nr. 13-14, S. 9 f.

1453 Vgl. Artt. 69 Ziff. 2 Abs. 2 AktG, 32 Ziff. 2 Abs. 4 GmbHG. Gem. Art. 66 Ziff. 2 Abs. 1 S. 1 AktG a.F. galten bis zum 01.01.2002 insoweit geringere Inkompatibilitätsvorschriften, als der Direktorenrat zulässigerweise zur Hälfte mit Mitgliedern des Kollegialexekutivorgans besetzt werden konnte.

1454 Art. 66 Ziff. 2 Abs. 2 AktG a.F. sah ausdrücklich die Möglichkeit vor, persönliche Voraussetzungen in der Satzung festzulegen. Diese Norm wurde mit der Novellierung des AktG gestrichen. Nach dem Gesetzeswortlaut ist nunmehr zumindest die Möglichkeit der Fremdorganschaft imperativ formuliert mit der Folge, daß Direktorenratsmandate jedenfalls nicht mehr durch die Satzung wirksam den Aktionären vorbehalten werden können.

1455 Vgl. Art. 33 Ziff. 2 Nr. 8) GmbHG. Gleiches gilt im Recht der gAG; vgl. Artt. 48 Ziff. 1 Nr. 19, 65 Ziff. 1 Abs. 2 Nr. 13) AktG.

mit der Mehrheit der Stimmen der anwesenden Direktorenratsmitglieder zustande kommen, soweit Gesetz oder Satzung keine höhere Mehrheit vorsehen. Rechtsformidentisch ist es Direktorenratsmitgliedern verboten, ihre Stimme anderen Personen zu übertragen.[1456] Dies impliziert nach h.M. ein Verbot der Stimmrechtsausübung durch Vertreter.[1457] Nach hier vertretener Auffassung dürfte dieses Verbot jedoch jedenfalls einer gleichzeitigen Bestellung von Ersatzmitgliedern[1458] nicht entgegenstehen, welche als Mitglieder des Direktorenrates nachrücken, wenn ein Direktorenratsmitglied vor Ablauf seiner Amtszeit wegfällt.[1459]

D. Die Stellung des Exekutivorgans

I. Allgemeines

Die innere Struktur des Einzelexekutivorgans ist weitgehend rechtsformidentisch. Die Bestellung eines Einzelexekutivorgans, das wahlweise als Generaldirektor, Präsident o.ä. tituliert werden kann, ist zwingend.[1460] Alternativ kann neben dem Einzelein Kollegialexekutivorgan gebildet werden, welches als Vorstand oder Direktion bezeichnet werden kann und in dem das Einzelexekutivorgan den Vorsitz führt.[1461]

[1456] Vgl. Artt. 68 Ziff. 3 Abs. 2 AktG, 32 Ziff. 5 GmbHG.

[1457] Vgl. Glušeckij, Organy upravlenija akcionernym obščestvom, Praktikum akcionirovanija 1997, Vypusk 5, S. 83 f.; Mitteilung in ĖiŽ 1996, Nr. 37, S. 42.

[1458] Zur Regelung im deutschen Recht s. § 101 Abs. 3 S. 2-4 AktG-D.

[1459] Im Recht der gAG ergeben sich gewisse Restzweifel an der Zulässigkeit aus Art. 68 Ziff. 2 S. 2 AktG. Danach ist der Direktorenrat verpflichtet, eine außerordentliche Aktionärsversammlung einzuberufen, soweit seine Mitgliederzahl unter die Hälfte der satzungsmäßigen Mitgliederzahl absinkt, wodurch seine Beschlußfähigkeit entfällt. Sollte die Rechtsprechung in Zukunft diese Norm als abschließende Regelung werten, wäre eine gleichzeitge Wahl von Direktorenratsmitgliedern und Ersatzmitgliedern unzulässig. Derzeit ist für eine solche Entwicklung aber nichts ersichtlich.

[1460] Vgl. Artt. 32 Ziff. 4 S. 1 GmbHG, 69 Ziff. 1 Abs. 1 S. 1 AktG.

[1461] Das Gesetz behandelt diese Struktur nicht als einheitliches Organ, sondern als zwei Exekutivorgane; vgl. 32 Artt. Ziff. 4 S. 2 GmbHG, 69 Ziff. 1 Abs. 1 S. 2 AktG. Soweit sich bei *Suchanov* (Aktuelle Probleme des russischen GmbH-Rechts, JBfOR 2000, Bd. 2, S. 283 [290]) der Hinweis findet, ein Einzelgeschäftsführer könne nicht gleichzeitig Vorsitzender der kollegialen Geschäftsführung sein, dürfte es sich um einen Übersetzungsfehler handeln. Inkompatibel sind allein die Ämter des Einzelexekutivorgans und des Direktorenratsvorsitzenden. Den Vorsitz im Kollegialexekutivorgan hat zwingend das Einzelexekutivorgan inne; letzteres ist daher nach russischer Diktion „Vorstandsvorsitzender".

Die singuläre Bildung eines Kollegialexekutivorgans ist unzulässig.[1462] Die quantitative Besetzung[1463] des Kollegialexekutivorgans ist ebenso wie die Bestimmung seines Aufgabenbereichs der Satzungsautonomie zugewiesen. Fremdorganschaft ist zulässig.[1464]

Die gesetzliche Ausgestaltung der Fremdorganschaft hinsichtlich des Einzelexekutivorgans ist in beiden Rechtsformen ein Schwachpunkt. Als Einzelexekutivorgan kann grundsätzlich nur eine nicht als Einzelunternehmer registrierte natürliche Person bestellt werden, die nicht Anteilseigner zu sein braucht.[1465] Fremdorganschaft ist somit zulässig. Allerdings können die Funktionen des Exekutivorgans auch einem Einzelunternehmer[1466] oder einer Wirtschaftsorganisation übertragen werden,[1467] deren Organqualität i.S.d. Art. 53 ZGB aber unter mehreren Aspekten Zweifeln begegnet. Zum einen führen diese nicht die gesetzlich zulässigen Bezeichnungen des Einzelexekutivorgans, sondern werden als „Geschäftsführer" bzw. „geschäftsführende Organisation" tituliert,[1468] zum anderen überträgt die Gesellschaft insoweit durch Vertrag die Befugnisse „ihres" Einzelexekutivorgans.[1469] Dieser Wortlaut intendiert, daß es sich nicht um einen körperschaftlichen Bestellungsakt, sondern um die bloße Begründung eines Vertragsverhältnisses handelt. Allein letz-

[1462] Vor Inkrafttreten der kapitalgesellschaftsrechtlichen Einzelgesetze ließ der Wortlaut der Artt. 91 Ziff. 1 Abs. 2 S. 1, 103 Ziff. 3 Abs. 1 S. 1 ZGB den Verzicht auf ein Einzelexekutivorgan noch zu. Die Zulässigkeit der Konkretisierung und Modifikation der Organstruktur durch den Gesetzgeber des AktG und des GmbHG wird jedoch weder in der Rechtsprechung noch in der Literatur in Frage gestellt; vgl. Golubov, Sootnošenie položenij GK i Zakona ob AO, GS Chochlov, S. 167 (174); Stepanov, Kompanija, upravljajuščaja chozjajstvennym obščestvom, ChiP 2000, Nr. 10 S. 60 (61) m.w.N.

[1463] Mitglieder können nur natürliche Personen sein. Für die GmbH ergibt sich dies unmittelbar aus Art. 41 Ziff. 1 Abs. 2 GmbHG. Trotz fehlender ausdrücklicher Regelung sollte im Aktienrecht nichts anderes gelten, denn zwischen den Mitgliedern des Kollegialexekutivorgans und der Gesellschaft besteht ein Arbeitsverhältnis; vgl. Art. 69 Ziff. 3 Abs. 3 AktG.

[1464] Im GmbH-Recht folgt dies unmittelbar aus Art. 41 Ziff. 1 Abs. 2 GmbHG; unzutreffend *Schmitt* (Unternehmens- und Gesellschaftsrecht der RF, S. 42), welcher meint, Mitglied könnten nur natürliche Personen sein, die nicht Gesellschafter der GmbH sind. Im Aktienrecht fehlt ein ausdrücklicher Hinweis auf die Zulässigkeit der Fremdorganschaft. Aufgrund der Orientierung des Gesetzes am Leitbild der Publikums-AG dürften jedoch keine Zweifel an der Zulässigkeit bestehen.

[1465] Vgl. Artt. 40 Ziff. 1 Abs. 1 S. 2 u. Ziff. 2; arg. e Art. 69 Ziff. 1 Abs. 3 AktG.

[1466] Dazu eingehend Stampe, Der Funktionsbereich der russischen Wirtschaftsgerichtsbarkeit, S. 68 ff.

[1467] Vgl. Artt. 40 Ziff. 2, 42 GmbHG; Art. 103 Ziff. 3 Abs. 3 ZGB i.V.m. Art. 69 Ziff. 1 Abs. 3 AktG.

[1468] Russ.: „Upravljajuščij" bzw. „upravljajuščaja organizacija".

[1469] So ausdrücklich Art. 42 Abs. 1 GmbHG.

teres dürfte jedoch nicht für die wirksame Begründung der Organstellung ausreichen, da Organe der juristischen Person gem. Art. 53 Ziff. 1 Abs. 2 ZGB zu „ernennen" oder zu „wählen" sind. Andererseits differenziert das Gesetz in bezug auf Sorgfaltspflichten, Haftungsmaßstab und Beschlußanfechtung[1470] nicht zwischen Mitgliedern des Exekutivorgans, des Direktorenrates und externen Geschäftsführern.[1471]

Mit *Behrens*[1472] besteht ferner Klärungsbedarf in der Frage, ob ein externer Geschäftsführer neben oder nur anstelle des Einzelexekutivorgans bestellt werden kann und ob er, soweit eine parallele Bestellung zulässig sein sollte, vertretungsberechtigt ist. Für die Zulässigkeit paralleler Bestellung streitet nunmehr Art. 69 Ziff. 1 Abs. 3 S. 2 AktG, wonach die Aktionärsversammlung über den Funktionstransfer auf einen externen Geschäftsführer nur auf Vorschlag des Direktorenrates entscheiden kann. Dies setzt das vorherige Enstehen der juristischen Person voraus, die bei Registrierung notwendig über ein Einzelexekutivorgan verfügen muß. Allerdings geht das Gesetz von einem zwingend vollständigen Funktionstransfer[1473] sowie davon aus, daß die Gesellschaft durch Handlungen eines externen Geschäftsführers berechtigt und verpflichtet wird.[1474] Dessen Vertretungsmacht ist nach hier vertretener Auffassung keine organschaftliche, sondern eine vertragliche. Insbesondere ist sie nicht von der Vertretungsmacht des Einzelexekutivorgans ableitbar, denn das Gesetz enthält keinen Hinweis darauf, das Einzelexekutivorgan sei abzuberufen,

---

[1470] Die Anfechtbarkeit von Beschlüssen externer GmbH-Geschäftsführer richtet sich nach Art. 43 GmbHG, welcher unter der amtlichen Überschrift „Gerichtliche Anfechtung von Beschlüssen der Leitungsorgane der Gesellschaft" steht.

[1471] Der Wille des Gesetzgebers, externe Geschäftsführer bzw. Verwaltungsgesell-schaften mit dem Einzelexekutivorgan gleichzusetzen, ergibt sich auch arg. e Art. 81 Ziff. 1 Abs. 1 AktG. Ob der Gesetzgeber mit diesem Institut lediglich einen Unterfall der Fremdorganschaft näher ausgestalten wollte und externe Geschäftsführung und Einzelexekutivorgan als identisch ansieht, wird zukünftig durch Rechtsprechung und Wissenschaft zu klären sein und bleibt abzuwarten.

[1472] *Behrens* warf das Problem bereits am 09.10.1998 auf einer Tagung der Vereinigung für deutsch-russisches Wirtschaftsrecht e.V. in Hamburg auf; vgl. den Tagungsbericht bei Kruse, Neues russisches GmbH-Recht sowie die Modellgesetzgebung für die GUS-Staaten (Gesellschaftsrecht), WGO-MfOR 1998, Nr. 5, S. 362 (365 f.).

[1473] A. A. Stepanov (Kompanija, upravljajuščaja chozjajstvennym obščestvom, ChiP 2000, Nr. 10, S. 60 [68]), welcher die Befugnisse des externen Geschäftsführers bzw. der Verwaltungsgesellschaft für vertraglich beschränkbar hält. Diese Auffassung findet im Gesetz keine Stütze.

[1474] Andernfalls ergäbe die Normierung von Anfechtungsgründen, die die Anteilseigner zur Erhebung von Anfechtungsklagen gegen Beschlüsse externer Geschäftsführer berechtigen, in Art. 43 Ziff. 3 GmbHG keinen Sinn.

sobald der Vertragsschluß mit dem externen Geschäftsführer erfolgt ist. Allein in dem Vertragsschluß mit dem externen Geschäftsführer liegt aber kein actus contrarius, der geeignet wäre, den körperschaftlichen Bestellungsakt in bezug auf das Einzelexekutivorgan zu Fall zu bringen.[1475]

Während die externe Geschäftsführung in der gAG ohne weiteres zulässig ist, setzt sie im GmbH-Recht eine Grundlage in der Satzung voraus.[1476] Dieser Unterschied dürfte darauf beruhen, daß im Gegensatz zum Aktienrecht das Institut der externen Geschäftsführung im GmbH-Recht keine Stütze in den Ausgangsbestimmungen des ZGB findet und die Zulässigkeit seiner Einführung[1477] somit ohnehin zweifelhaft ist.[1478]

Rechtsformidentisch ist die Rechenschaftspflicht des Exekutivorgans gegenüber der Aktionärs- bzw. Gesellschafterversammlung und dem Direktorenrat.[1479]

II. Organstellung und Anstellungsverhältnis

Neben der Organstellung des Einzelexekutivorgans, das auf seiner körperschaftlichen Bestellung durch Wahl beruht, besteht zwischen der Gesellschaft und dem Einzelexekutivorgan unabhängig davon, ob es sich um einen Eigen- oder Fremdgeneraldirektor handelt, zwingend ein begleitendes Rechtsverhältnis in Gestalt des Anstellungsvertrages.[1480] Auffallend ist, daß sich das Verhältnis zwischen der gAG

[1475] Vom hier vertretenen Standpunkt aus ist zumindest das GmbH-Recht auch insoweit inkonsistent, als gem. Art. 40 Ziff. 3 Nr. 2) GmbHG nur das Einzelexekutivorgan, nicht aber die Gesellschafterversammlung berufen ist, Handlungsvollmachten für die Gesellschaft zu erteilen.

[1476] Vgl. Art. 42 Abs. 1 GmbHG.

[1477] Diese führen *Zinčenko et al.* (Spornye voprosy organov OOO, ChiP 1999, Nr. 7, S. 42) auf ein Bestreben des Gesetzgebers zurück, die Organstruktur aller Wirtschaftsgesellschaften zu vereinheitlichen.

[1478] Entgegen *Zinčenko et al.* hält *Stepanov* (Kompanija, upravljajuščaja chozjajstven-nym obščestvom, ChiP 2000, Nr. 10, S. 60 f.) das GmbH-rechtliche Institut für problemlos mit dem ZGB vereinbar. *Stepanov* begründet dies mit dem Fehlen eines entsprechenden Verbotes in den GmbH-rechtlichen Ausgangsbestimmungen des ZGB. Damit rückt er vom herrschenden positivistischen Rechtsverständnis ab, was nicht der h.M. entspricht.

[1479] Vgl. Art. 91 Ziff. 1 Abs. 2 S. 1 ZGB i.V.m. Art. 32 Ziff. 4 S. 2 GmbHG, Art. 103 Ziff. 3 Abs. 1 S. 2 ZGB i.V.m.Art. 69 Ziff. 1 Abs. 1 S. 2 AktG.

[1480] Vgl. Artt. 40 Ziff. 1 Abs. 2, Ziff. 4 GmbHG; 69 Ziff. 3 Abs. 2 AktG. Seitens der GmbH ist der Anstellungsvertrag von dem Vorsitzenden derjenigen Gesellschafter-versammlung, die das Einzelexekutivorgan bestellt hat, oder durch einen von der Gesellschafterversammlung hierzu bevollmächtigten Gesellschafter zu unterzeichnen. Die gAG wird insoweit grundsätzlich durch den Direktorenratsvorsitzenden oder eine durch den Direktorenrat bevollmächtigte Person vertreten. In der

und ihrem Einzelexekutivorgan nach Gesetz und dem Anstellungsvertrag, nicht aber nach der Satzung richtet, während es im GmbH-Recht gerade in der Satzung geregelt werden kann.[1481] Ungeklärt ist bislang, ob die spezifischen organschaftlichen Rechte und Pflichten sowie die Vertretungsmacht allein durch den körperschaftlichen Bestellungsakt begründet werden[1482] oder ob die Organstellung erst mit Vertragsschluß wirksam wird.

Die normative Ausgangslage unterscheidet sich insofern, als gem. Art. 69 Ziff. 3 Abs. 3 AktG auf das Rechtsverhältnis zwischen gAG und Einzelexekutivorgan das Individualarbeitsrecht Anwendung findet, *soweit es nicht Bestimmungen des AktG widerspricht.*[1483] Im GmbH-Recht fehlt eine solche Bestimmung; insbesondere enthält es keinen entsprechenden Anwendungsbefehl. Vor diesem Hintergrund fragt sich zunächst, ob auch der GmbH-Generaldirektor als Arbeitnehmer der Gesellschaft zu qualifizieren ist. Ferner führt die Anwendbarkeit des Arbeitsrechts in beiden Rechtsformen zu dem Problem, wie sich die Abberufung des Einzelexekutivorgans rechtlich vollzieht.

1. Arbeitnehmereigenschaft von GmbH-Generaldirektoren

Grundsätzliche Zweifel an der Arbeitnehmereigenschaft der Handlungsorgane von Kapitalgesellschaften aufgrund im Regelfall fehlender sozialer Schutzbedürftigkeit sind in der russischen Fachliteratur erst in jüngster Zeit geäußert worden.[1484] Über-

---

direktorenratsfreien gAG ist eine Person statutarisch oder durch Beschluß der Aktionärsversammlung zu bestimmen.

[1481] Dies folgt aus einer Gegenüberstellung von Art. 69 Ziff. 3 Abs. 2 S. 1 AktG und Art. 40 Ziff. 4 GmbHG. Der Aufgabenbereich des Exekutivorgans ist allerdings in beiden Rechtsformen in der Satzung niederzulegen; vgl. Artt. 11 Ziff. 3 S. 1 AktG, 12 Ziff. 2 S. 1 GmbHG.

[1482] Dafür wohl Filippova, Osnovanija uvol'nenija rukovoditelja dolžny byt' ukazany v kontrakte, Ross. Justicija 2001, Nr. 1, S. 28.

[1483] Soweit die Funktionen des Einzelexekutivorgans einem externen Einzelgeschäfts-führer oder einer Verwaltungsgesellschaft übertragen werden, ist die Natur des - in diesem Fall unstreitig zivilrechtlichen - Vertragsverhältnisses streitig. Hierzu werden die unterschiedlichsten Lösungen wie Auftrag, Treuhand oder ein Vertrag sui generis diskutiert; vgl. Stepanov, Kompanija, upravljajuščaja chozjajstvennym obščestvom, ChiP 2000, Nr. 10, S. 60 (65 ff.) m.w.N.

[1484] So fordern *Zinčenko et al.* (Spornye voprosy statusa organov OOO, ChiP 1999, Nr. 7, S. 42 [47]), dem Einzelexekutivorgan den Einzelunternehmerstatus zuzuerkennen. De lege lata dürfte sich dies nach hier vertretner Auffassung jedoch kaum durchsetzen, da die Zuerkennung des Einzelunternehmerstatus die gesetzliche Differenzierung zwischen Einzelexekutivorgan und externem Geschäftsführer negieren würde.

wiegend wird bislang von der Anwendbarkeit des Arbeitsrechts als selbstverständlich ausgegangen und die o.g. aktienrechtliche Norm nicht als konstitutiver Anwendungsbefehl, sondern als Einschränkung des Anwendungsbereiches des Individualarbeitsrechts interpretiert. Es verwundert daher nicht, daß die Arbeitnehmereigenschaft des GmbH-Generaldirektors nahezu allgemeine Auffassung ist[1485] und auch von der Rechtsprechung regelmäßig bejaht wird.[1486] Der Anstellungsvertrag unterliegt den Vorschriften über Arbeitsverträge (sog. Kontrakte) i.S.d. Artt. 15 ff. ArbGB,[1487] was auch dann gilt, wenn eine Person bestellt wird, die nicht die russische Staatsangehörigkeit besitzt.[1488] Gem. Art. 17 Nr. 2) ArbGB kann der Anstellungsvertrag nicht für eine Dauer von mehr als fünf Jahren eingegangen werden.

Aus dem Fehlen eines gesetzlichen Anwendungsvorrangs des GmbH-Rechts gegenüber dem Arbeitsrecht werden unterschiedliche Folgerungen gezogen. Während zum einen die Rechtsbeziehungen zwischen der Gesellschaft und ihrem Einzelexekutivorgan im GmbH- und Aktienrecht als identisch angesehen und eine analoge Anwendung der aktienrechtlichen Kollisionsnorm befürwortet wird,[1489] weisen *Zinčenko et al.* darauf hin, im - jüngeren - GmbHG komme eine Tendenz zur Rückkehr zur Idee des ausschließlich arbeitsrechtlichen Charakters der Rechtsbeziehun-

---

Im deutschen GmbH-Recht ist der Anstellungsvertrag nach nahezu allgemeiner Auffassung nicht Arbeitsvertrag; vgl. statt vieler Baumbach/Hueck (Zöllner), GmbHG-D, § 35 Rn. 97 ff.; Schmidt, Gesellschaftsrecht, § 36 II 4 b). Jedoch zieht das BAG in neuesten Entscheidungen die Möglichkeit einer Bejahung der Arbeitnehmereigenschaft in Ausnahmefällen in Betracht, soweit ein Fremdgeschäftsführer über die GmbH-rechtlichen Weisungsrechte hinaus so umfänglich und detailliert an Vorgaben der Gesellschafter gebunden wird, daß eine dem arbeitsrechtlichen Direktionsrecht vergleichbare Situation entsteht; vgl. dazu Freckmann, The Managing Director of a German GmbH, ICCLR 2000, Issue 12, S. 422 f. Zur steuer- und sozialrechtlichen Behandlung von Geschäftsführern der französischen SARL s. Maul, GF einer frz. SARL, RIW 2000, Nr. 5, S. 364 (368 f.).

[1485] Vgl. statt vieler Kopylov/Durnojan, Praktičeskij kommentarij k zakonu ob OOO, S. 48 f.; Tichomirov, OOO: Organy i struktura upravlenija, S. 166; Zinčenko et al., Spornye voprosy organov OOO, ChiP 1999, Nr. 7, S. 42 (45). Zu abweichenden Auffassungen s. Lušnikova, Priroda dogovorov, zaključaemych s rukovoditeljami chozjajstvennych obščestv, in: Krašeninnikov, Očerki po torgovomu pravu, Vypusk 5, S. 111 (115 f.) m.w.N.

[1486] So Avtajeva, Dogovor s rukovoditjeljem kommerčeskoj organizacii, Pravo i Ékonomika 1999, Nr. 8, S. 64 (65).

[1487] Arbeitsgesetzbuch der Russischen Föderation vom 09.12.1971, VVS RSFSR 1971, Nr. 50, Pos. 1007, i.d.F. v. 18.01.2001, SZ RF 2001, Nr. 4, Pos. 274 (fortan: ArbGB).

[1488] Vgl. Glazyrin, Trudovye dogovory (kontrakty) s inostrannymi graždanami, Pravo i Ékonomika 1998, Nr. 4, S. 61 (63 f.).

[1489] Vgl. Tichomirov, OOO i ZAO, GiP 1996, Nr. 7, S. 69 (71 f.).

gen zwischen der Gesellschaft und dem Einzelexekutivorgan zum Ausdruck, was sich inzwischen auch auf das Aktienrecht auswirke.[1490]

2. Vorzeitige Abberufung des Einzelexekutivorgans

In jüngster Zeit hat sich in praxi die vorzeitige Abberufung der Einzelexekutivorgane russischer Kapitalgesellschaften zu einem regelrecht chronischen Problem ausgewachsen, mit dem sich eine Reihe insbesondere ausländischer Investoren, die nach dem Erwerb von Mehrheitsbeteiligungen das Management auswechseln wollten, konfrontiert sah. Diese Schwierigkeiten wurzeln in dem weitgehend ungeklärten Spannungsverhältnis zwischen Arbeits- und Kapitalgesellschaftsrecht.

Die Situation im Individualarbeitsrecht stellt sich so dar, daß auf das Einzelexekutivorgan das allgemeine Kündigungsschutzrecht Anwendung findet. Der befristete Anstellungsvertrag kann seitens der Gesellschaft vorzeitig gekündigt werden, soweit dem Einzelexekutivorgan bestimmte Pflichtverletzungen zur Last fallen, die im ArbGB, insbesondere in Art. 254 S. 1 Nr. 1)-3) ArbGB,[1491] definiert sind. Darüber hinaus können gem. Art. 254 S. 1 Nr. 4) ArbGB im Anstellungsvertrag weitere Aufhebungsgründe vereinbart werden. Demgegenüber gestattet es das Kapitalgesellschaftsrecht den Anteilseignern, das Einzelexekutivorgan jederzeit vorzeitig abzuberufen: Die Gesellschafterversammlung kann mit einfacher Mehrheit aller Gesellschafterstimmen, soweit die Satzung keine größere Mehrheit vorsieht, die Befugnisse des Einzelexekutivorgans „vorzeitig beenden".[1492] Hiervon unterschied sich das bis zum 01.01.2002 geltende Aktienrecht insoweit, als die Aktionärsversammlung berechtigt war, mit einer einfachen Mehrheit des vertretenen Kapitals, soweit die Satzung keine größere Mehrheit vorsah, den *Vertrag* mit dem Exekutivorgan jeder-

---

[1490] Vgl. Zinčenko et al., Spornye vorposy statusa organov OOO, ChiP 1999, Nr. 7, S. 42 (45).

[1491] S. die Zusammenstellung der Beendigungsgründe eines Arbeitsvertrages bei Scharf, Das russische Arbeitsrecht im Überblick (Teil 2), WiRO 1995, Nr. 11, S. 407 ff.; ders., Das Arbeitsrecht der RF und der Republik Belarus, S. 99 ff.

[1492] Vgl. Artt. 33 Ziff. 2 Nr. 4), 37 Ziff. 8 Abs. 3 GmbHG. Das von *Menovščikov/Ėrijan* (Kak uvolit' neradivogo rukovoditelja, Ross. Justicija 1999, Nr. 12, S. 37) behauptete Erfordernis einer 2/3-Mehrheit trifft nicht zu.

zeit aufzulösen, soweit diese Kompetenz nicht statutarisch dem Aufsichtsrat zugewiesen war.[1493]

Vor diesem Hintergrund blieb die Bedeutung der Kollisionsnorm des Art. 69 Ziff. 3 Abs. 3 AktG streitig. Die liberalste Lösung boten *Zinčenko et al.* an, die meinten, der Anstellungsvertrag könne jederzeit ohne Begründung und insbesondere unabhängig davon, ob Auflösungsgründe nach ArbGB gegeben sind, gekündigt werden.[1494] Dem kamen Stimmen nahe, die den erklärten Abberufungswillen der Anteilseigner als gesetzlichen Bestandteil des Anstellungsvertrages qualifizierten, der nicht gesondert i.S.d. Art. 254 S. 1 Nr. 4) ArbGB vereinbart werden müsse.[1495] Dagegen wurde insbesondere von Arbeitsrechtlern vertreten, eine fristlose Kündigung des Anstellungsvertrages ohne wichtigen Grund sei rechtswidrig, weshalb sich die Vereinbarung konkreter Kündigungsgründe im Anstellungsvertrag über Art. 254 S. 1 Nr. 4) empfehle; der Abberufungsbeschluß der Anteilseigner als solcher stelle aber keinen Kündigungsgrund dar.[1496]

Mit Ausnahme *Filippovas* wiesen alle Auffassungen die auffällige Gemeinsamkeit auf, daß nicht zwischen dem Verlust der Organstellung und der Beendigung des Anstellungsverhältnisses unterschieden wurde.[1497] Ein Grund hierfür mag in der bis

---

[1493] Vgl. Artt. 69 Ziff. 4, 49 Ziff. 2 Abs. 1, 48 Ziff. 1 Nr. 8) AktG a.F. Allerdings wich hiervon bereits der Sprachgebrauch in dem letztgenannten Zuständigkeitstitel ab, der - wie das GmbH-Recht - zu einer „vorzeitigen Beendigung der Befugnisse“ ermächtigte.

[1494] Vgl. Zinčenko et al. Spornye voprosy statusa organov OOO, ChiP 1999, Nr. 7, S. 42 (45). Diese Auffassung wird von *Orlovskij* geteilt; zit. nach Lušnikova, Priroda dogovorov, zaključaemych s rukovoditeljami chozjajstvennych obščestv, in: Krašeninnikov, Očerki po torgovomu pravu, Vypusk 5, S. 111 (117) m.w.N.

[1495] Vgl. Filippova, Osnovanija uvol`nenija rukovoditelja dolžny byt` ukazany v kontrakte, Ross. Justicija 2001, Nr. 1, S. 28; Glušeckij, Ich v dver` - oni v okno, ÉiŽ 1998, Nr. 33, S. 29.

[1496] Vgl. Glazyrin, Osobennosti regulirovanija truda v AO, Zakonodatel`stvo i Ékonomika 1997, Nr. 3-4, S. 8 (12); Lušnikova, Priroda dogovorov, zaključaemych s rukovoditel-jami chozjajstvennych obščestv, in: Krašeninnikov, Očerki po torgovomu pravu, Vypusk 5, S. 111 (117 ff.). *Zinčenko et al.* (Spornye voprosy statusa organov OOO, ChiP 1999, Nr. 7, S. 42 [45]) sehen in diesem Ansatz einen Verstoß gegen Art. 5 Abs. 1 ArbGB, wonach arbeitsvertragliche Bedingungen, durch die Arbeitnehmer im Vergleich zum Arbeitsgesetz schlechter gestellt werden, ungültig sind.

[1497] Es paßt in dieses Bild, daß vereinzelt davon ausgegangen wird, die Wirksamkeit der Organstellung werde sogar in bezug auf Direktorenratsmitglieder, die nicht zwingend in einem begleitenden Rechtsverhältnis zur Gesellschafts stehen, erst durch den Vertragsschluß begründet, da der körperschaftliche Bestellungsakt hierfür „nicht ausreichend“ sei; so etwa Lušnikova, Priroda dogovorov, zaključaemych s rukovoditeljami chozjajstvennych obščestv, in: Krašeninnikov, Očerki po torgovomu pravu, Vypusk 5, S. 111 (112). *Kondratov* (Primenenie zakona ob AO, ChiP 1998, Nr. 10, S. 88 [91]) hält die Trennung der zwischen der Gesellschaft und dem Einzelexekutivorgan bestehenden Rechtsbeziehungen in zivilrechtliche und arbeitsrechtliche für „künstlich“.

zum 01.01.2002 geltenden jederzeitigen Kündigungsmöglichkeit des Anstellungsvertrages des gAG-Exekutivorgans als solchem gelegen haben, die den Blick dafür getrübt haben könnte, daß es grundsätzlich keine Regel gibt, wonach der Anstellungsvertrag automatisch mit dem Amt des Einzelexekutivorgans endet. Mit der überwiegenden Literaturauffassung sieht auch das Oberste Gericht in der arbeitsrechtlichen Wirksamkeit der Kündigung des Anstellungsvertrages eine Bedingung für den Verlust der Organstellung, wobei die Kündigungsmöglichkeit das Vorliegen eines im Vertrag genannten Kündigungsgrundes voraussetze.[1498] Danach wäre die Abberufung des Einzelexekutivorgans nur möglich, soweit diesem eine Pflichtverletzung zur Last fällt, die die Gesellschaft berechtigt, eine fristlose Kündigung auszusprechen. Soweit solche Gründe nicht vorlagen oder nicht durch die Gesellschaft nachgewiesen werden konnten, haben insbesondere höhere Instanzen abberufene Generaldirektoren, die auf Wiederherstellung des vorherigen Zustandes klagten, wieder in das Amt eingesetzt.[1499]

Diese Rechtsprechung wird scharf kritisiert[1500] und steht auch in Kontrast zur Spruchpraxis einiger erst- und zweitinstanzlicher Gerichte. So differenziert etwa das Gerichtskollegium in Zivilsachen des Moskauer Stadtgerichts in einem Beschluß vom 22.07.1997 strikt zwischen dem Anstellungsverhältnis, das ausschließlich bei Vorliegen von Auflösungs- bzw. Kündigungsgründen i.S.d. Arbeitsrechts beendet werden kann, und der Organstellung, die auf Beschluß der Anteilseigner jederzeit ohne Angabe von Gründen aufhebbar ist.[1501]

Mit der Novellierung des AktG zum 01.01.2002 hat der Reformgesetzgeber nunmehr ein deutliches Signal für die Richtigkeit letzterer Auffassung gesetzt. De lege lata steht der gAG kein spezifisch gesellschaftsrechtliches Instrument mehr zu Verfügung, den Anstellungsvertrag vorzeitig zu kündigen. Dies folgt aus der Anpassung

---

[1498] Vgl. Beschluß des OG Nr. 18V-96-47, BVS RF 1997, Nr. 4, S. 20 f. Auf diesen Grundsätzen basiert auch eine Entscheidung des Präsidiums des Moskauer Stadtgerichts v. 09.10.1997; vgl. Mironov, Uvol'nenie rukovoditelja AO, GiP 1999, Nr. 3, S. 91 (94).

[1499] Als Beispiel sei hier der Instanzenzug in Sachen Lapšin ./. ZAO Kosmos-TV angeführt; vgl. dazu Šarapova, KZoT protiv Zakona ob AO, Ėkspert 1998, Nr. 6, S. 32 ff. Allgemein zur Spruchpraxis s. die Kritik bei Glušeckij, Ich v dver' - oni v okno, ĖiŽ 1998, Nr. 33, S. 29.

[1500] So sieht etwa *Eliseev* (Dolgie provody - lišnie slězy, ĖiŽ 1998, Nr. 21, S. 27) ihren Grund in einem „juristischen Mißverständnis".

[1501] Vgl. Mironov, Uvol'nenie rukovoditelja AO, GiP 1999, Nr. 3, S. 91 (93) m.w.N.

des Sprachgebrauchs in Art. 69 Ziff. 4 Abs. 1 u. 2 AktG n.F. an das GmbHG, wonach Aktionärsversammlung bzw. Direktorenrat jederzeit zur Beendigung der Befugnisse des Einzelexekutivorgans berechtigt sind. Damit sollte nach hier vertetener Auffassung die Erwartung verbunden werden können, daß sich in Rechtsprechung und Literatur die Erkenntnis durchsetzen wird, daß die vorzeitige Abberufung des Einzelexekutivorgans als actus contrarius zum körperschaftlichen Bestellungsakt zwar die Organstellung in Fortfall bringt, aber keine Auswirkungen auf den Fortbestand des Anstellungsverhältnisses hat, soweit für dessen fristlose Kündigung kein Aufhebungsgrund i.S.d. Arbeitsrechts besteht und die Kündigung nicht erklärt wird. Ein Widerspruch zwischen Gesellschafts- und Arbeitsrecht besteht nicht. Einem abberufenen, aber ungekündigten oder nicht wirksam gekündigten Generaldirektor stehen die Vergütungsansprüche bis zum Ende der Vertragslaufzeit bzw. bis zu einem früheren Zeitpunkt zu, zu dem das Anstellungsverhältnis erstmals wirksam gekündigt werden kann. Entgegen der bisherigen Rechtsprechung des Obersten Gerichts kommt eine Wiedereinsetzung in das Amt nicht in Betracht, denn die Entscheidung über Begründung und Beendigung der Organstellung obliegt allein den Anteilseignern. Dieses Ergebnis ist sachgerecht, weil sich ein Interesse, das Einzelexekutivorgan auszuwechseln, aus verschiedensten Gründen - etwa einem Eigentümerwechsel - ergeben kann, die nicht in Pflichtverletzungen des Organwalters bestehen müssen.[1502]

Im Recht der gAG besteht de lege lata ferner die Möglichkeit, den Direktorenrat, soweit er nicht zur Bestellung und damit auch nicht zur Abberufung des Einzelexekutivorgans ermächtigt ist, in der Satzung zu ermächtigen, dessen Befugnisse auszusetzen und ein Interimsorgan einzusetzen. Der Direktorenrat ist verpflichtet, zeitgleich mit dem Aussetzungsbeschluß eine außerordentliche Aktionärsversammlung einzuberufen, die die Suspendierung des Einzelexekutivorgans aufhebt oder eine andere Person bestellt.[1503]

[1502] Zu den gleichlaufenden Wertungen im deutschen GmbH-Recht vgl. Baumbach/ Hueck (Zöllner), GmbHG-D, § 35 Rn. 131b. Vorstandsmitglieder deutscher AG können gem. § 84 Abs. 3 AktG-D nur bei Vorliegen eines wichtigen Grundes abberufen werden, der nicht in jedem Fall ein wichtiger Grund i.S.d. § 626 BGB ist; dazu Schmidt, Gesellschaftsrecht, § 28 II 2 e).

[1503] Vgl. Art. 69 Ziff. 4 Abs. 3 u. 4 AktG. Der Kompetenzbereich des Interimsorgans kann in der Satzung eingeschränkt werden, Art. 69 Ziff. 4 Abs. 6 AktG.

III. Kompetenzen

1. Organschaftliche Vertretungsmacht

Unentziehbarer Kernkompetenzbereich des Einzelexekutivorgans ist die Vertretung der Gesellschaft im Rechtsverkehr, d.h. die Abgabe von Willenserklärungen für die Gesellschaft nach außen (Aktivvertretung) und die Entgegennahme von an die Gesellschaft gerichteten empfangsbedürftigen Willenserklärungen Dritter (Passivvertretung).[1504] Hieraus folgt, daß anderen Organen keine organschaftliche Vertretungsmacht zukommt, weshalb das Einzelexekutivorgan alleinvertretungsberechtigt ist und eine statutarisch begründete Gesamtvertretung mit Mitgliedern des Kollegialexekutivorgans unzulässig ist.[1505] Ebenso verbietet sich eine Bestellung mehrerer Einzelexekutivorgane.

Das russische Kapitalgesellschaftsrecht kennt keinen Grundsatz der unbeschränkten und unbeschränkbaren Vertretungsmacht und bleibt in diesem Punkt hinter dem im EU-Gesellschaftsrecht erreichten acquis communautaire zurück.[1506] Der Gesetzgeber geht in Art. 174 ZGB davon aus, daß die Vertretungsmacht durch interne Regelungen auch mit Wirkung für das Außenverhältnis beschränkbar ist.[1507] Danach können unter Überschreitung der intern satzungsmäßig[1508] beschränkten Vertre-

---

[1504] Vgl. Artt. 40 Ziff. 3 Nr. 1) GmbHG, 69 Ziff. 2 Abs. 3 AktG.

[1505] Unzutreffend ist daher die Auffassung *Lomakins* (AO: voprosy predstavlenija interesov, Pravo i Ėkonomika 1997, Nr. 1, S. 3), die notwendige Kompetenzaufteilung zwischen Einzel- und Kollegialexekutivorgan beziehe sich auch auf die organschaftliche Vertretungsmacht. Wie hier Black/Kraakman/Tarassova, Russian Law on Joint Stock Companies, S. 396 f.; Schmitt/Gravenhorst, Mehr Rechtssicherheit mit neuem GmbH-Gesetz, Ost-West-Contact 1998, Nr. 4, S. 64 (65). Die Richtigkeit der hier vertretenen Auffassung ergibt sich nunmehr auch aus Art. 70 Ziff. 2 Abs. 3 AktG, wonach das Einzelexekutivorgan dasjenige Organ ist, das *sämtliche* Dokumente im Namen der Gesellschaft unterzeichnet.

[1506] Gem. Art. 9 Abs. 2 PublizitätsRL können satzungsmäßige oder auf Gesellschafterbeschluß beruhende Beschränkungen der Befugnisse der Gesellschaftsorgane Dritten nie entgegengesetzt werden, was selbst dann gilt, wenn die Beschränkungen bekannt gemacht worden sind. Zur EU-weiten Aufgabe der ultra-vires-Lehre und zulässigen Ausnahmen bei evidenter Überschreitung des Unternehmensgegenstandes s.o. Fn. 758.

[1507] Unzutreffend daher *Schwarz* (Investieren in Rußland, S. 70), der meint, wie im deutschen GmbH- und Aktienrecht könne das Exekutivorgan formal nur in seiner Geschäftsführungsbefugnis (also im Innenverhältnis) beschränkt werden.

[1508] Mit dem Einzelexekutivorgan im Anstellungsvertrag vereinbarte Beschränkungen kann die Gesellschaft dem Kontrahenten dagegen nicht entgegen halten, der Anwendungsbereich des Art. 174 ZGB ist insoweit nicht eröffnet; vgl. Ziff. 6 Abs. 2 der Leitentscheidung des Plenums des OWG v. 14.05.1998 Nr. 9 „Zu einigen Fragen der Anwendung des Art. 174 ZGB bei der Ausübung von

tungsmacht vorgenommene Rechtsgeschäfte durch die Gesellschaft[1509] angefochten werden, soweit sie beweist, daß der Kontrahent von der Beschränkung wußte oder offenkundig hätte wissen müssen.[1510] Vor diesem Hintergrund hätte man erwarten können, dass die Rechtsprechung das in der gesetzlichen Regelung angelegte Defizit an Verkehrsschutz durch Auferlegung entsprechender Bekanntmachungs- oder Mitteilungspflichten kompensiert. Diese Erwartung erfüllte sich jedoch zunächst nicht. Vielmehr verschlechterte die Rechtsprechung die Situation des Kontrahenten noch weiter, indem keine Vermutung für dessen Gutgläubigkeit aufgestellt, sondern dem Kontrahenten eine Erkundigungspflicht hinsichtlich etwaiger satzungsmäßiger Beschränkungen im Rahmen der Vertragsverhandlungen auferlegt wurde.[1511] Hatte der Kontrahent sich nicht auf eigenes Betreiben Einblick in die Satzung verschafft, wurde seine Bösgläubigkeit vermutet und der Anfechtungsklage der Gesellschaft stattgegeben.

Dieser mit dem Gesetzeswortlaut unvereinbaren und für die Sicherheit des Rechtsverkehrs kontraproduktiven Spruchpraxis bereitete das OWG erst 1998 ein Ende. Nunmehr trifft die Beweislast für die Bösgläubigkeit des Kontrahenten den Anfechtungskläger, wobei das Gericht die Gesamtumstände des Falles, insbesondere die Vertragsverhandlungen, zu berücksichtigen hat und Verweise auf die Satzung als Handlungsgrundlage des Einzelexekutivorgans im Vertragstext keine Vermutungswirkungen begründen, sondern lediglich als Indiz Bedeutung erlangen können.[1512]

Befugnissen zum Abschluß von Rechtsgeschäften durch Organe juristischer Personen", ChiP 1998, Nr. 9, S. 84 (= VVAS 1998, Nr. 7, S. 18 f.).

[1509] Die Gesellschafter sind nur in gesetzlich ausdrücklich bestimmten Fällen klagebefugt; vgl. Ziff. 4 Abs. 2 S. 2 der Leitentscheidung des Plenums des OWG v. 14.05.1998 Nr. 9, ChiP 1998, Nr. 9, S. 84.

[1510] Bei erfolgreicher Anfechtung durch die Gesellschaft gilt das Geschäft nicht als mit dem Handlunsgorgan persönlich zustandegekommen. Art. 183 Ziff. 1 ZGB, der diese Rechtsfolge für den Vertreter ohne Vertretungsmacht anordnet, soweit der Vertretene das Geschäft nicht genehmigt, findet keine Anwendung; vgl. Präsidiumsbeschluß des OWG v. 09.02.1999 Nr. 6164/98, abgedruckt in: Dolženko/Reznikov/Chochlova, Sudebnaja praktika po graždanskim delam, S. 252 f. Die Organe juristischer Personen seien Teil derselben und daher nicht deren Vertreter, weshalb die Anwendung der Regeln über die rechtsgeschäftlich erteilte Vollmacht ausscheide.

[1511] Vgl. die Rechtsprechungsnachweise bei Lomakin, AO: voprosy predstavlenija interesov, Pravo i Ėkonomika 1997, Nr. 1, S. 3 (6); Vitrjanskij, Nedejstvitel'nost' sdelok v arbitražno-sudebnoj praktike, in: GS Chochlov, S. 131 (146 f.); Voronin, Pravovoe obespečenie biznesa: problemy i protivorečija, ĖiŽ 1998, Nr. 16, S. 11; Solotych, ZGB RF II, S. 116. Manche Gerichte ließen diese Vermutung nur eingreifen, soweit der Vertragstext einen Hinweis darauf enthielt, daß das Einzelexekutivorgan auf der Grundlage der Satzung der Gesellschaft handele.

[1512] Vgl. Ziff. 5 Abs. 2 der Leitentscheidung des Plenums des OWG v. 14.05.1998 Nr. 9, ChiP 1998, Nr. 9, S. 84 (85).

Dagegen soll die Überschreitung gesetzlicher Beschränkungen der Vertretungsmacht nicht die Anfechtbarkeit, sondern grundsätzlich die Nichtigkeit des Rechtsgeschäfts nach Art. 168 ZGB zur Folge haben.[1513] Gem. Art. 168 ZGB ist ein Rechtsgeschäft, das den Anforderungen eines Gesetzes oder anderer Rechtsakte nicht entspricht, nichtig, soweit gesetzlich nicht im jeweiligen Einzelfall dessen Anfechtbarkeit bestimmt ist. Solche gesetzlichen Anordnungen der Anfechtbarkeit enthält das Kapitalgesellschaftsrecht für rechtswidrig zustande gekommene Geschäfte, bei denen ein Interessenkonflikt besteht,[1514] sowie für sog. Großgeschäfte[1515].[1516]

a. Gesetzliche Beschränkungen der Vertretungsmacht

aa. Geschäfte, bei denen ein Interessenkonflikt besteht

Rechtsformidentisch bedürfen Geschäfte, bei denen ein Interessenkonflikt mit Mitgliedern des Direktorenrates, des Kollegialexekutivorgans, dem Einzelexekutivorgan oder Gesellschaftern, die zusammen mit affiliierten Personen[1517] über mindestens

---

[1513] So Ziff. 1 Abs. 2 der Leitentscheidung des Plenums des OWG v. 14.05.1998 Nr. 9, ChiP 1998, Nr. 9, S. 84.

[1514] Russ.: „Sdelki, v soveršenii kotorych imeetsja zainteresovannost`" (wörtl.: „Rechtsgeschäfte, an deren Abschluß ein Interesse besteht").

[1515] Russ.: „Krupnye sdelki".

[1516] Vgl. Artt. 45 Ziff. 5, 46 Ziff. 5 GmbHG; Artt. 79 Ziff. 6 , 84 Ziff. 1 AktG. Vor dem 01.01.2002 sah das AktG die Anfechtbarkeit verfahrenswidrig zustande gekommener Großgeschäfte nicht vor, weshalb es beim Grundsatz der Nichtigkeit verblieb. Dennoch ging die höchstrichterliche Rechtsprechung von der Genehmigungsfähigkeit nichtiger Großgeschäfte aus; vgl. Ziff. 14 Abs. 2 der Leitentscheidung der Plenen des OG und des OWG Nr. 4/8 v. 02.04.1997, ÉiŽ 1997, Nr. 17, S. 16 (17). Diese dogmatisch an sich unhaltbare Position führte in der Folgezeit dazu, daß manche Gerichte Großgeschäfte generell für anfechtbar hielten; vgl. Lomakin, Krupnye sdelki v graždanskom oborote, Zakonodatel`stvo 2001, Nr. 3, S. 18 (24) m.w.N.; Margolin, Nedejstvitel`nye krupnye sdelki i sdelki s učastiem zainteresovannych lic, Zakonodatel`stvo 2001, Nr. 3, S. 26 (27 f.) m.w.N.

[1517] Russ.: „affilirovannye lica". Die deutsche Übersetzung dieses aus der englischen Rechtssprache entlehnten Begriffes als „verbundene Personen" verbietet sich, weil der russische Begriff weit über verbundende Unternehmen i.S.d. §§ 15 ff. AktG-D hinausreicht.

Unter affiliierten Personen sind gem. Art. 4 S. 1 14. Ss. WbG natürliche und juristische Personen zu verstehen, die in der Lage sind, Einfluß auf die Tätigkeit von juristischen und/oder natürlichen Personen, die unternehmerische Tätigkeit ausüben, zu nehmen. Zu kartell-, wettbewerbs- und kapitalgesellschaftsrechtlichen Rechtsfolgen, die an diesen Begriff anknüpfen, s. Tot`ev, Affilirovannye lica, ChiP 1999, Nr. 1, S. 53 ff.; Varlamova, O ponjatii affilirovannogo lica, Pravo i Ékonomika 1997, Nr. 19-20, S. 63 ff.

20% der Stimmen[1518] verfügen,[1519] besteht, der Zustimmung durch die Aktionärs- bzw. Gesellschafterversammlung,[1520] soweit es sich nicht um Geschäfte handelt, die in einer mit dem Kontrahenten bestehenden Geschäftsbeziehung laufend getätigt werden.[1521] Der Beschluß bedarf der Mehrheit sämtlicher Gesellschafter, bei denen kein Interessenkonflikt besteht.[1522] Für das Vorliegen eines Interessenkonfliktes spricht eine gesetzliche Vermutung, soweit die o.g. Personen selbst, ihre Verwandten in gerader Linie und/oder affiliierte Personen Partei des von der Gesellschaft abzuschließenden Rechtsgeschäfts sind, eine mindestens 20%-ige Kapitalbeteiligung an dem Vertragspartner der Gesellschaft halten (soweit es sich dabei um eine juristische Person handelt) oder ein Amt in dessen Leitungsorganen innehaben, was auch in bezug auf juristische Personen gilt, die im Interesse Dritter (des Vertragspartners) gegenüber der GmbH oder gAG auftreten.[1523]

Im einzelnen ist auf einige Rechtsformspezifika hinzuweisen. Im Recht der gAG ist die Zustimmungskompetenz zwingend dem Direktorenrat zugewiesen, soweit Gegenstand des Geschäfts oder mehrerer verbundener Geschäfte Vermögen im Wert von weniger als zwei Prozent des Bilanzwertes der Aktiva der gAG ist.[1524] Etwas anderes gilt nur in der direktorenratsfreien gAG. Dagegen definiert das GmbH-Recht zwar identische Schwellenwerte, weist die Ermächtigung des Direktorenrates aber der Satzungsautonomie zu.[1525] Ferner stellt das Gesetz verschiedene Anforderungen

[1518] GmbH-Recht: 20% der Gesamtstimmenzahl aller Gesellschafter unabhängig von der Beteiligungsquote; Recht der gAG: 20 % der stimmberechtigten Aktien.

[1519] Im Recht der gAG erweitert sich dieser Katalog um Personen, die berechtigt sind, der Gesellschaft verbindliche Weisungen zu erteilen.

[1520] Vgl. Artt. 45 Ziff. 1 Abs. 1 GmbHG; 81 Ziff. 1 Abs. 1, 83 Ziff. 2 u. 4 AktG.

[1521] Vgl. Artt. 45 Ziff. 4 GmbHG, 83 Ziff. 5 AktG.

[1522] Vgl. Artt. 45 Ziff. 3 GmbHG, 83 Ziff. 4 AktG. Im Aktienrecht ist hier somit ausnahmsweise nicht vom Präsenzquorum auszugehen.

[1523] Vgl. Artt. 45 Ziff. 1 Abs. 2 GmbHG, 81 Ziff. 1 Abs. 2 AktG. Die Kataloge sind nicht vollkommen deckungsgleich. So bezieht das Aktienrecht entgegen dem GmbH-Recht auch Halbbrüder und -schwestern sowie Adoptiveltern und -kinder ein und konkretisiert im übrigen hinsichtlich einer juristischen Person, die im Interesse des Vertragsgegners gegeüber der AG auftritt, daß es sich hierbei um einen Vermittler, Vertreter oder auch um dessen Verwaltungsgesellschaft sowie um einen bloßen Begünstigten des Rechtsgeschäfts (etwa bei Verträgen zugunsten Dritter) handeln kann. In beiden Rechtsformen kann der Personenkreis statutarisch erweitert werden.

[1524] Vgl. Art. 83 Ziff. 2, Ziff. 4 Abs. 1 u. 2 AktG. Im Direktorenrat erfordert die Zustimmung die einfache Mehrheit der Stimmen derjenigen Direktorenratsmitglieder, bei denen kein Interessenkonflikt besteht (s. hierzu im einzelnen die persönlichen und zeitlichen Voraussetzungen in Art. 83 Ziff. 3 Abs. 2 - 5 AktG). Auch hier kommt es also nicht auf das Präsenzquorum an.

[1525] Vgl. Art. 45 Ziff. 7 GmbHG.

an den Zustimmungsbeschluß als solchen. Im GmbH-Recht kann das zuständige Organ dem Geschäft unabhängig davon zustimmen, ob das Geschäft für die Gesellschaft wirtschaftlich von Vorteil ist. Dagegen ist im Recht der gAG der Beschlußfassung zwingend eine Bestimmung des Marktpreises i.S.d. Art. 77 AktG des von der Gesellschaft zu veräußernden oder zu erwerbenden Vermögens durch den Direktorenrat - in direktorenratsfreien gAG durch Aktionärsversammlung oder Exekutivorgan - vorgeschaltet.[1526] Dies ist nach hier vertretener Auffassung als bloße Orientierungshilfe gedacht, bindet die Erteilung der Zustimmung aber nicht an die Voraussetzung, daß die Gesellschaft für ihre Leistung einen wirtschaftlich adäquaten Gegenanspruch erwirbt. Denn Art. 83 Ziff. 2 Abs. 3 AktG a.F., der eine solche Bindung vorsah,[1527] ist mit der Novellierung des AktG zum 01.01.2002 gestrichen worden.

Schließlich sind die Ausnahmetatbestände, die die Zustimmungsgebundenheit von Geschäften, bei denen ein Interessenkonflikt besteht, entfallen lassen, im Recht der gAG weiter als im GmbH-Recht gefaßt. Rechtsformidentisch ist hier noch die Herausnahme von Einmanngesellschaften, deren Gesellschafter gleichzeitig als Einzelexekutivorgan fungiert, aus dem Anwendungsbereich der gesetzlichen Vorschriften.[1528] Darüber hinaus sind in der gAG jedoch auch solche Geschäfte zustimmungsfrei, bei denen sämtliche Gesellschafter in einem Interessenkonflikt stehen, bei der Ausübung des Vorerwerbsrechts auf junge Aktien, beim Erwerb eigener Aktien sowie bei Fusionen oder Anschluß einer anderen Gesellschaft, soweit die andere Gesellschaft mehr als 75% der stimmberechtigten Aktien der gAG hält.[1529] Da im Falle des erstgenannten Ausnahmetatbestandes auch in der GmbH kein Schutzbedürfnis besteht, sollte im GmbH-Recht zumindest diesbezüglich nichts anderes gelten. Neu ist die im Aktienrecht seit dem 01.01.2002 gem. Art. 83 Ziff. 6 Abs. 2 AktG bestehende gesetzliche Ermächtigung der Aktionärsversammlung, mit Geltung bis zur folgenden Jahresaktionärsversammlung Vorratsbeschlüsse in bezug auf den Abschluß bestimmter Rechtsgeschäfte, bei denen ein Interessenkonflikt besteht, zu fassen, wobei das maximal zulässige Volumen solcher Geschäfte zu definieren ist.

[1526] Vgl. Art. 83 Ziff. 7 AktG.

[1527] Zu den daraus resultierenden Folgeproblemen s. Segalova, Ograničenija na soveršenie sdelok sainteresovannymi licami, Zakonodatel'stvo 1998, Nr. 7, S. 24 (28 f.).

[1528] Vgl. Artt. 45 Ziff. 6 GmbHG, 81 Ziff. 2 Abs. 2 AktG.

[1529] Vgl. Art. 81 Ziff. 2 Abs. 3 - 6 AktG.

bb. Großgeschäfte

Tiefgreifendere Rechtsformunterschiede zwischen GmbH und gAG bestehen hinsichtlich der Zustimmungsbedürftigkeit sog. Großgeschäfte. Hier sind die Vorschriften des GmbH-Rechts vollständig dispositiv, während das Aktienrecht zwingend ist: Gem. Art. 46 Ziff. 6 GmbHG kann in der Satzung vorgesehen werden, daß das Einzelexekutivorgan Großgeschäfte ohne jede interne Zustimmung der Gesellschafter oder des fakultativen Direktorenrates abschließen kann. Dies kann in der personalistischen GmbH im Einzelfall die flexible Wahrnehmung von Geschäftschancen durch das Exekutivorgan wesentlich erleichtern und den Goodwill des Unternehmens erhöhen, indem gegenüber Geschäftspartnern offengelegt wird, daß von seiten der GmbH gerade bei Transaktionen von größerer Bedeutung auf Anfechtungspotential verzichtet wird. Für ausländische Investoren wird dieser Weg im Regelfall dennoch nicht gangbar sein, weil er die kontrollierte Führung einer russischen Tochter-GmbH durch das ausländische Mutterunternehmen behindern könnte.

Die Legaldefinition des Großgeschäfts ist im wesentlichen rechtsformidentisch.[1530] Unter Großgeschäften sind ein Rechtsgeschäft oder mehrere, in wechselseitigem Zusammenhang stehende[1531] Rechtsgeschäfte zu verstehen, die direkt oder indirekt mit dem Erwerb, der Veräußerung oder der Möglichkeit der Veräußerung von Vermögen durch die Gesellschaft verbunden sind, dessen Wert 25% des Gesellschaftsvermögens[1532] übersteigt. Davon sind volumenunabhängig solche Geschäfte ausgenommen, welche die Gesellschaft im Verlauf ihrer „gewöhnlichen Wirtschaftstätigkeit"[1533] abschließt. Im Recht der gAG stellen ferner solche Geschäfte keine Groß-

---

[1530] Vgl. Artt. 46 Ziff. 1 S. 1 GmbHG, 78 Ziff. 1 Abs. 1 S. 1 AktG.

[1531] Russ.: „Vzaimosvjazannye".

[1532] GmbH: mehr als 25% des Wertes des Gesellschaftsvermögens, der sich nach der Buchhaltung für die letzte Rechnungsperiode, die dem Tag der Beschlußfassung über den Abschluß des Rechtsgeschäfts vorausging; gAG: dessen Wert 25% oder mehr des Bilanzwertes der Aktiva beträgt, der sich nach der Buchhaltung zum Zeitpunkt des letzten Rechnungslegungstermins bestimmt. Bezugsgröße sind in beiden Rechtsformen somit nicht die Netto-Aktiva, sondern die Summe aller auf der Aktivseite der Bilanz bilanzierten Rechnungsposten ohne Berücksichtigung der Passiva; vgl. Ziff. 3 des Informationsbriefs des Präsidiums des OWG v. 13.03.2001 Nr. 62, ĖiŽ-Jurist 2001, Nr. 12, S. 4. Im Aktienrecht liegt der Schwellenwert bei 25%, im GmbH-Recht beginnt er erst darüber.

[1533] Dieser Begriff ist einzelfallabhängig zu bestimmen; ebenso Lomakin, Krupnye sdelki v graždanskom oborote, Zakonodatel`stvo 2001, Nr. 3, S. 18 (20).

geschäfte dar, die mit der Unterbringung von Stammaktien im Wege der Zeichung sowie von in Stammaktien konvertiblen Papieren verbunden sind.[1534]

Die einzelnen Merkmale eines Großgeschäfts haben bislang keine hinreichende Klärung in Rechtsprechung und Literatur gefunden,[1535] was sich in einer im Einzelfall nur schwer berechenbaren Spruchpraxis niederschlägt und den Vertrauensschutzgedanken vernachlässigt. Dem kann in der GmbH abgeholfen werden, indem die Zustimmungsbedürftigkeit in der Satzung aufgehoben oder zumindest der Schwellenwert für die Qualifikation eines Rechtsgeschäfts als Großgeschäft angehoben wird.[1536] Der gAG steht dieser Weg nicht offen. Satzungsautonomie räumt das Gesetz hier nur insoweit ein, als weitere Konstellationen - etwa unter dem Schwellenwert von 25% - definiert werden können, bei denen die Regeln über Großgeschäfte zur Anwendung kommen.[1537]

Im Recht der gAG liegt die Entscheidung über die Zustimmung zu Großgeschäften, deren Gegenstand 25 - 50% des Bilanzwertes der Aktiva der Gesellschaft ausmacht, gem. Art. 79 Ziff. 2 AktG zwingend beim Direktorenrat, soweit ein solcher besteht. Die Zustimmung kommt - in Abweichung vom sonstigen Präsenzquorum - durch einstimmigen Direktorenratsbeschluß zustande.[1538] Wird keine Einstimmigkeit erzielt, kann die Aktionärsversammlung auf Initiative des Direktorenrates mit einfacher Mehrheit des vertretenen Kapitals die Zustimmung erteilen. In allen anderen Fällen ist auf der Aktionärsversammlung eine 3/4-Mehrheit erforderlich.[1539] Demgegenüber ist im GmbH-Recht grundsätzlich die Gesellschafterversammlung zuständig, die dem Geschäft mit einfacher Mehrheit der Gesamtstimmenzahl aller Gesellschafter zu-

---

[1534] Anders noch Art. 78 Ziff. 1 Abs. 2 AktG a.F. Zu den Gründen der Novellierung s. Lomakin, Krupnye sdelki v graždanskom oborote, Zakonodatel'stvo 2001, Nr. 3, S. 18 (23 f.).

[1535] Vgl. die scharfe Kritik bei Zalesskij (Avilov), Kommentarij k zakonu ob OOO, Art. 46 Rn. 2; Šapkina (Avilov/Zalesskij), Kommentarij k zakonu ob AO, Art. 78 Rn. 1. Abhilfe schafft in einigen Fragen nunmehr die im Informationsbrief des Präsidiums des OWG v. 13.03.2001 Nr. 62 (ĖiŽ-Jurist 2001, Nr. 12, S. 4 f.) zusammengestellte Kasuistik.

[1536] Diese Möglichkeit wird in Art. 46 Ziff. 1 S. 1 GmbHG a.E. positiviert, folgt aber an sich bereits aus der allgemeinen Dispositivität der Norm.

[1537] Vgl. Art. 78 Ziff. 1 Abs. 1S. 2 AktG.

[1538] In bezug auf die bei allen Großgeschäften erforderliche formale Einbindung des Direktorenrates durch die Pflicht zu bestimmten Wert- und Preisfestsetzungen gilt das oben zu Geschäften, bei denen ein Interessenkonflikt besteht, Gesagte sinngemäß; vgl. Art. 78 Ziff. 2 AktG.

[1539] Vgl. Art 79 Ziff. 3 AktG.

stimmen kann, soweit die Satzung keine größere Mehrheit bestimmt.[1540] Dem Direktorenrat kann die Zustimmung zu Großgeschäften in der Bandbreite von 25 - 50% des Gesellschaftsvermögens zugewiesen werden.[1541]

b. Statutarische Beschränkungen der Vertretungsmacht

Statutarische Beschränkungen der Geschäftsführungsbefugnis in Gestalt von Zustimmungsvorbehalten hinsichtlich des Abschlusses bestimmter Geschäfte durch das Einzelexekutivorgan, die über Art. 174 ZGB auf das Außenverhältnis durchschlagen können, sind in GmbH und gAG nicht in denselben Organbeziehungen möglich. Im Recht der gAG steht der Einräumung statutarischer Zustimmungsvorbehalte zugunsten der Aktionärsversammlung entgegen, daß letztere außerhalb ihrer gesetzlichen Kompetenzen nicht entscheidungsfähig ist.[1542] Die gesetzlichen Zustimmungsvorbehalte beschränken sich auf Großgeschäfte und Geschäfte, bei denen ein Interessenkonflikt besteht. Dagegen können die Handlungen des Einzelexekutivorgans der gAG sämtlich an die Zustimmung des Direktorenrates gebunden werden, soweit man der h.M. in der Annahme folgt, der Direktorenrat könne als kollektives Geschäftsführungsorgan ausgestaltet werden, weshalb dem Einzelexekutivorgan nicht a priori ein unentziehbarer Kernkompetenzbereich zugewiesen sei. Die direktorenratsfreie gAG wird daher durch das Einzelexekutivorgan in eigener Verantwortung geleitet, soweit kein Kollegialexekutivorgan gebildet wird, dessen Mitglieder gegenüber dem Einzelexekutivorgan mit Weisungsrechten oder einem allgemeinen Zustimmungsvorbehalt ausgestattet sind. Die Ausübung dieser Rechte ist aber auch in dieser Konstellation dem unmittelbaren Einfluß der Aktionärsversammlung entzogen. Notwendige Folge einer Vereinfachung der Organstruktur und einer Stärkung der kompetenzmäßigen Position der Aktionäre im Wege des Verzichts auf einen Direktorenrat ist somit regelmäßig ein Verlust an Einwirkungsmöglichkeiten der Aktionäre auf die Geschäftsführung.

[1540] Vgl. Artt. 33 Ziff. 2 S. 1 Nr. 13), 37 Ziff. 8 Abs. 3, 46 Ziff. 3 GmbHG.

[1541] Vgl. Art. 46 Ziff. 4 GmbHG. Eine Ermächtigung des Direktorenrates außerhalb dieses Korridors dürfte m.E. rechtswidrig sein.

[1542] Ebenso Sklovskij, Soveršenie sdelok vopreki interesam organizacii, ChiP 1998, Nr. 5, S. 88 (90).

Die Organstruktur der GmbH ist insoweit wesentlich flexibler und einer Annäherung von Mitgliedschaft und Unternehmensleitung zugänglich. Statutarisch können beliebige Geschäftsführungsentscheidungen des Einzelexekutivorgans an die Zustimmung der Gesellschafter gebunden werden, soweit dessen zustimmungs- und weisungsfreier Kernkompetenzbereich, von dessen Bestehen die h.M. ausgeht, gewahrt bleibt. Unter dieser Voraussetzung ist nach hier vertretener Auffassung auch die Begründung statutarischer Zustimmungsvorbehalte des fakultativen Direktorenrates zulässig, wobei zu berücksichtigen ist, daß die wissenschaftliche Auseinandersetzung um den Kompetenzbereich des GmbH-Direktorenrates nicht abgeschlossen ist.

2. Geschäftsführungsbefugnis

Wie gezeigt beruht das russische Kapitalgesellschaftsrecht nicht auf einer strikten Trennung zwischen rechtlichem Können im Außenverhältnis (Vertretungsmacht) und rechtlichem Dürfen im Innenverhältnis (Geschäftsführungsbefugnis).[1543] Dennoch ist diese dem deutschen Recht[1544] entlehnte Terminologie insoweit übertragbar und wird hier verwendet, als dem Einzelexekutivorgan die organschaftliche Vertretungsmacht unentziehbar zugewiesen ist, während der Aufgabenbereich des Exekutivorgans im übrigen als Restkompetenz ausgestaltet ist: Ihm sind alle Fragen zugewiesen, die nicht in die Kompetenz der Aktionärs- bzw. Gesellschafterversammlung und des Direktorenrates fallen.[1545] Rechtsformspezifische Unterschiede ergeben sich hier in erster Linie im Verhältnis zwischen Anteilseignern und Exekutivorgan. Die Aktionärsversammlung einer gAG kann aufgrund ihres gesetzlich abschließend geregelten Kompetenzbereiches ebensowenig Geschäftsführungsmaßnahmen an sich ziehen, wie die Vornahme bestimmter Geschäftsführungshandlungen durch das Exekutivorgan statutarisch an ihre Zustimmung gebunden werden kann, soweit dies nicht gesetzlich vorgesehen ist.

[1543] S. o. S. 364 ff. sowie Boguslawskij, Handels- und Unternehmensrecht in Rußland, in: Horn/Pleyer, Handelsrecht und Recht der Kreditsicherheiten in Osteuropa, S. 35 (50); Solotych, ZGB RF II, S. 114.

[1544] S. dazu Baumbach/Hueck (Zöllner), GmbHG-D, § 35 Rn. 4 m.w.N.; Schmidt, Gesellschaftsrecht, § 7 I 3.

[1545] Vgl. Artt. 40 Ziff. 3 Nr. 4) GmbHG, 69 Ziff. 2 Abs. 1 AktG.

Die Satzung kann die Geschäftsführungsbefugnis bei dem Einzelexekutivorgan konzentrieren und dem Kollegialexekutivorgan lediglich beratende Funktionen einräumen, oder umgekehrt das Einzelexekutivorgan auf seine Stellung als Handlungsorgan reduzieren und es hinsichtlich jeder Geschäftsführungsmaßnahme an die Zustimmung des Kollegialexekutivorgans binden.[1546]

IV. Wettbewerbsverbot

Im Recht der gAG steht der Gesellschaft ein Instrument zur Verfügung, die Tätigkeit ihres Einzelexekutivorgans und der Mitglieder des Kollegialexekutivorgans bei einem Wettbewerber zu unterbinden. Diese Organwalter dürfen Ämter in den Leitungsorganen anderer Gesellschaften nur mit Zustimmung des Direktorenrates der gAG bzw. - in direktorenratsfreien gAG - der Aktionärsversammlung aufnehmen.[1547] Im GmbH-Recht fehlt eine entsprechende Bestimmung, dürfte aber ohne weiteres in den Anstellungsvertrag aufgenommen werden können. Zu der Frage, ob sich ein Wettbewerbsverbot auch ohne dahingehende Vereinbarung bereits aus der allgemeinen Treupflicht der Organe von Kapitalgesellschaften ergibt, sind - soweit ersichtlich - noch keine Gerichtsentscheidungen ergangen. Als Einfallstor für die Entwicklung einer allgemeinen Treupflicht könnten die Generalklauseln der Artt. 44 Ziff. 1 GmbHG, 71 Ziff. 1 AktG herangezogen werden, wonach Mitglieder des Direktorenrates und der Exekutivorgane bei der Ausübung ihrer Rechte und Pflichten die Interessen der Gesellschaft zu wahren sowie gewissenhaft und vernünftig zu handeln haben. *Ivanov*[1548] baut dies zu einer allgemeinen Treupflicht aus, die die corporate opportunity doctrine aus dem anglo-amerikanischen Recht bzw. die Geschäftschancenlehre aus dem deutschen Recht[1549] übernimmt, die Tätigkeit in konkurrierenden Gesellschaften untersagt und auch nach Beendigung der Organstellung bestimmte

[1546] Diese Möglichkeit klingt nunmehr auch in Art. 70 Ziff. 2 Abs. 3 AktG an, wonach das Einzelexekutivorgan seine organschaftliche Vertretungsmacht in Übereinstimmung mit den Beschlüssen des Kollegialexekutivorgans ausübt.

[1547] Vgl. Art. 69 Ziff. 3 Abs. 4 AktG.

[1548] Ivanov, Principy dejatel`nosti upravljajuščich AO, Žurnal rossijskogo prava 1999, Nr. 5/6, S. 125 (128 ff.).

[1549] S. dazu Baumbach/Hueck (Zöllner), GmbHG-D, § 35 Rn. 22 ff.

Pflichten begründet. Ob sich diese Ausdifferenzierung durchsetzen wird, bleibt abzuwarten.

Hinzuweisen ist in diesem Zusammenhang auch darauf, daß das Gesetz dem *Gesellschafter* einer personalistischen Kapitalgesellschaft ein Wettbewerbsverbot nicht ausdrücklich auferlegt. Demgemäß gilt kein schematisches Wettbewerbsverbot für den nicht in den Direktorenrat oder das Exekutivorgan berufenen und eventuell nur rein kapitalistisch beteiligten Gesellschafter einer GmbH oder gAG. Demgegenüber kennt das Personengesellschaftsrecht ein ausdrückliches Wettbewerbsverbot in bezug auf Gesellschafter von Vollgesellschaften und KG-Komplementäre.[1550] Diese sind ohne Zustimmung ihrer Mitgesellschafter nicht berechtigt, in eigenem oder Drittinteresse Rechtsgeschäfte zu schließen, die vom Unternehmensgegenstand der Gesellschaft erfaßt werden. Solange die Obergerichte eine auch das Kapitalgesellschaftsrecht erfassende allgemeine Treupflicht im Verhältnis des Mitglieds zum Verband nicht ausdrücklich anerkennen und die genannten Normen des Personengesellschaftsrechts somit nicht lediglich als Konkretisierung einer - ungeschriebenen - Treupflicht angesehen werden können, ist aus dem Fehlen entsprechender Bestimmungen im Kapitalgesellschaftsrecht im Gegenschluß zu entnehmen, daß im Verhältnis zwischen Gesellschaftern und der personalistischen Kapitalgesellschaft Wettbewerbsfreiheit die Regel ist und im Einzelfall vereinbarte Wettbewerbsverbote regelmäßig mit dem Kartellrecht in Konflikt geraten werden. In der Praxis nutzt das GKAP die ihm aufgrund der Notifizierungspflicht bestimmter Unternehmensgründungen eingeräumte Möglichkeit, die Gründungsdokumente auf allgemeine wettbewerbsbeschränkende Bestimmungen zu untersuchen, zur regelmäßigen Beanstandung von Wettbewerbsverboten in Joint-Venture-Verträgen. Rechtsgrundlage hierfür ist wohl das Koordinierungsverbot aus Art. 6 Ziff. 4 Abs. 1 WbG. Eine Freistellungsmöglichkeit ist über Art. 6 Ziff. 3 WbG gegeben, wenn die beteiligten Wirtschaftssubjekte nachweisen können, daß der positive Effekt ihrer Handlungen, u.a. für die soziale und ökonomische Sphäre, gegenüber den negativen Folgen für den jeweiligen Warenmarkt überwiegt, d.h. der Zusammenschluß zu einer gesamtwirtschaftlichen Verbesserung oder zu russischen Wettbewerbsvorteilen führt. Überlegungen dahin, wettbewerbsbeschränkende Satzungsbestandteile nur dann unter Art. 6 Ziff. 4 WbG

[1550] Vgl. Artt. 73 Ziff. 3 Abs. 1, 82 Ziff. 2 ZGB.

zu fassen, wenn sie das Unternehmen vom freien Wettbewerb abschirmen, nicht dagegen, wenn sie das im übrigen kartellrechtsneutrale Unternehmen in seinem Bestand und seiner Funktionstüchtigkeit gegen eine treuwidrige Aushöhlung von innen her schützen,[1551] werden offenbar nicht angestellt.

E. Revisionskommission

Die Revisionskommission ist in der gAG immer, in der GmbH nur dann notwendiges Organ, wenn die Gesellschaft mehr als fünfzehn Gesellschafter hat. Sie stellt eine Erinnerung an die Zeiten mit einer unterentwickelten externen Wirtschaftsprüfung dar.[1552] Rechtsformidentische Hauptaufgabe der Revisionskommission ist die Begutachtung und Bestätigung des Jahresabschlusses, wobei diese Schritte Wirksamkeitsvoraussetzung der Feststellung des Jahresabschlusses durch die Aktionärs- bzw. Gesellschafterversammlung sind.[1553] Zu diesem Zweck sind gegenüber der GmbH-Revisionskommission sämtliche anderen Organwalter und Arbeitnehmer der Gesellschaft verpflichtet, die erforderlichen Auskünfte mündlich oder schriftlich zu erteilen.[1554] Dahinter bleiben die Informationsrechte der gAG-Revisionskommission zurück, die sich auf ein Einsichtsrecht in sämtliche buchhaltungsbezogenen Unterlagen beschränken.[1555]

F. Zwischenergebnis

Die Organstruktur der GmbH gestattet in wesentlich höherem Maße eine personalistische Ausgestaltung, als dies im Recht der gAG möglich ist. Die notwendige Revisionskommission und die dem gAG-Direktorenrat gesetzlich zugewiesenen Kompetenzen verkomplizieren die inneren Entscheidungsabläufe der gAG. Gleichwohl ist ein Verzicht auf den gAG-Direktorenrat problematisch, weil die Aktionärsversammlung nicht als Sitz der allgemeinen Unternehmensleitung und der Kontrolle über die

---

[1551] Zu diesem Ansatz vgl. Schmidt, Gesellschaftsrecht, § 35 I 3.

[1552] Brunner, Die Entstehung eines neuen Gesellschaftsrechts in Osteuropa, in: FS Włodyka, S. 43 (61).

[1553] Artt. 88 Ziff. 3 Abs. 1 AktG, 47 Ziff. 3 S. 2 GmbHG.

[1554] Vgl. Art. 47 Ziff. 2 S. 2 GmbHG.

[1555] Vgl. Art. 85 Ziff. 4 AktG.

Geschäftsführung ausgebaut werden kann. In direktorenratsfreien gAG wächst letztere Funktion der Revisionskommission zu; das Exekutivorgan leitet die Gesellschaft dann faktisch in eigener Verantwortung. Hinzu kommt, daß eine Annäherung von Mitgliedschaft und Unternehmensleitung im Recht der gAG nicht nur wegen der gesetzlich beschränkten Kompetenzen der Aktionärsversammlung, sondern auch deshalb Schwierigkeiten begegnet, weil die Aktionärsversammlung ein relativ schwerfälliges Organ ist. Die konstitutive Bedeutung des Aktionärsregisters, die Funktion der auf seiner Grundlage zu erstellenden Berechtigtenliste in bezug auf die Teilnahme sowie eine im Vergleich zum GmbH-Recht generell höhere Regelungsdichte der Einberufungs- und Durchführungsvorschriften sind dem Recht der Publikums-AG entnommen und erschweren eine flexible Beschlußfassung durch wenige Aktionäre. Dies wird noch dadurch verstärkt, daß selbst Vollversammlungen nicht von den Einberufungs- und Durchführungsvorschriften ausgenommen sind und keine ad-hoc-Beschlüsse außerhalb der zuvor ordnungsgemäß bekanntgemachten Tagesordnung fassen können.

All dies kann durch die Rechtsformwahl zugunsten der GmbH vermieden werden. Das GmbH-Recht reduziert die Satzungsautonomie nicht auf die Alternative zwischen einem starken Direktorenrat oder einem starken Exekutivorgan. Außerhalb eines nach h.M. zustimmungs- und weisungsfreien Kernkompetenzbereichs des Exekutivorgans in Geschäftsführungsangelegenheiten, der aber statutarisch definiert und damit auf ein Minimum beschränkt werden kann, kann die Satzung den Abschluß bestimmter Geschäfte durch das Exekutivorgan an die Zustimmung der Gesellschafter binden, was gerade ausländischen Gesellschaftern die Führung der russischen Tochter-GmbH erleichtern kann.

6. Kapitel: Punktuelle Unterschiede zwischen GmbH und gAG

A. Feststellung des Jahresabschlusses

I. Interne Prüfung

Im Recht der gAG stellt sich das interne Prüfungsprozedere wie folgt dar. Bevor der Jahresabschluß[1556] sowie der durch das Exekutivorgan zu erstattende Lagebericht[1557] auf der Jahresaktionärsversammlung festgestellt werden können, unterliegen sie der Prüfung durch die Revisionskommission, die das Prüfungsergebnis in einem Gutachten niederzulegen und dieses der Jahresaktionärsversammlung vorzulegen hat.[1558] Beschlußvoraussetzung ist ferner, daß der Lagebericht spätestens dreißig Tage vor dem Versammlungstermin durch den Direktorenrat festgestellt worden ist.[1559]

Die Organstruktur der GmbH weist in der Mehrheit der Fälle weder einen Direktorenrat noch eine Revisionskommission auf. Dem trägt die gesetzliche Regelung Rechnung, indem die Feststellung des Jahresabschlusses und des Lageberichts durch eine ordentliche Gesellschafterversammlung gegenüber dem Recht der gAG insoweit vereinfacht ist, als dem Beschluß keine internen Prüfungen durch andere Organe vorgelagert sind. Etwas anderes gilt nur, soweit die Revisionskommission notwendiges Organ ist. In diesem Fall kann die Gesellschafterversammlung weder den Jahresabschluß noch den Lagebericht rechtswirksam feststellen, solange diese Unterlagen nicht durch die Revisionskommission geprüft worden sind.[1560]

[1556] Russ.: „Godovaja buchgalterskaja otčëtnost'" (wörtl.: „jährliche buchhalterische Rechnungslegung"; fortan: Jahresabschluß). Zu den Bestandteilen des Jahresab-schlusses s.o. Fn. 916 m.w.N.

[1557] Russ.: „Godovoj otčët" (wörtl.: Jahresbericht"; fortan: Lagebericht). Zu den Pflichtbestandteilen des Lageberichts s. Šapkina (Bykov); Kommentarij k zakonu ob AO, Art. 88 Rn. 9.

[1558] Vgl. Artt. 88 Ziff. 3 Abs. 1, 87 AktG.

[1559] Vgl. Art. 88 Ziff. 4 AktG. Danach ist die vorgeschaltete Feststellung durch das Einzelexekutivorgan vorzunehmen. Dies erscheint formalistisch und die gesetzliche Regelung überflüssig, weil der Jahresabschluß durch das Exekutivorgan selbst erstellt wird und es sich insoweit um eine reine Selbstkontrolle handelt.

[1560] Vgl. Art. 47 Ziff. 3 GmbHG.

II. Externe Prüfung

Im Ausgangspunkt sind weder GmbH noch gAG verpflichtet, ihren Jahresabschluß und den Lagebericht durch einen externen Wirtschaftsprüfer testieren zu lassen.[1561] Eine Pflichtprüfung kann sich aber aus Art. 7 Ziff. 1 Nr. 2), 3) u. 5) WPG[1562] ergeben. Danach ist eine Pflichtprüfung vorgeschrieben, soweit unter dem Rechtsträger einer GmbH oder gAG Banken, Versicherungen, Waren- oder Fondsbörsen oder Investitionsfonds betrieben werden. Gleiches gilt, wenn die Gesellschaft aus dem Vertrieb ihrer Produkte einen Jahreserlös von mehr als 500.000 MROT erzielt oder die Bilanzsumme ihrer Aktiva zum Ende des Finanzjahres 200.000 MROT übersteigt sowie in anderen durch Bundesgesetz vorgesehenen Fällen. Damit hat der Gesetzgeber im wesentlichen die Fallgruppen aus der RegVO Nr. 1355 v. 07.12.1994[1563] in das WPG inkorporiert, diese aber nicht als solche ausdrücklich außer Kraft gesetzt. Dieser Umstand ist insofern von Interesse, als die RegVO Nr. 1355 im Gegensatz zum WPG eine Pflichtprüfung für sämtliche Gesellschaften mit ausländischer Kapitalbeteiligung vorsah. Ob insoweit von der Fortgeltung auszugehen ist, bleibt abzuwarten. Gem. Art. 22 Ziff. 5 WPG hat die Bundesregierung die RegVO Nr. 1355 bis zum 01.12.01 an das WPG anzupassen.

In beiden Rechtsformen müssen Jahresabschluß und Lagebericht ferner auf Verlangen der Anteilseigner durch einen Wirtschaftsprüfer geprüft werden. Im GmbH-Recht kann dies unabhängig von der Höhe der Beteiligung von jedem Gesellschafter verlangt werden,[1564] während im Recht der gAG ein Quorum von 10% am Satzungskapital gegeben sein muß.[1565] Eine Kostenregelung ist nur im GmbH-Recht enthalten. Danach hat der Gesellschafter, auf dessen Verlangen die Prüfung vorgenommen wird, deren Kosten zu tragen, soweit sie ihm nicht freiwillig auf Beschluß der Gesellschafterversammlung erstattet werden.[1566]

[1561] Vgl. Art. 91 Ziff. 4 Abs. 1 S. 1 ZGB i.V.m. Art. 48 Abs. 1 S. 1 GmbHG; arg. e Art. 103 Ziff. 5 Abs. 1 ZGB i.V.m. Art. 88 Ziff. 3 Abs. 2 AktG.

[1562] Bundesgesetz „Über die Wirtschaftsprüfertätigkeit" v. 07.08.01, RG v. 09.09.01 Nr. 151-152, S. 10; fortan: WPG. Das WPG trat gem. seines Art. 22 Ziff. 1 Abs. 1 am 09.09.01 in Kraft.

[1563] SZ RF 1994, Nr. 33, Pos. 3451.

[1564] Vgl. Art. 91 Ziff. 4 Abs. 1 S. 2 ZGB i.V.m. Art. 48 Abs. 2 S. 1 GmbHG.

[1565] Vgl. Art. 103 Ziff. 5 Abs. 2 ZGB.

[1566] Vgl. Art. 48 Abs. 2 S. 2 u. 3 GmbHG.

B. Publizität

In keiner der beiden Rechtsformen müssen der Jahresabschluß und der Lagebericht öffentlich bekanntgemacht werden.[1567] Dieser Grundsatz wird durchbrochen, soweit die Gesellschaft im Wege offener Zeichnung Obligationen beim Publikum begibt.[1568]

C. Berichtspflichten zu affiliierten Personen

Sowohl GmbH als auch gAG sind verpflichtet, die mit ihnen affiliierten Personen[1569] in einer ständig zu aktualisierenden Liste aufzuführen[1570] und diese Liste den Anteilseignern zur Einsichtnahme offenzulegen.[1571] Während es damit im GmbH-Recht sein Bewenden hat, ist die gAG weiterhin verpflichtet, die aktuelle Liste jährlich bis zum 31. Januar bei der FKCB einzureichen und der FKCB auf Verlangen jederzeit hierzu Auskunft zu erteilen.[1572]

D. Durchgriffshaftung

Jede Kapitalgesellschaft russischen Rechts basiert auf dem Trennungsprinzip.[1573] Danach haften die Gesellschafter für Verbindlichkeiten der Gesellschaft grundsätzlich nicht. Etwas anderes gilt nur dann, wenn das ZGB oder die Gründungsdokumente einen Tatbestand persönlicher Haftung vorsehen. Solche Durchbrechungen des Trennungsprinzips sind in Art. 105 Ziff. 2 u. 3 ZGB normiert. Danach haftet eine Muttergesellschaft, die das Recht hat, einer Tochtergesellschaft verbindliche Weisungen zu erteilen, u.a. aufgrund eines Vertrages mit der Tochtergesellschaft, gesamtschuldnerisch mit der Tochtergesellschaft aus Rechtsgeschäften, die die Tochtergesellschaft in Ausführung der Weisung abgeschlossen hat. Ferner haftet die Muttergesellschaft subsidiär für Verbindlichkeiten der Tochtergesellschaft, soweit

[1567] Vgl. Art. 91 Ziff. 5 ZGB i.V.m. Art. 49 Ziff. 1 GmbHG; Art. 103 Ziff. 5 Abs. 1 ZGB.

[1568] Vgl. Artt. 49 Ziff. 2 GmbHG, 92 Ziff. 2 AktG.

[1569] Zu diesem Begriff s.o. Fn. 1517 m.w.N.

[1570] Vgl. Art. 50 Ziff. 1 GmbHG; Art. 93 Ziff. 4 AktG i.V.m. Art. 21 WbG.

[1571] Vgl. Art. 50 Ziff. 2 GmbHG; Ziff. 11 der VO der FKCB v. 30.09.1999 Nr. 7, RG v. 11.11.99, S. 5.

[1572] Vgl. Ziff. 4 - 7 der VO der FKCB v. 30.09.1999 Nr. 7, RG v. 11.11.99, S. 5.

[1573] Vgl. Art. 56 Ziff. 3 Abs. 1 ZGB.

sie schuldhaft deren Insolvenz verursacht. Schließlich besteht eine Schadensersatzpflicht der Muttergesellschaft für Schäden, die der Tochtergesellschaft durch ein Verschulden der Muttergesellschaft entstehen.

Diese Ansätze eines Konzernrechts[1574] werden im GmbHG und im AktG in unterschiedlicher Weise fortgeführt. Während das Aktienrecht alle drei Haftungstatbestände weiteren einschränkenden Voraussetzungen unterwirft, hat der GmbH-Gesetzgeber das ZGB-Konzernrecht wortgleich übernommen. Im folgenden ist daher zu untersuchen, ob und inwieweit sich daraus rechtsformspezifische Haftungsrisiken ergeben, die sich auf die Rechtsformwahl auswirken.

I. Haftung der Mutter aus Rechtsgeschäften der Tochter

Der oben beschriebene Haftungstatbestand aus Art. 105 Ziff. 2 Abs. 2 ZGB wird in Art. 6 Ziff. 3 Abs. 2 S. 2 AktG dahingehend eingeschränkt, daß die Muttergesellschaft nur dann als berechtigt gilt, der Tochtergesellschaft für diese verbindliche Weisungen zu erteilen, wenn das Weisungsrecht in einem Vertrag mit der Tochtergesellschaft oder in deren Satzung enthalten ist. Zur Beurteilung, ob sich aus dem Fehlen dieser Einschränkung im GmbH-Recht ein gegenüber der gAG höheres Haftungsrisiko für GmbH-Gesellschafter, die nicht natürliche Personen sind, ergibt, müssen zwei Punkte geklärt werden: die Definition des Mutter-Tochter-Verhältnis sowie die Frage, ob die aktienrechtliche Einschränkung die Entstehung eines Haftungsfalls in solchen Beherrschungsverhältnissen, die keine vertragliche oder satzungsmäßige Grundlage haben, zuverlässig ausschließt.

1. Mutter-Tochter-Verhältnis

Das Gesetz definiert eine Gesellschaft als Tochtergesellschaft, wenn eine andere Gesellschaft (die Muttergesellschaft) kraft beherrschender Kapitalbeteiligung oder aufgrund eines zwischen ihnen geschlossenen Vertrages oder auf andere Weise die Möglichkeit hat, die Entscheidungen der Gesellschaft zu bestimmen.[1575] Damit hat

---

[1574] Vgl. Boguslawskij, Handels- und Unternehmensrecht in Rußland, in: Horn/Pleyer, Handelsrecht und Recht der Kreditsicherheiten in Osteuropa, S. 35 (52 f.); Solotych, ZGB RF I, S. 37 ff.

[1575] Vgl. Artt. 105 Ziff. 1 ZGB, 6 Ziff. 2 AktG, 6 Ziff. 2 GmbHG.

der Gesetzgeber früher verwendete formale Kriterien[1576] aufgegeben und unbestimmte Rechtsbegriffe eingeführt, über deren zutreffende Ausfüllung in der Lehre lebhaft gestritten wird.

So wird zum Hauptanwendungsfall der beherrschenden Kapitalbeteiligung vertreten, diese könne im Falle einer gewissen Zersplitterung der Anteile bereits bei 5 - 10% vorliegen,[1577] während andere Autoren die Schwelle von 20% aus der Definition der abhängigen Gesellschaft[1578] heranziehen[1579] oder vereinzelt sogar eine für Grundlagenentscheidungen erforderliche Mehrheit unter Zugrundelegung des Mindestquorums[1580] für erforderlich gehalten wird.[1581] Weitgehender Konsens dürfte somit lediglich insoweit bestehen, als eine beherrschende Kapitalbeteiligung ab einem Anteil von über 50% vermutet, im Einzelfall aber bereits darunter vorliegen kann.[1582] Soweit ersichtlich sind hierzu bislang keine Gerichtsentscheidungen ergangen. Bezogen auf die personalistische Kapitalgesellschaft ist daher festzuhalten, daß aufgrund der unterschiedlichen Regelung des Quorums der Aktionärs- bzw. Gesellschafterversammlung eine beherrschende Kapitalbeteiligung im Recht der gAG jedenfalls ab 25% und im Recht der GmbH jedenfalls ab 50% anzunehmen sein dürfte. In der gAG kann auch ein 25%-Paket im Einzelfall keine beherrschende Kapitalbeteiligung vermitteln, soweit die Präsenz auf der in Rede stehenden Aktionärsversammlung über dem Mindestquorum lag. Indessen kann dies nur unter der Bedingung angenommen werden, daß sich die Gerichte einer konkreten Betrachtungswei-

---

[1576] Noch Ziff. 150 f. AktO knüpfte das Vorliegen einer beherrschenden Kapitalbeteilung an 50% des Satzungskapitals + 1 Aktie.

[1577] So Suchanov, Graždanskoe pravo 1, S. 240. Allerdings will *Suchanov* dies aus-drücklich auf große Gesellschaften mit vielen Aktionären, d.h. auf die Publikums-AG, beschränkt wissen. Im Recht der personalistischen Kapitalgesellschaft wird dieser geringe Schwellenwert also nicht vertreten.

[1578] Vgl. Artt. 106 Ziff. 1 ZGB, 6 Ziff. 4 Abs. 1 AktG, 6 Ziff. 4 Abs. 1 GmbHG.

[1579] So Balayan, Durchgriffshaftung im neuen russischen ZGB, WiRO 1995, Nr. 8, S. 313 f.; Sadikov (Zalesskij) I; Kommentarij GK I, Art. 105 Rn. 1; Schmitt/Weber, Projektfinanzierung in der RF, WiRO 1995, Nr. 9, S. 321 (326).

[1580] Im Recht der gAG ist auf der Aktionärsversammlung ein Präsenzquorum von 50% erforderlich, weshalb die für Grundlagenentscheidungen erforderliche 3/4-Mehrheit dann durch ein Paket mit 37,5% der stimmberechtigten Aktien vermittelt wird. Im GmbH-Recht gilt das Präsenzquorum nicht, so daß es hier in jedem Fall bei der 2/3-Mehrheit verbliebe.

[1581] Dafür in bezug auf das Aktienrecht Black/Kraakman/Tarassova, Russian Law on Joint Stock Companies, S. 112.

[1582] So Abova/Kabalkin/Mozolin (letzterer/Judenkov), Kommentarij GK I, Art. 105 Rn. 1; Sadikov (Šapkina) II, Kommentarij GK I, Art. 105 Rn. 1

se anschließen und nicht eine abstrakte Beherrschungsmöglichkeit ausreichen lassen werden, was abzuwarten bleibt.[1583] In der gesamten bisherigen Diskussion zum GmbH-Recht ist schließlich nicht berücksichtigt worden, daß Kapitalbeteiligung und Stimmkraft nicht zwingend parallel verlaufen, sondern die Stimmgewichtung unabhängig von der Beteiligungsstruktur der Satzungsautonomie zugewiesen ist.

Zur zweiten Alternative der Legaldefinition kommen nach hier vertretener Auffassung in erster Linie Beherrschungsverträge in Betracht. Ferner werden in der Lehre andere Verträge, die es einer Partei gestatten, operative Entscheidungen des Kontrahenten zu bestimmen oder zu unterbinden, ebenfalls dieser Alternative zugeordnet.[1584] Die verbreitete Auffassung, auch Geschäftsführungsverträge mit externen Verwaltungsgesellschaften, durch welche die Funktionen des Exekutivorgans auf die Verwaltungsgesellschaft übertragen werden,[1585] begründeten eine Mutter-Tochter-Beziehung,[1586] ist dagegen abzulehnen. Denn solche Verträge sind seitens der gAG oder GmbH jederzeit kündbar.[1587]

Die Fallgruppe der Begründung eines Mutter-Tochter-Verhältnisses in anderer Weise dürfte faktische Einflußnahmen erfassen. Ob dazu bereits die Entsendung von Vertretern in den Direktorenrat ausreicht,[1588] ist nach hier vertretener Auffassung zumindest zweifelhaft, weil ein Kausalzusammenhang zwischen einem Direktorenratsmandat und konkreten Entscheidungen der Gesellschaft nicht ohne weiteres besteht und zudem jedenfalls in der GmbH vom kompetenzmäßigen Zuschnitt des Direktorenrates abhängt.

[1583] Nach dem Wortlaut der ZGB-Konzernhaftung reicht die Möglichkeit der Beeinflus-sung von Entscheidungen der Tochtergesellschaft aus, eine tatsächliche Einflußnahme ist nicht erforderlich; vgl. Arzinger/Galander, Russisches Wirtschaftsrecht, S. 32.

[1584] *Šapkina* (in: Zalesskij, Kommentarij k zakonu ob OOO, Art. 6 Rn. 2) nennt etwa Lizenzverträge, die bestimmte Zustimmungsvorbehalte zugunsten des Lizenzgebers enthalten.

[1585] Dazu s.o. S. 354 ff.

[1586] So Heeg, Durchgriffshaftung im russ. Recht der Kapitalgesellschaften, WiRO 2000, Nr. 1, S. 1 (2); Suchanov, Graždanskoe pravo, S. 241.

[1587] Vgl. Artt. 33 Ziff. 2 Nr. 4), 42 GmbHG; Artt. 48 Ziff. 1 Nr. 8), 69 Ziff. 1 Abs. 3 AktG. Mit der hier vertretenen Auffassung übereinstimmend Black/Kraakman/Tarassova, Russian Law on Joint Stock Companies, S. 114.

[1588] Dafür Heeg, Durchgriffshaftung im russ. Recht der Kapitalgesellschaften, WiRO 2000, Nr. 1, S. 1 (3); Tichomirov (Zalesskij), Kommentarij k zakonu ob OOO, Art. 6 Rn. 2.

2. Auslegung des Art. 6 Ziff. 3 Abs. 2 S. 2 AktG

Der Wortlaut der aktienrechtlichen Einschränkung führt dazu, daß eine beherrschende Kapitalbeteiligung als solche, d.h. das Vorliegen eines Mutter-Tochter-Verhältnisses, nicht geeignet ist, eine Haftung für rechtsgeschäftliche Verbindlichkeiten der als gAG verfaßten Tochtergesellschaft zu begründen. Denn als formales Kriterium für die Anerkennung des Weisungsrechtes wird dessen vertragliche oder satzungsmäßige Fixierung gefordert. Auffällig ist hier zunächst, daß die Einschränkung im ZGB keine Stütze findet und somit nach allgemeinen Grundsätzen nicht anwendbar wäre. Vor diesem Hintergrund verwundert es nicht, daß es die höchstrichterliche Rechtsprechung vermieden hat, die aktienrechtlichen Einschränkungen der ZGB-Konzernhaftung ausdrücklich für anwendbar zu erklären.[1589] Folgerichtig kommentiert RiOWG Šapkina Art. 6 Ziff. 3 Abs. 2 S. 2 AktG restriktiv dahingehend, die vertrags- oder satzungsmäßige Fixierung des Weisungsrechtes sei nicht Tatbestandsmerkmal, vielmehr bestimme sich die Haftung der Muttergesellschaft nach ihrer faktischen Rolle bei der Entstehung und Befriedigung der Verbindlichkeit der Tochtergesellschaft.[1590] Auch *Suchanov* sieht einen Widerspruch zwischen der Norm und der ZGB-Konzernhaftung.[1591]

Damit dürfte sich aus dem Fehlen der Einschränkung im GmbH-Recht kaum ein Rechtsformnachteil ergeben. Bereits zur ZGB-Konzernhaftung haben Entwurfsverfasser des ZGB vor Inkrafttreten des AktG die Auffassung geäußert, Weisungsrechte i.S.d. Art. 105 Ziff. 2 ZGB entstünden nie allein durch eine beherrschende Kapitalbeteiligung, sondern erforderten zusätzliche Voraussetzungen, die ihre rechtliche Durchsetzbarkeit gewährleisteten.[1592] Das Haftungsrisiko einer GmbH-Mutter dürfte daher nicht signikant, wenn überhaupt, über demjenigen einer gAG-Mutter liegen.

[1589] S.o. Fn. 394 m.w.N.

[1590] Vgl. Šapkina, in: dies., Kommentarij k zakonu ob AO, Art. 6 Rn. 3; zustimmend Heeg, Durchgriffshaftung im russ. Recht der Kapitalgesellschaften; WiRO 2000, Nr. 1, S. 1 (3).

[1591] Suchanov, Graždanskoe pravo 1, S. 241 (Fn. 1).

[1592] Vgl. Black/Kraakman/Tarassova, Russian Law on Joint Stock Companies, S. 115; Davis, Limited Liability under Russian Civil Code Art. 56, 105, PSJEEL 1995, Vol. 2, S. 379 (380) m.w.N.

II. Konkursverursachungshaftung

Die ZGB-Konkursverursachungshaftung ist eine Verschuldenshaftung. Verschuldensmaßstab sind gem. Art. 401 Ziff. 1 Abs. 1 ZGB Vorsatz und Fahrlässigkeit, soweit gesetzlich kein *anderer* Haftungsgrund bestimmt ist. In Abweichung hiervon soll gem. Art. 6 Ziff. 3 Abs. 3 S. 2 AktG die Insolvenz der Tochter-AG nur dann kausal auf einem Verschulden der Muttergesellschaft beruhen, wenn diese von ihrem Recht bzw. der bloßen Möglichkeit, Entscheidungen bei der Tochtergesellschaft zu beeinflussen, zu dem Zweck Gebrauch gemacht hat,[1593] die Tochtergesellschaft zu einer bestimmten Handlung zu veranlassen und dabei wußte, daß infolge dieser Handlung die Insolvenz der Tochtergesellschaft eintreten werde.[1594] Eine fahrlässige Insolvenzverursachung ist danach nicht haftungsbegründend.

Die Reduzierung der ZGB-Konkursverursachungshaftung auf eine reine Vorsatzhaftung begegnet denselben Bedenken wie bei der Haftung für rechtsgeschäftliche Verbindlichkeiten der Tochter. Bislang existieren keine Nachweise, daß die Gerichte den Fahrlässigkeitsausschluß akzeptieren werden.[1595] Im übrigen dürften sich Haftungsrisiken für ausländische Muttergesellschaften durch eine enge Führung der russischen Tochter weitgehend vermeiden lassen. Der im GmbH-Recht geltende weitere Verschuldensmaßstab sollte daher bei der Rechtsformwahl zwischen GmbH und gAG keine ausschlaggebende Rolle spielen.

III. Schadensersatzpflicht der Muttergesellschaft

Gem. Art. 105 Ziff. 3 ZGB haben Gesellschafter der Tochtergesellschaft einen Anspruch gegen die Muttergesellschaft auf Ersatz derjenigen Schäden, die der Tochtergesellschaft durch ein Verschulden der Muttergesellschaft entstanden sind, soweit die kapitalgesellschaftsrechtlichen Einzelgesetze nichts anderes bestimmen. Dieser Gesetzesvorbehalt unterscheidet diesen von den oben besprochenen Tatbeständen. Art. 6 Ziff. 3 Abs. 4 S. 2 AktG statuiert dieselben Haftungsvoraussetzun-

---

[1593] *Panteleev* (Vzaimootnošenija osnovnych i dočernych AO, ĖiŽ 1997, Nr. 3, S. 43) hält auch ein Unterlassen für ausreichend.

[1594] Ebenso Šapkina (dies.), Kommentarij k zakonu ob AO, Art. 6 Rn. 3.

[1595] Hierauf weisen *Black/Kraakman/Tarassova* (Russian Law on Joint Stock Companies, S. 117) zu Recht hin.

gen, wie sie das Aktienrecht für die Konkursverursachungshaftung nennt, mit dem Unterschied, daß die Haftungseinschränkungen hier zweifellos mit dem ZGB vereinbar und somit anwendbar sind. Dagegen kann eine als GmbH verfaßte Muttergesellschaft bereits dann in die Haftung genommen werden, wenn bei der Tochtergesellschaft ein Verlust entsteht, der kausal auf ein Verhalten der Muttergesellschaft zurückführbar ist und dieser insoweit ein Fahrlässigkeitsvorwurf zur Last fällt.

Die Voraussetzungen dieser actio pro socio sind im übrigen rechtsformidentisch weitgehend ungeklärt. Umstritten ist inbesondere, ob daneben für die Artt. 56 Ziff. 3 Abs. 2 ZGB, 3 Ziff. 3 AktG, 3 Ziff. 3 GmbHG ein eigenständiger Anwendungsbereich verbleibt.[1596]

IV. Wertung

Die ZGB-Konzernhaftung hat zunächst für einige Beunruhigung unter ausländischen Investoren geführt[1597] und wird von *Suchanov* als „Stein des Anstoßes" bezeichnet.[1598] Indessen sind in den vergangenen Jahren in der Praxis keine Haftungsfälle virulent geworden. Der Beweis der Tatbestandsvoraussetzungen dürfte selbst dann schwerfallen, wenn die Gerichte die Einschränkungen des AktG für die Haftung aus Rechtsgeschäften der Tochter und die Konkursverursachungshaftung nicht anwenden sollten.[1599] Einstweilen dürfte in der GmbH kein rechtsformspezifisch höheres Haftungsrisiko für Tochterverbindlichkeiten bestehen als in der gAG. Ob GmbH und gAG auch in Zukunft gleichermaßen als Rechtsträger für die Konzernspitze in Betracht kommen, bleibt abzuwarten. Hier wird von Interesse sein, ob und wie sich die von einigen ZGB-Entwurfsverfassern behauptete Anlehnung des russischen Gesetzgebers an niederländisches Konzernrecht[1600] bei der künftigen Ausdifferenzie-

---

[1596] Von einigen ZGB-Entwurfsverfassern wurde dies verneint; vgl. Davis, Limited Liabi-lity under Civil Code art. 56, 105, PSJEEL 1995, Vol. 2, S. 379.

[1597] Vgl. die Darstellung von Strategien zur Haftungsvermeidung bei Balayan, Durch-griffshaftung im neuen russischen ZGB, WiRO 1995, Nr. 8, S. 313 (314); Schwarz, Investieren in Rußland, S. 73 ff.

[1598] Suchanov, Zakon ob OOO, ChiP 1998, Nr. 5, S. 38 (47).

[1599] Ebenso *Lenga* (RF: AktG, WiRO 1996, Nr. 4, S. 131 [134]), welcher Bedenken wegen eines möglichen Haftungsdurchgriffs für kaum begründet erachtet.

[1600] Vgl. Davis, Limited Liability under Civil Code art. 56, 105, PSJEEL 1995, Vol. 2, S. 379.

rung auswirken wird. Das niederländische Konzernrecht bejaht einen Haftungsdurchgriff indessen nur dann, wenn sich die Muttergesellschaft intensiv in die Geschäftsführung der Tochter eingemischt und hierbei bestimmte, durch die Rechtsprechung konkretisierte Sorgfaltsnormen verletzt hat, die einen Deliktstatbestand begründen.[1601] Dies läßt auf eine restriktive Gerichtspraxis hoffen.

[1601] Vgl. Timmerman/Lennarts, Haftungsdurchgriff im niederländischen Gesellschaftsrecht, ZGB 1993, Nr. 3, S. 489 (508 f.).

Zusammenfassung der Ergebnisse

Das „GmbH-Unternehmen" ist die Realform einer personenverbandsmäßigen Unternehmensorganisation. Hierfür stellt das russische Kapitalgesellschaftsrecht mit der GmbH und der gAG zwei Rechtsträger zur Verfügung. Die Duplizität der Rechtsformen ist in erster Linie historisch bedingt. Die Beibehaltung der gAG durch den ZGB-Gesetzgeber geht nicht auf ein Bestreben zurück, die Rechtsform der AG als dem gesetzestypischen Großunternehmensträger für die mittelständische Wirtschaft zu öffnen. Hierfür hätte es Erleichterungen gegenüber dem Recht der oAG bedurft, die nur in Teilbereichen verwirklicht worden sind. Erleichterungen fehlen insbesondere in bezug auf Prospektpflichten, die Einberufung der Aktionärsversammlung und die Vollversammlung unter Verzicht auf Einberufungsformalitäten.

Legt man eine Gesamtschau des geltenden Kapitalgesellschaftsrechts zugrunde, so stellt sich die GmbH in der Rechtsformenkonkurrenz zur gAG als die flexiblere und kostengünstigere Rechtsform dar. Der Gesetzgeber hat der Satzungsautonomie im GmbH-Recht weiteren Raum als im Recht der gAG eingeräumt. Dies gilt in besonderem Maße für die Ausgestaltung der Mitgliedschaft, hier insbesondere die Stimmenverteilung und die Möglichkeit, einzelne Gesellschafter mit weitergehenden Rechten auszustatten, sowie für die kompaktere Organisationsverfassung.

Zwei wesentliche Strukturelemente der personalistischen Kapitalgesellschaft, nämlich die Geschlossenheit des Mitgliederkreises und die Annäherung von Mitgliedschaft und Unternehmensleitung, finden im GmbH-Recht stärkere Berücksichtigung als im Recht der gAG.

Allerdings verläuft zwischen den personalistischen Kapitalgesellschaftsformen insofern eine Trennlinie, als der Gesetzgeber bestrebt ist, das wirtschaftliche Risiko eines Engagements in der GmbH zu mildern, indem jeder Gesellschafter ohne wichtigen Grund seine Mitgliedschaft in der Gesellschaft jederzeit beenden und den tatsächlichen Wert seines Geschäftsanteils aus der Gesellschaft abziehen kann. Diese Herangehensweise des Gesetzgebers, die sich auch im Kapitalaufbringungsrecht und in weiteren Detailregelungen widerspiegelt, zieht eine gegenüber dem Recht der gAG potentiell reduzierte Unternehmensstabilität nach sich und übersieht, daß gerade in personalistisch strukturierten GmbH eine Mitunternehmergemeinschaft zu sehen ist, die maßgeblich auf eine starke Bindung des Einzelnen an die Gesellschaft und an seine Mitgesellschafter angewiesen ist. Mit dem ordentlichen Austrittsrecht ist der am GmbH-Recht zu übende Hauptkritikpunkt benannt.

Ein rechtsformidentischer Schwachpunkt des Kapitalgesellschaftsrechts liegt in der Ausgestaltung des Vertretungsrechts. Satzungsmäßige Beschränkungen der Geschäftsführungsbefugnis des Exekutivorgans können auf das Außenverhältnis durchschlagen, worin das russische Recht hinter dem im europäischen Gesellschaftsrecht erreichten acquis communautaire zurückbleibt. Die Problematik verstärkt sich noch durch die fehlende strikte Trennung der Funktionsbereiche des Direktorenrates und des Exekutivorgans.

Die GmbH ist die vorzugswürdige Rechtsform für Einmanngesellschaften. Im übrigen wird die Rechtsformwahl im Einzelfall in hohem Maße von der Beteiligungsstruktur abhängen. Aus der Sicht eines Investors, der beabsichtigt, nur wenige Partner mit geringen Anteilen einzubinden und selbst weit über die Hälfte der Anteile zu halten, muß sich das ordentliche Austrittsrecht aus der GmbH nicht als Minus darstellen, das den höheren Rechtsformaufwand der gAG rechtfertigt. Im Falle einer breiter gefächerten Beteiligungsstruktur mit gleichwertigen Anteilen müssen die Flexibilitäts- und Kostenvorteile der GmbH sorgfältig gegen das Risiko einer Belastung der Gesellschaft mit Abfindungsansprüchen ausgetretener Gesellschafter abgewogen werden.

Dagegen bietet sich unmittelbar eine gAG-Gründung an, soweit ein späteres going public intendiert ist. In diesem Fall wird für den Wechsel in die oAG keine Umwandlung i.e.S., sondern lediglich eine Satzungsänderung und ggf. eine Kapitalerhöhung erforderlich. Angesichts der wirtschaftlichen Realitäten wird dieser Aspekt jedoch auf absehbare Zeit eine eher untergeordnete Rolle spielen.

Als Fazit läßt sich festhalten, daß in der Russischen Föderation ein modernes Kapitalgesellschaftsrecht zur Verfügung steht. Berücksichtigt man die Ausgangsposition zu Beginn der neunziger Jahre, so beeindrucken die seitdem erbrachten gesetzgeberischen Leistungen durchaus. Die Duplizität der Kapitalgesellschaftsformen unterhalb der Kapitalmarktschwelle hat jedoch nicht zur Folge, daß Investoren ein für die

Bedürfnisse des „GmbH-Unternehmens“ optimaler Rechtsträger zur Verfügung stünde.

Heute erscheint es müßig darüber zu spekulieren, ob es für den Rechtsverkehr förderlicher gewesen wäre, wenn der ZGB-Gesetzgeber auf die Rechtsform der gAG verzichtet, dafür aber die wesentlichen Schwächen des geltenden GmbH-Rechts, wie etwa die Duplizität der Gründungsdokumente oder das ordentliche Austrittsrecht, vermieden hätte. Angesichts der in Rußland wohl noch auf absehbare Zeit untergeordneten Bedeutung der Unternehmensfinanzierung über den Kapitalmarkt und der dadurch bedingten relativ schwach ausgeprägten Notwendigkeit, russischen kleinen und mittleren Unternehmen bereits vor einem Börsengang die Gewöhnung an eine potentiell börsengängige Rechtsform zu ermöglichen, sprächen zwar durchaus gute Grunde dafür, dass ein Verzicht auf die gAG, verbunden mit einer Beseitigung der verbliebenen Schwächen des GmbH-Rechts, russischen Realitäten eher entsprochen hätte.

Gleichwohl ist der gefundenen Lösung zuzugeben, dass sie zukünftige wirtschaftliche Entwicklungen, welche die Öffnung des Aktienrechts für unterhalb der Kapitalmarktschwelle agierende Unternehmen erfordern könnten, bereits heute antizipiert.

Literaturverzeichnis

Abova, T. Je./Kabalkin, A. Ju./Mozolin, V. P., Graždanskij kodeks Rossijskoj Federacii - Čast' pervaja (Naučno-praktičeskij kommentarij) [Zivilgesetzbuch der Russischen Föderation - Erster Teil (Wissenschaftlich-praktischer Kommentar)], Moskau 1996 (zit.: Abova/Kabalkin/Mozolin [Bearbeiter], Kommentarij GK I).

Agarkov, M. M., Die Gesellschaften gegenseitigen Kredits, ZfOR 1929, Nr. 4, S. 565 f.

Ageev, S., Opjat' žiltovarišči pojut [Die Wohnungsgenossen singen wieder], Ékspert 1998, Nr. 26, S. 50 f.

Alekseev, S. S., Graždanskij Kodeks [Das Zivilgesetzbuch], in: GS Chochlov, S. 21 ff. (zit.: Alekseev, GK).

Amwrossov, A. I./v. Sydow, F., Russische Föderation: Gesetz zur Registrierung juristischer Personen, WiRO 2002, Nr. 2, S. 47 ff. (zit.: Amwrossov/v. Sydow, RF: Gesetz zur Registrierung juristischer Personen).

Andreev, Ju., O pravovom statuse agrarnych akcionernych obščestv [Zum rechtlichen Status von Agrar-Aktiengesellschaften], ChiP 1999, Nr. 7, S. 35 ff.

Ders., Rassmotrenie imuščestvennych sporov učastnikov chozjajstvennych tovariščestv i obščestv [Betrachtung von Vermögensstreitigkeiten der Gesellschafter wirtschaftlicher Personen- und Kapitalgesellschaften], GiP 1998, Nr. 4, S. 26 ff. (zit.: Andreev, Spory učastnikov chozjajstvennych obščestv).

Andreeva, I./Kaliničenko, N., Žizn' v obščestve [Das Leben in der GmbH], Ékspert 1998, Nr. 14, S. 14 ff.

Annenkov, K., Sistema russkago graždanskago prava - Tom 1 [Das System des russischen Zivilrechts - Band 1], 2. Aufl., Sankt Petersburg 1899 (zit.: Annenkov, Sistema russkago graždanskago prava).

Anochin, A., Praktika rassmotrenija arbitražnych del, svjazannych s ustupkoj prava trebovanija [Praxis wirtschaftsgerichtlicher Verfahren, die die Forderungsabtretung behandeln], ChiP 2000, Nr. 11, S. 59 ff. (zit.: Anochin, Ustupka prava trebovanija).

Anufrieva, Ju., Novye trebovanija k ustavu akcionernogo obščestva [Neue Anforderungen an die Satzung der Aktiengesellschaft], EiŽ 1996, Nr. 2, S. 38 (zit.: Anufrieva, Novye trebovanija k ustavu AO).

Arnold, H., Zivilgesetzbuch der Russischen Föderation im Entstehen, RIW 1995, Nr. 11, S. 897 ff. (zit.: Arnold, ZGB der RF im Entstehen).

Arzinger, R./Galander, T., Russisches Wirtschaftsrecht, Berlin 1997.

Assmann, H.-D./Schütze, R. A., Handbuch des Kapitalanlagerechts, München 1990 (zit.: Assmann/Schütze - Bearbeiter, Handbuch des Kapitalanlagerechts).

Aušev, I., Umen'šenie ustavnogo kapitala obščestva s ograničennoj otvetstvennost'ju [Die Herabsetzung des Satzungskapitals einer Gesellschaft mit beschränkter Haftung], Ross. Justicija 2001, Nr. 1, S. 46 (zit.: Aušev, Umen'šenie ustavnogo kapitala OOO).

Avilov, G. E., Chozjajstvennye tovariščestva i obščestva v Graždanskom Kodekse Rossii [Wirtschaftliche Personen- und Kapitalgesellschaften im Zivilgesetzbuch Rußlands], in: GS Chochlov, S. 176 ff. (zit.: Avilov, Chozjajstvennye tovariščestva i obščestva v GK Rossii).

Avtajeva, O., Dogovor s rukovoditjelem kommerčeskoj organizacii [Der Vertrag mit dem Leiter einer kommerziellen Organisation], Pravo i Ėkonomika 1999, Nr. 8, S. 64 f.

Bakšinskas, V. Ju., Sozdanie akcionernogo obščestva: kompleks pravootnošenij [Die Errichtung der Aktiengesellschaft: Ein Komplex von Rechtsbeziehungen], Pravo i Ėkonomika 1997, Nr. 21-22, S. 9 ff. (zit.: Bakšinskas, Sozdanie AO).

Ders./Dedov, D. I./Karelina, S. A., Pravovoe regulirovanie dejatel'nosti akcionernych obščestv (Akcionernoe pravo) [Die rechtliche Regelung der Tätigkeit von Aktiengesellschaften (Aktienrecht)], Moskau 1999 (zit.: Bakšinskas/Dedov/Karelina, Akcionernoe pravo).

Balayan, O. M., Durchgriffshaftung im neuen russischen Zivilgesetzbuch, WiRO 1995, Nr. 8, S. 313 f. (zit.: Balayan, Durchgriffshaftung im neuen russischen ZGB).

Bald, J., Die Rolle von Joint Ventures im Transformationsprozeß Osteuropas, Frankfurt a.M./Berlin/Bern/New York/Paris/Wien 1995.

Barz, S. A., Rechnungslegung und Buchführung in Rußland, Wiesbaden 1997.

Baumbach, A./Hueck, A., GmbH-Gesetz, 17. Aufl., München 2000 (zit.: Baumbach/Hueck [Bearbeiter], GmbHG-D).

Bažanova, A., Sankcii za nesvoevremennoe privedenie dokumentov OOO v sootvetstvie s novym zakonodatel`stvom [Sanktionen bei nicht rechtzeitiger Anpassung der Dokumente einer GmbH an die neue Gesetzgebung], Ékonomiko-pravovoj bjulleten` 1998, Nr. 6, S. 36 f. (zit.: Bažanova, Nesvoevremennoe privedenie dokumentov OOO v sootvetstvie s zakonodatel`stvom).

Dies., Voprosy privedenija učreditel`nych dokumentov OOO v sootvetstvie s dejstvujuščim zakonodatel`stvom [Fragen der Anpassung der Gründungsdokumente der GmbH an die geltende Gesetzgebung], Ékonomiko-pravovoj bjulleten` 1998, Nr. 6, S. 8 ff. (zit.: Bažanova, Voprosy privedenija dokumentov OOO v sootvetstvie s zakonodatel`stvom).

Becker, Ch., Gesellschaftsrecht in Rußland, München/Berlin 1998.

Behrens, P. (Hrsg.), Die Gesellschaft mit beschränkter Haftung im internationalen und europäischen Recht, 2. Aufl., Berlin/New York 1997 (zit.: Behrens [Bearbeiter], Die GmbH im internat. und europ. Recht).

Beljaev, K. P./Gorlov, V. A./Zacharov, V. A., Obščestva s ograničennoj otvetstvennost`ju: pravovoe položenie - praktičeskij kommentarij [Gesellschaften mit beschränkter Haftung: Rechtliche Verfassung - Praxiskommentar], Moskau 1999 (zit.: Beljaev/Gorlov/Zacharov, OOO: pravovoje položenije).

Belostockaja, N. D./Zenkin, I. V., Obščestvo s ograničennoj otvetstennost`ju [Die Gesellschaft mit beschränkter Haftung], Moskau 1995 (zit.: Belostockaja/Zenkin, OOO).

Belych, V. S./Skuratovskij, M. L., Graždanskij kodeks Rossii: novaja model` regulirovanija i sudebnaja praktika [Das Zivilgesetzbuch Rußlands: neues und Modell und gerichtliche Praxis], GiP 2001, Nr. 8 S. 5 ff. (zit.: Belych/Skuratovskij, GK: novaja model` regulirovanija).

Berlin, E., Zaščita firmennogo naimenovanija [Der Schutz der Firma], ÉiŽ-Jurist Nr. 18, Mai 2001, S. 2.

Bernstorff v., C., Zivilrechtsentwicklung in Mittel- und Osteuropa, RIW 1998, Nr. 11, S. 825 ff.

Birds, J. R., Die britische Private Company, in: Roth, Das System der Kapitalgesellschaften im Umbruch - ein internationaler Vergleich, S. 138 ff. (zit.: Birds, Die britische Private Company).

Black, B. S./Kraakman, R./Tarassova, A. S., Guide to the Russian Law on Joint Stock Companies, The Hague London Boston 1998 (zit.: Black/Kraakman/Tarassova, Russian Law on Joint Stock Companies).

Bochanov, A.N., Probleme der industriellen Modernisierung Rußlands (Sergej Witte und Friedrich List), in: Beyrau, D./Čičurov, I./Stolleis, M. (Hrsg.), Reformen im Rußland des 19. und 20. Jahrhunderts, Ius Commune - Sonderheft 86, Frankfurt a.M. 1996, S. 139 ff. (zit.: Bochanov, Probleme der industriellen Modernisierung Rußlands).

Bogatych, E. A., Graždanskoe i torgovoe pravo [Zivil- und Handelsrecht], Moskau 1996.

Bogdanov, E. V., Suščnost' i otvetstvennost' juridičeskogo lica [Wesen und Haftung der juristischen Person], GiP 1997, Nr. 10, S. 97 ff. (zit.: Bogdanov, Suščnost' juridičeskogo lica).

Boguslawskij, M. M., Das internationale Privatrecht in der UdSSR, RIW 1988, Nr. 3, S. 161 ff.

Ders., Die Rechtslage ausländischer Investitionen in den Nachfolgestaaten der Sowjetunion, München 1993.

Ders., Handels- und Unternehmensrecht in Rußland, in: Horn/Pleyer, Handelsrecht und Recht der Kreditsicherheiten in Osteuropa, S. 35 ff.

Ders. (Hrsg.)/Orlov, L. N., Zakonodatel'stvo Rossii o sovmestnych predprijatijach [Die Gesetzgebung Rußlands über Gemeinschaftsunternehmen], Moskau 1993.

Braginskij, M. I./Vitrjanskij, V. V./Zvekov, V. P./Suchanov, E. A./Jarošenko, K. B., Kommentarij časti pervoj Graždanskogo Kodeksa Rossijskoj Federacii [Kommentar des ersten Teils des Zivilgesetzbuches der Russischen Föderation], Moskau 1996 (zit.: Braginskij et al. [Bearbeiter], Kommentarij GK I).

Ders./Vitrjanskij, V. V./Suchanov, E. A./Jarošenko, K. B., Kommentarij časti vtoroj Graždanskogo kodeksa Rossijskoj Federacii dlja predprinimatelej [Kommentar des zweiten Teils des Zivilgesetzbuches der Russischen Föderation für Unternehmer], Moskau 1996 (zit.: Braginskij et al. [Bearbeiter], Kommentarij GK II dlja predprinimatelej).

Breidenbach, St. (Hrsg.), Handbuch Wirtschaft und Recht in Osteuropa, München 1993, Loseblatt, Stand: September 1999 - 28. Ergänzungslieferung (zit.: Breidenbach, WiRO-Handbuch).

Brockstedt, K.-Chr., Russische Föderation: Auslandsinvestitionsgesetz, WiRO 1999, Nr. 12, S. 455 ff. (zit.: Brockstedt, RF: AIG).

Bruder, H./DuCharme, St., Corporate Governance in Russland, WiRO 2001, Nr. 8, S. 225 ff.

Brunner, G. , Die Entstehung eines neuen Gesellschaftsrechts in Osteuropa, in: FS für Prof. Stanislaw Włodyka, Krakau 1996, S. 44 ff.

Ders., Handelsgesellschaften im Sozialismus?, in: Westen, K./Brunner, G./ Schroeder, F.-C. (Hrsg.), Sozialistisches Wirtschaftsrecht zwischen Wandel und Beharrung, Berlin 1988, S. 89 ff.

Ders. (Hrsg.), Verfassungs- und Verwaltungsrecht der Staaten Osteuropas - VSO, Berlin 1995, Loseblatt (zit.: Brunner, VSO).

Ders./Schmid, K./Westen, K. (Hrsg.), Wirtschaftsrecht der osteuropäischen Staaten - WOS, Baden-Baden 1991, Loseblatt, Stand: März 2001 - 121. Ergänzungslieferung (zit.: Brunner/Schmid/Westen, WOS).

Bryzgalin, A. V., Ponjatie i suščnost` sub``ekta predprinimatel`skoj dejatel`nosti kak učastnika graždansko-pravovych otnošenij [Begriff und Wesen des Subjektes unternehmerischer Tätigkeit als Teilnehmer bürgerlicher Rechtsverhältnisse], Pravovedenie 1994, Nr. 1, S. 73 ff. (zit.: Bryzgalin, Ponjatie i suščnost` sub``ekta predprini-matel`skoj dejatel`nosti).

Bublik, B., Graždanskoe zakonodatel`stvo i imuščestvennyj status ėkonomičeskich agentov [Das Zivilrecht und die vermögensrechtliche Stellung von Handelsagenten], ChiP 1996, Nr. 8, S. 61 ff.

Bundesinstitut für ostwissenschaftliche Studien (Hrsg.), Rußland in Europa?, Köln/Weimar/Wien 2000.

Burger, E. S./Danilov, Je./Paliashvili, I., Russia`s New Law on Limited Liability Companies: A Practical Guide, BNA's Eastern Europe Reporter 1998 - Special Supplement (zit.: Burger/Danilov/Paliashvili, New Law on LLC).

Butler, W. E., Russian Law, Oxford/New York 1999.

Ders./Gashi-Butler, M. E., Russian Company Law, 3. Aufl., The Hague/ London/Boston 2000.

Cepov, G., Dogovor ili objazatel`stvo? [Vertrag oder Pflicht?], Žurnal dlja akcionerov 1999, Nr. 1, S. 34 ff.

Chabarov, S., Kommentarij k federal`nomu zakonu „O rynke cennych bumag" [Kommentar zum Bundesgesetz „Über den Wertpapiermarkt"], Pravo i Ėkonomika 1999, Nr. 2, S. 10 ff.; Nr. 3, S. 3 ff; Nr. 4, S. 4 ff.; Nr. 6, S. 3 ff.; Nr. 8, S. 3 ff.; Nr. 10, S. 5 ff.; Nr. 11, S. 3 ff. (zit.: Chabarov, Kommentarij k zakonu o rynke cennych bumag).

Christiansen. J., Advantages - and Disadvantages - of New Law on Limited Liability Companies, East/West Executive Guide 1998, April, S. 3 ff. (zit.: Christiansen, New Law on Limited Liability Companies).

Claussen, C. P., Das Gesetz über die kleine Aktiengesellschaft - und die ersten praktischen Erfahrungen, WM 1996, Nr. 14, S. 609 ff. (zit.: Claussen, Das Gesetz über die kleine AG).

Čurilov, A./Guščin, V., Zakon „O predprijatijach i predprinimatel`skoj dejatel`nosti": praktika primenenija i puti obnovlenija [Das Gesetz „Über Unternehmen und unternehmerische Tätigkeit": Anwendungspraxis und Wege der Erneuerung], ChiP 1994, Nr. 4, S. 52 ff. (zit.: Čurilov/Guščin, Zakon o predprijatijach: praktika primenenija i puti obnovlenija).

Cybulenko, Z. I. (Hrsg.), Graždanskoe pravo Rossii - Čast` pervaja [Das Zivilrecht Rußlands - erster Teil], Moskau 1998 (zit.: Cybulenko, Graždanskoe pravo I).

Davis, N., International Lawyer`s Group: Limited Liability under Russian Civil Code art. 56, 105, PSJEEL 1995, Vol. 2, S. 379 ff. (zit.: Davis, Limited Liability under Russian Civil Code art. 56, 105).

Dedikov, S., Zakon surov, no ... neobjazatelen [Das Gesetz ist streng, aber ... nicht verbindlich], Zakon 1997, Nr. 5, S. 78 ff.

Dillenz, O., Das russische Wettbewerbsrecht, Wien/New York 1998.

Dojnikov, I. V., Predprinimatel`skoe pravo [Unternehmerrecht], Moskau 1998.

Dolinskaja, V. V., Akcionernoe pravo [Aktienrecht], Moskau 1997.

Dies., Zakon ob akcionernych obščestvach: Organy juridičeskogo lica [Das Gesetz über Aktiengesellschaften: die Organe der juristischen Person], GiP 1996, Nr. 7, S. 59 ff. (zit.: Zakon ob AO: Organy juridičeskogo lica).

Dolženko, A. N./Reznikov, V. B./Chochlova, N. N., Sudebnaja praktika po graždanskim delam [Die Gerichtspraxis in Zivilsachen], Moskau 2001.

Doronina, N. G., Obzor zakonodatel`stva ob inostrannych investicijach za 1996 god [Übersicht über die Gesetzgebung über ausländische Investitionen im Jahr 1996], Pravo i Ékonomika 1997, Nr. 4, S. 39 ff.

Dies., Problemy pravovogo regulirovanija inostrannych investicij [Probleme der rechtlichen Regulierung ausländischer Investitionen], Zakonodatel`stvo i Ékonomika 1996, Nr. 5-6, S. 3 ff. (zit.: Doronina, Inostrannye investicii).

Drozdova, L., Priëm v OOO novych učastnikov: pravovye problemy [Die Aufnahme neuer Gesellschafter in die GmbH: rechtliche Probleme], ChiP 1999, Nr. 5, S. 95 ff. (zit.: Drozdova, Priëm v OOO novych učastnikov).

Eliseev, A., Dolgie provody - lišnie slëzy [Je länger der Abschied, desto mehr Tränen], ÉiŽ 1998, Nr. 21, S. 27.

En`kova, Je., Voprosy registracii kommerčeskich organizacij s inostrannymi investicijami [Fragen der Registrierung von Wirtschaftsorganisationen mit ausländischen Investitionen], ÉiŽ 1999, Nr. 47, S. 25.

Ennser, H.-G., Die Gesetzgebung über Joint Ventures in der Sowjetunion, Diss. Passau 1990, Baden-Baden 1991.

Erdelevskij, A., Tolkovanie dogovora [Vertragsauslegung], Ross. Justicija 1999, Nr. 4, S. 13.

Erpyleva, N. Ju., Kollizionnye normy v sovremennom meždunarodnom častnom prave [Kollisionsnormen im modernen Internationalen Privatrecht], Zakonodatel`stvo i ékonomika 1998, Nr. 2, S. 57 ff. (zit.: Erpyleva, Kollizionnye normy).

Eršova, I./Mgjuja, Sozdanie kommerčeskich organizacij [Die Errichtung kommerzieller Organisationen], Zakon 2001, Nr. 8, S. 62 ff.

Fajzutdinov, I., Vychod učastnika iz obščestva s ograničennoj otvetstvennost`ju: sudebnaja praktika [Der Austritt des Gesellschafters aus einer Gesellschaft mit beschränkter Haftung: gerichtliche Praxis], ChiP 2000, Nr. 9, S. 113 ff. (zit.: Fajzutdinov, Vychod učastnika iz OOO: sudebnaja praktika).

Ders., Vykup po-akcionerski [Aufkauf nach Aktionärsart], ÉiŽ 2000, Nr. 10, S. 31.

Fanger. H., Direktinvestitionen in Russland, Schriften zur betriebswirtschaftlichen Steuerlehre Band 41, Bielefeld 2002.

Feitelberg, M., Staatliche und gemischte Aktiengesellschaften im Sowjetrecht, Heidelberg 1929.

Feldbrugge, F. J. M./ Van den Berg, G. P./Simons, W. B. (Hrsg.), Encyclopedia of Soviet Law, 2. Aufl., Dordrecht/Boston/Lancaster 1985.

Filatov, A. A./Filatova, N. N., L´goty pri vvoze tovarov v ustavnyj kapital sovmestnych predprijatij [Vergünstigungen bei der Einfuhr von Waren auf das Satzungskapital von Gemeinschaftsunternehmen], Inostrannyj kapital v Rossii 1998, Nr. 6, S. 16 ff.

Filipenko, M., Sovmestnaja dejatel`nost` predprijatij [Die gemeinsame Tätigkeit von Unternehmen], ÉiŽ-BP 2000, Nr. 36, S. 17 ff.

Filippova, S., Osnovanija uvol`nenija rukovoditelja dolžny byt` ukazany v kontrakte [Die Gründe zur Entlassung des Leiters müssen im Arbeitsvertrag genannt sein], Ross. Justicija 2001, Nr. 1, S. 28 f.

Franzen, W./Haarland, H. P./Niessen, H.-J., Transformationsbarometer Osteuropa 2000, Frankfurt/New York 2000.

Freckmann, A., The Managing Director of a German GmbH, ICCLR 2000, Issue 12, S. 422 ff.

Frenkel, W. G., Doing Business in Russia - Commercial law of Russia: a legal treatise, The Parker School of Foreign & Comparative Law - Columbia University 1998, Loseblattwerk (zit.: Frenkel, Doing Business in Russia).

Ders., Overview of the new Russian Corporation Law, PSJEEL 1996, Vol. 3, S. 101 ff.

Freund, H., Das Zivilrecht Sowjetrußlands, Mannheim/Berlin/Leipzig 1924.

Freytag, H., Die Gründung der Aktiengesellschaft nach sowjet-russischem Recht, Diss. Freiburg i.B. 1930.

Friedewald, R., Die personalistische Aktiengesellschaft, Abhandlungen zum deutschen und europäischen Handels- und Wirtschaftsrecht Band 73, Köln/Berlin/Bonn/München 1991.

Geilke, G., Einführung in das Sowjetrecht, 2. Aufl., Darmstadt 1983.

Genkin, D. M. /Novickij, I. B. /Rabinovič, N. V., Istorija sovetskogo gosudarstva i prava 1917 - 1947 [Geschichte des sowjetischen Staats und Rechts 1917 - 1947], Moskau 1949 (zit.: Genkin et al., Istorija sovetskogo gosudarstva i prava).

Geßler, E., Bedeutung und Auslegung des § 23 Abs. 5 AktG, in: FS für Martin Luther, München 1976, S. 69 ff.

Ders./Hefermehl, W./Eckardt, U./Kropff, B., Aktiengesetz - Kommentar, Band I §§ 1 - 75, München 1984 (zit.: Geßler et al. [Bearbeiter], AktG I).

Glazyrin, V., Osobennosti regulirovanija truda v akcionernych obščestvach [Besonderheiten der Arbeitsregelung in Aktiengesellschaften], Zakonodatel'stvo i Ékonomika 1997, Nr. 3-4, S. 8 ff. (zit.: Glazyrin, Osobennosti regulirovanija truda v AO).

Ders., Trudovye dogovory (kontrakty) s inostrannymi graždanami [Arbeitsverträge (Kontrakte) mit ausländischen Bürgern], Pravo i Ékonomika 1998, Nr. 4, S. 61 ff.

Glušeckij, A. A., Akcionernoe obščestvo zakrytogo tipa ili tovariščestvo s ograničennoj otvetstvennost'ju: čto vybrat'? [Aktiengesellschaft geschlossenen Typs oder Gesellschaft mit beschränkter Haftung: was wählen?], Ross. ékonomičeskij žurnal 1993, Nr. 6, S. 27 ff. (zit.: Glušeckij, AOzT ili TOO: čto vybrat'?).

Ders., Ich v dver' - oni v okno: Dolžnost' direktora prevraščaetsja v požiznennyj titul [Wirft man sie zur Tür hinaus, kommen sie durchs Fenster wieder hinein: Das Amt des Direktors wird zum Titel auf Lebenszeit], ÉiŽ 1998, Nr. 33, S. 29 (zit.: Glušeckij, Ich v dver' - oni v okno).

Ders., Konstrukcija „narodnogo predprijatija" iskusstvenna i nežiznesposobna [Die Konstruktion des „Volksunternehmens" ist künstlich und nicht lebensfähig], Ross. ékonomičeskij žurnal 1998, Nr. 2, S. 15 ff.

Ders., Kto imeet pravo učastvovat` v obščem sobranii akcionerov [Wer hat das Recht, an einer Aktionärsversammlung teilzunehmen], Pravo i Ėkonomika 1997, Nr. 15-16. S. 7 ff.

Ders., Kvorum obščego sobranija [Das Quorum der Aktionärsversammlung], Pravo i Ėkonomika 1997, Nr. 21-22, S. 16 ff.

Ders. (Hrsg.), Obščee sobranie akcionerov: sozyv i provedenie [Die Aktionärsversammlung: Einberufung und Durchführung], Praktikum Akcionirovanija 1997, Vypusk 7 (zit.: Gluščeckij, Obščee sobranie akcionerov).

Ders., Obščestvo (tovariščestvo) s ograničennoj otvetstvennost`ju: podvodnye kamni [Die Gesellschaft mit beschränkter Haftung: Stolpersteine], ĖiŽ 1997, Nr. 19, S. 30 (zit.: Gluščeckij, OOO: podvodnye kamni).

Ders., Organy upravlenija akcionernogo obščestva: vozmožny varianty [Die Leitungsorgane der Aktiengesellschaft: Varianten sind möglich], ĖiŽ 1996, Nr. 9, S. 38 f. (zit.: Gluščeckij, Organy upravlenija AO).

***Ders.* (Hrsg.)**, Organy upravlenija akcionernym obščestvom: Kompetencija, porjadok formirovanija [Die Leitungsorgane der Aktiengesellschaft: Kompetenzen, Bestellungsverfahren], Praktikum akcionirovanija 1997, Vypusk 5 (zit.: Gluščeckij, Organy upravlenija akcionernym obščestvom).

Ders., Perechod doli v ustavnom kapitale OOO [Der Übergang des Anteils am Satzungskapital einer GmbH], ĖiŽ 1998, Nr. 14, S. 21.

Ders., Pereustupka doli po soglasiju [Die Anteilsabtretung nach Zustimmung], ĖiŽ 1998, Nr. 15, S. 24.

Ders., Preobrazovanie OOO v AO: praktičeskie rekomendacii [Umwandlung einer GmbH in eine AG: praktische Empfehlungen], ĖiŽ 1998, Nr. 20, S. 22 (zit.: Gluščeckij, Preobrazovanie OOO v AO).

Ders., Prodavat` akcii v zakrytych akcionernych obščestvach stalo prošče [Es ist einfacher geworden, die Aktien in geschlossenen Aktiengesellschaften zu verkaufen], ĖiŽ 1995, Nr. 37, S. 8 (zit.: Gluščeckij, Prodavat` akcii v zakrytych AO stalo prošče).

Ders., Sovet direktorov: vybory i členstvo [Der Direktorenrat: Wahlen und Mitgliedschaft], ĖiŽ 1996, Nr. 37, S. 42.

Ders., Vychod učastnika iz obščestva s ograničennoj otvetstvennost`ju [Der Austriit des Gesellschafters aus einer Gesellschaft mit beschränkter Haftung], ÉiŽ 1995, Nr. 47, S. 38 (zit.: Glušeckij, Vychod učastnika iz OOO).

Ders., Vydviženie kandidatov v sovet direktorov i revizionnyju komissiju akcionernogo obščestva [Die Nominierung von Kandidaten zum Direktorenrat und zur Revisionskommission der Aktiengesellschaft], Pravo i Ékonomika 1997, Nr. 13-14, S. 9 ff. (zit.: Glušeckij, Vydviženie kandidatov v sovet direktorov AO).

Ders./Kravčenko, M., Dividendy akcionernogo obščestva: ob``javlenie i vyplata [Dividenden der Aktiengesellschaft: Ankündigung und Auszahlung], Moskau 1998 (zit.: Glušeckij/Kravčenko, Dividendy AO: ob``javlenie i vyplata).

Ders./Lipaev, F., Vykup akcii po trebovaniju akcionerov [Aufkauf von Aktien auf Verlangen von Aktionären], Pravo i ékonomika 1999, Nr. 12, S. 3 ff.

Ders. (Hrsg.)/Vitrjanskij, V. V./Suchanov, E. A./Čekurova, M. V./Jakutin, Ju. V., Novyj Graždanskij Kodeks Rossijskoj Federacii ob akcionernych obščestvach i inych juridičeskich licach [Das neue Zivilgesetzbuch der Russischen Föderation über Aktiengesellschaften und andere juristische Personen], Praktikum akcionirovanija, vypusk 7, Moskau 1995 (zit.: Glušeckij et al., Novyj GK RF ob AO i inych juridičeskich licach).

Glušeckij, T./Panteleev, P., Osnovnye i dopolnitel`nye prava učastnika obščestva s ograničennoj otvetstvennost`ju [Grundlegende und zusätzliche Rechte des Gesellschafters einer Gesellschaft mit beschränkter Haftung], ÉiŽ 1998, Nr. 16, S. 24 (zit.: Glušeckij/Panteleev, Osnovnye i dopolnitel`nye prava učastnika OOO).

Göthel, St. R., Internationales Privatrecht des Joint Ventures, RIW 1999, Nr. 8, S. 566 ff. (zit.: Göthel, IPR des Joint Ventures).

Götz, R., Die Kluft zwischen Rußland und dem Westen, BiOST-Bericht 15-1999, Köln 1999.

Gojchbarg, A.G., Očerki chozjajstvennogo prava [Grundzüge des Wirtschaftsrechts], Moskau 1927.

Golicyn, J., Kapital istorii [Kapital der Geschichte], Ekspert 1999, Nr. 38, S. 26 ff.

Goloviznin, A., Nekotorye voprosy učastija v graždanskom oborote organov gosudarstvennoj vlasti (mestnogo samoupravlenija) [Einige Fragen der Beteiligung von Organen der staatlichen Gewalt (der kommunalen Selbstverwaltung) am Privatrechtsverkehr], ChiP 1999, Nr. 6, S. 59 ff. (zit.: Goloviznin, Voprosy učastija v graždanskom oborote organov gosudarstvennoj vlasti).

Golubkov, A., Perechod prav na dolju (čast' doli) v ustavnom kapitale obščestva s ograničennoj otvetstvennost'ju [Der Übergang der Rechte an einem Anteil (einem Teil eines Anteils) am Satzungskapital einer Gesellschaft mit beschränkter Haftung], ĖiŽ 1998, Nr. 26, S. 26 (zit.: Golubkov, perechod prav na dolju).

Ders., Uveličenie ustavnogo kapitala OOO za sčët ego imuščestva (Die Erhöhung des Satzungskapitals der GmbH aus ihrem Vermögen), ĖiŽ 1998, Nr. 28, S. 20 (zit.: Golubkov, Uveličenie ustavnogo kapitala OOO).

Golubov, G. D., Sootnošenie položenij Graždanskogo kodeksa i Zakona ob akcionernych obščestvach [Das Verhältnis der Bestimmungen des Zivilgesetzbuches und des Aktiengesetzes], in: GS Chochlov, S. 167 ff. (zit.: Golubov, Sootnošenie položenij GK i Zakona ob AO).

Ders./Prichod'ko, I., Čudo sveta vremen razvitogo kapitalizma [Das Wunder des Zeitenanbruchs des entwickelten Kapitalismus], Zakon 1992, Nr. 2, S. 57 ff.

Gorbačëv, I. A., Tovariščestvo, akcionernyja i paevyja kompanii (zakony i praktika), [Gesellschaft, Aktien- und Anteilskompagnien (Gesetze und Praxis)], Moskau 1910 (zit.: Gorbačëv, Tovariščestvo, akcionernyja i paevyja kompanii).

Gorchakov, E., Russian Corporate Wars: The Dilution of Stock, PSJEEL 2000, Vol. 7 No. 1, S. 83 ff. (zit.: Gorchakov, Dilution of Stock).

Gorinov, A., Kak zaregistrirovat' predprijatie? [Wie registriert man ein Unternehmen?], EiŽ 1994, Nr. 32, S. 15.

Gribanov, A., Predprijatie i firmennoe naimenovanie [Das Unternehmen und der Firmenname], ChiP 2000, Nr. 11, S. 3 ff.

Gromotke, C., Die neuere Entwicklung und Ausgestaltung des GmbH-Rechts in den ostmitteleuropäischen Staaten vor dem Hintergrund ihrer EU-Integration, Berlin 1994 (zit.: Gromotke, Entwicklung und Ausgestaltung des GmbH-Rechts in Ostmitteleuropa).

Gubin, E. P., Pravovoe regulirovanie dejatel`nosti akcionernych obščestv (Akcionernoe pravo) [Die rechtliche Regulierung der Tätigkeit von Aktiengesellschaften (Aktienrecht)], Moskau 1998 (zit.: Gubin, Akcionernoe pravo).

Ders., Upravlenie i korporativnyj kontrol` v akcionernom obščestve [Leitung und korporative Kontrolle in der Aktiengesellschaft], Moskau 1999 (zit.: Gubin, Upravlenije i korporativnyj kontrol` v AO).

Guljaev, A. M., Russkoe graždanskoe pravo, 3. Aufl., Sankt Petersburg 1912.

Gurov, M., Dogovor prostogo tovariščestva [Der Vertrag der einfachen Gesellschaft], EiŽ-BP 1999, Nr. 12, S. 7 ff.

Guyon, Y., Die Societé par Actions Simplifiée (SAS) - eine neue Gesellschaftsform in Frankreich, ZGR 1994, Nr. 3, S. 551 ff. (zit.: Guyon, Die SAS).

Guyot, D., Gemischte Gesellschaften sowjetischen Rechts, JBfOR Bd. XXIX (1988), S. 39 ff.

Habersack, M., Europäisches Gesellschaftsrecht, München 1999.

Hachenburg, Gesetz betreffend die Gesellschaften mit beschränkter Haftung (GmbHG), Großkommentar, 7. Aufl., Berlin/New York 1975, 8. Aufl., Berlin/New York 1992 (zit.: Hachenburg [Bearbeiter], GmbHG-D, Aufl.).

Hazard, J. N., Soviet Law: The Bridge Years, 1917 - 1920, in: Butler, W. E. (Hrsg.), Russian Law: historical and political perspectives, Leyden 1977, S. 235 ff.

Heeg, V., Durchgriffshaftung im russischen Recht der Kapitalgesellschaften, WiRO 2000, Nr. 1, S. 1 ff. (zit.: Heeg, Durchgriffshaftung im russ. Recht der Kapitalgesellschaften).

Heger, S., Funkcii dogovora i ustava pri sozdanii i dejatel`nosti obščestva s ograničennoj otvetstvennost`ju i podobnych form kompanii. Analiz praktiki trech stran [Funktionen von Vertrag und Satzung der Gesellschaft mit beschränkter Haftung und ähnlicher Rechtsformen. Eine Analyse der Praxis dreier Staaten], Zakon 1994, Nr. 5, S. 94 ff. (zit.: Cheger, Dogovor i ustav obščestva s ograničennoj otvetstvennost`ju).

Heidemann, Th., Die GmbH in der Russischen Föderation, GmbHR 2002, Nr. 15, S. 732 ff. (zit.: Heidemann, Die GmbH in der RF).

Hölters, W./Deilmann, B., Die „kleine" Aktiengesellschaft und sonstige Neuerungen der Aktienreform 1994, München 1997 (zit.: Hölters/Deilmann, Die „kleine" AG).

Holloch, K., Das neue russische Wirtschaftsrecht, insbesondere das Gesellschaftsrecht, in: Schroeder, Die neuen Kodifikationen in Rußland, S. 39 ff. (zit.: Holloch, Neues russisches Wirtschaftsrecht).

Hommelhoff, P., „Kleine Aktiengesellschaften" im System des deutschen Rechts, AG 1995, Nr. 12, S. 529 ff.

Hopt, K. J., Handels- und Gesellschaftsrecht, Band II: Gesellschaftsrecht, 4. Aufl., München 1996 (zit.: Hopt, Gesellschaftsrecht).

Horn, N./Pleyer, K. (Hrsg.), Handelsrecht und Recht der Kreditsicherheiten in Osteuropa, Berlin/New York 1997.

Hueck, G., Gesellschaftsrecht, 19. Aufl., München 1991.

Hüffer, U., AktienG, 4. Aufl., München 1999 (zit.: Hüffer, AktienG-D).

Hüper, C., Das Einführungsgesetz zum neuen Zivilgesetzbuch der Russischen Föderation, in: Breidenbach (Hrsg.), Handbuch Wirtschaft und Recht in Osteuropa, RUS SYST 21 (zit.: Hüper, Das Einführungsgesetz zum ZGB).

Dies., Unternehmenskauf in Rußland, Diss., Berlin 1998.

Ioncev, M. G., Akcionernye obščestva - Pravovye osnovy, imuščestvennye otnošenija, zaščita prav akcionerov [Aktiengesellschaften - Rechtsgrundlagen, Vermögensbeziehungen, Schutz der Aktionärsrechte], Čast` 1 [Teil 1], 2. Aufl., Moskau 2000 (zit.: Ioncev, Akcionernye obščestva 1).

Ders., Akcionernye obščestva - Upravlenie, korporativnyj kontrol` [Aktiengesellschaften - Leitung, korporative Kontrolle], Čast` 2 [Teil 2], Moskau 2000 (zit.: Ioncev, Akcionernye obščestva 2).

Ionova, Ž. A., Pravovye problemy licenzirovanija predprinimatel`stva v Rossii [Rechtsprobleme der Lizenzierung des Unternehmenrtums in Rußland], Pravovedenie 1996, Nr. 3, S. 95 ff. (zit.: Ionova, Pravovye problemy licenzirovanija).

Ivanov, I. L., Principy dejatel`nosti upravljajuščich akcionernogo obščestva [Prinzipien der Tätigkeit der Leitungspersonen einer Aktiengesellschaft], Žurnal rossijskogo prava 1999, Nr. 5/6, S. 125 ff. (zit.: Ivanov, Principy dejatel`nosti upravljajuščich AO).

Ivanova, T./Tolmačeva, É., Émissija akcii pri sozdanii AO: nekotorye aspekty [Die Emission von Aktien bei Errichtung einer AG: einige Aspekte], Zakon 2001, Nr. 8, S. 86 ff. (zit.: Ivanova/Tolmačeva, Émissija akcii pri sozdanii AO).

Izotova, S. V./Makarova, O. A., Obščestvo s ograničennoj otvetstvennost`ju: problemy i rešenija [Die Gesellschaft mit beschränkter Haftung: Probleme und Lösungen], Juridičeskaja praktika 1997, Nr. 2 (9), S. 84 ff. (zit.: Izotova/Makarova, OOO: problemy i rešenija).

Jakovlev, V. F., O nekotorych voprosach primenenija časti pervoj graždanskogo kodeksa arbitražnymi sudami [Zu einigen Fragen der Anwendung des ersten Teils des Zivilgesetzbuches durch die Wirtschaftsgerichte], VVAS 1995, Nr. 5, S. 88 ff. (zit.: Jakovlev, Primenenie GK I arbitražnymi sudami).

Jasper, J., Entstehung, Bedeutung und Tragfähigkeit der Konzeption der Finanz-Industriellen-Gruppen in der Russischen Föderation, Osteuropa-Wirtschaft 1999, Nr. 1, S. 29 ff. (zit.: Jasper, FIG in der RF).

Jumašev, Ju. M., Die schwierige Wiederentstehung des russischen Gesellschaftsrechts, ROW 1993, Nr. 4, S. 97 ff.

Ders., Inostrannye koncessii v Rossii i SSSR (20 - 30-e gody) [Ausländische Konzessionen in Rußland und der UdSSR (20er und 30er Jahre)], GiPr 1993, Nr. 10, S. 100 ff. (zit.: Jumašev, Inostrannye koncessii v Rossii i SSSR).

Kalmykov, Ju. Ch., O značenii obščich položenij graždanskogo zakonodatel`stva [Zur Bedeutung der allgemeinen Bestimmungen des Zivilrechts], in: GS Chochlov, S. 43 ff.

Kalpin, A. G./Masljaev, A. I. (Hrsg.), Graždanskoe pravo - čast` pervaja [Zivilrecht - erster Teil], Moskau 1997 (zit.: Kalpin/Masljaev, Graždanskoe pravo I).

Kaminka, A. I., Očerki torgovogo prava [Grundzüge des Handelsrechts], Vypusk 1 [Band 1], 2. Aufl., Sankt Petersburg 1912.

Karjala, D. S., Die close corporation im Recht der USA, in: Roth, Das System der Kapitalgesellschaften im Umbruch - ein internationaler Vergleich, S. 161 ff. (zit.: Karjala, Die close corporation im Recht der USA).

Kašanina, T. V., Chozjajstvennye tovariščestva i obščestva: pravovoe regulirovanie vnutrifirmennoj dejatel`nosti (Wirtschaftliche Personen- und Kapitalgesellschaften: rechtliche Regelung der firmeninternen Tätigkeit), Moskau 1995 (zit.: Kašanina, Chozjajstvennye tovariščestva i obščestva).

***dies./Sudar`kova, E. A.***, Akcionernoe pravo - praktičeskij kurs [Aktienrecht - Praxiskurs], Moskau 1997 (zit.: Kašanina/Sudar`kova, Akcionernoe pravo).

Kenter, M., Wirtschaftliche Situation und Probleme kleiner und mittlerer Unternehmen in Rußland: Ergebnisse einer Befragung bei russischen Mittelständlern, Köln 1996 (zit.: Kenter, Wirtschaftliche Situation und Probleme kleiner und mittlerer Unternehmen in Rußland).

Kisfaludi, A., Die wichtigsten Neuigkeiten des neuen ungarischen Gesellschaftsgesetzes, Mitteilungen des Ungarisch-Deutschen Juristenvereins 1998, Nr. 1, S. 1 ff.

Klejn, N. I., Predprinimatel`skoe pravo [Unternehmerrecht], Moskau 1993.

Klemm, B. U., Die Entwicklung des russischen Rechts der Kapitalgesellschaften, Diss., Berlin 1996 (zit.: Klemm, Russisches Kapitalgesellschaftsrecht).

Ders., Die neue russische Ordnung über Aktiengesellschaften, RIW 1992, Nr. 3, S. 189 ff. (zit.: Klemm, Die neue russ. AktO).

Klibanski, H., Die Gesetzgebung der Bolschewiki, Leipzig/Berlin 1920.

Ders., Handbuch des gesamten russischen Zivilrechts, Dritter Band (IV. Buch), Berlin 1918.

Klimov, Je./Kulikov, A., Uveličenie ustavnogo kapitala akcionernogo obščestva [Die Erhöhung des Satzungskapitals der Aktiengesellschaft], ĖiŽ 1997, Nr. 16, S. 21 (zit.: Klimov/Kulikov, Uveličenie ustavnogo kapitala AO).

Knaul, A., Russische Föderation - GmbH-Recht, bfai-Schriftenreihe „Internationales und ausländisches Wirtschafts- und Steuerrecht", Köln 1998 (zit.: Knaul, GmbH-Recht).

Ders./Heeg, V., Das neue russische GmbH-Gesetz, ROW 1998, Nr. 4, S. 147 ff.

Knerer, H., Rechtliche Möglichkeiten privatwirtschaftlicher Betätigung in Sowjetrußland und der Sowjetunion, Diss. Regensburg 1993.

Knieper, R., Wirtschaftsreform als Rechtsreform in post-kommunistischen Staaten?, RIW 1993, Nr. 11, S. 907 ff.

Kogan, E., Finansovo-promyšlennye gruppy v Rossii [Finanz-Industrie-Gruppen in Rußland], Zakon 1999, Nr. 8, S. 117 ff. (zit.: Kogan, FPG v Rossii).

Kohler J./Meyer, F./Dove, H./Trumpler, H. (Hrsg.), Die Handelsgesetze des Erdballs, Band IX: Ost-Europa - Russland mit Polen und Finnland, Berlin 1906 (zit.: Kohler et al. [Bearbeiter], Die Handelsgesetze des Erdballs).

Kolesnikov, V. I./Kroliveckaja, L. P. (Hrsg.), Bankovskoe Delo [Das Bankgeschäft], Moskau 1995 (zit.: Kolesnikov/Kroliveckaja [Bearbeiter], Bankovskoe Delo).

Kolibab, K., O sbliženii chozjajstvennogo zakonodatel`stva učastnikov Sodružestva Nezavisimych Gosudarstv [Zur Angleichung der Wirtschaftsgesetzgebung der Mitgliedstaaten der Gemeinschaft Unabhängiger Staaten], ChiP 1994, Nr. 9, S. 22 ff. (zit.: Kolibab, O sbliženii chozjajstvennogo zakonodatel`stva učastnikov SNG).

Komkova, E. N., The Law of Ownership in Recent Russian Writings, Sudebnik 1997, Issue 2, S. 353 ff.

*Kondrat`ev, V.,* Zakon ob Akcionernych Obščestvach: Problemy Soveršenstvovanija [Das Gesetz über Aktiengesellschaften: Probleme der Vervollkommnung], ChiP 1999, Nr. 10, S. 66 (zit.: Kondrat`ev, Zakon ob AO: Problemy Soveršenstvovanija).

Kondratov, N., O nekotorych osobennost`jach praktičeskogo primenenija federal`nogo zakona „Ob akcionernych obščestvach" [Zu einigen Besonderheiten der praktischen Anwendung des Bundesgesetzes „Über Aktiengesellschaften"], ChiP 1998, Nr. 9, S. 94 ff., Nr. 10, S. 88 ff. (zit.: Kondratov, Primenenie zakona ob AO).

Kopylov, V. V./Durnojan, A. A., Praktičeskij kommentarij k primeneniju zakona „Ob obščestvach s ograničennoj otvetstvennost`ju" [Praktischer Kommentar zur Anwendung des Gesetzes „Über Gesellschaften mit beschränkter Haftung], Moskau 1998 (zit.: Kopylov/Durnojan, Praktičeskij kommentarij k primeneniju zakona ob OOO).

Korelin, A. P., Die Kooperativen-Gesetzgebung in Rußland und die westliche Erfahrung, in: Beyrau, D./Čičurov, I./Stolleis, M., Reformen im Rußland des 19. und 20. Jahrhunderts, Frankfurt a.M. 1996, S. 197 ff.

Korolev, Ju. A., Problemy sootnošenija zakonodatel`stva gosudarstv-učastnikov SNG i aktov organov sodružestva [Probleme des Verhältnisses der Gesetzgebung der GUS-Mitgliedsstaaten und Akten von Organen der Gemeinschaft], GiP 1995, Nr. 2, S. 3 ff.

Kosjakova, N., Kommerčeskie organizacii - sravnitel`naja charakteristika [Wirtschaftsgesellschaften - eine vergleichende Charakteristik], Pravo i ekonomika 1998, Nr. 5, S. 4 ff. (zit.: Kosjakova, Kommerčeskie organizacii).

Kovalev, A. I./Kopylov, V. A., Akcionernoe obščestvo v svete novogo zakonodatel`stva [Die Aktiengesellschaft im Licht der neuen Gesetzgebung], Moskau 1996 (zit.: Kovalëv/Kopylov, AO v svete novogo zakonodatel`stva).

Kozlov, V. B./Falileev, P. A., Sootnošenije obščich i special`nych pravovych norm na primere graždanskogo i morskogo prava (kritika sovremennogo zakonodatel`stva) [Das Verhältnis allgemeiner und spezieller Rechtsnormen am Beisipiel des Zivil- und Seerechts (eine Kritik der geltenden Gesetzgebung)], GiP 1997, Nr. 11, S. 82 ff.

Kozlova, N. V., Iz istorii instituta učreditel`nogo dogovora v graždanskom prave [Aus der Geschichte des Institutes des Gründungsvertrages im Zivilrecht], VMU 1994, Nr. 1, S. 16 ff.

Dies., Organizacionnye formy predprinimatel`stva: dostoinstva i nedostatki [Organisationsformen des Unternehmertums: Vor- und Nachteile], Zakonodatel`stvo 1997, Nr. 2, S. 24 ff.

***Kozyr`, O. M./Makovskij, A. L./Chochlov, S. A. (Hrsg.)***, Graždanskij kodeks Rossijskoj Federacii. Čast` vtoraja. Tekst, kommentarii, alfavitno-predmetnyj ukazatel` [Das Zivilgesetzbuch der Russischen Föderation. Zweiter Teil. Text, Kommentierung, alphabetisches Stichwortverzeichnis], Moskau 1996 (zit.: Kozyr`/Makovskij/Chochlov [Bearbeiter], Kommentarij GK II).

Kramarenko, A., Porjadok gosudarstvennoj registracii kommerčeskich organizacij s inostrannymi investicijami [Das Verfahren der staatlichen Registrierung kommerzieller Organisationen mit ausländischen Investitionen], Pravo i ekonomika 1999, Nr. 10, S. 12 ff (zit.: Kramarenko, Registracija kommerčeskich organizacii s inostrannymi investicijami).

Krapivin, O. M., Voprosy zaščity prav i interesov melkich akcionerov [Fragen des Schutzes der Rechte und gesetzlichen Interessen von Kleinaktionären], ChiP 2000, Nr. 9, S. 84 ff.

Ders./Vlasov, V. I., Kommentarij k zakonu Rossijskoj Federacii ob akcionernych obščestvach [Kommentar zum Gesetz der Russischen Föderation über Aktiengesellschaften], Moskau 1998 (zit.: Krapivin/Vlasov, Kommentarij k zakonu ob AO).

Krasnokučkij, V. A., Tovariščestva s ograničennoj otvetstvennost`ju [Gesellschaften mit beschränkter Haftung], Moskau 1925.

Kravcova, S. Ju., Specifika pravovogo regulirovanija ustavnogo kapitala banka [Die Spezifik der rechtlichen Regelung des Satzungskapitals von Banken], GiP 1999, Nr. 11, S. 51 ff. (zit.: Kravcova, Specifika ustavnogo kapitala banka).

Krüßmann. Th. M., Privatisierung und Umstrukturierung in Rußland, Berlin 1998.

Kruse, T., Neues russisches GmbH-Recht sowie die Modellgesetzgebung für die GUS-Staaten (Gesellschaftsrecht), WGO-MfOR 1998, Nr. 5, S. 362 ff.

Kudaškin, V., Juridičeskaja priroda pravosposobnosti sub``ektov graždanskogo prava v sferach obščich dozvolenij i zapretov [Die juristische Natur der Rechtsfähigkeit der Subjekte des Zivilrechts in Bereichen allgemeiner Erlaubnisse und Verbote], ChiP 1999, Nr. 9, S. 108 ff. (zit.: Kudaškin, Priroda pravosposobnosti).

Kudrjavcev, Ju. V. (Hrsg.), Kommentarij k Konstitucii Rossijskoj Federacii [Kommentar zur Verfassung der Russischen Föderation], Moskau 1996 (zit.: Kudrjavcev [Bearbeiter], Kommentarij k Konstitucii RF).

Kuss, K.-J./Roggemann H., Das Investitionsrecht der Osteuropäischen Staaten und der DDR, Berlin 1990.

Landkof, S. N., Das neue Aktiengesetz der UdSSR, ZfOR 1928, Nr. 1, S. 93 ff.

Ders., Das Ukrainische Gesetz über die Gesellschaften mit beschränkter Haftung, ZfOR 1928, Nr. 6, S. 812 ff.

Ders., Die ultra-vires-Geschäfte der Erwerbszwecke verfolgenden juristischen Personen in der Sovetunion, ZfOR 1927, Nr. 5./6., S. 704 ff.

Ders., Graždanskij kodeks RSFSR - naučnyj kommentarij, Vypusk III: Sub``ekty prav (lica) [Das Zivilgesetzbuch der RSFSR - wissenschaftlicher Kommentar, Band III: Rechtssubjekte (Personen)], Moskau 1928 (zit.: Landkof, Graždanskij kodeks - kommentarij III).

Ders., Tovariščestva i akcionernyje obščestva. Teorija i praktika [Personengesellschaften und Aktiengesellschaften. Theorie und Praxis], Charkov 1926 (zit.: Landkof, Tovariščestva i akcionernyje obščestva).

Ders., Tovariščestvo s ograničennoj otvetstvennost`ju na Zapade i v SSSR [Die Gesellschaft mit beschränkter Haftung im Westen und in der UdSSR], Charkov 1924.

Lapina, N., Business und Macht in den rußländischen Regionen, BIOst-Bericht 41-1998, Köln 1998.

Laptev, V. V., Akcionernoe pravo [Aktienrecht], Moskau 1999.

Ders., Zakonodatel`stvo o predprijatijach (kritičeskij analiz) [Die Unternehmensgesetzgebung (eine krititsche Analyse)], GiP 2000, Nr. 7, S. 22 ff. (zit.: Laptev: Zakonodatel`stvo a predprijatijach).

Ders., Chozjajstvennoe pravo - pravo predprinimatel`skoj dejatel`nosti [Wirtschaftsrecht - Recht der unternehmerischen Tätigkeit], GiP 1993, Nr. 1, S. 33 ff. (zit.: Laptev, Chozjajstvennoe pravo).

Lebedev, V., Bemühungen um ein besseres Investitionsklima in Rußland, WiRO 1995, Nr. 2, S. 41 ff.

Lechtinen, L., Pravovye formy predprinimatel`stva na osnove Graždanskogo kodeksa Rossii [Rechtliche Formen des Unternehmertums auf der Grundlage des Zivilgesetzbuchs Rußlands], ChiP 1995, Nr. 8, S. 55 ff. (zit.: Lechtinen, Formy predprinimatel`stva).

Dies., Zakrytoe AO: problemy formulirovok zakonov i ustavov [Die geschlossene AG: Probleme von Formulierungen von Gesetzen und Satzungen], ChiP 1998, Nr. 5, S. 48 ff. (zit.: Lechtinen, Zakrytoe AO).

Lenga, G., Russische Föderation: Das föderale Gesetz „Über Aktiengesellschaften" - Teil 1: Art. 1-46, WiRO 1996, Nr. 4, S. 131 ff. (zit.: Lenga, RF: AktG).

Leonova, G. B., Učreždenie kak sub``ekt graždanskogo prava [Die Einrichtung als Subjekt des Zivilrechts], VMU Serija 11, 1998, Nr. 1, S. 56 ff.

Lindt, A., Das sowjetrussische Aktienrecht, Bern/Leipzig 1929.

Lippott, J., Die Gemeinschaft Unabhängiger Staaten als einheitlicher Rechtsraum, ZVglRWiss 97 (1998), S. 485 ff. (zit.: Lippott, Die GUS als einheitlicher Rechtsraum).

Ders., Die Strukturreform der Rechte an technischen Erfindungen beim Übergang zur Marktwirtschaft, Diss., Berlin 1998 (zit.: Lippott, Strukturreform der Rechte an technischen Erfindungen).

Lomakin, D. V., Akcionernoe obščestvo: voprosy predstavlenija interesov [Die Aktiengesellschaft: Fragen der Interessenvertretung], Pravo i Ékonomika 1997, Nr. 1, S. 3 ff. (zit.: Lomakin, AO: voprosy predstavlenija interesov).

Ders., Krupnye sdelki v graždanskom oborote [Großgeschäfte im zivilen Rechtsverkehr], Zakonodatel`stvo 2001, Nr. 3, S. 18 ff.

Ders., O proekte federal`nogo zakona „O gosudarstvennoj registracii juridičeskich lic" [Zum Entwurf eines Bundesgesetzes „Über die staatliche Registrierung juristischer Personen"], Zakonodatel`stvo 2001, Nr. 6, S. 75 ff. (zit.: Lomakin, O proekte zakona o registracii juridičeskich lic).

Lucas, S./Maltsev, J., The development of Corporate Law in the former Soviet Republics, International and Comparative Law Quarterly Vol. 45, April 1996, S. 365 ff. (zit.: Lucas/Maltsev, Corporate Law in the former USSR).

Lušnikova, M. V., O juridičeskoj prirode dogovorov, zaključaemych s rukovoditeljami i členami organov upravlenija chozjajstvennych obščestv [Zur juristischen Natur der Verträge, die mit den Leitern und Mitgliedern der Leitungsorgane von Kapitalgesellschaften geschlossen werden], in: Krašeninnikov, Je. A., Očerki po torgovomu pravu [Grundzüge des Handelsrechts], Vypusk 5, Jaroslavl` 1998 (zit.: Lušnikova, Priroda dogovorov, zaključaemych rukovoditeljami chozjajstvennych obščestv).

Lutter, M., Das neue „Gesetz für kleine Aktiengesellschaften und zur Deregulierung des Aktienrechts", AG 1994, Nr. 10, S. 429 ff.

Ders., Die Entwicklung der GmbH in Europa und in der Welt, in: ders. (Hrsg.), Festschrift 100 Jahre GmbH-Gesetz, Köln 1992, S. 49 ff.

Ders./Hommelhoff, P., GmbH-Gesetz, Kommentar, 15 Aufl., Köln 2000 (zit.: Lutter/Hommelhoff, GmbHG-D).

Maggs, P. B./Žilcov, A. N. (Hrsg.), The Civil Code of the Russian Federation, Armonk/London 1997 (zit.: Maggs/Žilcov [Bearbeiter], The Civil Code of the RF).

Maier, A., Die GmbH im französischen Recht, GmbHR 1990, Nr. 9, S. 379 ff.

Maklezow, A./Timaschew, N./Alexejew, N./Sawadsky, S. (Hrsg.), Das Recht Sowjetrusslands, Tübingen 1925 (zit.: Maklezow et al. [Bearbeiter], Das Recht Sowjetrusslands).

Makovskij, A. L. (Hrsg.), Graždanskij Kodeks Rossii - Problemy. Teorija. Praktika - Sbornik pamjati S. A. Chochlova [Das Zivilgesetzbuch Rußlands - Probleme. Theorie. Praxis - Gedenkschrift für S. A. Chochlov], 2. Aufl., Moskau 1998 (zit.: GS Chochlov).

Ders./Vitrjanskij, V. V./Golubev, V./Chochlov, S. A., Graždanskij kodeks Rossii: Novoe v pravovom regulirovanii predprinimatel`stva [Zivilgesetzbuch Rußlands: Neues in der rechtlichen Regelung des Unternehmertums], EiŽ 1995, Nr. 2, S. 1 f. (zit.: Makovskij et al., GK Rossii).

Margolin, M. A., Nedejstvitel`nye krupnye sdelki i sdelki s učastiem zainteresovannych lic [Unwirksame Großgeschäfte und Geschäfte unter Beteiligung interessierter Personen], Zakonodatel`stvo 2001, Nr. 3, S. 26 ff.

Marinich, S./Zafft, R., Russia`s new Foreign Investment Law, RCEEL 1999, Nr. 3, S. 435 ff.

Markalova, N. G., Rußland: Der Vertrag über die treuhänderische Vermögensverwaltung in der zivil- und bankrechtlichen Gesetzgebung, RIW 1999, Nr. 8, S. 586 ff. (zit.: Markalova, Treuhänderische Vermögensverwaltung).

Markova, O., Limited Liability Company Law in Russia, ICCLR 1998, Issue 11, S. 334 ff. (zit.: Markova, LLC Law in Russia).

Maul, S., Geschäftsführer einer französischen SARL - Bestellung, Kompetenzen, Vergütung und Haftung, RIW 2000, Nr. 5, S. 364 ff. (zit.: Maul, GF einer frz. SARL).

Meder, W., Das Sowjetrecht - Grundzüge der Entwicklung 1917 - 1970, Frankfurt a.M./Berlin 1971 (zit.: Meder, Das Sowjetrecht).

Meissner, B., Das politische Paktsystem innerhalb der GUS, Osteuropa-Recht 1994, Nr. 3, S. 226 ff.

***Mel`gunov, V.,*** Pravovoe regulirovanie sovmestnoj chozjajstvennoj dejatel`nosti [Die rechtliche Regelung gemeinsamer Wirtschaftstätigkeit], ChiP 1999, Nr. 10, S. 88 ff.

Menovščikov, D./Ėjrijan, *A.*, Kak uvolit` neradivogo rukovoditelja [Wie ist ein fauler Leiter zu kündigen], Ross. Justicija 1999, Nr. 12, S. 37 f.

Merkt, H., US-amerikanisches Gesellschaftsrecht, Heidelberg 1991.

Meteleva, Ju. A., Pravo akcionera na dividend [Das Recht des Aktionärs auf Dividende], ChiP 1998, Nr. 7, S. 43 ff.

Dies., Prodaža akcii na birževom i vnebirževom rynkach [Aktienverkauf an und außerhalb der Börse], Pravo i ekonomika 1997, Nr. 21-22, S. 25 ff.

Meyer, St., Das neue GmbH-Gesetz in Spanien, GmbHR 1995, Nr. 6, S. 435 ff.

Micheler, E., Das Neue Russische Aktiengesetz im Überblick, FOWI-Arbeitspapier Nr. 33, Wien 1996 (= WiRO 1996, Nr. 3, S. 81 ff.).

Dies., Das neue russische GmbH-Gesetz im Überblick, WiRO 1998, Nr. 5, S. 161 ff.

Mindach, C., Russische Föderation - Gesellschaftsrecht, bfai-Schriftenreihe „Internationales und ausländisches Wirtschafts- und Steuerrecht", Köln/Berlin 1995 (zit.: Mindach, RF: Gesellschaftsrecht).

Mironov, V. I., Uvol`nenie rukovoditelja akcionernogo obščestva [Die Kündigung des Leiters einer Aktiengesellschaft], GiP 1999, Nr. 3, S. 91 ff. (zit.: Mironov, Uvol`nenie rukovoditelja AO).

Moguilevskaia, G./Meinel, J., Post-Voucher-Privatisierung in Rußland und Beteiligung ausländischer Investoren, WiRO 1995, Nr. 3, S. 91 ff. (zit.: Moguilevskaia/Meinel, Post-Voucher-Privatisierung in Rußland).

Mogilevskij, S. D., Akcionernye obščestva [Aktiengesellschaften], Moskau 1998.

Ders., Obščestva s ograničennoj otvetstvennost`ju [Gesellschaften mit beschränkter Haftung], Moskau 1999 (zit.: Mogilevskij, OOO).

Mojseev, E. G., Meždunarodno-pravovye osnovy sotrudničestva stran SNG [Die völkerrechtlichen Grundlagen der Zusammenarbeit der Mitgliedsstaaten der GUS], Moskau 1997 (zit.: Mojseev, Osnovy sotrudničestva stran SNG).

Morse, G. (Hrsg.), Company Law, London 1991.

Müller, H.-F., Das Austrittsrecht des GmbH-Gesellschafters, Köln/Berlin/Bonn/ München 1996.

Müller, M., Das neue russische Auslandsinvestitionsgesetz, WiRO 1999, Nr. 11, S. 401 ff. (zit.: Müller, Das neue russische AIG).

Ders., Kapitalerhöhung bei russischen Aktiengesellschaften, WiRO 1996, Nr. 8, S. 284 ff.

Ders., Neues GmbH-Recht am 1. März 1998 in Kraft getreten, vwd-Rußland v. 10.03.1998, Nr. 48, S. 2 f.

Ders./Bartholomy, M./Müller, G., Gesetz der Russischen Föderation „Über die Aktiengesellschaften", Beilage 1 zu RIW 1996, Nr. 4 (zit.: Müller/Bartholomy/Müller, AktG RF).

Mundry, Th., Kaufvertrag in Rußland, Münster 1998.

Munkueva, L. A., Ékonomičeskie reformy i graždanskoe zakonodatel'stvo: novoe v dogovornom prave, arbitražnye spory [Wirtschaftsreformen und Zivilgesetzgebung: Neues im Vertragsrecht, Streitigkeiten vor den Wirtschaftsgerichten], Žurnal rossijskogo prava 1997, Nr. 6, S. 138 ff. (zit.: Munkueva, Ékonomičeskie reformy i graždanskoe zakonodatel'stvo).

Musin, V. A., Graždanskij kodeks i sozdanie predprijatij s inostrannymi investicijami [Das Zivilgesetzbuch und die Gründung von Unternehmen mit ausländischen Investitionen], Pravovedenie 1994, Nr. 4-5, S. 78 ff. (zit.: Musin, GK i inostrannye investicii).

Nersesov, N. I., Konspektivnyj kurs - Lekcii po torgovomu i veksel'nomu pravu [Grundkurs - Lektionen zum Handels- und Wechselrecht], Moskau 1896 (zit.: Nersesov, Lekcii po torgovomu pravu).

Nikiforov, I. V., Opredelenie stoimosti doli učastnika, vychodjaščego iz TOO [Die Bewertung des Anteils eines aus einer TOO ausgetretenen Gesellschafters], Juridičeskaja praktika 1997, Nr. 3 (10), S. 94 ff. (zit.: Nikiforov, Opredelenie stoimosti doli).

Nosov, S. I., Voprosy soveršenstvovanija rossijskogo akcionernogo zakonodatel'stva [Fragen der Vervollkommnung der russischen Aktiengesetzgebung], Žurnal Ross. Prava 2001, Nr. 1, S. 74 ff. (zit.: Nosov, Soveršenstvovanie akcionernogo zakonodatel'stva).

Novosel'cev, O., Ocenka intellektual'noj sobstvennosti [Die Bewertung von Immaterialgütern], ChiP 1998, Nr. 6, S. 119 ff.

Nozdračev, A., Gosudarstvennyj reestr predprijatij [Das Staatliche Unternehmensregister], ChiP 1994, Nr. 3, S. 15 ff.

Ogorodnikov, V., O realizacii Moskovskoj oblastnoj registracionnoj palatoj položenij federal'nogo zakona „Ob obščestvach s ograničennoj otvetstvennost'ju" [Zur Realisierung der Bestimmungen des Bundesgesetzes „Über Gesellschaften mit beschränkter Haftung" durch die Registrierungskammer des Moskauer Gebiets], ÉiŽ 1998, Nr. 18, S. 6 (zit.: Ogorodnikov, O realizacii Moskovskoj oblastnoj registracionnoj palatoj zakona „Ob OOO").

***Okun`kov, L. A. (Hrsg.),*** Kommentarij k Konstitucii Rossijskoj Federacii [Kommentar zur Verfassung der Russischen Föderation], 2. Aufl., Moskau 1996 (zit.: Okun`kov [Bearbeiter], Kommentarij k Konstitucii RF).

Olejnik, G.,. Licenzirovanie otdel`nych vidov dejatel`nosti v rossijskom prave [Die Lizenzierung einzelner Tätigkeitsarten im russischen Recht], Zakon 2000, Nr. 1, S. 20 ff. (zit.: Olejnik, Licenzirovanie otdel`nych vidov dejatel`nosti).

Olejnik, O. M., Predprinimatel`skoe (chozjajstvennoe) pravo [Unternehmer-(Wirtschafts-) Recht], Moskau 1999 (zit.: Olejnik, Predprinimatel`skoe pravo).

Olschewski, T./v. Wistinghausen, C., Grundzüge des Kartell- und Wettbewerbsrechts der Russischen Föderation, in: Breidenbach, Handbuch Wirtschaft und Recht in Osteuropa, RUS SYST 41 (zit.: Olschewski/v. Wistinghausen, Grundzüge des Kartell- und Wettbewerbsrechts der RF).

Osipenko, O., Rol` soveta direktorov vozrastaet [Die Rolle des Direktorenartes wächst], ÉiŽ 1996, Nr. 6, S. 31.

Owen, T. C., The corporation under Russian law, 1800-1917 - A study in tsarist economic policy, Cambridge University Press 1991.

Panova, M., Aktual`nye voprosy reorganizacii predprijatij [Aktuelle Fragen der Reorganisation von Unternehmen], Pravo i Ékonomika 1999, Nr. 1, S. 8 ff.

Panteleev, P., Vzaimootnošenija osnovnych i dočernych AO [Die Beziehungen zwischen als AG verfaßten Mutter- und Tochtergesellschaften], ÉiŽ 1997, Nr. 3, S. 43.

Ders./Glušeckij, T., Vychod učastnika iz obščestva s ograničennoj otvetstvennost`ju [Der Austritt des Gesellschafters aus einer Gesellschaft mit beschränkter Haftung], ÉiŽ-Jurist 1998, Nr. 19, S. 4 (zit.: Panteleev/Glušeckij, Vychod učastnika iz OOO).

Paškov, A. S./Chochlov, E. B., Akcionernoe obščestvo: voprosy pravosub``ektnosti [Die Aktiengesellschaft: Fragen der Rechtssubjektivität], Pravovedenie 1991, Nr. 2, S. 3 ff.

Pavlodskij, E., Gosudarstvennaja registracija predprijatij s inostrannymi investicijami [Die staatliche Registrierung von Unternehmen mit ausländischen Investitionen], Pravo i Ékonomika 2000, Nr. 2, S. 83 ff. (zit.: Pavlodskij, Registracija predprijatij s inostrannymi investicijami).

Pellegrino, M., Übergang zur Marktwirtschaft und allgemeines Vertragsrecht im neuen russischen Zivilgesetzbuch, RIW 1998, Nr. 7, S. 501 ff.

Pencov, D. A., Suščnost' akcii [Das Wesen der Aktie], Pravovedenie 1992, Nr. 4, S. 39 ff.

Petnikova, O., Praktičeskie osobennosti osuščestvlenija prava vychoda učastnika iz obščestva s ograničennoj otvetvetstvennost'ju [Praktische Besonderheiten der Ausübung des Austrittsrechtes aus Gesellschaften mit beschränkter Haftung], Pravo i Ékonomika 2000, Nr. 2, S. 11 ff. (zit.: Petnikova, Osobennosti vychoda učastnika iz OOO).

Pistor, K., Company Law and Corporate Governance in Russia, in: Sachs/dies. (Hrsg.), The Rule of Law and Economic Reform in Russia, S. 165 ff.

Pobedonoscev, K., Kurs graždanskogo prava - pervaja čast' [Kurs des Zivilrechts - Teil 1], 3. Aufl., Sankt Petersburg 1883 (zit.: Pobedonoscev, Kurs graždanskogo prava).

Počujkin, V. V., Problema ob''javlenija zakonom učreditel'nych dokumentov akcionernych obščestv nedejstvitel'nymi [Das Problem der Unwirksamkeitserklärung von Gründungsdokumenten von Aktiengesellschaften durch Gesetz], Juridičeskij mir 1997, Nr. 12, S. 12 ff. (zit.: Počujkin, Ob''javlenie zakonom učreditel'nych dokumentov AO nedejstvitel'nymi).

Pokrovskij, I. A., Osnovnye problemy graždanskogo prava [Grundprobleme des Zivilrechts], Moskau 1998 (nach der Ausgabe von 1917).

Popondopulo, V. F./Jakovleva, V. F., Kommerčeskoe pravo [Wirtschaftsrecht], St. Petersburg 1998.

Pozov, A./Rogozina, S., Kak organizovat' obščestvo s ograničennoj otvetstvennost'ju [Wie organisiert man eine Gesellschaft mit beschränkter Haftung], Sovetskaja torgovlja 1991, Nr. 3, S. 2 ff.

Prichod'ko, I., Skol'ko stoit akcija? Voprosy pravovogo regulirovanija učastija v akcionernych obščestvach i tovariščestvach c ograničennoj otvetstvennost'ju [Wieviel kostet eine Aktie? Fragen der rechtlichen Regelung der Beteiligung an Aktiengesellschaften und Gesellschaften mit beschränkter Haftung], ChiP 1993, Nr. 1, S. 70 ff. (zit.: Prichodko, Ckol'ko stoit akcija?).

Priester, H.-J., Die kleine AG - ein neuer Star unter den Rechtsformen?, BB 1996, Nr. 7, S. 333 ff. (zit.: Priester, Die kleine AG).

Ders./Mayer, D. (Hrsg.), Münchener Handbuch des Gesellschaftsrechts Band 3 - Gesellschaft mit beschränkter Haftung, München 1996 (zit.: Priester/Mayer, MHdbGR 3: GmbH).

Puseizer, E., Rechtliches Umfeld unternehmerischer Betätigung von Ausländern in der Russischen Föderation, FOWI-Sonderdruck 1995 (zit.: Puseizer, Unternehmerische Betätigung von Ausländern in der RF).

Ders./Micheler, E./Kozak, V., Die Russische Aktiengesellschaft, Schriftenreihe des FOWI Bd. 2, 1993 (zit.: Puseizer/Micheler/Kozak, Die Russische AG).

Rachmilovič, V. A., Some Gaps and Contradictions in the Civil Code of the Russian Federation, PSJEEL 1997, Vol. 4, Nr. 4, S. 467 ff. (zit.: Rachmilovič, Gaps and Contradictions in the Civil Code of the RF).

Ders.., The New Civil Code of the Russian Federation, RCEEL 1996, Nr. 2, S. 135 ff. (zit.: Rachmilovič, The New Civil Code of the RF).

Raig, A./v. Samson-Himmelstjerna, A., Die Aktiengesellschaft nach dem Recht der Estnischen Republik und der Sowjetunion im Vergleich zur deutschen AG, RIW 1991, Nr. 2, S. 111 ff. (zit.: Raig/v. Samson-Himmelstjerna, Die AG Estlands und der UdSSR).

Raiser, T., Recht der Kapitalgesellschaften, 2. Aufl., München 1992.

Reich, N., Sozialismus und Zivilrecht, Frankfurt a.M. 1972.

Rjasencev, V., Akcii i fondovye biržі [Aktien und Fondsbörsen], Soc. Zakonnost' 1991, Nr. 6, S. 37 ff.

Röhricht, V., Zum Austritt des Gesellschafters aus der GmbH, in: FS für Alfred Kellermann, ZGR-Sonderheft 10, Berlin/New York 1991.

Rohde, A., Das neue russische Privatisierungsgesetz vom 21. Juli 1997, ROW 1998, Nr. 5, S. 194 ff.

Roggemann, H., Allgemeine Grundlagen des sowjetischen Zivilrechts, JBfOR Bd. XII (1971/1), S. 149 ff.

Ders., Die Entwicklung des sowjetischen Betriebsrechts, JBfOR Bd. VIII (1967/2), S. 59 ff.

Ders., Wandel der Eigentumsordnung in Osteuropa, in: ders./Kuss, K.-J. (Hrsg.), Wirtschaften und Investieren in Osteuropa, Berlin 1994, S. 12 ff.

Ders./Bergmann, W., Zivilgesetzbuch der Russischen Föderation (Erster Teil) von 1994, Berlin 1997 (zit.: Roggemann/Bergmann, ZGB RF [Erster Teil] von 1994).

Roth, G. H. (Hrsg.), Das System der Kapitalgesellschaften im Umbruch - ein internationaler Vergleich, Köln 1990.

Rozenberg, V. V., Tovariščestvo s ograničennoj otvetstvennost'ju (O neobchodimosti vvedenija etoj formy v Rossii) [Die Gesellschaft mit beschränkter Haftung (Von der Notwendigkeit der Einführung dieser Rechtsform in Rußland)], Sankt Petersburg 1912 (zit.: Rozenberg, Tovariščestvo s ograničennoj otvetstvennost'ju).

Rubanov, A. A., The Russian Federation as a Partner of Foreign Investors, Sudebnik 1997, Issue 2, S. 329 ff. (zit.: Rubanov, The RF as a Partner of Foreign Investors).

Rumin, N., Registration in St. Petersburg, Financial Times EEBL, Januar 1996, S. 14 f.

Rybalkin, I., Tamožennye l'goty pri vvoze imuščestva, vnosimogo v ustavnyj kapital obščestv s ograničennoj otvetstvennost'ju: teoretičeskie i praktičeskie aspekty [Zollerleichterungen bei der Einfuhr von Vermögen, das in das Satzungskapital von Gesellschaften mit beschränkter Haftung eingebracht wird: theoretische und praktische Aspekte], ChiP 2000, Nr. 10, S. 80 ff (zit.: Rybalkin, L'goty pri vvoze imuščestva, vnosimogo v ustavnyj kapital OOO).

Sachs, J. D./Pistor, K. (Hrsg.), The Rule of Law and Economic Reform in Russia, Colorado/Oxford 1997.

Sadikov, O. N. (Hrsg.), Graždanskoe pravo Rossii - Čast' vtoraja - Objazatel'stvennoe pravo [Das Zivilrecht Rußlands - Zweiter Teil - Schuldrecht], Moskau 1997 (zit.: Sadikov [Bearbeiter], Objazatel'stvennoe pravo).

Ders. (Hrsg.), Kommentarij k Graždanskomu kodeksu Rossijskoj Federacii, časti pervoj [Kommentar zum Zivilgesetzbuch der Russischen Föderation, Erster Teil], Moskau 1997 (zit.: Sadikov [Bearbeiter] I, Kommentarij GK I).

Ders., Kommentarij k Graždanskomu kodeksu Rossijskoj Federacii, časti pervoj (postatejnyj) - rasširennyj, s ispol'zovaniem sudebno-arbitražnoj praktiki [Kommentar zum Zivilgesetzbuch der Russischen Föderation, Erster Teil (in einzelnen

Artikeln) - erweitert, unter Verwendung der Praxis der Gerichte und Wirtschaftsgerichte], Moskau 1997 (zit.: Sadikov [Bearbeiter] II, Kommentarij GK I).

Ders., Kommentarij k Graždanskomu kodeksu Rossijskoj Federacii, časti vtoroj (postatejnyj) [Kommentar zum Zivilgesetzbuch der Russischen Föderation, Zweiter Teil (in einzelnen Artikeln)], 2. Aufl., Moskau 1997 (zit.: Sadikov [Bearbeiter], Kommentarij GK II).

Ders., Učreditel'nyj dogovor i ego pravovye osobennosti [Der Gründungsvertrag und seine rechtlichen Besonderheiten], GiP 1994, Nr. 6, S. 87 ff.

Sadovnikov, S., Novye položenija učreditel'nych dokumentov obščestva s ograničennoj otvetstvennost'ju [Neue Bestimmungen der Gründungsdokumente einer Gesellschaft mit beschränkter Haftung], Ékonomiko-pravovoj bjulletjen' 1998, Nr. 6, 11 ff. (zit.: Sadovnikov, Novye položenija učreditel'nych dokumentov OOO).

Šapkina, G. S. (Hrsg.), Federal'nyj zakon Rossijskoj Federacii Ob akcionernych obščestvach [Das Bundesgesetz der Russischen Föderation über Aktiengesellschaften], Zakonodatel'stvo i ékonomika 1996, Nr. 15-16, S. 12 ff. (zit.: Šapkina [Bearbeiter], Federal'nyj zakon ob AO).

Dies., Zakon „Ob akcionernych obščestvach": sfera dejstvija, voprosy primenenija [Das Gesetz „Über Aktiengesellschaften": Geltungsbereich, Fragen der Anwendung], EiŽ 1997, Nr. 6, S. 39 (zit.: Šapkina, Zakon ob AO: sfera dejstvija, voprosy primemenija).

Dies. (Hrsg.), Kommentarij k Federal'nomu zakonu ob akcionernych obščestvach [Kommentar zum Föderalen Gesetz über Aktiengesellschaften], 1. Aufl., Moskau 1996 (zit.: Šapkina [Bearbeiter], Kommentarij k zakonu ob AO, 1. Aufl.).

Dies. (Hrsg.), Kommentarij k Federal'nomu zakonu ob akcionernych obščestvach [Kommentar zum Föderalen Gesetz über Aktiengesellschaften], 2. Aufl., Moskau 2000 (zit.: Šapkina [Bearbeiter], Kommentarij k zakonu ob AO).

Dies., Nekotorye voprosy primenenija korporativnogo zakonodatel'stva [Einige Fragen der Anwendung der korporativen Gesetzgebung], VVAS 1999, Nr. 5, S. 85 ff.

Dies., Nekotorye voprosy primenenija federal'nogo zakona „Ob akcionernych obščestvach" [Einige Fragen der Anwendung des Bundesgesetzes „Über Aktiengesellschaften"] , Žurnal ross. prava 1997, Nr. 1, S. 102 ff. (zit.: Šapkina, Nekotorye voprosy primenenija zakona ob AO).

Dies., Ustav akcionernogo obščestva [Die Satzung der Aktiengesellschaft], Pravo i Ékonomika 1997, Nr. 10, S. 3 f. (zit.: Šapkina, Ustav AO).

Šarapova, I., KZoT protiv Zakona ob akcionernych obščestvach [Das Arbeitsgesetzbuch gegen das Gesetz über Aktiengesellschaften], Ékspert 1998, Nr. 6, S. 32 ff. (zit.: Šarapova, KZoT protiv Zakona ob AO).

Savel'jev, A. B., Dogovor prostogo tovariščestva v rossijskom graždanskom prave [Der Vertrag der einfachen Gesellschaft im russischen Zivilrecht], in: Braginskij, M. I. (Hrsg.), Aktual'nye problemy graždanskogo prava [Aktuelle Probleme des Zivilrechts], Moskau 1998, S. 276 ff. (zit.: Savel'jev, Dogovor prostogo tovariščestva).

Ščerbatjuk, R., Zakon „O predprijatijach i predprinimatel'skij dejatel'nosti - Poisk novoj modeli [Das Gesetz „Über Unternehmen und unternehmerische Tätigkeit - Suche eines neuen Modells], ChiP 1994, Nr. 2, S. 53 ff. (zit. Ščerbatjuk, Zakon o predprijatijach).

Schaer, M., New Civil Code of the Russian Federation, IBL 1995, Juni, S. 268 ff. (zit.: Schaer, New Civil Code of the RF).

Scharf, A., Das russische Arbeitsrecht im Überblick (Teil 2), WiRO 1995, Nr. 11, S. 407 ff.

Ders., Das Arbeitsrecht der Russischen Föderation und der Republik Belarus, Diss. Bremen 1999, Recht der Arbeit und der sozialen Sicherheit, Bd. 13, Frankfurt am Main/Berlin/Bern/Bruxelles/New York/Wien 1999 (zit.: Scharf, Das Arbeitsrecht der RF und der Republik Belarus).

Schmidt, K., Gesellschaftsrecht, 3. Aufl., Köln/Berlin/Bonn/München 1997.

Schmitt, H., Unternehmens- und Gesellschaftsrecht der Russischen Föderation, Berlin 1998 (zit.: Schmitt, Unternehmens- und Gesellschaftsrecht der RF).

Ders./Gravenhorst, A., Mehr Rechtssicherheit mit neuem GmbH-Gesetz, Ost-West-Contact 1998, Nr. 4, S. 64 f.

Ders./Weber, A., Rechtliche Grundlagen der Projektfinanzierung in der Russischen Föderation, WiRO 1995, Nr. 9, S. 321 ff. (zit.: Schmitt/Weber, Projektfinanzierung in der RF).

Schneider, K., Partnerschafts- und Kooperationsabkommen mit der Europäischen Union - Russische Föderation und Ukraine, in: Weidenfeld, W. (Hrsg.), Demokratie und Marktwirtschaft in Osteuropa, 2. Aufl., Gütersloh 1995 (zit.: Schneider, Partnerschafts- und Kooperationsabkommen mit der EU - RF und Ukraine).

Scholz, Kommentar zum GmbH-Gesetz, I. Band (§§ 1 - 44), 8. Aufl., Köln 1993 (zit.: Scholz [Bearbeiter], GmbHG-D).

Schramm, H.-J., Kapitalmarktrecht in der Russischen Föderation, Diss. Köln 1998 (zit.: Schramm, Kapitalmarktrecht in der RF).

Schroeder, F.-C. (Hrsg.), Die neuen Kodifikationen in Rußland, Berlin 1997.

Schröder, H.-H., Jelzin und die „Oligarchen" - Über die Rolle der Kapitalgruppen in der russischen Politik (1993 - Juli 1998), BIOst-Bericht 40-1998, Köln 1998 (zit.: Schröder, Jelzin und die „Oligarchen").

Schulze, R., Kleine Unternehmen in Rußland, Stuttgart 1998.

Schwartz, M., Aufregung um russische Einmann-Aktiengesellschaft, WiRO 1994, Nr. 12, S. 483 (zit.: Schwartz, Aufregung um russische Einmann-AG).

Schwarz, B., Die Staatliche Registrierungskammer beim Wirtschaftsministerium der Russischen Föderation, WiRO 1995, Nr. 8, S. 314.

Ders., Investieren in Rußland, Berlin 1996.

Ders./Balayan, O., Russische Föderation: GmbH-Gesetz, WiRO 1998, Nr. 7, S. 251 ff. (zit.: Schwarz/Balayan, GmbH-Gesetz).

Schweisfurth, Th., Die Rechtsgrundlagen für Gemeinschaftsunternehmen in der Sowjetunion, RIW 1987, Nr. 7, S. 489 ff.

Seeler, W. v., Der Entwurf des russischen Zivilgesetzbuches, Berlin 1911.

Segalova, E. A., Ograničenija na soveršenie sdelok zainteresovannymi licami [Beschränkungen für den Abschluß von Rechtsgeschäften durch interessierte Personen], Zakonodatel`stvo 1998, Nr. 7, S. 24 ff.

Seiffert, W., Die Fortgeltung der völkerrechtlichen Verträge und Gesetze der untergegangenen Sowjetunion in der Russischen Föderation (RF), WiRO 1992, Nr. 5, S. 137 ff. (zit.: Seiffert, Fortgeltung der Verträge und Gesetze der UdSSR in der RF).

Šepelev, L. E., Akcionernye kompanii v Rossii, Leningrad 1973.

Sergeev, A. P./Tolstoj, Ju. K., Graždanskoe pravo 1, 3. Aufl., Moskau 1998.

Ders./Ders., Graždanskoe pravo 2, Moskau 1997.

Šeršenёvič, G. F., Učebnik russkogo graždanskogo prava (po izdaniju 1907 g.) [Lehrbuch des russischen Zivilrechts (nach der Ausgabe von 1907)], Moskau 1995 (zit.: Šeršenёvič, Učebnik graždanskogo prava).

Ders., Učebnik torgovogo prava (po izdaniju 1914 g.) [Lehrbuch des Handelsrechts (nach der Ausgabe von 1914)], Moskau 1994 (zit.: Šeršenёvič, Učebnik torgovogo prava).

Siegl, E., Rußland: Noch immer eine Staatswirtschaft, in: F.A.Z. Nr. 271 v. 21.11.1998, S. 13.

Dies., Rußlands verlorene Zeit, in: F.A.Z. Nr. 105 v. 7.5.1999, S. 17.

Sipakova, N. V., The Russian ZAO and OOO: A Comparison, Sudebnik 1998, Nr. 3, S. 597 ff.

Sklovskij, K., Imuščestvennyj vydel iz obščestva s ograničennoj otvetstvennost`ju [Der Abzug von Vermögen aus der Gesellschaft mit beschränkter Haftung], Ross. Justicija 1997, Nr. 9, S. 12 ff. (zit.: Sklovskij, Imuščestvennyj vydel iz OOO).

Ders., O posledstvijach soveršenija rukovoditelem sdelok vopreki interesam organizacii [Zu den Folgen des Abschlusses von Rechtsgeschäften gegen den Willen der Organisation durch deren Leiter], ChiP 1998, Nr. 5, S. 88 ff. (zit.: Sklovskij, Soveršenie sdelok vopreki interesam organizacii).

Smith, G. B., Reforming the Russian legal system, Cambridge University Press 1996.

Soldatova, V. I., Zakonodatel`stvo ob akcionernych obščestvach: praktika primenenija, problemy i perspektivy razvitija [Die Gesetzgebung über Aktiengesellschaften: Anwendungspraxis, Probleme und Entwicklungsperspektiven], SGiP 1991, Nr. 10, S. 58 ff. (zit.: Soldatova, Zakonodatel`stvo ob akcionernych obščestvach).

Solotych, S., Das russische Recht der Handelsgesellschaften, in: Breidenbach, S. (Hrsg.), Handbuch Wirtschaft und Recht in Osteuropa (Loseblattwerk), RUS SYST 31 (zit.: Solotych, Recht der Handelsgesellschaften).

Dies., Das Zivilgesetzbuch der Russischen Föderation - Erster Teil -, 2. Aufl., Baden-Baden 1997 (zit.: Solotych, ZGB RF I).

Dies., Das Zivilgesetzbuch der Russischen Föderation - Zweiter Teil -, Baden-Baden 2001 (zit.: Solotych, ZGB RF II).

Dies., Gesellschaftsrecht der Ukraine, Berlin 1994.

Dies., Gesetz über das Eigentum vom 6. März 1990, JBfOR Bd. XXXI (1990), S. 195 ff.

Dies., Unternehmensgründung in der Russischen Föderation, in: Breidenbach, St. (Hrsg.), Handbuch Wirtschaft und Recht in Osteuropa (Loseblattwerk), RUS SYST 11 (zit.: Solotych, Unternehmensgründung in der RF).

Šreter, V., Sovetskoe chozjajstvennoe pravo [Sowjetisches Wirtschaftsrecht], Moskau/Leningrad 1928.

Stampe, V., Der Funktionsbereich der russischen Wirtschaftsgerichtsbarkeit, Diss., Hamburg 2000.

Stepanov, D. I., Kompanija, upravljajuščaja chozjajstvennym obščestvom [Die Verwaltungsgesellschaft einer Wirtschaftsgesellschaft], ChiP 2000, Nr. 10, S. 60 ff.

Ders., Obščestva s ograničennoj otvetstvennost'ju: zakonodatel'stvo i praktika [Gesellschaften mit beschränkter Haftung: Gesetzgebung und Praxis], ChiP 2000, Nr. 12, S. 54 ff. (zit.: Stepanov, OOO: zakonodatel'stvo i praktika).

Ders., Osobennosti dogovora učreditelej o sozdanii akcionernogo obščestva [Besonderheiten des Vertrages der Gründer über die Errichtung einer Aktiengesellschaft], ChiP 2000, Nr. 2, S. 42 ff. (zit.: Stepanov, Osobennosti dogovora učreditelej o sozdanii AO).

Ders., Pravovaja priroda ustava juridičeskogo lica [Die Rechtsnatur der Satzung einer juristischen Person], ChiP 2000, Nr. 6, S. 41 ff.

Stucki, D., Die Reform der französischen vereinfachten Aktiengesellschaft (SAS), DB 1999, Nr. 51/52, S. 2622 ff. (zit.: Stucki, Die Reform der französischen vereinfachten AG).

Subbotin, M., Man hat die ausländischen Investoren auf ihren Platz verwiesen, Mitteilungen des VfdrWR Nr. 16-17, September 1999.

Suchanov, E. A., Aktuelle Probleme des russischen GmbH-Rechts, JBfOR 2000, Bd. XLI/2, S. 283 ff.

Ders., Juridičeskie lica, gosudarstvennye i municipal'nye obrazovanija [Juristische Personen, staatliche und kommunale Gebilde], ChiP 1995, Nr. 4, S. 3 ff.

Ders., Juridičeskie lica - chozjajstvennye tovariščestva i obščestva [Juristische Personen - die Wirtschaftspersonen- und -kapitalgesellschaften], ChiP 1995, Nr. 3, S. 3 ff. (zit.: Suchanov, chozjajstvennye tovariščestva i obščestva).

Ders., Chozjajstvennye obščestva i tovariščestva, proizvodstvennye i potrebitel`skie kooperativy [Wirtschaftlskapital- und -personengesellschaften, Produktions- und Verbrauchergenossenschaften], VVAS 1995, Nr. 6, S. 100 ff. (zit.: Suchanov, Obščestva, tovariščestva i kooperativy).

Ders., Graždanskoe pravo - Tom 1 [Zivilrecht. Band 1], 2. Aufl., Moskau 1998 (zit.: Suchanov, Graždanskoe pravo I).

Ders., Graždanskij kodeks o juridičeskich licach [Das Zivilgesetzbuch zu juristischen Personen], VVAS 1995, Nr. 6, S. 100 ff. (zit.: Suchanov, GK o juridičeskich licach).

Ders., Nekommerčeskie organizacii kak juridičeskie lica [Nichtkommerzielle Organisationen als juristische Personen], ChiP 1998, Nr. 5, S. 3 ff.

Ders., Počemu ne delitsja imuščestvo chozjajstvennogo obščestva [Warum sich das Vermögen einer Wirtschaftsgesellschaft nicht teilt], EiŽ 1995, Nr. 37, S. 9.

Ders., Pravovoe položenie chozjajstvennych obščestv i tovariščestv v stranach SNG (sravnitel`nyj analiz) [Die Rechtlage der wirtschaftlichen Kapital- und Personengesellschaften in den Ländern der GUS (eine vergleichende Analyse)], Pravovedenie 1994, Nr. 1, S. 31 ff. (zit.: Suchanov, Položenie obščestv i tovariščestv v stranach SNG).

Ders., Problemy pravovogo položenija kompanij v novom Graždanskom kodekse Rossii [Probleme der Rechtsstellung der Gesellschaften im neuen Zivilgesetzbuch Rußlands], ChiP 1995, Nr. 8, S. 61 ff. (zit.: Suchanov, Kompanii v novom GK Rossii).

Ders., Russia`s New Civil Code, PEEL 1994, Vol. 1, S. 619 ff.

Ders., Sootnošenie obščesojuznogo i respublikanskogo zakonodatel`stva v sfere graždanskogo prava [Das Verhältnis von Unions- und Republiksgesetzgebung im Bereich des Bürgerlichen Rechts], VMU Serija 11, Pravo, 1992, Nr. 3, S. 27 ff. (zit.: Suchanov, Sootnošenie obščesojuznogo i respublikanskogo zakonodatel`stva).

Ders., The Russian Civil Code (Part Two) and Modern Property Turnover, Sudebnik 1996, Vol. 1, Issue 2, S. 287 ff.

Ders., Zakon ob obščestvach s ograničennoj otvetstvennost`ju [Das Gesetz über Gesellschaften mit beschränkter Haftung], ChiP 1998, Nr. 5, S. 38 ff.

Süß, G., Reform des Rechts der Vereinfachten Aktiengesellschaft in Frankreich, EuZW 1999, Nr. 22, S. 673 (zit.: Süß, Reform des Rechts der Vereinfachten AG).

Syrodoeva, O. N., Akcionernoe pravo SŠA i Rossii (sravnitel`nyj analiz) [Das Aktienrecht der USA und Rußlands (eine vergleichende Analyse)], Moskau 1996 (zit.: Syrodoeva, Akcionernoe pravo SŠA i Rossii).

Teljukina, M. V., Kommentarij k Federal`nomu zakonu „O nesostojatel`nosti (bankrotstve)" [Kommentar zum Bundesgesetz „Über die Insolvenz (den Bankrott)"], Moskau 1998 (zit.: Teljukina, Kommentarij k zakonu „O nesostojatel`nosti").

Tichomirov, Ju. A., Gosudarstvennaja registracija statusov juridičeskich i fizičeskich lic, ich juridičeskich dejstvij i aktov [Die staatliche Registrierung des Status` juristischer und natürlicher Personen, ihrer juristischen Handlungen und Akte], Pravo i Ékonomika 2000, Nr. 1, S. 3 ff. (zit.: Tichomirov, Registracija statusov juridičeskich i fizičeskich lic).

Ders., Obščestva s ograničennoj otvetstvennost`ju i zakrytye akcionernye obščestva [Gesellschaften mit beschränkter Haftung und geschlossene Aktiengesellschaften], GiP 1996, Nr. 7, S. 69 ff. (zit.: Tichomirov, OOO i ZAO).

Tichomirov, M. Ju. (Hrsg.), Kommentarij k federal`nomu zakonu ob akcionernych obščestvach [Kommentar zum Bundesgesetz über Aktiengesellschaften], 2. Aufl., Moskau 1998 (zit.: Tichomirov [Bearbeiter], Kommentarij k zakonu ob AO).

Ders. (Hrsg.), Kommentarij k graždanskomu zakonodatel`stvu Rossijkskoj Federacii o chozjajstvennych obščestvach [Kommentar zur Zivilgesetzgebung der Russischen Föderation über Wirtschaftskapitalgesellschaften], Moskau 1999 (zit.: Tichomirov [Bearbeiter], Kommentarij k zakonodatel`stvu o chozjajstvennych obščestvach).

Ders. (Hrsg.), Obščestvo s ograničennoj otvetstvennost`ju: organy i struktura upravlenija [Die Gesellschaft mit beschränkter Haftung: Organe und Leitungsstrukturen], Moskau 1998 [zit.: Tichomirov, OOO: organy i struktura upravlenija).

Timmerman, L./Lennarts, M.-L., Haftungsdurchgriff im niederländischen Gesellschaftsrecht, ZGR 1993, Nr. 3, S. 489 ff.

Timmermann, H., European-Russian Partnership: What Future?, BIOst-Bericht Nr. 14 - 2000.

Ders., Rußland: Strategischer Partner der Europäischen Union? Interessen, Impulse, Widersprüche, OSTEUROPA 1999, Nr. 10, S. 991 ff. (zit.: Timmermann, Rußland: Strategischer Partner der EU?).

Timochov, Ju. A., Tovariščestva s ograničennoj otvetstvennost`ju v Rossii [Gesellschaften mit beschränkter Haftung in Rußland], GiPr 1993, Nr. 1, S. 43 ff. (zit.: Timochov, TOO v Rossii).

Ders., Obščestva s ograničennoj otvetstvennost`ju i zakrytye akcionernye obščestva [Gesellschaften mit beschränkter Haftung und geschlossene Aktiengesellschaften], GiPr 1996, Nr. 7, S. 69 ff. (zit.: Timochov, OOO i ZAO).

Tolstoj, Ju. K., K vvedeniju v dejstvie Osnov graždanskogo zakonodatel`stva Sojuza SSR i respublik [Zur Inkraftsetzung der Grundlagen der Zivilgesetzgebung der Union der SSR und der Republiken], Pravovedenie 1993, Nr. 1, S. 61 ff. (zit.: Tolstoj, K vvedeniju v dejstvie Osnov SSSR).

Tomsinov, V. A., Problemy akcionernogo prava v trudach russkich pravovedov vtoroj poloviny XIX - načala XX. v. [Probleme des Aktienrechts in Arbeiten russischer Rechtswissenschaftler der zweiten Hälfte des 19. und Beginn des 20. Jahrhunderts], Zakonodatel`stvo 1998, Nr. 7, S. 81 ff., Nr. 8, S. 83 ff., Nr. 9, S. 82 ff. (zit.: Tomsinov, Problemy akcionernogo prava vtoroj poloviny XIX - načala XX v.).

Topornin, B. N. (Hrsg.), Konstitucija Rossijskoj Federacii - naučno-praktičeskij kommentarij [Die Verfassung der Russischen Föderation - wissenschaftlich-praktischer Kommentar], Moskau 1997 (zit.: Topornin [Bearbeiter], Konstitucija RF).

Torkanovskij, E., Organizacionno-pravovye mery razvitija malogo biznesa [Organisationsrechtliche Maßnahmen der Entwicklung des Kleinunternehmertums], ChiP 1998, Nr. 5, S. 20 ff.

Ders., Peredel akcionernoj sobstvennosti [Umverteilung des Aktionärseigentums], ChiP 1999, Nr. 3, S. 21 ff.; Nr. 4, S. 29 ff.

***Tot`ev, K.***, Novoe v rossijskom zakonodatel`stve: affilirovannye lica [Neues in der russischen Gesetzgebung: Affiliierte Personen], ChiP 1999, Nr. 1, S. 53 ff. (zit.: Tot`ev, Affilirovannye lica).

Ders., Otkaz udovletvorenii chodatajstva dolžen byt` motivirovannym [Die Ablehnung des Antrags muß begründet werden], ÉiŽ 1999, Nr. 51, S. 24.

Trachtengerc, L., Normativnoe regulirovanije ponjatija „firmennoje naimenovanie" i zaščity prava na firmennoe naimenovanie [Normative Regulierung des Begriffs des „Firmennamens" und Schutz des Rechts am Firmennamen], Pravo i ekonomika 1999, Nr. 10, S. 83 f. (zit.: Trachtengerc, Firmennoje naimenovanije).

Triebel, V./Moguilevskaja, G., Übersicht über russisches Gesellschaftsrecht, Düsseldorf 1994.

Tumanov, V. A., Akcionernoe obščestvo i tovariščestvo s ograničennoj otvetstvennost`ju - Sbornik zarubežnogo zakonodatel`stva [Aktiengesellschaft und Gesellschaft mit beschränkter Haftung - Sammlung ausländischer Gesetzgebung], Moskau 1995 (zit.: Tumanov, AO i TOO).

Udincev, V., Russkoe torgovo-promyšlennoe pravo [Russisches Handels- und Gewerberecht], Kiev 1907.

Uskov, V. P. (Hrsg.), Graždanskij kodeks RSFSR [Das Zivilgesetzbuch der RSFSR], Moskau 1935.

Vanin, V. V., Kommerčeskie organizacii: vybor organizacionno-pravovoj formy [Wirtschaftsorganisationen: Die Wahl der organisationsrechtlichen Form], Moskau 1998 (zit.: Vanin, Kommerčeskie organizacii).

Varlamova, A. N., Rossijskoe zakonodatel`stvo o ponjatii affilirovannogo lica [Die russische Gesetzgebung zum Begriff der affiliierten Person], Pravo i Ėkonomika 1997, Nr. 19-20, S. 63 ff. (zit.: Varlamova, O ponjatii affilirovannogo lica).

Vedenin, N., Pravovoj status sel`skochozjastvennych kommerčeskich organizacii, Zakonnost` 1996, Nr. 8, S. 6 ff.

Verschinin, A., Urkundswesen in Rußland, WiRO 1994, Nr. 3, S. 74 ff.

***Vil`čur, N.,*** Pravovye aspekty sniženija stoimosti čistych aktivov [Rechtliche Aspekte eines Absinkens der Nettoaktiva], ChiP 2000, Nr. 9, S. 35 ff. (zit.: Vil`čur, Sniženie čistych aktivov).

Vitrjanskij, V. V., Čerty juridičeskogo lica [Merkmale der juristischen Person], EiŽ 1995, Nr. 8, S. 30.

Ders., Graždanskij kodeks o juridičeskich licach [Das Zivilgesetzbuch zu juristischen Personen], VVAS 1995, Nr. 5, S. 101 ff. (zit.: Vitrjanskij, GK o juridičeskich licach).

Ders., Nedejstvitel'nost' sdelok v arbitražno-sudebnoj praktike [Die Unwirksamkeit von Rechtsgeschäften in der wirtschaftsgerichtlichen Praxis], in: GS Chochlov, S. 131 ff.

Vlasova, A. V., Sposob peredači imennych akcij [Das Verfahren der Übertragung von Namensaktien], in: Krašenninikov, E. A. (Hrsg.), Očerki po torgovomu pravu [Studien aus dem Handelsrecht], Vypusk 5, Jaroslavl' 1998, S. 71 ff.

Vol'nov, A./Frolova, L., Likvidacija juridičeskich lic [Die Liquidation juristischer Personen], Ross. Justicija 1998, Nr. 12, S. 15 ff.

Voronin, M., Pravovoe obespečenie biznesa: problemy i protivorečija [Die rechtliche Absicherung des Business: Probleme und Widersprüche], ÉiŽ 1998, Nr. 16, S. 11.

Vosskühler, B., Funktionswandel des sowjetischen Unternehmensrechts?, RabelsZ 55 (1991), S. 551 ff.

Voznesenskaja, N. N., Sovmestnye predprijatija kak forma meždunarodnogo ékonomičeskogo sotrudničestva [Gemeinschaftsunternehmen als Form internationaler wirtschaftlicher Zusammenarbeit], 2. Aufl., Moskau 1989 (zit.: Voznesenkaja, Sovmestnye predprijatija).

Dies., Sovmestnye predprijatija s učastiem firm kapitalističeskich i razvivajuščichsja stran na territorii SSSR [Gemeinschaftsunternehmen mit Beteiligung von Firmen aus kapitalistischen und Entwicklungsländern auf dem Territorium der UdSSR], SGiPr 1988, Nr. 1, S. 117 ff. (zit.: Voznesenkaja, Sovmestnye predprijatija s učastiem firm kapitalističeskich stran).

Waehler, J. P., Das Verhältnis von Zivilrecht und Wirtschaftsrecht in der Sowjetunion, RabelsZ 51. Jg. (1987), S. 515 ff.

Ders., Zum russischen GmbH-Gesetz, RPdrW März 1998, Nr. 14, S. II ff.

Ders., Zweite Novelle zum Recht Gemeinsamer Unternehmen in der UdSSR, RIW 1989, Nr. 1, S. 21 ff.

Wurch, E.-M., Die Geschichte der Aktiengesellschaft in der Sowjetunion vor dem Hintergrund wirtschafts- und gesellschaftspolitischer Entwicklungen, Nürnberg 1992.

Zacharov, V., Registracija: ot plochogo k chudšemu [Registrierung: vom Schlechten zum noch Schlimmeren], ÉiŽ-Jurist Mai 2001, S. 2.

Zalesskij, V.V. (Hrsg.), Kommentarij k Federal`nomu Zakonu „Ob obščestavch s ograničennoj otvetstvennost`ju" [Kommentar zum Bundesgesetz „Über Gesellschaften mit beschränkter Haftung"], Moskau 1998 (zit.: Zalesskij [Bearbeiter], Kommentarij k Zakonu „Ob OOO").

Ders., Obščestva s ograničennoj otvetstvennost`ju v sisteme chozjajstvennych tovariščestv i obščestv [Die GmbH im System der wirtschaftlichen Personen- und Kapitalgesellschaften], Pravo i Ékonomika 1998, Nr. 3, S. 13 ff. (zit.: Zalesskij, OOO v sisteme chozjajstvennych obščestv).

Ders., Pravosposobnost` juridičeskogo lica [Rechtsfähigkeit der juristischen Person], Pravo i Ékonomika 1999, Nr. 5, S. 85 f.

Zielke, R./Ozerov, A., Die Standards der Rechnungslegung in der Russischen Föderation, WiRO 2000, Nr. 5, S. 161 ff. (zitiert: Zielke/Ozerov, Standards der Rechnungslegung in der RF).

Zimmer, D., Internationales Gesellschaftsrecht, Heidelberg 1996.

Zinčenko, S./Kazačanskij, S./Zinčenko, O., Akcionernoe zakonodatel`stvo: ispytanie praktikoj [Aktiengesetzgebung: Prüfung durch die Praxis], ChiP 1998, Nr. 10, S. 52 ff. (zit.: Zinčenko et al., Akcionernoe zakonodatel`stvo: ispytanie praktikoj).

Dies., Spornye voprosy pravovogo statusa organov upravlenija obščestva s ograničennoj otvetstvennost`ju [Streitfragen des rechtlichen Status der Leitungsorgane der Gesellschaft mit beschränkter Haftung], ChiP 1999, Nr. 7, S. 42 ff. (zit.: Zinčenko et al., Spornye voprosy organov OOO).

Ders./Lapač, V./Gazar`jan, B., Veščnye prava predprijatij [Dingliche Rechte des Unternehmens], ChiP 1993, Nr. 7, S. 37 ff.

Zöllner, W., 100 Jahre GmbH, JZ 1992, S. 381 ff.

Ders. (Hrsg.), Kölner Kommentar zum Aktiengesetz, Band 1, §§ 1 - 147 AktG, Köln/Berlin/Bonn/München 1985 (zit.: Zöllner [Bearbeiter], KK).

Zoll, F./Kuglarz, P., Gründung einer polnischen Einmann-GmbH durch eine deutsche Einmann-GmbH, RIW 1999, Nr. 4, S. 277 ff.

Elina Mereminskaja

Durchbrechung der Haftungsbeschränkung eines GmbH-Gesellschafters

Eine rechtsvergleichende Untersuchung nach dem deutschen und russischen Recht

Frankfurt/M., Berlin, Bern, Bruxelles, New York, Oxford, Wien, 2002. 180 S.
Europäische Hochschulschriften: Reihe 2, Rechtswissenschaft. Bd. 3352
ISBN 3-631-38698-2 · br. € 35.30*

In den verschiedenen Rechtsordnungen ist anerkannt, daß die beschränkte Haftung eines GmbH-Gesellschafters unter Umständen durchbrochen werden kann. Diese rechtsvergleichende Arbeit ist der Durchgriffshaftung der GmbH-Gesellschafter nach dem deutschen und russischen Recht gewidmet. Die zahlreichen Aspekte der Durchgriffshaftung nach dem deutschen Recht können auf allgemeine Grundsätze zurückgeführt werden. Ihnen werden die entsprechenden gesetzlichen Normen des russischen Rechts gegenübergestellt. Die Verfasserin weist auf mögliche Lücken des russischen Rechts hin und entwickelt eigene Lösungsansätze wie diese Lücken zu füllen sind. Abschließend erfolgt ein wertender Vergleich zwischen beiden Konzeptionen.

Aus dem Inhalt: Durchbrechung der beschränkten Gesellschafterhaftung in konzernspezifischen Sachverhalten · Allgemeine Durchgriffstatbestände · Durchgriff auf die in die Gesellschaft eingebrachten Mittel nach dem deutschen Recht eigenkapitalersetzender Darlehen · Haftungsrechtliche Folgen der Krisenfinanzierung durch Gesellschafterdarlehen nach dem russischen Recht

FSC
www.fsc.org
MIX
Papier | Fördert
gute Waldnutzung
FSC® C083411

Kolibri 360 GmbH
Ferdinand-Jühlke-Straße 7
99095 Erfurt, Deutschland
produktsicherheit@kolibri360.de

Druck:
CPI Druckdienstleistungen GmbH
im Auftrag der
Kolibri 360 GmbH
Ferdinand-Jühlke-Str. 7
99095 Erfurt